PNR(Puritans and Reformed Publishing Company)
개혁주의신학사는 청도교 신학과 개혁 신학에 관한 기독교 서적을 출판하는 출판사이며, 자유주의 신학과 다원주의 신학을 배척하며 순수한 기독교 신앙을 보수하기 위하여 설립된 문서선교 기관이다. PNR KOREA(개혁주의신학사)는 CLC가 공동으로 운영하는 출판사이다.

추천사

이 승 구 박사

합동신학대학원대학교 조직신학 및 변증학 교수 / 코넬리우스 반틸의 「개혁주의 신학 서론」 번역

존 프레임(John Frame)은 코넬리우스 반틸(Cornelius Van Til)의 전제주의 변증을 잘 이해하고 그것을 적용하여 변증학 작업을 하는 중요한 신학자이다. 『하나님의 영광을 위한 변증학: 서론』(*Apologetics to the Glory of God: An Introduction*)이 1994년에 나왔을 때 그는 50대 중반의 변증학자로서, 반틸이라는 큰 거인의 어깨 위에 서서 반틸의 변증학에 충실하면서도 때로는 반틸과 다른 목소리를 내려고 했기에, 사람들은 그가 과연 어떤 입장을 지녔는지 궁금해 했다.

그로부터 20년 뒤에 프레임은 그 책의 20주년 개정판을 냈다. 그 책이 바로 본서이다. 프레임은 1987년부터 2010년까지 4부작의 주권신학 시리즈(Theology of Lordship series)를 완결하고, 조직신학 책 두 권과 철학사에 대한 전제주의적 논의를 담은 책도 쓴 후에 이제 원숙하고 신학자로서 자신의 본래의 작업인 전제주의적 변증학을 다시 제시한다.

프레임의 조교를 하였던 조셉 토레스(Joseph Torres)의 서론적 논의와 여러 편집 작업을 통해 본서의 본래의 논의가 20년 뒤에 새로운 독자들에게 다가가는 데 용이하게 되었다. 그리고 합동신학대학원대학교에서 조직신학과 변증학으로 박사 과정을 하는 김진운 형제가 우리말로 잘 번역해 주었다.

이제 우리의 과제는 다음과 같다.

첫째, 본서를 통해서 프레임이 제시하는 전제주의 변증학을 잘 읽어야 한다.

둘째, 20년 전과 같이 프레임과 그의 선생님인 반틸을 정확하게 비교하는 작업을 해야 한다. 그 작업을 통해서 우리는 과연 반틸이 말하는 전제주의 변증이 어떤 것인지를 생각하면서 변증학뿐만 아니라 신학 전반에서 참으로 개혁파적이려는 노력을 해야 한다.

셋째, 지금 여기의 우리들이 당면한 문제에 대해 참으로 개혁파적인 변증, 전제주의적 변증을 하는 일을 제대로 감당해야 할 것이다.

부디 우리가 본서를 통해서 이 세 가지 작업을 잘 이루길 간절히 바라며 기쁘게 추천한다.

신 국 원 박사

총신대학교 명예교수, 웨스트민스터신학대학원대학교 초빙교수 / 코넬리우스 반틸의 「변증학」 번역

본서는 변증학에 관한 거의 모든 주제를 포괄한 백과사전이자 핸드북과 같은 걸작이다. 저자는 겸손하게 변증학의 "서론"이라고 했으나 분명히 그 이상이다. 변증이 무엇인지에 대한 개론적 논의에서 구체적인 실제 논증에 이르기까지 전반을 다루었다. 자연히 초대교회 변증가들에서부터 근래의 문화사회적으로 논의된 변증의 이슈들까지 망라했다.

특히 20세기 기독교 변증학의 대표적 요람이던 웨스트민스터신학교의 전통을 세운 코넬리우스 반틸의 전제주의 접근에 충실하면서도 "구체적" 논증을 통해 그 지평을 넘어서 확장시키고 심화시키려 한 점이 돋보인다. 이 사실은 저자 존 프레임(John Frame)이 반틸의 제자일 뿐 아니라 그의 교수직의 후계자였다는 점에서 매우 큰 의미가 있다.

본서는 기독교 진리가 가감이나 타협 없이 제시할 수 있는 성경적이며 신학적인 기초만 갖춘 것이 아니라 철학적 기초도 매우 탄탄함을 보여 준다. 특히 방어뿐 아니라 증언으로, 그리고 공격으로서의 변증학을 폭넓게 그리고 또 "구체적" 논증을 통해 다룬 점이 인상적이다.

복음은 변호될 필요가 없을지도 모른다. 복음은 있는 그대로만 증거되면 그 스스로를 방어할 뿐만 아니라 어떠한 진리의 왜곡이나 허위도 깨뜨리는 능력을 발휘한다. 본서는 바로 그러한 복음의 방어적 요소를 넘어 적극적이며 활성화된 변증이 무엇인지 잘 보여 준다.

제임스 앤더슨(James N. Anderson) 박사

리폼드신학교 신학 및 철학 교수

기독교 사상가인 나에게 가장 큰 영향을 끼쳐 왔던 상위 세 권의 책을 열거하라는 요청을 받는다면 의심할 여지없이 존 프레임(John Frame)의 『하나님의 영광을 위한 변증학: 서론』(*Apologetics to the Glory of God: An Introduction*)이 그중 하나일 것이다. 본서는 변증학에 대한 이해뿐만 아니라 그리스도인으로서의 다른 모든 지적 노력에 대한 이해에 있어서도 내게 '코페르니쿠스 혁명'이라고 할 수 있는 패러다임 변화(paradigm shift)를 가져 왔다. 그 때 이후로 본서는 기독교 변증학에 대한 입문서를 찾는 사람들에게 내가 추천하는 첫 번째 책이었고, 나는 본서를 나의 변증학 수업에서 읽을 것을 요구한다.

따라서 나는 최신의 내용으로 갱신되고 확장된 이번 20주년 판을 추천하게 되어 매우 기쁘다. 왜냐하면, 본서는 조셉 토레스(Joseph Torres)의 많은 유용한 각주뿐만 아니라 프레임이 훌륭하게 작업한 추가 자료를 포함하고 있기 때문이다.

오직 하나님께 영광을!(*Soli Deo Gloria*)

윌리엄 에드가(William Edgar) 박사
웨스트민스터신학교 변증학 교수

본서는 처음 등장했을 때만큼이나 중요하다. 존 프레임(John Frame)은 악의 본질, 세계 종교, 증거의 사용 등, 믿음을 변증하려고 노력하는 그리스도인이 직면한 가장 어려운 문제와 씨름한다. 또한 그는 은혜, 신학적 예리함, 부러울 정도의 솔직함으로 그런 문제들과 씨름한다. 그런데 이러한 것들은 시대의 주요한 철학적 쟁점들에 정통한 변증가에게는 드문 일이다. 본서는 노련한 기독교 사상가에서 나온 매우 유익한 책이다.

앨버트 몰러 주니어(R. Albert Mohler Jr) 박사
남침례신학교 총장

지난 수십 동안 존 프레임(John Frame)이 저술했던 『하나님의 영광을 위한 변증학: 서론』(*Apologetics to the Glory of God: An Introduction*)만큼이나 오랫동안 그렇게 많은 사람에게 유용했던 책은 거의 없다. 나는 이런 중요한 책의 20주년 개정판을 열렬히 환영한다. 변증학이 모든 신자를 위해 더 큰 중요성을 갖기 시작하므로 나는 본서의 영향력과 충격이 심지어 초판 때보다 훨씬 넘어서길 희망한다. 본서는 첫 출판 후에 20년이 지난 후에도 더 시의적절한 책이다. 또한 본서는 드문 업적이다.

존 파이퍼(John Piper) 박사
베들레헴대학 및 신학교 총장, desiringGod.org의 설립자

수십 년 동안 존 프레임(John Frame)은 교회, 학생 그리고 성경에 대한 세심한 사고와 철저한 연구에 헌신했다. 그는 매력적으로 인내하며 또한 설득력 있게 복음을 옹호한다. 또한 그는 전체적인 상황을 보는 사고, 분별 있는 성찰, 성경적 충실성, 복음과 교회에 대한 사랑, 주의 깊고 또한 명료하게 글을 저술하는 능력을 함께 가진, 보기 드문 인물이다.

개혁과 변증학

Apologetics: A Justification of Christian Belief
Written by John M. Frame
Edited by Joseph E. Torres
Translated by Kim jinwoon

개혁파 변증학

2019년 8월 31일 초판 발행

지은이 | 존 프레임
옮긴이 | 김진운

편집 | 곽진수
디자인 | 전지혜
펴낸곳 | 개혁주의신학사
등록 | 제21-173호(1990. 7. 2)
주소 | 서울특별시 서초구 방배로 68
전화 | 02-586-8761~3(본사) 031-942-8761(영업부)
팩스 | 02-523-0131(본사) 031-942-8763(영업부)
이메일 | clckor@gmail.com
홈페이지 | www.clcbook.com
송금계좌 | 기업은행 073-085852-01-016 예금주: 개혁주의신학사

ISBN 978-89-7138-067-3(93230)

이 도서의 국립중앙도서관 출판시 도서목록(CIP)은
서지정보유통지원시스템 홈페이지(http://seoji.nl.go.kr)와 국가자료공동목록시스템
(http://www.nl.go.kr/kolisnet)에서 이용하실 수 있습니다.
(CIP제어번호: CIP2019032559)

출간 20주년 개정판

진정한 기독교 변증의 메시지와 방법론

개혁파 변증학

Apologetics: A Justification of Christian Belief

존 M. 프레임 지음

김 진 운 옮김

개혁주의신학사

목차

머리말

번 포이트레스(Vern S. Poythress) 박사
웨스트민스터신학교 신약해석학 교수

변증학에 대한 존 프레임(John Frame)의 이 증보된 개정판은 중요하고 환영할 만한 기여다. 왜냐하면, 변증학은 계속해서 우리가 충분히 사고하기에 중요한 영역이기 때문이다. 본서는 특별히 복음전도와 변증학에 관심이 있는 사람들뿐만 아니라 모든 기독교 신자에게 중요하다. 서양의 유명한 기관들에서 기독교에 대한 적대감이 증가했다. 따라서 기독교 신앙을 지혜롭게 제시하고 변호할 필요성도 증가했다.

필자는 본서를 모든 장소의 그리스도인이 관심을 갖도록 추천한다. 왜냐하면, 본서는 우리로 하여금 그리스도인으로 살도록 돕는데, 이는 하나님이 우리가 그리스도를 알고 주님으로서 경배하도록 우리를 이끄실 때 우리를 새롭게 하기 위해서 행하신 일과 일치하기 때문이다.

무엇을 더 언급해야 하는가?

필자는 간단하게 프레임의 본서가 자세하게 설명하는 몇 가지 핵심적인 요점을 강조할 것이다.

1. 제자로서 존재하기

성경은 변증학을 포함하여 삶의 모든 영역에 영향을 주는 교훈과 통찰이 있다. 우리의 행위는 우리 구원을 위한 기초가 아니라 우리 구원에 의해 영향을 받는다.

성경은 하나님이 예수님을 신뢰하는 사람들에게 구원을 주신다는 것을 보여 준다. 이런 구원은 우리가 업적에 기초해서 얻거나 우리가 받을 자격이 있는 무언가가 아니라 하나님 은혜의 선물이다.

우리는 구원 받기 위해 우리 자신을 변화시키려고 애쓰지 않는다. 오히려 하나님은 죄가 있고 하나님으로부터의 소원해진 상태 가운데 있는 우리에게 다가오심으로써 우리를 구원하신다. 하지만, 그런 후에 하나님의 권능은 또한 구원 받은 사람은 누구든지 변화시킨다.

로마서 12:1-2은 이런 원리를 설명한다. 앞 장인 로마서 1-11장은 구원이 함유한 의미를 숙고한다. 그런 후에 구원의 적용으로서 로마서 12:1-2은 신자들에게 마음에서 새롭게 되라고 간곡히 권고한다.

> **그러므로** 형제들아 내가 하나님의 모든 자비하심으로 너희를 권하노니 너희 몸을 하나님이 기뻐하시는 거룩한 산 제물로 드리라 이는 너희가 드릴 영적 예배니라 너희는 이 세대를 본받지 말고 오직 **마음을 새롭게 함으로 변화를 받아** 하나님의 선하시고 기뻐하시고 온전하신 뜻이 무엇인지 분별하도록 하라(롬 12:1-2).

기독교 신자는 단지 잠잠하거나 느긋이 쉬거나 그에게 이미 주어진 구원을 즐기기만 해서는 안 된다. 그는 운동선수나 열심히 일하는 농부처럼 주님을 섬기는 데 적극적이어야 한다(고전 9:24-26; 딤후 2:5-6). 예수님은 “너희가 나를 사랑하면 **나의 계명을 지키리라**”(요 14:15)라고 말씀하신다. 다른 방식으로 표현하자면 다음과 같다.

> 너희 몸은 너희가 하나님께로부터 받은 바 너희 가운데 계신 성령의 전인 줄을 알지 못하느냐 너희는 너희 자신의 것이 아니라 값으로 산 것이 되었으니 그런즉 너희 몸으로 하나님께 영광을 돌리라(고전 6:19-20).

참으로 그리스도를 신뢰하는 사람은 그리스도에게만 충성하기 위해 다른 모든 것에 대한 충성을 포기했다. 그는 그리스도의 제자가 되었다.

> 무릇 내게 오는 자가 자기 부모와 처자와 형제와 자매와 더욱이 **자기 목숨까지** 미워하지 아니하면 능히 내 제자가 되지 못하고 누구든지 자기 십자가를 지고 나를 따르지 않는 자도 능히 내 제자가 되지 못하리라(눅 14:26-27).

참된 제자는 결코 “비번”(非番, off duty)이 아니다. 그는 항상 제자다. 그는 몸의 행동에서 제자다. 또한 그는 마음, 즉 새로운 마음의 행동에 있어서도 제자다. 결과적으로 그는 변증 논의에서 그가 말하는 모든 말에서 제자다.

2. 변증학에서 제자로 존재하기

따라서 제자도는 변증학을 위한 함의가 있다. 수잔이라는 여인이 기독교 신자라면 그녀가 불신자와 대화를 할 때도 신자로 남아 있어야 하고 믿는 자처럼 행동해야 한다. 그녀는 종교적 주장이나 철학적 주장을 평가할 때, 또는 기적을 논의할 때, 또는 예수 그리스도가 누구인이신지를 논의할 때, 또는 도덕적 기준을 위한 기초를 논의할 때 종교적으로 중립적인 체할 수 없다. 그녀는 중립적일 수 없다. 왜냐하면, 하나님이 이미 그녀에게 예수 그리스도 안에 있는 진리를 제공하셨기 때문이다. 그녀는 하나님이 주셨던 것을 배반하지 말아야 한다.

물론 그녀는 그리스도를 아는 데 있어서 성장해야 한다. 하지만, 그녀는 이미 일부 근본적인 답변을 갖고 있다. 또한 하나님은 그녀가 이런 답변을 사용하기를 원하신다. 그녀는 예수님이 사실 단지 선지자나 종교교사가 아닌 하나님의 아들이라는 것을 안다. 마치 그리스도가 실제인 것처럼 그녀는 복음서에 기술된 그리스도의 기적이 실제라는 것을 안다. 그녀는 하나님이 십계명에서 주신, 도덕에 대한 하나님의 기준이 상대적인 문화적 선호가 아니라 참된 도덕적 기준의 표현이라는 것을 안다.

이런 방식이나 다른 많은 방식으로 그녀는 불신자들과는 상이하게 어떤 문제들을 생각하고 평가한다. 성경 말씀으로 그녀는 "하나님 아는 것을 대적하여 높아진 것을 다 무너뜨리고 모든 생각을 사로잡아 그리스도에게 복종하게" 한다(고후 10:5). 그녀는 그리스도께 최고의 충성을 드린다. 그리고 그런 충성은 몸의 행동뿐만 아니라 그녀의 사고에 있어서도 작용한다.

기독교 변증학은 수잔이 불신자들을 그리스도에게 초대하기 위해 어떻게 그녀의 신앙을 적극적으로 불신자들에게 제시해야 하는지에 대해 관심이 있다. 하지만, 특별히 변증학은 수가 다른 사람들의 반대 가운데서 어떻게 그녀의 믿음이 변호되어야 하는지에 초점을 맞춘다.

너희 마음에 그리스도를 주로 삼아 거룩하게 하고 너희 속에 있는 소망에 관한 이유를 묻는 자에게는 **대답할 것**을 항상 준비하되 온유와 두려움으로 하고 선한 양심을 가지라 이는 그리스도 안에 있는 너희의 선행을 욕하는 자들로 그 비방하는 일에 부끄러움을 당하게 하려 함이라(벧전 3:15-16).

수잔이 믿음을 변호하는 것은 그녀의 마음에 "그리스도를 주로 삼아 거룩하게" 하는 것과 조화를 이루어야 한다.

3. "종교적 중립성"의 유혹

많은 사람은 변증학 논의를 종교적으로 중립된 진리 탐구로서 기술하고 싶어 한다. 생각건대 모든 사람은 중립에서 시작하여 하나님이 존재하는지를 발견하려고 애쓴다. 또한 그들은 세계 종교 가운데 어떤 종교가 참일 수 있는지를 발견하려고 애쓴다. 이런 사고방식에 의하면 모든 사람은 "편견이 없어야" 한다는 것이 가장 중요하다.

하지만, 성경은 이런 모습이 완전히 비현실적이라는 것을 보여 준다. 성경은 우리가 사는 실제 상황을 반박한다. 실제 상황은 다음과 같다. 즉, 일부 사람들은 그리스도 안에서 하나님의 은혜로 구원을 받지만 다른 사람들은 여전히 구원을 받지 못한다.

모든 길이 하나님에게로 이어지는 것은 아니다. 그리스도는 하나님에게로 가는 유일한 길이다.

> 내가 곧 길이요 진리요 생명이니 나로 말미암지 않고는 아버지께로 올 자가 없느니라(요 14:6).

> 다른 이로써는 구원을 받을 수 없나니 천하 사람 중에 구원을 받을 만한 다른 이름을 우리에게 주신 일이 없음이라 하였더라(행 4:12).

구약성경은 이스라엘 주변 국가에서 흔했던 것과 같은 거짓 신들의 예배를 철저하게 배격한다. 이와 마찬가지로 신약성경은 구원을 받는 방법에 대한 다른 제안들을 철저하게 배격한다. 이런 배격은 종교적으로 중립적인 것이 아니다. 하지만, 이것은 진리다.

기독교 신자들은 진리를 알게 되었고 불신자가 자신들에게 편견이 없는 것을 기대하는 방식으로 "편견 없는" 체할 수 없다. 수잔은 이미 제자다. 즉, 그녀는 이미 헌신되어 있다. 또한 이런 헌신은 깊다. 불신자에게 이것은 "편견 있는 것"처럼 보인다.

게다가 성경은 불신자들이 이미 이 세상 전체를 창조하셨던 참된 하나님을 안다는 것을 보여 준다.

> 이는 하나님을 알 만한 것이 그들 속에 보임이라 하나님께서 이를 그들에게 보이셨느니라 창세로부터 그의 보이지 아니하는 것들 곧 그의 영원하신 능력과 신성이 그가 만드신 만물에 분명히 보여 알려졌나니 그러므로 그들이 핑계하지 못할지니라. **하나님을 알되** 하나님을 영화롭게도 아니하며 감사하지도 아니하고 오히려 그 생각이 허망하여지며 미련한 마음이 어두워졌나니(롬 1:19-21).

우상을 예배하는 것은 악의 없는 관행이 아니라 하나의 반응으로서, 비그리스도인이 이미 알려진 하나님을 예배하는 것 대신에 우상을 사용한다.

> 스스로 지혜 있다 하나 어리석게 되어 썩어지지 아니하는 하나님의 영광을 썩어질 사람과 새와 짐승과 기어다니는 동물 모양의 **우상으로** 바꾸었느니라(롬 1:22-23).

간단히 말해서 비그리스도인들은 **하나님에게 대항하는** 열심에 의해서 편향되어 있다.

그렇다면, 변증학에 대한 어떤 모습이 옳은 것인가?

어떤 사람들은 종교적 가능성 가운데 중립의 방식으로 주변을 배회하고 있는가?

아니면 모든 사람은 이미 "편향되어" 있는가?

또한 모든 사람이 이미 편향되어 있다면 모든 편견은 동등하게 만들어졌는가?

아니면 그리스도 안에 있는 진리를 아는 것과 그 진리를 모르는 것 사이의 확연한 차이점이 있는가?

> 나와 함께 아니하는 자는 **나를 반대하는** 자요 나와 함께 모으지 아니하는 자는 헤치는 자니라(마 12:30).

여기에 그리스도에 대한 충성이 중요한 한 영역이 있다. 우리가 마음으로 그리스도에게 충성한다면, 우리는 중립성이라는 생각을 거절하고 상황의 본질에 대한 성경 자체의 묘사를 받아들이는 방식으로 변증학을 통해 충분히 생각해야 한다. 이런 새로워진 사고는 존 프레임이 본서에서 착수하는 것이다.

4. 이전에 가졌던 헌신에 기초해서 작업하기

이런 접근 방식을 **전제주의** 변증학(presuppositional apologetics)이라고 일컬어져 왔다.

왜 그런가?

그 이유는 그리스도를 믿는 신자들인 우리는 이미 그리스도에 대한 우리의 충성과 성경에 제시된 그리스도에 대한 진리를 전제하고 있기 때문이다. 전제를 관련시키는 일은 지적 놀이가 아니다. 이것은 단순히 누군가 "다양한 전제가 이끄는 객관적인 방식으로 탐구하자"라고 제안하는 논리 훈련이 아니다. 이것은 기독교 제자도를 위해 요구되는 것이다.

우리가 관찰했던 것처럼 제자는 **헌신되어 있다**(committed). 존 프레임은 이런 이유로 **전제**(presuppositions)보다는 **기본적 헌신**(basic commitments)이라는 명칭을 선호한다. 전인(the whole person)이 관련된다. 누구도 종교적으로 중립적이지 않다.

단순히 **어떤** 전제라도 괜찮다는 말이 아니다. 우리가 그리스도를 따르는지 아니면 부처(Buddha) 또는 요셉 스미스(Joseph Smith) 또는 임마누엘 칸트(Immaneul Kant)를 따르는지가 중요한 방식으로서 중요하다. 그리스도 안에 있는 진리를 아는 것은 진리를 아는 지식의 성장으로 이어진다. 진리를 거짓으로 대체하는 것은 혼란으로 이어진다(잠 4:18-19).

전제주의 변증학에 대한 공통적인 반론 가운데 하나는 다음과 같다. 즉, 전제주의 변증학은 순환 논증을 전형적으로 보여 준다는 것이다. 반대자는 말하기를, "그래서 전제주의 변증학은 이미 확신하지 못하는 누군가를 설득할 어떤 실제적 힘도 없다"라고 한다. 프레임은 본서에서 이런 반대를 더 자세하게 다룬다.[1] 하지만, 필자는 여기서 간략한 한마디 말을 해 볼 수 있다. 즉, 전제주의 변증학의 "순환 [논법]"에 대한 이런 묘사는 잘못된 이해라는 것이다.

한편 누구도 종교적으로 중립적이지 않다는 의미에서 모든 사람은 **일종의** 순환이 있다. 그리스도에 대한 우리의 충성이 우리로 하여금 성경에 있는 그리스도의 가르침에 순복하게 이끈다면, 성경의 가르침이 주장들을 자세히 조사하기 위한 기준으로서 역할을 하는, 일종의 순환 가운데 우리가 움직이는 것이다. 성경의 가르침은 심오하게 우리의 믿음에 영향을 준다. 그리스도에 대한 믿음이 이런 믿음들 가운데 있다. 그리고 성경이 이런 믿음을 확증한다.

유사하게 **다른 기본적 헌신**(이성이나 쾌락에 대한)을 가진 사람들도 자기들의 헌신에 영향을 받는 믿음이 있다. 우리는 그런 기본적 헌신을 무시하려고 애쓰기보다는 오히려 이런 순환의 존재를 인정해야 한다. 순환이 존재한다는 것을 고려할 때 마치 사도행전에서 사도들이 그들의 설교에서 했던 것처럼, 그리고 구약의 선지자들이 사람들에게 우상에게서 돌이켜 살아 계신 하나님에게 돌아오라고 요구했던 것처럼 우리는 여전히 증거(evidence)와 논증들(arguments)을 제시할 수 있다.

사실 로마서 1:18-23이 보여 주는 것처럼, 이 세상 전체가 하나님을 지지하는 증거를 제공한다. 하나님은 계속해서 자연에 나타난 일반계시와 성경의 특별계시를 통해서 사람들에게 자신에 대한 진리를 제공한다.

특별히 성경은 복음 제시를 목적으로 한다. 또한 복음은 "모든 믿는 자

1 또한 본서에 실린 조셉 토레스(Joseph E. Torres)의 "부록 D"에 주목하라.

에게 구원을 주시는 하나님의 능력이 됨이라 먼저는 유대인에게요 그리고 헬라인에게로다"(롬 1:16). 복음은 사람들의 구원으로 이어진다. 복음은 분명히 사람들을 설득한다(행 17:4, 12; 28:24). 복음을 통해서 성령은 사람들을 변화시키고 그들을 믿음으로 이끈다. 성령의 능력을 통해서 사람들은 그들의 영적인 눈이 열리고 증거를 인정하게 된다.

이런 과정에서 하나님은 자기를 다른 모든 거짓 신과 구별되는 유일한 분(One)으로서 알리신다. 예수님은 자기를 길이자 진리(요 14:6)이고, 다른 모든 거짓된 길 및 거짓 진리와는 구별되는 분으로 알리신다. 모든 종교적 헌신이 "동등"한 것은 아니다.

신자가 된 우리는 모두 어두움에서 빛으로 이동했다. 우리 모두에게 믿음의 순환이 **바꾸었다**. 어찌된 일인지 성령의 조명을 통해서 우리는 내내 진리였던 것, 즉 예수 그리스도의 하나님 아버지는 참 하나님이고 다른 신은 없다는 것을 깨달았다.

우리는 이전의 종교적 헌신, 즉 전통적 형식의 거짓 종교 또는 무신론이나 불가지론 또는 돈이나 쾌락 숭배 또는 현대의 어떤 다른 형태의 궁극적 충성에 대한 헌신을 거절했다. 우리가 이전의 종교적 헌신을 거절할 때 우리는 종교적으로 중립적이 되지 않았다. 우리는 그리스도에게로 왔다. 그리스도, 그리스도의 진리 및 권능의 역사가 없다면 우리는 결코 이렇게 바뀔 수 없었을 것이다.

종교적 중립성은 망상이고, 우리 삶에 결코 존재하지 않았던 망상이다. 그렇다면, 우리는 변증학에서 종교적 중립성이 불신자가 본받아야 할 이상이라거나 또는 우리 자신이 대화를 위해서 잠정적으로 본받아야 할 이상이라고 가장해야 할 이유가 없다. 중립성을 바라는 것이 좋은 것이라고 가장하는 것은 그리스도에 대한 불충성이다. 다시 말하자면, "나와 함께 아니하는 자는 나를 반대하는 자요"(마 12:30).

5. 인간 삶에서 성경의 중심성

고유한 인간적 삶에 대한 성경의 그림은 이 세상의 그림과는 철저하게 다르다. 또한 이런 차이점은 이미 매우 기본적 차원, 즉 인간 사고의 독립성과 인간 의사 결정의 독립성이라는 문제에서 이미 발생한다. 하나님으로부터의 언어 소통(verbal communication)이 인간 삶에서 갖는 역할에 대하여 성경이 어떻게 설명하는지를 논의함으로써 독립성이라는 문제에 접근해 보자.

창세기 1:26-27에 의하면 하나님은 인간을 "하나님의 형상"으로 창조하셨다. 하나님은 사람이 고립되어 사는 것이 아니라 하나님 자신과의 인격적 교제 안에 살도록 창조하셨다. 우리는 아담의 타락 전 상황과 타락 이후의 상황 사이의 대조를 볼 때 이런 교제를 이해할 수 있다. 후에 아담과 하와는 숨으려고 시도했다(창 3:8-10). 그들은 하나님의 현존 앞에 서는 것을 두려워했다. 창세기 3:8에 의하면 하나님은 "동산에 거니셨다." 따라서 만약 그들이 죄를 짓지 않았다면 그들은 하나님과 동행했을 것이다.

하나님과 인간 사이의 이런 인격적 교제가 담고 있는 한 측면은 언어로 이루어지는 소통이다. 타락하기 전에 하나님은 그에게 인간의 역할(창 1:28-30)을, 그리고 지식 나무에 관련해서 그의 의무를 지시하셨다(창 2:16-17). 인간이 타락하자마자 즉시 하나님은 계속해서 아담과 하와에게 말씀하셨다(창 3:9-19). 하나님은 그들이 지었던 죄에 대한 형벌 가운데 일부를 보여 주는 심판의 말씀을 주셨다. 하지만, 하나님은 위로의 말씀도 주셨다. 즉, 하나님은 뱀, 즉 사탄에게서 승리를 거두기 위해 여자의 후손을 보내기로 약속하셨다(창 3:5).

참으로 이런 초기 이야기에서 분명한 것은 하나님은 중요한 역할을 할 인류와 언어 소통을 의도하셨다는 것이다. 언어 소통은 하나님과 인간 사이의 인격적 교제의 한 측면이었다. 말씀을 통해서 하나님은 또한 일반적 방식과 구체적인 방식으로 인도하시고 지시하셨다. 일반적 단계에서 하나님은 인간이 "생육하고 번성하여 땅에 충만하라 땅을 정복하라"라고 지시하셨다(창 1:28). 하나님은 또한 선악을 알게 하는 나무의 열매는 먹지 말아야 하는 것에 대해 구체적으로 지시하셨다(창 2:17).

하나님이 인간을 창조하셨을 때 결코 인간이 단지 인간 자신의 정신을 사용하며 주변의 나무와 흙을 관찰함으로써 이 세상에서 그분의 길을 발견해야 한다고 의도하지 않으셨다. 하나님은 말씀하셨다. 하나님은 지시하셨다. 또한 말씀하셨던 분이 하나님이셨으므로 그분은 절대적 권위, 즉 창조주의 권위로 말씀하셨다. 이런 말씀은 인간 삶의 모든 것을 다스리려는 목적이 있었다.

우리는 후에 계속되는 하나님 지시의 중심에서 동일한 주제를 본다. 하나님이 노아에게 방주를 건설하라고 명령하셨을 때 하나님의 지시는 노아에게 핵심적으로 중요했다. 하나님이 아브라함에게 갈대아 우르(Ur of the Chaldeans)를 떠나라고 명령하셨을 때 하나님의 지시는 아브라함에게 핵심적으로 중요했다(창 12:1-4).

또한 하나님의 말씀은 모세의 인도 아래에 있는 이스라엘의 생활에서 중심적이고 인도하는 역할을 했다.

> 이는 곧 너희의 하나님 여호와께서 너희에게 가르치라고 명하신 명령과 규례와 법도라 너희가 건너가서 차지할 땅에서 행할 것이니. 곧 너와 네 아들과 네 손자들이 평생에 네 하나님 여호와를 경외하며 내가 너희에게 명한 그 모든 규례와 명령을 지키게 하기 위한 것이며 또 네 날을 장구하게 하기 위한 것이라 이스라엘아 듣고 삼가 그것을 행하라 그리하면 네가

> 복을 받고 네 조상들의 하나님 여호와께서 네게 허락하심 같이 젖과 꿀이 흐르는 땅에서 네가 크게 번성하리라 이스라엘아 들으라 우리 하나님 여호와는 오직 유일한 여호와이시니 너는 마음을 다하고 뜻을 다하고 힘을 다하여 네 하나님 여호와를 사랑하라 오늘 내가 네게 명하는 이 말씀을 너는 마음에 새기고(신 6:1-6).

아이들이 배울 수 있도록 하나님의 명령이 계속해서 부모의 입술에 있어야 한다.

> 네 자녀에게 부지런히 가르치며 집에 앉았을 때에든지 길을 갈 때에든지 누워 있을 때에든지 일어날 때에든지 이 말씀을 강론할 것이며 너는 또 그것을 네 손목에 매어 기호를 삼으며 네 미간에 붙여 표로 삼고(신 6:7-9).

이스라엘에 부과된 책임은 우리 시대에 그리스도인 제자가 가진 책임과 유사하다. 그리스도인 제자는 결코 비번(非番)이 아니다. 그리스도인은 모든 상황에서 제자다. 왜냐하면, 그리스도가 모든 상황에서 그의 주인이시기 때문이다. 그리스도는 모든 삶의 주님이시다. 이와 유사하게 이스라엘은 "집에 앉았을 때에든지 길을 갈 때에든지 누워 있을 때에든지 일어날 때에든지"(신 6:7)처럼 모든 상황에서 하나님의 계명을 듣고 지킬 책임이 있었다. 제자도는 하나님의 명령에 주의를 기울여 듣는 것을 포함한다. 또한 우리는 주의를 기울여 들을 뿐만 아니라 순종, 즉 하나님의 명령을 지켜야 한다.

동일한 주제가 여호수아서에도 등장한다.

오직 강하고 극히 담대하여 나의 종 모세가 네게 명령한 그 율법을 다 지켜 행하고 우로나 좌로나 치우치지 말라 그리하면 어디로 가든지 형통하리니 이 율법책을 네 입에서 떠나지 말게 하며 주야로 그것을 묵상하여 그 안에 기록된 대로 다 지켜 행하라 그리하면 네 길이 평탄하게 될 것이며 네가 형통하리니(수 1:7-8).

또한 우리는 사사기에서도 동일한 주제를 발견한다.

너희는 이 땅의 주민과 언약을 맺지 말며 그들의 제단들을 헐라 하였거늘 너희가 내 목소리를 듣지 아니하였으니 어찌하여 그리하였느냐(삿 2:2).

북 왕국 이스라엘은 포로로 끌려갔다. 왜냐하면, 백성들이 하나님의 목소리를 듣지 않았기 때문이다.

여호와께서 각 선지자와 각 선견자를 통하여 이스라엘과 유다에게 지정하여 이르시기를 너희는 돌이켜 너희 악한 길에서 떠나 나의 명령과 율례를 지키되 내가 너희 조상들에게 명령하고 또 내 종 선지자들을 통하여 너희에게 전한 모든 율법대로 행하라 하셨으나 그들이 듣지 아니하고 그들의 목을 곧게 하기를 그들의 하나님 여호와를 믿지 아니하던 그들 조상들의 목 같이 하여 여호와의 율례와 여호와께서 그들의 조상들과 더불어 세우신 언약과 경계하신 말씀을 버리고 허무한 것을 뒤따라 허망하며 또 여호와께서 명령하사 따르지 말라 하신 사방 이방 사람을 따라 그들의 하나님 여호와의 모든 명령을 버리고 자기들을 위하여 두 송아지 형상을 부어 만들고 또 아세라 목상을 만들고 하늘의 일월 성신을 경배하며 또 바알을 섬기고 또 자기 자녀를 불 가운데로 지나가게 하며 복술과 사술을

> 행하고 스스로 팔려 여호와 보시기에 악을 행하여 그를 격노하게 하였으므로 여호와께서 이스라엘에게 심히 노하사 그들을 그의 앞에서 제거하시니 오직 유다 지파 외에는 남은 자가 없으니라(왕하 17:13-18).

동일한 것이 남쪽 왕국에 일어났다.

> 그 조상들의 하나님 여호와께서 그의 백성과 그 거하시는 곳을 아끼사 부지런히 그의 사신들을 그 백성에게 보내어 이르셨으나 그의 백성이 하나님의 사신들을 비웃고 그의 말씀을 멸시하며 그의 선지자를 욕하여 여호와의 진노를 그의 백성에게 미치게 하여 회복할 수 없게 하였으므로(대하 36:15-16).

우리는 예수님 자신에게서도 동일한 주제를 듣는다.

> 그러므로 누구든지 나의 이 말을 듣고 행하는 자는 그 집을 반석 위에 지은 지혜로운 사람 같으리니 비가 내리고 창수가 나고 바람이 불어 그 집에 부딪치되 무너지지 아니하나니 이는 주추를 반석 위에 놓은 까닭이요 나의 이 말을 듣고 행하지 아니하는 자는 그 집을 모래 위에 지은 어리석은 사람 같으리니 비가 내리고 창수가 나고 바람이 불어 그 집에 부딪치매 무너져 그 무너짐이 심하니라(마 7:24-27).

예수님은 우리에게 자신의 계명을 지키라고 명백하게 요구하신다.

> 너희가 나를 사랑하면 나의 계명을 지키리라(요 14:15).

이 구절들의 일부는 하나님의 "계명"과 그분의 "율례"에 초점을 맞춘다. 하지만, 이런 계명은 하나님과 독립된, 단지 고립된 규율 목록으로서 다가오지 않는다. 하나님이 그 계명들을 말씀하신다. 하나님은 자신을 우리에게 주시고 우리를 교훈하시는 맥락에서 그 계명들을 말씀하신다.

성경에서 하나님이 우리에게 주시는 모든 것은 특별한 명령을 포함하고 있는 성경의 내용들을 우리가 어떻게 이해해야 하는지를 지도하기 위해 돕는다. 하나님의 모든 말씀은 우리를 인도하는 역할을 한다. 우리 시대에 우리는 완전한 성경의 정경이 있다. 또한 이런 모든 정경은 우리를 이끄는 역할을 한다.

우리는 앞에서 그리스도의 제자가 되는 것이 무엇을 의미하는지를 논의했다. 그것은 그분의 가르침에 순복하는 것을 의미한다. 또한 예수님의 가르침 가운데서 구약성경의 신적 권위에 대한 확증을 발견한다(마 5:17-19; 19:4; 요 10:35).[2] 따라서 우리는 우리 자신이 구약성경을 하나님의 말씀으로 받아들이고 그 주장에 순종해야 한다고 추론한다.

신약성경의 사도들은 그리스도에 의해 위임받았으므로 그들에게는 그리스도의 권위가 있다. 그리고 우리는 또한 신약성경의 가르침에 순복한다.

요약하자면 하나님은 우리를 우리 자신의 생각에 내버려두지 않으신다. 하나님은 우리에게 말씀하심으로써 우리를 인도하신다. 오늘날 하나님은 성경의 완벽한 정경을 통해서 말씀하신다. 하나님은 자신의 말씀이 인생 전체를 인도하는 데 있어서 중심적인 역할을 하도록 의도하신다. 하나님은 이미 논의 중인 언어 소통의 이런 과정으로써 태초에 인간을

2 John Murray, "The Attestation of Scripture," in *The Infallible Word* (Philadelphia: Presbyterian and Reformed, 1946), 1-54.

창조하셨다. 하나님은 우리와 지속적인 소통을 하시기 위해서 우리를 창조하셨다. 우리가 단지 독립적으로 "진리를 고안하려고" 시도할 때 우리는 피조물로서 존재하는 우리 자신을 조작하는 것이다.

6. 독립성의 재앙적인 열매

또한 성경은 하나님에게서 독립하여 행하는 것에 대한 대안적 전략을 시도하는 인간들의 몇몇 예들을 담고 있다. 이런 대안적 전략의 역사는 에덴 동산에서 시작한다. 아담과 하와는 선악을 아는 나무의 열매에 대해 생각할 때 그들 스스로 결정했다.

이런 조치는 하나님에 대한 반역을 포함했고, 그분을 신뢰하기를 중단했으며, 하나님이 주셨던 선한 인도의 말씀에 대해 반역했고 무시했다. 이런 역사가 광야에서 계속되었다. 광야에서 백성들은 모세 대신에 새로운 지도자를 임명해서 애굽으로 돌아갈 것을 결정했다(민 14:3-4). 후에 그들은 자신들의 주도로 가서 가나안 땅을 차지하기로 결정했다(민 14:40, 44).

이런 종류의 행동은 자율적이고자 하는 욕망, 즉 하나님이 말씀하시는 것과는 관계없이 스스로 결정하고자 하는 욕망을 나타낸다.

이런 양상이 현대 대학에서도 계속된다. 거의 예외 없이 대학교 학업을 위한 전반적 분위기는 자율성의 분위기다. 이런 분위기에 대해 논의하거나 이의를 제기하기보다는 오히려 대개 이런 분위기를 전제한다.

그리스도의 제자들은 그분의 가르침에 순복한다. 대학교적 배경을 가진 다른 사람들의 대부분은 누구에게도 복종하지 않는다. 그들은 자신들의 접근 방식이 분명히 옳다고 생각한다. 그리고 그들은 진정한 기독교 신앙을 경멸한다. 그들은 성경을 믿는 그리스도인들은 순진하거나 독단적이거나 둘 다라고 생각한다.

여기서 우리는 성경에서 하나님의 가르침에 순복하는 그리스도인들과 순복하지 않는 비그리스도인들 사이의 현대적 양극화를 맞이한다. 이런 양극화는 성경 자체에서 자율성의 욕망과 하나님을 신실하게 섬기려는 소망 사이의 양극화를 반영한다.

아담과 하와가 지은 첫 번째 죄에서 그들은 자율성을 소망했다. 광야에서 자율성을 갈망하는 이스라엘 백성은 새로운 지도자를 임명해서 애굽으로 돌아갈 것을 제안했다. 이와는 대조적으로 신실한 성도들은 하나님의 교훈에 귀를 기울인다.

현대 대학들이 종교적으로 중립적이지 않다는 결론이 나온다. 하지만, 그들은 종교적으로 중립적인 척한다. 이런 자율성 분위기는 하나님에 반대하는 깊은 반역의 형태를 보여 준다. 대학에 다니는 대부분의 사람들이 그들 자신의 길을 따르는 데 열중한다. 그리고 그렇게 할 때 그들은 또한 하나님의 길을 거절하는 데 열중한다.

하지만, 비그리스도인들의 이런 열중이 실제로 그렇게 나쁜가?

어떤 사람들은 비그리스도인들은 적극적으로 하나님의 길과 교훈을 저항하는 데 열중하는 것이 아니라 단지 진리를 모를 뿐이라고 주장할 수도 있다. 지구상의 어떤 사람들은 결코 성경을, 또는 성경이 묘사하는 참된 하나님을, 또는 성경이 담고 있는 그리스도 안에 있는 구원의 메시지를 들어 본 적이 없다는 것은 사실이다. 하지만, 심지어 이런 사람들조차 중립적이지 않다. 로마서 1:18-23에 의하면 그들은 일반계시와 하나님을 아는 참된 지식이 있다. 그들은 이런 지식을 억누른다.

하지만, 서구에서 현대적인 대학교를 다니는 사람들은 일반적으로 너 좋지 않다. 그들은 교육받기를 갈망한다. 그들은 진리를 찾거나 지혜롭게 사는 방법을 찾기를 갈망한다. 또한 그들의 교육에 특별한 결함이 없다면 그들은 적어도 기독교 신앙과 성경의 본질에 대해 약간—아마 매우 왜곡되게—알 것이다. 또한 그들은 자율성에 대한 자신들의 열중으로 인해 이미 기독교에서 유래하는 초월적 주장을 거절하기로 결정했다.

누군가는 여전히 그들이 알고 있는 것은 단지 비통한 왜곡이므로 그들에게 변명할 이유가 있다고 지적함으로써 그들을 찬성하길 원할 수도 있다. 그렇다. 왜곡된 많은 이해가 있다. 또한 여기가 변증적 전략에 대한 질문이 시작하는 지점이다. 만약 문제가 단지 성경이 주장하는 것과 참된 그리스도인들이 믿고 있는 것을 그들이 모른다는 점에 있다면, 그리스도인의 의사소통은 단순한 복음 제시의 형태를 취할 수 있다.

어떤 반응이 나올 것인가?

하나님은 사람을 믿음으로 이끌기 위해 복음을 사용하실 수도 있다. 복음에는 하나님의 능력이 있고(롬 1:16) 모든 반대를 극복할 수도 있다.

하지만, 단순한 복음 제시가 항상 믿음의 반응으로 이어지는가?

아니다. 어째서 아닌가?

종종 현대인들은 심지어 복음에 대해 호기심이 없다. 그들은 신념 있는 세속주의자들이다. 그들은 이미 또 다른 삶의 방식에 헌신되어 있다. 하지만, 가령 그들이 호기심이 있다 하더라도 그들의 호기심은 저항과 혼합되어 있다. 복음은 하나님에게 반역하고 계속 반역하기로 결정하는 사람들을 기쁘게 하지 못한다(고전 1:18-31).

그러므로 기독교 선포가 저항과 반대를 만날 때 변증학의 문제가 발생한다. 또한 이런 저항과 반대는 갑자기 나오지 않는다. 이것들은 자율성에 대한 일반적인 사랑에 의해서뿐만 아니라, 대학교에 다니는 개인이 자율성의 원리에 대한 추정적 우월성과 대학교의 지식 주장(knowledge claims) 때문에 느끼는 자부심과 안락에 의해서도 종종 활성화된다. 대학교의 추정적 우월성은 성경을 믿는 기독교에 대한 추정적 무지 및 원시적 이해와는 대조된다.

필자는 자율성의 분위기가 너무 강하고 분명하기 때문에 대학교적 배경에 초점을 맞춘다. 이것은 쟁점이 되는 요점에 대해 어떻게 논의할 것인가에 대한 기본적 가정이다. 하지만, 물론 대학교들은 다른 모든 것에 영향을 준다. 사업, 교육, 언론, 정치에서 영향력 있는 사람들은 일반적으로 대학교 교육을 받은 사람들이다. 따라서 성경을 믿는 그리스도인들과 거의 모든 사람 사이의 양극화는 서구 사회의 대부분의 특징이 된다.

이런 모든 것에서 필자의 요점은 다음과 같다. 즉, 그리스도인들과 비기독인들은 똑같이 사고하지 않고 동일하게 가정하지 않는다는 것이다. 그들은 성경의 역할과 “결정하고” 자신의 삶을 운영하는 것에 대한 역할을 특별히 다르게 가정한다. 성경 자체는 이런 차이에 대한 많은 예를 포함하고 있다. 우리가 변증적 논의를 준비할 때 이런 차이점을 생각해야 한다.

7. 변증적 논의를 위한 요점들

따라서 어떻게 우리가 믿지 않는 사람과 변증적 논의를 해야 하는가?

우리는 그리스도의 부활의 증거를 제시해야 하는가?

물론이다. 하지만, 어떻게 우리는 그리스도 부활의 증거를 제시해야 하는가?

우리는 사람들이 생각하는, 증거를 평가하는 **기준**이 무엇인지에 대해 어떤 주의도 기울이지 않고 이 일을 하는가?

그렇다면 우리는 다음과 같은 위험을 감수한다. 즉, 믿지 않는 청자들은 적합한 기준에 대한 자신들의 생각에서 잘못된 것일 수도 있는 것을 결코 분석하지 않을 것이다.

바울이 고린도전서 15:3-8에서 보여 주는 것처럼 부활을 지지하는 많은 증거가 있다. 하지만, 증거는 가정(assumption)이라는 배경과 비교하여 해석된다. 바울이 "성경대로"라는 구절을 두 번 반복하는 것을 통해 보여 주는 것처럼(고전 15:3-4) 그는 이 증거를 구약성경적 배경과 비교하여 해석한다.

이와는 대조적으로 현대의 불신자는 과학이 기적의 불가능성을 보여준다는 가정을 담은 배경과 상반되는, 고린도전서 15:3-8 및 다른 곳에서의 증거를 해석한다. 이런 가정은 불신자의 마음에서 확고하게 자리 잡았다.

부분적으로 그 이유는 인간의 통찰력이 근사치(approximations)이기보다는 오히려 궁극적으로 신에게 합당한 권리가 된다는 사고방식에 사고의 자율성에 대한 헌신이 기여하기 때문이다. 과학이 인식하는 규칙성은 하나님이 예외적으로 일하실 수 있으므로 예외가 있을 수도 있다는 근사치라기보다 오히려 진리로 간주된다. 따라서 만약 우리가 현대의 가정(assumptions)이 기독교 견해와 다르게 작동하는 방식과 씨름한다면 우리는 현명하다.

어떻게 우리는 불신자를 설득하기 위해 시도할 수 있는가?

우리가 하나님의 존재를 지지하는 논증, 아마 제일 원인의 논증을 제시해야 하는가?

물론 하나님은 제일 원인이시다(창 1:1).

하지만, 불신자가 어떻게 그런 논증을 이해하겠는가?

일반적으로 자율성에 대한 불신자의 헌신은 불신자가 한 차원에서 모든 원인을 다루게 한다. 또한 그런 종류의 이해는 성경의 하나님으로 이어지는 것이 아니라 두 개의 피조된 사물의 상호 작용을 수반하는 원인들과 동일한 수준의 또 다른 원인들로 이어진다. 당구공 하나가 또 다른 당구공을 친다.

우리가 당구공의 원인들을 과거로 다시 추적할 수 있는가?

가령 첫 번째 원인이 있다 하더라도 그것은 자율적 사고에 의해 많은 원인 가운데 하나의 원인으로 강등된다. 이것은 많은 당구공 가운데 하나다.

우리는 기저에 놓인 가정에 도전할 필요가 있다. 그렇지 않다면 성경의 주장이 반기독교 가정, 즉 비기독교 세계관의 시야를 통해서 걸러지고 잘못 이해될 때 성경의 주장은 왜곡되고 거절되는 경향이 있다.

따라서 우리는 불신앙에 속하고 복음에 대한 반대를 북돋우는 가정과 전제를 분석해야 한다. 우리가 서구 세계에서 일반적인 지적 반대를 고려할 때 우리는 이런 가정 가운데 적어도 세 가지 취약점을 발견한다.

첫째, 우리는 아이러니를 발견한다. 비그리스도인들은 기독교 신앙을 무지하고 독단적인 것으로 간주한다. 하지만, 아이러니하게도 그들은 그들 자신의 무지와 독단이 있다.

일반적으로 대학교 체계 안에 있는 사람은 기독교의 실제 주장에 대해 상당히 무지한 가운데, 또한 그들 생각의 근원에 대해 견고하게 무지한 가운데 기독교를 경멸한다. 그는 자율성을 확언하고 기독교를 거절하는 데 편안함을 느낀다. 이것은 그가 자신의 전제를 분석하거나 점검했기 때문이 아니라 자기 주변의 모든 사람이 유사한 생각을 하고 있기 때문이다. 그는 단지 그 분위기를 받아들였을 뿐이다. 또한 그는 이것이 이미 발생한 것이라는 것을 모른다.

이런 분위기를 받아들였기 때문에 그는 그것을 독단적으로 주장한다. 만약 그가 그것에 대해 꼬치꼬치 캐묻는 질문을 한다면 자신의 사회적 위치를 잃을까 두려워한다. 그는 교만과 두려움에 의해 영향을 받는다.

그의 반응들은 무지뿐만 아니라 죄를 보여 준다.

둘째, 어떤 사람들은 자율성을 통해서 사고했을 수도 있고 더 박식한 방식으로 기독교 신앙을 거절할 수도 있다. 하지만, 그들도 자기 삶의 토대를 모래 위에 두고 있다. 가령 그들은 도덕적 판단에 대한 어떤 확고한 토대도 없다. 하나님이 존재하지 않는다면 도덕적 기준은 개인적이고 사회적인 선호 안으로 사라진다.

소위 그리스도인이 가지고 있다고 여겨지는 무지와 독단주의에 대해 심판을 선언하려는 시도는 권력을 행사하려는 의지 안으로 흡수되어 버린다. 권력을 행사하려는 의지에 따르면 사람은 자신의 주관적 선호를 다른 사람에게 투영시킨다. 이와 유사하게 사람이 자신의 정신 기관이 적당하게 이 세상과 조화되는지를 어떻게 그가 알 수 있는지에 대해 궁금해 할 때 지식은 회의주의 안으로 사라질 수도 있다. 지식 자체에 대한 도덕적 기준은 사라진다. 또한 도덕적 기준과 함께 지식이라고 주장하는 것을 평가하는 기준도 사라진다.

셋째, 비그리스도인은 도덕성, 지식 그리고 다른 영역의 문제에 있어서 비밀리에 날마다 하나님과 그분의 선한 재능에 의존한다.

이 세 가지 취약성 모두 변증적 논의를 위한, 가능성 있는 출발점을 보여 준다. 프레임의 본서는 우리를 이런 과정으로 나아가도록 도와준다.

8. 일반계시의 편만함

세 번째 취약성, 즉 하나님을 비밀리에 의존하는 것에 대해 약간 더 고려해 보자. 견실한 일반계시(general revelation) 교리는 변증학을 돕는다. 왜냐하면, 견실한 일반계시 교리는 인간이 하나님을 의존하는 것에 대한,

그리고 불신자가 억누르는, 인간이 하나님을 아는 지식에 대한 이해를 높이기 때문이다.

반틸(Van Til)은 자신의 책 『개혁주의 신학 서론』(*Introduction to Systematic Theology*, CLC 刊)에서[3] 특별계시와 성경을 논의하기 전에 일반계시에 관한 견실한 이해를 주의 깊게 작업한다. 그는 일반계시에 대한 우리의 사고가 어떤 차이를 만든다고 보았다. 특별히 로마서 1:18-23은 피조계가 하나님을 드러내고 그 결과로 인간이 하나님을 안다고 주장함으로써 어떤 차이를 만든다.

서구의 비그리스도인은 일반적으로 실재는 하나님을 분명하게 드러내지 않는 사실에 있다고 가정한다. 그리스도인이 이런 가정을 인정하거나 이런 견해에 결코 도전하지 않음으로써 그 견해를 인정하는 것처럼 보인다면 성경의 특별계시는 곧 타당성을 상실한다. 성경에서의 하나님의 음성은 이른바 하나님이 부재한 세상에 들어맞지 않는다. 그리스도의 부활도 타당성을 상실한다. 하나님이 자기 아들을 죽은 자들 가운데서 일으키시는 기적적인 특별한 행동은 하나님이 사실상 부재하다는 단순한 "사실"의 세계에서는 전혀 의미가 없다.

비그리스도인이 이 세계를 자율적으로 해석할 추정상의 "권리"를 얻는다면 그는 또한 성경을 자율적으로 해석할 것이고 성경은 단순히 인간적이라고 결론 내릴 것이다. 그는 부활을 자율적으로 해석할 것이고 부활이 신화적 이야기라고 결론을 내릴 것이다. 또는 가령 그가 부활이 발생했다는 것을 인정한다 하더라도 부활은 의미 없는 이상한 예외로 남는다. 그는 "이상한 일이 때때로 일어난다"라고 말할 수도 있다. 이것을 인

---

3 Cornelius Van Til, *An Introduction to Systematic Theology: prolegomena and the Doctrine of Revelation, Scripture, and God*, ed. William Edgar, 2nd ed. (Phillipsburg, NJ: P&R Publishing, 2007)(『개혁주의 신학 서론』, CLC 刊).

정하면, 일반계시에 대한 억압은 특별계시에 대한 억압으로 이어진다.

한편 일반계시에 대한 견실한 이해는 하나님을 아는 지식이 불신앙 가운데 억눌려지는 방식을 드러내는 데 일조한다. 비그리스도인들은 하나님을 의존하는 동시에, 의존하는 상황 가운데 하나님에 대한 그들의 지식을 부패시킨다.

하나님의 섭리 가운데 나도 기여하려고 애썼다. 필자의 작품은 주로 직접적인 변증적 대화와 관련된 도전 및 불신자들과의 대면에 초점을 맞추지 않았다. 오히려 필자는 일반계시의 본질에 대한 긍정적인 이해에 초점을 맞추었다. 이런 과정에서 필자는 다음과 같은 것을 더 깊이 이해하게 되었다. 즉, 과학과 과학 법칙의 모든 측면, 언어의 모든 측면, 인격적 관계의 모든 것, 논리 영역에서의 모든 것이 우리가 계속해서 만나는 하나님 안에 그 출처가 있다는 것을 증거한다.

하나님은 인간 존재 자체를 만드신 목적을 하나님의 영광을 즐거워하게 하기 위함이다. 즉,

> 인간의 주된 목적은 하나님을 영화롭게 하는 것이고 그분을 영원히 즐거워하는 것이다(웨스트민스터 소요리문답 답변 1).

프레임의 본서의 처음 제목(『하나님의 영광을 위한 변증학: 서론』[*Apologetics to the Glory of God: An Introduction*] -역주)에 들어 있던 어구인 "하나님의 영광을 위한"이 적합하다. 하나님은 우리를 그분의 영광을 찬양하도록 부르셨다. 왜냐하면, 하나님은 과학과 언어 그리고 관계 등을 통해서 자신을 계시하시기 때문이다.

특별계시에서뿐만 아니라 일반계시에서도 성부 하나님은 성령의 능력 안에서 성자 하나님의 광채를 통해서 그분의 영광스러운 성품을 계시하

신다. 우리는 이런 영광을 인식하고 받도록 창조되었다. 우리는 모든 점에서 그분을 의지한다. 또한 우리가 우리 주변을 둘러볼 때 만약 우리가 이런 계시를 피하거나 억누른다면 우리는 우리가 보는 것에 대한 실재뿐만 아니라 우리 자신까지도 부정하는 것이다.

9. 다시 제자도

우리는 처음으로 돌아왔다. 필요한 것은 그리스도에 대한 제자도다. 물론 우리는 불신앙과 어두움의 감옥에 갇혀 있는 사람들을 제자도로 부를 필요가 있다. 하지만, 우리는 또한 우리 자신이 제자로서 성장할 필요가 있다.

진지한 제자도는 하나님과 세상을 이해하는 것으로 이어진다. 또한 그 이해는 변증학에서 열매를 맺는다. 모든 음식과 모든 도덕적 문제가 변증 논의를 위한 잠재적인 출발점이다. 왜냐하면, 모든 사과(apple)는 그 출처가 하나님 안에 있음을 증거하기 때문이다.

결국 프레임의 본서는 변증학 영역에서 제자도를 설명한다. 그렇게 하는 것은 또한 하나님의 영광을 설명하는 것이다. 즉, 본서는 하나님의 영광을 위한 변증 작품이다.

개정판

저자 서문

존 M. 프레임(John M. Frame) 박사
리폼드신학교 조직신학 및 철학 명예교수

필자는 이 개정판을 보게 돼서 매우 기쁘다. 이것은 축하할 일이다. 원래 본서는 1994년에 출판되었다. 그리고 이제 본서는 24년 후에 새롭게 등장했다. 이 기간에 필자는 변증학에 대해 더 많은 글을 썼다.

또한 필자는 본서에 편집상의 각주와 함께 자료를 첨가한 편집자 조셉 토레스에게 매우 감사한다. 조셉은 좋은 친구이고 아마 필자와 편지를 주고받은 기간이 10년은 될 것이다. 그리고 조셉은 수업과 연구 조교로서 필자와 함께 일했다. 그리고 그는 이 세상의 누구 못지 않게 필자의 변증 방법을 잘 이해한다.

이런 차원의 이해를 공유하는 또 다른 사람은 필자의 오랜 친구이며 동료인 번 포이트레스(Vern Poythress)다. 본서에 대한 이해를 돕는 그의 머리말로 인해 그에게 많이 감사한다. 그는 성경의 구속사에 대한 주의 깊은 설명으로 변증적 이슈들을 소개한다. 필자는 독자가 본서의 모든 것이 창조, 타락, 예수 그리스도를 통한 구원에 대한 성경의 설명에 뿌리를 두고 있다고 결론을 내리길 희망한다.

필자는 조셉과 포이트레스 외에, 본서의 개정판이 나오도록 협력했던

모든 사람에게 감사하고 싶다. 존 휴스(John J. Hughes)는 이전에 나왔던 필자의 많은 책에서처럼 본서의 출판 과정을 담당했다. 여기서 캐런 매그누슨(Karen Magnuson)이 원고를 매우 잘 정리해 주었다. 팀 뮤에더(Tim Muether)는 색인 작업을 해 주었다. 또한 우리는 모두 하나님의 은혜가 없다면 어떤 것도 할 수 없다는 것에 동의한다.

본서를 위한 필자의 기도는 다음과 같다. 즉, 본서가 믿는 자들로 하여금 두려움 없이 복음을 거리로, 심지어 이 세상으로 전하도록 동기를 부여하는 것이다. 기독교 변증가들 가운데 "육체를 따라 지혜로운 자가 많지 않다"(고전 1:26). 하지만, 이런 세상적인 기준 자체는 하나님의 평가에 있어서 어리석은 것이다.

따라서 우리는 주님에게 신실한 변증가들이 "하나님 아는 것을 대적하여 높아진 것을 다 무너뜨리고 모든 생각을 사로잡아 그리스도에게 복종하게" 할 것을 기대해야 한다(고후 10:5). 믿는 자들이 그런 능력으로 복음을 제시하도록 돕는 데 하나님이 본서를 사용하시길 바란다.

초판

저자 서문

존 M. 프레임(John M. Frame) 박사
리폼드신학교 조직신학 및 철학 명예교수

본서의 제목이 보여 주는 것처럼 본서(초판의 제목은 『하나님의 영광을 위한 변증학: 서론』[*Apologetics to the Glory of God: An Introduction*]이다 -역주)는 포괄적인 변증학 체계라기보다는 오히려 "서론"(introduction)이다. 하지만, 본서는 대학 수준의 독서를 할 수 있으며 또한 어떤 어려운 문제를 해결하는 일에 진지한 관심이 사람들을 위해 의도되었다.

변증학의 이슈들을 고려하기 위한 더 포괄적이고 철학적 배경을 원하거나 그런 도움이 필요한 사람들은 필자의 책 『신지식론』(*Doctrine of the Knowledge of God*, PNR[개혁주의신학사] 刊)을 읽어야 한다.[1] 이것은 다소 더 큰 연구이고 변증학 서론의 기저에 놓인 일반 지식 이론을 제시한다. 본서에서 주장하는 많은 요점을 『신지식론』에서 더 자세하게 논의했다. 본서에서 전개한 인식론은 특정한 변증적 이슈들에 적용된다. 필자는 본서가 변증학 교과서로서 더 적당할 것이라고 믿는다.

선한 양심으로 갖고 필자는 본서를 "개혁파"(Reformed) 변증학으로서

---

1 Phillipsburg, NJ: P&R Publishing, 1987.

또한 코넬리우스 반틸(Cornelius Van Til)이 발전시킨 특별한 종류의 개혁파 변증학에 속한 것으로서 설명할 수 있다. 필자가 반틸이 저술했던 모든 문장에 반드시 동의하는 것은 아니다. 사실 어떤 반틸주의자들은 본서를 "수정주의적인 것"(revisionist)으로 설명할 것이다.

하지만, 필자는 반틸의 접근 방식이 현시대에 여전히 기독교 변증학을 위한 가장 좋은 토대라고 믿는다. 비록 필자가 때때로 반틸을 언급할 것이지만 본서에서 반틸을 설명하거나 그의 생각과 필자의 생각 사이에 정확한 관계를 보여 주는 것이 필자의 목적은 아니다.

하나님이 허락하신다면 그러한 책은 이후에 나올 것이다. 필자는 또 다른 책을 준비하고 있다. 그리고 그 책은 포괄적으로 반틸의 작품을 분석하고 평가하려고 시도할 것이다. (필자는 그 책이 반틸이 출생한 지 100주년 되는 해인 1995년이나 그 이전에 출판되길 기도하고 있다.)[2] 그 책은 필자가 왜 계속해서 반틸의 모범을 따르고 있는지 그리고 가끔 그의 모범에서 벗어나는지를 여기서 할 수 있는 것보다 더 정확하게 보여 줄 것이다.

필자는 반틸의 변증학이나 필자의 변증학에 대한 설명으로서 "전제적"(presuppositional)이라는 용어를 특별히 좋아하는 것은 아니다. 하지만, 종종 이 용어는 이런 방식으로 사용된다. 전제는 종종 증거(evidence)와 대조된다. 그 결과로 하나의 체계를 "전제적"이라고 부르는 것은 그 체계가 전제의 중요성을 인식하지만, 증거는 무시한다는 메시지를 전달하는 경향이 있다.

고든 클락(Gordon Clark)은 그 자신의 용어를 사용했고 마땅히 그럴 만했다. 왜냐하면, 클락은 인간의 감각 경험(sense-experience)을 통해서 알려

2 이 책은 *Cornelius Van Til: An Analysis of His Thought* (Phillipsburg, NJ: P&R Publishing, 1995)로 출판되었다.

질 수 있는 것에 대해 매우 회의적인 견해를 갖고 있었기 때문이다. 따라서 그는 보통 **증거**라고 부르는 것에 대해 회의적인 견해를 갖고 있다. 그는 **지식**이라는 용어를 단지 우리가 성경에서 배우는 것을 위해 남겨 두어야 한다고 믿었다.

하지만, 반틸은 감각 경험에 대한 그런 회의적인 견해가 없었다. 또한 그는 그런 방식으로 지식이 성경에 한정되어야 한다고 믿지 않았다. 또한 그는 증거 사용을 거절하고 싶지도 않았다. 따라서 이런 의미에서 사용된 "전제적"이라는 용어는 반틸의 입장이나 필자의 입장을 적당하게 설명하는 것이 아니다.

(필자가 믿기에) 존 거스트너(John Gerstner)와 같은 다른 신학자들은 반틸이 이 용어를 사용한 것에 대해 잘못 이해한다. 그들은 전제(前提, presupposition)에서 "전"(前, pre)을 강조한다. 따라서 그들은 전제는 우리가 그 밖에 무언가를 믿기 전에(시간상으로) 우리가 믿는 중요한 무언가라고 생각한다. 이것은 틀렸다.

"전"(pre)이라는 용어를 시간적 우선성이 아닌 주로 두드러짐(eminence)을 가리키는 것(예를 들어, 탁월[preeminence])으로서 이해해야 한다. (그러나 어떤 의미에서 기독교적 전제—즉, 심지어 불신자들도 갖고 있지만 존중하지 않는 진리에 대한 지식—는 시간적으로 앞선다. 즉, 그것은 생명의 시작부터 존재한다.) 그런데도 다른 사람들은 전제를 **가설**(hypothesis)과 동일시하거나 그것을 임의적이고 근거 없는 가정으로 추정한다. (반틸의 견해에서 전제는 하나님의 계시에 근거하고, 가설적이지 않고 정언적[定言的, categorical]이다.)

이런 혼란이 널리 퍼져 있으므로 필자는 이 용어 사용을 꺼린다. 그럼에도 불구하고 필자는 단어를 놓고 옥신각신하고 싶지 않다. 또한 이 용어는 사고와 지식에서 어떤 종교적 중립성도 없다는 것을 이해하는 모든 사람을 위한 표준 명칭이 되었다. 따라서 필자는 가끔 편의상 나 자신과 반틸에 대해 그 명칭을 사용할 것이다. 또한 필자는 우리가 클락 및 다른 신학자들과 공유하는 것, 즉 중립성의 거부를 강조하기 위해 그 명칭을 사용할 것이다.[3]

하지만, 어째서 변증학에 대한 또 다른 서론인가?

물론 반틸의 작품은 여전히 가치가 있다. 하지만, 반틸의 작품을 항상 더 쉽게 이해하는 언어로 번역할 필요가 있었다. 필자가 보여 주었던 것처럼, 약점이 엄청나게 중요한 통찰을 흐리게 하지 않도록 반틸의 작품은 일부 개정이 필요하다고 생각한다. 반틸의 저술들 외에, 변증학의 규범에 대해 일부 자세하게 묻기 위해 성경 자체로 나아가는 변증학 서론이 있지만 거의 없다. 필자는 본서가 그런 간격을 채워줄 것으로 희망한다.

반틸 자신의 저술이 가진 하나의 약점은 구체적 논증의 결핍이다.[4] 반틸은 항상 기독교를 지지하는 "절대적으로 확실한 논증"이 있다고 말했다. 하지만, 그는 가장 기본적인 개요 형식을 제외하고 거의 예를 제공하

---

3 이 위의 37줄의 내용은 "전제적"이라는 용어를 명확하게 하기 위해 원 저자 서문에 추가된 것이다.

4 필자는 가끔 본서에서 **논증**(argument)이라는 용어를 사용할 것이다. 하지만, 이 용어는 때때로 잘못 이해된다. 필자가 의미하는 이 용어는 때때로 일상 언어에서 사용되는 것처럼 적대적 대결이 아니다. 또한 필자가 의미하는 바는 추상적 문제나 이론적 문제에 대한 건조하고 목적 없는 논의, 즉 어떤 사람들이 이 단어에 연결시키는 그런 개념이 아니다. 오히려 필자는 이 용어를 논리적 의미로 사용한다. 즉, 논증은 단순히 논증가가 주장하고 결론을 암시하는 일군(一群)의 전제다. 그렇게 이해될 때 이 용어는 가령 행 17:2; 18:4, 19; 24:25에서 바울이 했던 **추론**(reasoning)과 대체로 동의어이다. 사람들은 때때로 기독교를 증거하는 사람들에게 논증하지 말라고 충고한다. 만약 우리가 **논증**을 적대적 대립이라는 의미로 받아들인다면 이런 충고가 좋을 수도 있다 (하지만, 제1장의 "8. 위험"을 보라). **논증**이 죄 및 구원과 관련 없는 추상적 문제를 놓고 벌이는 단순한 논쟁을 의미한다면 이런 충고는 좋은 수도 있다. 하지만, 논리적 의미에서 논증은 피할 수 없다. 모든 설교, 모든 성경 공부, 그리스도에 대한 모든 증언은 결론을 정당화하려고 애쓴다. 따라서 논증적 측면이 있다.

진 않았다. 필자는 내적에서 나타나는 이유로 인해 "절대적으로 확실한 논증"을 약간 덜 주장하고 싶다. 하지만, 본서는 분명히 추론에 관한 어떤 구체적인 예를 포함하고 있다. 그리고 독자는 자유롭게 그런 추론을 비판하거나 모방할 수 있다.

본서가 이론적 문제에 대해 약간 비중을 더 두지만, 필자는 개혁파 변증가가 일상 언어로 말할 책임이 있다는 것을 깨달았다. 제10장은 그런 방향으로 나아가는 한 걸음이다. 하지만, 결국 다른 이들이 이런 종류의 대중화를 하는 데 있어서 필자보다 더 적합할 수도 있다. 어쨌든 독자가 본서의 이론적 부분에 대한 자신의 적성이나 관심에 대해 의심스럽다면 제10장이 도움이 된다는 것을 알 수 있을 것이다. 그리고 필자는 이러한 독자가 우선 제10장을 읽도록 제안한다.

반틸 외에 필자는 여기서 이런 사상들과 그것들의 출판에 이런저런 방식으로 기여했던 다른 많은 사람에게 빚을 졌다. 특별히 필자는 1990년 8월 펜사콜라신학연구소(Pensacola Theological Institute)에서 강의를 요청한 것으로 인해 플로리다(Florida)주의 펜사콜라에 소재한 맥일와인기념장로교회(McIlwain Memorial Presbyterian Church)에 감사하고 싶다. 이 연구소의 독자들은 필자에게 좋은 의견을 제공하고 격려해 주었다. 또한 그들은 필자가 출판을 위해 (여기서 크게 확장한) 자료를 개발하도록 동기를 부여했다.

또한 필자는 본서의 초안을 읽었고 필자에게 많은 격려와 제안을 했던 많은 친구에게 빚을 졌다. 짐 스코트(Jim Scott)는 출판하도록 원고를 편집하는 데 있어서 훌륭한 일을 했다. 데렉 버그스마(Derek Bergsma), 빌 에드가(Bill Edgar), 톰 노타로(Thom Notaro), 스코트 올리핀트(Scott Oliphint), 짐 조단(Jim Jordan), 스프롤(R. C. Sproul)에게 특별히 감사한다.

왜냐하면, 이들은 본서의 개괄적 구조와 자세한 많은 내용에 관해 많은 유용한 생각을 제공했기 때문이다. 필자는 그들의 모든 제안을 받아들일 수가 없었다(사실 일부 제안은 다른 제안들을 반박했다!). 하지만, 필자는 모든 제안을 진지하게 받아들였다. 또한 이런 자기 비판적 사고 과정은 매우 가치가 있었다. 필자는 본서가 결과적으로 다른 사람들을 자극하여 하나님의 사랑과 예수님의 지상 사명의 완성을 위한 변증적 도전에 반응하게 할 것으로 믿는다.

역자 서문

김 진 운

존 프레임(John Frame)은 미국의 대표적인 개혁주의 신학자 가운데 한 분이다. 무엇보다도 그는 칼빈주의에 기초한 주권 신학(Lordship theology)으로 유명하고, 코넬리우스 반틸(Cornelius Van Til)의 제자로서 전제주의(presuppositionalism)에 기초해 변증학을 발전시킨 것으로 알려졌다.

프레임은 미국 개혁신학의 산실인 웨스트민스터신학교(Westminster Theological Seminary)에서 스승인 반틸의 지도 아래에 신학사(B.D.)를 취득했다. 그런 후에 예일대학교(Yale University)에서 철학을 전공하여 두 개의 학위(M.A & M. Phil)를 받았다. 그리고 벨헤이븐대학(D.D.)에서 명예 신학박사를 받았다.

프레임은 모교인 웨스트민스터신학교에서 가르치다가 미국 서부에 있는 웨스트민스터신학교 캘리포니아 캠퍼스에서 가르치다가 공 예배에서의 현대 음악 사용을 놓고 벌인 신학 논쟁으로 인해 플로리다주 올랜도에 소재한 리폼드신학교(Reformed Theological Seminary)로 자리를 옮겨 조직신학과 철학을 가르쳤고, 지금은 은퇴했다.

본서는 1994년에 처음으로 출판된 작품을 개정증보한 것이다. 출판된 후 20년 동안 변증학 입문서로서 역할을 하다가 부록이 추가되어 개정판으로 나왔다. 존 프레임이 본서에서 말하고자 하는 것을 이제 간단히 살펴보자.

1. 변증학에 대한 정의

웨스트민스터신학교의 창립 교수진 중 한 명인 코넬리우스 반틸은 "성경에서 자증하는 그리스도"와[1] "성경에서 자증하는 삼위일체 하나님"을 모든 논의의 출발점(starting point), 즉 전제로 삼는 개혁파 변증학을 제시하려고 애썼다. 다른 말로 말해서 반틸은 성경을 통해서 말씀하는 하나님을 전제하며 논증을 전개했다.[2]

개혁파 변증학이 한국 신학계에 소개되어 왔다.

그러나 변증학을 과학 기술이 발달하고 다원주의, 인본주의, 물질주의가 횡횡하는 21세기를 사는 한국 사회에 적용할 수 있는가?

우리가 사는 현실은 어느 시대 못지않게 기독교가 공격을 받는 치열한 영적 전쟁의 장이다. 한편 우리는 거대 담론의 체계를 부정하는 포스트모더니즘이 횡횡하는 시대에 살고 있다. 사람들은 하나님과 절대 진리를 거부한다. 그들은 자기 소견을 옳고 그름의 기준으로 삼는다. 다른 한편 현대는 세속주의, 인본주의, 물질주의, 자아가 우상이 되는 시대이고 사람들은 이런 것들에서 구원과 영혼의 안위를 찾으려 한다.

이런 치열한 영적 전쟁 가운데 성경에서 말씀하는 하나님을 참되게 제

1 Van Til, "Response to Dooyeweerd" in *Jerusalem and Athens: Critical Discussion on the Philosophy and Apologetics of Cornelius Van Til*, ed. E. R. Geehan (Nutley, NJ: Presbyterian and Reformed, 1971), 125.

2 이승구, 『코넬리우스 반틸: 개혁파 변증학의 선구자』(서울: 살림, 2007), 110-115.

시하는 변증이 더 필요하다고 본다. 왜냐하면 프레임이 정의하는 것처럼 변증학은 기독교인들이 가진 소망의 이유를 하나님도 없고 소망도 없는 세대에 온유와 친절함으로 제시하는 신학의 하위 분과이기 때문이다. 이런 의미에서 오늘날 기독교 변증은 한국 사회에 적용할 수 있고 더욱 더 필요하다고 본다.

프레임은 『신지식론』(*Doctrine of the Knowledge of God*, 1987)에서 변증학을 다음과 같이 정의한다.

> 변증학은 성경을 불신앙에 적용하는 것으로서 정의될 수 있고 엄밀한 의미에서 신학의 하위 분과로서 이해할 수도 있다.[3]

프레임은 신학을 "우리가 하나님 말씀을 삶의 모든 영역에 적용"하는 것으로 정의한다.[4] 특별히 변증학은 성경을 불신앙에 적용하는 것이다. 그런 의미에서 변증학은 신학의 하위 분과(suddivision)로 정의할 수 있는 것이다. 하지만 프레임은 『하나님의 영광을 위한 변증학』 초판에서 변증학을 다음과 같이 정의한다.

> 우리는 변증학을 기독교인들에게 그들이 가진 소망에 관한 이유를 제시하는 방법을 가르치는 학문 분과로 정의할 수도 있다.[5]

---

3 John M. Frame, *Doctrine of the Knowledge of God* (Phillipsburg, NJ: Presbyterian and Reformed, 1987), 87(『신지식론』, PNR[개혁주의신학사] 刊).

4 Frame, *Doctrine of the Knowledge of God*, 81.

5 John M. Frame, *Apologetics to the Glory of God: An Introduction* (Phillipsburg, NJ: P&R Publishing, 1994), 1. 벧전 3:15.

이 정의가 그의 『신지식론』에서의 정의와 다르게 들릴 수 있다. 하지만 두 가지 정의 모두 하나님 말씀을 변증한다는 의미에서 논리적으로 같다고 언급할 수 있다. 즉 변증학은 기독교 메시지가 담고 있는 진리를 변증하는 신학 분과다.[6]

프레임은 변증학의 역할을 세 가지 관점에서 규명한다.

① 증명으로서의 변증학(apologetics as proof, 제3장-제6장).

② 변증으로서의 변증학(apologetics as defense, 제7장-제8장).

③ 공격으로서의 변증학(apologetics as offense, 제9장-제10장).

증거로서 변증학은 우리가 믿는 기독교 신앙에 대한 합리적인 근거를 제시하는 것이다. 변증으로서 변증학은 기독교 진영뿐만 아니라 기독교 진리를 공격하는 불신앙에 대해 변증하는 것이다. 마지막으로 공격으로서의 변증학은 불신앙의 어리석음을 공격하는 것이다. 변증학을 이렇게 세 가지 관점에서 규명하는 것은 프레임의 삼관점주의에 기초한 것이다. 프레임은 다음과 같이 언급한다.

> 이런 세 가지 유형의 변증은 관점적으로 관련되어 있다. 다른 말로 말해서 완전히 그리고 올바르게 행해진 각각의 변증은 나머지 둘을 포함한다. 그 결과로 각각의 변증은 전체 변증적 과업을 살펴보는(즉, 전체 변증적 과업에 대한 하나의 관점) 하나의 방법이다. 믿음의 근거를 완전히 설명하기 위해(①) 우리는 불신자들이 제기한 반대(②)와 대안(③)에 반대하는 그런

6 John M. Frame, "Frame the Apologist" in *Speaking the Truth in Love* (Phillipsburg, NJ: Presbyterian and Reformed, 2009), 400-405.

> 근거의 정당성을 입증해야 한다. 이와 유사하게 ②에 대한 완전한 설명은 ①과 ③을 포함할 것이다. 그리고 ③에 대한 완전한 설명은 ①과 ②를 포함할 것이다. 따라서 어떤 면에서 이 세 가지 형태의 변증은 동등하다. 하지만 그런데도 우리가 이런 관점들을 구별하는 것이 좋다. 왜냐하면 이 세 가지 형태의 변증은 확실히 서로를 보완하고 강화하는 진정으로 다른 강조점을 나타내기 때문이다.[7]

변증학을 세 가지 관점으로 정의한 것이 그의 스승인 반틸을 변증학을 이어 받아서 확장 시킨 그만의 독특한 정의라 할 수 있다.

2. 전제주의

프레임은 자신을 스승 코넬리우스 반틸이 발전시킨 "개혁파 변증학"를 계승하는 신학자로 본다. 개혁파 변증학은 성경에서 말씀하는 하나님, 즉 자증하는 그리스도와 삼위일체를 모든 논의의 전제, 즉 출발점으로 삼는다. 프레임이 스승인 반틸의 모든 주장에 동의하는 것은 아니다. 혹자는 프레임을 "수정주의자"라고 언급한다. 하지만 프레임은 "반틸의 접근 방식이 현시대에 여전히 기독교 변증학을 위한 가장 좋은 토대"[8]라고 말한다. 프레임은 전제(presuppositionalism)를 다음과 같이 정의한다.

7 Frame, *Apologetics to the Glory of God*, 2-3.

8 Frame, *Apologetics to the Glory of God*, xxxii.

전제는 다른 믿음보다 우선하는 믿음이다. 따라서 다른 믿음을 위한 기준으로 역할을 한다. 궁극적 전제는 어떤 다른 믿음도 우선하지 못하는 믿음이다.[9]

그러나 프레임은 전제라는 용어를 선호하지는 않는다. 오히려 그는 기독교 전제를 그리스도의 주 되심에 대한 헌신이라는 용어를 더 선호한다.[10] 스승인 반틸이 주장하는 것처럼 프레임은 인간 삶의 어떤 영역도 중립적이 않다고 본다. 프레임은 다음과 같이 언급한다.

그리스도의 주되심은 궁극적이고 확실하고 다른 모든 권위를 넘어설 뿐만 아니라 인간 삶의 모든 영역 위에 있다. 고린도전서 10:31에서 우리는 "너희가 먹든지 마시든지 무엇을 하든지 다 하나님의 영광을 위하여 하라"라는 말씀을 읽는다(참고. 롬 14:23; 고후 10:5; 골 3:17, 23; 딤후 3:16-17). 우리에 대한 주님의 요구는 포괄적이다. 우리가 하는 모든 것에서 우리는 그분을 기쁘시게 하도록 애써야 한다. 인간 삶의 어떤 영역도 중립적이지 않다.[11]

종교적인 중립성은 존재하지 않는다. 믿는 자가 중립적 근거에서 불신자와 논의를 할 수 있다는 생각 자체가 어리석음이다. 왜냐하면 이것은 예수 그리스도는 하나님의 아들이고 우리의 죄를 위해 이 땅에 오셨으며 또한 그분이 "길이요 진리요 생명"이라는 복음의 핵심을 해치기 때문이다. 또한 주님이 말씀하시는 것처럼 "나와 함께 아니하는 자는 나를 반대

9 Frame, *Doctrine of the Knowledge of God*, 45n43, 125.

10 Frame, *Apologetics to the Glory of God*, 3-9.

11 Frame, *Apologetics to the Glory of God*, 6-7.

하는 자"(마 12:30)이기 때문이다.

프레임은 스승인 반틸의 개혁파 변증학의 전제주의를 잘 따른다. 하지만 그가 언급하는 것처럼 반틸이 말했던 모든 것에 그가 동의하는 것은 아니다. 가령 프레임은 하나님의 존재에 대한 전통적 논증을 더 긍정적으로 사용한다. 하지만 반틸은 하나님의 존재를 증명하는 전통적 논증이 유한한 하나님으로 이끈다고 비판한다.[12]

3. 순환논증과 신앙주의라는 이중 비난

반틸의 변증학에서 전제주의 방법론은 순환논증과 신앙주의라는 이중 비난을 받아 왔다. 순환논증에 대해 존 프레임은 다음과 같이 언급한다.

> 기독교를 지지하는 논증은 항상 어떤 의미에서 순환론적일 것이라고 말하는 것이다. 기독교를 지지하는 논증은 기독교 기준에 기초해야 한다. 그리고 이것은 결과적으로 기독교의 진리를 전제한다. 우리는 하나님을 전제하지 않고 하나님을 증명할 수 없다.[13]

그리고 모든 추론이 어떤 의미에서 순환론적이다. 모든 추론뿐만 아니라 모든 체계가 어떤 의미에서 순환론적이다. 프레임은 다음과 같이 말한다.

12 코넬리우스 반틸, 『개혁주의 신학 서론』 (서울: CLC, 1995), 99. 이 부분에 대해서는 다음과 같은 책을 참고하라. 이승구, 『코넬리우스 반틸』, 200-214.

13 Frame, *Apologetics to the Glory of God*, 288.

> 둘째, 어떤 체계도 순환성을 피할 수 없다. 왜냐하면, 모든 체계(우리가 살펴보았듯이), 즉 기독교 체계뿐만 아니라 비기독교 체계도 자신들의 인식론, 주장, 증거의 사용을 다스리는 전제에 기초하기 때문이다. 따라서 합리주의자는 단지 합리적 주장을 사용함으로써만 이성의 우위성을 입증할 수 있다. 경험주의자는 단지 감각경험에 대해 몇몇 종류의 호소로써 감각경험의 우위성을 입증할 수 있다. 이슬람교도는 단지 코란에 호소함으로써만 코란의 우위성을 입증할 수 있다. 그러나 모든 체계가 그런 식으로 순환적이라면 그런 순환성을 거의 기독교에 반대하여 촉구할 수 없다. 비판자는 불가피하게 기독교인만큼 순환성에 책임이 있을 것이다.[14]

기독교 진리를 진술하는 데 있어서 순환성은 선순환일 뿐만 아니라 합리적인 필수 조건이기도 하다.

신앙주의(fideism)라는 비난은 어떤가?

프레임이 언급하는 것처럼 "신앙주의자"(fideists)는 종교적 문제에서 이성을 포기한 자를 의미한다.[15] 즉, 신앙주의는 일종의 맹목적 신앙이라고 말할 수 있다. 하지만 개혁파 변증학의 전제주의 방법론에 대하여 신앙주의라는 비판은 반틸을 피상적으로 이해한 것에 기초한다.

하지만 반틸은 기독교의 합리적 증명을 주장했고 맹목적 신앙에 기초한 신앙주의를 거절했다. 따라서 개혁파 변증학의 전제주의 방법론을 신앙주의로 비난하는 것은 어불성설이다.

---

14 Frame, *Doctrine of the Knowledge of God*, 130.

15 Frame, *Doctrine of the Knowledge of God*, 105.

결론

개혁파 신학자 존 프레임의 저서는 CLC에서 계속 출간되었다. 주권신학 시리즈에서 마지막으로 출간되어야 할 책 『신지식론』이 출간되면 네 권으로 이루어진 주권신학 시리즈(『신지식론』, 『신론』, 『기독교 윤리학』, 『성경론』)가 완간되는 셈이다. 주권신학 시리즈 네 권을 요약정리한 방대한 그의 기념비적 저서 『조직신학: 기독교 신앙의 서론』(*Systematic Theology: An Introduction to Christian Belief*)도 출간되었다.

본서 『개혁파 변증학』을 비롯해서 그의 저서를 읽고 연구하다 보면 독자들은 두 가지 견인차를 발견하게 될 것이다.

첫째, 신학 방법에 대한 그의 관심이다.

둘째, 교회의 개혁과 부흥에 대한 그의 관심이다.

개혁파 진영 안에서 그는 때때로 좌파 개혁가와 코넬리우스 반틸의 사상을 온전히 계승하지 못한 수정주의자로 비난을 받지만[16] 그의 모든 저서를 읽어보고 연구하면 그가 얼마나 하나님의 교회를 사랑하고 교회와 성도들이 바른 신학의 토양에서 성장하기 소원하는가를 보게 될 것이다.

그런 의미에서 그의 저서들은 일반 평신도뿐만 아니라 신학교 학생들에게도 큰 유익이 될 것이다. 기도하기는 본서가 개혁파 변증학을 연구하는 평신도와 신학생들에게 큰 유익이 되길 기도한다. 마지막으로 이 책의 출간을 위해 헌신하는 기독교문서선교회(CLC)의 박영호 목사님과 편집부 직원들에게 깊은 감사를 전한다.

16 John M. Frame, *Systematic Theology: An Introduction to Christian Belief* (P&R Publishing Company, New Jersey 2013), xxviii.

서론

조셉 토레스(Joseph E. Torres) 박사

어째서 존 프레임(John Frame)의 『하나님의 영광을 위한 변증학: 서론』(*Apologetics to the Glory of God: An Introduction*) 개정판을 출간하는가?

『하나님의 영광을 위한 변증학』은 20년 동안 전제적(presuppositional) 관점 또는 "반틸주의적"(Van Tillian) 관점에 기초한 기독교 변증학 서론으로서 역할했다. 따라서 이 책은 많은 독자로부터 사랑을 받았던 것 같다. 그리고 이제는 신예 변증가들을 가르치기 위해서 다른 자료들을 고려할 때인 것처럼 보일 것이다. 이 책은 20년 동안 유용했다.

이것이 충분하지 않은가?

사실을 말하자면 『하나님의 영광을 위한 변증학』을 재출판하는 것은 한참 전에 이루어졌어야 했다. 이에 대하여 필자는 열성적인 프레임주의 사상가(Framean thinker)로서 세 가지 이유를 제안한다.

① 변증학 분과에 대한 『하나님의 영광을 위한 변증학』의 성경적 관점.

② 반틸주의(또는 선세주의) 변증학이 실제로 무엇인지(그리고 무엇이 아닌지)를 명확히 해야 하는 끊임없는 필요성.

③ 새로운 세대의 독자들.

1. 변증학에 대한 성경적 관점

다른 학문 분과처럼 변증학은 일정한 정의가 부족하다. 주로 채택되었던 표준은 "믿음의 변호"이지만 중복되는 정의가 넘쳐난다.

변증학은 "기독교 신앙의 참된 주장을 지지하는 합리적 타당성을 제공하려고 애쓰는 기독교 신학 분과"로 정의되었다.[1]

또한 변증학은 "우리의 이웃에게 가능한 한 유용하게 우리의 믿음을 제시하기 위해 우리의 참된 자아를 계발하려고" 애쓰는 기독교 신학 분과로 정의되었다.[2]

그리고 변증학은 "기독교가 합리적이라는 것과 (a) 그래서 그리스도인들의 믿음이 어리석지 않다는 것을 확신시키고, (b) 기독교 진리를 지지하는 논증과 증거(evidence)를 불신자들이 고려하지 못하게 하는 장애물과 반대를 제거하기 위한"[3] 증명으로 정의되었다.

또한 변증학은 "기독교 신앙의 합리적 변호를 다루는 분과,"[4] "그리스도처럼 상황에 맞고 청중에 국한된 방식으로 예수 그리스도의 복음의 진리를 변호하고 권하는 임무,"[5] 마지막으로 "그 시대의 세계관과 지적으로

---

1 William Lane Craig, *Reasonable Faith: Christian Truth and Apologetics*, 3rd ed. (Wheaton, IL: Crossway, 2008), 15.

2 John G. Stackhouse Jr., *Humble Apologetics: Defending the Faith Today* (New York: Oxford university Press, 2002), xvii.

3 James W. Sire, "On Being a Fool for Christ and an Idiot for Nobody," in *Christian Apologetics in the Postmodern World*, ed. Timothy R. Phillips and Dennis L. Okholm (Downers Grove, IL: InterVarsity Press, 1995), 110-11.

4 Norman L. Geisler, *Baker Encyclopedia of Christian Apologetics* (Grand Rapids: Baker Academic, 1999), 37.

5 James K. Beilby, *Thinking about Christian Apologetics: What It Is and Why We Do It* (Downers Grove, IL: InterVarsity Press, 2011), 30.

관여하고 따라서 신뢰성 있게 그리스도를 증거하는 일"[6]로 정의되었다.

물론 변증학에 대한 이런 모든 정의가 유용하다. 프레임이 우리에게 상기시켜 주는 것처럼 단어는 하나의 유용한 정의 이상의 것을 함유할 수 있다. 또한 프레임 자신은 상호 보완적인 두 개의 정의를 제시한다.

첫째, 프레임은 『신지식론』(*Doctrine of the Knowledge of God*, PNR[개혁주의신학사] 刊)에서 변증학은 다름 아닌 **성경을 불신앙에 적용하는 것**이라고 주장했다.[7]

둘째, 『하나님의 영광을 위한 변증학』 초판 첫 면에서 그는 변증학을 "그리스도인들에게 그들이 가진 소망에 관한 이유를 제시하는 방법을 가르치는 학문 분과"로 정의한다.

이 정의들은 단순하고 심오하다. 이 정의들의 단순성은 기독교 변증학의 모든 분파를 다루는 하나의 수단을 제공한다. 이런 심오함을 더 자세히 설명해 보자.

변증학은 우리 소망에 관한 이유를 제시한다. 이런 정의는 기독교 변증학의 헌장과 같은 성경 구절에서 유래한다(벧전 3:15). 변증학은 이와 같은 베드로의 명령에 단순히 순종하는 것, 그 이상도 그 이하도 아니다. 우리가 변증학을 순종의 측면에서 정의할 때 성경은 변증적 호소의 최종 법정에서 독특한 위치를 유지한다.

하지만, 변증학은 또한 **성경을** 불신앙에 **적용하는 것**이다. 중생하지 못한 마음은 자기의 구미에 맞는다고 여겨지는 계시로 자기가 다룰 수 있는 신을 갈망한다.

---

6 Michael Goheen and Graig Bartholomew, *Living at the Crossroads: An Introduction to Christian Worldview* (Grand Rapids: Baker Academic, 2008), 29.

7 John M. Frame, *Doctrine of the Knowledge of God* (Phillipsburg, NJ: P&R Publishing, 1987), 87(『신지식론』, PNR[개혁주의신학사] 刊)

기독교 변증가는 반역자들의 취향에 맞추기 위해 믿음을 희석할 자유는 없다. 불신자는 하나님의 존재와 도덕적 요구에 대해 핑계가 없을 수도 있지만(롬 1:18-32), 이와 마찬가지로 변증가는 그가 옹호하고 변호해야 하는 진리에 관해 핑계가 있을 수 없다. 하나님은 자신을 계시하셨고 자기 백성이 하나님 나라의 전령으로서 섬길 것을 요구하신다. 성경, 성경의 가르침, 성경과 성경 가르침 간의 상호 관련성에 대한 합당한 이해는 성경을 견실하게 또한 하나님에게 영광을 돌리는 방식으로 불신앙에 적용하는 것보다 더 중요하다.

결론적으로 변증학은 또한 성경을 **불신앙에** 적용하는 것이다. 불신앙은 사람에게 일반이다. 그리스도인과 비그리스도인 모두 의심 및 의혹과 씨름한다.

성경적 변증은 어느 곳에서 불신앙이 발견되든지 간에 불신앙을 공격의 목표로 삼는다. 또한 성경적 변증은 그리스도인의 신앙을 강화하고 불신자들에게 회개하고 그리스도를 믿을 것을 요구한다.

2. 이해 가능성을 위한 끊임없는 필요성

변증학에 대한 프레임의 정의가 아주 분명하지만, 그의 방법론이 항상 합당하게 이해되었던 것은 아니다. 개혁파 변증학에 대한 오해가 좀처럼 사라지지 않고 있다. 전제주의 변증학의 가장 기본적 원리 가운데 대부분이 오해되고 풍자되고 무시되거나 비방 받고 있다.

2012년 3월 폴 코판(Paul Copan)은 "전제주의에 대해 이의를 제기하며"(Questioning Presuppositionalism)라는 제목의 글을 복음연합(Gospel Coalition) 블로그에 기고했다. 이 글에서 그는 몇몇 우려를 공유했다. 그가 제기했던 반론을 그의 표현대로 실으면 다음과 같다.

> **첫째**, 전제주의 변증학은 증명되지 않은 사항을 사실로 가정하는 것(question-begging)에 관여한다. 즉, 우리가 입증하길 원하는 것을 가정한다.
> **둘째**, 그리스도인들은 불신자들과의 공통적인 기반을 공유한다. 그리고 마찬가지로 불신자들도 타락으로 지워지지 않은 하나님의 형상으로 창조되었다.
> **셋째**, 일부 전제주의자들은(모든 전제주의자가 아니라) 자연신학에 대해 일관되지 못한 것처럼 보인다.
> **넷째**, 하나님에 대한 우리의 지식의 확실한 근거와, 기독교 신앙을 지지하는 매우 개연성 높은 일반적인 주장 사이를 구별하는 것이 중요하다.[8]

유감스럽게도 코판의 모든 우려는 쉽게 피할 수 있는 오해에 기초했다. 그의 우려들에 대한 답변들이 『하나님의 영광을 위한 변증학』의 개정판인 본서 『개혁파 변증학』 전체에 분포되어 있지만 처음 두 개의 반론에 대한 간단한 답변은 바로 제시할 수 있다.[9]

첫째, 모든 순환성(circularity)이 동등하게 창조된 것은 아니다. 전제주의자들은 일종의 순환성을 인정하지만, 다른 순환성은 거절한다. 본서에서 우리는 "부록 D. 이중적 비난 사이에서: 전제주의, 순환 논증, 그리고 신앙주의에 대한 비난"뿐만 아니라 순환성에 대한 프레임의 확장되고

---

8 Paul Copan, "Questioning Presuppositionalism" (March 12, 2012), http://thegospelcoalition.org/blogs/tgc/2012/03/12/questioning-presuppositionalism/.

9 코판의 글에 대한 필자의 답변을 참조하려면 다음을 보라. "Presuppositionalims and Circularity ... Again"(March 15, 2012), http://apolojet. wordpress.com/2012/03/15/presuppositionalims-and –circularity-again/.

개정된 논의를 발견할 것이다. "부록 D"는 필자가 저 반대에 대한 답변으로서 작성했다.

둘째, 필자가 아는 한 어떤 반틸주의자도 하나님의 형상(*Imago Dei*)이 타락 가운데 상실되었다고 주장하지 않았다. 이와는 반대로 20여 년 전에 『하나님의 영광을 위한 변증학』 초판에서 프레임은 다음과 같이 진술했다.

> 정통 칼빈주의자들은 … 하나님이 자기 형상, 즉 죄로 인해 손상되었지만 파괴되지는 않은 형상으로 인간을 창조하셨다는 기억한다. [코넬리우스] 반틸은 이런 형상 가운데 일부분은 하나님을 아는 지식이라고 주장한다. 그리고 이 지식은 억눌러지고 있지만(롬 1장) 그럼에도 불구하고 그의 사고의 어떤 차원에서 여전히 존재한다. 이것이 변증가가 호소하는 접촉점(point of contact)이다.[10]

이번 개정판을 위해 필자가 기도하는 바는 다음과 같다. 즉, 전제주의에 대한 참된 이해와 이런 이해를 따라서 전제주의의 뚜렷한 강조점을 받아들이지 않는, 그리스도 안에 있는 형제 및 자매들과의 발전적인 대화를 조성하는 데 하나님이 본서를 사용하시는 것이다.

---

10 John M. Frame, *Apologetics to the Glory of God: An Introduction* (Phillipsburg, NJ: P&R Publishing, 1994), 83. 이후로 *AGG*로 표기.

3. 새로운 독자

젊은 복음주의자들 가운데서 개혁파 신학이 부상하고 "복음 중심성"에 대한 새로운 관심이 생김으로써 성경에 대한 강한 강조가 올바르게 일어났다. 사람들은 이런 초점을 가지고 동성 결혼, 의료 윤리의 문제, 양육에 대해, 그리고 기독교를 경시하는 교양 있는(그리고 교양 없는) 경멸자에 대항하여 기독교를 제시하고 변호하는 방법에 관하여 성경의 주제들을 통합하기 등 이 모든 것에 대해 성경이 말하는 것을 살펴보고 있다.

젊고 활동적인 개혁파 그리스도인들은 변증학과 인식론에 대해 성경이 말하는 바를 알기 원한다. 이기적인 교만을 전혀 암시함 없이 개혁파 전통은 지적 능력으로 알려졌다고 일컬어질 수 있다. 종종 이것은 개혁파 운동에 있어서는 혜택이었다. 하지만, 너무 자주 이것은 살아 있는 많은 신앙의 생명력을 집어 삼켰다. 죄성 있는 마음은 좋은 것을 왜곡시키는 방법을 너무 잘 알고 있다.

하지만, 성경의 가르침, 인간의 오류 가능성과 도덕적 연약함에 대한 겸손한 인식 아래서, 그리고 불신앙의 도전에 응전하기 위해 이 둘(성경의 가르침과 인간의 연약함)을 결합한 데서 나오는 어려움들 아래에서 우리는 무엇을 얻는가?

필자의 답변은 다음과 같다. 즉, 우리에게는 변증학에 대한 프레임의 접근 방식이 제시하는 본질적으로 중요한 원리가 있다. 신 칼빈주의 운동의 지지자들이 하나님의 주권과 영광을 확대하는 변증을 위한 자기들의 여정을 지도할 노련한 안내자들 찾고 있다면 바로 존 프레임(John Frame)을 찾으면 된다.

4. 개정판에 대해

이번 20주년판의 증보된 부분에 관해 한마디 말을 해야겠다. 훌륭한 책을 더 좋게 하려고 많은 편집상의 결정이 이루어졌다. 여기서 필자가 사용한 자료를 언급해야겠다. 본서에는 이전에 출판된 자료와 미출판 자료가 통합되었다.

초판인 『하나님의 영광을 위한 변증학』은 서론으로서, 변증학에 대한 프레임의 접근 방식의 일반적 개요를 제시했다. 이런 개요는 하나의 도전을 가져온다. 즉, 가끔 구체성이 부족하다는 점이다.

도움을 위해 하나의 전형적 예를 들어 보겠다. 『하나님의 영광을 위한 변증학』에서 프레임은 선험적 논증(transcendental argument)이 더 전통적인 종류의 논증과 필연적으로 구별된다는 반틸의 주장을 논박한다. 이에 대한 어느 정도의 타당성은 『하나님의 영광을 위한 변증학』에서 제공된다. 하지만, 더 완전한 논증은 다른 곳에서 발견된다(『코넬리우스 반틸: 그의 사상 분석』[*Cornelius Van Til: An Analysis of his Thought*]; 『사랑으로 진리를 말하다: 존 프레임의 신학』[*Speaking the Truth in Love: The Theology of John M. Frame*]). 이번 개정판은 이런 확장을 포함한다.

『신론』(*The Doctrine of God*, PNR[개혁주의신학사] 刊)에서 기적, 진화, 악의 문제에 대한 부분이 이번 증보된 개정판의 적합한 단원에 통합되었다. 프레임은 이번 프로젝트를 위해 출판되지 않은 자료를 제공할 정도로 매우 친절했고 자신의 원래 진술을 이해하는 데 도움이 되는 미묘한 의미와 추가 설명을 제공했다.[11]

11 이 자료 가운데 일부는 Steven B. Cowan, ed., *Five Views on Apologetics* (Grand Rapids: Zondervan, 2000), and Gavin McGrath, W. C. Campell Jack, and C. Stephen Evans, eds., *The New Dictionary of Christian Apologetics*(Downers Grove, IL: InterVarsity Press,

또한 새로운 내용을 포함시켰기에 자료를 이곳저곳으로 옮길 필요가 있었다. 원래 각주에 있던 일부 자료는 본문으로 옮겨졌다. 자료를 포함시킨 것이 논증의 흐름을 바꾸었던 드문 경우에는 원래 본문에서 있던 자료를 각주로 옮겼다. 제7장(악의 문제에 관한 두 장 중 첫 번째 장)은 처음엔 『신론』과 그런 후에 다시 『조직신학: 기독교 신앙의 서론』(*Systematic Theology: An Introduction to Christian Belief*)에서 제안된 프레임의 관점적 접근 방식에 맞게 재구성되었다.

이번 개정판의 또 다른 특징은 주석(annotation)을 포함했다는 것이다. 『하나님의 영광을 위한 변증학』이 출판된 이후에 프레임의 저술 대부분이 출판되었다. 본서는 윤리학, 변증학, 신론과 계시론, 철학과 같은 다양한 주제에 대한 상세한 논의를 포함한다.

이번 개정판은 프레임의 표현 가운데 일부가 개정되었고, 확장되었고, 또는 명료하게 되었다. 본서는 변증학에 대한 프레임의 접근 방식이 성경을 불신앙에 적용하는 것일 뿐만 아니라 전반적으로 성경적이라고 알려진 그의 세계관의 성취인 이유를 독자들이 잘 이해할 수 있도록 도울 것이다.

따라서 프레임의 다른 작품에서 실린 관련 문제에 대한 더 완전한 논의의 교차 참조를 본서에 포함했다. 본서를 더 포괄적인 책으로 만들기 위해 기적과 기적의 변증적 가치에 대한 프레임의 논의(『신론』에서 발췌)를 또한 포함했다.

"부록 C"는 무신론자와 실제 있었던 온라인상에서의 서신 교환이다. 이런 논의는 제10장에서 프레임이 제공했던 허구적인—따라서 이상적인—대화와는 다르게 후퇴하기도 하고 진전되기도 한다. 전반적으로

2006)에 프레임이 기고한 글에서 발견된다.

필자는 이런 논의가 본서에서 발견된 자료를 적용하기 위한 **하나의 가능한 방법**의 예를 제공한다고 확신한다. 별다른 언급이 없다면 이번 개정판의 본문에 있는 모든 성경 인용은 ESV 성경에 맞추어 갱신되었다(본 역서는 개역개정을 사용하였다. -역주).

마지막으로 본서는 초판을 최근 내용으로 갱신하고 개정하고 확장했다는 점에서뿐만 아니라 전체 각주를 통하여 계속적으로 해설이 제공된다는 점에서도 독특하다. 필자의 목적은 필요할 때 프레임의 접근 방식의 중요한 세부 사항을 강조하는 것이었다. 때때로 프레임은 별다른 언급 없이 전통적인 논증을 다시 명확하게 표현한다. 그리고 독자는 그의 사고의 중요한 세부 사항을 놓칠 위험이 있을 수도 있다.

또한 필자는 학생의 이해를 돕기 위해 몇몇 요약하는 도표를 포함했다. 부록에서만 제외하고 코넬리우스 반틸(Cornelius Van Til)의 『변증학』(*The Defense of the Faith*, PNR[개혁주의신학사] 刊)과 『개혁주의 신학 서론』(*An Introduction to Systematic Theology*, CLC 刊)에 대한 참조가 이 책들의 가장 최신판과 일치하도록 갱신했다.[12]

많은 사람이 이번 계획을 격려해 준 것으로 인해 감사한다. 사라 플래싱(Sarah Flashing, sarahflashing.com의 작가 및 강사)은 이번 계획의 첫 단계에서 끝까지 필자를 격려했던 지지자였다. 그녀의 유용한 피드백과 제안이 없었다면 더 새로워진 이번 개정판은 결코 순조롭게 시작할 수 없었을 것이다.

---

12 Cornelius Van Til, *The Defense of the Faith*, ed. K. Scott Oliphint. 4th ed. (Phillipsburg, NJ: P&R Publishing, 2008)(『변증학』, PNR[개혁주의신학사] 刊); Cornelius Van Til, *An Introduction to Systematic Theology: Prolegomena and the Doctrine of Revelation, Scripture, and God*, ed. William Edgar, 2nd ed. (Phillipsburg, NJ: P&R Publishing, 2007)(『개혁주의 신학 서론』, CLC 刊).

필자의 동생 데이비드(David)는 수년 동안 철학과 변증에 관련된 모든 것에 대해 자문 역할을 했다. 그는 항상 자료에 대한 단순한 인용을 넘어서 비평적 분석으로 나아가라고 항상 필자를 압박했다.

노스 캐롤라이나(North Carolina)주의 샬로테(Charlotte)에 소재한 리폼드 신학교(Reformed Theological Seminary)에서 신학 및 철학 부교수인 제임스 앤더슨(James Anderson) 박사에게 진심 어린 감사를 한다. 제임스 박사는 자비롭게도 원고를 검토하고 원고를 비평적으로 살펴보는 것에 동의했다. 그의 제안과 분석은 확실히 본서를 개선했고 필자가 전에 몰랐던 많은 결함을 파악하는 데 일조했다.

남아 있는 것들에 대해서는 필자의 전적인 책임이다!

필자의 아내 제시카(Jesssica)에게 특별히 감사의 말을 전한다. 지난 일 년이 상당히 우리에게 무섭게 달려들었다. 왜냐하면, 지난 일 년은 우리의 첫 번째 아이 제네시스 에덴 토레스(Jenesis Eden Torres)가 출생했던 가장 큰 도전(그리고 축복)의 해였기 때문이다. 부모가 되는 것에 따라오는 책임은 크다. 하지만, 이 시기 동안 우리를 향한 하나님의 은혜가 더 컸다.

올해 제시카는 또다시 필자의 영웅이 되었다. 그녀는 하나님의 은혜를 증거하며 필자의 마음을 깜짝 놀라게 하는 방식으로 결혼과 엄마가 되는 것(motherhood)에 따라오는 여러 가지 책임에 균형을 맞추고 있다. 그녀는 필자의 글과 편집 스케줄의 수호자였다. 그리고 그녀는 참으로 필자의 바나바(Barnabas)다(이 경우에는 격려의 **딸**이다).

마지막으로 존 프레임(John Frame)에게 특별히 감사한다. 필자에게 맡겨진 이 계획에 그가 보여 준 헌신은 말로 표현할 수 없는 명예와 믿을 수 없을 정도로 벅찬 것이었다. 하지만, 관계는 그런 신뢰와 함께 온다. 십 년의 과정 동안 프레임은 필자가 하나님을 따라 하나님의 생각을 따라 사고하도록 도전했고 격려했다.

필자는 학자인 존 프레임에게 감사할 뿐만 아니라 존 프레임이 구속된 죄인이며 동시에 경건한 성도이기에 하나님에게도 감사한다. 필자는 그의 조교라는 특권뿐만 아니라 플로리다(Florida)주의 오비에도(Oviedo)에 소재한 커버넌트장로교회(Covenant Presbyterian Church)에 그와 함께 예배를 드리는 특권도 누렸다. 그는 헌신된 목사, 애정 어린 아버지와 남편, 그리스도의 겸손을 가진 경건한 모범이다. 필자는 그를 알아서 더 좋은 사람이 되었다.

2013년 추수감사절

약어표

AGG	John M. Frame, *Apologetics to the Glory of God: An Introduction* (Phillipsburg, NJ: P&R Publishing, 1994)
CVT	John M. Frame, *Cornelius Van Til: An Analysis of His Thought* (Phillipsburg, NJ: P&R Publishing, 1995)
DCL	John M. Frame, *The Doctrine of the Christian Life* (Phillipsburg, NJ: P&R Publishing, 2008)
DG	John M. Frame, *The Doctrine of God* (Phillipsburg, NJ: P&R Publishing, 2002)
DKG	John M. Frame, *The Doctrine of the Knowledge of God* (Phillipsburg, NJ: Presbyterian and Reformed, 1987)
DWG	John M. Frame, *The Doctrine of the Word of God* (Phillipsburg, NJ: P&R Publishing, 2010)
ESV	English Standard Version
KJV	King James Version
NASB	New American Standard Bible
NIV	New International Version
NOG	John M. Frame, *No Other God* (Phillipsburg, NJ: P&R Publishing, 2001)
ST	John M. Frame, *Systematic Theology* (Phillipsburg, NJ: P&R Publishing, 2013)
STL	John J. Hughes, ed., *Speaking the Truth in Love: The Theology of John M. Frame* (Phillipsburg, NJ: P&R Publishing, 2009)
TAG	Transcendental argument for the existence of God
TANG	Transcendental argument for the nonexistence of God

제1장

변증학: 기초

베드로전서 3:15-16에서 사도 베드로는 자신이 독자들에게 다음과 같이 권면한다.

> 너희 마음에 그리스도를 주로 삼아 거룩하게 하고 너희 속에 있는 소망에 관한 이유를 묻는 자에게는 대답할 것을 항상 준비하되 온유와 두려움으로 하고 선한 양심을 가지라 이는 그리스도 안에 있는 너희의 선행을 욕하는 자들로 그 비방하는 일에 부끄러움을 당하게 하려 함이라(벧전 3:15-16).

1. 정의

("사과하기"[apologizing]와 관련 없는) 기독교 변증학은 신자들로 하여금 베드로전서 3:15-16의 명령을 실행하게 일조함으로써 하나님과 교회를 섬기려 한다. 우리는 변증학을 **그리스도인들이 가진 소망에 관한 이유를**

제시하는 방법을 그들에게 가르치는 학문 분과로 정의할 수도 있다.[1]

필자는 우리가 본서의 후반부에서 자세하게 논의할, 변증학이 가진 세 가지 측면을 구분할 수 있다고 믿는다.

① **증명으로서의 변증학**: 믿음에 대한 합리적인 근거를 제시하는 것 또는 "기독교를 참된 것으로 입증하는 것"이다. 예수님과 사도들은 종종 복음이 참이라는 것을 믿는 데 어려움을 겪는 사람들에게 증거를 제공했다. 요한복음 14:11; 20:24-31; 고린도전서 15:1-11에 주목하라.

신자들은 때때로 의심한다. 그리고 그런 시점에, 심지어 불신자들과의 대화를 위한 변증학의 역할 없이도 변증학은 신자들에게 유용하게 된다. 다른 말로 말해서 변증학은 불신자의 불신앙뿐만 아니라 믿는 자들의 불신앙과도 직면한다.[2]

② **변증으로서의 변증학**: 불신앙의 반대에 답하는 것이다. 바울은 자신의 사명을 "복음을 변명함과 확정함"이라고 묘사한다(빌 1:7; 참조. 16절). **확정함**은 위의 ①을 의미할 수도 있지만 **변명함**은 더 구체적으로 반대에 대해 답을 제공하는 것에 초점이 맞추어져 있다. 신약

1 변증학을 인간 지식의 다른 형태와 관련시키는 *Doctrine of the Knowledge of God* (이후 *DKG*로 표기)(『신지식론』, PNR[개혁주의신학사] 刊)에서 필자는 변증학을 "성경을 불신앙에 적용하는 것"으로 정의한다(p. 87). 이것은 변증학이 일반적으로 필자가 "성경의 적용"으로 정의하는 기독교 신학의 일부분임을 보여 준다. 현재 본서에서 주어진 정의는 벧전 3:15-16에서 유래하고, 추상적인 변증학이라는 분과에 초점을 맞추기보다는 오히려 변증가의 인격에 초점을 맞춘다. 하지만, 필자는 이런 정의가 논리적으로 *DKG*의 정의와 일치한다. 우리가 살펴보겠지만 "너희 속에 있는 소망에 관한 이유"는 정확하게 하나님 말씀에 대한 확신이다. (그런데 말씀이 어떻게 하나 이상의 유용한 정의를 가질 수 있는지에 주목하라.)

2 "내가 믿나이다. 나의 믿음 없는 것을 도와 주소서"(막 9:24)와 같이 귀신 들린 아이의 아버지가 예수님에게 말하는 것에 주목하라.

성경에서 바울 저작의 대부분이 이런 의미에서 변증적이다. 바울이 자신의 로마서에 얼마나 자주 가상(또는 실제)의 반대자들에게 반응하는지를 생각하라. 요한복음에서 예수님이 얼마나 자주 종교 지도자들의 반대를 다루시는지를 생각하라.

③ **공격으로서의 변증학**: 불신앙의 사고가 가진 어리석음을 공격하는 것이다(시 14:1; 고전 1:18-2:16). 위의 ②가 가진 중요성의 관점에서 어떤 사람들이 변증학을 "믿음의 변호"[3]로 정의하는 것은 놀랄 일이 아니다. 하지만, 이런 정의는 오도할 수 있다.

하나님은 자기 백성에게 불신자들의 반론에 답하는 것뿐만 아니라 거짓에 대해 계속해서 공격하라고 요구하신다. 바울은 "하나님 아는 것을 대적하여 높아진 것을 다 무너뜨리고 모든 생각을 사로잡아 그리스도에게 복종하게 하니"(고후 10:5)라고 언급한다. 성경에 의하면(고전 1:18-2:16; 3:18-23) 비기독교 사고는 "어리석음" 또는 "미련한 것"이다. 그리고 변증학이 가진 한 가지 역할은 그런 어리석음을 있는 그대로 드러내는 것이다.

이런 세 가지 유형의 변증학은 관점적으로 관련되어 있다.[4] 다른 말로 말해서 완전히 그리고 올바르게 행해진 각각의 변증학은 나머지 둘을 포함한다. 그 결과로 각각의 변증학은 전체 변증적 과업을 살펴보는 하나의 방법(즉, 전체 변증적 과업에 대한 하나의 관점)이다.

---

3 자신의 변증학에 대한 코넬리우스 반틸(Cornelius Van Til)의 주요 설명에 대해서는 다음을 보라. K. Scott Oliphint, ed., *The Defense of the Faith*, 4th. (Phillipsburg, NJ: P&R Publishing, 2008)(『변증학』, PNR[개혁주의신학사] 刊)을 보라. 하지만, 그의 변증은 확실히 대부분의 다른 변증보다 덜 "변증적"이고 더 "공격적"이다.

4 성경에 이런 많은 관계가 있다. 더 많은 예를 참조하려면 *DKG*를 보라.

믿음의 근거를 완전히 설명하기 위해(①) 우리는 불신자들이 제기한 반론(②)와 대안(③)에 반대하는 그 근거의 정당성을 입증해야 한다. 이와 유사하게 ②에 대한 완전한 설명은 ①과 ③을 포함할 것이다. 그리고 ③에 대한 완전한 설명은 ①과 ②를 포함할 것이다.[5] 따라서 어떤 면에서 이 세 가지 형태의 변증학은 동등하다.

하지만, 그런데도 우리가 이런 관점들을 구별하는 것이 좋다. 왜냐하면, 이 세 가지 형태의 변증학은 확실히 서로를 보완하고 강화하는, 진정으로 다른 강조점을 나타내기 때문이다. 가령 그런 주장에 대한 불신자들의 반론(②의 관점) 또는 불신자들이 대안적 세계관(③의 관점)에 자신을 만족시키는 방법을 전혀 고려하지 않는, 하나님의 존재를 지지하는 논증(①의 관점)은 그런 정도만큼 약화된 논증일 것이다.

따라서 변증학에서 ②, ③ 유형 또는 두 유형 모두가 가진 어떤 보충적인 논증이 ① 유형의 논증을 개선할 수 있는지 묻는 것은 종종 유용하다.[6]

2. 전제들(presuppositions)

우리의 주제 성경 구절인 베드로전서 3:15은 우리에게 "너희 마음에 그리스도를 주로 삼아 거룩하게 하고"라고 언급하며 시작한다. 변증가는

5 따라서 반틸은 자신이 "믿음의 변호"로써 기독교에 대한 긍정적인 증거와 불신앙의 부적당함에 대한 공격을 포함하려고 의도했다고 주장했던 것은 당연한 일이었다.

6 *DKG*에서 필자가 말하는 세 가지 관점을 배우는 학생들을 위해 설명하자면, 건설적인 변증학은 규범적이고, 공격적인 변증학은 상황적이며, 방어적인 변증학은 실존적이다. 이해가 되었을 것이다!

그리스도의 주 되심(lordship of Christ)에 헌신한, 그리스도를 믿는 신자이어야 한다(참조. 롬 10:9; 고전 12:3; 빌 2:11).[7]

일단 우리가 하나님 말씀과 우리 마음의 상상력 사이를 구별해 왔다면(창 6:5) 하나님은 우리에게 하나님 말씀에 따라 살 것을 요구한다. 하나님의 말씀은 참되지만(따라서 신뢰할 수 있지만) 모든 인간의 권세자는 거짓말을 할 수도 있다(롬 3:4). 우리가 하나님 말씀을 우리의 궁극적 헌신, 궁극적 기준, 진리와 거짓에 대한 궁극적 기준으로 채택한다면 하나님 말씀은 우리의 "전제"가 된다.

다른 말로 말해서 우리가 다른 모든 신념들을 평가하기 위해 하나님 말씀을 사용하므로 우리는 하나님 말씀을 어떤 다른 신념들보다 더 확실한 것으로 간주해야 한다.

노아는 홍수가 이 세상을 파괴할 것이라는 경험상의 어떤 증거도 없이 단지 하나님 말씀의 증거만 갖고 있었지만 은혜로 그는 하나님을 믿었다(창 6:8, 22; 히 11:7). 다른 사람들도 그 말씀을 들었지만 거의 틀림없이 종종 비웃으며 그 말씀을 거절했을 것이다(벧후 2:5).

외관상 경험적 증거가 하나님의 말씀을 반박했지만 아브라함은 하나님을 믿었다. 하나님은 아브라함과 사라가 노령으로 접어들었지만 그들이 아들을 낳을 것이라고 말씀하셨다(창 18:10-15). 사라는 웃었는 데 반

7 *DKG*는 성경에서 예수님의 주 되심의 중심성, 기독교 신학, 그리스도인의 삶에 대한 많은 성찰을 포함한다. 이런 중심적이고 보편적인 성경 가르침의 관점에서 볼 때, 우리가 예수님을 주님으로 신뢰하지 않고 신자가 될 수 있다는 최근의 주장은 단지 잘못된 것일 뿐만 아니라 비뚤어진 것으로서 거절해야 한다. 한편 이런 가르침을 완전주의와 혼동하지 말아야 한다. 예수님이 주님이시라는 신실한 고백은 그리스도인이 하는 증언의 시작, 사실상 본질을 나타내지만, 믿은 지 얼마 안 되는 그리스도인은 예수님의 주 되심이 담고 있는 완전한 함의를 단지 점차적으로 그리고 점진적으로 이해하고 되고 그 함의에 따라 행동하게 된다.

해, 아브라함은 불신의 유혹에도 불구하고 하나님의 말씀을 흔들리지 않고 믿었다고 하며 바울은 그의 확고한 믿음을 칭찬한다(롬 4:20 이하).

신약성경은 심지어 경험적 표적 없이 믿은 사람들을 칭찬한다(요 20:29). 또한 신약성경은 경험적 표적이 없으면 믿기를 거절하는 사람들을 책망한다(마 12:39; 16:1 이하; 고전 1:22). 믿음으로 행하는 것과 보는 것으로 행하는 것 사이의 차이점이 존재한다(고후 5:7; 히 11장). 이 세상은 "보는 것이 믿는 것이다"라고 말한다. 반면에 예수님은 "네가 믿으면 하나님의 영광을 보리라"(요 11:40)라고 말씀하신다.

우리의 변증적 접근 방식은 그리스도의 언약적 주 되심에 대한 우리의 헌신에 확고하게 뿌리박고 있다.[8] 어떤 신학자들은 마치 변증학이 이런 헌신에 거의 예외인 것처럼 변증학을 제시한다.

그들은 우리에게 우리가 불신자들과 논쟁할 때 우리는 성경에서 유래한 기준이나 표준에 기초해서 논쟁하지 말아야 한다고 말한다. 그들은 이런 방식으로 논쟁하는 것은 편향될 것이라고 말한다. 우리는 오히려 불신자에게 편견 없는 논증, 어떤 종교적인 찬반의 가정을 하지 않는 논증, 중립적인 논증을 제시해야 한다고 한다. 이런 견해에 따르면 우리는 불신자 자신이 받아들일 수 있는 기준과 표준을 사용해야 한다. 그러면 논리, 사실, 경험, 이성과 이런 것들은 진리의 원천이 되어 버리고, 하나

8 *DKG*, 1-49, 특별히 45를 보라. 성경에서 "주님"은 언약 관계의 대표를 의미한다. 이런 관계에서 주님은 자신의 언약적 종들에게 그들이 살아야 하는 방식을 지시하고 순종에는 복을, 불순종에는 저주를 약속한다. 또한 주님은 그들에게 자신이 이미 그들에게 주셨던 복, 즉 그분의 "받을 만한 자격이 없는 호의" 또는 은혜에 대해 말씀한다. 그리고 이것은 그들의 순종에 동기를 부여하는 것이다. 은혜의 말씀, 법, 약속이 없다면 어떤 주권도 존재하지 않는다. 주님을 인정하는 것은 누군가의 말보다는 오히려 주님의 말씀을 믿고 순종하는 것이다. 또한 이런 방식으로 주님의 말씀에 순종하는 것은 주님의 말씀을 우리의 궁극적인 전제로 받아들이는 것이다.

님의 계시, 특별히 성경은 체계적으로 배제된다.[9]

다음과 같은 주장은 단순한 상식인 것처럼 보일 수도 있다.

'하나님과 성경은 확실히 논쟁이 있는 문제들이므로 우리는 분명하게 우리의 논증에서 하나님과 성경에 대해 가정하지 말아야 한다. 이것은 순환적 사고일 것이다. 이것은 또한 복음전도를 그만두게 할 것이다. 왜냐하면, 만약 우리가 논쟁에 들어가기 위해 불신자는 하나님의 존재와 성경의 권위를 가정해야 한다고 요구한다면 그는 결코 동의하지 않을 것이기 때문이다. 신자와 불신자 사이의 소통은 불가능할 것이다. 따라서 우리는 그런 요구를 하지 말아야 하고 중립적인 근거에서 논쟁을 하려고 애써야 한다. 심지어 우리의 논증은 단지 불신자 자신이 기꺼이 받아들이는 기준(논리, 사실, 일관성 또는 무엇이든지 간에)을 전제한다고 우리는 불신자에게 자랑할 수도 있다.'

위와 같은 종류의 변증을 때때로 전통적인 방법 또는 고전적인 방법으로 부른다.[10] 왜냐하면, 이런 종류의 변증은 교회 역사를 통해서 특별히 2세기 변증가들(저스틴 마터[Justin Martyr], 아테나고라스[Athenagoras], 테오필루스[Theophilus], 아리스티데스[Aristides]), 13세기의 위대한 신학자 토마스 아퀴나스(Thomas Aquinas)와 그의 많은 제자들, 현대에는 조셉 버틀러(Jeseph Butler, d. 1752)와 그의 제자들 그리고 사실 우리 시대에 대다수의 변증가

---

9 자연 이성의 역할에 대해 참조하려면 본 장 후반의 "6. 오직 성경과 자연계시"를 보라.

10 반틸의 전제주의를 공격하고 전통적인 접근 방식을 지지하는 책은 R. C. Sproul, John H. Gerstner, and Arthur W. Lindsley, *Classical Apologetics* (Grand Rapids: Zondervan, 1984)이다. 반대 편에 필자의 *DKG*와 반틸의 *Defense fo the Faith*(『변증학』, PNR[개혁주의신학사] 刊)와 같은 책이 있을 것이다. *Westminster Theological Journal* 47, 2(Fall 1985): 279-99에 게재된 스프롤(Sproul)-거스트너(Gerstner)-린슬리(Lindsley)가 공저한 그 책에 대한 필자의 비평을 보라. 필자는 이 비평을 본서 끝에 "부록 A"로 포함했다.

와 그들의 많은 지지자가 있다고 주장하기 때문이다.

전통적인 변증가들이 "중립성"을 지지한다고 언급할 때 필자는 그들이 변증학을 전개하는 데 있어서 그들이 가진 기독교적 헌신을 제쳐 놓으려 애쓴다고 주장하는 것이 아니다.[11] 사실 이들 가운데 많은 사람은

---

11 서신 교환에서 필자의 친구 스프롤은 고전적인 전통, 특별히 아퀴나스(Aquinas)와 그가 "중립성"을 주장하는 것이 아니라 오히려 자연, 역사, 양심에 나타난 하나님의 계시와 같은 그분의 일반계시에 호소한다고 주장한다. (본 장 후반부의 롬 1장에 대한 논의와 자연계시에 대한 논의를 보라.)

하지만, 이와 관련해서 아퀴나스는 자연계시와 특별계시 사이가 아니라 오히려 이성과 신앙, 즉 계시로 도움 받지 않은 추론과 계시로 도움 받는 추론 사이를 구별했다(*Summa Contra Gentiles*, 1. Q3. A2). 게다가 그는(흥미롭게도 스프롤과는 다르게) 죄가 인간 추론에 미치는 영향에 대해 거의 실질적인 의식이 없었다. 따라서 그는 몇 가지 주목할 만한 예외를 제외하고 이교 철학자인 아리스토텔레스(Aristotle)의 견해와 논증을 비판 없이 사용할 수 있었다. 칼빈(Calvin)과는 다르게 아퀴나스는 자연 안에 드러난 하나님의 계시를 우리가 올바르게 해석하기 위해 "성경의 안경"(spectacles of Scripture)이 필요하다는 것을 믿지 않았다. 필자가 보기에 아퀴나스는 아리스토텔레스의 추론을 기독교를 찬성하거나 반기독교적인 것이 아닌 중립적인 것으로 보았다.

스프롤은 죄가 불신앙적 추론에 미친 영향에 대해 롬 1장을 토대로 설명했는데, 필자는 이에 대하여 비판적으로 언급할 것이 전혀 없다. 그는 확실히 불신앙적 사고의 중립성을 부정한다(*Classical Apologetics*, 39-63을 보라). 따라서 그는 신자와 불신자 사이의 변증적 만남은 중립적으로 사고하려 애쓰는 두 당사자가 아니라 진리에 대해 편견이 있는 불신자와 이런 편견을 교정하려 애쓰는 신자 사이에 만남이기에 불가피하게 반대 방향으로 치우친 변증적 만남임을 인식한다.

하지만, 스프롤의 그 논의에서 필자는 *Classical Apologetics*, 231-40의 자율성에 대한 논의와 조화되는 것을 발견하지 못했다. 불신자로 하여금 자율적으로 사고하도록 권장하는 것은 그로 하여금 계시의 교정 없이 사고하도록, 즉 "중립적으로" 사고하도록(이것은 사실 불순종적으로 사고하는 것이고 하나님의 기준을 불신자 자신의 기준으로 대체하는 것이다) 권장하는 것이다. (이 점에 대해 더 자세한 것을 참조하려면 각주 10번에서 언급한 "부록 A"에 실린 *Classical Apologetics*에 대한 필자의 비평을 보라.)

필자의 추측은 다음과 같다. 즉, *Classical Apologetics*의 세 저자는 서로 전적으로 일치하지 않는다는 것이다. 이 저자들이 독립적으로 저술했던 책과 글들을 비교할 때 필자는 롬 1장을 다룬 글은 스프롤의 작품이고, *Classical Apologetics*, 231-40의 논의는 거스트너의 작품이라고 추측한다. 필자는 스프롤을 명예 전제주의자로 기쁘게 환영하지만, 그가 계속해서 이 문제에 대해 그의 동료들과 논의해 주길 바란다.

성경이 자기들이 사용하는 변증학 유형을 타당하게 하고 따라서 저가들의 변증학 유형은 아주 많이 "그리스도를 주로 삼는 것"이라고 믿는다. 하지만, 그들은 분명히 불신자에게 변증적으로 조우하는 동안 중립적으로 사고하라고 말한다. 또한 그들은 분명히 뚜렷한 성경적 전제가 없는 논쟁, 즉 중립적인 논증을 발전시키려고 애쓴다.

하지만, 이런 종류의 "중립성"이 존재하는가?

아니 존재하지 않는다. 바울은 다음과 같이 묻는다.

> 의와 불법이 어찌 함께 하며 빛과 어둠이 어찌 사귀며 그리스도와 벨리알이 어찌 조화되며 믿는 자와 믿지 않는 자가 어찌 상관하며(고후 6:14 이하).

우리는 그리스도를 찬성하거나 아니면 반대한다. 다른 말로 말해서 누구도 편견이 없을 수 없다(마 12:30).

변증학의 역사를 통해서 그리스도인들은 신자와 불신자가 자신들의 체계를 훼손함 없이 받아들일 수 있는 어떤 종류의 중립지대, 어떤 기준이나 표준을 주장하는 것은 흔한 일이었다.[12] 물론 일반적으로 신자와 불신자가 동의할 수 있는 어떤 명제가 있다. 또한 이런 종류의 동의는 변증적으로 유용하다. 사실 우리가 앞에서 보여 주었듯이 귀신들도 예수님이

12 여기에 빈번하게 인용되는 두 개의 예가 있다. 즉, "계시를 가져와서 모순율 및 역사의 사실과 화해하게 하라. 그러면 계시는 합리적인 인간의 동의를 받을 자격이 있을 것이다." 또한 "이성을 따라야 한다. 즉, 만약 그리스도가 이룬 이 세상의 구속에 대한 성경적 설명의 어떤 부분이 실제로 이성에 반하는 것으로 보일 수 있다면 하나님의 이름으로 성경을 포기하라." 첫 번째 인용은 Edward J. Carnell, *An Introduction to Christian Apologetics* (Grand Rapids: Eerdmans, 1948), 178에서 발췌했다. 두 번째 인용은 Bishop Joseph Butler, *Analogy of Religion* (New York: Harper and Brothers, 1898), 5에서 발췌했다.

지극히 높으신 하나님의 아들이라고 고백할 수 있는 것처럼, 우리도 할 수 있다.

하지만, 만약 우리가 불신자에게 우리도 불신자이 진리, 합리성, 지식을 사용하는 것처럼 우리도 그러하다고 말한다면, 이는 불신자를 잘못 이끄는 것이다. 가령 불신자가 기꺼이 성경적 기준에 대해 기꺼이 듣기 좋은 소리를 해 준다 하더라도 저렇게 불신자에게 말하는 것은 그를 오도하는 것이다. 불신자는 자신의 원대한 열정에 의해, 불신자의 기본적 헌신은 그리스도인이 이해하는 대로의 진리를 공격하고 그 토대를 약화시키는 데 있다.

필자는 결코 이런 전통(중립성을 인정하는 변증학 전통 -역주)이 가치가 없다고 선언하길 원하지 않는다. 하지만, 정확한 논점, 즉 중립성의 문제에 대해 필자는 분명히 이런 전통의 입장이 비성경적이라고 믿는다.

우리의 주제 성경 구절에서 베드로의 논리는 매우 다르다. 베드로에게 있어서 변증학은 확실히 예수님의 주권에 대한 우리의 전반적인 헌신에서 예외되지 않는다. 이와는 반대로 변증적 상황에서 우리가 "그리스도를 주로 삼아 거룩하게 하고" 그리스도의 주권을 높이며 또한 다른 사람들로 하여금 그렇게 하도록 권장하는 방식으로 말하고 살아가는 것은 특별한 것이다.

터 큰 맥락에서 베드로는 불신자들의 반대에도 불구하고 자기의 독자들에게 옳은 것을 하라고 명령한다(벧전 3:13-14). 베드로는 우리에게 그들을 두려워하지 말라고 말한다. 확실히 그는 변증을 할 때 진리 자체가 거절될 수도 있다는 두려움에 의해서 결코 진리가 아닌 것을 진술해야 한다고 생각하지 않았다.

이와는 반대로 베드로는 예수님의 주 되심(따라서 예수님 말씀의 진리, 어떻게 우리가 예수님을 "주님"으로 부르고 그분이 말씀하는 것을 행하지 않을 수 있는가?[눅 6:46])은 우리의 궁극적 전제라고 언급한다.

궁극적 전제는 마음의 기본적 헌신(basic heart-commitment)이고 궁극적인 신뢰다. 우리는 예수 그리스도를 영생 또는 죽음의 사안으로서 신뢰한다. 우리는 다른 모든 지혜보다 그분의 지혜를 신뢰한다. 우리는 다른 모든 약속보다 그분의 약속을 신뢰한다.

예수님은 우리의 모든 충성을 자신에게 줄 것을 요구하시고 자신과 다른 충성의 대상이 경쟁되는 것을 허락하지 않으신다(신 6:4 이하; 마 6:24; 12:30; 요 14:6; 행 4:12). 우리는 심지어 주님의 율법이 더 작은 법과 상충할 때에도 그분의 율법에 순종한다(행 5:29). 우리가 다른 무엇을 믿는 것보다 확실히 더 예수님을 믿으므로 그분(그리고 그분의 말씀)은 바로 그 **기준**, 즉 진리의 궁극적인 **표준**이다.

어떻게 더 높은 기준이 있을 수 있는가?

어떤 기준이 더 권위적인가?

어떤 기준이 더 명확하게 우리에게 알려졌는가?(롬 1:19-21을 보라)

어떤 권위가 궁극적으로 다른 모든 권위의 정당성을 입증하는가?

그리스도의 주 되심은 궁극적이고, 확실하며, 다른 모든 권위를 넘어설 뿐만 아니라 인간 삶의 모든 영역 위에 있다. 고린도전서 10:31은 다음과 같다.

> 너희가 먹든지 마시든지 무엇을 하든지 다 하나님의 영광을 위하여 하라(참조. 롬 14:23; 고후 10:5; 골 3:17, 23; 딤후 3:16-17).

우리에 대한 주님의 요구는 포괄적이다. 우리가 하는 모든 것에서 우리는 그분을 기쁘시게 하도록 애써야 한다. 인간 삶의 어떤 영역도 중립

적이지 않다.[13]

확실히 이런 원칙은 사고와 인식 영역을 포함한다. 잠언 저자는 여호와를 경외하는 것이 지식의 시작이라고 말한다(1:7; 참조. 시 111:10; 잠 9:10). 신생(the new birth)에 의한 하나님 경외에 이르지 못한 사람들은 심지어 하나님 나라를 볼 수도 없다(요 3:3).

요점은 불신자들이 단순히 진리에 대해 무지하다는 것이 아니다. 오히려 하나님은 창조(시 19편; 롬 1:18-21)와 인간 자체의 본성(창 1:26 이하) 안에서 매우 명확하게 각 사람에게 자신을 계시하셨다. 어떤 의미에서 불신자도 하나님을 안다(롬 1:21). 불신자의 의식이나 무의식의 어떤 차원에서 그런 지식은 남아 있다.[14]

---

13 이것이 위대한 네덜란드 사상가 아브라함 카이퍼(Abraham Kuyper)의 통찰이었다. 그는 그리스도의 주 되심은 철저하게 색다른 기독교 문화 양식을 요구한다고 보았다. 그리스도인들은 뚜렷하게 기독교적인 예술, 과학, 철학, 심리학, 역사적 및 성경적 학문, 정치적 및 경제적 제도를 만들어야 한다. 또한 그리스도인들은 뚜렷하게 기독교적인 방식으로 자기들의 자녀들을 교육해야 한다(하나님을 절대적으로 사랑하라는 도전 후에 신 6:6 이하에서 요구하는 하나님으로 충만한 교육에 주목하라). 우리 가운데 많은 사람에게 이런 논의는 우리 자녀들을 위한 홈 스쿨이나 기독교 학교를 요구한다.
왜냐하면, 이와는 다른 방식으로 어떻게 우리가 법이 명령하는, 공립학교 세속주의의 최고 하루 일곱 시간의 교육과 경쟁할 수 있겠는가?
그리스도인들은 비판 없이 불신 세상의 사고를 따르는 쉬운 길을 취하지 말아야 한다. "우리 정신세계의 어떤 단 한 조각도 나머지 세계에서 완전히 밀폐되지 말아야 한다. 또한 만물의 주권자이신 그리스도가 '나의 것!'이라고 외치지 않는 1 제곱 인치의 영토도 우리 인간 실존의 이 전체 우주 안에는 존재하지 않는다." James D. Bratt, ed., *Abraham Kuyper: A Centennial Reader* (Grand Rapids: Eerdmans, 1998), 488.

14 일부 신학자들은 여기서 논의 중인 이 지식이 현재까지 지속되는 지식이 아닌 과거의 지식임을 입증하기 위해 롬 1:21에서 "알다"의 과거 형태(부정과거[aorist])를 강조하려고 애썼다. 하지만, 이 구절에서 바울의 목적은 모든 사람이 죄를 범했고 따라서 누구도 율법의 행위를 통해서 의롭게 될 수 없다는 것을 보여 주려는, 롬 1:1-3:21에서 바울이 가진 더 큰 목적의 일부분이다. 롬 1장에서 심지어 바울은 기록된 율법에 대한 사용 없이도 이방인들은 하나님의 죄에 대해 책임 있다는 것을 우리에게 보여 준다(롬 2장은 유대인들을 다룬다).

하지만, 이런 지식에도 불구하고 불신자는 의도적으로 진리를 왜곡하고 진리를 거짓과 바꾼다(롬 1:18-32; 고전 1:18-2:16[특별히 2:14를 보라]; 고후 4:4). 따라서 불신자는 미혹을 받고 "속는 자"다(딛 3:3). 그는 하나님을 알고(롬 1:2) 동시에 하나님을 모른다(고전 1:21; 2:14).[15] 분명하게 이런 사실은 하나님의 계시가 우리의 변증적 접근 방식을 지배해야 한다는 요점을 강조한다.

불신자는 구원이라는 성경적 복음이 없이는 믿음으로 나아올 수 없다(왜냐하면, 그는 그렇게 하지 않을 것이기 때문이다). 우리는 성경이 없다면 불신자의 상태에 대해 알지 못할 것이다. 또한 만약 우리가 변증학에 대한 성경 자체의 원리를 들을 준비가 되어 있지 않다면 우리는 불신자의 상태를 변증적으로 다룰 수 없다.

어떻게 그들이 기록된 율법에 대한 사용 없이 책임을 질 수 있는가?
그들이 창조에서 획득했던, 하나님을 아는 지식으로 인해 그렇다. 그런 지식이 과거의 것으로 격하되었다면 우리는 롬 3:9과는 반대로 현재 이방인들이 그들의 행동에 대해 책임이 없다고 결론을 내려야 했을 것이다. 과거 시제가 이 문맥에서 지배적이기 때문이므로 과거 형태(분사 형태로)를 사용했다. 왜냐하면, 바울은 롬 1:21-32에서 "진리의 억압 역사"를 시작하려 의도하기 때문에 이것은 합당하다. 하지만, 바울은 분명히 21-32절의 사건을 단순히 과거 역사로 간주하지 않는다. 그는 분명히 하나님 앞에 이방인들의 현재 조건을 묘사하기 위해 이런 역사를 사용한다. 따라서 부정과거 형태인 그논테스(*gnontes*)를 오로지 과거 시간을 가리키는 것으로 강요하지 말아야 한다. 진리에 대한 억압이 계속되는 것처럼 이런 억압을 비난할 만하다는 것을 나타낼 지식도 계속된다.

15 분명히 여기에 추가 설명을 요구하는 어떤 복잡성이 존재한다. 다른 종류의 지식이 고려된다. 왜냐하면, 하나님에 대한 그리스도인의 지식(불신자에게 결핍된)은 하나님에 대한 불신자 자신의 지식과는 매우 다르기 때문이다(롬 1:21, 32). 게다가 심리적인 복잡성도 존재한다. 즉, 불신자는 자기의 의식의 한 차원에서 자기가 다른 차원에서 추방하려 애쓰는 것들을 안다. 가능한 한 단순하게 표현하자면 그는 하나님이 요구하는 것을 알지만 그는 부정적인 것을 제외하고 그런 지식이 자신의 결정에 영향을 주길 원하지 않는다. 즉, 하나님의 뜻에 대한 지식은 그에게 어떻게 하나님에게 불순종해야 하는지를 말해 준다. *DKG*, 1-61을 보라.

하지만, 이것은 **변증가**가 "그리스도를 주로 삼아 거룩하게" 해야 할 뿐만 아니라 그의 **논증**이 그런 주권을 전제해야 한다는 것을 의미한다. 우리의 논증은 믿지 않는 어리석음을 보여 주는 것이 아니라 "여호와 하나님에 대한 경외"에 기초한 그런 지식과 그런 지혜를 보여 주는 것이어야 한다.

따라서 어떤 다른 인간의 활동이 중립적이지 않는 것처럼 변증적 논증은 중립적이지 않다. 우리가 하는 다른 모든 것에서처럼 우리는 변증적 논증에서 하나님 말씀의 진리를 전제해야 한다.

우리는 하나님의 권위를 받아들이거나 받아들이지 않는다. 그리고 하나님의 권위를 받아들이지 않는 것은 죄다. 우리가 때때로 비그리스도인과 대화하는 자신을 발견하는 것은 중요하지 않다. 그때에도—아마 특별히 그때에도(왜냐하면, 그때에도 우리는 증거하고 있기 때문이다)—우리는 우리 주님의 계시에 충실해야 한다.[16]

우리가 중립적인 근거에서 불신자와 변론할 수 있다는 주장이 불신자의 주의를 끄는 데 일조할 수 있다 하더라도 불신자에게 그렇게 말하는 것은 거짓말이다. 사실 이것은 가장 심각한 종류의 거짓말이다. 왜냐하면, 이것은 예수 그리스도가 **주님**이라는 복음의 핵심을 왜곡하는 것이기 때문이다. 어떤 중립성도 존재하지 않는다. 우리의 증언은 하나님의 지혜이거나 아니면 이 세상의 어리석음이다. 중간에 어떤 것도 존재하지 않는다. 가령 중립성이 가능하다 하더라도 이런 방법은 우리에게 금지될 것이다.

필자가 중립성을 반대할 때 필자가 반대하는 것은 진리의 **궁극적** 기준

16 이것이 개혁파 변증에서 절대적으로 근본적인 것이다. 우리에게 죄, 사탄, 구세주에 대해 알려 주는, 하나님의 감동으로 된 동일한 성경이 지식의 윤리 및 변증학에 대한 우리의 접근 방식에 대해 동일하게 독특한 권위로 말한다.

인 하나님의 계시 이외의 어떤 것에 호소하는 것이다. 확실히 언어 용법의 기준으로 사전에 호소하는 것이나 미국 법의 기준으로서 미국 헌법에 호소하는 것은 확실히 허용할 수 있다. 이렇게 하는 것은 궁극적인 기준에 호소하는 것이 아니다. 따라서 이와 유사하게 우리는 하늘은 파랗고, 2+2=4, 레드 삭스(the Red Sox)가 월드 시리즈에서 우승했다는 것과 같은 어떤 것들에 대해 불신자들에게 동의할 수 있다. 어떤 의미에서 이것은 공통되는 기반이지만 위의 의미에서 중립성은 아니다.

필자는 현재 합의의 영역으로 시작하는 것과 이런 영역에서부터 작업하는 것을 충분히 받아들일 만하다고 생각한다. 어떤 의미에서 "하늘은 파랗다"라는 진술로 시작하는 모든 종류의 합의가 존재한다. 중립성은 이와 같은 문제에 대해 일치하는 것이 아니라 세계관과 인식론과 같은 것들에 대한 합의다. 하늘이 파랗다는 것에 동의하는 것은 더 깊은 불일치 또는 성령의 사역으로 일어나는 더 깊은 합의로 우리를 이끌 수 있다.

공통으로 주장되는 이런 명제들은 변증적 가치가 있을 수 있다.

즉, 가령 우리가 하늘이 파랗다는 것에 동의할 수 있다면 어째서 그런 동의는 가능한가?

이 세계가 우연의 세상이라면 어떻게 누군가가 무언가에 대해 동의할 수 있는가?

동의는 질서 정연하고 합리적인 마음에 의해 알려지도록 하나님이 의도하시고 창조하신 세계를 전제한다.

우리는 이런 종류의 논증이 전제적이라는 것을 이해할 수 있다. 이런 논증이 호소하는 바는, 불신자에게 있지만 그들이 억누르는, 하나님을 아는 참된 지식에 호소한다(롬 1장). 즉, 불신자가 믿는 자와 함께 공통으로 가진 지식에 호소한다. 이런 방식으로 주장하는 것은 다음과 같이 말하는 것과는 매우 다르다.

"성경은 거짓될 수 있다. 우리의 감각과 논리라는 더 큰 권위로 성경의 진리를 판단하자."

약간 더 미묘한 차이를 진술해 보자. 코넬리우스 반틸(Cornelius Van Til)은 하나님의 계시가 인간의 사고에서 해야 하는 역할을 보여 주기 위해 **전제**(presupposition)라는 용어를 사용한다. 필자는 그가 이 용어를 정의했다고 생각하지 않는다. 필자는 반틸을 위해 이 용어를 "마음의 기본적 헌신"(basic heart-commitment)으로 정의한다. 그리스도인에게 이것은 말씀 안에 계시된 분으로서 하나님에 대한 헌신이다. 우리가 우리의 궁극적 헌신을 유지하는 한 우리는 이런 헌신과 상충하는 것을 참되거나 옳은 것으로 받아들일 수 없다.

하지만, 반틸이 저술한 글의 몇몇 예에서 그는 이 용어를 다르게 사용한다. 가령 그는 변증가가 "심지어 불신자가 실제로 하나님을 부정하는 것에서도 그는 아직 실제로 하나님을 전제하는 불신자"를 보여 주도록 종용한다.[17] 확실히 이런 의미에서 불신자가 하나님을 전제하지만, 그는 하나님을 자신의 궁극적 헌신으로 인정하지 않는다.

여기서 반틸의 요점은 다음과 같다. 즉, 이 세계에 대한 이해 가능성(intelligibility)을 가정할 때 불신자는 자신이 분명하게 부인하는 하나님의 존재를 은연중에 인정한다. '**전제하다**'(presuppose)라는 용어가 담고 있는 이런 더 작은 의미는 이 용어에 대한 반틸의 더 일반적인 사용과 관련이 있지만 때때로 다르다. 이런 맥락에서 하나님을 전제하는 불신자가 그 자신의 성향과 반대되게 하나님에 대해 생각하고, 말하고, 무언가를 행한다는 것은 그의 의식의 어떤 차원에서 하나님의 실재와 중요성에 대한

17 Cornelius Van Til, *A Christian Theology of Knowledge* (Nutley, NJ: Presbyterian and Reformed, 1969), 13.

어떤 의식이 있다는 것을 가리킨다.

또한 반틸과 전제주의자들의 다른 작품 안에 '**전제하다**'라는 단어가 사람이 아닌 논증, 방법, 지식, 학문 분과, 사태(state of affairs, 우주의 이해 가능성과 같은)와 같은 것들의 술어(述語)가 되는 문장들이 있다. 그런 맥락에서 그 단어를 "필요조건" 또는 "어떤 것을 타당화하는(legitimatize) 무엇"을 의미하는 것으로 받아들일 수 있다. 아마도 우리는 다음과 같이 설명함으로써 이러한 용법들을 우리의 기본적인 정의와 연관지을 수 있을 것이다.

즉, X라는 무언가가 Y를 전제한다면 그 Y는 어떤 사람이 X에 대해 이해할 수 있는 설명을 제공하기 위해 반드시 헌신해야 할 대상이다.

마지막으로 반틸에게 있어서 기독교 유신론을 위한 "선험적 논증"을 가리키는 **전제에 의한 추론**(reasoning by presupposition)이라는 어구가 있다. 우리는 제4장에서 추가로 이런 형태의 논증을 논의할 것이다. 우리가 전제주의자들이 말하는 방법을 이해하는 발판을 얻고자 한다면 이런 구분을 명심할 필요가 있다.

3. 순환 논증?

이것이 의미하는 바는 우리가 순환 논증(Circular Argument)을 수용해야 한다는 것인가?

단지 어떤 의미에서만 그렇다. 우리는 "성경은 참이다. 따라서 성경은 참이다"라는 진술과 같은 논증을 사용하도록 요구되지는 않는다. 우리는 확실히 전제적 변증학에서 일종의 순환성이 존재한다고 말할 수 있지만 이런 순환성은 불합리하거나 틀리지 않다.

우리 믿음이 우리의 추론을 지배하고 결과적으로 우리의 믿음이 합리성에 기초하고 있다고 언급하는 것이 순환적으로 들린다. 하지만, 우리가 말하는 것의 합리성, 즉 믿음을 위한 합리적 기초로서 역할을 하는 합리성은 하나님 자신의 합리성임을 기억하는 것이 중요하다. 순서는 다음과 같다.

하나님의 합리성 → 인간의 믿음 → 인간의 추론.

각 화살표(→)의 앞의 것은 뒤의 것의 합리적 근거로 이해할 수 있다. 따라서 이런 의미에서 이 순서는 순환적이 아니라 직선적이다.

하지만, 믿음이 하나님 자신의 생각과 일치한다면 말할 나위 없이 믿음은 또한 하나님의 추론을 반영하는 가장 좋은 인간의 추론과 일치할 것이다. 하나님이 우리에게 제공하신 우리의 이성적 능력은 우리를 속이기 위한 것이 아니라 우리가 지식을 얻게 하기 위한 것이다. 죄가 없다면 우리는 우리를 진리로 이끄는 이런 능력을 신뢰할 수도 있다. 또한 심지어 죄인의 마음에도 하나님의 창조에 대한 사실들은 하나님에 대해 분명히 증거한다(롬 1:20).

따라서 성경적 논증에서 추론과 증거가 존재한다. 즉, 창조된 세계에서 하나님이 자신에 대해 주셨던 분명한 계시가 존재한다. 따라서 믿음을 확증하기 위해 증거와 인간의 논리를 사용하는 것이 옳고 타당하다. 성경은 바로 이런 것을 하고 빈번하게 사람들에게 진리의 증거를 살펴보도록 요구한다(시 19:1; 눅 1:1-4; 요 20:30-31; 행 1:1-3; 26:26; 롬 1:19-20).

성경적 종교는 하나님 계시의 장소로서 역사에 호소한다는 점이 독특하다. 하나님은 분명하게 자연과 역사적 사건에서 자신을 계시하셨다. 따라서 우리가 살펴보았지만 부활에 대한 오백 명의 증언과 같이 증거에 기초해서 주장하는 것이 매우 타당하다(고전 15:6). 목격자의 설명을 다음과 같이 논증적으로 사용할 수도 있다.

전제 1: 부활 이후에 예수님이 나타나신 것이 잘 증명된다면 부활은 하나의 사실이다.

전제 2: 부활 이후에 예수님이 나타나신 것은 잘 증명된다.

결론: 따라서 부활은 사실이다.

이것은 순환성의 어떤 합리적인 정의에 기초한 순환 논증이 아니다. 누군가 "타당한 입증을 위한 궁극적인 기준은 무엇인가?" 또는 "인간 지식에 대한 어떤 거시적인 관점이 우리로 하여금 목격자의 견해로부터 기적적인 사실을 추론하게 하는가?"와 같은 질문을 할 때 어떤 순환성은 분명해진다. 단지 하나의 예를 들자면, 데이비드 흄(David Hume)의 경험주의 철학은 그런 종류의 논증을 허용하지 않는다. 사실, 여기서 그리스도인은 기독교 인식론, 즉 지식에 대한 견해, 증거(testimony), 증언, 현상, 성경에 지배를 받는 사실과 같은 것을 전제한다.[18]

이런 과정이 순환적인 것으로 비난 받을 만한가?

다른 모든 사람도 똑같은 방식으로 추론한다. 모든 철학은 결론을 제공하는 데 있어서 그 자체의 기준을 사용해야 한다. 그렇지 않다면 철학은 아주 일관성이 없게 된다.

인간 이성을 궁극적 권위로서 믿는 사람들(합리주의자)은 합리론을 지지하는 자기들의 논증에서 이성의 권위를 전제해야 한다. 감각 경험의 궁극성을 믿는 사람들은 자기들의 철학을 지지하는 데 있어서(경험주의)

18 불신자가 일관되게 이런 인식론을 받아들일 수 없다는 의미에서 이런 인식론은 독특하게 성경적이다. 사실 창조와 성경에서 하나님의 계시는 이런 인식론에 중심적이다. 어떤 지식 이론도 진리와 거짓을 결정하기 위한 궁극적 표준이나 기준을 구체적으로 명시해야 한다. 그리스도인의 궁극적 기준은 성경의 하나님 말씀이다. 반면에 불신자의 궁극적 기준은 다른 곳에 있음에 틀림없다. 어느 정도 상세하게 이런 인식론을 전개하는 *DKG*를 보라.

감각 경험을 전제해야 한다. 그리고 회의주의자는 자기 자신의 회의주의(사실, 물론 이것은 회의주의의 치명적 약점이다)에 대해 회의적이어야 한다.

요점은 다음과 같다. 즉, 궁극적 기준이 성경, 꾸란(Qur'an), 인간 이성, 감각 또는 그밖에 무엇이든지 간에 우리가 궁극적 기준을 주장할 때 우리는 그런 결론과 모순되지 않는 기준을 사용해야 한다. 이것이 순환성이라면 모든 사람은 순환성을 사용하고 있다.[19]

이런 사실이 신자와 불신자 사이의 소통 가능성을 제거하는가?

그렇게 보일 수도 있다. 그리스도인은 성경적인 기준에 근거해서 부활이 사실이라고 주장한다. 비그리스도인은 자신이 이런 기준을 받아들일 수 없고 가령 만약 우리가 흄의 경험주의 기준으로 부활을 증명하지 않는다면 자신은 부활을 받아들이지 않을 것이라고 답변한다. 우리는 흄의 전제를 받아들일 수 없다고 답변한다. 불신자는 자신이 우리의 전제를 받아들일 수 없다고 말한다.

이것이 대화를 끝내는가?

확실히 그렇지 않다. 다음과 같은 몇몇 이유가 있다.

① 어떤 차원에서 불신자는 진리를 이미 안다.

첫째, 필자가 언급했던 것처럼, 성경은 하나님이 불신자에게 심지어 그가 하나님을 알고 있는 그런 정도까지 자신을 분명하게 계시했다고 우리에게 말한다(롬 1:12). 그가 그런 지식을 억누르지만(21

19 필자는 이러한 설명을 인정할지라도, 기독교 변증가가 자신의 논증을 묘사하기 위해 **순환적**(circular)이라는 용어를 받아들이거나 거절하는 것에 개의치 않는다. 이 용어를 사용하는 데 있어서 필자가 *DKG*에서 용감히 대면하려 애썼던 위험, 즉 오해라는 분명한 위험이 존재한다. 하지만, 필자는 지금 필자를 비판하는 이들에게 "순환성에 대한 당신의 정의를 인정한다 하더라도 나는 그것을 믿지 않는다"라고 말하고 싶다.

절 이하) 그의 의식의 어떤 차원에서 그런 계시에 대한 기억이 존재한다. 그는 이런 기억에 반대해서 죄를 짓는다. 또한 이런 기억으로 인해 그는 죄에 대해 책임이 있다. 이런 차원에서 그는 경험주의가 틀렸다는 것과 성경의 기준이 옳다는 것을 안다.

우리는 변증적 증언을 불신자의 경험주의적 인식론이나 다른 무엇에 향하게 하지 않고, 오직 하나님 계시에 대한 그의 기억과 그런 계시 안에 내포된 인식론으로 향하게 한다. 이것을 하기 위해 또한 그런 의미 있는 소통을 달성하기 위해 우리는 불신앙적인 인식론의 기준보다는 오히려 기독교 기준을 사용할 수도 있을 뿐만 아니라 사용해야 한다. 따라서 불신자가 "나는 당신의 전제를 받아들일 수 없다"고 말할 때 우리는 다음과 같이 답변한다.

"좀 더 논의해 봅시다. 그러면 어마도 우리가 우리의 생각을 더 자세히 설명함에 따라 우리의 전제가 당신을 더 끌어당기게 될 것입니다(마치 당신이 당신의 전제가 우리를 더 끌어당기길 희망하는 것처럼). 그러는 동안에 단지 계속해서 우리 각자의 전제를 사용하고 우리가 논의하지 않았던 어떤 문제로 옮겨갑시다."

② 불신자를 향한 우리의 증언은 결코 홀로 오지 않는다.

둘째, 하나님이 자신의 목적을 위해서 우리의 증언을 사용하기로 선택하신다면 그분은 항상 그런 증언에 대한 초자연적인 요소, 즉 말씀 안에서 일하시고 말씀과 함께 일하시는 성령을 덧붙이신다(롬 15:18-19; 고전 2:4-5, 12절 이하; 고후 3:15-18; 살전 1:5[참조. 2:13]; 살후 2:13-14).

우리가 소통할 수 있는 우리 자신의 능력에 대해 어떤 이유로 의심한다 하더라도 성령의 능력을 의심할 필요는 없다. 또한 우리의 증언이 근본적으로 하나님의 도구라면 소위 우리의 상식적인 가설이 아니라 하나님의 말씀이 우리의 전략을 지시해야 한다.

③ 우리 모두는 이미 이것을 한다.

셋째, 사실 이것은 보통 종교적인 것으로 간주하지 않은 유사한 경우에 우리가 행하는 것이다. 꿈의 세계에 사는 어떤 사람을, 즉 모든 사람이 자신을 죽이려고 밖에 있을 수도 있다고 믿는 편집증 환자를 상상해 보자. 우리는 그를 오스카(Oscar)로 부를 것이다. 오스카가 이런 끔찍한 것을 전제하고 그 결과로 이런 결론에 맞추기 위해 이것과 반대되는 모든 증거를 왜곡하고 만든다고 말해 보자. 가령 오스카가 보기에 모든 종류의 행동은 그의 방심한 틈을 노리고 그의 옆구리에 칼을 꽂으려는 사악한 계획에 대한 증거가 된다. 로마서 1:21 이하에 의하면, 오스카는 불신자들이 하는 것을 한다. 즉, 그는 진리를 거짓으로 바꾼다.

어떻게 우리가 오스카를 도울 수 있는가?

우리는 그에게 무슨 말을 해야 하는가?

어떤 전제, 어떤 기준, 어떤 표준을 우리는 사용할 것인가?

확실히 오스카의 전제, 기준, 표준은 사용하지 않을 것이다. 왜냐하면, 그렇게 하는 것은 우리로 하여금 그의 피해망상을 수용하도록 이끌 것이기 때문이다. 확실히 중립적 기준을 사용하지 않을 것이다. 왜냐하면, 그런 것은 존재하지 않기 때문이다. 우리는 그의 전제를 받아들이든지 아니면 그것을 거절해야 한다.

물론 답은 다음과 같다. 즉, 비록 우리가 인식하는 진리가 오스카의 가장 깊은 전제와 상충한다 하더라도 우리는 우리가 인식하는 진리에 따라 그와 변론하는 것이다. 어떤 경우에 그는 다음과 같이 답할 수도 있다.

"물론 우리는 다른 가정에서 추론하는 것처럼 보인다. 따라서 우리는 실제로 어느 곳에도 이를 수 없다."

하지만, 다른 경우에 우리의 참된 추론이 오스카의 방어를 무너뜨릴 수도 있다. 왜냐하면, 결국 오스카도 인간이기 때문이다.

어떤 차원에서 우리는 오스카가 모든 사람이 자신을 죽이러 나오지 않았다는 것을 안다고 가정한다. 어떤 차원에서 그는 들을 수 있고 변화될 수 있다. 결국 편집증 환자들은 때때로 분명히 제정신으로 돌아온다. 우리는 그것이 발생할 것이라는 소망하는 가운데 진리를 말하고, 이런 상황에서 말씀이 결국 도움이 되어야 한다면 치료하기 위해 말씀은 추가적인 오류가 아닌 진리를 전달해야 한다는 것을 아는 가운데 진리를 말한다.[20]

그렇다면 필자는 변증학에 대한 전제적 접근 방식은 성경에서뿐만 아니라 상식에서도 보증된다고 생각한다.

④ 우리는 결코 논의를 위한 주제가 바닥나지 않는다.

넷째, 기독교 변증학은 많은 형태를 취할 수 있다. 불신자가 그리스도인의 증거주의 논증(evidential argument)의 "순환성"에 반대한다면 그리스도인은 단순히 불신자 자신의 세계관 또는 인식론에 반대하는 "공격적" 변증과 같은 또 다른 종류의 논증으로 바꿀 수 있다. 또한 이런 변증은 위에서 언급한 정확한 의미에서, 순환적일 것이지만 분명히 덜 순환적일 것이다. 이런 변증을 일련의 질문으로서

20 이것은 제4장의 접촉점에 대한 일부 논의를 미리 예시한다. 불신자는 하나님이 창조하신 세계에 살고 하나님이 이런 지식을 그의 인성 구조 안에 심어 놓으셨다.

소크라테스가 했던 방식으로 제시할 수 있다.

즉, 어떻게 **당신은** 논리 법칙의 보편성을 설명하는가?

어떻게 **당신은** 인간의 삶이 살 가치가 있다는 판단에 도달하는가? 등등.

또는 다윗이 자신의 죄를 회개하지 않을 때(삼하 11-12장) 선지자 나단이 다윗 왕에게 했던 것처럼 우리도 불신자에게 비유를 말할 수 있을 것이다. 아마 우리는 어리석은 부자에 대한 비유를 말할 수 있을 것이다(눅 12:16-21). 반틸은 경쟁이 되는 세계관들에 대한 솔직하고 분명한 비교를 지지했다.

우리가 기독교적 전제에 기초해서 말하려 할 때 비그리스도인과의 이런 상호작용이 어떻게 보일 수 있는가?

이런 상호작용은 매우 일반적인 용어로써 다음과 같이 진행한다.

신자: 복음은 참된 이유는 X, Y, Z 때문이다.

불신자: 하지만, 당신의 논증은 성경의 진리를 전제한다.

신자: 그렇다. 하지만, 모든 사람은 무언가를 전제한다. 당신은 인간 이성의 자율성을 전제한다.

불신자: 하지만, 어떻게 당신은 성경에 호소함으로써 성경의 진리를 주장할 수 있는가? 그것은 순환론적이다.

신자: 이성을 증명하기 위해 이성에 호소하는 것보다는 순환론적이지 않다.

불신자: 그렇다면 당신은 당신의 전제가 있고 나는 나의 전제가 있다.

이것은 우리가 함께 논의할 수 없다는 것을 의미하는가?

신자: 아니다. 아직 우리가 논의할 수 있는 것이 많다. 당신의 전제

를 당신의 논증과 함께 논의해 보자. 나는 나의 논증과 함께 나의 전제를 논의할 것이다. 우리는 이 두 논증을 비교할 수 있다. 나는 내가 당신의 논증이 "해체되는 것"을 보여 줄 수 있다고 생각한다. 즉, 심지어 당신의 논증이 당신 자신의 전제적 구조 안에서도 작동할 수 없다는 것을 보여 줄 수 있다고 생각한다.

불신자: 좋다! 어떻게 당신이 그렇게 하는지 나에게 보여 주라.

전제주의가 신자와 불신자 사이의 소통을 제거한다고 믿는 사람들은 불신앙적인 마음에 도달하는 하나님의 능력을 과소평가하는 것이다. 또한 그들은 성경적 변증의 다양성과 풍부함, 하나님이 자신의 대변인들로서 우리에게 주셨던 창의성과, 성경적 변증이 취할 수 있는 많은 형식을 과소평가한다.

⑤ 모든 순환성이 똑같이 만들어지는 것은 아니다.

필자는 『신지식론』(*DKG*)과 다른 곳에서 "협의의 순환" 논증과 "광의의 순환" 논증을 구별했다. 협의의 순환 논증의 예는 다음과 같다.

"성경은 하나님 말씀이다. 왜냐하면, 성경은 하나님 말씀이기 때문이다."

이런 진술 자체는 다음과 같이 말하는 방식일 수도 있다.

"성경은 하나님의 말씀이다. 왜냐하면, 성경은 성경이 하나님의 말씀이라고 말하기 때문이다."

필자는 이런 협의의 순환 논증은 진지한 의미에서 변증적 주장이 아니라는 비전제주의자의 말에 동의한다. 사실 이것은 필자가 믿기에 실제 변증적 가치가 있는 그 논증들과의 대조로서 역할을 한다.
하지만, 이런 협의의 순환 논증에 어떤 진리도 없는가?
약간 더 형식적으로 이 논증을 표현해 보자.

전제 1: 성경이 말하는 것은 무엇이든지 참이다.
전제 2: 성경은 성경이 하나님 말씀이라고 말한다.
결론: 따라서 성경은 하나님 말씀이다.

전제 1과 전제 2는 복음주의적 관점에 기초해 볼 때 참되다. 또한 이 두 전제는 분명히 타당하게 결론을 암시한다. 따라서 이 두 전제가 참**이므로** 결론은 참되다. 성경은 성경이 하나님 말씀이라고 말하므로 우리는 성경이 하나님 말씀이라고 믿는다.
이런 협의의 논증에서 심오한 진리가 생생하게 드러난다. 즉, 성경을 판단할 수도 있는, 성경보다 더 높은 권위는 존재하지 않는다는 것과 결국 우리는 성경 자체의 권위로 성경을 믿어야 한다는 것이다. 그런데도 협의의 논증은 어떤 분명한 불리한 점이 있다. 특별히 많은 설명이 주어지지 않는다면 불신자는 협의의 논증을 즉시 묵살할 것 같다.
우리는 광의의 순환 논증으로 옮겨감으로써 어느 정도 이런 불리한 점을 극복할 수도 있다. 이런 광의의 논증은 "다양한 증거로 인해 성경은 하나님 말씀이다"라고 언급하고 그런 후에 이런 증거를 구체적으로 명시한다. 그런데도 어떤 의미에서 이 논증은 순환적이다. 왜냐하면, 변증가는 성경이 동세하는 방식으로 이런 증거를 선택하고 평가하고 정식화(formulates)하기 때문이다.
하지만, 이 논증은 불신자의 주의를 더 오래 사로잡으며 또한 더 설득적인 경향이 있다. 필자가 **순환성**(circularity)을 인정했다는 의미에서 순환성은 전체 우주만큼 광범위할 수 있다. 왜냐하면, 모든 사실이 하나님의 진리를 증거하기 때문이다.[21]

4. 하나님의 책임과 우리의 책임

하나님의 주권과 인간의 책임과의 관계는 기독교 신앙이 가진 위대한 신비 가운데 하나다. 어쨌든 성경에서 하나님의 주권과 인간의 책임이 실제적이고 중요하다는 것은 분명하다. 칼빈주의 신학은 하나님의 주권에 대한 강조, 즉 하나님이 "모든 일을 그의 뜻의 결정대로 일하신다"는 견해로 알려졌다(엡 1:11). 하지만, 칼빈주의에서 적어도 인간의 책임에 대해 동일하게 강조한다.

동일한 강조?

많은 사람이 칼빈주의에 관해서는 그 동일한 강조를 기꺼이 말하지 않을 것이다. 하지만, 하나님 율법의 권위에 대한 칼빈주의 강조—복음주의 신학의 어떤 다른 전통보다 율법에 대한 더 긍정적인 견해—를 고려해 보자.

칼빈주의자에게 있어서 인간은 하나님 앞에 의무가 있다. 아담은 자신의 의무를 완수하지 못했고 인류를 죄와 불행에 빠트렸다. 하지만, 예수님은 자신의 의무를 완수했고 자기 백성에게 영원한 구원을 가져오셨다. 하나님은 주권적이시지만 인간의 순종은 최고로 중요하다. 하나님은

---

21 하나님이 피조계의 모든 것을 다스리고 이끄신다. 따라서 모든 사실이 변증가 편이다. 이런 순환성에 대해 더 참조하려면 John M. Frame, *Cornelius Van Til: An Analysis of His Thought* (Phillipsburg, NJ: P&R Publishing, 1995), 299-309를 보라. 이후 *CVT*로 표기.

땅을 채우고 정복하실 것이지만 오직 인간의 노력을 통해서 땅을 채우고 정복하실 것이다(창 1:28-30).

하나님은 모든 민족에게서 자신의 택한 자들을 교회로 모으실 것이지만 신실한 인간의 전도를 통해서만 그렇게 하실 것이다(마 28:18-20; 행 1:8; 롬 10:13-15). 구원은 어떤 인간의 노력 없이 오직 하나님의 주권적 은혜로 사람들에게 다가온다.

우리는 그런 구원을 은혜로 받아야 하고 "두렵고 떨림으로" 우리의 구원을 "이루"(빌 2:12)어야 한다. 그런데, 이는 "너희 안에서 행하시는 이는 하나님이시니 자기의 기쁘신 뜻을 위하여 너희에게 소원을 두고 행하게 하시나니"(빌 2:13)가 사실임에도 불구하고 우리가 그렇게 해야 하는 것이 아니라 그 사실 때문에 우리가 그렇게 해야 하는 것이다.

우리는 일반적으로 하나님의 주권이 인간의 책임을 배제하는 것이 아니라 관여시키는 것으로 이해한다.[22] 사실 하나님의 주권이 인간의 책임

22 이런 요점은 변증학과는 별도로 다음과 같은 많은 중요한 적용점이 있다.
① 그리스도인들은 종종 어떤 종류의 과학적 발전이나 기술적 발전은 "신의 역할을 하는 것"에 해당한다고 반대 이유를 댄다. 따라서 그들은 산아 제한, 유전 연구, 생태학, 우주 탐험 또는 그 밖에 무엇이든지, 심지어 일반적인 의료 치료에 대한 일반화된 반론도 전개한다. 추가 논의를 참조하려면 다음을 보라. John M. Frame, *The Doctrine of the Christian Life* (Phillipsburg, NJ: P&R Publishing, 2008), 제37장, 제40장(이후 *DCL*로 표기)(『기독교 윤리학』, PNR[개혁주의신학사] 刊]). 확실히 어떤 점에서 하나님은 제한을 설정하셨지만(예. 태아 조직 실험) 이런 영역에서 하나님의 주권은 책임 있는 인간의 역할을 배제하지 않는다. 그와는 정반대다.
② 일부 그리스도인들은 하나님이 주권적으로 자신의 교회를 세우시므로 우리는 인간적인 계획을 세우지 말아야 하며 또한 교회 성장을 위한 인간적 기술을 연구하지 말아야 한다고 주장한다. 일부 성장 계획이 하나님을 기쁘시게 하지 않는다는 것을 인정한다 하더라도 여기에 또한 인간의 책임을 위한 여지가 존재한다는 사실은 여전히 남아 있다. 이것을 부정하는 것은 "하나님이 사람들을 회심시키고 성화시킨다. 따라서 설교는 필요하지 않다. 또는 적어도 우리는 효과적인 설교의 기술을 무시할 수 있다"라고 말하는 것과 같다.

을 인정하고 인간의 선택과 행동에 자유와 중요성을 부여하며 역사(history)에 대한 하나님의 계획 안에서 중요한 인간의 역할을 정한다.

우리가 변증학에서 하나님의 주권과 인간의 순종 사이의 이런 균형을 유지하는 것이 중요하다. 우리는 이미 변증학이 초자연적인 요소, 즉 성령의 증언 없이는 성공할 수 없다는 것을 살펴보았다. 그런 의미에서 변증학은 하나님의 주권적인 사역이다. 불신앙적인 정신과 마음을 설득하는 분은 성령이시다. 하지만, 또한 인간 변증가를 위한 위치도 존재한다. 변증가는 로마서 10:14에서 언급된 복음 전파자와 똑같은 위치를 가진다. 사실 그는 설교자다.

변증학과 설교는 두 개의 다른 것이 아니다. 둘 다 그리스도를 위해 불신자들에게 접근하려는 시도다. 설교는 변증적인 특징이 있다. 왜냐하면, 설교는 설득을 목표로 하기 때문이다. 변증학은 설교다. 왜냐하면, 변증학은 복음을 제시하고 회심과 성화를 목표로 하기 때문이다.

그런데도 이 두 개의 활동은 분명히 서로 다른 관점과 강조점이 있다. 변증학은 합리적 설득의 측면을 강조하지만, 설교는 사람들의 삶에서 경건한 변화의 추구를 강조한다.

하지만, 합리적 설득이 마음의 설득이라면 그것은 경건한 변화와 똑같은 것이다. 하나님은 설득하고 회심시키는 분(persuader-converter)이시지만 그분은 우리의 증거를 통해서 일하신다. **증거, 가르침, 복음전도, 주장** 등과 같은 다른 용어는 대략 비슷한 의미를 가진다.

이것을 표현하는 또 다른 방식은 이것이다. 즉, 성령은 회심하게 하는 분이시지만 성령은 일반적으로 말씀(the Word)을 통해서 일하신다. 성령이 일으키신 믿음은 하나님의 메시지 및 하나님의 약속에 대한 신뢰이다.[23]

23 물론 우리는 정상적인 지능을 가진 성인 인간이 발휘하는 믿음을 언급하고 있다. 성령

성령과 말씀이 함께 땅을 창조하셨던 것처럼(창 1:2-3; 시 33:6 ["기운"<breath>= 하나님의 영 <Spirit>]) 하나님은 자신의 말씀과 성령으로 죄악된 인간을 다시 창조하신다(요 3:3 이하; 롬 1:16 이하; 약 1:18; 벧전 1:23). 우리가 살펴보았듯이 성령의 사역이 필요하지만, 성령은 우리를 조명하고 우리를 설득해서 하나님 말씀을 믿게 함으로써 일하신다(고전 2:4; 살전 1:5).[24]

따라서 필자가 위에서 보여 주었던 것처럼 성령이 필요하지만, 설교자-변증가(preacher-apologist)도 필요하다. 설교자-변증가의 사역은 말씀을 제시하는 것이다. 또한 그의 일은 하나님 말씀을 읽는 것일 뿐만 아니라 말씀을 설교하는 것, 즉 말씀을 설명하고 그 말씀을 청자들에게 적용하고 말씀의 아름다움, 말씀의 진리, 말씀의 합리성을 보여 주는 것이다. 그는 불신자의 거짓 인상들(impressions)과 싸우려고 불신자에게 실제 그대로의 말씀을 제시하려고 애쓴다. 성령도 증언하신다는 것은 바로 이런 증언에 대한 것이다.

변증학의 작업이 하나님처럼 행동하려는(play God) 시도라는 우려로 말미암아 변증학의 작업을 반대하는 사람들에게 답변하는 데 이 논의는 충분할 것이다. 하나님의 궁극적 주권과 자신의 목적을 성취하기 위해 인간 대리인을 사용하려는 그분의 결정을 우리가 인정하는 한, 하나님의 사역과 우리의 사역 사이에 어떤 경쟁도 있을 필요가 없다. 바르게 이해

은 또한 유아의 마음과, 추정하건대, 또한 언어나 심지어 사유의 재능이 없는 사람들의 마음속에서도 역사하신다(삼하 12:23; 눅 1:41-44; 18:16; 행 2:39). 이것은 매우 신비하다. 일부 신학자들은 이런 경우의 성령의 사역을 믿음 없는 중생으로 묘사하곤 했다. 다른 사람들은 이것을 "씨앗 형태"로 된 믿음을, 즉 이 사람이 아직 이해는 할 수 없지만 하나님의 말씀을 듣고 순종하는 성향을 만들어 내는 중생으로 묘사하곤 했다.

24 John M. Frame, *The Doctrine of the Word of God* (Phillipsburg, NJ: P&R Publishing, 2010), 부록 Q, "성령과 성경"을 보라(이후 *DWG*로 표기)(『성경론』, PNR[개혁주의신학사] 刊).

된 변증학은 하나님처럼 행동하는 것이 아니다. 오히려 그것은 하나님이 정하신 인간의 소명을 실천하는 것이다.

하나님 주권과 인간의 책임에 대한 우리의 논의는 또한 성경은 어떤 변증학도 필요로 하지 않는다고 주장하는 사람들에게 답하도록 우리를 도울 것이다. 스펄전(Charles Spurgeon)이 다음과 같이 말했다고 종종 (어딘가로부터!) 인용된다.

> 성경을 변호(defend)하라고?
>
> 차라리 나는 사자(lion)를 지켜 주는 것이 낫겠다.

물론 성령이 수반하는 성경이 강력하다는 것은 확실히 사실이다(롬 1:16; 히 4:12-13). 또한 성경은 분명히 성경 자체를 변호하고 성경이 말하는 것에 대한 근거를 제공한다. 로마서 8:1과 12:1과 같은 성경에서 모든 "그러므로"를 생각하라. 성경은 우리에게 어떤 것을 믿고 행하라고 명령할 뿐만 아니라 우리에게 어떤 이유로 인해 그것들을 행하라고 명령한다. 이것이 성경 자체의 근거를 보여 주면서 성경 자체를 변호하고 있는 성경이다.

하지만, 물론 인간 설교자로서 우리가 성경을 설명할 때 우리도 그런 근거를 설명해야 한다. 따라서 우리는 성경 자체의 변호를 사용함으로써 성경을 변호한다.

사실 성경은 그 자체를 변호할 뿐만 아니라 계속해서 죄와 불신앙에 대해 공격한다!

그런데도 충분히 주목할 만하게 성경 자체는 우리에게 성경을 변호해 주는 자가 되라고 요구한다(빌 1:7, 16; 딤후 4:2; 벧전 3:15).

성경을 변호하는 것은 궁극적으로 단순히 성경을 있는 그대로, 즉 성경의 진리, 아름다움, 선함, 현대 청자에 대한 적용, 그리고, 당연히, 성경의 근거를 제시하는 것이다. 사람들이 이해하도록 이런 메시지를 가르칠 때 성경은 성경 자체를 변호한다.

하지만, 성경은 결코 성경 메시지를 듣지 못했던 사람들에게 성경 자체를 변호하지는 않을 것이다. 이런 메시지를 전파하는 것은 인간의 임무, 즉 인간 변호자의 임무다. 사도 바울의 다음과 같은 말에 주의를 기울이자.

> 너는 말씀을 전파하라 때를 얻든지 못 얻든지 항상 힘쓰라 범사에 오래 참음과 가르침으로 경책하며 경계하며 권하라(딤후 4:2).

5. 오직 성경

"성경은 어떤 변호도 필요하지 않다"라는 진술을 약간 다르게, '오직 성경'(*Sola Scriptura*), 즉 성경의 충족성이라는 개신교 원칙을 언급하는 방식으로서 사용할 수 있다.

혹자는 (수년 동안 비성경적 철학 개념을 기독교 신학에 주입하는 것으로 악명 높았던) 변증학이 성경을 넘어서는 무언가의 판단에 성경을 종속시키려 애쓰고 있을 수도 있다고 우려한다. 이런 일은 물론 전통적 변증에게는 커다란 위험이다. 또한 심지어 변증가가 전제적(presuppositional)이 되려고 애씀에도 불구하고 이런 일은 본의 아니게 일어날 수 있다. 하지만, 변증학이 일관되게 전제적일 때, 즉 변증학 자체의 방법이 성경 규범의 지배를 받는다는 것을 변증학이 솔직하게 인정할 때 변증학은 이런 위험을 피할 것이다.

결국 '오직 성경'은 심지어 신학에서도 성경 외적인 모든 자료의 배제를 요구하지 않는다. '오직 성경'은 단순히 신학과 모든 다른 분과에서 가장 높은 권위, 가장 최고의 기준은 성경이고 오직 성경이 그렇게 되어야 함을 요구한다.

웨스트민스터 신앙고백서 1.6이 언급하는 것처럼 "하나님의 완전한 경륜"(the whole counsel of God)인 성경에 무언가가 첨가되지 말아야 한다. 변증학에 있어서 성경 외적 자료가 성경과 같은 수준의 "하나님의 경륜"으로서 제시되지 않는 한, 그 자료를 언급함에 대해서는 반론가 있을 수 없다.

인간의 사고, 심지어 신학도 성경 외적 자료의 사용을 요구한다. 왜냐하면, 우리는 항상 하나님이 우리를 두신 곳인 오늘날의 세계를 다루고 있기 때문이다. 분명히 물리학, 사회학, 지질학, 심리학, 의학 등은 성경 너머의 자료에 응답해야 한다.

신학도 그러해야 한다. 왜냐하면, 신학은 성경에 대한 단순한 **읽기**가 아니라 성경을 인간의 필요에 적용하는 것이기 때문이다.[25] 따라서 신학은 항상 인간의 필요에 대한 신학자 자신이 가진 개념을 성경과 동등한 권위의 위치 또는 성경보다 더 큰 권위의 위치로 승격시키려는 위험에 항상 직면한다. 하지만, 기도와 하나님 말씀에 대한 묵상을 통해서 이런 위험을 피할 수 있다.

따라서 성경 자체의 기준에 따라 성경을 변호하는 것은 심지어 우리가 그 과정에서 성경 외적 자료를 사용할 때에도 우리가 가진 최고 기준으로서 성경에 무언가를 첨가하는 것이 아니다. 우리가 위에서 살펴보았듯

25 *DKG*, 76-88, 93-98을 보라. 이런 정의는 인간의 필요에 초점을 맞춤에도 불구하고 성경의 권위와 충족성을 완전히 제대로 다룬다. '오직 성경'은 인간의 필요가 신학에서 무시되어야 한다고 요구하지 않고, 단지 성경이 그들의 필요에 대한 응답(그리고 제시된 질문의 타당성)에 최종 발언권이 있다는 것을 요구한다.

이 그것은 단순히 성경 자체의 합리성을 드러내는 것이다.

우리가 성경 밖의 사실에 기초해서 성경의 진리를 주장할 때 우리는 이런 사실(궁극적으로 우리가 수집한 사실)을 성경보다 더 큰 권위의 위치로 승격시키고 있다는 생각을 우리 자신에게서 제거하기가 때때로 어렵다. 우리가 성경을 이런 사실로 평가하는 것처럼 보인다. 즉, 우리가 이런 사실(성경보다 더 높다고 추정되는)의 권위에 기초해서 성경을 판단하는 것처럼 보인다. 반틸 자신은 이런 것을 우려하는 것처럼 보였지만 일관되지는 않았다.[26]

하지만, 이것이 반드시 사실인 것은 아니다.

필자가 "이 세계에는 목적이 있다. 따라서 하나님은 존재한다"라고 말

---

26 예를 들어 반틸은 *Defense of the Faith*, 336(『변증학』, PNR[개혁주의신학사] 刊)에서 "인과 관계 및 목적(purpose)이 있는 인간의 경험에서 시작해서 유비를 통해서 전체 세계의 원인과 목적의 개념까지 논의했던" 논증을 비판한다. 그는 "우리가 원인 및 목적의 개념을 이 우주 내부의 관계에 적용할 때 하나님 없이 인간이 이해할 수 있는 원인 및 목적의 개념으로 시작한다면 우리는 이런 개념을 전체 우주에 적용할 때 원인 또는 목적의 개념을 위해 우리가 하나님이 필요하다고 일관성 있게 말할 수 없다"라고 반대한다. 이는 분명한 사실이다.

하지만, 원인과 목적이 "이 우주 내부의 관계에 적용되는" 바로 그 순간에 원인과 목적에 대한 논증이 반드시 "원인과 목적은 하나님 없이 인간이 이해할 수 있다"고 반드시 가정하는 것은 아니다. 사실 변증가는 원인과 목적이 하나님 없이는 전혀 이해될 수 없다는 자기의 확신으로 인해 이런 논증을 제기하는 것도 당연하다.

사실, 만약 토마스 아퀴나스의 인과 논증이 타당하다면 사실상 그 논증을 정확한 주장이 될 것이다. 아퀴나스의 인과 논증은 만약 하나님이 존재하지 않는다면 무언가에 대한 **완전한** 인과적 설명은 존재하지 않고 따라서 어떤 것도 올바르게 **원인**(cause)으로 부를 수 없다는 것을 암시한다. (토마스 자신은 이런 노선을 따라 사고했을지도 모르고 또는 사고하지 않았을 수도 있다. 필자는 그의 논증에 내포적인 것을 추론한다. 하지만, 그가 그런 사고를 했는지, 안 했는지는 그가 제기했던 논증의 가치에 대한 문제가 아니라 그의 개인 경건의 문제다.) 토마스를 일반적으로 (반틸과 다른 신학자들에 의해) 반틸의 전제적 방법에 대한 반정립(antithesis)을 대표하는 것으로 간주하지만, 이 경우에 이런 반정립은 확실하지 않다. 필자는 *CVT*에서 이런 종류의 더 많은 예를 탐구한다.

할 때 사실 필자는 성경 자체에서 이런 전제를 얻은 것일 수도 있다! (확실히 성경은 이 세계에 목적이 있다고 가르친다!)

필자는 불신자를 다룰 때 로마서 1:18 이하에 따라 불신자가 창조에서 얻었던 지식을 다룰 수도 있다. 사실 필자가 이것을 언급할 때, 필자는 목적(design)이 성경의 하나님 없이는 이해될 수 없고 따라서 목적의 존재는 하나님의 실재를 암시한다는, 필자의 마음의 확신을 매우 잘 표현할 수 있다. 목적에 대한 필자의 개념은 필자가 성경을 판단하는 데 쓰는 무언가가 아니다. 오히려 성경은 만약 목적이 존재하려면 참이어야 하는 것이 무엇인지를 필자에게 말해 준다.

성경적 가르침을 확증하기 위해 성경 외적인 역사 자료나 과학 자료를 사용하는 것은 어떤가?

확실히 혹자는 그렇게 하는 것은 우리가 성경을 확신하는 것보다 이런 자료를 더 많이 확신하는 것, 즉 우리가 이런 자료가 더 많은 신뢰성이 있는 것으로 간주한다는 것을 암시한다고 언급할 수도 있다.

다시 말하지만, 이에 대한 필자의 답변은 부정적이다. 가령 필자는 요세푸스의 신뢰성을 확신하는 것보다 성경 역사의 진리를 더 확신한다.[27] 하지만, 그는 분명히 가끔 성경 진술을 확증한다. 그리고 필자는 변증적 논의에서 이런 사실을 언급하는 것이 완전히 타당하다고 생각한다.

요점은 가령 요세푸스가 누가보다 더 권위적이라는 것이 아니다. 오히려 요점은 심지어 비그리스도인 요세푸스도 어떤 점들에서 성경이 기록하는 사실을 인정했다는 것이다.[28] 또한 심지어 가장 신뢰할 수 없는 비

27 요세푸스(Josephus)는 대략 AD 37-100년에 살았던 잘 알려진 유대 역사가이고 따라서 사도들과 동시대이지만 그들보다는 젊은 사람이었다.

28 존 칼빈(John Calvin)은 이성이 성경의 진리를 확정(또는 확증)한다고 가르쳤다. 칼빈에 의하면 기독교 신앙은 최종적인 지지(이런 확신은 성령의 내적 증거에 근거한

기독교 역사가를 종종 기꺼이 하나님 말씀보다 우선하여 믿는 현대 회의주의자들은 1세기 비기독교 역사가들도 사람이 자기들에게 기대한 대로 저술했고 성경의 진리도 인정했다는 사실을 주목해야 한다.

다시 말하지만, 이런 종류의 논증은 '오직 성경'이라는 원칙을 훼손하는 방식으로 성경에 무언가를 첨가하지 않는다. 이런 논증은 최고의 권위적인 진리의 축적에 어떤 것도 첨가하지 않는다. 이런 논증은 성경 안에 있고 다른 어디에도 없다.

게다가 어떤 의미에서 인과 논증이나 요세푸스식 논증과 같은 논증은 비록 이런 논증들이 성경 외적 자료를 포함하지만, 단순히 성경을 "실제로 있는 그대로" 전달하는 것을 목표로 한다. 결국 성경을 올바르게 이해하기 위해 이런 논증은 성경 당대의 문화 맥락(요세푸스와 같은 저자들이 있는) 및 전반적인 경험 세계의 맥락(원인과 목적을 포함하는)과 같은 다양한 **맥락**에서 성경을 이해하도록 돕는다.

성경을 올바르게 이해하는 것은 어떻게 성경이 이런 맥락에 잘 들어맞고 이런 맥락을 설명하는지를 파악하는 것이다. 이런 의미에서 마땅한 인과적 논증이나 역사적 논증은 성경을 넘어서지 못한다. 이런 논증은 성경 진리를 이 세상의 어떤 영역에 적용할 가능성을 단순하게 보여 준다. 따라서 이런 논증은 완전한 의미에서 성경을 보여 준다.[29]

다)를 위해 어떤 합리적인 논증도 요구하지 않는다. 그런데도 그는 기독교 신앙은 "최고의 이성이 동의하는 지식"을 제공한다고 주장했다. 그의 *Institutes of the Christian Religion*, ed. JohnT. McNeil, trans. Ford Lewis Battles, 2 vols. (Philadelphia: Westminster Press, 1960), 1.6.5를 보라.

29 *DKG*, 76-100에서 **의미**를 **적용**과 동일시하는 것에 주목하라. 성경은 이 세상에 사는 사람들을 위해 기록되었다. 성경은 눈과 귀가 있는 사람들, 즉 성경을 자신들의 삶의 나머지 맥락에서 읽을 사람들을 위해 기록되었다. 성경은 우리에게 성경의 가르침을 우리 주위에 일어나는 것에 적용하기를 기대한다. 사실 성경을 올바르게 이해하는 것은 성경을 이런 상황에 적용하는 것이라고 성경은 말한다(마 16:3; 22:29; 눅 24:25;

필자는 우리가 변증에서 성경 외적 자료를 사용할 수도 있지만 성경이 충족시켜야 하는 독립적인 기준은 아니라고 결론을 내린다.

하나님 말씀이 요세푸스나 유세비우스 또는 파피아스(Papias) 또는 "초기 인류"에 대한 일부 인류학자들의 이론과 일치하지 않는다면 하나님 말씀을 거짓으로 간주해야 한다고 상상하는 것은 얼마나 터무니없는가!

정확하게 그 반대가 사실이다. 성경은 때때로 다른 글과 일치하고 때때로 일치하지 않는 것처럼, 우리는 단순히 성경을 있는 그대로 제시한다. 그러한 것을 우리가 기대하는 이유는 하나님의 말씀이 유한성과 죄의 세계에 들어와야 했기 때문이다. 또한 하나님의 은혜로 이런 사실은 설득력이 있을 수 있다. 우리의 일은 성경을 있는 그대로 제시하는 것이다. 또한 그렇게 하기 위해 우리는 종종 다양한 맥락에서 성경을 언급해야 한다.

6. '오직 성경'과 자연계시

성경을 성경의 맥락과 관련시키는 것은 성경을 자연계시와 관련시키는 것이다. 자연계시는 하나님의 형상(창 1:27; 9:6; 약 3:9)인 인간을 포함한 하나님이 창조하셨던 모든 것 안에 드러난 하나님의 계시다(시 19:1 이하; 104:1 이하; 롬 1:18 이하). 모든 인간은, 심지어 그 자신 안에서도 하나님의 계시로 둘러싸여 있다. 물론 불신자도 이에 해당한다. 필자가 앞에서 진술했듯이, 불신자는 하나님을 분명하게 알지만(롬 1:21) 다양한 방식으로 그런 지식을 억누르려 애쓴다.

요 5:39-40; 20:31; 롬 15:4; 딤후 3:16-17; 벧후 1:19-21).

자연계시는 하나님의 영원한 권능과 본성을 드러낸다(롬 1:20). 또한 자연계시는 하나님의 도덕적 기준(롬 1:32)과 죄에 대한 진노(롬 1:32; 참조. 롬 1:18)를 드러낸다.

하지만, 자연계시는 하나님의 구원 계획을 드러내지 않는다. 왜냐하면, 하나님의 구원 계획은 특별히 그리스도를 전파하는 것을 통해서 오기 때문이다(롬 10:17; 참조. 롬 10:13-15). 우리는 분명한 형태로 된 그리스도에 대한 그런 선포를 성경에서 알 수 있다. 또한 성경의 권위에 기초해서 우리는 계속해서 복음을 세상에 전파한다.

어째서 우리는 두 형태의 계시가 필요한가?

한 가지를 말하자면, 직접적인 하나님의 말씀은 "학습 곡선"(learning curve, 학습의 결과로 일어나는 행동의 변화 현상을 도식화한 것. -역주)을 단축한다. 심지어 타락하지 않은 아담도 자연에 드러난 하나님의 계시를 보충하고 해석했던 하나님의 직접적인 말씀을 들을 필요가 있었다. 그는 자기 스스로 모든 것을 이해할 필요가 없었다. 오히려 많은 경우에 이것은 오랜 시간이 걸렸거나, 사실상 유한한 마음에는 불가능했을 것이다. 그는 하나님의 해석 대신에 사탄의 해석을 받아들이겠다는 비극적인 결정을 내리기 전까지는 이 세상에 대한 하나님의 해석을 받아들였다.

하지만, 타락 이후에 적어도 하나님의 특별계시가 필요한 다른 두 가지 이유들이 생기게 되었다.

첫째, 인간이 구원 약속의 필요성, 즉 결코 자연계시만으로 추론할 수 없는 약속이 필요했다는 것이다.

둘째, 자연계시에 대한 우리의 죄악된 오해를 시정하는 것이었다. 로마서 1:21-32는 하나님의 어떤 다른 말씀이 남겨지지 않을 때 사람들이 자연계시로 무엇을 하는지를 보여 준다. 그들은 자연계시를 억누르고, 자연계시에 불순종하며, 자연계시를 거짓으로 바꾸며, 자연계시를 경시

하며, 자연계시에 반역하는 사람들을 존경한다.[30]

따라서 하나님은 자연계시를 보충하고(자연계시에 구원의 메시지를 첨가함으로써) 자연계시에 대한 우리의 잘못된 사용을 교정하시기 위해 우리에게 성경 또는 **특별계시**(special revelation)를[31] 제공하셨다. 칼빈이 언급했던 것처럼 그리스도인은 자연을 "성경의 안경"으로 살펴보아야 한다.

심지어 타락하지 않은 아담도 하나님의 구두 발화에 따라 이 세상을 해석하는 것이 필요했다면 우리는 얼마나 더 필요하겠는가!

요점은 성경이 자연계시보다 더 신적이거나 더 권위적이라는 것이 아니다. 자연계시는 어느 모로 보나 하나님의 말씀이고 절대적으로 권위적이다. 성경과 자연계시 간의 차이점은 다음과 같다.

즉, 성경은 하나님이 창조하신 세계에 대한 우리의 견해를 보충하고 교정하기 위해 하나님이 우리에게 제공하신 언어로 된 하나님의 말씀이

---

30 이 성경 구절은 전제주의(presuppositionalism)와, 자연신학을 지지하는 변증 방법 사이의 본질적인 긴장감을 이해하는 데 유익하다. 롬 1장에서 바울의 논의는 자연계시와 긴밀하게 보조를 같이하는 접근 방식을 가진 변증가에게 잘 알려진 영역이다. 그런데도 이 성경 구절에서 바울의 가르침은 성경적 믿음으로 나아가기 위한 디딤돌로서 역할을 하는 일반계시에서만 논증을 끌어올 수 있다는 생각을 약화시킨다. 주로 이것은 롬 1장이 성령의 중생하게 하시는 사역이 없다면 심지어 하나님 자신이 제시한 증거("이는 하나님을 알 만한 것이 그들 속에 보임이라 **하나님께서 이를 그들에게 보이셨느니라**," 19절)도 우상 숭배 가운데 왜곡되고 변질되고 억압된다는 것을 분명하게 가르친다. 이것은 자연-신학 논증의 내용이(즉, 하나님이 인과 관계, 목적, 윤리의 최종 기원이시다) 거짓되다고 말하는 것은 아니라, 다만 자연-신학 논증이 성경적인 방식으로 또한 가장 완전하게 작동하기 위해는 성경에 의해서 해석되어야 함을 말할 뿐이다.

31 개혁파 신학에서 **특별계시**는 하나님 음성의 특별한 발화(출 19-20장에서처럼), 즉 예수님와 선지자와 사도의 말씀 그리고 하나님 말씀의 구술 형식을 기록하고 보존하는 기록된 말씀을 포함한다. 필자의 견해는 다음과 같다. 즉, 일반계시와 특별계시 사이의 구분은 성경에서 묘사된 모든 형태의 계시를 특징짓는 데 알맞지 않을 뿐만 아니라 추가적인 분류도 필요하다는 것이다. 예를 들어, *DWG*, 330-31을 보라. 하지만, 현재로는 이런 전통적인 이중 구분을 해야 할 것이다.

다. 우리는 겸손하게 이런 도움을 수용해야 한다. 그렇게 할 때 우리는 성경을 자연계시보다 더 권위적으로 만드는 것이 아니다. 오히려 우리는 말씀(the Word)이 (항상 존재하는 성령과 함께) 자연계시에 대한 우리의 해석을 교정하게 한다.[32]

우리는 성경이 이런 교정적인 작업을 하도록 하기 위해, 성경 가르침에 대한 우리의 확립된 믿음(settled belief)이[33] 자연계시만을 기초로 해서 우리가 믿게 될 것보다 우선해야 한다는 원칙을 받아들여야 한다.[34] 하나님은 하나님 백성의 언약 헌법(the covenat constitution)으로서 성경을 주셨다. 또한 만약 성경이 이런 방식으로 우리를 섬기려면 성경은 지식에 대한 다른 모든 출처보다 우선해야 한다.

가령 (많은 사람이 제안하는 것처럼) "자연과 성경이라는 두 책"을 나란히 읽어야 한다거나 그 둘이 모든 면에서 똑같은 영향력을 갖는다고 주장하는 것은 잘못된 것이다. 그리스도인이 진화, 세속 철학, 심리학 등을 상대적으로 비판 없이 수용한 것을 정당화하기 위해 이런 종류의 논증을

32 이것을 인정한다 하더라도 우리의 성경 해석 또한 가끔은 교정될 필요가 있다. 하지만, 이것이 적당한 순서다. 즉, 성경 자체가 성경과 자연에 대한 우리의 해석을 교정한다. 자연계시(예를 들어, 고대 언어에 대한 지식)가 때때로 성경에 대한 우리의 이해를 교정할 수 있는가? 그렇다. 하지만, 숙고에 있어서 그런 교정이 성경 텍스트 자체에 의해 타당성이 입증되는 것처럼 보이는 경우에만 그렇다. 따라서 성경은 그 밖에 모든 것에 대해 우위성이 있다. *DKG*, 제2부 "The Justification of Knowledge"를 보라.

33 형용사 "**확립된**"(settled)은 중요하다. 물론 필자는 불충분한 주해에 기초한 사상들을 교의적으로 고수하는 일과 그런 엉성한 신학 작업에 기초해서 과학 이론을 거부하는 일을 지지하지 않는다. 참조. *DKG*, 152-53, "(3) Cognitive Rest".

34 물론 이것은 성경 가르침에 대한 우리의 확립된 믿음이 오류가 없다고 말하는 것은 아니다. 확실성이라는 주제에 대해 *DKG*, 134-36을 보라. 하지만, 필자는 다음과 같이 반복한다. 즉, 이런 확립된 믿음은 다른 출처에서 유래한, 확립되었거나 그렇지 않은 우리의 믿음보다 우선되어야 한다. 그렇지 않다면 우리는 성경이 자연계시에 대한 우리의 이해에 참된 교정자가 되도록 허락하지 말아야 한다.

사용했다. 이런 논증에서 성경이 하나님 백성을 이 세상 지혜에서 보호하기 위해 교정 작업하는 것은 허락되지 않는다(고전 2:6-16을 보라). 따라서 '오직 성경'이다.

그런데도 "성경의 안경"을 통해서 올바르게 이해된 자연계시는 그리스도인에게 그리고 특별히 변증가에게 엄청난 가치가 있다. 우리가 하나님의 도움으로 자연을 살펴볼 때 우리는 하늘이 실제로 "하나님의 영광을 선포하는 것"(시 19:1)을 본다. 우리는 인간이 하나님의 형상임을 반영하는 매우 흥미로운 방식들의 일부를 본다.[35] 우리는 어떻게 하나님이 이 세계와 인간 마음에 합리적 구조를 제공하고 그 결과로 이 두 구조가 서로에게 맞춰지는지를 본다.

또한 우리는 과학을 통해서 하나님 계획의 놀라운 지혜를 본다(시 104편을 보라). 우리는 역사와 예술을 통해서 사람들이 하나님을 버릴 때 어떤 악이 발생하는지와 하나님에게 신실한 자들에게 어떤 복(그리고 박해[막 10:30!])이 따르는지를 본다.

전통적인 변증가가 항상 자연을 하나님의 계시로 이해했던 것은 아니다. 아퀴나스(Aquinas)는 자연과 특별계시 사이를 구별한 것이 아니라 계시의 도움을 받는 추론과 계시의 도움이 없는 추론 사이를 구별했다. 어떻게 이런 견해가 "자율적인"(autonomous) 또는 "중립적인"이라고 특징지워질 수 있는지를 이해하기는 쉽다.

하지만, 다른 전통주의자들은 자연계시라는 개념을 중요시했고 심지어 자신들의 방법을 자연계시(어떻게든 특별계시와 분리된)를 불신자에게 제시하는 방법으로 묘사했다.

---

35 Meredith G. Kline, *Images of the Spirit* (Grand Rapids: Baker, 1980), and James B. Jordan, *Through New Eyes* (Brentwood, TN: Wolgemuth and Hyatt, 1988)는 이 영역에서 일부 주목할 만한 통찰력이 있다.

확실히 자연계시를 불신자에게 제시하는 데 어떤 반대도 있을 수 없다. 하지만, 우리는 자연계시에 대한 우리의 진술이 성경 가르침과 일치하는지, 즉 우리가 "성경의 안경"을 통해서 자연을 살펴보고 있는지에 주의해야 한다. 자연계시를 불신자에게 보여 주는 것은 성경을 중립적으로 또는 자율적으로 추론하거나 성경을 무시하라는 초대가 아니다. 따라서 어떤 의미에서 변증적 만남에서 자연계시와 특별계시를 결코 분리하지 말아야 한다.[36]

그렇다면 말씀을 이렇게 제시하는 것은 많은 종류의 논증과 증거를 포함할 수도 있다. 전제주의자들은 종종 증거 사용을 거절한다고 비난을 받는다. 이것은 전혀 그렇지 않다.[37] 성경 외적 증거 사용은 성경 자체에

36 혹자는 "자연과 성경 없이 자연과 성경을 결코 이해할 수 없다면 어떻게 우리는 자연과 성경을 뚜렷하게 분리하는(심지어 반대하는) 불신자가 하나님을 안다고 말할 수 있는가?라고 물었다. 하지만, 필자의 주장은 자연 자체가 어떤 참된 지식을 제공하지 못한다는 것이 아니다. 롬 1:19-20이 이런 주장을 반박할 것이다. 오히려 필자의 주장은 다음과 같다. 즉, 단지 성경 메시지에 대한 순종적 반응이 자연계시에 대한 불신자의 사용에 필요한 보충과 교정을 제공할 수 있고 그 결과로 하나님에 대한 그의 지식(롬 1:21)은 사랑 안에서의 지식(고전 8:1-3; 요일 2:5; 4:8), 구원하는 지식이 된다. 분명히 변증가가 소통하려고 애쓰는 것은 합리화, 어둠, 어리석음, 거짓(롬 1:18, 21-23)이라는 층들 아래에 마음 안에 묻혀 있는 지식(아무리 올바른)이 아니라 확신과 기쁨으로 확증된 지식, 즉 삶을 변화시키고 증오를 사랑으로 바꾸는 지식이다.

37 심지어 다른 점에서 예리한 학술서들에서, 반틸은 이런 면에서 너무 빈번하게 부정확하게 전달되고 있다. 최근 예로서 존 파인버그(John S. Feinberg)는 *Can You Believe It's True? Christian Apologetics in a Modern and Postmodern Era* (Wheaton, IL,: Crossway, 2013), 288에서 반틸(그리고 그의 많은 제자들)이 "믿음을 위한 증거상의 지지를 제공하지 않는" 믿음을 권면한다고 주장한다. 이런 주장과는 반대로 우리는 반틸이 다음과 같이 말한 것을 알고 있다. "따라서 나는 역사적 변증법에 관여**할 것이다**(would). (나는 개인적으로 역사적 변증법을 많이 다루지 않는다. 왜냐하면, 내가 가르치는 신학교의 다른 부서에서 일하는 나의 동료들이 내가 하는 것보다 역사적 변증을 더 잘하고 있기 때문이다.) **모든 역사적 연구가 직접적인 성경 분야, 고고학, 또는 일반 역사 안에 있든지 간에 모든 역사 연구는 반드시 기독교 입장의 주장이 담고 있는 진리를 확증한다**. 하지만, 나는 사실에 대한 불신자의 철학에 도전하지 않는다면 사실과 더

대한 경건한 사용의 일부분으로 보일 수도 있다. 성경 외적 증거 사용은 이 세계에 대해 성경 자체가 가진 견해에 대한 순종적인 반응이다.

원칙적으로 전제주의자들은 일부 증거주의자들보다 증거에 대해 고등 견해(higher view)를 가지고 있다. 전제주의에서 증거는 기독교 진리에 대한 단순히 개연적인 증거가 아니다. 오히려 증거는 절대적으로 확실한 것이다. 증거에 대한 하나님의 규범적 해석은 증거에 대한 **유일한** 합리적 해석이다.[38]

따라서 전제주의는 성경 외적 자료 사용에 대해 일반적인 편견을 포함하지 않는다. 그런 편견은 현안을 다루려고 애쓰는 변증에서 불가능하다. 우리는 증거 사용, 심지어 유신론적 증명들에 대한 사용을 거절하지 않는다. 단지 우리는 이런 것이 **성경적인**(scriptural) 논증이 되어야 한다고 주장한다. 즉, 성경적 기준에 호소는 논증이 되어야 한다.[39]

많은 사실에 대해 끊임없이 논의하지는 않을 것이다. 정말로 유익한 역사적 변증은 모든 사실이 기독교 유신론적 견해가 담고 있는 진리를 증명하는 그런 것이고 또한 그런 것이어야 한다." Van Til, *Defense of the Faith*, 257(강조를 첨가했다)(『변증학』, PNR[개혁주의신학사] 刊).

38 전제주의자들은 기독교 변증학에서 증거 사용에 대해 특유의 고등 견해를 가져야 한다. 건실한 창조 교리와 섭리 교리가 이것을 요구한다. 인간의 죄악된 마음의 역리(inversion)와 피조계가 굴복한 허무함(futility, 롬 8장)에도 불구하고 어떤 것도 궁극적으로 피조계가 하나님에 대해 현재 증거하는 것을 위증할 수 없다. **모든 것**이 기독교의 진리, 즉 피조계의 아름다움과 파괴, 인간의 복됨과 비참함, 역사의 흐름과 변천을 증거한다. 즉, 이 모든 것이 하나님, 인류, 우리 주위의 세상에 대한 성경 묘사의 진리를 가리킨다.

39 필자의 책 *DKG*, 140-49, 352-54; Van Til, *Christian-Theistic Evidence* (Philadelphia: Presbyterian and Reformed, 1961)을 보라. 반틸은 여러 곳에서 유신론적 논증을 찬성한다. 그의 *Defense of the Faith*, 197-98, 255(『변증학』, PNR[개혁주의신학사] 刊); *An Introductin to Systematic Theology* (Phillipsburg, NJ: Presbyterian and Reformed, 1961), 179-80, 197, 314; *A Christian Theology of Knowledge* (Nutley, NJ: Presbyterian and Reformed, 1969), 292; *Common Grace and the Gospel* (Nutley, NJ: Presbyterian and Reformed, 1972), 179 이하, 190 이하를 보라. 신앙주의(fiedeism)와 잘못된 순환 논증이

성경의 가르침에 따르면 자연은 하나님을 나타내고 있다. 따라서 순종하는 기독교 변증가는 불신자에게 중립성을 주장하지 않고, 진리에 대한 비기독교 기준을 사용하지 않으며, 자연이 하나님을 드러내는 다양한 방법을 보여 줄 것이다.[40] 따라서 그는 자연계시에 호소하는 동안 불가피하

라는 두 가지 비난에 반대하여 전제주의를 현대에 변증하는 것을 참조하려면 본서의 "부록 D. 이중적 비난 사이에서: 전제주의, 순환 논증, 그리고 신앙주의에 대한 비난"을 보라.

40 변증에 있어서, 전통적인 접근 방식과 전제주의 간의 가장 큰 차이점은 인식론적 중립성에 대한 것이다. 반틸에 대한 비판가는 종종 반틸의 방법을 논점 회피(question-begging)와 기독교 진리를 입증하기 전에 기독교 진리를 가정한다는 점으로 비난한다. Harold Netland, "Apologetics, Worldviews, and the Problem of Neutral Criteria," *Trinity Journal* 12 (1991): 39-58과 더 최근에 John Feinberg, *Can You Believe It's True?*는 경쟁하는 세계관들 사이에 판결하기 위해 일부 "중립적인" 기준이 필요하다고 주장한다. 네트랜드(Netland)는 *Dissonant Voices* (Grand Rapids: Eerdman, 1991), 183-89에서 기본적인 논리 원칙, 자멸적 진술(self-defeating statements), 세계관의 일관성, 설명의 타당성, 다른 분야 지식과의 일관성, 도덕적 판단으로 이런 중립적 기준을 열거한다.

존 파인버그의 형인 폴 파인버그(Paul Feinberg)가 진리에 대한 일곱 개의 거의 동일한 기준을 제시했을 때 필자가 주로 반대했던 것은 성경적임(scripturality)이라는 기준을 그가 누락시킨 것이었다. 제안한 목록에 대하여 필자는 다음과 같이 말했다. "또한 이런 기준들은 변증적 논증과 모든 인간 지식에서 중요한 역할을 한다. 성경적임이라는 기준은 중요한 잣대이지만 성경적 전제들이 지배할 때 일관성, 일치, 다른 것들은 도움이 될 수 있다. 그러나 그 전제들이 없다면, 그 기준들은 방향이 필요하다." *Five Views on Apologetics*, 197.

중립적 기준에 대한 때때로 너무 단순화된 주장과는 반대로 "그리스도인과 비그리스도인은 경험적 일치, 포괄성, 단순성 등을 구성하는 것에 관해서 전혀 일치하지 않는다"는 것을 기억해야 한다. 논리는 중립적인 것이 아니다. 하나님을 영화롭게 하거나 그분을 거역하기 위해 논리를 사용할 수 있다. *Five Views on Apologetics*, 197-98.

사실 이런 기준은 중립적이지 **않다**. 이런 기준들은 자연과 하나님이 성경에서 계시했던 포괄적인 계획안에 근거한다. 하나님 말씀에 대한 순종 없이도 비모순율(law of noncontradiction)을 알 수 있고 인식할 수 있으며 또한 사용할 수 있지만(비그리스도인이 하나님의 형상[*imago Dei*]으로 장조된 것과 일반 은총이라는 성령의 보존 사역으로 인해) 궁극적으로 변증가는 상대적으로 피상적인 이런 인정(concession)에 만족하지 말아야 한다. 그리스도인은—기회가 주어진다면—다정하게 비그리스도인에게 어떻게 이런 기준이 그의 세계관과 함께 서 있는지를 물어야 한다. 불신자들이 이런 기

게도 동시에 성경에 호소한다.

사실 성경의 바로 이런 목적(필자가 『신지식론』[*DKG*]에서 강조했던 것처럼)이 적용이고, 성경 자체 밖에 있는 상황 및 사람들을 분명히 보여 주는 성경의 사용이다. "성경의 관점에서 피조계를 보는 것"과 "성경을 피조계에 적용하는 것"은 다른 관점에서 본 똑같은 활동이다.[41]

이런 접근 방식을 인정한다 하더라도 전제와 증거 사이에 어떤 경쟁도 있을 필요가 없다. 우리의 성경적 전제가 증거 사용을 승인한다. 또한 증거는 성경을 우리 상황에 적용하는 것에 불과하다. 증거 사용은 '오직 성경'에 어긋나는 것이 아니라 '오직 성경'이라는 원칙의 완성이다.

7. 가치

변증의 사용, 목적, 가치는 무엇인가?

변증과 설교가 관점적으로 관련이 있으므로 변증과 설교의 유익은 똑같다. 설교가 잃어버린 자들의 회심과 성도의 교화로 인도하는 것처럼 변증도 그렇다.

지적 근거를 제공하는 특정한 일은 더 광범위한 이런 맥락 안에서 유용성이 있다. 믿는 자에게 있어서 변증은 성경 자체의 합리성을 보여기 때문에 믿음에 재확신(reassurance)을 제공한다. 또한 이런 합리성은 믿는 자에게 지적 토대, 즉 믿음을 위한 기초와, 삶의 지혜로운 결정을 하기

준(즉, 공식적인 합의)을 사용하는 한 그들은 사실 성경적 세계관에 속하고 따라서 결코 중립적이지 않다.

41 *DKG*에서 "성경의 관점에서 피조계를 보는 것"을 상황적 관점으로 부르고 "성경을 피조계에 적용하는 것"을 규범적 관점으로 불렀다.

위한 기초를 제공한다. 변증은 그 자체가 토대가 아니지만 성경에 따라 우리가 이 토대 위에서 세워야 할 방법뿐만 아니라 성경에서 제시된 토대를 보여 주고 설명한다.

불신자를 위해서 하나님은 합리화를 일축하기 위해, 즉 주체가 회심을 거부하는 데 사용하는 논증을 일축하기 위해 변증적 추론을 사용하실 수도 있다. 또한 변증은 죄를 깨닫는 변화에 도움이 되는 증거를 제공할 수도 있다. 우리는 불신자에게 증거가 부족하다고 말하는 것이 아니다. 그는 하나님의 존재를 위한 피조계(시 19:1 이하; 롬 1:18 이하)와 그 자신 안에(창 1:26 이하) 있는 증거로 둘러싸여 있다. 또한 성경에 다른 기독교 교리의 진리를 위한 충분한 증거가 존재한다.

하지만, 변증가는 그런 증거를 진술할 수 있되, 불신자가 그 증거에 주목하도록 이끌게 하면서 도발적인 방식으로 그렇게 할 수 있다. 또한 그는 증거를 불신자의 특별한 반론들에 적용할 수 있다.

결코 믿음으로 나아오지 않은 사람들에게 변증은 여전히 하나님의 사역을 하는 것일 수도 있다. 다시 말하지만, 복음 선포처럼 변증은 그들에게 정죄를 더한다. 진리에 대한 신실한 제시에도 불구하고 회개하지 않고 믿지 않는 것은 더 엄중한 정죄로 이어진다(눅 12:47 이하).

8. 위험

야고보는 우리에게 다음과 같이 경고한다.

> 내 형제들아 너희는 선생된 우리가 더 큰 심판을 받을 줄 알고 선생이 많이 되지 말라(약 3:1).

우리가 가르치지 않는다면 우리가 저지른 오류는 단지 우리에게만 영향을 준다. 하지만, 우리가 가르친다면 우리가 저지르는 오류는 다른 사람에게도 영향을 줄 수 있다. 따라서 가르치는 사람의 오류가 더 심각하고 더 엄중하게 심판받을 것이다. 우리가 보여 주었듯이 변증가는 선생이다. 따라서 선생에 대한 성경의 경고가 변증가에게 적용된다.

우리가 더 구체적일 수 있는가?

우리의 주제 성경 구절인 베드로전서 3:15-16에서 베드로는 변증가들에게 "선한 양심"을 가질 것을 종용한다. 그 결과로 그들을 비난하는 자들이 "부끄러움을 당할 것"이다. 베드로가 변증가들에게 총명하고 박식해지라는 것이 아니라(비록 그런 자질이 확실히 도움이 되지만) 일관되게 경건하게 살라고 권하는 것이 흥미롭다. 그는 우리에게 우리가 이론적인 것으로 간주하고 싶은 훈련을 위한 실천적인 기준을 제공한다.[42]

사실은 다음과 같다. 즉, 모든 변증적 제시가 중요한 실질적 맥락이 있다는 것이다. 우리가 불신자와 나누는 소통은 우리가 말하는 것뿐만 아니라 어떻게 우리가 그들 앞에 사는가로도 구성되어 있다. 우리 삶이 우리 교리와 모순된다면 우리의 변증은 위선적이고 신뢰성을 상실한다. 하지만, 우리 삶과 교리가 일치한다면 우리를 나쁘게 보이게 하려고 애쓰는 사람들의 신뢰성을 상실할 것이다. 드디어 그들은 적어도 부끄러움을 당할 것이다.

더 구체적으로 논의해 보자. 즉, 변증가는 다른 모든 사람이 빠지기 쉬운 똑같은 죄에 빠지기 쉽지만, 그들은 수년 동안 특별히 두 영역에서 죄를 범하기 쉽다. 우리에게 사랑 안에서 말하길 요구하는 에베소서 4:15

42 딤전 3:1-7; 딛 1:5-9에서, 가르치는 직분을 위한 대체로 실천적인 기준과 비교하라. 참조. *DKG*, 324.

의 측면에서 볼 때, 우리는 변증가가 때때로 거짓을 말하고 때때로 사랑 없이 말하는 것에 책임이 있다고 말할 수도 있다.

첫째, 거짓 가르침에 대한 신약 성경의 논박을 보면, 거짓을 말하는 것은 자주 비난을 받는다(딤후 3장; 벧후 2장 등). 많은 이단이 변증적 동기에서 기인했다는 것은 놀랄 만하다. 누군가는 다음과 같이 생각할 것이다. '만약 내가 기독교를 더 설득력 있게 제시하려 한다면 나는 기독교가 나의 시대의 지적 운동과 모순되지 않는다는 것을 보여 주어야 할 것이다. 나는 기독교를 '지적으로 존경할 만한 것'으로 제시해야 한다.'

따라서 대중 철학의 교리가 다양한 기독교 교리를 위태롭게 하고 대체한다. 2세기 변증가(저스틴, 아리스티데스, 아테나고라스)는 대개 매우 헌신된 그리스도인들이었지만 그들은 기독교의 창조 교리를 위태롭게 했고 그 교리를 하나님과 세상 사이의 존재의 연속(continuum)이라는 영지주의 철학 개념으로 조정했다. 이것은 거의 비인격적인 하나님 개념(등급의 맨 위에 있는 알 수 없는 존재)과 삼위일체의 종속 이론(성부 하나님에게 종속된 성자와 성령, 그 결과로 성부가 이 세상과 상호 작용할 수 없으므로 성자와 성령은 이 세상과 상호 작용할 수 있다)으로 이어졌다.

유사한 동기가 알렉산드리아의 클레멘트(Clement of Alexandra)와 오리겐(Origen), 토마스 아퀴나스, 더 최근에는 슐라이어마허(Schleiermacher)의 『기독교를 경멸하는 학식 있는 사람들에게 주는 담화』(*Speeches to the Learned Despisers of Christianity*), 그리고 불트만(Bulmann)에서 틸리히(Tillich)와 판넨베르크(Pannenberg)에 이르는 많은 현대 신학자들에게서 분명히 나타난다. 이 현대 신학자들은 "현대인"에게 기독교가 가진 지적 가치를 보여 주길 원한다.

변증적 동기가 매우 자주 교리상의 타협으로 이어졌다. 이것은 변증적 동기가 잘못되었다는 것을 의미하지 않는다. 우리가 살펴보았듯이 이런 동기 자체는 성경적이다. 하지만, 역사적 패턴과 성경의 분명한 훈계는 우리가 매우 신중해지도록 이끌어야 한다.

만약 우리의 첫 번째 충성의 대상이 하나님이 아니라면 변증가가 되지 말라. 즉, 우리의 첫 번째 충성의 대상이 지적으로 존경을 받는 것, 추상적인 진리, 불신자, 어떤 철학 전통이 되지 않게 하자.

이런 실패의 원인은 그릇된 사랑, 인간 죄에 대한 과소평가(마치 불신자가 필요로 하는 것이 그저 더 좋은 논증인 것마냥), 하나님 계시에 대한 무지(특별히 성경적 전제주의에 대한), 지적 교만과 같은 다른 죄들이다.

둘째, 에베소서 4:15와 정반대되는 위반은 사랑 없이 말하는 것이다.[43] 유감스럽게도 논쟁을 좋아하거나 다툼을 좋아하는 많은 사람이 변증학이라는 분과에 끌린다. 그들은 논쟁에 참여하지 않으면 그 마음속에 행복을 느끼지 못한다.

또한 어떤 논쟁도 진행되고 있지 않다면 그들은 논쟁을 만들 것이고 쉽게 간과할 수 있거나 평화롭게 해결할 수 있는 문제를 놓고 싸움을 걸 것이다. 성경은 종종 이런 사람을 언급하되, 항상 부정적으로 언급한다(잠 13:10; 18:6; 19:13; 26:21; 합 1:3; 롬 2:8; 고전 1:11; 11:16; 빌 1:16; 딛 3:9).

우리가 변증의 일을 시작하기 전에 위와 같은 구절을 묵상하는 것이 좋은 것이다!

잠언 13:10에 의하면, 이런 종류의 논쟁은 교만에서 온다. 너무 교만해서 다른 사람의 "권면을 듣지" 않는 사람은 강제로 그만둘 때까지 자기 마음대로 하려고 고집을 부린다. 그런 사람은 결코 지혜롭지 못하므로 어리석고(잠 18:6) 귀신 자신의 지배 아래에 있다(약 3:13-16). 야고보는 계

---

43 물론 필자는 우리가 두 가지를 위반할 수 있다는 것을 안다. 즉, 사랑 없이 거짓을 말할 수 있다!

속해서 다음과 같이 말한다.

> 오직 위로부터 난 지혜는 첫째 성결하고 다음에 화평하고 관용하고 양순하며 긍휼과 선한 열매가 가득하고 편견과 거짓이 없나니 화평하게 하는 자들은 화평으로 심어 의의 열매를 거두느니라(17-18절).

바울은 심지어 우리에게 사랑 없는 "지식"은 참된 지식이 아니라고 말한다.

> 우상의 제물에 대하여는 우리가 다 지식이 있는 줄을 아나 지식은 교만하게 하며 사랑은 덕을 세우나니 만일 누구든지 무엇을 아는 줄로 생각하면 아직도 마땅히 알 것을 알지 못하는 것이요 또 누구든지 하나님을 사랑하면 그 사람은 하나님도 알아주시느니라(고전 8:1-3).

호전적인 정신으로 기독교 신앙을 변호하는 것은 자기 파괴적인 혼합체, 즉 기독교뿐만 아니라 호전성을 함께 변호하는 것이다. 참된 기독교, 즉 우리가 말씀과 삶으로 변호하도록 요구받는 기독교는 다음과 같이 말한다.

> 화평하게 하는 자는 복이 있나니 그들이 하나님의 아들이라 일컬음을 받을 것임이요(마 5:9).[44]

---

44 필자의 책 *Evangelical Reunion* (Grand Rapids: Baker, 1991)과 부록으로 첨가된 데니스 존슨(Dennis Johnson)의 설교 "화평하게 하는 자"(Peacemakers)를 보라.

할 수 있거든 너희로서는 모든 사람과 더불어 화목하라(롬 12:18).[45]

또한 우리 주제 본문에서 베드로가 "온유"(fear)와 "두려움"(respect)이라는 덕목을 요구하는 말을 들으라.

온유함은 사랑과 화평하게 하는 방식, 즉 논쟁을 좋아하는 마음과는 아주 다른 특성이다. 전투적인 정통을 강조하는(필자가 생각하기에 올바르게 강조하는) 필자 자신이 속한 진영에서 온유함은 성경 덕목 가운데 가장 무시되는 덕목이다.

전투적이면서 동시에 온유할 수 있는가?

물론 그렇다. 우리 주 예수 그리스도 자신과 그분의 사도들이 우리에게 방법을 보이도록 하자.[46]

"존경"(Respect, 개역개정은 "두려움" -역주)은 "두려움"(fear)을 의미하는 헬라어 '포보스'(*phobos*)의 ESV 번역이다. **두려움**(fear)이라는 용어를 사용하는 번역은 아마 이 용어를 하나님에 대한 두려움(NASB는 "경외"[reverence]) 또는 적어도 상황의 영적 위험에 대한 변증가의 인식으로 받아들여

45 필자는 선지자, 예수님, 사도들의 말씀이 담긴 성경의 많은 구절이 매우 "평화롭게" 들리지 않는다는 것을 인정한다. 이들은 필요할 때 기꺼이 매우 강하고 격분한 언어를 사용했다. 하지만, 많은 경우에 그들은 많은 인내와 온유함을 보여 주었다. 필자가 생각하기에, 강한 언어는 다음과 같은 사람들에게 적당하다. ① 어떤 종교적 가르침의 권위를 주장하고 ② 심각한 문제에 대해 거짓 교리를 선포하고 신자들을 잘못 인도하거나 경건하지 못한 삶으로 정통 교리를 손상시키며 ③ 자기의 행동이 하나님을 기쁘시게 하지 않는다는 점을 분명하고 정중하게 표현한 경고를 무시하는 사람들이다. 개신교 종교개혁가들은 이와 유사하게 강한 언어(일반적으로 이런 원칙에 대해 정당화할 수 있는)를 사용했다. 필자는 이런 점에서 성경적이고 종교개혁인 저자들을 본받으려 애쓰는 오늘날 대부분의 사람들이 지나치게 한다고 생각한다. 그들은 적어도 화평하게 하는 것에 동일한 관심 기울이는 것을 배워야 한다. *Evangelical Reunion*, 특별히 데니스 존슨의 설교를 포함된 부록을 다시 보라.

46 이런 점에서 앞의 각주에 주목하라.

지기를 의도하는 것 같다.

두려움이라는 용어는 불신자를 하나님의 형상으로 창조된 사람으로 다루는 것을 의미할 것이다. 이것은 그를 얕보는 투로 말하는 것이 아니라 그에게 귀를 기울이는 것, 즉 그를 무시하는 것이 아니라 그가 가진 의문과 생각을 진지하게 고려하는 것을 의미할 것이다.

두 개념 모두 성경의 다른 가르침들과 일치할 것이다. 핵심은 다음과 같다. 즉, 우리는 불신자에 대해 가진 우리 자신의 감정적 평가가 그에 대한 우리의 접근 방식을 지배하게 하기보다는 오히려 변증적 조우(encounter)를 하나님과 그분의 목적과 관련시켜야 한다는 것이다.

제2장

변증가의 메시지

변증가의 메시지는 궁극적으로 다름 아닌 바로 청자들의 필요에 적용된 전체 성경이다. 하지만, 하나의 변증 본문에서 변증적 증거에 대한 방향을 제시하기 위해 성경 내용에 대한 간략한 요약을 제공하는 것이 중요하다. 이것은 어렵지 않다. 성경 가르침을 요약할 수 있다. 사실 성경 자체에 그런 요약이 있다(요 3:16; 롬 6:23; 고전 15:1-11; 고후 5:17-6:2; 엡 2:8-10; 빌 2:5-11; 딤전 2:5-6; 딛 3:3-8; 벧전 3:18).

이런 본문은 우리에게 성경 메시지를 요약하는 다른 방법이 존재한다는 것을 보여 준다. 이런 각각의 방법이 적어도 약간 다른 강조점을 전달한다. 우리는 이런 강조점을 **관점**이라고 부를 수도 있다. 현재 이 책의 목적을 위해 두 관점을 말한다.

첫째, 철학으로서 기독교.

둘째, 좋은 소식으로서 기독교.

이러한 두 관점에서 성경 메시지를 요약하는 것이 유용할 것이다.

1. 철학

필자가 의미하는 "철학으로서 기독교"는 기독교가 이 세상에 대한 포괄적인 견해(세계관)를 제공한다는 의미다.[1] 철학으로서 기독교는 우리에게 하나님뿐만 아니라 하나님이 창조하셨던 세상, 이 세상과 하나님의 관계, 자연과 하나님이 관련을 맺고 있는 이 세상에서 인간의 위치에 대한 설명을 제공한다. 철학으로서 기독교는 형이상학(metaphysics, 실재의 근본적 본질에 대한 이론), 인식론(지식 이론), 가치(윤리학, 미학, 경제학 등)를 논의한다.

따라서 철학으로서 기독교는 **만물**에 대한 견해다. 필자는 역사, 과학, 심리학, 사업, 경제학, 노동, 사회학, 교육, 예술, 철학의 문제 등에 대한 뚜렷한 기독교 견해가 존재한다고 믿는다. 우리가 앞에서 살펴보았듯이 우리 주님의 권위는 포괄적이다. 우리가 하는 무엇이든지 그리스도와 관련을 맺어야 한다(고전 10:31 등).

따라서 기독교는 유대교, 이슬람교, 힌두교, 불교와 같은 타종교뿐만 아니라 플라톤주의, 아리스토텔레스주의, 경험주의, 합리주의, 회의주의,

1 물론 이런 언어는 위험이 있다. 철학은 때때로 자율적 사유를 통해서 진리에 이르는 접근 방식을 함축한다. 또한 필자는 확실히 독자가 여기 철학으로서 기독교를 읽을 때 마음에서 그런 뉘앙스를 지우길 원한다. 게다가 자율적 사유를 통해서 만들어진 철학이 지시하는 구조로 기독교를 억지로 넣으려는, 유감스럽지만 변증과 관련된 역사적 경향성이 있었다. 필자는 완전히 이런 경향성을 거부한다. 필자가 다른 곳에서 언급했던 것처럼 필자는 기독교 신학과 기독교 철학을 뚜렷하게 구별하지 않는다. 철학은 세상을 가장 폭넓고 일반적인 특징으로써 이해하는 시도로 일반적으로 이해된다. 철학은 형이상학 또는 존재론(존재 및, 무언가가 "존재한다는 것"[what "is"]에 관한 연구), 인식론(인식에 대한 연구), 가치 이론(윤리학, 미학 등)을 포함한다. 여기서 필자가 추천하는 유일한 철학은 성경에서 도출하는 기독교 진리 자체인데, 그 성경에 의해서 어떤 철학적 함의(즉, 하나님과 세상에 대한 일반적 특징에 대한 함의)가 도출될 수 있다. 우리가 기독교 철학을 발전시키려고 애쓴다면 우리는 확실히 성경 권위 아래에서 그렇게 할 것이고 따라서 성경을 철학적 질문에 적용할 것이다. *DKG*, 85-86을 보라.

물질주의, 일원론(monism), 다원론(pluralism), 과정 사상, 세속 인문주의, 뉴에이지 사상, 마르크스주의 그리고 있을 수도 있는 다른 어떤 종교와도 경쟁 한다.

"정교분리"에 대한 미국의 왜곡된 견해가 가진 더 유감스러운 영향 가운데 하나는 다음과 같다. 즉, "종교적"이라는 딱지가 임의로 붙어버린 사유 체계들 외에 나머지 모든 사유 체계가 옹호되는 것을 공립학교 아이들은 보고 듣게 된다.[2]

진리는 이런 종교적 입장들 가운데 하나에서 발견되지 않을 수도 있다거나 심지어 이런 종교적 입장들 가운데 하나에 제한될 수도 있다고 말할 사람은 누구인가?

언론과 사상의 자유라는 견지에서 공교육을 소위 세속 견해에 한정하는 것이 조금이라도 공평한가?

이것은 가장 나쁜 종류의 세뇌가 아닌가?[3]

게다가 극단적 분리주의자들은 종종 일반적인 종교보다 특별히 기독교에 대한 공적 표현을 더 반대하는 것처럼 보인다. 너무나 자주 그들은

---

2 물론 철학의 모든 체계는 종교적인데, 이는 어떤 예배 의식을 옹호한다는 의미에서가 아니라 다음과 같은 더 중요한 의미에서 그러하다. ① 철학의 모든 체계는 종교가 그러한 것처럼 어떤 점에서 믿음-전제에 헌신한다. ② 철학의 모든 체계는 인간의 문제에 대한 포괄적인 세계관과 포괄적인 해결책을 제공한다.

3 교실에서 종교 옹호로 감정이 상한 사람들에게 대답하기를, 그리스도인들도 그들과 동일한 권리가 있어서, 하나님에 대한 우리의 필요를 부인하는 다양한 세속 철학의 가르침에 감정이 상한다고 해야 한다. 그리스도인들은 더 일관적으로 또한 심각하게 이런 불쾌감(자신들의 세금으로 이런 세뇌의 값을 지급해야 하는 자신들의 분노를 포함해서)을 표현해야 한다. 어째서 "불쾌한" 가르침을 자의적인 협소한 의미의 "종교적인" 표현에 제한해야 하는가? 물론 이런 문제에 대한 더 공평한 견해가 우세하려면 우리는 모두는 아마 감정이 상할 수 있다는 부담을 동일하게 받아들여야 할 것이다. 그렇지 않다면 우리는 공교육을 완전히 제거해야 한다. 다양한 신념을 지닌 사람들이 참여하지만, 누구도 감정을 상하지 않는 교육은 교육이라고 불릴 만한 가치가 없다.

학교에서 동양의 신비주의나 현대의 마법을 지지하는 발표에 대해서는 어떤 반대도 없고 단지 기독교만을 반대한다.

하지만, 아무리 일관성이 없어 보인다 하더라도 이런 특정적인 반기독교 행동은 어느 정도 이해가 된다. 왜냐하면, 우리가 살펴보겠지만 거듭나지 못한 사람의 자연스러운 경향에 실제로 반대하는 것은 동양의 신비주의나 마법 또는 북미 원주민의 노래가 아니라 기독교다. 비록 기독교가 현대 기성 사회의 일반 통념에 대한 유일한 대안일지라도(또는 아마 유일한 대안이므로) 기독교를 학교에서 배제한다.

하지만, 이런 "일반 통념"(conventioanl wisdom)은 우리에게 이혼, 낙태, 편부모, 맞벌이 부부의 자녀들, 마약, 범죄 조직, 범죄율, 에이즈(AIDS)(그리고 결핵의 재유행과 같은 관련된 건강상의 우려), 노숙 문제, 굶주림, 정부의 재정 적자, 세금, 정치 부패, 예술의 타락, 평범한 교육, 경쟁력 없는 산업, 모든 종류의 "권리"를 요구하는 이익 단체(상응하는 책임은 없고, 다른 모든 이의 희생에 근거한 권리), 환경 오염을 엄청나게 증가시켜 주었다.

이런 일반 통념은 우리에게 모든 권한을 요구하고 모든 문제를 해결하려 애쓰는(세속적 "구원") 메시아적 국가를 제공했지만 일반적으로 상황을 더 악화시킨다. 이것이 대학교 캠퍼스에서 "차별 언어 배척"(political correctness) 운동을 일으켰다. 그리고 한때 이런 운동은 그럴듯하게 지적 자유의 보루(堡壘)임을 주장했다. 이것은 예의 바른 사회의 언어를 신성모독과 상호 경멸의 언어로 변질되게 했다. 이것은 대중음악("랩")이 사람들에게 경찰을 죽이라고 요구하는 분위기를 만들었다.

이런 상황에서 우리는 일반 통념을 반대하는 어떤 대안을 고려해야 하지 않는가?

또는 아마도 오직 그런 하나의 대안만이 있는가?

만약 그렇다면 필자도 오직 이런 하나의 대안만 존재한다고 주장할 것이지만, 확실히 우리도 이런 대안을 매우 심각하게 받아들여야 한다.

기독교가 **바로 그** 대안임을 보여 주기 위해 필자가 여기서 철학으로서 기독교, 즉 형이상학, 인식론, 가치 이론(윤리에 초점을 맞추는)으로서 기독교의 내용을 설명하고자 한다. 이와 관련해서 복음으로서(즉, 좋은 소식으로서) 기독교도 중요하고 아마 더 중요할 것이다. 하지만, 이것은 나중에 올 것이다.

우리 시대에(가령 600년 전과 대조해서) 사람들은 기본적인 기독교 세계관에 대해 무지하다. 그들이 기본적인 기독교 세계관을 이해한다면 유익을 얻을 것이다. 그 결과로 그들은 복음을 이해할 것이다. 따라서 필자는 우선 기독교를 철학으로서, 그런 후에 복음으로서 제시할 것이다.[4]

2. 형이상학

기독교 세계관에 대해 기억해야 할 가장 중요한 네 가지는 다음과 같다.

첫째, 절대 인격체이신 하나님(God, the Absolute Personality).

둘째, 창조주와 피조물 사이의 구별.

셋째, 하나님의 주권.

넷째, 삼위일체.

4 철학으로서 기독교에 대한 일반적인 개요를 이해하는 데 관심 있는 독자들에게 필자의 책, *The Doctrine of God* (이후 *DG*로 표기), 제2부 “A Philosophy of Lordship,” 185-237(『신론』, PNR[개혁주의신학사] 刊])와 *A History of Western Philosophy and Theology* (Phillipsburg, NJ: P&R Publishing, 2015), 제1장을 보라.

1) 절대 인격체이신 하나님

하나님은 만물의 창조주이시고 따라서 다른 모든 실재의 근거라는 의미에서 그분은 "절대적"이시다. 그런 분으로서 하나님은 자기 자신의 존재를 위해 어떤 다른 존재가 필요하지 않으시다(행 17:25). 하나님은 스스로 존재하시고 자충족적이시다(self-sufficient["*a se*"]).

어떤 것도 하나님을 존재하게 하지 않았다. 또한 하나님은 항상 존재하셨다(시 90:2; 93:2; 요 1:1). 또한 어떤 것도 그분을 파괴할 수 없다. 그리고 그분은 항상 존재하실 것이다(신 32:40; 시 102:26-27; 딤전 6:16; 히 1:10-12; 계 10:6). 하나님의 존재는 무시간적이다(timeless). 왜냐하면, 하나님은 시간 자체의 주님이시기 때문이다(시 90편, 특별히 시 90:4; 갈 4:4; 엡 1:11; 벧후 3:8).[5] 하나님은 똑같이 완벽하게 모든 시간과 공간을 아신다(사 41:4; 44:7-8).

웨스트민스터 소요리문답의 답변 4는 다음과 같이 표현한다.

> 하나님은 영이시요, 그분의 존재와 지혜와 권능과 거룩하심과 공의로우심과 선하심과 진실하심이 무한하시고 영원하시며 불변하시다.

이런 정의는 하나님의 절대성뿐만 아니라 그분의 인격성(Personality)을 강조한다. 성경에서 "영"(Spirit)은 인격적이다. 그리고 하나님은 영이시다(요 4:24). 영으로서 하나님은 말씀하시고(행 10:19), 인도하시고(롬 8:14), 증거하시고(롬 8:16-17), 도우시고(롬 8:26), 기도하시고(롬 8:26), 사랑하시고(롬 15:30), 계시하시고(고전 2:10), 통달하신다(고전 2:10).

5 *DG*, 543-75; John M. Frame, *No Other God* (Phillipsburg, NJ: P&R Publishing, 2001), 143-59를 보라. 이하 *NOG*로 표기.

영에 해당하는 헬라어(*pneuma*)가 문법적으로 중성이지만 신약성경은 때때로 영을 남성 명사로 언급함으로써 하나님 영의 인격성을 강조한다(예를 들어, 요 16:13-14). 또한 지혜, 능력, 거룩, 공의, 선, 진리와 같은 속성에 대한 웨스트민스터 소요리문답의 언급도 인격적이다. 이런 속성들을 자주 성경의 하나님에게 돌려진다.

현대 인간이 당면한 커다란 의문은 다음과 같다.

즉, 우주가 인격(당신과 필자와 같은)과 비인격적인 구조(물질, 움직임, 우연, 시간, 공간, 물리법칙과 같은)를 포함한다는 것을 인정한다 하더라도 과연 어떤 것이 근본적인 것인가?

우주의 비인격적인 측면은 인격적인 측면에 근거하는가?

아니면 그 반대, 즉 인격적인 측면이 비인격적인 측면에 근거하는가?

세속적인 사고는 일반적으로 후자를 가정한다. 즉, 인간은 물질, 운동, 우연 등의 산물이다. 세속적인 사고는 인격적인 의도라는 측면에서 현상을 설명하는 것(예를 들어, "이 집은 여기에 있는 이유는 누군가가 그 안에 살기 위해 그것을 지었기 때문이다")은 결코 궁극적인 설명이 아니고 결코 완전한 설명이 아니라고 주장한다. 이런 견해에서 궁극적인 설명, 즉 완전히 만족스러운 설명은 비인격적인 것의 궁극성을 요구한다(예를 들어, "사람의 뇌 안에 있는 원자들이 어떤 방식으로 움직였으므로 이 사람이 집을 지었다").

그러나 이것은 불가피한 가정인가?

성경으로 돌아갈 때 성경 저자들은 주저하지 않고 자연 세계의 사건을 직접 하나님에게 돌린다. 하나님은 땅에 물을 대신다(시 65:9-11). 하나님은 번개와 바람을 보내신다(시 135:5-7). 하나님은 눈, 서리, 우박을 보내시고 그런 후에 이것들을 녹이시기 위해 말씀을 보내신다(시 147:15-18).

따라서 자연 세계에 대한 성경의 견해는 매우 인격적이다.[6]

자연 사건은 하나님에게서 기인한다. 이것은 자연 자체에 힘이 있다는 것, 즉 아마도 어떤 의미에서 "자연법칙"이 존재한다는 것을 부인하는 것은 아니지만, 성경에서 그런 법칙의 존재를 입증하기는 어려울 것이다. 하지만, 자연 자체가 가진 모든 힘의 배후에는 인격적 하나님의 힘이 존재한다.

이 두 개의 견해의 결과에 대해 충분히 숙고해 보자.

첫째, 비인격적인 것이 근본적인 것이라면 사물의 궁극적 기원에 어떤 의식, 지혜, 의지도 존재하지 않는다. 우리가 이성과 가치로 부르는 것은 우연적인 사건의 의도하지 않은 우연적인 결과다. (따라서 이것이 단지 비이성적인 사건의 우연적인 결과라면 어째서 우리는 이성을 신뢰해야 하는가?) 결국 도덕적 가치는 보상받지 못할 것이다. 우정, 사랑, 아름다움은 궁극적으로 전혀 중요하지 않다. 왜냐하면, 이런 것들은 맹목적이고 냉담한 과정으로 축소될 수 있기 때문이다.

누구도 버트런드 러셀(Bertrand Ressell)만큼 이런 견해의 결과에 대해 더 통찰력 있게 잘 표현하지 못했다. 그런데도 그는 이런 견해를 "과학이 우리 신념을 위해 제시하는 세계"로서 지지했다.

> 인간은 원인의 산물인데, 이 원인은 자신이 성취하려 하는 목적에 대한 어떤 예지도 없다. 인간의 기원, 성장, 희망과 두려움, 사랑과 믿음은 단지 원자의 우연한 배열의 결과다. 어떤 불도, 어떤 영웅주의도, 어떤 강한 사고와 감정도 무덤을 초월해서 개인의 생명을 보존할 수 없다. 모든

6 참조. 창 8:22; 욥 38-41; 시 104:10-30; 107:23-32; 145-15-16; 147:8-9; 행 14:17; 다른 많은 구절.

세대의 모든 노동, 헌신, 영감, 천재의 빛나는 총명함은 태양계의 거대한 종말 안에 소멸할 운명이다. 인간 업적의 모든 전당은 필연적으로 폐허가 된 우주의 잔해 아래에 묻힐 것임에 틀림없다. … 그 이후로 단지 이런 진리의 발판 안에서, 단지 완강한 절망의 확고한 이런 기반에서만 영혼의 거주가 안전하게 세워질 수 있다.[7]

하지만, 인격적인 것이 근본적인 것이라면 이 세상은 합리적인 사람들이 이해할 수 있는 합리적인 계획에 따라 창조되었다. 우정과 사랑은 심오한 인간 경험일 뿐만 아니라 전체 세계 질서의 근본적인 요소이기도 하다.

세상에 우정이 존재하고 세상에 사랑이 존재하길 **원하는** 누군가(Someone)가 존재한다. 지성, 연민, 창조성, 사랑, 공의와 같이 우리가 인격 안에서 발견하는 모든 놀라운 것은 우주적 재앙에서 소멸될 것으로 운명지워진 덧없는 것이 아니다. 오히려 이런 것들은 가장 영구적이고 가장 궁극적인 것의 측면들이다. 이런 것들이 실제로 우주의 모든 것이다.

도덕적 선함은 우주의 위대한 목적 가운데 일부분이다. 인격체가 절대적인 것이라면 우리가 하는 것에 관심을 두고 있으며 또한 우리 행동을 찬성하거나 찬성하지 않는 분(One)이 존재한다. 또한 아무리 이것이 우리에게 이해할 수 없는 것처럼 보일지라도 이런 인격은 또한 악에 대한 어떤 계획이 있다(이 주제에 대해 제6장과 제7장을 보라).

또한 아름다움은 단지 잠시 동안만 나타나지 않는다. 오히려 아름다움은 위대한 장인의 예술이다. 또한 사실 태양계가 "거대한 종말"에 이른다면 우리를 그런 종말에서 구원할 수 있는 분이 존재한다. 만약 그렇게

---

7 Bertrand Russell, "A Free Man's worship," in *Why I Am Not a Christian*, ed. Paul Edwards (New York: Simon and Schuster, 1957), 107.

하는 것이 그분을 기쁘게 한다면 말이다.

따라서 우리의 사상, 계획, 신뢰, 사랑, 성취의 일부분은 결국 영원한 결과, 즉 이런 모든 것에 커다란 중대성을 주는 결과를 낳을 수도 있지만 또한 유머, 즉 우리의 사소한 노력을 "영원한 결과"와 역설적으로 비교함으로 오는 유머일 수도 있다.

서로 얼마나 다른가!

이 세상은 무슨 일이든지 발생할 수 있지만 어떤 것도(전혀 인간적인 관심을 끄는 것이 아닌) 발생하지 않는, 물질, 운동, 우연으로 이루어진 어두운 것이 아닌, 눈부신 아름다움과 매혹적인 논리를 갖춘 상상할 수 있는 가장 위대한 정신의 예술적 피조물일 것이다.

이런 세상은 역사, 즉 드라마, 인간적인 관심, 심오한 정교성, 그리고 가장 위대한 소설가가 창출할 수 있는 것보다 더 이해를 돕는 암시를 갖춘 역사일 것이다. 이런 신적 역사에는 이 세상의 모든 악을 선으로 바꾸는 도덕적 웅장함이 있을 것이다.

가장 놀랍게도, 이 세상을 어떤 식으로든 놀랍도록 우리 자신과 비슷한 존재가 지배할 것이다!

우리가 그에게 기도할 수 있는가?

우리가 그를 친구로서 알 수 있는가?

아니면 우리는 우리의 적으로서 그에게서 달아나야 하는가?

그가 우리에게서 기대하는 것은 무엇인가?

그는 우리를 위해 어떤 놀라운 경험을 예비해 두었는가?

어떤 새로운 지식? 어떤 축복? 어떤 저주?[8]

---

8 이상 17줄의 핵심은 수년 전에 프란시스 쉐퍼(Francis Schaeffer)가 했던 놀라운 설교에 대한 필자의 기억에서 유래한다.

필자는 불신앙을 고백하는 많은 사람이 이것과 같은 무언가가 참 이길 **바라고 있는** 것은 아닌지 생각한다. 진리를 주장할 뿐만 아니라 진리가 함유한 모든 아름다움으로 진리를 있는 그대로 묘사하며 또한 진리가 함유한 어둔 분위기를 등한시하지 않는 것이 변증가의 일이다. 따라서 우리가 진리의 매력뿐만 아니라 진리의 도전을 묘사함에 따라 우리는 변증 작업을 수행한다. 왜냐하면, 너무나 자주, 어떤 이는 진리를 고백하기 전에 그것이 참이기를 **바라는** 지점에 이르기 때문이다.

이것은 무조건 환영할 일이다. 바라는 일 자체는 무언가를 참 또는 거짓으로 만들지 않는다. 또한 기독교가 단순히 소망 성취(wish-fulfillment)라고 주장하는 것은 중상모략이다. 하지만, 이루어져야 할 소망을 가진 사람은 종종 믿음으로 이르는 도상에 있다.

일관된 불신자는 성경적 세계관이 매력적이 않음을 발견한다. 그 결과로 그는 성경적 세계관에서 돌아선다.

절대 인격체! 인격적인 절대자!

필자는 모든 비기독교 종교를 연구하지 않았다. 또한 필자는 단지 기독교만이 절대 인격체를 고수한다고 말하고 싶지는 않다. 힌두교와 불교의 변형들을 때때로 "유신론적인 것"으로 묘사한다. 아프리카의 물활론적 종교에 의하면 영의 세계 이면에 모든 것을 책임지는 단일 인격 존재가 존재한다.[9] 하지만, 우리 시대에 "절대 인격체 유신론"(absolute-personality theism)을 주로 지지하는 종교가 성경적 종교라는 것은 확실히 사실이다.[10]

---

9 물론 이런 종파는 기독교가 유일무이하다는 주장에 도전하지 않는다. 왜냐하면, 이런 종파와 기독교 사이의 차이점이 유사점보다 더 크기 때문이다. 이런 종파들이 절대 인격체를 예배하는 데 있어서 유사할지라도, 이는 하나님이 피조계 안에서 분명하게 계시되었다는 롬 1:18-20의 가르침에 비추어 볼 때 놀랄 만한 것이 아니다.

10 필자는 "성경적 종교"(biblical religion)로써 기독교 이단과 함께 기독교 자체를 가리킨다. 기독교 이단은 성경에 의해 영향을 받는 종교이지만 핵심적인 성경적 복음을 부

종교의 가장 일반적인(우리는 "진정한"이라고 말하는 경향이 있다) 형태에서 이 세상의 주요 종교는 범신론적이거나(힌두교, 도교) 다신론적이다(물활론, 어떤 형태의 힌두교, 신도[神道], 그리스, 로마, 이집트 등의 전통 종교 등). 범신론은 절대자가 있지만 절대 인격체는 아니다. 다신론은 인격적 신들이 있지만 이런 신들 가운데 어떤 신도 절대적이지 않다.

사실 대부분의 종교가 범신론적 절대주의나 인격적 비절대주의를 강조하지만, 우리는 일반적으로 그 이면(裏面)에서는 두 요소를 발견할 수 있다. 가령 헬라 다신론에서 신들은 인격적이지만 절대적이지는 않다. 그런데도 일종의 비인격적 절대자인 운명론이 이런 다신론을 보충한다. 이와 유사하게 비인격적 실재인 마나(Mana)가 물활론의 신들 이면에 존재한다.[11]

사람들은 인격체와 절대성에 대한 필요 또는 바람이 있는 것처럼 보이지만 대부분의 종교에서 이런 두 요소는 분리되어 있고 따라서 서로를 강화하기보다는 오히려 서로 위태롭게 한다. 따라서 주요 종교 운동 가운데 단지 성경적 종교가 분명하게 우리에게 절대 인격체를 예배하기를 요구한다.

이런 사실을 묵상해 보자. 즉, 근본적인 기독교 세계관은 실제로 성경적 종교에 독특하다.

정한다. 역사에서 기독교 이단으로 지정된 이단(아리우스주의[Arianism], 영지주의[Gnosticism], 사벨리우스주의[Sabellianism], 가현설[Docetism], 유티케스주의[Eutychianism] 등)뿐만 아니라 유대교, 이슬람교와 같은 기독교의 역사적 경쟁자들도 기독교 이단 가운데 있다. 또한 현대의 광신적 종교 집단(cult)과 복음을 거부하는 여호와 증인, 몰몬교, 자유주의 신학 등도 기독교 이단 가운데 있다.

11 불교를 분류하기는 어렵다. 불교의 원래 형태에 있어서 불교는 무신론적이었을지도 모른다. 무(nothingness)에 대한 불교의 개념을 해석하는 데 있어서 문제가 있다. 하지만, 분명히 주류 불교 형태에는 어떤 절대 인격체가 존재하지 않는다.

어째서 그러한가?

우리는 인격적인 것과 비인격적인 것 가운데 어떤 것이 더 궁극적인지에 대한 의문에 직면한 공정한 사람들(증거가 전무해서,[12] 어쩔 수 없이 추측해야 하는)이 균등한 수로 나누어질 것이라고 생각할 것이다. 하지만, 그렇지 않다. 즉, 그들은 만약 어떤 절대적인 것이 존재한다면 그런 절대적인 것은 비인격적임에 틀림없다는 견해로 항상 거의 끌린다. (또한 절대적인 것이 존재하지 않는다면 그것은 절대적인 우연이나 운명과 동일하다. 이것은 동일하게 비인격적 견해다.)

현대 과학이 러셀이 살던 시대에 예외가 아니었던 것처럼 오늘날에도 예외가 아니다. 과학자들이 사물의 원인을 찾을 때 그들은 거의 항상 우주의 인격적인 요소가 비인격적 요소(물질, 법칙, 운동)를 설명하기보다는 오히려 우주의 비인격적인 요소가 인격적인 요소를 설명할 수도 있다고 가정한다. 또한 과학자들이 절대적인 것, 가령 "우주의 기원"과 같은 것을 찾을 때 그들은 "기본적인 입자," 보편 법칙("만물의 이론"), 최초 움직임("빅뱅"), 또는 이런 것들의 결합을 찾는다.

어째서 그러한가?

비인격적인 물질, 운동, 힘이 한 인격의 결정에 의해서 설명될 수 있다는 말이 처음에 적어도 동일하게 타당하지 않는가?

우리 모두는 사람들이 자기들의 명령대로 하기 위해 사물과 힘을 어떻게 만들고 이용하는지를 관찰했다. 공장에서 노동자들은 트랙터(사람들이 만들고 계획한)를 생산한다. 또한 농부는 밭을 갈기 위해 그 트랙터를 사용한다. 하지만, 우리는 결코 경작된 밭이 농부를 생산하거나 트랙터가 노

12 물론 필자는 우리가 실제로 증거가 전무하다고 믿지 않지만, 상황은 많은 사람에게 그런 식으로 보인다.

동자를 생산하는 것을 보지 못했다.[13] 이런 생각은 터무니 없는 것으로 보인다.

그런데도 교육을 잘 받은 많은 과학자은 비인격적인 것의 우위성을 당연하게 받아들인다. 말하자면 이것이 그들의 전제다. 그들은 증거에 근거해서가 아니라(왜냐하면, 어떤 증거가 하나님이 존재하지 않는다는 부정적인 명제를 입증할 수 있겠는가?) 기독교를 반대하는 비합리적인 믿음으로[14] 이런 전제를 채택한다.[15]

이런 상황에 대해 유일하게 심지어 약간 그럴듯한 설명은 성경에 주어진 설명이다. 즉, 하나님의 존재가 모든 사람에게 분명하게 계시되었지만(롬 1:18-20) 반역하는 인류는 그런 계시를 억누르고 따라서 성경의 하나님이 존재하지 않는다는 가정하에 작업하려고 애쓴다.

이것은 인격주의보다 비인격주의를 거의 보편적으로, 그러나 비합리적으로 선호하는 것에 대한 가장 그럴듯한 근거가 아니지 않은가?

기독교 변증가는 인격주의 대(對) 비인격주의라는 문제에 대해 코넬리우스 반틸(Cornelius Van Til)이 했던 강조보다 더 많이 강조해야 한다. 우리가 살펴보았듯이 이 문제가 기독교 세계관을 다른 모든 세계관과 구별하

---

13 이런 모든 것의 커다란 역설은 다음과 같다. 즉, 알려진 우리의 모든 경험이 비인격주의보다는 인격주의 방향을 가리킨다는 것이다. 아마도 누군가는 인도를 받지 않는 맹목적인 과정이라는 생명의 진화를 반증(反證)으로 인용할 수도 있지만 이것은 논의 중인 미증명 사항을 사실로 가정하는 것일 것이다.

14 필자는 모든 믿음이 비합리적이라고 믿지는 않지만 일부는 믿음을 그런 방식으로 정의할 것이다. 필자의 견해에 기독교 믿음은 하나님이 계시한 증거에 기초한다. 비기독교 믿음은 비합리적이다.

15 그렇다면 이것은 결과적으로 과학자인 그리스도인이 기본 입자들(elementary particles) 및 그런 것에 대한 논의를 피해야 한다는 것인가? 그렇지 않다. 하지만, 그는 이런 논의를 가장 궁극적인 답변으로 이어지는 것으로서 간주하지 말아야 한다. 가장 궁극적인 답변은 성경 안에 있다.

게 한다. 이것을 강조하는 것은 변증가에게 다음과 같은 몇몇 장점을 제공한다.

① 조사자들은 때때로 우리에게 기독교를 조사하는 것은 의미가 없다고 말한다. 왜냐하면, 만약 그들이 조사한다면 그들은 또한 다른 모든 종교, 철학, 사상사의 이념을 조사해야 하는데, 이것은 확실히 불가능한 작업이라고 말한다. 우리는 그들이 기독교에 대해 특별한 관심을 기울여야 한다고 답변할 수 있다. 왜냐하면, 인격 또는 비인격적인 원리들이 우주를 다스리는지에 대한 중요한 문제에 대해 기독교는 독특하기 때문이다. 기독교는 일관되게 인격적이고, 기독교와는 다른 경쟁 종교들은 반대 진영에 있다.[16]

② 인격주의에 대한 강조는 또한 현대 세속인의 외로움을 다룬다. 이것은 그들에게 궁극적 우정, 궁극적 사랑, 그들이 이 세상에 대한 비기독교 견해에서 발견할 수 없는 무언가를 제공한다.

③ 인격주의에 대한 강조는 그들에게 궁극적인 합리성을 보증한다.

④ 인격주의에 대한 강조는 이 세상 질서를 다스리는 궁극적 공의를 그들에게 보증한다. 즉, 어떤 다르지 않은 기초 위에서 가능한 확신이다.

16 수식어에 특별한 주의를 기울어야 한다. 즉, "[기독교]는 **일관되게** 인격적이다." 일자와 다자(one-and-many problem)의 문제에 대한 필자의 논의가 주장하는 것처럼 필자의 주장은 유대교와 이슬람교가 비인격주의의 예라는 것이 아니라 오히려 중요한 방식으로 이 두 종교는 성경에서 가르치는 견실한 절대 인격체 유신론(absolute-personality theism)을 결여하고 있거나 위태롭게 한다는 것이다. 어떻게 필자가 이런 "기독교 이단"에 접근하는가에 대해 참조하려면 이후의 각주 21을 보라.

물론 여기서 필자는 성경적 인격주의가 참이라는 것을 증명하지 않았다. 필자는 독자에게 변증 작업이 가진 하나의 근본적인 측면을 보여 주기 위해 성경적 인격주의의 반정립과 대조해서 성경적 인격주의를 진술했다.

우리는 우주가 근본적으로 비인격적이라는 거의 보편적인 전제에 확고히 반대하도록 요구받는다. 우리는 불신자가 자기가 일반적으로 가정하는 바, 즉 비인격적인 것이 **마땅히** 더 궁극적이라는 가정을 하도록 허락하지 말아야 한다. 우리는 이것에 대한 대안을 고려하도록 그에게 도전해야 한다.

또한 만약 불신자가 자신의 비인격주의를 확신한다고 언급하고 다르게 생각하는 사람을 피상적이거나 어리석은 사람으로 경멸한다면, 우리는 그에게 그가 가진 견해를 위해 그가 우리에게 요구하는 종류의 증명을 제공하라고 요구해야 한다.

또한 일단 우리가 불신자에게 그의 비인격주의는 비합리적인 믿음의 산물임을 보여 준다면 우리는 그런 비인격주의에 대한 다른 하나의 대안, 즉 성경이 제시하는 대안을 제시할 수 있는 유리한 입장에 있을 것이다.

2) 창조주-피조물 관계

성경에 의하면 하나님은 초월적이고 내재적이시다. 하나님의 초월성을 쉽게 말하자면, 그분이 우리와는 철저히 다르다는 것이다. 하나님은 창조주이시고 우리는 그분의 피조물이다. 우리가 앞에서 살펴보았듯이 하나님은 절대적이시다.

그러나 우리는 절대적이지 않다. 심지어 하나님의 인격도 우리 인격과는 다르다. 왜냐하면, 하나님의 인격은 원형이시고 우리의 인격은 파생된 것이다. 하나님은 완전히 인격적이시고 결코 비인격적인 것에 의존하지 않으신다. 반면에 우리는 우리를 생존하게 하는 비인격적인 물질("흙," 창 2:7)과 힘에 의존한다.

하나님의 내재성은 피조계의 모든 영역에 대한 그분의 관여다. 하나님은 절대적이시므로 그분은 만물을 다스리고 해석하고 평가하신다.[17] 하나님의 전능으로 인해 그분의 권능은 모든 장소에서 발휘된다. 사실 하나님의 권능은 피할 수 없고, 따라서 편재한다.

하나님의 인격이 또한 그분의 내재성에 동기를 부여한다. 하나님의 인격은 하나님으로 하여금 다른 방식으로 피조계에 관여하도록 동기를 부여한다. 왜냐하면, 우리 자신과 하나님 사이의 커다란 차이점에도 불구하고 우리는 그분과 유사하다. 우리는 하나님의 "형상"이다(창 1:26-27).

성경에 의하면 하나님은 계속해서 자기 백성과 대화하고 교제하고 거하시려 하신다. 하나님은 에덴 동산에서 아담에게 말씀하셨다. 그리고 우리의 첫 번째 부모가 죄를 범했음에도 불구하고 하나님은 계속해서 인류를 방문하셨고 언약을 맺으셨고 자신의 것으로 삼으려고 가족(노아, 아브라함, 이스라엘)을 입양하셨다.

역사의 다양한 시점에서 하나님은 실제로(결코 하나님의 일반적인 편재를 손상시키지 않는다는 어떤 신비스러운 의미에서) 자신의 현존을 시공간에 두었고 특별한 장소에 거하셨다(불타는 떨기나무, 시내 산, 성막, 성전, 예수님의 인격, 성령의 전으로서 교회).[18]

하나님은 인간 역사의 입안자이시며 또한 인간 역사의 주연 배우시다. 궁극적으로 우리는 하나님과 관련을 맺는다. 창세기에서 요한계시록까지 인류가 직면한 궁극적인 질문은 다음과 같았다.

17 이런 범주에 대한 더 많은 분석을 위해 본 장의 후반 섹션들을 보라.

18 더 많은 것을 참조하려면, John M. Frame, *Systematic Theology* (Phillipsburg, NJ: P&R Publishing, 2013), pt. 2, "The Biblical Story," 53-115를 보라. 이하 *ST*로 표기.

즉, 어떻게 우리가 하나님과 그분의 말씀에 반응해야 하는가?

오늘날도 동일하다. 즉, 이생의 모든 도전과 난관의 이면에 있는 우리의 궁극적 도전은 우리가 하나님을 예배하고 그분의 말씀에 순종하는 데 있다.

우리가 하나님의 초월성과 내재성에 대한 성경적 견해를 유지하는 것은 중요하다. 초월성은 우리에게 창조주-피조물 구별을 상기시켜 준다. 하나님은 창조주이시고 우리는 피조물이다. 우리는 결코 하나님이 될 수 없고 우리의 피조성을 상실할 수 없다. 또한 하나님은 그분의 신성을 상실할 수 없다.[19] 기독교 신학자들은 때때로 이런 문제에서 오류를 범했고 마치 구원은 인간을 하나님으로 바꾸어 놓은 것처럼 말했다.[20]

또한 온갖 신조를 지닌 비그리스도인들은 성경이 말하는 창조주-피조물 구분을 철저하게 부정한다. 물론 무신론자들도 창조주-피조물 구분을 부정하지만, 이 세상 자체가 특징상 신적이라고 주장하는 범신론자들도 창조주-피조물 구분을 부정한다. 인간 정신을 진리와 옳음에 대한 궁극적인 기준으로 숭배하는 세속 인본주의에서도 창조주-피조물 구분을 부정한다.

인간 정신을 인간 경험 형식의 조성자로 여기는 칸트 철학에서도 창조주-피조물 구분을 부정한다. 인간이 그 자신의 의미를 창출한다는 실존주의에서도 창조주-피조물 구분을 부정한다. 사실 우주가 그 자체의 창조주라고 주장하는 자연 과학의 형식에서도 창조주-피조물 구분을 부정

19 예수님의 성육신에서 하나님은 인간이 되기 위해 자신의 신성을 상실하거나 약화시키지 않았다.

20 필자는 이것이 문자적인 것을 의미하지 않는다는 필자의 동방정교회 친구들의 주장을 기꺼이 수용한다. 하지만, "신화"(神化, deification)라는 그들의 언어는 혼란을 준다. 결국 고대 영지주의자들과 현대 범신론자들과 같은 사람들이 이런 언어를 문자적으로 사용했다.

한다. 사람들에게 "내면의 하나님"을 찾고 심상(心像)으로 "그들 자신의 실재를 창출"하라고 촉구하는 동방 종교와 서구 뉴에이지 사상에서도 창조주-피조물 구분을 부정한다.[21]

성경의 지배를 받길 거절하고 자유롭게 비기독교 사상을 자신들의 신학으로 포함하는 자유주의 신학자들도[22] 일반적으로 성경이 말하는 창조주-피조물 구분을 부정한다. 그들은 자율적으로(즉, 그들 자신 밖에 어떤 절대적 기준을 인정하지 않는) 사고하는 것을 주장하며 또한 자기들에 대한 창조주의 권위를 부정한다.

자유주의 신학자들은 일반적으로 하나님의 초월성을 그분의 절대성이 아니라(위에서 정의했던 것처럼) 그분이 멀리 떨어져 계심(remoteness)과 그분의 "저 너머에 계심"(beyondness)으로 묘사한다. 자유주의 신학(그리고 소위 신정통주의)에서 하나님은 "전적 타자"이다. 즉, 하나님은 너무 우리를 초월해 계셔서 우리는 그분에 대해 말하거나 생각할 수 없다(심지어 계시의 도움으로도). 따라서 자유주의 신학자는 성경 권위를 회피할 뿐만 아

---

21 이런 점은 필자가 "기독교 이단들"로 불렀던 것, 즉 성경적 세계관의 실질적인 요소를 공유하는 이런 신앙들과 대립되기 더 어렵다는 것을 인정한다. 하지만, 필자는 이 종교들이 스스로, 예를 들어, 성경적 메시지를 조작하고 부정하고 재해석하고 추가하는 놀랄 만한 자유 안에서 창조주와 피조물을 혼동하는 것을 발견한다. 성경은 하나님의 말씀이고 그런 조작, 첨가, 또는 축소를 허용하지 않는다(신 4:2; 12:32; 딤후 3:16-17; 계 22:18-19). 또한 하나님이 전에 인간이셨고 사람들은 소위 신들이 된다고 가르치는 몰몬교에서처럼 이러한 혼동은 가끔 아주 명백하다.

22 필자가 의미하는 "자유주의 신학"(liberalism)은 단지 슐라이어마허(Schleiermacher), 리츨(Ritschl)과 19세기와 20세기 초 그들의 제자들이 이끌었던 고전적 자유주의 신학만을 의미하지 않는다는 것에 주목하라. 필자가 이후에 보여 줄 것이지만, 필자는 신정통주의와 과정신학, 해방 신학, 다원주의 신학, 희망의 신학, 역사의 신학, 이야기 신학 등과 같은 우리 시대의 유행하는 신학을 포함한다. 신학이 궁극적인 권위를 성경 외의 어딘가에서 찾는다면 신학은 "자유주의적"이다. 성경에 대한 자유주의 접근 방식에 대한 조사를 참조하려면 *DWG*, 제3장-제7장을 보라.

니라 이런 회피에 신학적 근거를 제공하기도 한다.

하나님의 내재성에 대한 성경적 견해를 유지하는 것이 동일하게 중요하다. 다시 말하지만, 요점은 하나님이 자신의 신성을 상실하거나 인간이 하나님이 된다는 것이 아니다.

자유주의 신학자들을 포함한 비기독교 사상가들에게 종종 이 세상이 실제로 어떤 의미에서 신적이거나 하나님은 역사 과정과 동일하다(즉, 헤겔[Hegel], 세속 신학, 해방 신학)는 것을 제안하기 위해 내재성에 관한 수사(rhetoric)를 사용한다.

과정 신학은 성경적인 의미에서 하나님의 주권, 영원성, 전능을 부정하기 위해 내재성에 관한 수사(예를 들어, "하나님이 실제로 관련되어 있다")를 사용한다.

또한 신정통주의의 아버지인 칼 바르트(Karl Barth)는 하나님이 그리스도 안에서 "완전히 계시되었다"라는 모순되는 개념을 "전적인 타자"로서 하나님의 개념에 덧붙인다.

"전적으로 계시된"이라는 내재성 개념은 성경적인 초월성 교리와 모순된다. 반면에 "전적 타자"라는 초월성 견해는 성경적인 내재성 교리와 모순된다. 이 두 개의 위조된 개념 모두는 불신앙, 즉 로마서 1:21 이하에서 묘사한 진리의 억압에서 유래한다. 왜냐하면, 이 두 개념 모두는 하나님 말씀에 대한 책임을 회피하려는 소원을 보여 주기 때문이다. 하나님이 "전적인 타자"라면 물론 그분은 우리에게 말씀하실 수 없다. 하나님이 "전적으로 계시되었다"면, 그분은 우리 차원에 있으시고 권위로 말씀할 자격은 없으시다.

반틸이 표현하는 것처럼 기독교 세계관은 실재(reality)에 대한 "두 수준"의 개념을 포함한다. 반틸은 교실로 걸어 들어가 칠판에 두 개의 원을 그리곤 했는데, 한 원 아래에 다른 원이 있고 "소통"(communication)이라는 수직선으로 두 원이 연결되어 있었다. 위의 원은 더 컸는데, 하나님을 나타냈다. 반면에 아래에 더 작은 원은 피조계를 나타냈다.

반틸은 모든 비기독교적 사상은 "단일한 원" 사상이라고 주장했다. 이것은 인간을 하나님 수준으로 끌어올리거나 하나님을 인간 수준으로 내린다. 어쨌든 이것이 적어도 하나님을 인정한다 하더라도 하나님을 인간과 동등한 것, 즉 우주를 구성하고 있는 "물질"의 또 다른 부분으로 간주한다. 기독교 변증은 이런 생각과 결코 타협하지 말아야 한다.

하나님의 절대 인격체라는 성경 교리처럼 성경적인 창조주-피조물 관계는 아름다운 것이다. 우리는 하나님 흉내내기의 견딜 수 없는 부담을 더는 갖지 않는다. 즉, 우리는 그런 위치에 수반되는 모든 염려를 가진 채 우리 자신이 진리와 옳음의 궁극적인 기준이 되려고 하지 않는다.

오히려 우리는 우리 창조주의 품에서 안식할 수 있고, 이 세상을 창조된 방식에 대한 놀라운 일들과 우리를 향한 그분의 목적을 그분에게서 배울 수 있다. 그런 후에 우리는 우리의 작고 짧은 경험을 하나님의 계시와 통합할 수 있고 그런 계시를 우리 자신에게 적용하려 애쓸 수 있다.

또한 우리가 이해할 수 없는 것이 결코 우리를 위협하지 않을 것이다. 왜냐하면, 우리는 우리가 이해할 수 없는 것을 사랑이 많으신 우리 아버지의 비밀로서 받아들일 수 있기 때문이다.

3) 하나님의 주권

『신지식론』(*DKG*)에서 필자는 통치(다스림), 권위, 현존을 의미하는 것으로 이해되는 하나님의 주 되심(God's lordship)에 대해 어느 정도 자세하게 기록했다. 필자는 **주권**(sovereignty)을 이 세 관점에서 **주 되심**(lordship)

의 동의어로 이해한다.[23] 이 책에서 필자는 앞 섹션에서 하나님의 현존을 논의한다. 그리고 필자는 제1장, 제2장의 앞 섹션 그리고 인식론에 대한 이어지는 섹션에서 하나님의 권위를 언급한다. 이것이 통치라는 주제를 남겨 둔다.

하나님이 만물을 지도하신다는 것 또는 에베소서 1:1이 언급하는 바처럼 "[하나님이] 모든 일을 그의 뜻의 결정대로 일하시는" 것이 기독교 세계관에 중요하다. 야곱과 에서가 태어나기 전에 그들 사이의 관계가 예정되었다(롬 9:10-26). 바울은 유대인들과 그리스도인들의 더 넓은 관계를 위한 상징으로서 이런 관계를 사용한다. 하나님은 하나님을 사랑하는 사람들의 선을 위해 모든 것을 합력하여 일하신다(롬 8:28).

하나님이 모든 사건을 예정하시고 지도하신다는 교리를 일반적으로 칼빈주의적인 것으로 간주한다. 또한 필자는 칼빈주의자로 불리는 것에 당혹해 하지 않는다. 하지만, 다른 기독교 전통도 자신도 모르게 이 교리를 받아들인다.

가령 알미니우스주의를 예를 들어보자. 알미니우스주의자는 "자유의지"를 중시하며 또한 우리의 자유로운 결정, 특별히 종교적인 중요성을 지닌 결정은 예정되거나 다른 방식으로 하나님이 결정하지 않았다고 주장한다. 그렇게 함으로써 알미니우스주의자는 인간 책임 교리(본질적으로 칼빈주의자가 어떤 불만도 없는 교리)를 강화하려고 애쓴다. 하지만, 알미니우스주의자도 다음의 것들을 인정한다.

23 이것을 인정한다 하더라도 **현존**을 **주권**의 측면에서 설명하는 것이 약간 어색하다. 그러나 이런 속성들이 보편적인 권능과 보편적인 해석을 함축한다면(이런 속성들이 보편적인 권능과 보편적인 해석을 함축해야 하는 것처럼) 현존은 분명히 통치와 권위 다음에 온다. 하나님의 현존이 육체적인 것은 아니라(하나님은 몸이 없다), 정확하게 권능과 권위의 현존이다.

① 하나님이 미래를 완전히 예지하신다.

② 하나님이 미래에 어떤 일이 일어날지를 아시면서 세상을 창조하셨다.

가령 이 세상의 토대가 갖추어지기 전에 하나님은 조(Joe)가 그리스도인이 되기 위해 자유로운 결정을 할 것이라는 사실을 아셨다. 그렇다면 어떻게든 하나님은 조가 태어나기 전에 그의 자유로운 결정을 아셨다. 따라서 심지어 조가 태어나기 전에도 조의 자유로운 결정은 불가피했음이 틀림없다.

어째서 조의 자유로운 결정이 불가피했는가?

조의 자유의지 때문이 아니다. 왜냐하면, 조는 아직 태어나지 않았기 때문이다. 하나님의 예정 때문도 아니다. 왜냐하면, 알미니우스주의자는 시작부터 이런 가능성을 부정하기 때문이다. 문제가 되는 불가피성은 조나 하나님 외의 어떤 다른 출처가 있는 것처럼 보일 것이다.[24] 하지만, 궁극적으로 하나님의 예정은 중요한 요소로 남는다. 그 이유는 다음과 같다.

① 하나님은 조의 결정을 미리 아신다.

② 하나님은 조가 결정을 내리는 그런 방식으로 이 세상을 창조하신다.

결정적인 요인은 하나님의 미리 아시는 창조다. 창조는 전체 우주를 작동하게 하는 것이다.

24 이것은 무서운 가능성이다! "신적 결정주의"를 거절할 때 사실 알미니우스주의자는 다른 신? 귀신? 세계 역사? 비인격적 법칙?과 같은 어떤 이해하지 못하는 다른 출처에서 유래하는 결정주의를 포용한다. 어쨌든 이런 생각은 확실히 자유의지를 위한 많은 여지를 남겨 두지 않는다.

하나님의 미리 아시는 창조가 조로 하여금 결정**하게 한다고** 말하면 너무 지나친가?

따라서 심지어 알미니우스주의도 칼빈주의 요점을 인정함이 없이 칼빈주의 요점을 은연중에 인정한다. 따라서 오늘날 일부 알미니우스주의자들은 하나님이 모든 것을 미리 아신다는 전제를 버렸고 과정 신학의 견해와 더 유사한 견해로 옮겼다.[25] 하지만, 이런 행보는 성경적으로 매우 의심스럽다.

주요 요점은 다음과 같다. 즉, 성경을 하나님 말씀으로 존중하는 그리스도인들은 일반적으로—이와 반대되는 신학적 진술을 함에도 불구하고—하나님이 모든 자연과 역사를 다스린다는 것을 인정한다. 하나님 주권 교리는 전체 교회의 소유다.

이런 신적 통치권은 변증학에 있어서 중요하다. 왜냐하면, 이런 신적 통치권은 자율성이라는 불신자의 가면을 파괴하기 때문이다. 하나님이 만물을 창조하고 다스린다면 그분은 만물을 해석하신다. 하나님의 계획은 자연과 역사 사건의 궁극적 출처이고 그분의 계획은 결코 실패하지 않는다. 따라서 하나님의 계획은 현재 있는 그대로의 상황, 참인 것과 거짓인 것, 옳은 것과 그른 것을 결정한다.

이런 영역에서 우리는 판단하기 위하여 하나님의 계시(자연과 성경에서)를 참조해야 하고 겸손하게 하나님을 따라 하나님의 생각을 사고하려고(계시 의존 사색 -역주) 애써야 한다. 우리는 우리 마음 또는 피조계 안에 있는 그밖에 다른 것이 진리와 옳은 것을 위한 궁극적 기준이라고 주장하지 말아야 한다.

25 "열린"(openness) 신학에 대한 필자의 상세한 논의를 *No Other God* (Phillipsburg, NJ: P&R Publishing, 2001)(『열린 신학 논쟁』, PNR[개혁주의신학사] 刊), 여러 곳에서 발견할 수 있다. 이후 *NOG*로 표기.

4) 삼위일체

마지막으로, 기독교의 하나님은 하나 안에 셋이다. 하나님은 성부, 성자, 성령이시다. 단지 한 하나님만 존재하신다(신 6:4 이하; 사 44:6). 하지만, 성부는 하나님이시고(요 20:17), 성자는 하나님이시고(요 1:1; 롬 9:5; 골 2:9; 히 1:10 이하), 성령은 하나님이시다(창 1:2; 행 2장; 롬 8:1; 살전 1:5).[26] 어쨌든 성부, 성자, 성령은 셋이고, 어쨌든 성부, 성자, 성령은 하나이다.

니케아 신조(the Nicene Creed)는 성부, 성자, 성령이 한 "존재"(being)이지만 세 "실체"(substances) 또는 다르게 번역하자면 하나의 "실체"(substance)와 세 "인격"(persons, 위격)이라고 말한다. 필자는 단순히 "한 하나님, 세 인격"으로 말하는 것을 선호한다. 이런 전문적인 용어를 정확하고 기술적인 의미로 이해하지 말아야 한다.

사실은 다음과 같다. 즉, 우리는 정확하게 어떻게 셋이 하나이고 하나가 셋인지 알지 못한다. 우리는 분명히 셋이 하나님이므로 이 셋이 동등하다는 것을 안다. 왜냐하면, 하나님 안에 어떤 우월성이나 열등성이 존재하지 않기 때문이다. 하나님이시라는 것은 모든 것보다 우월하다는 것이다. 셋 모두 하나님의 모든 속성이 있다. 셋 모두 "여호와 하나님"이시다. 셋 모두 우리가 앞에서 하나님에게 돌렸던, 피조계와의 관계가 있다. 셋 모두 반틸의 도형에서 위쪽 원의 구성원이시다.

---

26 구약성경에서 삼위일체에 대한 많은 암시가 있다. 즉 신적 존재로서 "영," "말씀," "하나님의 사자"이다. 신적 메시아에 대한 예언이 있는데, 그의 도래는 여호와 하나님의 도래이다(시 110:1 이하). 우리는 심지어 사 63:9-11에서 세 인격을 함께 발견할 수도 있다. 구약성경의 하나님은 결코 "공허한 단일성"(blank unity)이 아니다. 하지만, 물론 이 교리는 성자와 성령의 뚜렷한 "도래"가 있을 때, 즉 신약성경의 때까지 완전히 드러나지 않는다. *DG*, 633-37을 보라.

가령 우리가 앞에서 논의했던 교리에 대해 어떤 질문이 존재한다 하더라도 삼위일체 교리가 기독교에 독특한 것이라는 사실에는 논쟁의 여지가 거의 없다.

브라흐마(Brahma), 비슈누(Vishnu), 시바(Shiva)와 같은 힌두교 신들처럼 다른 종교에서 흥미로운 삼일조(三一組, triads, 삼중 구분)가 존재한다. 많은 사람은 셋이라는 숫자에 대해 주목할 만한 무언가가 존재한다는 것을 직관적으로 파악한다. 하지만, 힌두교의 신들은 세 인격 안에 한 하나님이 아닌 삼 신이다.

또한 비기독교 종교와 삼위일체 사이의 소위 다른 유사점들은 조사하자마자 무너진다. 본질적으로 기독교의 경쟁자들은 삼위일체를 무시하거나 부정한다. 헤겔의 삼일조(즉, 정반합 -역주)에도 불구하고 세속철학에서 삼위일체와 같은 것은 어떤 것도 존재하지 않는다. 이 세상의 다른 주요 종교에서도 삼위일체와 같은 어떤 것도 존재하지 않는다.

또한 심지어 기독교 이단에서도 삼위일체와 같은 것은 거의 존재하지 않는다. 사실 이런 이단에서 삼위일체 교리는 종종 부정해야 할 첫 번째 교리다.

어째서 삼위일체가 변증학에서 중요한가?

물론 유니테리언주의(unitarianism, 하나님은 단지 하나라는 견해)가 삼위일체론을 대체할 때 무슨 일이 일어나는가?

하나의 결과는 다음과 같다. 즉, 이렇게 정의된 하나님은 의미와 인격의 특징을 상실하는 경향이 있다. 기독교 초기 시대에 영지주의자들, 아리우스주의자들, 신플라톤주의자들은 삼위일체가 아닌 하나님을 예배했다. 이런 하나님은 어떤 종류의 복수성도 없는 완전한 하나(oneness)이시다.

하지만, 어떤 하나인가?

어떤 단일성(unity)인가?

이런 질문에 대한 답변에서 어떤 것도 말할 수 없었다. 우리가 하나님에 대해 언급하는 어떤 것은 적어도 주어와 술부 사이의 분할, 복수성을 암시할 것이다.

단일신론자들은 "하나님은 X이다"가 하나님과 X 사이에 복수성을 만든다고 말했다. 따라서 우리는 하나님에 대해 전혀 언급할 수 없다는 것이다. 이런 사상가들에게, 현대 용어로, 하나님의 본성(God's nature)은 "전적인 타자"(wholly other)였다. 인간의 언어로 하나님의 본성을 묘사할 수 없었다. 왜냐하면, (다른 이유들 가운데) 인간의 마음은 공허한 하나를 생각할 수 없기 때문이다. 그렇다면 논리적 결론은 하나님에 대해 전혀 언급할 수 없는 것처럼 보였을 것이다.

하지만, 고대 유니테리언주의자들은 이런 결론을 받아들이지 않았을 것이다. 따라서 "어떤 하나인가?"라는 질문에 대한 답변에서 그들은 피조계를 지적했다. 즉, 하나님은 피조계에서 분리된 이런 것들의 완전한 단일체다. 하지만, 하나님을 단순히 창조라는 측면에서 정의한다면 그분은 창조와 관련되어 있다. 그리고 사실 이런 초기 유니테리언주의자들은 알 수 없는 하나님과 알 수 있는 세상(실제로 신적 발출이었던 세상) 사이의 "존재의 사슬"(chain of being)을 '실재'(reality)로 여겼다. 하나님은 이 세상과 관련되었고 이 세상은 하나님과 관련되었다.

반(反)삼위일체론은 항상 이런 결과가 있다. 반삼위일체론은 성경적인 의미에서 초월적 하나님이라기보다는 오히려 "전적 타자"인 하나님에로 인도한다. 동시에 역설적으로 반삼위일체론은 성경의 주권적인 하나님보다는 오히려 이 세상과 관련되는 하나님에로 인도한다. 반삼위일체론은 성경의 절대 인격체라기보다는 오히려 공허한 "하나"(One)로 인도한다.

반삼위일체론은 창조주-피조물 구분을 존재의 차이점이라기보다는 오히려 정도(degree)의 차이점으로 만든다. 따라서 가령 이슬람교의 예정

교리는 종종 성경 하나님의 지혜롭고 선한 계획의 결정주의라기보다는 오히려 비인격적인 결정주의의 느낌이 있다. 또한 이슬람교의 알라는 성경의 하나님이 가지신, 변치 않으며 의존할 수 있는 인격적 성품과는 대조적으로 본성에 있어서 임의로 변할 수 있다.

삼위일체 교리는 앞에서 우리가 하나님과 이 세상에 대해 했던 주장을 강화한다.

신약성경은 "어떤 하나인가?"에 대한 질문에 주목할 만한 답변을 갖고 있다.

신약성경은 "성부, 성자, 성령의 한 단일성(One unity)"이라고 답한다!

신약성경이 하나님의 단일성을 가장 강하게 강조할 때 신약성경이 삼위일체 인격들 가운데 하나 이상의 이름을 대는 것에 저항하는 것처럼 보일 수 없다는 것은 흥미롭다. 고린도전서 8:4와 에베소서 4:4-6은 이런 것의 예다. 또한 한 하나님에게서 나오는 것으로서 교회의 통일성에 대한 고린도전서 12:4-6의 가르침에 주목하라. 요한복음 17:3과 마태복음 28:19 이하도 관련이 있다.

우리의 본능은 이런 현상에 저항한다. 필자가 이런 성경 본문을 기록했다면 하나님의 하나이심을 강조하는 맥락에서 삼위일체를 언급함으로서 혼란스러운 문제를 피하길 원했을 것이다. 하지만, 성경 저자들은 다르게 생각했다. 왜냐하면, 그들에게 삼위일체는 하나님의 하나이심을 위태롭게 하기보다는 오히려 확증했기 때문이다. 하나님의 하나이심은 정확하게 세 인격의 하나이심이다.

하나님은 셋이며 하나이시므로 그분을 이 세상과 관련됨 없이 인격적인 용어로 묘사할 수 있다. 가령 하나님은 사랑이시다(요일 4:8).

어떤 사랑인가?

우리가 즉시 "이 세상의 사랑"이라고 답한다면 문제가 생긴다. 왜냐하면, 그런 설명에서 사랑이라는 하나님의 속성은 이 세상의 존재에 의존하기 때문이다. 또한 하나님의 속성이 이 세상에 의존한다고 말하는 것은 하나님 자신이 이 세상에 의존한다고 말하는 것이다.[27] 이것이 "전적으로 계시된 자"에게로 이르는 경로다.

그렇다면 우리는 **사랑**을 단순히 신비스러운 무언가에 해당하는 은유라고 언급해야 하는가?

이것은 "전적인 타자"로 이르는 경로다. 우리는 영지주의, 아리우스주의, 신플라톤주의의 논리를 이해할 수 있다. 즉, 하나님이 단지 하나라면 그분은 "전적인 타자"이거나 이 세상에 관련된다. 아니면 어떤 식으로든지 둘 다이다.

하지만, 하나님이 단지 하나가 아니다. 하나님은 삼위일체이다(one in three). 하나님의 사랑은 처음에 서로에 대한 성부, 성자, 성령의 사랑이다(요 17장). 따라서 하나님의 존재처럼 하나님의 사랑은 자존적이고 자충족적이다. 하나님의 사랑은 이 세상에 의존하지 않는다(비록 하나님의 사랑이 확실히 이 세상을 채우지만). 또한 하나님의 사랑은 종교적 불가지론에 의해 가려질 필요가 없다.

또한 삼위일체는 하나님의 창조가 일자와 다자 둘 다일 수 있다는 것을 의미한다. 세속 철학은 일원론(이 세상이 실제로 하나이고 복수성은 환상이다)[28]과 다원론(이 세상은 철저하게 분열되어 있고 단일성은 환상이다)[29]이라는 양극단 사이에서 변하고 있다. 세속 철학은 한 극단에서 다른 극단으로

27 이것은 물론 자존성 교리(the doctrine of aseity)와 반대된다. 어떻게 자존성이 변증상의 실천에 영향을 주는지에 대한 논의를 참조하려면 본서의 부록 E "하나님의 자존성과 변증학"을 보라.

28 예: 신플라톤주의, 스피노자(Spinoza), 헤겔.

29 예: 데모크리투스(Democritus), 에피쿠로스(Epicurus), 라이프니츠(Leibniz), 초기의 비트겐슈타인(Wittgenstein).

이동한다.

왜냐하면, 세속 철학은 이 양 극단 사이의 위치를 규정할 자원이 갖고 있지 않고, 또한 하나의 극단 혹은 또 다른 극단에서 절대적인 것을 추구하기 때문이다. 마치 절대적 하나임(어떤 복수성도 없는)이[30] 존재해야 하거나 그렇지 않으면 절대적 다원론을 창출하고 보편적 하나임을 파괴하는, 절대적으로 독특하고 연결되지 않은 요소들로 이루어진 우주가 존재해야 하는 것처럼 말이다.[31]

철학자가 성경의 하나님 없이 적당한 기준을 발견하려면 양 방향에서 그런 절대적인 것을 찾는 것이 중요하다. 따라서 이 세상에서 절대적인 것과 신을 찾으려는 철학의 종교적 탐구가 나타난다.

하지만, 그리스도인은 절대적 단일성(복수성이 결여된)이나 절대적 복수성(단일성이 결여된)은 존재하지 않는다는 것을 안다. 이런 것들은 이 세상이나 이 세상의 창조주 안에도 존재하지 않는다.

이런 것들 가운데 어느 하나가 이 세상에 존재한다면 그것은 일종의 유니테리언 신일 것이다. 하지만, 삼위일체 하나님 외에 어떤 신은 존재하지 않는다. 그런 유니테리언 신은 알 수 없을 것이다. 왜냐하면, 우리는 공허한 하나임이나 완전한 유일함을 알 수 없기 때문이다. 또한 그런 완전한 하나임이나 완전한 유일함이 실재의 형이상학적인 본질이라면 어떤 것도 알 수 없다.

하지만, 그리스도인은 하나님이 유일한 절대자이고 그런 절대자는 일자와 다자 둘 다임을 안다. 따라서 우리는 이 세상에서 완전한 단일성이

30 파르메니데스(Parmenides)의 "존재"(Being), 플로티누스(Plotinus)의 "일자"(the One), 스피노자(Spinoza)의 "신 또는 자연"(God or Nature)과 같은 것들.

31 예: 아리스토텔레스(Aristotle)의 최저종(*infima species*), 중세 유명론의 "개별자"(particulars), 라이프니츠의 단자들(monads).

나 완전한 비단일성(disunity)을 찾으려고 애쓰는 일에서 벗어난다. 우리는 궁극적인 기준이나 표준을 찾으려 할 때 이 세상 안에서 어떤 "최대한의 단일성"이나 "완전한 유일성"이 아니라 인간 사고에 대한 궁극적 기준을 유일하게 제공하는 살아 계신 하나님을 의지한다. 따라서 삼위일체는 인식론을 위한 함의도 있다.[32]

3. 인식론

필자는 『신지식론』(*DKG*)에서 인식론(epistemology)을 집중적으로 논의했고 이 책의 제1장에서 필자의 주요한 인식론적 관심의 개요를 서술했다.[33]

또한 앞의 "3) 하나님의 주권"에서 언급했던 요점, 즉 주님으로서 하나님은 모든 것을 명확하게 해석하고 그 결과로 우리가 무언가를 알기 원할 때 우리는 하나님을 따라 그분의 생각을 사고하려고 애써야 한다는 요점을 고려하라.

또한 앞 섹션에서 말한 필자의 삼위일체적 인식론에 주목하라. 필자가 이미 이 주제에 대해 가장 중요한 것을 언급했으므로 현 단락은 짧을 것이다.

하나님은 전능하실 뿐만 아니라 전지하시다. 우리가 살펴보았듯이 하나님은 자신의 지혜로운 계획에 따라 만물을 다스린다. 따라서 하나님은

32 이것이 "삼위일체는 '일자와 다자의 문제'"을 해결한다는 반틸의 주장을 설명하기 위해 필자가 할 수 있는 최선의 것이다. 직관적으로 필자는 반틸이 이것에 대해 옳다고 생각하지만, 요점을 일관성 있게 정식화하기는 매우 어렵다. 의심할 여지없이 필자의 정식화는 계속 발전될 수 있다. 참조. *CVT*, 71-76.

33 철학에 박식한 독자들은 필자의 글 "Christianity and Contemporary Epistemology," *Westminster Theological Journal* 52, 1(Spring 1990): 131-41에도 관심을 가질 수도 있다.

만물을 아신다(히 4:12-13; 요일 3:20). 따라서 우리의 모든 지식은 하나님에게서 기원한다. 따라서,

> 여호와를 경외하는 것이 지식의 근본이다(잠 1:7).

하나님은 진리의 기원일 뿐만 아니라 지식을 위한 최고 권위시다. 권위는 하나님 주권의 일부분이다. 하나님은 명령하시고 순종 받으실 권리가 있다. 따라서 하나님은 우리가 무엇을 믿어야 할지를 우리에게 말씀하실 권리가 있다.[34]

타락한 인간은 자율적으로 사고하길 원하고, 단지 진리에 대한 그 자신의 기준에 지배를 받으며 자유롭게 하나님의 기준을 무시하길 원한다.

하지만, 하나님의 은혜는 우리를 자율적인 사고방식의 속박에서 벗어나게 하고 도리어 우리로 하여금 하나님 말씀에 따라 사고할 수 있게 한다(렘 31:31 이하; 마 11:25-28; 요 17:3; 고전 2:6-16; 엡 4:13; 빌 1:9; 골 1:9 이하; 3:10;

34 이것, 즉 누군가가 우리에게 무엇을 믿어야 할지를 말할 권리가 있다는 생각이 현대인에게, 사실 모든 시대의 모든 비기독교 사상가에게 크게 기분을 상하게 하는 것이다. 철학이 종교 전통들에 의해서가 아니라 독립적인—자율적인—인간 사고에 의해서 결정된 문제에 대한 답변을 찾으려고 애썼기 때문에, 철학 자체가 아마 전통 종교에 대한 반역에서 발전했을 것이다. 이런 지식인들에게 "자유로운 사고"(너무 자주 열광적으로 칭송받는)를 향한 그들의 전체적인 진전이 실수였다고 말하는 것은 매우 깊은 차원에서 그들을 불쾌하게 하는 것이다.
필자는 우리의 정신이 단순히 인간 전통에 사로잡히게 하는 것은 잘못이라고 그들에게 인정할 것이다. (사실 이런 노예화는 심지어 가장 "자유로운 사상"으로 알려진 진영에서도 계속해서 문제가 된다. 얼마나 자주 우리는 우리의 지적 멘토에게서, 우리가 우리 선조의 모든 확신을 의심해야 하지만 결코 "차별 언어를 쓰지"[politically incorrect] 말아야 한다는 말을 듣는가!) 하지만, 하나님이 말씀하시는 곳에서 그분의 말씀이 우리가 소중히 여기는 신념보다 우선해야 한다. 지식인이 이런 겸손한 자세를 받아들이는 것은 쉽지 않다. 다시 한 번 우리는 구원이 하나님의 은혜로 이루어짐이 틀림없다는 것을 알게 된다!

딤후 2:25; 벧후 1:2 이하; 3:18; 요일 4:7).[35] 성령이 진리를 알게 하도록 우리 마음을 조명하신다(고전 2:12 이하; 고후 4:6; 엡 1:17 이하; 살전 1:5; 히 6:4; 10:32). 하나님을 경외하는 것은 지식과 지혜로 이끈다(잠 1:7; 병행구절들).

하지만, 죄인들이 여호와 하나님을 두려워함 없이 지식을 획득하려 애쓸 때 그런 지식은 은폐되고 왜곡된다(롬 1:21-25; 고전 1:18-2:5). 이것은 죄인들이 말하는 모든 문장이 거짓이라고 말하는 것은 아니다. 이것은 그들의 기본적 세계관이 왜곡되고 신뢰할 수 없다고 말하는 것이다. 그들의 가장 심각한 인식론상의 실수는 일반적으로 그들 자신의 자율성을 주장하는 것이다. 즉, 그들 자신이나 성경이 말하는 하나님 이외의 무언가를 진리 및 옮음에 대한 최종 기준으로 만드는 것이다.

따라서 합리주의 철학은 인간 이성이 최종 기준이라고 선포한다. 억제되지 않은 "이성"은 사변의 나래에 빠지기 쉽다는 것을 인식하는 경험주의는 모든 관념이 궁극적으로 인간의 감각 경험에게 설명할 수 있어야 한다고 주장한다. 또한 인간 이성과 감각 경험이 오류를 범하기 쉽다는 것을 인식하는 회의주의는 진리는 도달하기 어려운 것이라고 선포한다(회의주의 자체의 권위에 기초해서!).[36] 칸트식 사고와 실존주의 사고는 사실상 인간을 경험의 중요한 출처로 만든다.

자유주의 신학자들은 이런 전통에 동의하길 간절히 원하고 있다. 또한 기독교 이단들은 계속해서 자기들이 적절하다고 생각하는 대로 성경 메시지를 조작한다.

---

35 필자는 독자에게 "증거 본문"이 넘쳐나는 것에 대해서 양해를 구한다. 이런 본문이 가르치는 것에 대한 일부 분석을 참조하려면 필자의 책 *DKG*, 특별히 1-49를 보라. 하지만, 필자는 대부분의 이 본문들은 적어도 대부분의 고등학교 졸업자가 주석 없이도 이해할 수 있다고 생각한다. "증거 본문"에 대해서는 *DKG*, 197을 보라.

36 하지만, 이런 선포는 참인가?

우리가 앞의 "2. 형이상학"에서 살펴보았듯이, 다시 말하지만, 참된 기독교는 일반적 통념, 철학자들, 종교주의자들, 자유주의 신학자들, 대중 사상가들의 합의에 대한 **그** 대안이다. 우리 시대는 모든 사람이 자율성, 즉 "우리 자신의 일을 할 수 있는" 권리를 주장하는 것처럼 보이는 시대다. 하나님은 이것을 어리석음으로 부른다(고전 1:18-2:5). 하나님은 이것이 마귀에게서 나온다고 말씀신다(고후 4:4).

변증가는 이런 왜곡된 인식론과 타협하길 거절해야 할 뿐만 아니라 불신자에게 그런 왜곡된 인식론을 버릴 것을 요구해야 한다. 왜냐하면, 그런 인식론은 불신자가 진리를 죄악되게 억누르는 것의 일부분이기 때문이다. 형이상학의 왜곡처럼, 이런 인식론은 책임으로부터 도피하고자 갈망하고, 해야 할 것을 말씀하는 하나님의 음성 듣기를 피하기를 갈망하는 모습을 보여 준다.[37]

종종 전통적으로 그러했던 것처럼 만약 우리가 우리 자신의 변증학을 이런 비기독교 인식론적 선택 중 하나 위에 세운다면 우리는 일관되게 이런 도전을 제기할 수 없다.

4. 윤리학

윤리학는 선과 악, 옳음과 그름 같은 문제를 조사한다. 기독교 형이상학과 인식론처럼 기독교 윤리는 뚜렷하다. 하나님은 완전히 선하시고 공의로우시다(창 18:25; 시 145:17). 우리가 살펴보았듯이 주님으로서 하나님

37 이것은 어떻게 변증학과 복음 전도가 서로 긴밀하게 들어맞는지에 대한 또 하나의 예이다. 변증가는 불신자를 오직 도덕적이고 지적인 회개에로 부른다.

은 자기 피조물 위에 계신 최고의 권위시다. 앞의 "3. 인식론"에서 우리는 하나님이 진리와 거짓의 최고 기준임을 살펴보았다. 여기 "윤리학"에서 우리는 하나님이 또한 선과 악, 옳음과 그름의 최고 기준임을 관찰해야 한다. 또한 하나님은 우리에게 말씀으로 자신의 기준을 표현하셨다(신 4:1 이하; 6:4 이하).

우리는 불신자가 하나님의 존재뿐만 아니라 그분의 기준, 그분의 요구 사항도 알고 있다고 들었다(롬 1:32). 그런데도 그들은 이런 법에 불순종하고 더 나아가 그런 책임을 피하려고 애쓴다(롬 1:26-32).

다시 말하지만, 철학의 역사는 어떻게 철학자들이 자율성을 주장함으로써 하나님에 대한 책임을 회피하려 애쓰는지를 분명히 보여 준다. 그들은 하나님의 법에 순종하길 원하지 않는다. 따라서 그들은 그들 자신을 옳은 것의 궁극적인 재판관으로 세운다.

목적론적(teleological) 윤리학은 가치를 감각 경험에 기초하려 애쓰지만 경험의 **존재**(is)와 가치의 **당위**(ought) 사이의 간극을 메울 수 없다. 의무론적(deontological) 윤리학은 경험을 넘어서는 의무의 출처를 주장하지만, 그런 출처가 완전히 유용성을 결여할 정도로 궁극적으로 불가사의하다. 주관주의(Subjectivist) 윤리학의 판단은 단순한 느낌에 근거한다.

그러나 어째서 사람의 느낌이 누군가의 관심이나 행동을 지배해야 하는가?[38]

철학자들 다음에, 자유주의 신학자들이 자율성의 기치(旗幟)를 흔들며 달려 들어온다. 조셉 플레처(Joseph Fletcher)의 "상황 윤리"가 자유주의 신학자 집단에서 나오고 칼라한과 같이 생각하는 신학자들(Callahans), 차일

38 이런 세 가지 접근 방식에 대한 더 완전한 설명을 참조하려면 *DCL*, 제6장-제8장을 보라. 변증학에 관심이 있는 독자는 이런 논의가 가진 선험적 요점에 주목할 것이다.

드리스와 같이 생각하는 신학자들(Childresses), 구스타프슨과 같이 생각하는 사람들(Gustafsons), 케보키안과 같이 생각하는 사람들(Kervorkians), 스퐁과 같이 생각하는 사람들(Spongs) 같은 더 최근의 윤리론자들 집단을 이끈다. 그리고 신문 칼럼니스트, 토크 쇼 진행자들, 정치인들가 그 뒤를 따른다.

사람들이 낙태를 원한다는 이유만으로 낙태가 합법화된다. 낙태는 "선택"이다. 따라서 일반 통념으로 발전한다. 따라서 그런 지혜가 지배하는 사회의 병폐로 발전한다. 윤리적 자율성이 실제로 사실이라면 물론 우리는 갱, 마약, 가학적인 랩 음악, 그 밖의 것들을 정당화할 수 있다. 하지만, 우리가 하나님에게 결산해야 한다면 우리는 서둘러 이런 유행에서 손을 떼야 한다.

기독교가 **그** 대안이다. 단지 기독교만이 인간 자율성 주장에 직면하여 올바로 처신한다. 따라서 단지 기독교만이 무법에 대한 답이 있다.

5. 좋은 소식

하지만, 기독교는 단지 세속 철학이나 현 사회의 도덕 기준보다 더 좋은 일련의 도덕 기준에 대한 대안만은 아니다. 기독교는 **복음**, 즉 좋은 소식이다. 이런 면에서 또한 기독교는 종래의 사고방식에 대한 유일하고 참된 대안이다.

성경은 하나님의 형상으로 창조된 인간이 하나님에게 죄를 지었다고 가르친다(창 3:1 이하). 오늘날 우리는 아담이 지었던 첫 번째 범죄의 죄책(롬 5:12-19)과 우리가 하나님에게 지었던 죄의 무게를 감당한다(롬 3:10 이하).

따라서 우리 문제는 유한성에 있지 않다(우리가 일부 범신론자들, 뉴에이지 사상가들, 다른 사람들에게서 듣는 것처럼). 또한 이 문제에 대한 해결책은 우리가 하나님이 되는 것이 아니다. 또한 우리의 주요 문제는 우리의 유전성, 환경, 감정적 기질, 빈곤 또는 질병에서 발견될 수 없다.[39]

오히려 문제는 죄다. 즉, 문제는 하나님 율법에 대한 고의적인 위반이다(요일 3:4). 성경에 의하면 존재하는 유전적인 악, 환경, 질병 등은 타락에 기인한다(창 3:17-19; 롬 8:18-22).

또한 해결책은 무엇인가?

> 하나님이 세상을 이처럼 사랑하사 독생자를 주셨으니 이는 그를 믿는 자마다 멸망하지 않고 영생을 얻게 하려 하심이라(요 3:16).

예수님은 우리 죄를 위해 죽으셨고 우리를 의롭다 하시기 위해 부활하셨다(롬 3:20-8:11; 고전 15:1-11). 성경의 명령은 우리가 하나님의 호의를 성취하기 위해 더 열심히 일하는 것이 아니라(롬 3:20) 그리스도를 통해서 주시는 하나님의 자비를 거저 주시는 선물로서 받아들이는 것이다(엡 2:8-10).

어떤 철학, 어떤 자유주의 신학, 심지어 어떤 기독교 이단도 더 열심히 노력하라는 격려 이상으로 인간의 죄에 대한 어떤 해결책을 제공하지 않는다. 다른 면에서 이런 이념들이 아무리 설득력이 있다 하더라도 이 이념들은 예수님의 희생을 통한 하나님의 용서라는 거저 주시는 선물은 없다는 것에 동의한다.

경험론, 합리론, 관념론, 유대교, 이슬람교, 모르몬교, 여호와 증인은

39 제이 아담스(Jay Adams)와 다른 신학자들은 현대 문화에서 도덕적 문제들을 의료 모델로써 설명하는 경향을 지적했다. 즉 정신적 병, 유전으로서의 동성애 등.

모두 자기 의(self-righteousness), 즉 행위를 통해 의를 얻는 종교(works-righteousness)다. 이런 것들은 우리에게 단지 더 열심히 노력하라는 헛된 충고를 제공하거나 하나님은 어떤 것을 요구함이 없이 용서해 주실 것이라는 거짓되고 도덕적으로 파괴적인 주장을 제공한다.

필자는 복음전도가 변증학의 일부분이라는 적용을 끌어내고자 한다(변증학이 복음전도의 일부라는 것도 참인 것처럼—관점적으로!). 변증가는 항상 복음을 제시할 준비를 해야 한다. 변증가는 불신자가 가장 필요로 하는 것을 주지 못할 정도로 논증, 증명, 변증, 비판에 너무 얽히지 말아야 한다.

우리는 기독교가 철학과 좋은 소식으로서, 일반적 통념에 대한 **그** 대안임을 이해한다. 기독교의 독특성 그 자체가 변증적으로 중요하다.

독특성 자체는 진리를 수반하지 않지만 다른 모든 대안이 서로 다르지 않을 때, 다른 모든 대안이 인격적인 것을 비인격적인 것으로 설명할 수 있다고 그럴듯하게 주장할 때, 다른 모든 대안이 자율성을 주장할 때(따라서 하나님의 주권을 부인할 때), 다른 모든 대안이 하나님이 아니라 피조계에서 궁극적인 것을 발견한다고 주장할 때, 다른 모든 대안이 우리가 처한 곤경에 대한 해결책으로서 행위를 통해 얻는 의보다 더 심오한 어떤 것도 제공하지 않을 때—사실 이런 종례의 이념들은 서로 조금도 다르지 않다—기독교와 기독교의 주장을 조사하는 것에 높은 우선순위를 부여하는 것은 확실히 타당하다. 그러한 독특성에 대한 무관심은 지혜가 아니다.

제3장

증명으로서 변증학: 일부 방법론상의 논의

남아 있는 장에서 필자는 증명, 변증, 공격과 같은 제1장에서 규정했던 세 형태의 변증학을 더 충분히 논의하려 한다. 본 장과 이후의 세 장의 주제는 **증명**(proof) 또는 믿음에 대한 합리적인 근거를 찾는 것 일 것이다.

1. 믿음, 성경, 증거

믿음은 단순히 합리적인 생각이 아니다. 그렇다고 믿음이 비합리적인 것은 아니다. 믿음은 "증거가 결여된 믿음"이 아니다. 오히려 믿음은 충분한 증거에 의존하는 신뢰다. 이런 사실은 성경에서 분명하다. 아브라함이 기꺼이 자기 아들 이삭을 희생 제물로 드리려 한 것(창 22장)을 종종 도덕적이고 합리적인 규범을 위반하는 믿음의 예로 제시한다. 하지만, 이런 분석은 종종 아브라함이 그렇게 행한 매우 확고한 기초, 즉 하나님의 명령이 있다는 사실을 고려하지 않는다.

하나님이 말씀하시는 것은 비합리적이거나 비도덕적일 수 없다. 왜냐하면, 하나님 말씀이 우리를 위한 합리성과 도덕성을 규정하기 때문이다. 하나님이 우리에게 무언가를 하라고 명령하실 때 우리는 그것을 하기 위한 더 큰 합리적인 근거가 필요하지 않다.

따라서 믿음은 증거가 없음에도 불구하고 믿는 것이 아니다. 오히려 믿음은 하나님의 말씀을 충분한 증거로서 존중하는 것이다. 로마서 4:20-21은 아브라함의 믿음—신약성경에서 항상 기독교 믿음의 모델—을 다음과 같이 언급한다.

> 믿음이 없어 하나님의 약속을 의심하지 않고 믿음으로 견고하여져서 하나님께 영광을 돌리며 약속하신 그것을 또한 능히 이루실 줄을 확신하였으니(롬 4:20-21).

또 다른 예는 다음과 같다. 즉, 필자는 종종 학생들에게 고린도전서 15:1-11에서 부활을 지지하는 바울의 논증을 다른 말로 바꾸어 표현해 보라고 요구했다. 그들은 종종 부활 이후의 나타나심, 특별히 바울이 글을 기록했을 때 대부분이 아직 생존해 있던 오백여 명의 증인들에게 부활 이후에 나타나신 것을 언급한다(6절).

하지만, 그들은 거의 항상 사도 바울이 주장하는 논증의 주요 핵심을 놓친다.[1] 주요 요점은 이 메시지의 구조와 내용에서 완전하게 명확하다.

즉, 우리는 부활이 사도적 가르침의 일부분이므로 부활을 믿어야 한다!

고린도전서 15:1-2에 주목하라.

---

1 아마 그들이 거의 오로지 직접적으로 언급된 자료에 초점을 맞추는 증거주의 변증 문헌에 의해 영향을 받았으므로 그들은 주요 핵심을 놓쳤을 것이다.

> 형제들아 내가 너희에게 전한 복음을 너희에게 알게 하노니 이는 너희가 받은 것이요 또 그 가운데 선 것이라 너희가 만일 내가 전한 그 말을 굳게 지키고 헛되이 믿지 아니하였으면 그로 말미암아 구원을 받으리라(고전 15:1-2).

또한 고린도전서 15:11을 주목하라.

> 그러므로 나나 그들이나 이같이 전파하매 너희도 이같이 믿었느니라(고전 15:11).

바울은 고린도 교인들에게 그들이 부활 설교가 포함된 자신의 설교를 통해서 믿게 되었다고 말하고 있다. 그는 그들에게 부활을 의심하지 말라고 경고한다. 왜냐하면, 만약 그리스도가 부활하지 않으셨다면 그들의 믿음은 헛될 것이기 때문이다. 부활이 의심의 대상이면 나머지 모든 메시지도 의심의 대상이 될 것이다. 그렇다면,

> 모든 사람 가운데 우리가 더욱 불쌍한 자이리라(고전 15:19; 또한 14-18절을 보라).

궁극적인 증명, 궁극적인 증거는 하나님 말씀이다.[2] 증인들이 중요하지만, 그들은 죽고 그들의 기억은 희미해진다. 단지 그들의 증거가 하나님의 기록된 말씀으로 보존될 때에만 그런 증거는 이 세상 역사를 통해

2 이것은 성경이 성경의 주장을 "검증하기"를 장려할 때도 사실이다. 선지자와 사도가 증거에 대한 필요를 강조하는 것은 사실이다. 하지만, 일반적으로 인정되는 것 이상으로 요구되는 증거는 하나님 말씀 자체다.

서 계속되는 가치가 있을 것이다.

하나님 말씀을 궁극적인 증거로 신뢰하는 것은 근거의 중요성을 부정하는 것이 아니다. 하나님이 항상 자신이 말씀하시는 것과 행하시는 것에 대한 근거를 드러내는 것은 아니시지만, 지혜롭고 참되고 신실하신 하나님으로서 또한 합리성의 근거로서 그분은 항상 우리가 확신할 수도 있는 이유를 가지신다.

종종 하나님은 분명히 우리에게 자신의 근거를 드러내신다. 아브라함은 비록 우선 자신에게 이유가 숨겨졌지만 하나님이 자신에게 자기 아들을 희생 제물로 드리라고 명령하는 것에 대한 이유가 있다는 것을 알았다. 후에 그는 어느 정도 그 이유가 무엇인지 알게 되었다. 즉, 그 이유는 그의 믿음을 시험하기 위한 것이었다(창 22:16-18).

완성된 정경에 비추어 볼 때 우리는 더 많은 이유를 알 수 있다. 즉, 하나님은 우리를 대신해서 자기 아들을 죽음에 내어 주실 때 자신이 느끼는 고통과 같은 무언가를 우리가 경험하도록 가르치시는 것이었다.

성경은 종종 성경이 언급하는 것들에 대한 그 자체의 이유를 포함하고 있다. 바울이 로마서 8:1에서 우리에게 "그리스도 예수 안에 있는 자에게는 결코 정죄함이 없나니"라고 말할 때 그는 "**그러므로**"라는 단어를 덧붙인다.[3] "**그러므로**"라는 단어는 이유를 가리킨다. 특별히 바울은 이미 묘사된 그리스도의 구원하는 사역**으로 인해** 어떤 정죄도 없다는 것을 언급하고 있다. 우리는 우리 자신이 정죄 받지 않는다는 것을 믿어야 한다. 또한 우리는 이것을 로마서 1-7장에서 제공된 근거나 이유에 기초해서 믿어야 한다.

---

3 우리는 옛 속담을 안다. 즉, 우리가 성경에서 "**그러므로**"(therefore)라는 단어를 볼 때 우리는 항상 "그러므로"라는 단어가 "어째서 거기 있는지"(there for)를 살펴보아야 한다.

여기서 성경은 진리를 선포할 뿐만 아니라 진리를 믿기 위한 근거를 선포하기도 한다. 또한 마치 성경의 진리가 권위적인 것처럼 성경의 근거도 권위적이다. 우리는 성경의 진리를 믿어야 할 뿐만 아니라 **성경적인 근거로 인해** 성경의 진리를 믿어야 할 의무도 있다.

"**그러므로**"라는 단어는 권위적인 추론을 나타내는 다른 많은 지시와 함께 성경에 넘쳐난다. 따라서 우리가 성경을 선포할 때 우리는 또한 권위적인 추론 과정, 즉 성경적 근거를 선포할 수도 있다(그리고 만약 우리가 주해에서 완전해지길 원한다면 성경적 근거를 선포해야 한다).

성경적 진리를 위한 성경적 근거를 보여 주는 것은 매우 중요한 변증학의 일부분이다. 불신자는 다음과 같이 묻는다.

"어째서 마태복음 21:19 이하에서 예수는 무화과나무를 저주했는가? 그것은 너무 잔인하고 옹졸한 것처럼 보인다!"

신자는 다가오는 심판에 관한 상징과 따라서 예수님의 실물 교훈의 요점을 성경 자체로부터 보여줌으로써 답해야 한다.

하지만, 이것은 직접적인 성경 증명이 하나님이 우리로 하여금 사용하도록 허락하시는 유일한 변증적 증거라는 것을 의미하진 않는다. 우리가 살펴보았듯이 성경 자체는 우리에게 성경 자체 밖에 있는 증거를 고려하도록 지시한다.[4]

---

4 이 시점에서 필자가 오직 성경(*sola Scriptura*)에 대해 논의했던 장을 검토하라. 또한 우리는 "성경에만" 기초한 논증과 성경과 자연계시의 결합에 기초한 논증 사이를 뚜렷하게 구분하는 것은 불가능함을 상기해야 한다(*DKG*에 있는 논의를 보라). 일반적으로 우리가 성경을 인용할 때 우리는 본문 비평과 부분적으로 자연계시에 기초한 번역 원리의 산물, 즉 성경 번역본을 인용하고 있다. 사실, 또 하나의 본문보다 오히려 한 본문만을 인용하는 것은 성경에서만 추론될 수 없는 요소들(독자, 필요)에 기초한 인간 선택을 나타낸다. *DWG*, 239-57.

적어도 1세기 신자들에게 고린도전서 15:6의 오백여 명의 증인들은 귀중한 자원이고 심지어 사도의 말에 대한 보충이었다. 확실히 고린도전서 15장에서 바울의 논증이 암시하는 바는 만약 사람들이 의심이 있다면 그들은 증인들을 찾을 수 있다는 것이다. 물론 증인들의 증거는 처음부터 모든 초자연적인 주장을 거절하는 데이비드 흄과 루돌프 불트만의 이론과 같은 것이 아닌, 증거에 대한 성경적 견해로 평가해야 한다.

우리가 살펴보았듯이 바울은 하나님이 피조계 안에서 분명히 계시되었다고 주장한다(롬 1:18-21). 우리는 고린도전서 15장에 언급된 증인들이 제공한 증거와 유사한 방식으로 성경 자체의 증거를 보충하는 피조계 안의 증거, 즉 하나님의 "일반계시"가 존재한다고 추론할 수도 있다. 하지만, 이런 증거도 성경적 기준에 기초해서 평가해야 한다.

필자가 제1장에서 주장했던 것처럼 우리가 성경이 수용하는 방식으로 성경 외적 증거를 사용하는 한 자유롭게 성경 외적 증거를 사용할 수도 있다.[5]

2. 증명에 대한 개념

반틸은 다음과 같이 말한다.

> 하나님의 존재와 기독교 유신론의 진리를 위한 절대적으로 확실한 증명이 존재한다.[6]

5 이런 과정에 관련된 순환성 유형에 대한 논의를 참조하려면 제1장에서 순환성에 관한 논의를 보라.

6 Cornelius Van Til, *The Defense of the Faith*, ed, K. Scott Oliphint, 4th ed. (Phillipsburg,

반틸은 계속해서 다음과 같이 언급한다.

> 개혁파 변증가는 하나님의 존재와 기독교 유신론의 진리를 지지하는 절대적으로 타당한 논증이 존재한다고 주장한다. 개혁파 변증가가 하나님의 존재를 지지하는 절대적으로 타당한 논증이 존재한다고 주장하지 않는다면 그는 사실 하나님이 분명하게 자신을 인간에게 계시하지 않았다고 인정하는 것이다. 개혁파 변증가에게서 치명적인 것은 어떤 이가 기독교 유신론이 진리라는 결론 이외에 다른 결론에 도달했음에도 불구하고 그가 객관적 증거를 공정하게 다루었다고 인정하는 것이다.[7]

이런 종류의 논의에서 **증명**이 의미하는 것은 무엇인가?

가장 논란이 없는 증명의 예는 명제가 엄격한 논리적 추론으로 공리들(axioms)에서 도출되는 수학의 예다. 공리는 자명한 것으로 간주되거나 적어도 논의의 목적을 위해 가정되는 명제다. 이런 이해에서 하나님의 존재를 위한 증명은 다소 이와 같이 전개될 수도 있다.

전제 1: 성경이 말하는 것은 항상 참이다.
전제 2: 성경은 하나님이 존재한다고 말한다.
결론: 따라서 하나님은 존재한다.

여기서 성경의 참됨은 하나의 공리일 것이다. 또한 하나님이 존재한다는 성경의 가르침은 또 다른 공리일 것이다. 그런 후에 엄격한 논리로 결

NJ: P&R Publishing, 2008, 126(『변증학』, PNR[개혁주의신학사] 刊).

7 Van Til, *The Defense of the Faith*, 126-27.

론이 따라 나온다.

이전 분석에 기초할 때 이런 논증은 타당한 논증이다.

첫 번째 전제는 참이다. 왜냐하면, 성경은 하나님의 말씀이고 따라서 무오하기 때문이다.

두 번째 전제는 명확하고 논란의 여지가 없다. 마찬가지로 전제에서 결론으로 이어지는 논리적 경로도 의심할 여지가 없다. 그렇다면 어떤 의미에서 이런 논증은 "하나님의 존재를 위한 절대적으로 확실한 증명"의 한 형식이다.

하지만, 여기에 부족한 무언가가 존재한다. 실질적으로 말해서 우리는 비그리스도인들에 대한 증거에서 이런 증명을 사용할 것 같지는 않다. 오늘날 가장 지적인 불신자들은 단순히 이런 증거가 기초하는 성경 권위를 부정함으로써 이런 증거를 일축할 것이다. 순환성이 너무 협소하다.[8] 어떤 의미에서 문제는 증명에 있는 것이 아니라 불신자에게 있다. 즉, 불신자는 성경 권위를 받아들여야 한다. 따라서 그는 우리의 증명을 받아들여야 한다. 하지만, 물론 그는 받아들이지 않는다.

이런 문제에 접근하는 하나의 방법은 어느 정도 불신자의 반응을 포함함으로써 증명에 대한 우리의 개념을 수정하는 것이다. 다른 말로 말해서 증명을 참된 전제와 타당한 논리에 기초하는 것은 충분하지 않다. 또한 증거는 설득력이 있어야 한다. 우리는 증명이 되기 위해서 논증이 모든 합리적인 사람에게 설득력이 있어야 한다고 말할 수도 있다.

---

8 제1장(그리고 *DKG*, 131, 303-4)에서 광의의 순환성과 협의의 순환성 사이의 구분을 검토하라. 문제가 되는 논증은 협소하게 순환적이다. 왜냐하면, 첫 번째 전제가 너무 분명하게 결론에 의존하기 때문이다. 물론 타당한 모든 연역적 삼단 논법은 결론이 이미 전제에 내포되어 있다는 의미에서 순환적이다. 하지만, 이런 경우에 순환성이 너무 분명해서 이런 순환성은 불신자로 하여금 전제에 이의를 제기할 것을 거의 간청한다.

필자는 분명히 설득이 중요한 개념이라고 생각하지만[9] 필자는 설득을 증명의 개념에 포함해야 한다는 것에는 동의하지 않는다. 이것은 우리의 증명을 사람들을 실제로 설득하는 증거에 제한하는 일일 것이다.

하지만, 사실 성경은 좋은 증명이 항상 설득하는 것은 아니라고 가르친다. 왜냐하면, 불신자들은 진리를 억압하기 때문이다. 이런 억압이 항상 성공하는 것은 아니다.

때때로 불신자들은 진리 심지어 하나님에 대한 진리도 인정한다.[10] 하지만, 특정한 불신자가 자신도 모르게 무엇을 억압하고 무엇을 인정할 것인가를 예측하는 것은 거의 불가능하다. 궁극적으로 억압에 대한 유일한 치료는 성령의 중생하게 하는 사역이다.

따라서 우리가 논증을 구성함에 따라 우리는 어떤 종류의 논증이 어떤 특별한 개인이나 독자에게 설득력이 있을 것인지에 대해 거의 알지 못한다. 어떤 논증도 모든 사람에게 설득력이 있을 거라고 보장되지 **못한다**. 심지어 성경에만 기초한 논증도 모든 사람에게 설득력이 있을 거라고 보장되지 않지만, 위의 논의에 기초해서 볼 때 우리는 그런 논증이 하나님을 기쁘시게 한다는 것을 안다. 이런 보장을 얻기 위해 우리는 억압이라는 기만적인 과정과 성령의 신비스러운 사역을 예측할 수 있어야 한다.

우리는 억압의 과정이 합리적이지 않다는 것에 주목할 수도 있다. 따라서 불신자들은 증명에 대한 제안된 정의에 있어서 **합리적인 사람**의 범주에 들지 않는다. 그렇다면 이런 정의는 변증적으로 전혀 중요하지 않다. 왜냐하면, 변증학의 전체 요점은 진리를 불신자에게 제시하는 것이기 때문이다. 그렇다면 질문은 다음과 같은 것이 된다.

---

9 *DKG*, 119, 131, 355-58.

10 신약성경에서 묘사된 바리새인들이 분명한 예다.

즉 어떻게 우리는 진리를 비합리적인 사람들에게 제시해야 하는가? 변증적인 상황에서 무엇이 증명을 구성하는가?

아마 우리는 증명을 실제로 설득하는 무언가라기보다는 오히려 설득을 **해야 하는** 것으로 정의함으로써 이런 상황을 시정할 수 있을 것이다. 하지만, 이런 정의는 우리를 우리가 원래 논의했던 협의의 순환적 증명으로 다시 이끈다. 불신자는 증거가 전제하는 성경 권위와 함께 이런 증명을 받아들여야 한다. 사실 그는 단순히 피조계 안에 드러난 하나님의 계시에 기초해서 어떤 주장 없이 하나님을 믿어야 한다(롬 1:18-21). 우리 임무가 단순히 불신자를 그가 믿어야 하는 입장에 놓는 것이라면 우리는 어떤 것도 하지 않는 것이 가장 현명하다. 왜냐하면, 그는 이미 그런 입장에 있기 때문이다.

필자는 증명을 무언가를 설득해야 하는 것으로 정의하는 것이 옳다고 생각한다. 하지만, 이것은 우리가 협의의 순환적 유형의 논증에서 무엇을 놓치고 있는지를 보여 주는 데 도움이 되지 않는다. 왜냐하면, 협의의 순환적 논증은 증명에 대한 이런 정의에 부합하기 때문이다.

이 시점에서 우리는 성경의 전반적인 가르침 안에서 경건한 실용주의를 언급해야 한다. 더 넓은 논증이 가장 잘 작동하는 것처럼 보이기 쉽다. 많은 불신자는 자기들에게 기독교를 반박한다고 보여지는 자기들의 경험적 사실들을 우리가 숙고하기를 요구한다. 변증가는 그런 요구를 거절할 의무가 없다. 왜냐하면, 하나님은 모든 피조계 안에 계시되었기 때문이다.

심지어 불신자들이 기독교를 반대하기 위해 사용하는 이런 사실들도 그것들 위에 하나님의 표시(mark)가 있는 것으로 보일 수 있다. 심지어 악도 기독교 유신론적 세계관이 없다면 설명할 수 없다(제7장과 제8장을 보라).

따라서 변증가가 일반계시와 특별계시에서 도출한 자료를 기초로 주장을 입증하면서 그 자신의 방식대로 그런 요구를 다루는 것이 유용하다. 지금까지 우리의 논증에서 등장한 변증 논증에 대한 유일한 제한들은 다음과 같은 것들이다.

① 논증의 전제와 논리가 성경적 가르침(성경적 인식론을 포함해서)과 일관성이 있어야 한다.
② 전제는 참되고 타당한 논리여야 한다.
③ 논증의 특정한 주제는 교육, 관심, 질문 등과 같은 질문자의 특정한 상황을 고려해야 한다.

세 번째 요점은 변증적 논증이 "인격 변수"(person-variable)임을 의미한다.[11] 어떤 단일 논증도 모든 신자를 설득하거나 신자 마음의 모든 의심을 완화할 것을 보증하지 않는다. 하지만, 모든 사실이 하나님의 실재를 증거하므로 변증가는 자원이 결코 부족하지 않고 오히려 매우 넘쳐난다.

3. 증명의 필요성

어떤 의미에서 모든 사람이 유신론적 증명이 필요한 것은 아니다. 클리포드(W. K. Clifford)과 같은 어떤 사람들은 증거 없이 무언가를 믿는 것은 잘못된 것이라고 말했다. 하지만, 우리 시대에 철학자인 앨빈 플랜팅가(Alvin Plantinga)와 니콜라스 월터스토프(Nicholas Wolterstorff)가 초기에

11 *DKG*에서 인격 변수에 대한 논의를 보라.

이런 그럴듯한 견해를 효과적으로 반박했다.[12] 그들은 우리가 반드시 증명할 수 있는 것이 아닌 많은 것을 믿는다고 지적한다.

예를 들면, 다른 사람들이 나와 같은 마음이 있다는 것은 이에 대해 이의를 제기하고 싶은 누군가에게 증명하기 매우 어려운 명제다. 또는 다음과 같은 필자의 믿음을 들 수도 있다. 즉, 바이올릿 프레임(Violet Frame)은 참으로 필자의 어머니이다. 또는 필자의 아내는 정말로 필자를 사랑한다. 또는 2+2=4.

이런 "기본적인" 믿음들(플랜팅가가 그것들을 이렇게 부른다)은 특별히 이런 믿음들을 위한 추정된 증명이 복잡하고 이해하기 어려움에도 불구하고 분명히 참인 것으로 받아들이기 쉽다.

필자는 우리가 객관적인 의미에서 증거가 없다면 어떤 것도 믿지 말아야 한다는 클리포드의 주장에 동의할 것이다. 즉, 우리는 만약 무언가를 지지하는 객관적 증거가 존재하지 않는다면 그것을 믿지 말아야 한다. 하지만, 클리포드는 더 많은 것을 언급하려 의도한다. 즉, 그는 우리가 증명이 없다면, 즉 증거에 기초한 논증을 정식화할 수 없다면 어떤 것도 믿지 말라고 주장하려 의도한다. (이것이 객관적인 의미에서 증거를 가지는 것이다.)

필자는 기독교의 진리를 지지하는 적합한 증거 이상의 것이 존재한다고 믿지만, 필자는 누군가 그리스도를 믿는 믿음을 타당화하기 위해 그런 증거를 사용하는 증명을 정식화할 수 있어야 한다고 믿지 않는다.

증거는 증거에 대한 우리의 언어적 표현과는 별도로 그 자체의 설득력 있는 가치가 있다. 누군가 집배원 복장을 하고 우편 서비스 트럭으로 필

12 Alvin Plantinga and Nicholas Wolterstorff, eds., *Faith and Rationality* (Nortre Dame, IN: University of Nortre Dame Press, 1983)를 보라. *DKG*, 382-400에서 이것에 대한 필자의 비평을 보라.

자의 집에 운전해서 오는 것을 필자가 보았을 때 필자는 그 사람이 필자에게 우편을 가지고 오고 있다고 추론한다. 필자는 그것을 안다. 다른 말로 말해서 그것은 일종의 논리적 과정이다. 필자는 이것을 삼단 논법으로 정식화할 수 있다.

> 제복을 입고 우편 서비스 트럭 안에 있는 사람이 필자의 집으로 운전해서 올 때 그 목적은 우편을 배달하려는 것이다.
> P씨는 우편 서비스 트럭으로 필자의 집에 운전해서 왔고 제복을 입고 있다.
> 따라서 나는 그가 나에게 우편을 가져올 것이라 기대할 수 있다.

하지만, 왜 삼단 논법에 대해 걱정하는가?

객관적인 증거는 충분하다. 즉 주관적인 논증을 정식화하는 것은 단지 시간을 낭비할 것이다.

우리가 하늘을 고려하고(시 8:3) 우주의 믿어지지 않을 정도의 광대함과 우주 질서의 웅장함을 관찰할 때 이런 경험은 언어로 표현하는 목적론적 논증이나 우주론적 논증과 동일한 설득적 가치가 있으며 또한 아마도 그런 논증의 가치를 넘어서는 가치가 있을 것이다.

사실 성경은 하나님의 존재가 분명하다고 가르친다. 또한 우리 가운데 많은 사람은 하나님의 존재가 우리에게 분명하다고 증거할 것이다. 성경은 결코 하나님의 존재를 논하지(argues) 않는다. 오히려 성경은 하나님이 분명히 계시되었다고 진술한다(states, 롬 1:18 이하).

또한 성경은 하나님을 부정하는 사람들을 조소한다(시 14:1). 시편에서 "하나님이 존재하지 않는다"고 말하는 "어리석은 자"는 지적인 오류가 아니라 도덕적인 무지로써 그런 주장한다(그 이후 구절들을 보라). 로마서 1:21 이하에서 묘사된 불신자들이 진리를 억누르는 것처럼 그는 진리를 억눌렀다. 또는 똑같은 요점을 다르게 표현하자면 사탄이 그를 눈멀게 한다(고후 4:4).

이런 어리석은 자들과는 대조적으로 많은 사람이 하나님과 함께 성장하고 그분을 기쁘게 영접한다. 그들은 교회, 주일 학교, 저녁 가족 모임, 기독교 학교에서 하나님에 대해 듣는다. 그들은 부모가 하나님 말씀에 기초해서 결정하는 것을 본다. 그들은 성경 구절과 웨스트민스터 소요리문답을 기억하며 배운다. 하나님은 문자 그대로 가정의 머리이시다. 그들은 그들 자신의 아버지나 어머니를 의심하는 것보다 하나님의 존재를 의심하는 것이 더 어렵다.[13]

사실 이런 종류의 사람들에게서 하나님의 존재를 증명하려고 애쓰는 것은 기껏해야 이론적인 연습이고 최악의 경우에는 일종의 무례함일 것이다.

순종하는 것에 동의하기 전에 아버지가 실제로 자신의 아버지라는 증명을 요구하는 아이에 대해 어떻게 생각해야 하는가?

확실히—대부분의 경우에!—그는 책무를 회피하고 있다. 그는 단순히 "증명" 없이 믿어야 하고 순종해야 한다.

성경은 결코 어린아이 같은 믿음을 질책하지 않는다. 사실 예수님은 그런 믿음을 어른들이 따라야 할 모델로 삼으신다(눅 18:16 이하). 증명을 요구하는 사람은 불경건한 교만으로 말미암아 증거를 요구하는 것일 수도 있다. 아니면 그는 그렇게 함으로써 자신이 경건한 환경에서 살지 못했고 어리석은 자들에게서 조언을 얻었다는 것을 인정하는 것일 수도 있

13 반틸의 책자, *Why I Believe in God* (Philadelphia: Committee on Christian Education, Orthodox Presbyterian Church, n.d.)과 비교하라.

다. 우리를 위한 하나님의 규범은 다음과 같다. 즉, 우리는 증명이 불필요하게 되는 그런 방식으로 살며 아이들을 양육한다.

그런데도 우리가 앞 단락에서 살펴보았던 것처럼 증명이 **자신들을 위해** 필요하다고 주장하는 일부 사람들이 있다. 우리가 살펴보았듯이 성경은 단순히 그들을 질책하는 것 이상의 것을 한다. 성경은 하나님의 실재에 대한 설득력 있는 많은 증거를 제공하고 더 많은 증거를 찾을 수 있는 성경 밖의 출처로 우리의 주위를 돌리게 한다.

종종 가장 효과적인 것은 질문자가 단순히 성경을 읽는 것이다. 성령이 하나님의 말씀을 마음 속으로 넣으실 때 하나님은 말씀은 강력하게 역사한다.

질문자에게 주는 또 다른 귀중한 충고는 단순히 창조 자체에 대해 그가 할 수 있는 한 열려 있으라는 것이다. 우리가 살펴보았듯이 심지어 그런 자료가 논증으로 표현되지 않는다 하더라도 이것도 분명히 하나님을 계시한다.

얼마나 많은 사람이 별이나 땅과 바다의 경이를 보고 누군가가 그것을 계획하고 창조했음에 틀림없다고 결론을 내렸는지 생각하라.

아무리 모호해도 이런 결론은 절대 인격체이신 우리 하나님을 고백하는 것이다. 또한 어떤 면에서 이런 결론은 목적론적 논증이나 우주론적 논증을 넘어선다. 이것은 마치 별의 형성에 기초한 목적론적 논증을 수십억 번, 즉 각각의 별 하나에 한 번씩 반복하는 것과 같다.

하지만, 우리가 살펴보았듯이 이런 일반적인 장점을 넘어서 하나님의 존재를 지지하는 특별한 논증을 만드는 것이 가능하다. 지혜로운 사람은 실제로 이런 논증이 필요하지 않다. 다른 말로 말해서 이런 논증은 어리석은 자들을 위한 것이다. 하지만, 우리 모두 전에는 어리석은 자들이었다. 하나님은 그런 어리석은 자들에 대해 매우 인내하시고 은혜가 많으시다.

일단 우리가 단순히 불신자의 주의를 피조계와 성경의 진술로 돌리게 하는 것을 넘어선다면 증명은 매우 복잡한 문제가 된다. 하나님이 만물을 창조하고 지도하시므로 그분 없이는 어떤 것도 적당하게 이해할 수 없다. 이것은 어떤 사실이 변증가를 위한 초점(focal point)이 될 수도 있다는 것을 의미한다. 다른 말로 말해서 변증가는 어떻게 이런 사실에 대한 이해 가능성을 하나님에게서 얻는지를 보여 줄 수도 있다.

우리는 우리의 전반적인 전제적 헌신과 일치하는 광범위하게 다양한 접근 방식과 방법을 사용할 수도 있다. 증명은 인격 변수이므로 우리는 특별히 우리가 대화하는 개인이나 집단과 접촉하게 하는 논증적인 접근 방식을 선택하는 것에 관심 있다. 이런 결정은 쉬운 결정이 아니다.

이와 관련해서 어떻게 사람들이 실제로 그리스도를 믿게 되는지를 묻는 것은 흥미로운 일이다. 필자는 그리스도인들의 회심 증언(conversion testimonies)을 과학적으로 조사하지 않았지만 필자는 살면서 많은 회심 증언을 들었다. 그리고 필자는 대략 어느 정도 일반화할 수 있다.

우선 그리스도를 신뢰하도록 이끌었던 요소들을 열거하라고 요구받을 때 어떤 논증이나 증명을 나열하는 그리스도인은 거의 없다. 대부분의 그리스도인에게 문제는 지적인 것이 아니다. 그들에게 지적인 의미에서 기독교는 충분히 믿을 수 있는 것이었다. 오히려 문제는 다음과 같은 것이다. 즉, 이 사람은 죄에 대해 회개하고 용서를 구하고 기독교 계시에 순종하도록 아직 동기를 부여받지 못했다.

원래 초자연적인 이런 동기는 다양한 경험, 즉 종종 단순하게 예수님의 복음에 대한 이야기를 매우 생생한 재진술하는 것, 특히 다정하고 매력적인 행동과 연관된 그런 이야기를 재진술하는 것을 통해서 왔다. (필자가 앞에서 보여 주었던 것처럼 행동은 소통의 일부분이다. 또한 우리 삶은 우리 변증의 일부분이다.)

그런 후에야 아마도 말로는 진술되지 않지만 다음과 같은 일련의 사고 과정을 나타내는 유신론적 증명이 나온다.

전제 1: 예수가 주님이고 구세주라면 그는 신뢰할 만하다.
전제 2: 예수가 신뢰할 만하면 하나님은 존재한다.
전제 3: 예수는 주님이고 구세주다.
결론: 따라서 하나님은 존재한다.

이것은 약간 협의의 순환 논증이지만 많은 사람에게 매우 설득력이 있다.[14] 이것은 많은 사람으로 하여금 하나님을 믿는 믿음으로 이끄는 실제적인 사고 과정을 나타낸다. 변증가들은 질문자가 기독교를 지지하는 특별한 주장을 고려하기 전에 그가 유신론적 증명을 고려해야 한다고 종종 일상적으로 가정하지만, 실제 생활에서 반대 순서가 종종 사실이다. 즉 하나님이 실제하신다는 것을 우리에게 확신시켜 주는 것은 예수님이다.[15]

세 가지 이유로 인해 논증의 다른 많은 순서가 가능하다.

첫째, 기독교는 하나의 패키지다. 다른 말로 말해서 기독교의 교리들

14 물론 실제로 이것은 더 광범위할 것 같다. 왜냐하면, 특별히 전제 3을 규명하기 위해 많은 증거가 요구될 것이기 때문이다.

15 필자와 서신을 주고받는 사람 가운데 한 사람은 다음과 같이 묻는다. "누가 아들이 있을 수 있는 하나님이 존재한다는 것을 믿지 않는데, 예수가 하나님의 아들이라는 것을 믿겠는가?" 하지만, 우리는 불신자들이 하나님을 안다고 우리 자신에게 계속해서 상기시켜야 한다. 그들은 하나님을 알지만 그런 지식을 억누른다(이런 질문을 한 이가 확실히 하나님을 의식하는 것처럼!). 만약 하나님이 유신론적 증명을 사용하신다면, 유신론적 증명은 단지 촉구이고 자극이며 억압된 것을 표면으로 드러내는 것일 뿐이다. 사실 우리 모두가 알고 있는 많은 신념은 단지 희미하게 알고 있는 것, 어떤 상황에서는 우리가 심지어 부인할 수도 있는 것, 다양한 종류의 도전을 통해서 끌어낼 수 있는 것이다. 또한 확실히 우리는 많은 사람이 예수님을 고려함으로써 하나님의 실재를 확신한다고 말할 것이다.

은 서로 관련되어 있다. 올바르게 이해된 각각의 교리는 다른 교리로 이어질 것이다.

둘째, 어떤 차원에서 모든 사람은 기독교의 하나님이 존재한다는 것을 알지만 사랑으로 그런 진리를 수용하기 위한 초자연적인 도움이 필요하다. 성령은 신비스러운 방식으로 일하신다. 변증가인 우리를 하나님이 사용하시는 것은 변증학 교과서에 묘사된 전략에 국한되지 않는다.

셋째, 증명은 인격 변수이고 서로 다른 사람들이 서로 다른 접근 방식에 반응한다.

분명히 어떤 질문자들에게 우리가 예수님을 논의하기 전에 하나님의 존재에 대해 논의하는 것이 필요한 것처럼 보인다. 그들은 단지 하나님의 존재에 대한 논의만을 고집한다. 그리고 우리가 거절할 어떤 이유도 없다. 그들이 가령 "하나님이 존재하는지 어떻게 내가 믿을 수 있는가?"라고 질문하더라도 우리는 그런 질문에 대답할 준비를 해야 한다(벧전 3:15-16을 기억하라).

또한 사실 아주 많지는 않지만 몇몇 그리스도인은 다음과 같다. 즉 어떤 그리스도인은 자기가 그리스도를 믿는 데 하나님의 존재에 대한 증명이 도움이 되었다고, 어떤 그리스도인은 적어도 증명이 불신앙에 대한 변명들 가운데 하나를 제거했다고 증언한다.

위대한 작자이며 학자인 루이스(C. S. Lewis)는 하나님을 향한 자신의 탐구를 대단한 지적 여정으로 묘사하는데, 필자는 그의 그러한 언급을 의심하지 않는다. 결과적으로 그의 작품들은 많은 영적 열매를 맺었다. 아마도 오늘날 우리가 하나님의 존재를 주장함으로써 도울 수 있는 어떤 사람이 있을 것이다.

우리가 당면한 상황을 위한 적절한 전략을 선택하는 어려운 일을 해나갈 때, 우리는 다음과 같은 접근 방식을 찾기 원한다.

① 질문자들이 지적으로 이해할 수 있는 접근 방식.

② 질문자들의 흥미를 유발하고 유지할 접근 방식.

③ 아마도 질문자들이 약점이나 불확실성 인정하고 그것을 더 힘주어 강조하는 어떤 영역과 상호작용할 접근 방식.

④ 어떤 놀람의 요소를 포함해서 그 결과로 질문자들의 답변이 무효가 되고 그들이 생각할 수밖에 없게 만들 접근 방식.

⑤ 타협 없이 진리를 진술할 접근 방식.

⑥ 그 자체의 방법으로 하나님의 사랑을 전달할 접근 방식.

4. 접촉점

접촉점(point of contact)이라는 어구는 다소 모호하다. 일부 독자는 이 어구가 단순히 변증가가 우정과 대화, 결국 복음을 제시할 기회로 이어질 수 있는 흥미를 위해 질문자와 공유할 수 있는 어떤 공동 관심사를 의미한다고 가정할 수도 있다. 하지만, 신학에서(주로 바르트와 반틸과 함께) 이 어구는 약간 더 전문적인 의미가 있다.

이 어구의 사용이 일으키는 문제는 이것이다.

즉, 불신자가 전적으로 타락했다 하더라도 그의 안에 하나님의 은혜를 받을 수 있는 무언가가 있다면 그것은 무엇인가?

알미니우스주의자는 "인간의 이성과 자유의지"라고 답한다. 칼 바르트는 "전혀 없다"라고 답한다. 바르트의 견해에서 하나님의 은혜가 그 자체의 접촉점을 창출한다. 이런 입장은 은혜의 수용에는 어떤 지적 요소도 없다는 바르트의 견해와 일관성이 있다. 은혜는 우리에게 불신자가 은혜로 이해하고 신뢰하게 되는 어떤 "명제적 계시"도 가져다주지 않는다. 오히려 은혜는 불신자의 생각이나 의지와 전혀 접촉이 없는 "기대하지 않은 무언가"다.

하지만, 정통 칼빈주의자들은[16] 하나님이 인간을 자기의 형상—죄로 인해 망가졌지만 파괴되지 않은 형상—으로 창조했다는 것을 기억한다. 반틸은 이런 형상의 일부분이 비록 억압되지만(롬 1장) 인간 사고의 어떤 차원에서 아직 존재하는, 하나님을 아는 지식이라고 주장한다. 이것이 변증가가 호소하는 접촉점이다. 그는 단순히 불신자의 이성과 의지에 호소하지 않는다. 왜냐하면, 죄가 불신자의 의지를 결박하고 있고 그의 이성은 진리를 억압하려 애쓰며 또한 진리를 인정하지 않기 때문이다.

우리는 불신자에게 자기의 이성을 통해서 기독교를 평가하라고 요구하지 않는다. 왜냐하면, 그는 그의 이성을 자율적으로 작동하려 애쓰고, 따라서 시작부터 오류에 빠져 있기 때문이다. 반틸은 오히려 우리는 불신자가 가지고 있으면서도 억압하는, 하나님을 아는 지식에 호소한다고 말한다(롬 1:21).

하지만, 어떻게 사람들은 하나님 계시의 진리를 억누르는가?

우리는 누군가가 반갑지 않은 진리를 자기의 잠재의식이나 무의식으로 밀쳐 버리는 때와 같이 **억압**을 심리학적 표현으로 생각하고 싶을 수도 있다. 하지만, 이것은 성경적인 모습이 아니다. 애굽인들로부터(출 14:4) 바리새인, 사탄 자신에 이르기까지 성경에서 하나님의 원수들은 종종 의식적으로 하나님의 존재를 인정한다. 로마서 1장에서 그 억압은 우상 숭배와 불법적인 성적 행위에서 보인다. 비중생자들은 윤리적인 반역으로 자기들이 가진, 하나님을 아는 지식을 부정한다.

이와는 대조적으로 성경이 신자의 지식을 묘사할 때 그런 지식은 항상

16 바르트는 이 문제와 다른 많은 문제에 대한 역사적 정통주의를 반대한다.

순종과 거룩함을 동반한다. 요한은 다음과 같이 말한다.

> 우리가 그의 계명을 지키면 이로써 우리가 그를 아는 줄로 알 것이요 (요일 2:3).

성경은 인식론을 윤리학에 긴밀하게 관련시킨다.

따라서 하나님에 대해 중생하지 못한 지식과 중생한 지식 사이의 차이점을 윤리적인 것으로 묘사할 수도 있다. 비중생자들은 하나님에게 불순종함으로써 하나님에 대한 자신들의 지식을 억누른다. 어떤 경우에 이런 불순종은 심리적 억압 또는 분명한 무신론으로 이어질 수도 있지만 이것이 항상 그런 것은 아니다.

따라서 변증가는 불신자의 문제가 지적인 것이 아니라 주로 윤리적인 것임을 인식해야 한다. 불신자는 하나님의 윤리적 기준에 불순종하기 때문에 진리를 거절하는 것이지, 진리를 거절하기 때문에 하나님의 윤리적 기준에 불순종하는 것이 아니다.

하지만, 이런 윤리적 반역은 항상 비합리성이라는 요소를 비중생자들의 사고에 주입한다. 하나님과 그분의 계명, 심지어 그분의 "영원하신 능력"(롬 1:20)을 앎에도 그분에게 반역하는 것은 가장 무익하다. 이런 의미에서 불신앙은 어리석음이다(시 14:1).

어떤 면에서 우리보다 하나님을 더 잘 알고 있지만 왕좌에 좌정하신 하나님을 대체하려 애쓰는 사탄을 생각해 보라. 어떤 점에서 사탄은 매우 지적이고 박식하다. 하지만, 가장 중요한 의미에서 사탄은 최고로 비합리적이다. 변증가가 결국 비그리스도인의 입장이 이와 같다는 것을 이해하는 것은 중요하다. 비그리스도인의 입장은 종종 지적으로 인상적이지만 깊은 차원에서는 어리석다.

게다가 우리가 살펴보았듯이 하나님의 일반 은총은 비그리스도인이 진리를 왜곡하는 것을 억제한다. 따라서 심지어 사탄도 자신의 목적을 위해서 진리를 사용한다. 또한 상대적으로 정통적인 바리새인들과 같은 일부 비중생자들이 있다. 따라서 진리에 대한 억압은 결코 완전하지 않다.

불신자는 참되신 하나님에 대한 자기의 지식을 파괴하고 싶어 하지만, 그렇게 할 수 없다. 사실 아무리 그가 하나님을 아는 지식을 왜곡하려 해도 그로 하여금 하나님이 창조하신 세상에서 계속해서 살 수 있게 하는 것은 바로 하나님을 아는 지식이다.[17]

따라서 불신자 자신의 가정들(assumptions)과는 반대로 그는 종종 그리스도인이 이해하는 것처럼 진리와 일치하는 것들을 언급한다. 죄가 추론에 미치는 영향은 그리스도인과 비그리스도인이 모든 것에 불일치하다는 것을 의미하진 않지만, 만약 그리스도인과 비그리스도인이 그들이 가진 전제에 일관성을 유지한다면 그들은 모든 것에 불일치할 것이다. 이런 동의의 가능한 범위를 규명하기는 어렵다.

바리새인들은 하나님의 진리를 너무 많이 인정해서 예수님은 실제로 그들의 가르침을 칭찬하셨지만(마 23:3) 그들의 행위를 개탄하셨다(마 23:3-39). 따라서 우리가 하나님에 대해 불신자가 소유한 본유(native) 지식에 호소할 때 우리는 그가 적어도 일부 시간 동안만 우리에게 동의하고 있다는 것을 알 수도 있다.[18]

따라서 어떻게 우리는 변증가가 올바른 접촉점 또는 올바르지 않은 접촉점을 사용하는지에 대해 무엇이라 말할 수 있는가?

어떤 변증가가 "인과성, 따라서 하나님"을 주장할 때 그는 자칭 불신

17 필자는 무릎 위에 앉아 있는 동안 아빠의 뺨을 때리는 작은 여자아이에 대한 반틸의 예화를 기억한다. 아빠가 지탱해 주지 않는다면 그녀는 공격을 계속할 수 없을 것이다.

18 *DKG*, 49-61.

자의 자율적 지식에 호소하는 것인가?

아니면 그 변증가는 불신자에 의해 억눌려진, 진리에 대한 지식에 호소하는 것인가?

그 변증가의 많은 작품을 알지 못하고는 그것에 대해 말하기는 쉽지 않다. 물론 그가 우리에게 말해 준다면 우리는 그가 신뢰할 만하다는 것을 가정하면서 알게 된다. 우리가 인식론에 대한 그의 견해를 얼마간 안다면 우리는 적어도 추측을 잘할 수 있다.

그 변증가가 불신자에게 무엇으로써 말하는지를 우리는 말할 수 있는가?

물론 그 변증가는 자신의 접촉점이 무엇인지 불신자에게 말한다면 가능하다. 하지만, 그는 결코 그렇게 하지 않을 수도 있다.

그런데 변증적인 만남에서 불신자에게 우리의 접촉점이 무엇인지 말하는 것이 필요한가?

확실히 만약 이것이 자연스럽게 일어난다면 그런 요점을 주장할 수도 있다. 그리고 필자는 의도적으로 숨기는 것을 추천하지 않을 것이다. 하지만, 필자는 우리의 접촉점이 무엇인지 말하는 것이 변증적인 만남의 일부분이 되어야 하는 이유를 생각할 수 없다. 심지어 우리가 이것이 우리가 하고 있는 것이라고 언급하지 않을 때에도 우리는 확실히 불신자가 억누르는 지식에 호소할 수 있다.

이런 분명한 진술이 없는 경우에 변증가가 무엇에 호소하는지를 분별하기는 어렵다.

루이스(C. S. Lewis)는 자신의 『순전한 기독교』(*Mere Christanity*)에서 논증할 때 불신앙적인 자율성에 호소하고, 따라서 그것과 타협하고 있었는가?

아니면 루이스는 불신자가 억누르는 지식에 호소하고 있었는가?

아마 루이스는 이 둘 중의 하나를 의식하며 하지 않았을 것이다. 왜냐하면, 필자가 아는 한 그는 이런 특별한 문제를 몰랐기 때문이다. 아마 변증을 평가하는 데 있어서 주요 문제는 단지 그것이 참인지에 있을 것이다.

그것이 참이라면 변증가가 접촉점 문제에 대해 무엇을 생각하든지 간에 그의 논증은 옳은 위치에서 불신자에게 말하게 될 것이다. 변증가가 말하는 것이 참이라면 그가 구체적으로 불신자가 억누르는 지식을 다루길 의도하든지 의도하지 않든지 간에 변증가가 말하는 것이 불신자가 억누르는 지식을 다룰 것이다.

또한 불신자가 자신이 종종 했듯이 그런 지식을 자신의 불신앙적인 세계관과 통합하려고 애쓴다면 그는 그것이 그렇게 쉽게 통합되지 않는다는 것을 발견할 것이다. 어떤 한 진리는 불신앙적 체계 안에, 대립은 아닐지라도, 난처함을 전해 줄 것이다. 접촉점에 대한 변증가의 견해와 의도가 무엇이든지 간에 이러한 일은 발생할 것이다.

따라서 접촉점에 대한 변증가의 의도는 특별히 그의 변증에 대한 외부적 묘사 및 평가와 관련이 없다. 그런데도 그의 의도는 그의 변증에 대한 내적 묘사 및 평가와 관련이 있다. 왜냐하면, 접촉점에 대한 문제는 다음과 같이 요약되기 때문이다.

즉 우리는 불신자의 왜곡된 세계관을 받아들이고 그것을 다루는가?

아니면 불신자가 자기의 왜곡된 세계관에도 불구하고 자신 안에 갖고 있는 왜곡되지 않은 계시를 우리는 받아들이고 그 계시에 말을 걸고 있는가?

여기서 다시 한 번 반틸은 방법 및 다른 외면적 형식으로 쉽게 규성되지 않는 영적 문제를 식별했다. 그는 적극적인 논증이나 "단순히 개연적인" 논증을 사용하는 것이 변증가가 올바른 접촉점을 목표로 하고 있지 않다는 확실한 표시라고 당연히 생각했을 수도 있다. 하지만, 이와 관련해서 우리는 너무 쉽게 다른 사람들을 평가할 수 없다. 우리가 평가할 수 있는 것은 우리 자신, 즉 우리의 동기와 우리의 충성심이다.

우리가 불신앙적인 "지혜"에 너무 감명을 받아 우리가 믿지 않는, 지식인이 가진 기준에 기초해서 그들의 승인을 받으려고 애쓰고 있지 않는가?

우리가 제1장에서 살펴보았듯이 이런 위험은 변증 역사에서 매우 실제적인 것이었다. 우리가 해야 할 일은 불신앙적인 기준을 확언하는 것이 아니라 반박하는 것이라고 우리 자신에게 상기시킴으로써 우리는 이런 위험에 대해 경계해야 한다.

우리는 불신앙적인 기준에 호소하는 것이 아니라 반틸이 언급하길 좋아했던 것처럼, 불신자가 "마음 깊은 곳에" 가진, 하나님을 아는 지식에 호소해야 한다. 따라서 접촉점 문제는 영적 문제이다. 즉 이 문제를 통해 우리는 우리의 동기들(motives)을 조사하지, 재빨리 동료 변증가의 의도를 평가할 수 있지 않다.

제4장

증명으로서 변증학: 선험적 논증

본 장에서 우리는 '하나님의 존재를 위한 선험적 논증'(the transcendental argument for the existence of God, 이후로 "신 존재 선험 논증"[TAG]이라 부르겠다), 즉 전제주의자들에게 가장 기본적인 것이었더던 논증의 형태를 논의하는 데 어느 정도 할애할 것이다.

코넬리우스 반틸은 때때로 **전제적** 논증과 때때로 **선험적** 논증으로 불렀던 특별한 종류의 논법을 요구하기 위하여 진리를 타협 없이 진술할 필요성을 이해했다. 그의 많은 제자는 선험적 논증이라는 이름에 초점을 맞추었다.[1]

제1장에서 우리는 기독교적 전제의 기초에서 이루어지는 추론의 중요성을 살펴보았다. 하지만, 반틸은 자신의 전제주의를 한 단계 더 진전시

1 초판 서문에서 필자는 **전제주의**(presuppositionalism)라는 용어에 대해 약간의 불만족을 표현했다. 또한 만약 **선험주의**(transcendentalism)라는 용어가 잘 이해된다면, 이 불만족으로 인해 확실히 전제주의라는 용어를 선험주의라는 용어로 대체하려는 시도가 있을 수 있다. 하지만, 필자는 그 불만족으로 인해 그렇게 되리라 믿지 않는다. 또한 우리는 후에 계속해서 이 용어 안에 있는 어떤 혼란스러운 모호성을 보게 될 것이다.

켰고, 그런 추론이 특별한 종류의 **논증** 사용을 요구하고 다른 모든 논증의 거절을 요구한다고 주장했다. 우리는 신 존재 선험 논증을 그 배경적 측면에서 논의할 것이고 논증의 윤곽을 일반적인 개요로써 제시할 것이다. 또한 우리는 일부 질문을 제기함으로써 신 존재 선험 논증에 대해 논의할 것이다.

1. 배경[2]

'**선험적**'이라는 용어는 우선 매우 영향력 있는 철학자 임마누엘 칸트(Immanuel Kant, 1724-1804)의 글에서 중요한 철학 개념이 되었다. 칸트는 일종의 신을 믿었지만 그는 정통 그리스도인은 아니었다. 사실 그는 가장 강력하게 인간 사유의 자율성, 즉 이른바 권위적 계시로부터의 독립성을 옹호했다.

칸트는 데이브드 흄(지적 자율성도 강하게 지지한 철학자)의 철학이 함유한 회의적 함의에 당황했다. 흄의 경험론에서 모든 증명(수학과 논리에서의 증거를 제외하고)은 감각 경험(sense-experience)으로 축소될 수 있다. 하지만, 흄은 이런 기초에서 우리가 물리적 원인, 도덕적 가치, 하나님, 인간의 자유, 또한 인간 자아에 대한 어떤 명제도 증명할 수 없다는 것을 발견했다.[3]

2 본 장의 "1. 배경"과 "2. 신 존재 선험 논증의 개요"의 일부 자료가 다음의 필자의 글과 유사한 형식으로 등장한다. "Transcendental Arguments," in W. C. Campbell-Jack and Gavin J. McGrath, eds., *New Dictionary of Christian Apologetics*, consulting ed. C. Stephen Evans (Downers Grove, IL: InterVarsity Press, 2006), 716-17. 이 글은 출판사의 허락으로 사용되었다.

3 데이비드 흄(David Hume)은 영국 경험론이라는 철학 학파, 즉 모든 지식은 감각 경험

칸트는 흄의 순수하게 이론적인 경험주의를 받아들이기를 꺼려한다 (비록 그는 우리가 우리 경험을 넘어서는 어떤 것을 알 수 없다는 것을 인정했지만). 왜냐하면, 그는 그것이 모든 인간 지식을 파괴할 것이라는 것을 이해했기 때문이다. 하지만, 칸트는 또한 그의 합리주의 스승인 크리스천 울프 (Christian Wolff)의 방법을 받아들일 수 없었으므로 수학, 과학, 철학의 확실성을 세우려는 새로운 수단으로서 선험적 논증을 옹호하게 되었다.

선험적 방법은 참된 지식이 가능하다는 것을 증명하려고 애쓰지 않는다. 오히려 이 방법은 참된 지식이 가능하다는 것을 전제한다. 전제하지 않는다면 어떤 논의나 연구도 무의미하다. 칸트는 지식이 가능하다는 것을 고려할 때 우리는 어떤 조건이 지식을 가능하게 하는지 물어야 한다고 말했다.

인간 지식이 가능하기 위해 세계, 정신, 인간 사유는 어떤 모습이어야 하는가?

그런 후에 선험적 방법은 나아가 인간 지식의 필연적 조건이 무엇인지를 물어야 한다.

에서 유래한다고 가르쳤던 전통에 서 있었다. 지식에 대한 주장을—적어도 원칙적으로—맛보고 만지고 보고 듣고 또는 냄새 맡을 수 없다면, 그런 주장은 이해에 어떤 것도 기여하지 않았다. 이런 과격한 견해는 논리적으로 흄의 악명 높은 회의주의로 이어졌고 회의주의의 결론은 오늘까지도 사람들을 놀라게 한다. 가령 우리는 인과 관계(causation)를 인식하지 않는다. 우리는 한 사건을 뒤따르는 또 다른 사건을 본다. 우리는 이런 사건들의 관계의 **필연성**을 인식하지 않으며 인식할 수도 없다. 철학적 용어로, 우리가 "보는" 것은 사건의 **연속**이지 인과 관계가 아니다. 즉, 빨간 당구공이 녹색 당구공을 강타한 후에 녹색 당구공은 움직인다. 마찬가지로 미래가 과거와 같으리라는 것을 믿을 어떤 경험적 근거도 존재하지 않는다. 우리는 엄밀한 의미의 그런 "미래"에 대한 어떤 경험도 없다. 마지막으로 우리는 연속되는 "자아"를 인식하지 않는다. 거울을 들여다보는 것은 이런 상황을 개선할 수 없다. 왜냐하면, 우리가 인식하는 것은 지속하는 "자아"가 아니라 몸이기 때문이다. 이런 추론은 믿음들, 즉 하나님의 존재, 시간을 통해서 계속되는 자아, 인과 관계의 원리 그리고 자연의 균일성에 대한 믿음들이 "마음의 습관"에 기초한다는 흄의 주장으로 이어졌다.

관념주의 전통 안에 있는 헤겔과 다른 철학자들은 이런 선험적 방법에서 칸트를 따랐지만 그들은 매우 다른 결론에 도달했다. 반틸은 1920년대에 프린스턴대학교의 관념주의자들의 지도하에 공부했고 뚜렷하게 기독교적인 일종의 선험적 방법을 지지하며 등장했다.

칸트처럼 반틸도 경험주의와 합리론 그리고 아퀴나스(Aquinas)의 전통적인 방법처럼 이성과 감각 경험을 결합하는 전통적인 방법에 만족하지 못했다. 칸트는 지식에 대한 이런 접근 방식이 논리적으로 타당하지 않음을 발견했다. 반틸은 변증에 적용된 전통적인 방법론은 인간의 감각 경험, 인간 이성, 또는 양자 모두 하나님 없이, 즉 "자율적으로" 또는 "중립적으로" 적당하게 작동할 수 있음을 가정한다고 언급했다.

따라서 변증적 논증의 시초부터 그것들은 게임 전부를 양보한다. 그것들은 자신들이 주장하길 원하는 결론에 어긋나는 전제를 채택한다. 그것들은 비유신론적 인식론을 채택함으로써 하나님을 아는 지식을 얻으려고 애쓴다.

반틸은 하나님의 존재를 지지하는 주장을 할 때 유일한 대안은 유신론적 인식론을 채택하는 것이라고 주장했다. 칸트는 "이해할 수 있는 우주를 위해 필요한 조건은 무엇인가?"라는 질문을 자신의 현상계-가상계 구분과 선험적 미학과 분석으로 답했다.

반틸은 똑같은 질문에 답했지만 다르게 답했다. 즉, 보편적인 이해 가능성의 조건은 성경의 하나님이다. 하지만, 이런 접근 방식, 즉, 인식론에서 하나님을 전제하고 그런 후에 하나님의 존재를 입증하기 위해 그런 인식론을 사용하는 것은 악순환적인 것처럼 보인다. 반틸은 이런 기독교의 순환성은 실재를 그 자체의 조건으로 이해할 수 있게 하는 유일한 종류라고 주장함으로써 순환성이라는 비난에 답했다.

2. 신 존재 선험 논증의 개요

이 원리는 하나의 사실일 뿐만 아니라 하나님의 존재를 지지하는 논증이었다. 하나님이 없다면 어떤 의미(진리, 합리성 등등)도 존재하지 않는다. 따라서 하나님은 존재한다. 반틸에게서 이것은 하나님의 존재에 대한 유일하게 타당한 증명이었다.

반틸은 모든 타당한 유신론적 증명은 "술어적 서술(predication) 가능성에서 나온 증명"으로 축소된다고 언급했다. 즉 하나님은 존재한다. 왜냐하면, 하나님이 없다면 추론하고 사고하고 또는 심지어 주어에 술어를 첨가하는 것(**술어적 서술**)조차 불가능할 것이기 때문이다.

반틸은 덜 중대한 결론을 가진 증명은 하나님을 존재하는 것보다 덜한 것으로 만든다고 주장했다. 그는 우리가 가령 하나님이 단순히 첫 번째 원인 또는 지적 설계자 또는 도덕적 입법자임을 증명하는 논증을 사용하지 말아야 한다고 언급했다.

반틸은 성경에서 하나님은 모든 실재의 원천이고 따라서 모든 진리, 모든 지식, 모든 합리성, 모든 의미, 모든 사실성, 모든 가능성의 원천이라고 언급했다. 성경은 분명히 창조는 하나님을 암시할 뿐만 아니라 전제한다는 이런 종류의 철저한 주장을 한다. 왜냐하면, 하나님은 만물의 창조자이시고 따라서 모든 의미, 질서, 이해 가능성의 원천이시기 때문이다.

그리스도 안에서 만물이 유지된다(골 1:17). 따라서 그리스도가 없다면 모든 것이 무너진다. 또한 어떤 것도 이해가 되지 않는다. 우리가 존재(existence)를 이 세상에 있는 무언가로 돌릴 때, 우리는 존재를 하나님에게 돌려야 한다. 따라서 우리는 하나님의 존재를 다른 무인가의 존재보다 더 확실하고 더 틀림없는 존재로 간주해야 한다.

따라서 성경은 불신앙이 어리석다고 가르친다(시 14:1; 고전 1:20). 그래서 우리가 칸트와 함께 지식을 가능하게 하는 것이 어떤 조건인지를 묻는다면 대답은 무엇보다 성경의 하나님 존재여야 한다.

심지어 누군가 기독교 유신론에 반대할 때도 그는 기독교 유신론을 전제하고 있다고 반틸은 말했다. 왜냐하면, 그 기독교 유신론 반대자는 합리적 논증이 가능하고 언어를 통해서 진리를 전달할 수 있다고 전제하기 때문이다.

그렇다면 반틸의 유명한 예화처럼 비그리스도인은 아버지 무릎 위에 앉아서 아버지의 얼굴을 때리는 아이와 같다. 아버지가 아이를 지탱하지 않는다면 이 아이는 아버지를 때리지 못할 것이다. 이와 유사하게 하나님이 비그리스도인의 반역을 가능하게 하지 않는다면 그는 하나님에 대해 반역할 수 없다. 하나님을 반박한다는 것은 이해할 수 있는 우주와 따라서 유신론적 우주를 가정하는 것이다.

신 존재 선험 논증에 대한 나 자신의 "간략한" 설명은 다음과 같은 것일 것이다. 즉, 이 세계에 의미가 있으려면 하나님이 존재해야 한다. 성경적 세계관에서 하나님은 모든 실재를 위한 근간이고 따라서 모든 합리성, 진리, 선함, 아름다움을 위한 근간이다. 하나님이 존재하지 않는다면 의미 있는 소통의 가능성을 가정할 어떤 이유도 존재하지 않는다. 이런 주장을 다음과 같은 특정한 논증들에 추가로 결합할 수 있다.

① 논리.
② 자연의 균일성.
③ 도덕적 기준.

따라서 하나님이 존재하지 않는다면 논리의 타당성, 자연의 균일성, 도덕적 기준의 의무성을 가정할 어떤 이유도 없다. 물론 이것들 외에 언어, 미적 경험, 인간 심리학 등과 같은 경험 자료에서 특정한 논증을 발전시킬 수 있다. 반틸은 기독교 유신론이 모든 의미, 모든 합리적 중요성, 모든 이해할 수 있는 담론의 전제라고 주장했다.

여기에 선험적 논증의 더 많은 구체적인 주장 일부가 있다.

1) 우리는 하나님의 존재를 요구한다

하나님이 없다면 논리 사용이 불가능할 것이라는 의미에서 하나님은 논리적으로 필요하다. 하나님은 논리적 순서를 포함해서 이 세상과 인간 정신에서 모든 질서의 원천이다. 따라서 하나님은 논리 법칙에 따라 행동하고 사유하신다. 이것은 마치 이런 법칙들이 하나님에 대해 권위가 있는 그분"보다 높은" 무엇인 것처럼 하나님이 이런 법칙에 의해 "구속받는다"는 것을 의미하진 않는다. 논리 법칙과 합리성은 단순히 하나님 본성의 속성이다.

또한 이 세상의 논리 구조와 인간의 정신은 하나님의 합리성과 지혜가 피조계 안에 반영되어 있다는 사실에 기초한다. 하나님이 의로우신 것처럼 그분은 논리적이다. 논리적이 된다는 것은 하나님의 자연스러운 바람이고 기쁨이다. 하나님은 마치 논리 법칙들을 자기가 마음대로 바꿀 수 있는 무엇인 것처럼 만들지 않으셨다. 오히려 논리 법칙은 하나님의 모든 사고와 행동의 필연적인 속성, 양도할 수 없는 속성이다.

따라서 만약 논리 자체가 하나님의 본성과 존재에 근거한다면 그런 의미에서 하나님은 논리적으로 필요하다. 따라서 하나님이 없다면 우리는 심지어 합리적으로 말할 수도 없다. 인간의 논리 세계가 항상 하나님의 논리를 완벽하게 반영하는 것은 아니지만, 인간의 논리 체계가 하나님의 논리를 완벽하게 반영하는 한 그것들은 반드시 사실이다.

논리가 하나님 없이 존재할 수 없다면, 비모순율(the law of noncontradiction)을 확언하면서 하나님이 존재한다는 것을 부정하는 것은 태양 광선의 존재를 확언하지만 태양의 존재를 부정하는 것과 같다. 물론 불신자가 하나님 없이는 논리가 존재할 수 없다는 이런 견해를 부정할 수도 있지만 이것은 쟁점이므로 이것은 논점을 피하는 것일 것이다.

여기서 필자의 요점은 단순히 가령 만약 하나님이 존재하지 않는다면 비모순율이 작동하지 않으리라는 것이 아니다. 오히려 하나님이 존재하지 않는 세계에 대해 논의하는 것이 심지어 전혀 말이 안 된다는 것이다. 하나님이 존재하지 않는다면 우리는 이 세상에서 논리가 존재하는 것이나 존재하지 않는다는 것을 주장할 수 없다.

물론 필자는 이런 가정에 기초할 때 논리가 존재하지 않는다는 것을 믿는 것이 더 자연스럽다는 것을 인정한다. 하지만, 선험적 유신론이 이것보다 훨씬 급진적이다. 왜냐하면, 만약 하나님이 우리의 선험적 전제라면 하나님이 없이는 논리의 존재를 찬성하는 논증과 반대하는 논증 둘 다 의미가 없기 때문이다.

이것은 하나님의 존재를 논리적 공리만으로 입증할 수 있다고 말하는 것이 아니다. 아니면 이것은 "하나님은 존재하지 않는다"는 진술이 모순적인 것으로 보일 수 있다고 말하는 것이 아니다(비록 필자는 어떤 의미에서 이런 진술이 모순적이라고 생각하지만). 오히려 요점은 다음과 같다. 즉, 하나님의 존재가 논리의 존재에 필요하다는 것이다. 왜냐하면, 하나님은 논리적 진리의 원천이시기 때문이다. 따라서 하나님이 존재하지 않는 논리적으로 가능한 어떤 세계도 존재하지 않는다.[4]

4 여기서 어떻게 인식론적 논의가 형이상학적 결론으로 이어질 수 있는지에 주목하라. 인간 지식이 가능하기 위해서 어떤 형이상학적 조건(하나님의 존재를 포함해서)을 만족시켜야 한다. 물론 우리는 인간 지식이 가능하다는 것을 부인할 수 있는 선택권이

2) 윤리는 하나님의 존재를 요구한다

도스토옙스키(Dostoyevsky)의 『까라마조프의 형제들』(*Brothers Karamzov*)에서 이반(Ivan)이 언급하는 것처럼 만약 하나님이 존재하지 않는다면 "모든 것이 허용된다." 이것은 사람들이 하나님을 인정하는 것을 멈출 때 선과 악의 개념이 효력을 상실한다고 언급하는 한 가지 방식이다.

우리의 현재 문화적 분위기가 특별히 도스토옙스키의 주장의 정당성을 확증했다. 즉, 우리는 눈에 띄게 과거 30년 동안 더 세속화되었고 하나님을 공교육과 생각의 장에서 금지했다. 또한 우리 문화의 도덕적 풍조가 쇠퇴했다.

이것은 단순히 역사적 우연인가?

아니면 윤리와 하나님에 대한 믿음 사이에 심오한 관계가 있는가?

신 존재 선험 논증은 이런 관계가 윤리적 행위와 유신론적 믿음 사이에 일시적인 상관관계보다 더 강하다고 주장한다. 윤리적 행위와 기준은 하나님에 대한 믿음을 요구할 뿐만 아니라 하나님의 존재를 전제한다.

모든 비기독교 윤리 사유 체계는 그 윤리 행동 강령으로서 이런 윤리 사유 체계를 논의하지 못하게 하는 문제들로 가득하다. 가령 세속 이론은 도덕 기준이 의무를 지우게 하는 이유를 보여 줄 수 없다. 철학자들은 도덕적 의무를 추상적인 이데아(플라톤), 논리적 추론(칸트), 공리(功利)의 개념(벤담, 밀), 직관(무어[Moore]), 느낌(흄)에 근거하게 함으로써 이것을

있다. 하지만, 그런 과격한 회의주의를 합리적 견해로서 제시할 수 없다. 따라서 이런 문제에 대한 합리적 견해에 기초할 때 하나님은 존재하고 반드시 존재한다. 이 요점에 대해 추가 설명을 참조하려면 다음을 보라. James N. Anderson and Greg Welty, "The Lord of Non-Contradiction: An Argument for God from Logic," *Philosophia Christi* 13, 2(2011).

보여 주려 시도했다. 이들 모두 적절하게 서로를 반박했다.

도덕적 기준은 단지 도덕적 기준의 원천이 절대적 순종을 받을 **자격이 있고** 자기 의지를 인간에게 계시하는 하나의 **인격**일 경우에만 의무적일 수 있다. 하지만, 이것은 우리에게 기독교를 지지하는 명확한 주장을 제시할 책임을 남긴다. 전통적인 도덕 논증에 따라 이루어지는 주장처럼 최고 도덕법은 최고의 도덕 입법자를 요구한다. 이런 주장은 확실히 사실이다. 하지만, 단지 이것 이상으로 더 많은 것을 언급할 수 있다. 더 자세한 것을 참조하려면 제5장의 논의를 보라.

우리가 현재 언급할 수 있는 것은 이것이다. 즉, 도덕성의 문제는 논리의 문제와 같다. 도덕성은 우선 하나님의 독단적인 명령 또는 하나님과 독립적인 어떤 원리가 아니라 하나님의 본성에 기초한다. 하나님은 잔인성이 선한 것이 되도록 의도할 수 없다. 왜냐하면, 잔인성은 선하지 않기 때문이다. 오히려 잔인성은 하나님 자신의 본성과 조화될 수 없다.

필자가 윤리는 하나님을 요구하고 사실 하나님을 필요로 한다고 말할 때 무신론자들과 불가지론자들이 결코 도덕적 기준을 인식하지 못한다는 것을 의미하지 않는다. 심지어 성경도 그들이 인식한다는 것을 인정한다(롬 1:32). 사실 혹자는 그들이 절대적 원리는 믿는다고 언급하지만, 물론 이것은 드물다.

오히려 필자는 무신론자나 불가지론자가 절대적 도덕 원리를 믿기 위한 적당한 근거를 제공할 수 없다고 주장한다.[5] 또한 사람들이 타당한 이유 없이 도덕적 원칙을 수용할 때 그들은 합리적 근거에서 도덕적 원칙

---

5 도덕 논증에 대한 선험적 제시에 있어서 문제점은 개별적 윤리 원칙(거짓말, 도둑질, 살인하지 말라 등) 가운데 하나가 아니라 메타윤리 타당성의 문제다. (거짓말, 절도, 살인이 도덕적으로 비난받을 만하다는 것에 어째서 또한 어떤 근거에서 우리는 동의해야 하는가?)

들을 수용하는 사람들보다 다소 더 느슨하게 도덕적 원칙을 고수한다.

또한 필자는 하나님을 믿는 사람들이 도덕적으로 완벽하다고 제안하고 싶지도 않다. 성경은 우리가 도덕적으로 완벽하지 않다고 말해 준다(요일 1:8-10). 귀신들은 일신론자들(monotheists)이지만(약 2:18) 유일하신 하나님을 믿는 것이 그들의 도덕성을 개선해 주지 않는다. 선하게 되기 위해 더 이상의 것이 필요하다. 또한 성경에 의하면 그것은 예수 그리스도 안에 있는 하나님의 은혜로써 주어진 새로운 마음이다(고후 5:17; 엡 2:8-10).

3) 과학은 하나님의 존재를 요구한다

하나님은 자연에 기본적인 균일성(uniformity)을 정하셨다. 자연 세계에서 이런 규칙성들(regularities)은 과학자들이 공식과 이론으로 설명하려고 애쓰는 것들이다. 소위 과학적 방법은 특정한 가설을 타당화하기 위해 실험 절차의 일반 규칙성과 반복성을 가정한다. 우리가 자연에서 예측성과 규칙성을 가정하지 않는다면 실험 과학이 작업을 수행하는 것은 불가능하다.

신학적으로 자연 세계에서 이런 규칙성은 "땅이 있을 동안에는"(창 8:22) 계절을 규칙적으로 유지하겠다는, 하나님이 노아와 맺은 언약의 표현이다. 하나님이 없다면 어떤 균일성을 가정하기 위한 근거가 존재하지 않는다. 또한 이런 균일성이 없다면 우리는 오늘날 사용하는 해독제가 내일 우리를 유독하지 않을 것이라는 어떤 확신도 가질 수 없을 것이다.

많은 사람이 이런 의미에서 "자연법칙"은 절대적이고 예외 없이 작동한다고 믿는다. 그런데도 성경은 우리에게 이런 법칙이 **항상** 효력이 있다는 어떤 확신도 주지 않는다. 하지만, 과학은 자연에 대한 어떤 절대적인 균일성을 전제하지 않는다. 사실 현대 과학은 우주에서 무질서의 영역을 허용한다. 이런 균일성에 대한 예외가 존재한다. 왜냐하면, 하나님은 결국 인격이시고 인간처럼 엄격한 패턴이 아니라 그분의 개인적인 의도에 따라 일하시기 때문이다. 하나님은 자유롭게 이런 자연법칙을 통해서 또는 이런 자연법칙 밖에서 일하신다.

우리는 일반적으로 이런 흔치 않게 발생하는 사건을 기적으로 부른다. 기적이 반드시 자연법칙의 위반이나 예외인 것은 아니다. 때때로 기적을 심지어 자연적 원인으로 설명한다. (예를 들어, 하나님이 "강한 동풍"을 보내심으로써 홍해 일부분을 마르게 하는 내용의 출 14:21).[6] 과학적 설명은 결코 하나님을 전제하지 말아야 한다는 어떤 과학적 합의도 존재하지 않는다. 물론 하나님의 섭리가 그 자체로 과학적 설명은 아니다.[7] 하지만, 적당한 과학적 설명은 결국 하나님의 섭리를 전제하지 않을 수도 있다는 취지의 과학 법칙은 존재하지 않는다.

이런 허용이 과학의 기초를 위태롭게 하는가?

그런 불규칙성은 과학자들이 자연 법칙의 정식화를 위한 절대적인 보편성보다 못한 무언가를 주장할 정도로 충분히 겸손해야 한다는 것을 의미한다. 하지만, 필자는 이것은 그들이 치루기에 너무 비싼 대가가 되지 말아야 한다고 생각한다. 왜냐하면, 대안은 과학을 위한 근거가 전혀 존재하지 않기 때문이다.[8]

---

6 자연법과 기적에 대한 철저한 논의를 참조하려면 *DG*, 제13장을 보라. 기적에 대해 더 참조하려면 본서 제6장을 보라.

7 이것은 중요한 요점이다. 즉, 섭리는 과학적 설명이 아니다. 섭리는 과학적 설명 자체를 위한 필연적인 전제 조건이다.

8 Vern S. Poythress, *Redeeming Science* (Wheaton, IL: Crossway, 2006), 13-31, 179-80에서 훌륭한 논의를 보라.

3. 질문

필자는 유신론적 논증에 선험적 목적이 있어야 한다는 반틸의 견해에 동의한다. 반틸의 신 존재 선험 논증을 요약해 보자.

① 우리의 모든 추론에서 성경적 인식론을 전제하라.[9]

② 하나님은 모든 의미와 이해 가능성의 전제이시고 그 결과로 우리는 하나님을 증명하기 위해 그분을 전제해야 한다고 주장하라. (그런 후에 순환성이라는 비난에 대해 내가 답변했던 것처럼 답변하라.)

③ 성경에서 말하는 하나님을 거절하는 모든 체계는 이해 가능성을 상실한다는 것을 보여라. 왜냐하면, 그런 체계는 합리주의와 비합리주의의 변증법에 갇혀 있기 때문이다.[10]

우리는 신 존재 선험 논증에 대한 반틸의 정식화가 이런 결론에 이르기 위한 논증적인 전략이 아니라 도달해야 할 일련의 결론을 진술한다는 것에 주목한다.[11] 반틸이 이것을 "논증"으로 부르지만 이것은 실제로 논증이라기보다는 오히려 결론이다.[12] 확실히 우리의 목적은 다름 아닌 하나님에 대한 완전한 성경적 가르침, 즉 하나님은 절대 인격체이시고 초월적이고 내재적이며 주권적인 삼위일체 하나님임을 증명하는 것이다.

---

9 본서 제1장을 참조하라.

10 이것에 대해 더 많은 것을 참조하려면 제9장을 보라.

11 또는 필자가 *CVT*에서 언급했던 것처럼 반틸은 ① 결론, ② 논리적 모델, ③ 실질적 전략을 제시했다.

12 필자는 이런 결론에 이르기 위해 실제 전제와 논증을 덧붙임으로써 이것을 보충하려 애썼다. 이것은 제5장에서 필자의 "도덕 논증"에 대한 것이다. 반틸의 일부 제자들은 이런 논증에 의존하는 것은 사실 반틸의 선험적 방법을 부정하는 것이라고 생각한다. 필자는 동의하지 않는다.

또한 사실 이런 가르침의 일부분은 다음과 같다. 즉, 하나님은 모든 의미의 원천이시다. 확실히 우리는 질문자가 하나님은 결코 이런 것이 아니라고 생각하게 오도하는 방식으로 논쟁하지 말아야 한다. 하지만, 필자는 몇몇 질문들을 갖고 있다.

1) 필자는 신 존재 선험 논증이 더 전통적인 종류의 보조적인 논증의 도움 없이 작동할 수 있는지에 대해 이의를 제기한다[13]

필자는 하나님이 없다면 어떤 의미도 존재하지 않는다는 반틸의 전제에 동의하지만, 필자는 모든 사람이 즉시 이런 전제에 동의하는 것은 아니라는 것을 인정한다.

그렇다면 어떻게 이런 전제를 증명해야 하는가?

필자가 "물리 법칙의 존재가 인격적인 하나님을 전제한다"고 말한다면 이런 진술은 논증의 목적일 수 없다. 불신자는 "어째서 그렇게 생각합니까?"라고 물을 권리가 있다.

따라서 반센(Bahnsen) 자신은 무신론자 스테인과의 논쟁(Stein debate)에서 논쟁 시간이 다 끝나기 전에 물리 법칙(그리고 논리, 도덕성)에 대한 유신론적 견해를 그가 할 수 있는 한 많은 비유신론적 이론과 비교한다. 또한 그는 기독교 견해가 일관성이 있고 다른 견해는 그렇지 않다고 주장한다. 하지만, 이것은 단순히 인과성에 근거한 전통적인 변증이고 "물리 법칙이 존재한다. 따라서 하나님은 존재한다"와 같은 아퀴나스의 처음 두 "방식"과 유사하다.

---

13 전제주의자들 가운데 이것은 논의의 중요한 주제였다. 본 개정판은 필자의 견해를 크게 확장한다.

이것은 피조계가 가진, 의미를 담지하는 특징은 일종의 설계자를 요구한다는 것이 아닌가?

하지만, 이것은 전통적인 목적론적 논증이다.

이것은 실재의 의미 구조가 동력인을 필요로 한다는 것이 아닌가?

이것은 전통적인 우주론적 논증이다.

이것은 의미는 가치를 수반하고 결과적으로 평가자를 수반한다는 것이 아닌가?

이것은 전통적인 가치 논증이다.

아퀴나스가 하나님이 만물의 제일 원인임을 보여 주는 데 있어서 올바르게 주장했다면 하나님은 운동, 인과성, 우연성뿐만 아니라 의미, 일관된 사고, 술어적 서술과 같은 모든 것의 선험적 조건인 것으로 필자에게 보인다. 이런 이해에 기초해서 반틸의 논증처럼 아퀴나스의 논증도 선험적이고 전제주의적이다.

이것이 사실이라면 반틸의 논증은 그가 독창적이라고 생각했던 것만큼 독창적이지 않을 수도 있다. 필자는 확실히 자율적인 자연 지식에 대한 아퀴나스의 견해를 거절한다. 하지만, 그의 우주론적 논증은 타당한 신 존재 선험 논증의 일부분으로서 타당하다.[14]

일부 전제주의자들은 아퀴나스가 인과성이 하나님을 증명한다고 말한 것을 반틸이 충분하게 여기지 않았다는 점을 지적함으로써 반틸 논증의 독특성을 변호했다. 반틸에게는 심지어 인과성의 **부정**도 하나님을 증명

14 실질적으로 차이점은 다음과 같다. 즉, 전통적 변증학이 그 자체가 선험적 취지를 갖추고 있다는 것을 항상 인식했던 것은 아니었다. 또한 전통적 변증학은 때때로 마치 하나님이 모든 합리성이 의존해야 하는 중심점이라기보다는 오히려 입증해야 할 또 다른 사실인 것처럼 주장했다. 따라서 전통적 변증학은 지식에 대한 기독교 견해와 비기독교 견해 사이의 대립에 대해 불충분하게 인식했다(필자는 일부러 정도[degree]의 언어를 사용한다).

한다는 것이 중요하다. 왜냐하면, 하나님이 이해 가능성의 선험적 근거이시지만 만약 하나님이 존재하지 않는다면 인과성을 의미 있게 확언하거나 **부정**할 수 없기 때문이다. 따라서 반틸은 심지어 무신론도 유신론을 전제한다고 주장했다. 또한 심지어 하나님을 부정하는 것도 하나님을 전제한다.[15]

무언가에 대한 확언이나 부정이 하나님을 전제한다는 이런 이중 논증은 현대 분석 철학에 있어서 전제에 대한 일부 정의와 잘 맞아 떨어진다. 스트로손(P. E. strawson), 바스 반 프라센(Bas van Fraassen), 다른 사람들에게서 A가 B를 **전제한다**고 말하는 것은 A가 B를 암시할 뿐만 아니라 A가 아닌 것(not-A)이 B를 암시한다고 말하는 것이다.

반틸은 인과성이 하나님을 암시할 뿐만 아니라 인과성의 **부정**도 하나님을 암시한다고 말하기 위해 아퀴나스의 논증을 수정하곤 했다. 이런 이중 전제를 가지고 논증을 세우는 것은 전제로 논증하는 것, 즉 선험적으로 논증하는 것이다.

가령 이 문제에 대해 돈 콜레트(Don Collett)와[16] 진행하는 논의에서 필

---

15 여기서 한 가지 문제는 다음과 같다. 즉, 무신론이 유신론을 전제한다고 말하는 것은 무신론을 일관성 있게 진술할 수 있다고 가정하는 것이다. 하지만, 무신론이 유신론을 전제한다면 무신론은 본질적으로 그 자체의 일관성을 파괴하는 모순을 지닌다. 무신론이 일관성이 없다면 어떻게 무신론이 무언가를 전제한다고 언급할 수 있는지가 명확하지 않다. 반틸이 아마 언급하려고 했던 것은 다음과 같을 것이다. 즉, 철학적 입장으로 진술된 무신론은 분명히 유신론에서 차입 자본(borrowed capital), 즉 어느 정도 일관성을 가진다. 아니면 무신론의 일관성을 적어도 "논의를 위해서" 가정할 수 있다는 것이다. 따라서 이어지는 부분에서 필자는 대부분 이것을 가정할 것이고 이런 특별한 문제를 무시할 것이다. 하지만, 이 논의의 후반부에서 필자는 관련된 문제를 살펴볼 필요가 있을 것이다.

16 "Reply to Don Collett on Transcendental Argument," *Westminster Theological Journal* 65, 2(2003): 307-9. 다음의 인터넷 주소로 접근 가능하다. http:// www. frame-poythress. org/frame_articles/2003ReplytoCollett.htm.

자는 반틸의 논증을 단순한 함의로서, 즉 전건 긍정(前件肯定, *modus ponens*)으로서 묘사하기 위해서라기보다는 오히려 그의 견해를 묘사하기 위해서 전제에 대한 이런 정의를 기꺼이 사용했다.

하지만, 필자는 콜레트가 전제(스트로손의 의미)와 함의 사이의 차이점을 지나치게 강조하는 것은 아닌지 아직도 의문을 갖는다.

그것은 스트로손의 전제가 두 개의 함의를 포용하는 것과 같지 않겠는가?[17]

즉, "A는 B를 전제한다" = 만약 A라면 B이고 A가 아니라면(not-A) B이다.

"만약 A이라면 B이다"는 하나의 전통적 함의이다.

"만약 A가 아니라면 B이다"는 또 다른 전통적 함축이다.

따라서 어째서 우리는 "A는 B를 전제한다"를 두 개의 전통적 함의를 동시에 논의하는 것에 대한 약어(shorthand)으로 보지 않는가?

콜레트는 필자가 여기서 요점을 놓쳤다고 말할 것이다. 스토로슨/반프라센 방식 안에 있는 전제적 논증의 독특한 점은 다음과 같다. 즉, 우리가 다음과 같이 할 수 있다.

·만약 A이라면 B이다. (B가 A의 전제라는 의미).

·A가 아니다(Not-A).

·따라서 B이다.[18]

---

17 이것은 콜레트의 명제(thesis)에서 난점이다. 콜레트에게 있어서 "A가 B를 전제하는 것"은 "A가 아닌 것(not-A) → B"일 뿐만 아니라 "A → B"와 같은 것처럼 보인다. 하지만, 이것이 사실이라면 신 존재 선험 논증을 두 개의 "평범한" 전건 긍정 논증(*modus ponens* arguments)으로 표현할 수 있다. 즉, 첫 번째 것으로부터 하나, 두 번째 것으로부터 하나. 이런 통찰을 준 제임스 앤더슨(James Anderson)에게 감사한다.

18 물론 우리도 다음과 같이 할 수 있다. 즉, "만약 A이라면 B이다. A이다. 따라서 B이

이것이 전통적인 전건 긍정 및 후건 부정(*modus tollens*)과 "유사"하지만, 이것은 이런 전통적인 형식 가운데 하나는 아니다. 사실 전제들에 관한 논의에 가담하지 않은 대부분의 관찰자는 이런 논증을 형식적 오류라고 하며 일축할 것이다.

전제에 대한 스트로슨/반틸의 이해를 고려할 때 필자는 위의 논증이 타당하다고 기꺼이 인정한다. 하지만, 우리는 여기서 다시 기본으로 돌아갈 필요가 있다. 변증학에서 좋은 연역 논증은 세 개의 특징이 있어야 한다. 좋은 연역 논증은 **타당**(valid)하고(즉, 논리 법칙을 따른다), **견실**(sound)하며(전제가 참이고, 따라서 결론도 참이다) **설득력**(persuasive)이 있어야 한다(사람들로 하여금 결론을 믿게 하는 데 있어서 효과적이다).[19] 다음과 같이 많은 논증이 타당하고 견실하지만 설득력이 없다.

· 하나님 말씀은 결코 틀리지 않는다.
· 성경은 하나님 말씀이다.
· 따라서 성경은 결코 틀리지 않는다.

이런 논증은 확실히 타당하다. 또한 필자가 타당하게 여기는 것처럼 대부분 복음주의 그리스도인들이 이런 논증을 타당한 것으로 간주할 것이다. 하지만, 회의주의자들은 일반적으로 이 논증이 설득적이지 않다

다." 이것은 전통적인 전건 긍정이고 논란이 되지 않는다. 이런 방식으로 표현된 전제적 논증에 대해 독특한 것은 다음과 같다. 즉, "만약 A라면 B이다"와 "A가 아닌 것"(not-A)은 함께 B를 암시할 것이라는 점이고, 이 논증과 앞의 논증 모두 타당하다는 것이다.

19 기민한 독자는 여기서 필자의 세 가지 관점에 주목할 것이다. 즉, 타당성(validity)은 규범적이다(법칙들을 따르는). 견실성(soundness)은 상황적이다(이 세상에 대해 참된 사실을 진술하는). 설득력 있음은 실존적이다(독자의 마음과 정신에 호소하는).

는 것을 알 것이다. 그들은 전제에 대해 많은 질문과 반대를 할 것이다. 또한 이런 것들이 다루어질 때까지 그들은 결론을 채택하려고 하지 않을 것이다. 콜레트의 신 존재 선험 논증에 대해서도 마찬가지일 것이다. 인과성에 대한 이 논증을 예로 들어 보자.

· 인과성이 존재한다면 하나님이 존재한다(하나님이 전제이거나 인과성의 선험적 근거라는 의미에서).
· 인과성은 존재하지 않는다.
· 따라서 하나님은 존재한다.

콜레트의 분석을 고려할 때 이것은 타당한 논증이다. 여기서 우리는 논증을 위해서 전제의 진리를 가정할 수도 있다. 이런 가정에서 논증은 견실하다. 하지만, 이것은 회의주의로 기우는 사람에게는 설득적이지 않을 것이다. 대부분의 사람은 첫 번째 전제를 주장할 필요가 있다고 답할 것으로 필자는 생각한다.[20]

어째서 누구든 성경의 하나님이 인과성의 전제라고 인정해야 하는가?

따라서 콜레트의 논증이 설득력이 있는 것이 되려면 그의 논증은 많은 부속 논증(subargument)이 필요하다. 또한 필자는 이런 부속 논증은 전통적인 논증 형식, 즉 주로 전건 긍정과 후건 부정을 사용할 것으로 생각한다.

어떻게 우리는 하나님이 인과성의 선험적 근거라는 것을 증명할 수 있는가?

콜레트식 선험 논증을 반복함으로써는 증명할 수 없다. 왜냐하면, 이것이 문제가 되기 때문이다. 우리는 첫 번째 전제를 규명해야 한다.

20 물론 두 번째 전제도 마찬가지다. 하지만, 우리는 단지 논의를 위해서 이것을 가정했다.

어떻게 그렇게 할 수 있는가?

하나님이 존재하지 않는다면 인과성을 언급하는 것이 무의미하다는 것을 보여줌으로써 그렇게 할 수 있다.

어떻게 그렇게 할 수 있는가?

아마 무한한 일련의 원인들은 이해할 수 없으며 또한 이런 무한한 일련의 원인들을 부정하는 것은 하나님을 확언하는 것임을 보여줌으로써 (전통적인 변증가들과 함께) 그렇게 할 수 있다.

아니면 아마 다른 방식이 존재할 것이다. 하지만, 어쨌든 우리는 전통적인 논증을 사용함으로써 선험적 논증의 첫 번째 전제를 입증하려고 애쓴다. 그리고 이것이 내내 필자의 요점이었다. 하나님이 인과성(또는 그밖에 어떤 것)의 선험적 근거임을 입증한 후에 다음 단계는 이와 같은 논증일 것이다.

· 하나님이 X의 선험적 근거라면 하나님은 존재한다.
· 하나님은 X의 선험적 근거이다.
· 따라서 하나님은 존재한다.

두 번째 전제를 지지하는 뒷받침 논증처럼 이것은 전통적 논증이고 이 경우에 전건 긍정이다. 따라서,

① 하나님이 선험적 근거임을 지지하는 뒷받침 논증.
② 하나님이 선험적 근거라는 논증에서 하나님의 존재로 나아가는 논증.

위와 같은 두 개의 방식에서 전통적인 논증은 타당하고 사실상 필요하다.

또 다른 관점에서 이 논증을 살펴보자.

필자에게 반틸의 신 존재 선험 논증은 다음과 같이 말하는 것 같다.

· 무언가가 이해 가능하다면(논리정연하고, 의미가 있을 수 있다면) 하나님은 존재한다.
· 무언가(인과성, 움직임, 바나나 껍질, 어거스틴)를 이해할(논리정연하고, 의미가 있을) 수 있다.
· 따라서 하나님은 존재한다.

하지만, 이것은 전통적인 전건 긍정이다. 콜레트의 방식으로 표현하기 위해서 우리는 다음과 같이 언급할 수 있어야 한다.

· 무언가를 이해할 수 있다면 하나님은 존재한다.
· 어떤 것도 이해할 수 없다.
· 따라서 하나님은 존재한다.

그러나 그렇다면 하나님은 이해 가능성의 선험적 근거만이 아니다. 그분은 이해 가능성, 이해 불가능성, 의미성과 무의미성의 선험적 근거이다. 필자에게 이것은 선험적 논증이 가진 원 의미와 매력을 사라지게 한다. 다시 말하지만, 필자는 상식으로 후퇴하고 싶다.

우리는 정말로 심지어 무의미하고 이해할 수 없는 세계가 하나님을 **선제한다**고 말하길 원하는가?

무의미한 세계에서 심지어 의미를 전제하는 것은 무엇인가?

사실 만약 "어떤 것도 이해할 수 없다면"(위의 두 번째 전제), 심지어 하나님을 이해할 수 없으며 하나님은 그 자신에게도 이해되지 않는다.

그렇다면 하나님은 어떤 종류의 하나님인가?

필자는 이 점에서 변증학의 선험화하기(transcendentalizing)가 내부 붕괴되어 무의미하게 된다고 마지못해 결론을 내려야 한다.[21]

2) 필자는 전통적 논증이 반드시 성경에서 말하는 하나님이 아닌 것으로 결론이 난다는 것에 결코 동의하지 않는다

자연 세계의 목적성은 설계자를 암시한다는 목적론적 논증을 예로 들어보자.

물론 확실히 성경의 하나님은 단순한 설계자 이상의 분이다. 하지만, 목적론적 논증은 하나님이 단순히 설계자라고 말하지 않는다. 오히려 하나님은 설계자이시되, 확고하게 설계자이시다. 유사한 것을 다른 전통적인 유신론적 증명과 관련해서 말할 수 있다. 하나님을 단순히 하나의 첫 번째 원인으로 간주하는 것은 잘못일 것이지만 우주론적 논증은 그런 결론을 수반하지 않는다.

3) 또한 전통적 논증이 종종 설득력이 있음을 기억해야 한다

전통적 논증은 효과가 있다. 왜냐하면(변증가가 이것을 인식하는지 하지 않든지 간에) 전통적 논증은 기독교 세계관을 전제하기 때문이다. 가령 인과적 논증(causal argument)은 피조계의 모든 것이 원인이 있다고 가정한다.

21 필자가 방금 귀류법(*reductio*)을 정형화했는가?

기독교 세계관에 의하면 이런 전제는 참이지만 흄이나 칸트의 세계관 같은 세계관에서는 참이 아니다(적어도 전통적인 의미에서). 이렇게 이해할 때 증명은 사물에 대한 전반적인 기독교 이해의 일부분이다. 또한 이것에 대한 어떤 타당한 반대도 있을 수 없다.

하지만, 일단 우리가 **원인**을 흄이나 칸트가 정의하는 것처럼 정의한다면 논증은 효과가 없다. 지금 많은 사람은 전통적인 논증을 통해서 하나님의 존재를 받아들이는 것으로 인도될 수 있다. 왜냐하면, 그들은 원인에 대한 기독교 개념에 동의하기 때문이다. 이것은 그들이 억눌렀던 하나님 계시의 일부분이다. 즉, 반틸(Van Til)이 "차입 자본"(borrowed capital)으로 부르는 것이다.

하지만, 일단 그들이 더 정교해지고 철학적이 되면(즉, 진리를 억누르는 것에 대해 더 의식적이 되면) 그들은 더 일관된 비기독교 준거틀에 기초해서 그런 증명에 대해 반대할 것 같다.

이런 점에서 변증가는 전제의 차이점, 세계관의 차이점, 인과성과 같은 개념에서의 차이점에 대해 더 명확해야 한다. 그렇다면 논증은 더 분명하게 선험적인 것이 된다.

하지만, 모든 질문자가 이것을 요구하는 것은 아니다. 또한 많은 질문자에게 있어서 이것은 실제로 소통을 방해한다. 따라서 우리는 변증학의 "인격-변수"(person-variability)를 인식해야 하고 질문자의 관점에 따라 각각의 질문자를 다루어야 한다. 일부 질문자(일반적으로 정교하지 않은)에게 있어서 하나 또는 그 이상의 전통적 논증들이 필요할 수도 있다.

4) "기독교 유신론은 하나의 단일체(unit)다"라는 반틸의 구호를 그런 특성들로써 이해해야 한다

필자는 우리가 한 교리를 위태롭게 하면서 다른 교리를 위태롭게 하지 않을 수 없고, 한 교리를 수용하는 것은 다른 교리를 수용하기 위한 논리적 동기를 제공한다는 의미에서 이 구호가 참이라는 것에 동의한다.

하지만, 필자는 단일 논증이 매우 복잡하지 않다면 단일 논증이 기독교 유신론 전체를 세울 수 있다고 생각하지 않는다!

필자는 하나의 논증이 기독교 유신론의 모든 요소를 입증하지 않기 때문에 그 논증을 비판해야 한다고 생각하지 않는다. 그런 논증은 기독교 진리의 전체 유기체를 규명하는 전체로서 변증학 체계의 일부분일 수도 있다.

5) 우리가 완벽한 유신론적 논증이 완전한 성경적 신론을 증명해야 한다는 반틸의 요점을 인정한다 하더라도 우리는 하나님이 의미와 합리성의 저자 이상이심을 증명해야 한다

아이러니하게도 이 점에서 반틸은 충분히 통전적이지(holistic) 않다!

왜냐하면, 하나님이 의미의 저자임을 증명하는 것 외에도 우리는 하나님이 무한하고, 영원하고, 지혜롭고, 공의롭고, 사랑이 많으시고, 전능하신 것 등은 말할 것도 없고, 인격적이고, 주권적이고, 초월적이고, 내재적이고, 삼위일체이심도 증명해야 하기(어떤 경우에는 증명할 수도 있기) 때문이다.[22] 따라서 또 다른 이유로 인해(신 존재 선험 논증이 더 전통적인 종류

22 물론 우리는 **의미의 저자**가 이런 다른 모든 속성을 포함한다고 주장할 수도 있다. 하

의 보조 논증의 없다면 기능할 수 없다는 이미 논의한 사실에 더하여) 신 존재 선험 논증은 다른 논증에 의한 보충을 요구한다.

6) 이 모든 것은 어떤 단일 논증도 완전한 성경적 신론을 증명하지 않을 것이라는 추가 이유를 암시한다

일반화해 보자.

즉, 결론을 수용하지 않는 경향이 있는 누군가가 어떤 논증에도 이의를 제기할 수 있다. 이런 문제 제기는 원 논증과 다른 논증을 변호하기 위한 추가 논증이 필요할 수도 있다. 어떤 단일 논증도 모든 합리적인 사람을 설득하리라는 것을 보장하지 않으므로 어떤 논증이든지 이런 추가적인 의문에 영향을 받는다.

따라서 반틸의 신 존재 선험 논증(다른 모든 논증처럼)은 그 자체로 모든 사람이 만족하도록 성경이 말하는 하나님의 존재를 증명하기에 충분하지 않다. 또한 선험적 숙고들은 단지 성경적인 신론의 일부분을 증명하도록 의도된 논증을 배제하지도 않는다.

그런데도 반틸이 이런 문제에 대해 언급한 대부분은 성경적으로 참되고 중요하다. 아마 다른 모든 종류의 논증을 배제하는 뚜렷하게 "선험적 논증"은 없을 것이다. 하지만, 확실히 변증학의 전반적인 목적은 선험적이다. 즉, 우리가 증명하려 애쓰는 하나님은 사실 모든 의미의 원천, 가능성의 원천, 사실의 원천, 술어적 서술의 원천이시다. 성경이 말하는 하나님은 이런 것 이상의 분이시지만 확실히 이런 것 이하의 분은 아니시다.

지만, 이런 사실이 즉시 명확하지는 않다. 마치 질문자가(하나님에 대한 그의 본유지식에도 불구하고) 하나님의 존재에 대한 초기 증명을 요구했던 것처럼 그는 당연히 이런 관계를 증명하기 위한 추가 논증을 요구할 수도 있다.

또한 우리는 확실히 질문자에게 우리가 하나님 없이 추론하고, 서술하고, 가능성을 평가하는 등의 일을 할 수 있다는 어떠한 제안도 하지 말아야 한다.

4. 신 존재 선험 논증과 삼위일체

혹자는 전제주의적 접근 방식은 뚜렷한 기독교적인 접근 방식과는 대조적으로 단순히 유신론적이라고 주장했다.[23] 따라서 논쟁이 주장하는 것처럼 그리스도인이 반틸의 신 존재 선험 논증을 이용할 수 있는 것처럼 이슬람교도도 반틸의 그 논증을 쉽게 이용할 수 있다. 스티브 헤이스(Steve Hays)와 필자는 다른 곳에서 이런 주장에 대해 자세하게 답변했지만[24] 여기서 몇몇 요점을 명확히 할 필요가 있다.

다음 장에서 필자는 하나님의 존재를 지지하는 인식론적 논증을 독자에게 소개할 것이고, 인식론적 논증이 절대 인격체가 존재해야 함을 보여 주는 윤리적 논증으로 환언된다고 주장할 것이다. 여기서 **인격**은 사랑과 같은 **상호인격** 간의 속성(interpersonal attributes)을 포함한다.

---

23 존 워윅 몽고메리(John Warwick Montgomery)는 다음의 글을 통해서 반틸의 변증학에 대한 이런 독창적인 반대를 했다. "Once upon an A Priori," in *Jerusalem and Athens: Critical Discussion on the Philosophy and Apologetics of Cornelius Van Til*, ed. E. R. Geehan (Nutley, NJ: Presbyterian and Reformed, 1971), 380-92. 존 존슨(John Johnson)은 다음의 글에서 더 최신의 제안을 개진했다. "Is Cornelius Van Til's Apologetic Method Christian or Merely Thestic?," *Evangelical Quarterly* 75, 3(2003): 257-68.

24 John M. Frame and Steve Hays, "Johnson on Van Til: A Rejoinder"(2005). 다음의 인터넷 주소로 접근 가능하다. http://www.vantil.info/articles/johnson_on_vt.html.

따라서 윤리, 인식론, 논리가 전제하는 하나님은 다인격(multipersonal)이심이 틀림없다. (그리고 물론 우리가 이 세상의 일자와 다자의 본질을 설명하려면 하나님은 하나이며 동시에 여럿[one and many]이어야 한다고 우리가 제2장에서 진술했던 논증이 있다.) 따라서 필자의 논증은 하나님이 다인격이심을 보여 준다.

만약 누가 어째서 이 하나님이 정확하게 세 인격이어야 하냐고 묻는다면 필자에게 이런 것을 위한 변증적 논증은 없다. 하지만, 개혁파 신학(다른 전통 신학처럼)은 항상 삼위일체론은 자연계시가 아닌 특별계시에서 유래한다고 말했다. 따라서 엄밀한 의미의 그런 삼위일체론은 변증학의 주제가 아닐 수도 있다. 아마 변증학이 할 수 있는 최선의 것은 일자이며 동시에 다자이신 하나님의 존재를 규명하기일 것이다.

더 구체적일 수 있는가?

어떻게 그리스도인이 이슬람 같은 경쟁 유신론에 반대하여 자기의 신앙을 변증할 것인가?

이슬람교에 대한 필자의 접근 방식을 간략하게 요약해 보겠다.

① 이슬람교도와 그리스도인들은 성경이 하나님에 의해 영감되었다는 것을 인정하지만, 이슬람교도들은 성경이 잘못 번역되었으며 또한 왜곡되었고 하나님이 꾸란에서 이런 왜곡을 바로잡았다고 주장한다.

② 하지만, 성경이 이런 방식으로 왜곡되었다는 주장에 대한 어떤 역사적 근거도 존재하지 않는다.

③ 따라서 성경과 꾸란의 차이점을 성경에 유리하게 조율해야 한다.

④ 이슬람교는 성경적인 신론을 위태롭게 하는 한, 과학, 논리, 윤리에 대한 유일하게 가능한 초월적 근거를 상실한다.

따라서 신 존재 선험 논증은 공허한(bare) 유신론에 호소하지 않는다. 그 논증은 기독교 신론의 특징을 전제한다. 몽고메리의 비유에서 샤독주의(Shadokism)가 형식적으로 지비주의(Gibiism)와 유사한 것과 같은 방식으로는 기독교의 논리 구조가 형식적으로 불신앙과 유사하지 않다.[25] 이슬람교 또는 어떤 다른 비기독교 체계는 아들의 사역을 통해서 자기 백성을 죄에서 구속하시고 거룩한 책 안에 자기 뜻을 계시하셨던, 삼위일체이시며 주권적인 창조주이신 하나님을 믿지 않는다.

유대교와 이슬람교는 분명히 어떤 형식적 유사점이 있다. 왜냐하면, 필자가 앞에서 언급했듯이 성경이 이런 종교 운동에 영향을 주었기 때문이다. 또한 물론 그리스도인들과 비그리스도인들이 분명히 전제가 있다는 형식적 유사점이 있다. 하지만, 어떤 비기독교 체계도 기독교 메시지의 모든 내용을 담고 있지 않다.

또한 비기독교 체계 가운데 하나가 기독교 메시지의 모든 내용을 담고 있다면 그것에 대해 우리는 무엇을 말해야 하는가?

단지 다른 언어로 표현될지라도 우리는 그것을 기독교라고 말할 것이다.

모든 변증적 만남에서 신 존재 선험 논증을 명확히 사용해야 하는가?

필자는 아니라고 말할 것이다.[26]

확실히 그리스도의 주권에는 우리의 지적 생활에 대한 그분의 주권이 포함된다. 확실히 복음주의적 변증학은 그리스도를 주님으로서, 그리고 만물의 주님으로서 제시함이 없이는 결코 완전하지 않다. 여기서부터 우리는 당연히 삶의 어떤 특정한 영역에 대한 그분의 주권을 계속해서 강

25 Montgomery, “Once upon an A Priori,” 384-85.

26 위의 ③을 보라.

조할 수 있다.

예수님은 부유한 젊은 부자에게 모든 소유를 팔고 자신을 따르라고 명령하셨으며(마 19:16-30) 사실 이것은 우리가 가진 부와 경제생활에 대한 그분의 주권을 선포하는 것이다.

예수님은 사마리아 여인이 여러 번 결혼한 것과 부도덕성에 대해 말씀하심으로써 자신이 전지하다는 것을 보여 주셨고(요 4:7-8), 그런 후에 하나님을 예배함에서 비롯되는 변화를 설명하셨다(요 4:19-26). 따라서 이것은 예수님이 자신을 우리의 결혼생활과 성생활과 심지어 하나님과의 관계에 대한 주님으로 선포하는 것이다.

예수님은 바리새인들에게 자신을 안식일의 주인으로 선포하셨다(막 2:28). 하지만, 예수님은 모든 질문자에게 자신의 주권이 미치는 모든 영역을 구체적으로 설명하진 않으셨다. 오히려 예수님은 각 개인에게 특별히 유혹에 속하는 영역을 언급하는 것에 자신을 한정하셨다.[27]

우리는 소위 지식인들 또는 특별히 자율적으로 사고하려는 바람과 교만한 야망에 시달리는 다른 사람들에게 그리스도의 지적 주권을 선포하는 데 주저하지 말아야 한다(예를 들어, 고전 1:18-2:16의 방식으로).

하지만, 질문자들 대부분은 아마 이런 요점을 구체적으로 들을 필요가 없을 것이다. "그리스도가 주님이신" 것이 이런 영역과 더 많은 영역을 함축적으로 포함한다. 누군가 그리스도의 지적 주권을 인정하는 것에 특별한 문제를 가진다면 우리는 이것을 문제 삼아야 한다. 그러나 그가 문제 삼지 않는다면, 우리도 문제 삼지 말아야 한다.

그런데도 오늘날의 "지식인들의 사도들"은 변증학의 선험적 방향을

27 신 존재 선험 논증을 인과성, 의도와 목적, 도덕성, 아름다움, 인간 존엄성의 개념에 기초해서 전개할 수 있고, 이것은 우리가 이야기를 나누는 사람의 관심과 흥미에 의존한다. *DKG*, 151-52에서 언급한 인격-변수라는 개념을 기억하라.

강조하는 많은 기회를 발견할 것이다. 헬라 철학(그리고 그 상대인 동방 철학) 시대 이후로 세속 사상은 자율성을 가정했다.[28] 지식인들은 종종 그들의 자율성(때때로 **중립성**, **편견 없는 객관성** 등으로 불린다)을 자랑스러워한다. 이런 교만은 낮추어져야 한다.

지식인은 종종 마음의 영역을 제외한 모든 영역에서 그리스도를 주로 여기며 그에게 순종하는 것을 동의할 것이다. '사크리피키움 인텔렉투스'(*Sacrificium intellectus*), 즉 "지성의 희생"은 현대 사상가들 가운데 두려운 개념이다.

"오! 맞아요. 예수님은 주님이지만 우리는 진화를 믿어야 해요. 왜냐하면, 모든 최고의 학자가 믿기 때문이에요."

"예수님은 주님이지만 모든 최고의 성경학자가 성경 권위와 무오성을 부정합니다."

이에 대한 답변으로서, 우리는 질문자들에게 예수님은 충성의 일부가 아니라 완전한 충성을 요구하신다고 말하는 것이 중요하다(신 6:4 이하; 막 8:34-38). 또한 이것은 예수님을 마음으로 사랑하는 것을 포함한다. 즉, 이것은 당연히 학문적 문제에 있어서 일부 인기 없는 견해를 취하는 것을 수반할 수도 있다(딤전 6:20).

28 헬라 철학 자체는 부분적으로 전통적 종교에 대한 반동이었고 전적으로 종교 계시 없이 지식을 얻으려는 시도였다. 현대 철학의 계시를 알리는 데카르트(Descartes)의 "신선한 출발"은 철학에서 종교 전통에 대한 의존을 제거하려 시도하고 인간 자신의 "명확하고 뚜렷한 관념"에서 인간 지식의 체계를 새롭게 세우려는 또 다른 대청소였다. 경험주의자들과 칸트는 자율성의 원리를 더 극단으로 밀어붙였다. 따라서 그들의 시대 이후로 모든 영역에서 세속 사상이 발전했다. 실존주의와 후기구조주의 사유는 의미가 인간이 창조한 것이라고 가장 강하게 주장한다.

5. 부정적 논증과 긍정적 논증

반틸은 단지 선험적 논증이나 전제적 논증 사용을 강조하지는 않는다. 그는 또한 만약 논증이 확실히 전제적이 되려면 논증은 "긍정적"(positive)이기보다는 오히려 "부정적"(negative)이 되어야 한다고 주장한다. 부정적 또는 "간접적" 논증을 때때로 모순에 의한 증명, 즉 귀류법(*reductio ad absurdum*)으로 부른다. 수학에서 간접 증명 또는 귀류법(reduction)은 우리가 명제를 반박하기 위해 명제를 가정하는(반틸이 표현하는 것처럼 "논증을 위해") 증명이다.

가령 우리는 잠정적으로 명제 A를 채택하고 그런 후에 그 명제에서 논리적 모순이나 분명히 거짓인 어떤 명제를 추론한다. 이것은 명제 A가 거짓임을 보여 준다(귀류법은 증명하려는 명제의 결론이 부정이라는 것을 가정했을 때 모순되는 가정이 나온다는 것을 보여, 원래의 명제가 참인 것을 증명하는 방법이다. -역주). (우리는 여기서 주의해야 한다. 즉, 결론에서 모순이나 거짓은 A의 거짓이 아니라 논증 과정에서 사용된 어떤 논리적 오류나 추가 전제 때문일 수도 있다.)

유신론적 논증에서 간접 논증은 다음과 같이 전개될 것이다.

"하나님은 존재하지 않는다. 따라서 인과성(또는 무엇이든지—궁극적으로 모든 것)은 무의미하다."

우리가 결론을 받아들이는 것을 꺼리므로 우리는 전제를 부정하고 하나님이 분명히 존재한다고 언급해야 한다. 확실히 이런 형식의 논증은 종종 유용하다.[29] 하지만, 필자는 이런 논증에 대해 질문이 있다.

---

29 그레그 반센(Greg Bahnsen)은 몇 년 전에 이런 노선을 따라 전개된 신 존재 선험 논증으로 논쟁의 상대였던 무신론 대변자 고든 스테인(Gordon Stein)을 완전히 어리둥절하게 만들었다. 스테인은 전통적인 증명들에 대답할 준비가 되어 있었지만 이것에는 준비가 되어 있지 않았다! 이런 논증은 반틸 진영에서 거의 전설과 같은 것이 되었다.

간접 논증이 정말로 직접 논증과는 다른가?

결국 우리가 "인과성, 따라서 하나님"은 존재한다고 말하든지 아니면 "하나님이 없다면 어떤 인과성도 없고, 따라서 하나님"은 존재한다고 말하든지 매한가지다. 이런 종류의 어떤 간접 논증도 창의적으로 고쳐 말함으로써 직접 논증으로 변할 수 있다. 이런 간접 형식은 물론 적어도 어떤 수사적 이점이 있다.[30]

하지만, 이런 간접 형식이 견실하다면 직접 형식도 또한 견실할 것이다. 그리고 직접 형식이 견실하다면 간접 형식 또한 견실할 것이다. 사실 필자가 "하나님이 없다면 어떤 인과성도 존재하지 않는다"라고 말한다 하더라도 만약 필자가 긍정적인 표현을 덧붙이지 않는다면 논증은 불완전하다. "하지만, 인과성이 존재한다. 따라서 하나님은 존재한다"라는 표현은 간접 논증과 동일한 표현이다. 따라서 간접 논증은 직접 논증에 대한 서문에 지나지 않는 것이 된다.[31]

반틸은 『변증학』(*Defense of the Faith*, PNR[개혁주의신학사] 刊)에서 다음과 같이 말한다.

> 전제에 입각한 추론 방식은 직접적인 것이라기보다는 오히려 간접적인 추론 방식이라고 말할 수도 있다. 기독교 유신론에 대한 신자와 불신자

이 논쟁의 원고를 다음 인터넷 주소에서 얻을 수 있다. http://www.bellevuechritian.org/faculty/dribera/htdocs/PDFs/Apol_Bahnsen_Stein_Debate_Transcript.pdf. 더 많은 반센의 논쟁을 참조하려면 다음 웹 사이트를 방문하라. www.cmfnow.com.

30 앞의 각주를 보라. 이런 간접 형식은 지나치게 자신만만한 불신자를 놀라게 하는 경향이 있다.

31 직접 논증은 우리가 하나님 없이 무언가(예를 들어, 인과성)를 이해하기를 가정한다는 반틸의 반론에 대해서 본서 제1장의 "5. 오직 성경"에 있는 필자의 답변을 보라. 하지만, 가령 우리가 반틸의 이런 반론을 인정한다 하더라도 이런 반론도 동일하게 부정적 논증을 실격시킬 것이다.

간의 쟁점은 논의에 참여한 양 당사자가 이미 동의한, "사실들"이나 "법칙들"의 본질이나 의미에 직접 호소함으로써 해결될 수 없다. 오히려 질문은 이런 "사실"과 "법칙"을 이해할 수 있게 하는 데 필요한 최종 준거점(final reference point)이 무엇인가이다. 그 질문은 "사실들"과 "법칙들"이 실제로 무엇인가이다.

"사실들"과 "법칙들"은 비기독교적 방법론을 가정하는 것인가?

아니면 그것들은 기독교 유신론적 방법론이 전제하는 것인가?[32]

우리는 반틸의 수정하는 진술들을 간과하지 말아야 한다. 여기서 반틸은 사실 그 자체에 호소하는 것에 반대하는 것이 아니라 단지 "논의에 참여한 양 당사자가" 그 본질이나 의미에 "이미 동의한" 바 된 그 "사실들"이나 "법칙들"에 대한 호소에 반대하는 것처럼 보인다. 그리스도인이 사실이나 법칙에 호소할 때 그것들을 "실제로 존재하는" 그대로 제시해야 한다.

이것은 반틸이 자율성, 중립성, 또는 순수 사실(brute fact)을 가정하지 않은 직접 증명을 제시하는 것이 가능하다고 생각했음을 암시할 수 있는가?

필자는 반틸이 항상 이 점에 대해 일관성이 있었는지 완전히 알지 못한다.

따라서 필자는 반틸이 변증가를 오로지 부정적 논증을 사용하는 것에 제한하는 것은 불합리하다고 생각한다. 필자는 구슬이 든 자루에 손을 집어넣어 하나를 빼낸 후에 자루에 남은 다른 구슬을 비판함으로써 자기가 가진 구슬이 최고임을 증명하려는 아이에 대한 유비(비록 약한 유비이지만)로 애를 먹는다. 확실히 아이는 자기 손에 는 구슬에 대해 긍정적 논

32 Van Til, *Defense of the Faith*, 122(『변증학』, PNR[개혁주의신학사] 刊).

증을 제공해야 한다.[33]

가령 우리가 사람에게 알려진 비기독교 사상의 다양한 명시가 경험의 이해 가능성을 설명할 수 없다 하더라도 우리는 기독교 사고가 경험의 이해 가능성을 설명할 수 있는지를 물을 수도 있다. 또한 만약 설명할 수 있다면 어떻게 기독교 사고가 경험의 이해 가능성을 설명할 수 있는지 물을 수 있다. 우리가 알다시피 세 번째 대안이 있다.

물론 반대자들은 세 번째 대안은 없다는 것을 보여 주려 애쓴다. 성경의 하나님은 존재하거나 존재하지 않으신다. 성경은 참이거나 참이 아니다.

불신앙적인 대안을 전제하라. 그러면 우리는 합리주의와 비합리주의를 수용**해야** 한다.

합리주의와 비합리주의 모두 의미를 파괴하므로 성경적 유신론이 옳은 것임이 틀림없다. 필자는 이런 논법에 감동을 받는다. 하지만, 그럼에도 불구하고 필자는 모든 경우에 이런 논법을 증명하려 하는 것은 그들이 상상하는 것보다 더 복잡하다고 생각한다. 또한 우리가 세부 내용으로 들어갈 때 대안들은 더 다양하게 된다.[34]

---

33 그런데도 한 가지 요점을 이런 "부정적" 논증에 양보할 필요가 있다. 즉, 완전한 부정적 논증(즉, 기독교 유신론에 대한 모든 대안에 반대하는 부정적 논증)은 기독교 유신론을 위한 긍정적 논증과 같다는 것이다. 일단 우리가 모든 경쟁자를 테이블에서 제거하면 기독교가 마지막으로 남을 것이다. 하지만, 이런 양보가 필자의 전반적인 요점이 틀렸음을 입증하지 못한다. 사실 이런 양보는 우리가 부정적 논증과 긍정적 논증 사이에 선택할 필요가 없다는 필자의 더 큰 요점을 입증한다.

34 이것은 변증가가 세계관을 더 큰 종류(일신론자, 범신론자, 무신론자, 이신론자, 유신론자 등)로 나눌 수 없으며 또한 이런 집단을 종류로서 반박할 수 없다는 것을 말하는 것이 아니다. 필자는 그러한 반박을 *DCL*에서 한다. 거기서 필자는 세계 종교를 (놀랍게도!) 세 범주로 분류한다. ① 운명에 기초한 종교, ② 자기실현 또는 자기초월의 종교, ③ 복음 없는 율법의 종교이다. *DCL*, 제5장을 보라. 세계 종교에 대한 유용한 조사를 참조하려면 다음을 보라. Derek Cooper, *Christianity and World Religions: An Introduction to the World's Major Faiths* (Phillipsburg, NJ: R&R Publishing, 2013).

다른 말로 말해서 이것은 단순히 기독교 세계관이 논리 법칙, 과학, 도덕성 등을 설명할 수 있다고 주장하는 문제가 아니다. 기독교 세계관이 논리 법칙, 과학, 도덕성 등을 설명할 수 있다면 무신론자는 무신론적 세계관이 논리 법칙 등을 설명할 수 있다고 주장할 모든 권리를 가질 것이다. 즉, 그리스도인은 단지 질문하도록 만들 뿐이다.

필자는 긍정적 논증이 불가피하다는 인상을 받는다. 필자는 또한 일부 반틸주의자들 가운데 부정적 논증을 선험적 논증과 동일시하는 경향을 거절한다. 긍정적 논증은 취지에서 부정적 논증만큼 선험적일 수 있다. 또한 부정적 논증은 긍정적 논증만큼이나 자율성의 정신을 표현할 것 같다.[35]

반틸은 변증적 만남에서 영적 문제를 보는 놀라운 안목이 있었다. 그는 지적 교만을 반박하고 자율성의 정신을 거절하며 의미의 모든 구조에 대한 그리스도의 보편 주권을 고수해야 할 필요성을 보았다. 하지만, 반틸은 변증학을 어떤 정식화된 방법에 제한함으로써 이런 문제를 가장 잘 다룬다고 생각하는 경향이 있다.

유감스럽게도 심지어 다른 난점이 없는 제안된 방법도 반드시 소위 지식인들의 죄악된 태도라는 영적 문제를 제거하는 것은 아니다. 우리가 어떤 종류의 논증을 사용한다 하더라도 죄악된 태도는 있을 수 있다. 사실 우리는 부지런히 이런 죄를 책망해야 한다. 분명히 말씀과 행위에서 예수님의 주권을 진술해야 한다.

하지만, 선험적(실제로 인식론적) 강조나 부정적 논증이 영적 결과를 보장하지 않는다. 이런 연약한 갈대를 신뢰하는 것은 재앙을 자초하는 것이다. 다름 아닌 하나님의 전신갑주(엡 6:10-18)가 우리로 하여금 사탄의 지적 장치에 대해 승리를 얻게 할 것이다.

---

35 어떤 이는 지적인 면에서 상대적으로 정통일 수 있지만 하나님을 반역할 수 있다는 것을 기억하라.

6. 절대적 확실성과 개연성

기독교를 지지하는 "절대적으로 확실한 논증"이 있다는 반틸의 주장은 어떻게 되었는가?

반틸은 부정적 논증인 선험적 논증이 절대적으로 확실하다고 생각하는 것처럼 보인다. 하지만, 필자는 이런 개념의 이해 가능성과 변증학을 이런 유형의 논증에 제한하려는 반틸의 시도가 가진 타당성에 대해 필자가 어느 정도 의구심을 제기했다고 생각한다.

확실성(certainty)은 약간 문제가 되는 개념이다. 필자는 『신지식론』(*DKG*)에서 신앙적 심리학과 구원의 확신이라는 측면에서 확실성을 논의했다.[36] 우리는 하나님이 우리가 그리스도의 진리(눅 1:4)와 우리 구원(요일 5:13)을 확신하길 원하신다는 성경적 확신으로 시작해야 한다.

우리가 살펴보았듯이 하나님을 아는 중생한 지식은 하나님의 말씀을 전제하는 지식이다. 전제는 정의상 확실성과 함께한다. 왜냐하면, 전제는 확실성의 기준이기 때문이다.

이런 논리적 사실 외에도 하나님의 성령의 초자연적 요소는 신자가 복음의 진리(고전 2:4-5; 살전 1:5)와 신자가 그리스도와 맺고 있는 관계(롬 8:16)에 대해 확신하게 한다. 신자들이 때때로 분명히 하나님의 진리와 신자들 자신의 구원을 의심하는 것이 사실이지만 그들은 적어도 복음 메시지의 주요 요점에 대하여 완전한 확신에 도달하기 위한 논리적이고 초자연적인 자원과 권리가 있다.[37]

---

36 *DKG*, 134-36.

37 복잡한 문제를 참조하려면 *DKG*에서 인용된 부분을 보라. 예를 들어, 고전 15:29에서 "죽은 자들을 위하여 세례"의 의미에 대해 완전히 확신하는 그리스도인은 거의 없다. 우리는 이 어구의 의미를 모르므로 완전한 의미에서 이것을 "전제"할 수 없다(비록 우

설교와 증거에서처럼 이것은 우리가 변증학에서 전달하고자 애쓰는 확실성이다.[38] 이것은 하나님의 계시에 대해 사람이 가진 확실성이다.

하지만, "**확실한**"(certain)이라는 단어는 사람뿐만 아니라 증거에도 첨부되었다. "확실한" 증거는 믿음의 확실성을 보증하는 증거다. "개연성 있는" 증거는 확실성보다 덜한 믿음의 수준이나 정도를 보증하지만, 아마 매우 중요할 것이다.

성경은 하나님이 자신의 진리를 위해 우리에게 주셨던 증거의 확실성을 언급한다. 일반계시는 너무나 분명하고 명확해서 믿음과 순종의 의무를 지운다. 즉, 우리로 핑계하지 못하게 한다(롬 1:19-20). 요한은 믿음을 보증하는 것으로서 예수님의 기적("표적")을 언급한다(요 20:30 이하). 또한 누가는 예수님이 부활 이후에 제자들에게 제시했던 "확실한 많은 증거"(행 1:3)를 언급한다. 따라서 기독교 유신론을 지지하는 증거는 "절대적으로 확실하다." 또는 도덕적으로 표현하자면 불신앙에 대한 어떤 핑계도 없다. 증거가 믿음의 의무를 지운다.

우리는 확실성을 인간과 증거에 적용할 수 있다는 것을 살펴보았다. 하지만, 반틸은 확실성을 논증에도 적용한다.

"절대적으로 확실한 논증"이 무엇을 의미할 수 있는가?

아마 우리는 이 어구를 다음과 같은 다른 두 개의 사용 가운데 하나에 일치시키는 경향이 있다. 즉, 확실한 논증은 확실한 증거를 전달하는 논증이거나(객관적 확실성) 그 증거를 듣는 사람들 안에 반드시 확실성을 만드는 논증이다(주관적 확실성). 두 번째 의미에 대해 우리는 앞에서 어떤 단일 논증도 모든 청자 안에 확실성 창출을 보증하지 않는다는 것을 살

리가 성경의 진술이 참이라고 전제할 수 있지만). 또한 어떤 이유로 하나님의 성령이 이 구절에 대한 해석에 대해 교회에 확신을 제공하지 않기로 결정하셨다.

38 이런 것은 단지 강조와 관점에서만 다르다는 앞에서의 요점을 기억하라.

펴보았다.

또한 우리가 논증은 확실성을 가져와"야 한다"(ought)고 말하기 위해 우리 개념을 수정한다면 우리는 사람들이 증거에 대한 논증적 정식화 없이 증거만으로 하나님을 믿어야 할—사실 어떤 차원에서 그들은 분명히 하나님을 믿는다—의무가 있다는 것을 기억해야 한다. 따라서 어떤 논증도 믿어야 할 의무를 **창조하지**는 않는다.[39] 그렇다면 주관적 의미에서 확실한 논증은 존재하지 않는다.

객관적 의미는 어떤가?

우리가 하나님 말씀을 전달하는 설교를 생각하는 방식으로 증거를 전달하는 논증을 생각할 수도 있다. 우리가 제1장에서 살펴보았듯이 변증학은 일종의 설교다. 또한 물론 우리는 "증거"를 "하나님의 말씀"과 동일시할 수도 있다. 왜냐하면, 증거는 다름 아닌 하나님의 ("확실한") 자기 계시이기 때문이다. 제2차 스위스 신앙고백서(The Second Helvetic Confession)은 다음과 같이 말한다.

> 하나님 말씀의 설교는 하나님 말씀이다.

이것이 설교자들로 하여금 그들 자신의 무류성(infallibility)으로 이끈다면 이것은 위험한 동일시다. 하지만, 물론 이 문장은 그렇게 의도되지 않았다. 오히려 요점은 다음과 같다. 즉, 설교자가 하나님 말씀을 참되게 진술할 때 하나님 말씀이 설교자의 입에서 권위를 상실하지 않는다는 것이다. 성경 내용이 종이에 기록되었든지, 돌에 새겨졌든지, 자기 테이프

39 물론 논증은 어떤 식으로 그런 의무를 강화시킬 수 있다. 이것을 인정한다 하더라도 이 점에 대해 더 많은 것을 말해야 한다.

나 컴퓨터 디스크에 기록되었든지, 삶으로 귀감이 되든지(고후 3:2-3), 설교자의 입을 통해서 말해지든지 성경 내용은 항상 권위적이다.

논증을 통해서 증거를 제시하는 변증가에게도 동일하게 말할 수 있다. 변증가의 논증이 하나님이 자연과 성경에서 계시했던 증거를 참되게 전달하는 한, 변증가의 논증이 그런 증거의 확실성을 전달한다고 말할 수도 있다.

하지만, 논증이 증거를 모호하게 하고 잘못 해석하거나, 왜곡하고 그런 증거를 있는 그대로 제시하지 않는 한(죄 또는 일부 단순한 불충분 때문이든지 간에), 증거는 권위가 부족하고 따라서 절대적 확실성이 없을 수도 있다.

따라서 논증이 하나님 계시를 명확하게 전달하는 한, 이 논증은 객관적인 의미에서 절대적으로 확실하다. 반틸은 요점에 있어서 전제적 또는 선험적이며, 형식에 있어서 부정적인 이런 논증(그리고 단지 이런 논증)을 "절대적으로 확실한" 것으로 설명하는 경향이 있었다. 앞에서 신 존재 선험 논증과 부정적 형식에 대한 논의에 비추어볼 때 필자는 이 개념에 대한 이런 제한에 반대할 것이다. 절대적 확실성은 긍정적이든지 부정적이든지, 술어적 서술에 초점을 맞추든지 어떤 다른 자료에 초점을 맞추든지 간에 이런 모든 논증과 관련이 있다.

한때 필자는 반틸의 "절대적 확실성," 즉 문제가 되는 논증의 순환성(심지어 광의의 순환성)에 호소함으로써 반틸의 절대적 확실성을 다른 방식으로 주장하는 경향이 있었다.

가령 인과 논증을 사용할 때 우리가 하나님의 존재를 전제한다면 이런 논증은 "하나님은 존재한다.

따라서 하나님은 존재한다"—전제가 성경적이고 그 논리는 논란의 여지가 없기에, 위의 기준에 따르면, 협의의 순환 논증은 "절대적으로 확실하다"—로 축소되지 않는가?

필자는 전에 그렇다고 언급했지만, 지금 필자는 이런 접근 방식을 거절할 것이다. 필자가 제1장에서 보여 주었듯이 한 논증의 전제들(presuppositions)은 그 논증의 전제들(premises) 가운데 들어가지 않는다. 따라서 염두에 두는 순환성은 일반적으로 논리 교과서에서 순환성으로 부르는 그것이 아니다.

또한 이런 종류의 논증이 주장하는 정확한 주장은 다음과 같지 않다.

"하나님이 존재하므로 하나님이 존재한다는 것을 우리는 믿어야 한다."

오히려 정확한 주장은 다음과 같다.

"인과성은 하나님의 존재를 암시하며 또한 나는 근거 A, B, C, D, …를 통해서 증명할 수 있으므로(확실히, 유신론-조화되는 인식론에 기초해서) 하나님이 존재한다는 것을 믿어야 한다."

다른 말로 말해서 우리는 하나님의 존재를 지지하는 다소 복잡한 논증을 제공하고 있다. 하지만, 우리가 이것을 할 때, 심지어 성경적 인식론을 가정할 때에도 오류가 개입하고 "절대적 확실성"을 상실할 수 있는 여지가 존재한다.

지금, 단지 참일 수 있는 개연성을 주장하는 논증을 위한 여지가 존재하는가?

반틸은 만약 우리가 결코 절대적인 확실성이 아닌 것을 주장한다면 우리는 "실제로 인간에게 주어진 하나님의 계시는 명확하지 않다는 것을 인정하는 것"이라고 생각했다.[40] 하지만, 다시 말하지만, 우리가 증거와 논증과 주관적 확실성 사이를 구분하는 것이 중요하다. 반틸의 요점은 증거의 영역에서 강력하다.

40 Van Til, *Defense of the Faith*, 126(『변증학』, PNR[개혁주의신학사] 刊).

우리가 앞에서 언급했듯이 기독교 유신론을 지지하는 증거는 틀림없이 설득력이 있다. 또한 그것을 단순히 개연성이 있는 것으로 묘사하지 말아야 한다. 주관적 확실성에 대해 다시 말하지만, 우리는 하나님이 성경 진리라는 크고 더 분명한 영역에서 주관적 확실성을 위한 수단을 제공하셨다는 것에 주목해야 한다. 그렇다면 솔직히 말해서 확실성의 부족은 분명히 때때로 우리로 하여금 "개연적으로"를 말하게 이끈다.

논증에 대해 우리는 증거의 부적절한 제시나 불완전한 제시로 인해 전적으로 확실하지 않는 이런 논증을 "개연적인" 것으로 묘사할 수도 있다. 이런 불충분함은 죄나 이해의 부족에 기인할 수도 있다.

가령 필자는 열역학 제2법칙에 기초해서 하나님의 존재를 지지하는 논증을 정식화하는 것을 고려할 수도 있다. 하지만, 이 법칙에 대한 필자의 이해가 아주 불완전하므로 이런 상황에서 하나님 증거의 절대적 진리를 적절하게 전달하기 위해 나 자신을 신뢰하지 않을 것이다. 따라서 이런 경우에 필자는 "**개연적으로**"라는 말을 많이 사용하고 싶을 것이다. 기독교적 오류성에 대한 필자의 설명은 다음과 같다.

① 우리는 하나님이 아니다. 따라서 우리는 어떤 것, 심지어 하나님의 계시도 완전히 알 수 없다.
② 죄인으로서 우리는 진리를 억누른다.
③ 중생에서 이런 억누름은 단지 점차로 극복된다.
④ 비록 우리가 신앙의 기본적 진리(위의 내용)에 대해 심리학적인 확실성을 가질 권리가 있지만 우리가 틀릴 수 있다는 것은 항상 객관적으로 가능하다.
⑤ 따라서 우리는 심지어 우리가 확실한 것으로서 가진 지식에 대해 겸손해야 한다.

신 존재 선험 논증은 기독교 확실성을 논증적으로 강조한다. 필자는 기독교가 담고 있는 기본 진리에 대해 확신한다. 그리고 사실 필자는 이런 것을 확실성의 기준으로 간주한다. 따라서 이런 것이 참이 아니라면 어떤 것도 확신할 수 없다. 신 존재 선험 논증은 만약 이런 것이 참이 아니라면 지식, 의미, 술어 등이 존재하지 않는다는 것을 증명하려 애쓴다.

하지만, 선험적 논증은 인간이 정식화한 논증이고 따라서 틀릴 수 있다. "개연성"을 언급하는 것은 이런 오류 가능성을 인정하는 것이다. 실질적으로 이것이 의미하는 바는 다음과 같다.

① 우리는 기꺼이 우리가 믿는 것의 많은 것과 우리가 제공하는 많은 논증이 심지어 심리적으로 확실하지 않다는 것을 인정해야 한다. 왜냐하면, 이런 것들은 "기본 진리" 이외의 문제를 다루기 때문이다.
② 심지어 기본 진리에 대한 우리의 논증도 틀릴 수 있다. 왜냐하면, 이런 논증은 일반적으로 그 자체가 기본 진리가 아니기 때문이다.
③ 심지어 기본 진리에 대한 우리의 믿음도 객관적으로 틀릴 수 있지만 우리는 그런 기본 진리에 대해 심리적으로 확신할 권리가 있다.

필자는 성경이 우리로 하여금 우리가 완전히 이해 못하는 영역에 대한 연구를 금한다고 믿지 않는다. 오히려 정반대이다(창 1:28 이하).

또한 필자는 성경이 우리로 하여금 상대적으로 알려지지 않은 현상이 어떻게 하나님과 관련을 맺고 있는지에 대해 잠정적인 생각을 정식화하는 것에 대해 금지한다고도 생각하지 않는다.

그렇게 하는 것, 그리고 이와 관련해서 "**개연적으로**"라는 단어를 사용하는 것은 하나님에 대한 계시된 증거가 단순히 개연적이라고 말하는 것은 아니다. 오히려 그것은 특별한 변증가가 잘 이해하지 못한 증거의 한 부분이 그에게 기껏해야 가능하거나 개연적인 논증을 산출한다고 말하는 것이다.[41] 반틸 자신은 이런 구분과 같은 무언가를 인식한다.

> 우리는 이 논증의 타당성을 개연성의 수준으로 누그러트리지 말아야 한다. 이 논증을 서툴게 진술할 수도 있고 전혀 적절하게 진술되지 않을 수도 있다. 하지만, 본질적으로 이 논증은 전적으로 타당하다.[42]

비록 이런 진술이 모두 부적절할 수도 있음에도 불구하고 "전적으로 타당한" 이 "논증"은 무엇인가?

분명히 반틸은 실제 변증가가 결코 적절하게 진술할 수도 없는 일종의 "이상적인 논증"을 염두에 둔 것 같다. 반틸이 언급하는 것으로 보이는 것은 다음과 같다. 즉, 하나님 계시의 내재된 명료성을 완벽하게 재생할 수 있는 논증이 있을 수 있다면 그런 논증은 전적으로 견실하고 타당하고 확실할 것이다.[43] 하지만, 반틸의 논증을 포함해서 어떤 **사실적**(actual) 논증도 그런 기준에 부합하지 않았다는 것이 가능하다(!).

---

41 현대 철학에서 적어도 세 종류의 개연성이 논의 중이다. 즉, **빈도** 개연성, 즉 통계적 샘플과 관련이 있는 현상의 발생. **논리적** 개연성, 즉 일련의 증거와 관련이 있는 가설의 가능성. 그리고 **주관적** 개연성, 즉 합리적 가능성이 보증하는 믿음의 정도. 현재 맥락에서 빈도 개연성을 무시할 수 있다. 기독교 증거와 관련이 있는 기독교 진리의 논리적 개연성은 "1" 또는 절대적 확실성이다. 하지만, 주관적 의미에서 변증가와 그의 청자들은 종종 논증의 정식화와 수용에서 불충분함으로 인해 불확실성으로 종종 남겨진다. 또한 적어도 불확실한 추론의 일부 타당성에 대한 의구심이 존재할 때 우리는 어느 정도의 개연성을 언급할 수도 있다 (필자에게 이런 구별을 상기시켜 준 것으로 인해 스코트 올리펀트[K. Scott Oliphint]에게 감사한다.)

42 Van Til, *Defense of the Faith*, 255(『변증학』, PNR[개혁주의신학사] 刊).

43 반틸은 "**견실한**"(sound), "**타당한**"(valid), "**확실한**"(certain)이라는 단어를 다소 서로 바꾸어서 사용하고 철학자들이 일반적으로 만든 이런 용어들 간의 구별을 간과한다.

그러나 그렇다면 반틸이 모든 **사실적인** 변증적 논증(**이상적인** 논증과는 반대인)이 결론을 위해 확실성을 주장해야 한다고 요구하는 것은 타당하지 않다. 오히려 자신이 하나님 계시의 완전한 증거적 효력을 제시하지 **않고** 있다는 것을 인식한 변증가는 정직해야 하고 자신의 논증이 결코 절대적 확실성이 아닌 것을 전달하고 있다는 것을 인정해야 한다.

이런 인정을 하는 또 다른 방식은 논증이 "개연적"이라고 진술하는 것이다. 필자는 증거가 완전히 타당하고 논증은 다소 정확하게 그런 증거를 전달한다고 말하는 것을 선호할 것이다. 논증이 증거를 참되게 전달하는 한, 논증은 또한 증거에 내재한 절대적 확실성을 전달한다.

7. 전략적 개요

필자는 유일하게 부정적 논증이(귀류법)이 타당하다는 반틸의 주장에 동의하지 않지만 논의의 이 단계에서 상황을 마무리하는 데는 귀류법이 그 개방성과 적용 가능성에 있어서 탁월한 종류의 논증이다. 경험주의자이 보기에, 우리는 경험주의를 불합리로 축소한다. 포스트모더니스트가 보기에, 우리는 포스트모더니즘을 불합리 등으로 축소한다. 또한 귀류법으로 전제적 문제들을 제기하기가 더 쉽다.

하지만, 필자가 다소 일반적인 대학생을 염두에 두고 단계별 접근 방식을 제안해야 했다면 그것은 이와 같을 것이다.

① 우주는 궁극적으로 인격적이거나 궁극적으로 비인격적이다.

② 우주가 궁극적으로 비인격적이라면 우주는 여러분이 필자에게 말하는 것은 무엇이든지를 포함해서 합리적 담론을 정당화할 수 없다.

③ 따라서 우리는 합리적 담론을 계속해서 수행하길 원한다면 우주가 궁극적으로 인격적임을 전제해야 한다.

④ 단지 성경과 성경에서 유래한 견해가 이 세계에 대한 일관성 있는 인격적 설명을 포함한다.

⑤ 따라서 우리는 성경을 주의 깊게 고려해야 하며 또한 인격적인 하나님이 성경을 영감했을 수 있다는 가정에서 성경의 진리를 평가해야 한다.

⑥ 하나님의 성령이 어두운 눈을 진리로 열어 주시길 기도하라.

제2장에서 절대 인격체에 대한 논의에서 요점 ①, ②를 진술했다. 요점 ③, ④는 선험적 논증(들)의 요지인데, 이에 대해 필자가 본 장에서 전개했고 다음 장에서 계속해서 전개할 것이다.

8. 일부 결론: 마음의 전제주의

선험적 방향, 부정적 논증, 확실성, 접촉점에 대한 이런 논의에서 반틸의 변증학과 전통적 변증학 사이는 양측 대부분의 지지자들이(반틸 자신을 포함해서) 기꺼이 인정해 왔던 것보다 거리가 더 좁다. 필자는 이런 함의에 전혀 슬프지 않다.

이런 사고방식은 전제주의 변증가에게, 일반적으로 과거에 전통적 변증학과 관련이 있는 이런 많은 논증과 아마 이런 모든 논증을 개방시켜 준다. 가령 우리는 원인, 목적, 가치에 기초해서 하나님 존재를 추상하는 것에 더는 당혹해하지 말아야 한다. 이런 것들은 선험적 목적이 가진 전반적인 논증에서 요소들일 수 있다(사실 이것은 단순한 선험적 목적 이상의 것이 있다).

또한 필자는 **개연성**이라는 단어가 개혁파 변증학에서 복귀될 자격이 있다고 결론을 내릴 것이다. 우리는 감히 하나님 존재를 지지하는 증거나 하나님을 믿는 것에 대한 타당성이 단순히 개연적이라고 결론을 내리지 말아야 한다. 반틸이 말한 것처럼 이렇게 하는 것은 계시의 객관적 명료성을 부정하는 것일 것이다.

하지만, 솔직히 단지 논증의 정식화에서 오류를 범할 여지가 많을 경우에만 우리는 논증의 많은 것이 단지 개연적이라는 것을 인정해야 한다.[44]

하지만, 확실히 필자는 반틸과 그의 비평가들 사이의 모든 차이점을 제거하지 않았다. 중립성의 문제(제1장에서 논의했던)가 아직 이 두 학파 사이에 커다란 장벽이다. 또한 이런 문제에 대해 반틸이 확실히 옳다.

타당한 변증적 논증은 성경의 진리를 전제한다. 또한 타당한 변증적 논증은 인간의 지적 독립성이나 자율성이라는 개념을 부정한다. 반틸이 언급하는 것처럼 타당한 변증적 논증의 목적은 어떤 종류의 기본적인 유신론을 가르치는 것이 아니라 하나님이 모든 의미 있는 술어의 원천이라는 가르침을 포함해서 성경 교리의 완전한 풍성함을 확인하는 것이다.

또한 증명에 대해 주장할 필요가 있는, 남아 있는 반틸적 요점이 있다. 반틸은 다음과 같이 말한다.

> 따라서 그[그리스도인]가 자연 자체가 하나님을 계시한다는 점에 근거하여 불신자에게 호소한다면, 그는 자신이 성경에 비추어 자연을 해석하고 있다는 것을 결국 보이게 하는 그런 방식으로 불신자에게 호소해야 한다.[45]

44 물론 앞에서 우리는 어떻게 오류 가능한 논증이 오류 없는 진리를 정확하게 전달할 수 있는지에 대한 논증에서 만들었던 구별들을 기억해야 한다.

45 Cornelius Van Til, *An Introduction to Systematic Theology: Prolegomena and the Doctrine fo Revelation, Scripture, and God*, ed. William Edgar, 2nd. (Phillipsburg, NJ: P&R Publish-

우리는 반틸이 직접 논증을 거부하되, 그 논증이 전제(premises)에 대한 자율적 이해를 전제한다(ppresuppose)는 근거로 거부하는 것은 잘못된 것임을 살펴보았다. 직접 논증도 간접 논증처럼 쉽게, 하나님을 통하지 않고는 아무것도 이해될 수 없다는 확신에서 나올 수 있다. 위의 인용에서 반틸은 거의 그런 가능성을 인식하는 것처럼 보인다.[46]

그런데도 반틸은 중요한 경고를 첨가한다. 우리는 몸짓 언어, 자신만만한 목소리 톤, 또는 중요한 요점의 누락을 통해서 우리가 자율적 입장을 채택했다는 메시지를 불신자에게 줄 위험이 항상 있다. 위의 인용에서 반틸은 우리에게 우리 입장이 중립적인 입장은 아니라는 것을 전달하기 위한 어떤 방식—논의 자체에서든지 아니면 논의를 동반한 행위/언어에서든지—을 모색할 것을 요구한다. 반틸은 우리가 직접 논증보다는 오히려 간접 논증을 사용함으로써 그런 생각을 전달하길 가장 원할 것이다.[47]

우리는 이것이 타당하지 못한 요구 사항이라는 것을 살펴보았다. 하지만, 우리의 기독교적 "편견"을 전달하는 다른 방식이 있다. 변증가로서 우리의 완전한 태도, 우리의 개인적 경건, 우리의 말하는 방식, 이 모든 것은 우리가 우리 자신의 지적 상태의 발전이나, 추상적으로 "진리를 탐구"하는 것 또는 재치 싸움에서의 승리에 헌신된 것이 아니라 성경의 하나님에게 헌신되어 있다는 것을 보여 줄 수 있다. 이 모든 것은 의사소통

ing, 2007), 315(『개혁주의 신학 서론』, CLC 刊).

46 "자연 자체가 하나님을 계시한다"는 표현은 간접 논증보다 더 자연스럽게 직접 논증을 암시한다.

47 다시 말하지만, 필자는 반틸이 경건의 문제(나의 가장 깊은 충성, 나의 전제는 무엇인가?)를 방법의 문제(나의 논증에서 우선되는 것은 무엇인가?)와 혼동하는 경향이 있다고 말할 것이다. 확실히 우리의 경건이 우리의 방법을 지배해야 하지만, 우리는 사실 단순히 다른 순서로 일을 하기 선호하는 변증가에게 악한 동기가 있다고 하기 전에 신중해야 한다.

의 일부분이다.

또한 이 모든 것은 우리가 실제로 분명하게 전달하는 내용에 영향을 준다. 반틸이 이런 중요한 세부 사항들에 대해 말하기는 쉽지 않았지만 변증 형태에 대한 일부 엄격한 제한이 아닌 이런 것들은 하나님이 본질적으로 영적인 문제인 것을 다루시는 방식을 나타낸다. 우리는 본 장의 맨 뒤에서 도표를 사용해서 필자의 접근 방식과 반틸의 접근 방식을 비교할 수 있다.[48]

논증의 형식, 확실성이나 개연성에 대한 분명한 주장 등과 같은 단순히 외부적 요인으로 전제주의적 변증학을 전통적 변증학과 구별하는 것은 더이상 가능하지 않을 수도 있다.

아마 전제주의는 쉽게 설명할 수 있는 경험적 현상보다는 오히려 마음의 태도이고 영적인 조건이다. 전제주의를 **영적인** 것으로 부르는 것은 확실히 전제주의가 중요하지 않다고 말하는 것이 아니다. 아주 정반대다. 변증학에서 우리가 가진 가장 큰 필요(삶의 다른 모든 영역에서처럼)는 항상 철저히 영적인 것이었다. 또한 "마음의 전제주의"는 모호하고 규정할 수 없는 무언가가 아니다. 우리가 논의하는 전제주의는 다음과 같은 것이다.

① 우리의 충성이 어디에 놓여 있으며 또한 어떻게 이런 충성이 우리의 인식론에 영향을 미치는지에 대한 분명한 이해이다.
② 무엇보다도 변증에서 완전히 매력적이고 공격적인 방식으로 타협 없이 성경의 완전한 가르침을 제시하려는 결정이다.
③ 특별히 하나님을 완전히 주권적인 분으로서 또한 모든 의미, 이해 가능성, 합리성의 원천으로서 또한 모든 인간 사유를 위한 궁극적

48 *CVT*, 300-301에서 이 도표를 발췌했다.

권위로서 제시하려는 결정이다.

④ 특별히(비록 오로지는 아니지만) 하나님에 대한 불신자의 지식과 하나님에 대한 반역이 불신자의 사고에 영향을 끼치므로 하나님에 대한 불신자의 지식과 하나님에 대한 반역을 이해하는 것이다.

또한 어떤 변증가가 반틸주의자 또는 전제주의자로 불리기를 원치 않을지라도 이런 이해와 태도를 유지한다면, 필자는 그들과 제휴하는 것을 기뻐할 것이다.

	반틸	프레임
증명	기독교 유신론을 지지하는 "절대적으로 확실한 증명"이 존재한다.	우리는 기독교 유신론(절대적인)을 지지하는 증거의 확실성과 우리 인간의 논증(오류를 범할 수 있고 종종 불확실한)을 구별할 필요가 있다.
중립성	모든 추론은 하나님의 계시를 전제해야 한다. 추론은 결코 종교적으로 중립적이지 않다.	필자는 열정적으로 동의한다.
전제	모든 추론은 자기 피조물에 대한 완전하고 절대적인 통치를 행사하는 절대-인격적인 삼위일체 하나님을 전제해야 한다.	다시 말하지만, 필자는 열정적으로 동의한다.
대립 그리고 일반 은총	우리의 추론은 죄의 인지적 효과와 일반 은총의 억제하는 영향력을 고려해야 한다.	필자는 동의하지만, 미묘한 차이가 필요하다.
억제	불신자는 합리주의와 비합리주의 변증법으로 진리를 억누른다.	동의한다.
증거 (Evidence)	우리는 자유롭게 논리적 논증을 사용할 수 있고 성경의 진리를 위해 증거를 제시할 수도 있다. 하지만, 우리는 사실에 대한 불신자의 철학에 도전함이 없이 증거를 "끝없이" 사용하지 말아야 한다.	우리가 자연과 독자의 질문에 기초한 우리의 접근 방식을 다양화하도록 허락된다는 단서하에 동의한다. 우리가 항상 인식론을 분명하게 말할 필요가 있는 것은 아니다.

기독교 유신론을 증명하는 것	우리는 항상 기독교 유신론을 "하나의 단일체로서" 증명하려고 애써야 한다.	그렇다. … 하지만, 부분을 설명할 때 전체를 왜곡하지 않도록 주의하면서 한 번에 하나님에 대한 하나의 사실을 증명하는 것은 어느 정도 타당하다.
확실성 또는 개연성?	우리의 논증은 결코 단순한 개연성이 아니라 절대 확실성을 주장해야 한다.	위의 첫 번째 요점을 보라. 개연성만을 주장하는 논증을 사용하는 것은 어떤 경우에는 타당하고 심지어 피할 수 없다.
우리는 불신자의 지식에 "보충해야" 하는가?	우리는 단순히 불신자의 지식을 "보충하는" 논증을 만들지 말아야 한다.	우리가 대립에 대한 극단적 견해를 거절한다면 우리는 불신앙적인 사고에 진리의 요소가 있을 것임을 인식해야 한다. 이것은 불신앙적인 사고의 토대를 전복하는 것의 중요성을 부정하는 것이 아니다. 왜냐하면, 불신앙적인 사고에서 진리의 요소는 불신앙적 사고의 토대적 헌신과 불일치하기 때문이다.
직접 논증 또는 간접 논증?	참되게 선험적인 접근 방식은 직접 논증이라기보다는 오히려 간접 논증이다.	이런 종류의 어떤 간접 논증은 창의적으로 고쳐 말함으로써 직접 논증으로 변할 수 있다. 이런 간접 형식이 견실하다면 직접 형식도 견실할 것이다. 그리고 직접 형식이 견실하다면 간접 형식도 견실할 것이다.

제5장

증명으로서 변증학: 유신론적 논증

지금 필자는 하나님의 존재를 증명하는 방식의 예를 제시할 것이고 앞의 도입 요점을 고려할 것이다. 이것은 앞 단락에서 하나님에 대해 묘사했던 방식과는 약간 다를 것이다. 어떤 면에서 이것은 더 전통적인 종류의 변증과 유사할 것이다. 그런데도 궁극적인 결론은 매우 반틸적이다. 즉, 하나님이 존재하지 않는다면 어떤 것도 이해할 수 없다. 또한 하나님은 다름 아닌 성경의 삼위일체이신 주권적이고 초월적이고 내재적인 절대 인격체이심이 틀림없다.[1]

이런 논증이 모든 입증 상황에 적당하지는 않을 것이다. 즉, 어떤 논증도 모든 입증 상황에 적당한 것은 아니다. 우리가 살펴보았듯이 변증학은 인격-변수적(person-variable)이다. 그럼에도 서구 전통문화에 익숙한

1 필자는 앞 장에서 보여 주었듯이 어떤 단일 논증도 이것 모두를 증명할 수 있다고 믿지 않는다. 필자의 논증은 실제로 일단(a group)의 논증이다. 또한 이런 논증 가운데 어떤 논증도 스스로 결론 전체를 증명하지 않는다. 모든 논증이 즉시 전체 체계를 증명하리라고 기대하는 것은 합리적이지 못할 것이다. 그런데도 모든 논증은 이런 결론을 규명하는 데 기여해야 하고 이런 결론과 반대되는 어떤 것에 기여하지 말아야 한다. 왜냐하면, 우리가 증명하는 데 관심 있는 어떤 다른 신도 존재하지 않기 때문이다.

교육받은 많은 성인은 이 논증의 주요 요점을 이해하고 논리적 효력을 평가할 수 있어야 한다. 이 사람들은 필자가 다루는 데 가장 익숙한 사람들이다. 필자는 다른 문화 집단과 사회 경제적 집단의 사람들에게 더 적합한 접근 방식을 계발하는 중요한 작업을 다른 변증가에게 맡긴다.

필자의 논증이 절대적으로 확실한 것은 아니다.[2] 많은 독자가 이 논증에서 문제를 발견할 것이다. 확실히 이 논증은 결코 완전한 논증이 아니다. 오히려 많은 점에서 추가적인 논리적 조치를 제공하고 일부 개념을 명확하게 함으로써 이 논증을 향상 시킬 수 있다.[3] 그런데도 변증학에서 설득성을 판단하기가 매우 어렵다는 것을 인정한다 하더라도 이 논증은 어떤 설득적 가치가 있어야 한다.[4]

필자는 이 논증이 논리적으로 타당하고 성경 규범을 따라간다고 생각한다. 필자는 이 논증이 하나님이 자신을 증거하기 위해 창조하셨던 어떤 자료에 독자의 관심을 끌게 한다고 믿는다. 또한 이런 계시의 증거는 절대적으로 확실하다. 이 논증은 계시를 올바르게 살펴보는 사람을 확신시킬 것이다.[5]

---

2 물론 제3장의 의미에서는 제외하고 그러하다. 즉, 제3장의 의미는 하나님이 성경과 이 세상에서 계시했던 증거 가운데 일부를 전달한다.

3 본서는 철학적 맥락보다는 더 신학적인 맥락에서 저술되었다. 필자가 의도한 독자는 일부 고등 교육을 받은 기독교 사역자와 평신도다. 철학자들은 당연히 여기서 발견하는 것보다 더 많은 정확성과 상세한 논증을 요구한다. 또한 필자는 어느 정도 그런 요구를 충족시킬 수 있다. 하지만, 필자는 정교한 철학상의 증명을 검토하는 것은 필자가 주로 의도했던 독자와의 소통을 방해할 것이라고 생각한다.

4 물론 요점은 다음과 같다. 즉, 인간적으로 말해서 무엇이 불신자로 하여금 진리에 대한 억누름을 버리고 따라서 납득되도록 이끌 것인지를 우리는 결코 확실하게 모른다는 것이다. 또는 다른 말로 말해서 우리는 특별한 경우에 성령이 어떤 종류의 논증을 사용하려고 선택하는지 결코 정확하게 알지 못한다.

5 물론 타락한 피조물인 우리에게 계시를 올바르게 살펴보는 것은 하나님의 은혜를 요구한다.

이 논증은 독자로 하여금 어떤 의미에서 하나님에 대한 증거가 "분명한가"를 파악하는 데 일조할 것이다. 로마서 1:20은 우리에게 하나님의 존재가 창조에서 "분명히 보여 알려졌나니"라고 언급한다. 하지만, 슬프게도 우리는 너무 자주 보지만 파악하지 못한다. 필자의 도덕 논증은 확실히 문자적으로 이해할 수 없는 도덕 가치로 시작한다. 하지만, 그런데도 우리가 합리적 판단을 하려 한다면 우리는 모두 도덕 논증을 인정하며 또한 인정해야 한다.

그렇다면 도덕적 가치는 보편적이다. 다른 말로 말해서 도덕적 가치는 우리의 모든 추론과 결정에 개입한다. 도덕적 가치는 불가피하다. 또한 도덕적 가치는 하나님을 가리킨다. 그런 의미에서 이 논증은 "분명한" 하나님을 제시한다.

이 논증은 또한 우리로 하여금 어떻게 모든 명료성과 의미, 사실 모든 술어적 서술이 하나님을 의존하는지를 이해하도록 도와야 한다. 필자는 이런 모든 서술이 도덕적 가치에 의존하고 결과적으로 도덕적 가치는 하나님에게 의존하는지를 보여 주려고 한다. 따라서 이 논증이 신 존재 선험 논증의 효력이 있지만 이 논증은 대부분 부정적 형식보다는 오히려 긍정적 형식으로 정식화된다.

사실 필자는 다음과 같이 주장할 것이다.

"도덕적 가치가 존재한다. 따라서 하나님은 존재한다"

필자는 즉시 우리가 하나님 없다면 도덕적 가치를 이해할 수 없다고 주장한다. 그런 후에 마치 참되신 하나님과 별도로 의미를 가진 가치에 하나님이 의존하는 것처럼 도덕적 가치에서 그분의 존재를 연역한다. 상황은 정확하게 정반대다. 도덕적 가치 자체가 유신론적으로 해석되지 않는다면 삼단 논법은 효과가 없을 것이다. 또한 누군가 이것을 "순환론적"이라고 부른다면 필자는 단순히 이 문제에 대한 앞의 논의를 언급한다.

따라서 이런 접근 방식을 "블록하우스(blockhouse) 방법론"으로 특징지을 수 없다.[6] 사실 성경 자체는 우리에게 하나님이 참된 도덕적 기준의 조성자이시고, 도덕적 기준이 그분의 본성을 반영한다고 말한다(레 19:2; 마 5:48; 벧전 1:16).

필자는 다음 전제로 넘어가기 전에 각각의 전제에 대한 동의를 얻으려고 애쓸 것이다. 필자는 여기서 불신자의 소위 자율적 지식이 아니라 불신자가 계시를 통해서 소유하고 있지만 억누르는, 하나님과 창조에 대한 그분의 참된 지식에 호소한다고 생각한다. 이것을 인정한다 하더라도 논의의 외적 과정에 기초해서 이런 절차들 가운데 어떤 절차가 전제주의의 방법인지 아니면 전통적 방법인지 구별하기는 어렵다. 또한 우리는 제4장 끝에서 외적 요인만으로 전제주의 방법과 전통적 방법을 구별하기가 어렵다고 언급했다.

논증의 결론은 많은 종교와 철학이 받아들일 수 있는 어떤 기본적인 유신론이 아니라 성경의 뚜렷한 하나님일 것이다. 또한 이 논증은 성경적 인식론의 기준과 방법으로 진행한다.

이 논증은 필자로 하여금 믿음으로 나오게 했던 수단이 아니다. 또한 이 논증은 그리스도에 대해 현재 필자가 가진 신뢰의 근거가 아니다. 하지만, 이 논증은 일부 사람들을 위해 성경의 일부 진리에 초점을 맞추게 해야 한다.

---

6 이것은 자율적 추론의 토대로부터 시작하고 그런 토대 위에 기독교를 두 번째 이야기로 세우려는 시도를 하는 사람들을 묘사하는 코넬리우스 반틸의 어구이다. ("부록 G 변증학 용어"에서 "blockhouse methodology"(블록하우스 방법론)을 참조하라. -역주)

1. 무신론과 불가지론

필자의 도덕 논증(moral argument)은 후반 단락에서 더 완전하게 설명되는 방식으로 믿음과 도덕적 가치를 통합한다.[7] 우리의 가치가 다른 우리의 행동을 결정하는 똑같은 방식으로 우리의 믿음을 결정한다.

아무리 이것이 논리에 거슬린다 하더라도 사람들은 때때로 마음에 상충하는 믿음이 있다. 그런 경우에 가령 우리는 종종 "수잔이 **실제로** 믿는 것은 무엇인가?"라고 묻고 싶어 한다. 하나의 검증 잣대는 행동을 관찰하는 것이다. 우리의 지배적인 믿음은 대개 또는 가장 심오하게 우리의 행동을 지배할 것이다. 성경이 다음과 같이 말하는 것처럼 말이다.

> 이러므로 그들의 열매로 그들을 알리라(마 7:20).

많은 사람이 자신들을 유신론자 또는 무신론자가 아니라 불가지론자라고 주장한다. 그들은 자신들이 하나님이 존재하는지 존재하지 않는지 모른다고 주장한다. 물론 성경은 누군가 불가지론자가 될 수 있다는 것을 부정한다. 즉, 하나님은 만물에 분명히 계시되었다(롬 1:18-20). 따라서 모든 사람은 그분이 알지만(21절) 그들은 진리를 억누른다(롬 1:21 이하). 어떤 의미에서 모든 사람은 유신론자다. 왜냐하면, 모든 사람은 하나님을 알기 때문이다.

하지만, 또 다른 의미에서 불신자들은 무신론자들이다. 왜냐하면, 그들은 이런 지식을 지우려 하고 부인하고 무신론적 전제에서 살려고 애쓰기 때문이다. 이런 모델에서 누구도 불가지론자는 아니다.

---

7 *DKG*, 62-64, 73-75와 다른 곳에서 이 논증도 설명한다.

성경적인 "행동 검증 잣대"(behavior test)에 의해서는 불가지론은 존재하지 않는다. 누군가 진정으로 불가지론자라면 그는 손해를 보지 않게 양다리 걸치기를 하는 방안을 찾으려고 미친 듯이 애쓸 것이다. 즉, 결국 어느 날 자신을 심판할 수도 있는 하나님에 대해 적어도 입에 발린 말을 한다.

하지만, 사실 대부분의 불가지론을 고백하는 불가지론자들은 그런 방식으로 손해를 보지 않기 위한 양다리 걸치기를 하지 않는다. 오히려 그들은 완전히 그들의 의사 결정에서 하나님의 말씀을 무시한다. 그들은 결코 교회에 가지 않고 결코 하나님의 뜻을 구하지 않으며 또한 결코 기도하지 않는다. 다른 말로 말해서 그들은 마치 그들이 무신론과 유신론 사이의 어떤 중간적 위치에 있는 것이 아닌 정확하게 무신론자처럼 행동한다.

일부 예외가 존재한다. 필자는 분명히 성령이 아직 지적 문제를 마무리 짓지 못했던 누군가를 그리스도에게로 이끄는 경우를 위해 가능성을 열어 두길 원한다. 이런 위치에 있는 사람들을 진정한 불가지론자로 묘사할 수도 있다.

하지만, 하나님 말씀에 대해 그들이 개방되어 있음으로 인해 그들은 영원히 불가지론자로 남아 있지 않는다(요 7:17). 사실 분명히 손해를 보지 않도록 양다리를 걸치는 일부 불가지론자들도 있을 수도 있다. 필자와 서신 교환을 하는 사람 가운데 하나는 자신이 분명한 그리스도인이 되기 전에 그런 종류의 불가지론자였다고 주장한다.

그런 양다리 대비책이 불신자의 위선적인 태도인지 아니면 신자의 첫 걸음마인지는 일반적으로 인간 관찰자에게는 명확하지 않지만(그리고 아마 심지어 이런 조치를 취하는 사람에게도 명확하지 않을 것이다) 하나님에게는 명확하다. 이런 현상은 모든 사람이 하나님을 찬성하거나 반대한다는, 이런 궁극적인 대립이 틀렸다는 것을 입증하지 않는다.

하지만, 논증(아래에 있는 논증과 같은)이 무신론을 다루는 데 있어서 성공적이라면 이 논증도 불가지론—심지어 진정한 불가지론—을 다루는 데 있어서도 성공적일 것이다.

하지만, 우리는 항상 하나님의 친구가 되는 것과 그분의 원수가 되는 것 사이에 어떤 중간점이 존재하지 않는다는 것을 기억해야 한다. 여호수아는 다음과 같이 말한다.

> 너희가 섬길 자를 오늘 택하라(수 24:15).

예수님은 다음과 같이 말씀하신다.

> 한 사람이 두 주인을 섬기지 못할 것이니(마 6:24).

또한 예수님은 다음과 같이 말씀하신다.

> 나와 함께 아니하는 자는 나를 반대하는 자요(마 12:30).

따라서 이어지는 논증은 무신론자를 향하지만, 다른 사람들도 이것을 읽기를 바란다.

2. 도덕 논증

전통 유신론 논증은 때때로 인과성, 때때로 목적과 의도, 때때로 존재론(일반적 존재의 본질)에 초점을 맞추었다. 더 최근에 도덕 가치들에 초점을 맞추는 다양한 논쟁이 등장했다. 필자의 논증은 후자에 속한다. 적어도 이것이 필자의 논증이 시작하는 방식이다. 필자의 논증이 전개됨에 따라 이 논증은 더 전통적인 범주를 포함한다.

결국 도덕적 가치는 다소 이상하다. 우리는 도덕적 가치를 볼 수 없고, 들을 수 없으며 또는 느낄 수 없지만 우리는 도덕적 가치가 존재하는 것을 의심할 수 없다.

은행 강도 목격자는 도둑이 은행으로 걸어 들어가는 것과 총을 꺼내고 은행 창구 직원에게 말하고 돈을 가지고 밖으로 나가는 것을 볼 수 있다. 하지만, 목격자는 아마 가장 중요한 사실, 즉 강도의 행동이 담고 있는 도덕적 악을 보지 못한다.

그러나 운전자가 위험한 고속도로 구간에 고장 난 자동차의 운전자를 돕기 위해 멈출 때 도덕적 선이 의심할 여지없이 존재하는 것과 마찬가지로 그런 도덕적 악도 의심할 여지없이 거기에 존재한다.

도덕적 가치는 무엇인가?

또한 어떻게 우리는 도덕적 가치를 알게 되는가?

어떤 사람들은 비록 옳음과 그름을 직접 보거나 들을 수 없지만 옳음과 그름은 분명히 경험에서 발생한다고 주장했다. "옳은" 행위는 보상을 받는 경향이 있지만 "잘못된" 행위는 나쁜 결과로 이어지는 경향이 있다. 따라서 우리는 결과를 기초로 옳음과 그름에 대한 개념을 형성한다.

하지만, 이런 결과는 우리의 경험에서 전혀 일정하지 않다. 시편 저자가 종종 불평했던 것처럼 악인들이 때때로 번영하고 의인들은 때때로 무일푼으로 죽는다. 또한 가령 결과가 한결같을지라도 이런 균일성이 도덕적으로 관련이 있는지는 의심스러울 것이다. 데이비드 흄이 지적했듯이 "X가 좋은 결과를 가져온다"는 진술은 논리적으로 "X는 도덕적으로 선하다"를 암시하지 않는다.

사실에 대한 진술(전제된 도덕적 평가 원칙이 없는)은 도덕성에 대한 어떤 결론도 수반할 수 없다. 가치 없는 사실은 가치를 암시하지 않는다. **존재**(is)는 **당위**(ought)를 수반하지 않는다.[8]

혹자는 이런 가치는 단순히 개인적인 주관적 느낌이라고 말할 것이다. 이런 견해에서 필자는 도둑의 행동을 "악하거나" "그릇되다"고 부른다. 왜냐하면, 필자는 감정적으로 강도질에 혐오감을 느끼기 때문이다. 물론 다른 사람들의 윤리적 기준을 주관적인 것이나 감정적인 것으로 묘사하기는 아주 쉽다. 하지만, 우리 가운데 기꺼이 우리 자신의 기준을 그런 방식으로 묘사하는 사람은 거의 없을 것이다.

우리가 한 행동을 "악하거나" "잘못된"(가령 단순히 "구역질나는" 것보다는 오히려) 것으로 부를 때 우리는 일반적으로 객관적인 무언가를 말하려 의도한다. 우리가 강도질을 싫어하므로 강도질이 잘못된 것이 아니다. 오히려 강도질이 잘못된 것이므로 우리는 강도질을 싫어한다. 다른 말로 말해서 강도질에 대한 우리의 평가는 우리 자신의 주관적 취향일 뿐만 아니라 우리가 내려야 할 의무가 있는 판단이다.

게다가 우리는 그밖에 모든 사람도 판단을 내려야 할 의무가 있다고 믿는다. 잘못된 판단을 하는 사람들은 이상한 감정을 가진 피조물일 뿐만 아니라 인간 존재들을 결속시키는 기본적 원칙을 위반하기도 한다. 강도질과 살인에 동의하는 사람들은 잘못되었고 그들의 감정적 구조에서 이상할 뿐만 아니라 악하기도 하다. 그들은 중력의 법칙만큼 실제적

8 그렇지 않다면, 즉 만약 우리가 일반적으로 악함이 번영을 가져왔다는 것을 증명할 수 있다면 우리는 우리 자신이 악해야 하고 악함은 악한 것이 아니라 선한 것이라고 결론을 내릴 수 있을 것이다.

인 규범을[9] 위반하고 있다.[10]

도덕적 가치가 개별적인 주관적 느낌이 아니라면 단순히 특정 문화에서 공유하고 대대로 전해지는 주관적 느낌일 수 있는가?

물론 다시 말하지만, 사실 우리는 일반적으로 도덕적 가치를 단순한 문화적 취향(피에로기[pierogies, 러시아식 파이의 일종 -역주]에 대한 폴란드 사람의 취향처럼)으로 간주하지 않는다. 우리가 멀리 떨어진 부족의 식인주의를 들을 때 우리의 반응은 "물론 그것은 그들의 특별한 취향(!)"이 아니라 오히려 "그것은 악하다"이다. 따라서 이런 가치가 문화적으로 주관적인 것이라면 우리는 사물에 대한 우리의 반응을 바꾸려고 대단히 노력해야 한다.[11]

따라서 사실 우리는 마치 이런 가치가 단순히 주관적이라기보다는 오히려 객관적인 것처럼 행동하고 생각한다. 물론 이론적으로 우리가 이런

---

9 규범은 하나님의 법이거나 기준, 즉 이 경우에는 우리에게 사실 어떤 가치가 객관적이고 따라서 존중해야 할 것인지를 말해 주는 하나님의 법이거나 기준이다. 나와 서신을 교환하는 사람 가운데 한 명이 모든 가치는 주관적이지만 규범은 객관적이라고 주장한다. 필자는 이것을 정의(定義)의 문제로 이해한다. 필자의 친구는 자기가 좋아하는 것으로 이런 용어를 정의할 수 있다. 하지만, 필자는 필자의 정의가 언어상 불변하는 것을 위반한다고 생각하지 않는다. 하지만, 실질적으로 우리는 동의한다. 즉, 옳은 것과 그른 것에 대한 우리의 주관적 개념은 어떤 방법으로 우리가 하나님의 객관적 계시를 묘사한다 하더라도 하나님의 객관적 계시와 보조를 같이 해야 한다.

10 물론 도덕규범과 중력의 법칙과 같은 물리 법칙 사이의 차이점은 다음과 같다. 즉, 우리는 도덕 법칙을 위반할 수 있지만 물리 법칙은 위반할 수 없다는 것이다. 한편 차이점은 그렇게 크지 않을 것이다. 왜냐하면, 우리는 벌을 받지 않고 도덕법을 위반할 수 없기 때문이다. 이것은 마치 "위로 올라가는 것은 아래로 내려와야 한다"는 것이 참인 것만큼이나 "죄의 삯은 사망이다"(롬 6:23)도 참이다. 물론 도덕법으로 말할 것 같으면, 우리는 종종 효력이 발휘되기 위하여 결과를 잠시 기다려야 하지만, 어떤 물리 법칙도 마찬가지다. 예를 들어 우리는 아직 태양 형성의 결과를 경험하고 있다.

11 도덕의 원천에 대한 비기독교적 생각의 추가 논의를 참조하려면 필자의 책 *Perspective on the Word of God* (Phillipsburg, NJ: Presbyterian and Reformed, 1990), 39-50을 보라.

방식으로 생각하는 데 있어서 틀릴 수 있다.

하지만, 우리가 객관적 가치를 부정한다면 우리는 우리가 치러야 할 대가를 알아야 한다. 왜냐하면, 객관적 가치를 부정하는 것은 단순히 행동에 대한 관례적이고 지역적 기준을 부정하는 것보다 더 극단적인 것이기 때문이다. 이것은 합리성 자체를 부정하는 것이다.

결국 진리란 무엇인가?

진리는 많은 것이다. 하지만, 그것들 가운데 진리는 확실히 윤리적 가치다. 진리는 우리가 믿어야 할 것이고 우리가 서로 말해야 하는 것이다. 또한 이런 **당위들**은 윤리적 가치의 **당위들**이다. 이런 당위들이 단순히 주관적인 것이라면 우리는 자유롭게 증거, 논리 또는 계시로 제한받지 않은, 우리가 좋아하는 것은 무엇이든지 믿고 주장했을 것이다. 윤리적 가치가 단순히 주관적인 것이라면 사실을 고려하길 거절하고 결과적으로 그 자신이 만든 꿈의 세계에 사는 사람에 대해 우리는 어떤 윤리적 주장도 할 수 없을 것이다.

윤리적 가치가 단순히 주관적이라는 주장은 주관주의나 회의주의의 다른 모든 진술처럼 자기 모순적이다. 왜냐하면, 주관주의자는 우리가 주관주의에 동의하는 객관적인 도덕적 의무가 있다고 말하지만, 그 누구도 무언가를 해야 할 객관적인 도덕적 의무가 없다고 말하기 때문이다. 주관주의자는 일반적으로 이런 오류를 범한다.

가령 장폴 사르트르(Jean-Paul Sartre)는 객관적 가치를 열렬하게 반대했지만 그는 또한 우리가 자신들의 자유를 확언하고 그들 자신의 의미를 창조함으로써 "참되게 사는" 사람들을 존경하라고 요구했다.

"참된 실존"이 객관적 가치가 아니라면, 어째서 우리는 그것을 존중해야 하며 또는 어째서 그것에 마음을 써야 하는가?

또한 참된 실존이 객관적 가치라면 사르트르는 자신을 논박한 것이다.

우리가 도덕적 가치의 기원을 논의하기 전에 요점 하나를 더 언급하자. 즉, 윤리적 가치는 위계적으로(hierarchically) 구성되어 있다는 것이다. "우리는 아이들이 기분 좋게 느끼게 하도록 애써야 한다"는 진술은 하나의 윤리적 가치이지만 우리 대부분에게 "우리는 아이들에게 자기 훈련을 가르치려고 애써야 한다"라는 가치에 비하면 부차적인 것이다. 많은 경우에 이런 두 가치 사이에 갈등이 존재한다. 또한 그런 경우에 좋은 부모는 두 번째 격언을 다를 것이고 첫 번째 격언보다 두 번째 격언에 더 많은 권위를 부여할 것이다.

하지만, 상상컨대 자기 훈련에 대한 격언보다 더 중요하고 권위적인 격언이 있다. 예를 들면 다음과 같다.

"우리는 다른 사람들에게 친절하라고 아이들에게 가르치려고 애써야 한다."

결국 우리가 이런 사다리를 올라감에 따라 우리는 이런 맥락 안에 있는 어떤 다른 격언보다 더 높은 격언에 도달한다. 자녀 양육이라는 맥락 안에 있는 그리스도인들에게 있어서 이런 격언은 다음과 같은 것일 것이다.

"우리는 마음을 다하여 하나님을 사랑하고 이웃을 자신처럼 사랑하라고 아이들에게 가르쳐야 한다"(마 22:37-40를 보라).

또한 가장 광범위한 맥락에서 최고의 격언은 다음과 같다. 즉, 우리는 모두 하나님과 이웃을 완전하게 사랑해야 한다는 것이다.

위계는 분명히 시간과 함께 변한다. 왜냐하면, 우리의 윤리적 가치도 변하기 때문이다. 심지어 우리가 가진 최고의 헌신도 가끔 변한다.[12] 하지만,

12 물론 일단 사람이 하나님의 성령으로 새롭게 태어난다면 하나님의 은혜가 그의 근본적인 헌신을 보존한다. 이것이 견인의 교리다(요 10:28 이하; 롬 8:29 이하를 보라). 하지만, 심지어 그리스도인 삶에서도 부침이 존재한다. 즉, 대체로 우리의 궁극적 전제인 것이 우리를 더 많이 다스리는 때와 우리를 덜 다스리는 때가 존재한다.

어떤 순간에 다른 모든 원칙보다 우선하는 하나의 원칙, 즉 우리 행동을 다스리는 데 있어서 다른 모든 원칙보다 우세한 원칙이 존재한다. 이런 최고의 가치는 객관적일 뿐만 아니라 절대적이기도 하다. 왜냐하면, 이런 최고의 가치가 다른 모든 가치보다 우선하고 다른 가치의 진리를 위한 기준으로 역할을 하기 때문이다.

그리스도인들에게 이런 절대적인 것은 성경에 표현된 하나님의 뜻일 것이다. 이슬람교도들에게 그것은 성경과 특별히 꾸란에 표현된 알라의 뜻일 것이다. 어떤 사람들에게 그것은 황금률일 것이다. 어떤 사람들에게 그것은 친절하라는 원칙일 것이다. 다른 사람들에게 그것은 "나도 살고 남도 살게 하자"(공존공영)이라는 격언일 것이다. 다른 사람들에게 그것은 "어떤 해도 끼치지 말라"라는 격언일 것이다.

사람들은 이런 격언 가운데 어떤 격언을 최고의 윤리적 원칙, 즉 절대적 규범으로 간주해야 하는지에 대해 서로 논쟁할 수 있다. 하지만, 우리는 모두 하나를 인정한다. 그렇지 않다면 우리는 전혀 도덕적 판단을 내리지 못할 것이다.

절대적인 도덕 원칙의 권위는 어디서 나오는가?

필자가 마치 이것이 인과 논증인 것처럼 확신 자체가 어디에 나오는지를 묻는 것이 아니라는 것에 주목하라. 이것이 요점은 아니다. 적어도 아직은 아니다. 문제는 이런 원칙의 권위와 관련된다.

우리는 원칙의 권위에 엄청난 존경을 부여하는데, 왜 그래야 하는가?

궁극적으로 단지 두 종류의 답변이 가능하다. 즉, 절대적인 도덕적 권위의 원천은 인격적이든지 아니면 비인격적이다. 우선 후자의 가능성을 고려해 보자.[13] 이것은 윤리적 교훈을 진술하고 윤리적 진술에 충성을 올

13 여기서 반틸식 **귀류법**이 가진 요소에 주목하라.

바르게 요구하는 어떤 비인격적 구조나 법이 이 우주에 존재한다는 것을 의미할 것이다.

하지만, 어떤 종류의 비인격적 존재가 과연 이것을 할 수 있는가?

확실히 우주의 법칙이 우연으로 축소된다면 윤리적 중요성의 어떤 것도 우연에서 나올 수 없을 것이다.

우리가 아원자(亞原子) 입자의 무작위적인 충동에서 어떤 윤리적 의미를 배울 수 있는가?[14]

우리가 어떤 충성을 완전한 우연에 빚지고 있는가?

물론 대부분의 반초자연주의자들은 윤리적 가치가 완전한 우연에서 발견하는 것이 아니라 우주 안에 있는 어떤 종류의 비인격적 구조에서 발견한다. 아마 윤리적 가치는 물리 법칙의 모델에서 상상이 되는 것 같다. 즉, 마치 위로 올라가는 것이 아래로 내려 "와야"(must)하는 것처럼 도덕적 영역에서 우리는 우리 이웃을 사랑"해야" 한다. 하지만, 필자가 앞 각주에서 보여 주었듯이 물리 법칙과 도덕 법칙 사이에는 중요한 차이점이 존재한다. 또한 여기서 주요 문제는 다음과 같다.

즉 어떻게 비인격적 구조가 **의무를** 창출하는가?

(다시 말하지만, 우리는 주요한 **존재-당위**[is-ought]의 문제가 있다.)

또는 어떤 기초에서 비인격적 구조가 충성 또는 순종을 요구하는가?

우리는 본질적으로 운명이 역사를 지배하는 고대 헬라 종교의 운명주의를 생각한다. 비극적 영웅이 자신의 운명을 알게 될 때 그는 그 운명과 싸울 수도 있지만 이윽고 모든 것을 다스리는 운명이 그를 압도할 것이다. 여기서 비인격적 운명이 다른 어떤 것보다 더 강하다. 비인격적 운명에 저항할 수 없다.

14 우리가 앞에서 **존재-당위**(is-ought) 관계에 대해 언급했던 것을 기억하라.

하지만, 이런 사실이 우리가 그 운명에 복종해야 한다는 것을 암시하는가?

사람이 운명에 복종하거나 싸운다면 그는 더 고귀한가?

적어도 어떤 헬라 철학자들에게는 운명과 싸우는 사람은 가령 결국 운명이 그를 압도한다 하더라도 고귀하다고 생각하는 것처럼 보였다.

이것은 우리 자신의 본능이 아닌가?

사실은 다음과 같다. 즉, 운명과 같은 비인격적 원리는 **당위**를 창출하고 올바르게 충성과 순종을 요구하기에는 충분하지 못하다는 것이다.

그렇다면 이런 **당위**는 어디서 오는가?

인간에게 절대적 의무를 지울 수 있는 것은 무엇인가?

답변을 위해 우리는 비인격적 원칙의 영역을 떠나서 인격의 영역에 의존해야 한다. 의무와 충성은 상호 인격적 관계의 맥락에서 발생한다. 개혁파 신학의 견지에서 우리는 그것을 이런 방식으로 표현할 수도 있다. 즉, 의무, 충성, 따라서 도덕성은 특성상 언약적이다.

필자는 지붕을 수리했던 사람에게서 청구서를 받을 때 청구된 금액을 지불해야 할 의무를 느낀다. 이것은 단지 헬라 철학에서 말하는 운명처럼 이 사람(게다가 경찰도!)이 필자를 압도할 정도로 매우 강하기 때문이 아니다. 인격적 영역에서 항상 또 다른 요소가 존재한다. 즉, 필자는 지붕을 수리하는 사람에게서 나 자신과 같은 하나의 인격을 인식한다. 또한 필자는 그가 돈을 지급받을 자격이 있다고 이해한다.

아니면 다르게 표현해 보자. 즉, 필자와 그가 필자의 지붕 수리를 동의했을 때, 필자는 그에게 지급할 것을 약속했다. 이런 약속이 의무를 창출했다. 그리고 필자는 이 약속을 지키지 않는다면 나 자신에 대해 서의 존경이 없는 것이다.

우리는 일반적으로 깊이 인격적이고 언약적인, 또 다른 환경인 가족

안에서 도덕성을 배운다. 부모는 자녀들보다 더 크고 그들에게 말할 수 있을 뿐만 아니라 추정하건대 더 큰 지혜와 경험, 더 큰 연민과 선함, 아이들을 향한 깊은 책임과 사랑 때문에 올바르게 자녀들의 순종을 요구한다.

심지어 부모는 이런 모든 것을 넘어서 우리가 알 수 있는 한 그들이 그런 권위를 받을 자격이 없을 때도 단순히 그들이 부모이므로 권위를 가진다. 다른 어른들이 우리 부모보다 더 지혜롭고 더 연민이 많을 수도 있지만 그런데도 부모의 말이 더 큰 도덕적 권위를 위반하지 않는다면 부모의 말은 더 중요하다.

수리공과 심지어 부모에 대한 우리의 의무는 절대적이지 않다. 수리공의 청구서가 견적서보다 열 배가 많다면 더 높은 도덕 중재자인 법원이 관여하게 할 수도 있다. 부모가 아들에게 누군가를 살해하라고 명령한다면 그 아들은 더 높은 도덕적 당국, 아마 그의 절대적 권위나 궁극적인 도덕적 권위에 의존하는 것이 최선이다.

하지만, **이런** 권위는 어디에서 오는가?

지금까지 필자의 추론이 옳았다면 이런 권위는 우리가 제2장에서 언급한 **절대 인격** 또는 **절대 인격체**에서만 나올 수 있다.[15] 의무가 인격적 관계에서 발생한다면 절대적 의무는 절대 인격체와의 관계에서 발생함이 틀림없다.

---

15 반틸이 여러 곳에서 하나님의 **인격성**은 중요한 변증적 함축이 있다는 것을 강조했다. 필자는 그가 분명하게 이런 종류의 표현을 사용했는지는 알지 못한다. 이런 의미에서 이것은 필자의 표현이다. 그는 알미니우스주의적 오류의 커다란 부분은 하나님을 비인격적 요소(우연, 순수 사실, 추상적 논리)에 종속하게 만드는 것이라고 믿었다. 그는 단지 인격이 구체적인 보편자, 즉 유한한 실재에 대한 적당한 설명일 수 있다는 것을 강조했다. 따라서 필자는 필자의 도덕 논증이 사물에 대한 반틸식 도식과 매우 잘 부합한다고 생각한다. *CVT*, 58-61을 보라.

부모가 우리보다 더 지혜롭고 더 경험이 많고, 부모가 우리를 책임지고 우리를 돌보고 사랑하기 때문에 우리가 부모에게 순종한다면, 절대 인격체는 **최고로** 지혜롭고 경험이 많고 책임을 지고 선하고 애정이 많으므로 우리는 절대 인격체에 순종한다.

또한 우리 부모가 단지 부모이기 때문에 자기들의 좋은 특성이 마땅히 받아야 할 것 이상으로 존경을 받아야 할 자격이 있다면 절대 인격체는 단순히 그분이 궁극적인 인격적 권위이기 때문에 최고로 우리의 존경을 받을 자격이 있다.

따라서 도덕적 기준은 절대적인 도덕적 기준을 전제한다. 또한 결국 절대적인 도덕적 기준은 절대 인격체라는 존재를 전제한다. 다른 말로 말해서 도덕적 기준은 하나님의 존재를 전제한다.

하지만, 어떤 하나님인가?

물론 다시 제2장의 논증을 고려하라. 모든 주요한 종교 전통 가운데 단지 성경적 종교만이 인격적이고 절대적인 하나님을 확언한다. 우리는 또한 절대 인격체라는 개념이 창조주-피조물 구분, 하나님의 주권, 삼위일체와 같은 개념과 긴밀하게 관련이 있음을 살펴보았다. 이런 것들을 위태롭게 한다면 하나님의 인격성을 위태롭게 하는 것이다. 이런 정확한 사고 패턴은 단지 성경과, 성경이 상당히 영향을 준 전통에서 발견된다.

그렇다면 도덕성은 성경의 하나님을 전제한다고 언급하는 것은 너무 지나친 것인가?

필자는 그렇지 않다고 생각한다.

하나님의 다른 속성도 도덕 논증의 논리에서 분명해진다. 하나님이 생각하고 알고 계획하고 말씀한다는 사실은 인격체(personhood)라는 단어가 함유한 의미에서 분명해진다.

하나님의 공의는 그분이 도덕 기준의 원천과 정의라는 사실에 내포되어 있다. 하나님 자신을 결코 불의하다고 비난받으실 수 없다(제7장을 보라). 또한 하나님은 진리이시다. 왜냐하면, 하나님은 진리의 기준이고 따라서 하나님을 결코 거짓되다고 비난받으실 수 없다. (진리 자체가 어떻게 도덕적 개념인지에 대해 본 장 앞 부분에서 논한 것을 기억하라.) 우리는 결코 그분의 말씀을 의심하지 말아야 한다.

하나님이 진실로 절대적이신 분이라면 그분은 시작이나 끝이 없다. 이유는 다음과 같다. 즉, 마치 우리가 그분의 절대 기준을 고려하지 않고 현재를 합리적으로 이해할 수 없는 것처럼 우리는 그분 없이 과거나 미래를 생각할 수 없다. 하나님 없는 과거는 질서가 결코 등장할 수 없는 혼돈일 것이다. 또한 하나님 없는 미래에도 마찬가지일 것이다. 사실 하나님은 자존하신다(*a se*, 자충족적이고 자존하는). 또한 어떤 상황도 하나님이 없다면 상상할 수 없다. 따라서 하나님이 존재하지 않는다는 것은 불가능하다.[16]

또한 하나님은 절대적이시므로 그분은 한 분임에 틀림없다(비록 우리가 언급했던 삼위일체상의 복합성이 있지만). 왜냐하면, 단지 도덕과 지식을 위한 하나의 최종적이고 궁극적인 기준이 있을 수 있기 때문이다.[17]

또한 하나님 지식, 권능, 또는 현존에 어떤 제한도 없다. 즉, 하나님은 전지하고 전능하고 편재하신다.

---

16 적극적으로 표현하자면 하나님은 반드시 존재한다.

17 하나님이 둘이고 때때로 이 둘이 서로 동의하지 않는다면 그들 가운데 단지 하나만이 하나님이거나(만약 그들 가운데 하나가 항상 옳다면) 아니면 궁극적 기준은 전혀 존재하지 않는다(둘 가운데 어떤 분도 항상 옳지 않다면). 하나님이 둘이고 둘이 항상 서로 동의한다면, 그 근거 또는 이유와 함께 하는 동의에 대한 사실은 우리의 실제적인 기준이다. 즉, 이원성이 아니라 단일성이다. 가장 가능성 있는 이유, 즉 이런 이유가 일종의 삼위일체적 복합성(a Trinitarian type of complexity) 기저에 놓여 있는 단일성이라면 이것은 특별히 기독교 입장을 확증한다.

어째서 그런가?

왜냐하면, 만약 무언가가 존재하지만, 하나님이 그것을 모른다면 무언가는 하나님의 지적 계획, 창조, 섭리 없이 존재할 것이다. 따라서 이런 무언가를 하나님 없이 이해할 수 있을 것이다. 그런 경우에 하나님은 이 세계의 기원이 아니라 단지 이 세계 기원의 일부분일 것이다.

하지만, 우리는 이것이 불가능하다는 것을 살펴보았다. 이 세계는 단지 하나의 기원이 있다. 그리고 그것은 인격적이다. 따라서 하나님은 전지하시다. 이와 유사하게, 무언가가 이루어질 수 있음에도[18] 하나님이 그것을 할 수 없으시다면, 무언가의 "실행 가능성"(doability)은 하나님 이외의 무언가에 의해 측정될 것이다. 따라서 하나님은 전능하시다.

또한 하나님이 전지하고 전능하다면 그분은 편재하심이 틀림없다. 하나님은 육체가 없으므로 하나님이 어떤 의미에서 편재하실 경우에만 그분의 권능은 모든 특별한 장소에서 작동할 수 있다(물론 그분의 지식으로).

이 논증은 선험적이다. 하나님에 대한 직접적인 경험적 증거를 제공하기보다는 오히려 이 논증은 더 깊은 질문을 한다.

즉 증거주의 논증과 지식(그리고, 따라서 객관적인 도덕적 기준)이 가능하려면 논거는 무엇이어야 하는가?

물론 이 논증은 누군가가 불신앙을 선택하는 것을 막지는 못한다. 아무리 논증이 확실하다 하더라도 논증에 직면하여 사람은 불신앙을 선택할 수 있다. 비극적이게도 인간은 비합리적으로 행동할 수 있다. 게다가 이 논증 자체는 도덕성의 객관적 지식을 주장하는 데 있어서 우리가 틀릴 수 있다는 이론적 가능성을 열어 둔다. 따라서 우리는 자기가 이것에

18 필자는 필자의 논의를 "이루어질 수 있는" 것에 제한함으로써 둥근 사각형을 만드는 것과 같은 논리적으로 불가능한 것들을 배제한다. 전능은 비논리적인 것들을 할 수 있는 능력을 의미하지 않는다.

대해 틀리고 따라서 하나님에 대해 틀리다고 추론할 수 있다. 물론 이런 추론은 객관적 진리의 부정과 따라서 추론 자체의 종말로도 이어질 것이다. 따라서 선택은 이것이다. 즉, 성경의 하나님을 받아들이든지 아니면 객관적 도덕성, 객관적 진리, 인간의 합리성, 우주에 대한 합리적 인식 가능성을 부정하는 것이다.

어떤 사람들은 그들이 이것에 대해 많이 신경 쓰지 않는다고 주장할 수도 있다. 그들은 자신들이 계속해서 사고와 행동을 위한 합리적 근거 없이도 충분히 행복하게 살 수 있다고 말할 수도 있다. 이런 사람들에게 다른 형태의 복음적 소통이 필요할 수도 있다. 하지만, 누구도 기독교가 합리적 근거가 부족하거나 비기독교적 "통념"이 기독교보다 더 합리적이라고 말하지 못하게 하자.

하지만, 여기서 우리가 하나님이 윤리적 가치와 의무의 궁극적 기준이라고 말할 때 등장하는 문제에 이른다. 우리가 선함을 하나님에게 돌리고 하나님을 선을 식별하고 평가하기 위한 기준으로 만들 때 이 두 진술은 일종의 순환성을 만든다.

필자가 바하(Bach)의 음악은 가장 위대한, 작곡된 음악이라고 말한다면 논란의 여지가 있지만 필자는 의미 있는 주장을 하는 것이다. 하지만, 누군가가 음악에서 위대성의 기준을 묻고 필자가 "바하의 음악과 유사한 것"이라고 답한다면 내 주장의 중요성이 축소되는 것처럼 보인다. 그렇다면 바하의 우수성은 동의어 반복적이고 사소한 것이 된다. 왜냐하면, 물론 모든 작곡가의 음악 가운데 바하의 음악이 가장 바하의 음악과 같기 때문이다.

모차르트(Mozart) 애호가나 심지어 로렌스 웰크(Lawrence Welk) 애호가도 똑같은 순환 논증을 사용할 수 있다. 또한 그런 논증은 동일하게 설득적이지 못할 것이다.

아니면 필자가 이 세상의 가장 위대한 농구 선수가 되겠다고 주장하고 그런 후에 배구의 위대성을 코트에서 필자가 하는 모든 것으로 정의한다고 상상해 보라.

이런 정의에서 외관상 대담한 주장은 사실이지만 전혀 흥미가 없다.

이와 유사하게 혹자는 만약 우리가 "하나님은 선하시다"라고 말한 후에 하나님을 선의 기준이나 표준으로 만든다면 우리는 초기 주장을 무의미하게 만드는 것이라고 주장했다. 우리가 "하나님은 선하시고" "하나님이 무엇이든지 간에 선하시다"라고 말한다면 하나님의 "선하심"(goodness)은 무엇이든지 될 수 있을 것이다. 우리가 하나님을 선의 기준으로 삼을 때, 하나님은 의인을 미워하고 악을 보상하며 친구들을 배반하실 수 있으시고, 이 행동들은 단지 하나님이 행하셨다는 이유만으로도 선할 것이다.

따라서 플라톤은 『유티프론』(*Euthypro*)에서 경건은 신들이 경건이라고 말한 것인지 아니면 신들 자신의 소망과는 별도로 경건이 가진 내적 본질로 인해 신들이 경건을 명령하는지에 대한 질문을 한다. 플라톤의 마음에 전자는 신의 변덕에 따라 변할 수 있는 경건을 만든다. 즉 경건의 본질을 자의(恣意)적인 것으로 만든다.

하지만, 플라톤이 확실히 선호하는 두 번째 대안은 경건은 신들의 뜻과는 관계없는 것, 즉 신들의 의견을 지배하는 무언가를 의미한다는 것이다. 따라서 경건은 자의적이거나 신들이 자신들보다 더 높은 무언가에 지배를 받는 것이다.

어떤 철학자들은 성경 유신론에서 유사한 문제를 식별했다. 즉, 선은 하나님이 말씀하신 것이라면 선함은 인격적 신성의 자의적인 변덕에 지배를 받는다.[19]

---

19 C. Stephen Evans, *Philosophy of Religion* (Downers Grove, IL: InterVarsity Press, 1985),

하지만, 선함이 하나님과 독립된 것이라면 하나님은 선함이라는 추상적 개념에 종속된다. 똑같은 문제가 의, 진리, 지혜, 아름다움, 또는 어떤 다른 속성에서도, 즉 피조계 안에 형상된 똑같은 속성들의 모델이나 기준으로 역할을 했던 속성에서도 발생할 것이다.[20]

필자가 보기에 이런 문제는 선함을 인격적인 무언가로 파악하지 못하는 플라톤과 다른 철학자들의 무능력에서 발생한다. 그들 가운데 많은 철학자가 결코 선함과 진리와 같은 것이 비인격적이라는 견해에 의문을 제기하는 것처럼 보이지 않는다.[21] 그들은 선함이 추상적인 실체이므로 선함을 인격과 동일할 수 없다고 추론한다.

필자는 이런 가정에 의문을 제기한다. 인간적인 차원에서 이런 방식을 주장하는 것이 그럴듯하다. 왜냐하면, 많은 사람이 인간의 선함을 공유하고 따라서 우리 가운데 누군가와 절대적인 의미에서 동일시되지 말아야 하기 때문이다. 그리고 물론 한 인간의 행동이 선함을 규정할 수 없다.[22] 혹자는 선함이 인간적 인격이 아니므로 선함은 비인격적인 것, 즉

68-96; R. W. Hepburn, *Christianity and Paradox* (New York: Pegasus, 1958), 128-54; C. B. Martin, "The Perfect Good," in *New Essays in Philosophical Theology*, ed. Antony Flew and Alasdair C. MacIntyre (London: SCM, 1955), 212-26을 보라. 또한 Robert Adams, *The Virtue of Faith* (Oxford: Oxford University Press, 1987); Paul Helm, ed., *Divine Commands and Morality* (Oxford: Oxford University Press, 1981)와 같은 윤리의 "신적 명령 이론"에 대한 문헌을 보라.

20 이러한 반론은 버트런드 러셀(Bertrand Russell)의 현대적 고전인 *Why I Am Not a Christian* (New York: Touchstone Books, 1967), 12에서 다시 제기되었다.

21 이와 유사하게 많은 과학자와 과학 철학자는 우주의 비인격적 측면이 인격적 측면보다 더 근본적이라고 가정한다. 따라서 그들은 비인격적 실재(물질, 운동, 시간, 공간)의 측면에서 현상을 설명하는 것이 인격적 선택의 측면에서의 설명보다 더 기본적이라고 믿는다. 이런 가정에서 과학자들은 인격적인 것을 비인격적인 것으로 축소하는 이론을 선호한다. 이것이 생명체의 형태에 대한 설명으로서 창조보다는 자연주의적 진화를 객관적으로 그럴듯하게 선호하는 것을 설명해 준다.

22 여기서 필자는 예수님의 죄성 없음을 부정하는 것이 아니다. 하지만, 누군가가 죄성이

추상적인 대상임이 틀림없다고 결론을 내린다.

하지만, 우리가 선함을 하나님의 속성으로 생각할 때 우리는 확실히 다르게 생각해야 한다. 하나님의 속성 가운데 하나가 정확히 공유되는 것은 아니라는 것을 기억하라.[23] 그런 의미에서 하나님의 선함은 정확히 그분 자신의 것이다. 선함은 하나님이 자신의 피조계 안에서 형상하지 않는 한 다른 누군가에 의해서 공유되지 않는다.

창조 전에 단지 하나님만이 존재했다. 그리고 그분의 선함은 누군가가 아니라 삼위일체의 인격들과 공유되었다. 사실 선함은 다름 아닌 하나님 자신의 본성이었다.[24] 따라서 하나님의 선함은 하나님이고 따라서 인격적이다.

따라서 선함은 일반적인 개념이나 추상적 개념이 아니라 인격의 행동이고 자기 계시다. 확실히 어떤 단순한 인간의 행동을 선함의 기준으로 간주하는 것은 잘못된 일일 것이다. 하지만, 물론 하나님은 독특하시다.

따라서 플라톤의 견해에서처럼 선함은 하나님보다 뛰어난 추상적 형상이 아니다.

그렇다면 선한 것은 하나님이 선한다고 말씀하시는 것인가?

그렇다. 하지만, 하나님의 말씀은 자의적이지 않다. 하나님 자신이 최고로 선하시므로 하나님은 우리에게 선함을 권하신다. 하나님이 우리에게 주시는 명령은 하나님 자신이 어떠한 분이신지에 기초한다.[25] 따라서

없다고 주장하는 것이 얼마나 대담한 것인가를 우리가 이해한다면 우리는 예수님의 죄성 없음을 더 완전히 이해할 수 있다.

23 *DG*, 제19장을 보라.

24 *DG*, 제12장을 보라.

25 분명히 하나님에게 선한 것과 인간에게 선한 것 사이에 차이점이 존재한다. 예를 들어 하나님은 그 자신의 목적을 위해 인간의 생명을 취해 가질 권리가 있으시지만 우리는 그런 권리가 없다. 우리는 우리 자신 외의 존재를 예배할 의무가 있지만 하나님은 그

선함은 하나님이 선이라고 말씀하는 것이라고 말하는 것은 사실이다. 또한 선함은 선하기 때문에 하나님이 선함을 권하시는 것도 사실이다.

단순한 인간은 선의 기준이 될 수 없다. 왜냐하면, 인간의 본성이 완전하지 않기 때문이다. 사실 인간의 명령은 독단이라는 혐의를 받을 것이다. 인간은 유한하고 타락한 피조물로서 사실 오늘 선한 것을 내일 나쁜 것으로 선포할 수도 있다. 지지자들에게서 절대적 충성을 요구했던 아돌프 히틀러(Adolf Hitler), 이오시프 스탈린(Josef Stalin), 짐 존스(Jim Jones)와 같은 사람들은 일반적으로 지지자들을 죄, 오류, 죽음으로 이끌었다.

하지만, 하나님의 말씀은 이런 방식으로 독단적일 수 없다. 왜냐하면, 하나님은 최고로 불변하는 선이시기 때문이다. 여기서 일종의 순환성은 불가피하다. 우리가 하나님은 선하시다고 말할 때 우리는 하나님 자신의 계시에 기초해서 하나님의 행동을 평가한다. 하나님은 최고로 선하시고 선함의 궁극적 기준이다.

이런 순환성은 필자가 위에서 언급했던 예들(바하, 모차르트, 웰크, 나 자신에 대해)에 적용하는 비판의 희생물로 전락하는가?

필자는 다음과 같은 이유로 그렇지 않다고 생각한다.

① 그들의 음악에 대해 무엇을 언급하든지 간에 바하, 모차르트, 웰크는 인간이다.
누구도 음악적 탁월성의 절대적 기준이 되기에는 적합하지 않다. 바하를 음악성의 궁극적 기준으로 만드는 것은 음악적 탁월성이 바

런 의무가 없다. 하나님의 특권, 즉 그분의 "권리"는 우리의 권리와는 다르다. 하지만, 하나님의 윤리와 우리의 윤리 사이의 유사점뿐만 아니라 차이점도 그분의 본성에 기초한다. 하나님 본성의 유일성과 하나님과 그분이 창조하신 피조물의 형상 사이의 유사점은 윤리에 중요하다.

하의 음악과는 매우 다른 음악 형태에서 발생한다는 사실을 무시하는 것이다. 따라서 인간을 전적으로 순환성의 문제가 없는 궁극적인 기준으로 사용하는 것에 대한 반대가 있다. 그리고 이런 반대는 하나님에게는 적용되지 않는다.

② 이런 순환성은 앞에서 논의했던 순환성과 매우 유사하다.
우리가 궁극적 기준을 다룰 때 항상 일종의 순환성이 존재한다. 진리에 대한 우리의 기준이 인간 이성이라면 우리는 그런 기준을 단지 합리적 논증, 즉 결론의 진리를 전제하는 논증으로 주장할 수 있다.
이와 유사하게 하나님이 진리와 합리성의 최고 기준이시라면 우리는 단지 최고 기준을 전제함으로써 그런 기준을 주장할 수도 있다. 왜냐하면, 만약 결론이 참이라면 이것은 허용할 수 있는 유일한 종류의 논증이기 때문이다. 이와 마찬가지로 우리가 하나님은 선하시라고 주장할 때 우리는 선함의 유일하게 참된 기준, 즉 존재하는 하나님에게 호소해야 한다. 우리에게는 어떤 다른 대안도 없다.
똑같은 순환성이 선함의 기준을 세우려는, 기독교적이거나 비기독교적 시도에 존재한다. 누군가 선함은 어떤 인격적 범례가 없는 추상적 형태임을 증명하려고 애쓰고 있다고 말해 보자. 그런 후에 그는 어떻게든 그런 형태에서 특정한 윤리적 내용을 도출해야 한다.
하지만, 그런 후에 이런 윤리적 원칙은 사실 선하다는 것을 증명하는 것이 그의 임무가 된다. 그의 추상적 형태가 사실 최고 기준이라면 그는 추상적 형태를 참조함으로써 추상적 형태의 내용이 선하다는 것을 보여 주어야 한다. 이런 논증 또한 순환론적이다. 따라서 유신론적 추론이 이 점에서 순환론적이라면 다른 모든 형태의 추론이 이런 순환성을 공유한다.

③ 위의 관찰에도 불구하고 어떤 사람들은 순환성이 아직도 문제를 일으킨다고 주장할 수도 있다.
왜냐하면, 그들은 비록 모든 종교와 철학이 이런 순환성을 공유하지만, 그럼에도 불구하고 순환성은 순환성이고 따라서 반대할 만하다고 말할 수도 있다.
하지만, 순환성이 그렇다면 그것은 추론의 전체 작업을 무효로 만들고 우리는 어쩔 수 없이 과격한 회의주의에 빠진다. 이런 종류의 반대는 자기 논박적이다(self-refuting). 추론이 가진 이런 순환성이 추론 자체를 무효로 한다면 그런 순환성은 또한 반대를 무효로 한다. 게다가 회의주의 자체는 자기 논박적 견해다. 회의주의를 지지하는 어떤 논증도 **어떤** 지식을 전제한다.

④ 이런 순환성에 대해 우리가 가진 주관적 불안은 어느 정도는 하나님과 인간 사이의 차이점(위의 ①을 보라)을 축소하려는 우리 자신의 경향에서 유래하고, 어느 정도는 어떻게 우리가 실제로 하나님의 선함에 대해 배우는지를 우리 자신이 구체적으로 이해하지 못한 데서 유래한다.
성경 저자들은 하나님이 자기를 선하다고 말씀했기에 하나님이 선하시다고 결코 말하지 않는다. 그리고 그들은 하나님이 선하시기에 그가 자신을 선하다고 말씀하신다고 결코 말하지 않는다. 이것은 협의의 순환성일 것이다.
오히려 성경 저자들은 구원이라는 하나님의 전능한 행위, 섭리에 있어서 그분의 친절함, 구원에 있어서 그분의 은혜를 묘사하고 찬

> 양한다. 이런 것은 선함에 대한 크고 담대하고 분명한 증거다. 그들은 믿는 독자들을 압도하고 우리에게서 거의 무심결에 하나님은 선하시다는 고백을 요구한다. 이 단계의 우리 사고에서 어떤 순환성도 존재하지 않는 것처럼 보인다.

하지만, 우리가 더 깊이 사고함에 따라 깨닫는 바는 당연히 우리가 이런 증거를 하나님 자신에게서 배운다는 것이다. 우리는 이런 증거를 하나님 말씀에서 배운다. 또한 성경 저자들 자신은 이런 증거를 하나님의 영감으로부터 배운다. 또한 일반계시도 있다. 즉, 하나님은 자연과 역사 과정 안에서 또한 성경 저자와 우리 자신의 경험 안에서 행동을 통해 자신의 선함을 드러내신다. 따라서 우리가 하나님의 선함에 대해 아는 모든 것은 그분에게서 나온다.

하나님의 계시는 진리에 대한 우리의 궁극적 기준이고 하나님의 선함에 대해 우리가 가진 지식의 원천이다. 그렇다면 우리는 하나님이 선하시다고 믿는다. 왜냐하면, 하나님은 자신이 선하시다고 우리에게 말씀하시기 때문이다. 따라서 순환성이 존재한다.

하지만, 이것은 협의의 순환성이 아니라 광의의 순환성이다. 이것은 증거로 가득하고 설득력이 풍부한 내용으로 채워진 순환성이다. 우리는 문자 그대로 하나님의 선함을 보여 주는 증거로 둘러싸여 있다.

따라서 누군가 하나님이 그 자신의 기준이 되는 것은 하나님으로 하여금 독단적인 독재자가 되도록 하는 것이고 오늘은 선한 것을 내일은 악한 것으로 선포하는 것이라고 말할 때, 이 비판가는 하나님 계시의 실재를 다루고 있지 않은 것이다. 모든 피조계에 자신을 계시하는 하나님은 단순히 그런 종류의 인격이 아니시다. 우리는 하나님을 독단적인 독재로 알지 않는다. 우리는 독단적인 독재자들에 대해 들었지만 우리 하나님은 그런 독재자들과 같지 않다.

순종하는 자녀들이 애정 어린 아버지에게 귀를 기울이는 것처럼 하나님은 자신의 목소리를 듣도록 우리를 창조하셨다. 하나님이 우리를 알고 우리에게 말씀하시므로 우리는 그분을 안다. 하나님은 자신의 선함을 선포하신다. 그리고 하나님은 선함을 풍부하게 보여 주신다.

우리는 단순히 하나님이 선하다는 기본적 사실만을 알 뿐만 아니라 우리는 하나님도 안다. 우리는 누군가의 행동을 관찰함으로써 그를 신뢰하는 것을 배운다. 하나님에게는 이것보다 더 많은 증거가 존재한다. 왜냐하면, 모든 피조계가 우리에게 그분의 행동과 사랑을 제시하기 때문이다.

하나님의 선함이 표면적으로 특별히 우리가 불의나 고난을 경험할 때 항상 분명한 것은 아니다. 하지만, 결국 우리는 심지어 그런 불의나 고난도 하나님의 선함을 드러내 보인다는 것을 보게 될 것이다. 그때 신자들은 하나님의 진노를 공의로서, 우리의 고난을 아버지 같은 그분의 징계로 이해할 것이다(히 12:4-12).

하나님과 혼란, 하나님과 무, 하나님과 광기(狂氣) 사이의 선택이다. 우리 모두에게 이런 것들은 전혀 선택이 아니다. 비합리적 우주를 믿는 것은 전혀 믿지 않는 것이다. 우리가 살펴보았듯이 비합리적 우주를 믿는 것은 자기 모순적이다.

하지만, 누군가 논리, 이성, 기준 없이 살기로 결단했다면 우리는 그를 막을 수 없다. 물론 그는 자신이 실생활과 관련된 결정을 할 때 논리와 합리성을 수용할 것이다. 많은 변증적 상황에서 이 점을 지적하는 것이 유용하다.[26]

26 아마 프란시스 쉐퍼(Francis Schaeffer)의 변증학이 가진 가장 설득적인 요소는 비합리주의자들(또는 상대주의자들 또는 주관주의자들)은 일관되게 그들이 가진 믿음으로 살수 없다는 그의 강조였다. 사실 우리가 마치 어떤 합리적 질서(임의적으로 움직이는

하지만, 의지가 강한 비합리주의자들에게 논리적 모순은 문제가 아니다. 그런데도 어떤 차원에서 그는 자신이 틀리다는 것을 안다. 하나님이 아직 불신자 주위에서 그리고 불신자 안에서 말씀하신다.

3. 인식론적 논증

인식론적 논증(epistemological arguments)은 전통적으로 인간 합리성이라는 현상으로 시작하고 어떻게 그것이 가능할 수 있는지를 묻는다.

인간의 정신이 이 세계의 구조와 너무 잘 관련되기에 사람들이 이 세계를 이해할 수 있다는 것은 어떻게 가능한가?

이 세계에 인간 정신의 합리적 구조를 반영하는(또는 인간 정신의 합리적 구조에 의해 반영되는) 합리적 구조가 존재해야 한다.

이 세계가 완전한 우연에 의해 전개된다면, 우리가 일반적으로 인간의 경험이 세상의 실제를 반영한다고 여겨지는 방식으로 인간의 경험은 세상의 실재를 반영한다고 거의 여겨지지 않을 것이다.

어째서 우리는 우연(chance)이라는 것이 필자에게 눈과 뇌를 갖추게 해주어 그 결과로 필자가 행하는 것을 실제로 볼 수 있게 되었다고 가정해야 하는가?

필자가 필자를 플로리다에 있는 책상에서 타자를 치고 있는 신학교 교수라고 생각할 때, 실제로 필자는 뉴욕 시 지하철 주변을 돌아다니는 바퀴벌레라는 것도 똑같이 가능하지 않는가?

차 앞으로 뛰어드는 것 등)가 존재하지 않는 것처럼 살려고 애쓴다면 우리는 매우 오래 살 것 같지는 않다! 이런 메시지는 많은 사람에게 강한 영향을 미쳤다.

물론 진화론은 인간의 합리성이 이 세계에 대한 믿을 만한 해석자로 발전할 가능성을 보여 주려 애쓴다(일반적으로 비유신론적 근거에서).

하지만, 가령 진화가 사실이라 하더라도(그리고 요즘 진화에 반대하는 매우 인상적인 과학적이고 철학적 일부 증거가 존재한다) 어째서 순전한 우연이 진화 자체, 즉 종의 보존을 극대화하도록 면밀하고 합리적으로(!) 의도된 체계를 만들어 냈을까?

확실히 다시 말하지만, 절대 인격체라는 가설이 궁극적인 비인격체라는 가설보다 이런 자료를 더 잘 설명한다. 절대 인격체 자신이 합리적이므로 그는 합리적인 우주를 만들 수 있다. 또한 따라서 창조와 섭리를 위한 그의 계획은 합리적이다. 또한 절대 인격체는 인간을 자신의 형상으로 창조하고 그가 필요로 하는 만큼 많이 우주를 이해할 수 있도록 그를 준비시킬 수가 있다.

궁극적 비인격체 가설이 창조주(비합리적)의 본질과 인간(합리적)을 포함한 우주의 본질 사이의 엄청난 간극을 만드는데도 불구하고 어째서 우리는 궁극적 비인격체 가설을 선호해야 하는가?

앞에서 진리는 윤리적 가치라는 말을 기억할 때, 논거는 더 강력해진다. 윤리적 탐구처럼 합리적 탐구는 언약적이다. 합리적 탐구는 본질적으로 절대 인격체의 의지를 발견하는 것에 해당한다. 윤리학은 우리 행동을 위한 절대 인격체의 뜻을 발견한다. 반면에 인식론은 우리 믿음을 위한 절대 인격체의 뜻을 발견한다.[27]

심지어 논리 자체도 가치에 기반을 둔다.

필자가 "모든 사람은 죽음을 면치 못한다"와 "소크라테스는 사람이다"를 인정한다고 할 때 필자로 하여금 "소크라테스는 죽음을 면치 못한다"

27 인식론과 윤리론 사이의 상관관계에 대해 더 참조하려면 *DKG*, 62-64, 73-75, 108, 149, 248을 보라.

라고 인정할 수 밖에 없게 만드는 것은 무엇인가?

물리학 법칙은 확실히 우리가 논리에 있어서 오류를 범하는 것을 막지 못한다.

논리적이 된다는 것이 성공과 행복에 이르는 것인가?

하지만, 이것이 항상 그런 것은 아니다. 필자에게 그런 결론을 부과하는 어떤 추상적이고 비인격적인 합리성 원칙이 존재하는가?

하지만, 어째서 필자는 그런 원칙에 따라 행동해야 하는가?

논리적 프로메테우스처럼 어째서 필자는 그런 원칙에 반역하지 말아야 하는가?

논리는 인간종의 보존을 보장하기 위한 진화적 발전인가?

하지만, 심지어 진화가 사실임을 가정한다 하더라도(그리고 진화는 단지 입증되지 않은 이론에 지나지 않는다) 논리적이 된다는 것이 항상 또는 심지어 일반적으로 생명을 보존하는지는 확실하지 않다. 결국 바퀴벌레는 인간보다 더 오래 이 세상에 거주해 왔다.

게다가 진화가 종의 보존을 확실하게 애쓰는 것이라면 진화는 인격적인 특징이나 한 인격의 도구인 것처럼 보일 것이다. 진화가 어떤 인격적 원인이 없는 완전히 비인격적인 것이라면 진화는 논리를 규범적으로 만드는 어떤 힘도 없다.

또한 논리가 규범적이 아니라면 우리는 논리에 대한 어떤 의무도 없다. 이런 근거에서 심지어 "종의 보존"도 단지 하나의 개념에 지나지 않는다. 또한 누구도 종의 보존을 수행할 실제적인 의무도 없다.

그러나 그렇지 않다. 논리의 힘은 규범적이고 윤리적이다. 논리의 힘은 우리에게 우리가 결론으로 인정해야 하는 것을 말해 주고 전세에 대

한 우리의 인정을 승인해 준다.[28]

또한 논리의 힘이 윤리적이라면 그것은 언약적이다. 또한 도덕 가치처럼 논리의 힘은 신뢰할 수 있는 인격, 주님, 우리의 절대적인 신적 인격체의 의존할 수 있는 말씀에 의존한다. 따라서 불신자가 기독교에 반대하기 위해 논리를 사용할 때 아무리 그들이 논리를 조작하려 해도 그들은 정반대 방향을 가리키는 무언가를 사용하는 것이다.

4. 형이상학적 논증

변증학에서 사용한 대부분의 논증은 전통적으로 우주의 어떤 근본적인 실재로 시작하고 그 실재가 하나님을 전제하고 암시하거나 어떻게든 하나님을 필요로 한다는 것을 증명하려 애쓴다.[29] 이런 논증을 **형이상학적**(metaphysical) 논증으로 부른다. 또한 가장 일반적인 논증은 목적, 원인,

28 물론 상황은 이것보다 약간 더 복잡하다. *DKG*, 247-51을 보라.

29 필자의 견해에 전제와 결론 사이에 어떤 논리적 차이점이 존재하지 않는다. 논리적 논증에서 전제를 믿는 것은 우리로 하여금 결론을 믿게 한다(믿어야 할 의무를 지운다!). 또한 전제를 믿는 것은 우리로 하여금 전제들(premises)이 전제하는(presuppose) 것을 믿어야 할 의무를 지운다. 그렇다면 논리적으로 전제(presuppositions)는 일종의 결론이다. 하지만, 심리적으로 더 큰 차이점이 존재한다. 우리는 전제들(premises) 자체를 믿는 것보다 더 확고하게 하나의 전제(premise)가 가진 전제들(presuppositions)을 믿는다. 또한 전제들(presuppositions)은 전제들(premises)을 평가하는 기준으로 역할을 한다. 이런 사실은 비전제적 결론에는 적용되지 않는다. 누군가의 전제들(presuppositions)과 그의 비전제적 결론 사이의 차이점을 구별하기 위해 우리는 그 사람 자신의 증언을 듣거나 그의 마음을 꿰뚫어 보는 신적 통찰력이 있어야 한다. 따라서 대부분 우리는 이런 정보가 없다. 하지만, 그런데도 우리는 우리가 전제해야 하는 것을 전제하도록 서로에게 권면할 수 있다. 다시 한 번 우리는 타당한 전제주의는 본질적으로 "마음의 전제주의"라고 이해한다.

존재 자체에서 시작한다. 이것들을 차례대로 논의해 보자.

1) 목적: 목적론적 논증

목적론적 논증(teleological argument)을 일상에서 고려할 때 이 논증은 아마 모든 논증 가운데 가장 강력한 논증일 것이다. 하지만, 신학자와 철학자가 이 논증을 공식적으로 진술하려고 애쓸 때 항상 가장 약한 논증 가운데 하나였다. 심지어 하나님의 존재 증명에 대해 가장 영향력 있는 현대 비평가인 임마누엘 칸트도 "위에는 별이 빛나는 하늘"("내면의 도덕법"과 함께)이 하나님의 실재에 대한 두드러진 증언임을 알았다. 실제 그러하다.

> 주의 손가락으로 만드신 주의 하늘과 주께서 베풀어 두신 달과 별들을 내가 보오니
> 사람이 무엇이기에 주께서 그를 생각하시며 인자가 무엇이기에 주께서 그를 돌보시나이까?(시 8:3-4)

시편 저자는 아마 이 우주의 규모와 복잡성에 대해 우리 현대인이 가진 이해 가운데 단지 작은 부분만을 갖고 있었을 것이다. 오늘날 우리는 우주에서 하나님의 사역을 감탄하며 바라보아야 할 많은 이유가 있다. 또한 어째서 하나님이 우리 자신과 같은 그런 작은 존재에 주의를 기울이는지 궁금해 해야 할 더 많은 이유가 있다.

우리는 또한 미시 피조계(microcreation)의 복잡함 때문에 감동하지 않을 수 없다. DNA 코드의 놀라운 프로그래밍, 눈의 시력을 만드는 데 필요한 많은 작은 부분의 복잡함과 정확한 균형과 같은 이런 것들도 마음을 놀라게 한다. 이런 것의 지식은 가장 정교한 인간 기술을 훨씬 넘어선다. 또한

우리가 이런 종류의 지식이 광대한 우주 전체에 걸쳐 있는 수십억의 별들 안에 모든 분자와 원자를 통해서 퍼져 있는 것을 목격할 때 우리는 창조주-피조물 구분을 감지하기 시작한다(비록 매우 부적당한 감지이지만).

진화인가?

물론 필자가 앞에서 언급했듯이 오늘날 많은 사람이 진화를 비판한다. 또한 하나님의 말씀이 적어도 인간의 진화를 명백한 표현으로 부정한다(창 2:7).[30] 볼 수 있는 능력은 모든 종류의 기관의 독립적 발달과 힘과 그것들이 시력 생산을 위해 궁극적으로 협력함을 요구한다는 사실은 이런 과정이 자연 선택이나 무작위 변이에 의해서 "자연적으로" 발생했다고 가정하는 것을 어렵게 한다. 사실 (진화를 사실로 가정하는) 진화 자체의 커다란 복잡성과 주목할 만한 성취를 인식하는 많은 진화론자는 진화의 신적 기원을 상정했다.

이런 모든 것이 목적론적 추론(reasoning)이다. 토마스 아퀴나스가 언급하는 것처럼 우리가 이해할 수 없는 사물(원자, 물질, 에너지)이 목적을 위해 협력하는 것을 볼 때 일반적으로 우리는 그것을 지적 설계자에게 돌린다. **목적론적**이라는 단어는 "목적 또는 목표"와 관련된 것을 의미한다.

직관적으로 우리는 이런 사고가 가진 힘을 느낀다.

하지만, 어떻게 우리는 이런 사고를 논증으로 정식화는가?[31]

30 또한 필자는 창 1장의 본문에서 "종류"(kinds, 이 단어가 반드시 현대 생물학에서 식별되는 "종"[species]이라는 단어와 같은 것은 아니다)는 자연 선택 과정이 결코 범할 수 없는, 생명체들 가운데 있는 어떤 구분이라고 여긴다. 즉, 각각의 피조물은 단지 "각기 그 종류대로" 생식한다. 또한 심지어 다윈도 지리학과 생물학에서 나온 증거는 이런 모습과 일치한다는 것을 인정했다. 우리가 진화 가설에 근거할 때 예상하는 것처럼 하나의 일반 종류와 또 다른 종류 사이에 생물의 연속체가 결코 존재하지 않으므로 분명한 유전적 한계 안에서 뚜렷한 종류들이 존재한다.

31 다시 증거와 논증 사이의 중요한 차이점에 주목하라(필자가 앞 장에서 강조했던 것처럼). 증거는 강력하지만, 논증이 반드시 그런 것은 아니다. 이런 경우에 이 차이가 특

역사적으로 대부분의 이런 시도는 성공하지 못했다.

첫째, 때때로 **무(無)목적론**(dysteleology)으로 불리는 목적에 대한 반증이 있다. 악의 존재가 가장 강력한 반증이다(우리는 후반 장에서 악의 존재를 논의할 것이다).

둘째, 데이비드 흄은 다신론과 유기체(즉, 이 세상은 설계된 기계 장치라기보다는 오히려 거대한 채소와 같다)와 같은 이 세상 질서를 위한 대안적 설명을 제안했다. 또한 흄은 이 세상의 설계자를 상정하는 것은 우리의 경험을 넘어서는 것이라고 반대했다. 즉, 우리는 설계되고 제조된 시계를 보았지만 우리는 절대로 설계되고 만들어진 하나의 세상을 보지 못했다.[32]

심지어 기독교적 전제에 기초해서도(물론 흄의 전제는 기독교적이 않았다) 우리가 목적론적 논증을 반대할 수도 있다. 왜냐하면, 이 세계가 "설계된" 무언가처럼 보인다고 말하는 것은 이 세계와 인간이 설계한 사물 사이의 유사점(analogy)을 진술하는 것이기 때문이다.

하지만, 우리는 인간이 이 세계를 창조했다는 것을 증명하는 데 관심이 없다!

우리는 근본적으로 인간을 초월한 존재가 이 세계를 창조했다는 것을 증명하길 원한다. 이 세계와 인간이 설계한 사물 사이의 완벽한 유사점은 사실 기독교 변증학에 역효과를 가져올 것이다. 오히려 그것은 하나님보다도 인간이 이 세계를 창조했다는 것을 증명할 것이다.

단순한 목적론적 논증은 이런 방식으로 기독교의 논증에 역효과를 가

별히 그럴듯하다. 왜냐하면, 목적론적 논증 이면에 놓인 직관은 막대한 양의 자료를 포함하고 있기 때문이다. 거시 피조계, 미시 피조계 그리고 우리가 일반적으로 활동하는 세상은 모두 거대하다. 직관적으로 마음은 우리가 관찰하는 이런 계획(design)의 엄청난 방대함, 무수한 세부 사항들에 깊은 인상을 받는다. 우리는 결코 공식적인 논증이나 일군의 공식적인 논증으로 이런 모든 자세한 내용을 정식화할 수 없을 것이다.

32 David Hume, *Dialogues concerning Natural Religion* (various eds.)을 보라.

져올 수도 있지만, 흄이 제기한 반대 가운데 일부는 실제로 건설적이다. 하나님이 이 세계를 설계하시고 창조하셨다면 우리는 이 세계와 인간이 만든 산물 사이의 유사점과 비유사점을 기대할 것이다.

기독교적 관점에서 볼 때 이 세상은 인간이 설계한 사물과 유사한 무엇이다. 왜냐하면, 이 세상은 설계되었기 때문이다. 하지만, 이 세상은 또한 그런 사물들과 같지 않다. 왜냐하면, 이 세상은 신적 설계의 산물이기 때문이다.

따라서 무목적론은[33] 실제로 기독교 결론을 지지한다.

심지어 악의 존재도 기독교를 지지하는 증거들 가운데 포함될 수 있다!

초월적인 하나님이 이 세상을 계획하셨고 창조하셨다면 증거—외관상의 목적론과 외관상의 무목적론 모두—는 우리가 기대할 수 있는 것이다. 시계를 만드는 것과 이 세계를 창조하는 것 사이의 불균형에 있어서도 마찬가지다. 물론 우리는 세계가 만들어지도록 마음을 쓰지 않았다. 만약 우리가 그렇게 했다면, 우리는 하나님이었을 것이다. 이런 불균형은 정확하게 우리가 유신론적 가설에 근거해서 기대할 수 있는 것이다.

하지만, 일단 우리가 이 모든 것을 인정한다면 그럼에도 불구하고 우리에게 논증이 있는가?

목적론과 외관상의 무목적론이 기독교 유신론과 조화된다는 것을 인정한다 하더라도 우리가 다음과 같이 주장할 수 있는가?

"목적론과 외관상의 무목적론 모두 존재한다. 따라서 하나님은 존재한다."

필자는 이런 논증이 설득력이 있다고 생각하지 않는다!

---

33 필자는 이것을 **외관상 무목적론**(apparent dysteleology)으로 부르기를 선호한다. 왜냐하면, 궁극적으로 모든 것은 분명히 하나님의 목적을 위해 존재하기 때문이다(롬 8:28).

그렇다면 흄은 우리에게 이 세상 질서에 대한 자신의 대안적 설명을 상기시켜 준다. 또한 이런 증거가 단독으로 하나님을 가리킨다는 것을 증명하기는 어렵게 된다.

그렇다면 이런 반론의 대상이 되지 않는 논증의 형태로써 목적론적 추론이 가진 강력한 직관적 효력을 파악할 방법이 있는가?

필자는 우리가 목적론적 논증을 단순히 앞에서 논의했던 인식론적 논증과 상응하는 것으로 만듦으로써 그렇게 할 수 있다고 본다. 이 두 논증은 목적론적 직관을 공유한다. 목적론적 논증처럼 인식론적 논증은 우주가 합리적 질서이고 인간의 마음에 접근할 수 있다는 관찰로 시작한다.

필자는 인식론적 논증을 제시할 때 일반적인 말로 이 점을 진술했지만 목적론적 논증을 제시할 때는 일부 구체적인 실례를 포함하는 일반적인 절차를 따랐다. 하지만, 이 두 경우에서 근본적인 요점은 똑같다. 그런데도 인식론적 정식화에는 하나의 이점이 있다. 즉, 인식론적 정식화는 진리와 합리성이 도덕적 가치라는 전제 위에 세워진다는 것이다. 따라서 결국 인식론적 논증은 도덕적 논증으로 축소되었다. 또한 이 두 논증은 똑같은 유신론적 결론을 도출했다.[34]

---

34 그레그 반센(Greg Bahnsen)은 전에 필자가 고의든지 아니든지 전통적인 논증을 "전제주의화"했다는 근거로 전통적 논증에 대한 필자의 접근 방식을 비판했다. Greg Bahnsen, *An Answer to Frame's Critique of Van Til: Profound Difference between the Traditional and Presuppositional Methods* (Willow Grove, PA: Kirkland Printing, 1988)를 보라. 반센은 이 책 초판에서 발견되는 논증을 개혁파와 반틸주의적 확신에 따라 세밀하게 달리 표현했다고 주장했다. 이런 주장에 중요한 무언가가 있을 수도 있다.
반틸이 모든 유신론적 논증을 선험적 논증으로 "축소시켰지만"(또는 그가 그것을 술어적 서술의 가능성에서 나온 논증으로 불렀던 것처럼) 필자는 분명하게 모든 유신론적 논증을 도덕 논증으로 축소한다. 그렇게 할 때 필자는 모든 유신론적 논증을 더 분명하게 인격적인 것으로 만든다. 이런 "축소"의 두 가지 결말은 다음과 같다. 즉, 이것은 자연스럽게 ① 전제주의의 특징(마음-헌신, 대립, 일반 은총 등), 더 중요하게는 ② 주 예수 그리스도의 복음으로 이어진다. 도덕 논증은 윤리적 규범을 위한 절대적인

게다가 목적론적 논증에서 우리가 진리와 합리성을 도덕적 미덕으로서 볼 수 있을 때 목적론적 논증은 차이를 만든다. 외관상의 목적론과 외관상의 무목적론 사이를 구별할 수 있는 능력과, 지식의 한계와 자료에 대한 대안적 설명에 대해 이해할 수 있게 말할 수 있는 능력은 우리가 이런 종류의 문제를 해결하는 기준에 접근할 수 있다는 것을 암시한다(또는 우리가 접근할 수 있다고 생각한다). 그렇다면 궁극적으로 우리는 합리성과 진리의 가치에 접근한다.

또한 이런 가치가 사실 도덕적 가치라면 이것들의 권위는 어디서 오는가?

다시 한 번 우리는 대답해야 한다. 즉, 이것들의 권위는 절대 인격체인 성경의 하나님에게서 온다.

앞에서 논의했던 이런 두 세계관, 즉 절대 인격체와 궁극적 비인격체

인격체 기초가 존재할 뿐만 아니라 우리가 자연스럽게 우리의 창조적 구조로 이런 절대적 인격체와 접촉하고 있다는 사실을 강조한다.

또한 도덕 논증은 인간 자신이 승인하는 도덕 기준에 그들이 부합하지 못했다는 것을 강조한다. 결과적으로 이런 도덕적 실패는 그들이 하나님에게서 소원해졌다는 것을 암시한다. 하지만, 이런 소원을 도덕 논리에서의 악의 없는 오류에 상응하는 무언가의 결과로서 이해하지 말아야 한다. 인류는 창조주와 반목 가운데 있다. 또한 이런 적대는 모든 생명체(우리가 합리적인 것이나 비합리적인 것으로 받아들일 것을 포함해서)에 만연하다. 이런 인격적(그리고 따라서 언약적) 관계는 단지 하나님의 주도로 개선될 수 있다.

필자의 동기는 모든 삶이 코람 데오(*coram Deo,* 하나님 앞에)로 산다는 개혁파의 확신이다. 하나님 자신이 인간의 가장 근본적인 맥락이다. **기독교** 변증가는 결코 비그리스도인이 이미 하나님과 맺고 있는 이런 인격적 관계를 그들의 논의에서 너무 지나치게 제쳐 두어서는 안 된다. 이 모든 것이 변증학과 복음전도를 더욱 밀접하게 한다. 이것은 하나님을 인과성, 목적 또는 윤리를 위한 형이상학적 근거로서 상정하는 많은 변증 전통과는 다르다. 이것은 확실히 사실이지만 이런 전통은 이런 외관상의 철학적인 추상 개념을 기독교 복음에 대한 반응으로서 윤리적인 회개 요청과 통합하는 데 어려움이 있었다. 우리가 하나님과 맺고 있는 관계는 형이상학적이고 윤리적이다. 복음전도와 변증학은 신실한 기독교 증거의 한 가지 시도에 대한 관점들이다.

사이의 본질적 대립은 흄의 대안적 설명에 대한 논의를 제거한다. 흄의 대안적 설명은 모두 비인격적 대안으로 요약된다. 만약 다수의 신들 자체가 절대 인격적인 하나님의 산물이 아니라면 심지어 흄의 다신론적 제안도 비인격주의다. 왜냐하면, 단지 한 존재만이 도덕적 가치와 인식론적 가치를 위한 궁극적인 근거가 될 수 있기 때문이다.

2) 원인: 우주론적 논증

우주론적 논증은 목적론적 논증보다 약간 더 광범위하다. 왜냐하면, 목적론적 논증이 이 세상 안에서 하나의 현상(목적 또는 계획의 현상)에 초점을 맞추지만, 우주론적 논증이 모든 유한한 실재가 설계된 것으로 보이든지 그렇지 않든지 간에 모든 유한한 실재는 단순히 그 유한성으로 인해 무한한 하나님에 의존해야 한다고 주장한다. 많은 종류의 우주론적 논쟁이 있다.

토마스 아퀴나스의 『신학 대전』(*Summa Theologica*)은 다섯 개의 논증을 열거한다. 일반적으로 다섯 개의 논증 가운데 세 논증을 우주론적 논증으로 간주한다.[35]

첫 번째 논증은 운동에 기초한 논증이다. 즉, 앞의 운동이 모든 운동을 일으키고 이는 궁극적으로 "부동의 동자"(unmoved mover)를 필요로 하는 과정이다.

두 번째 논증은 원인에 기초한 논증이다. 즉, 모든 결과는 그 밖에 무

35 다섯 번째가 목적론적 논증이고 네 번째는 분류하기 어렵다. 필자는 네 번째 논증이 X에 대한 기준은 최대한으로 X여야 한다는 개념에 기초한다고 생각한다. 필자의 인식론적 논증과 도덕적 논증은 가치가 기준을 요구한다는 것과, 유일하게 적당한 기준은 절대적으로 인격적인 하나님이라는 것을 진술한다.

언가에 의해 야기된다. 다른 말로 말해서 전체 과정은 "첫 번째 원인" 또는 "원인 없는 원인"을 요구한다.

세 번째 논증은 필연성과 우연성(contingency)에 기초한 논증이다. 즉, 모든 것이 우연적(contingent)일 수는 없다. 어딘가에 반드시 존재하는 무언가가 존재함이 틀림없다.[36] 이런 논증들의 요약은 다음과 같은 것처럼 보인다.

~에 기초한 논증	~을 요구하다
운동	부동의 동자
인과성	원인 없는 원인
우연성	필연적 존재

여기서 필자는 단지 원인에 기초한 논증을 논의할 것이다. 왜냐하면, 원인에 기초한 논증은 가장 명료하고 직관적으로 가장 설득력 있는 논증이기 때문이다. 최근에 윌리엄 레인 크레이그(William Lane Craig)가 자세히 해설한 알-가잘리의 **칼람** 논증(Kalam argument of Al-Ghazali)은 시간 안에서 서로 이어지는 실제로 무한한 일련의 사건이 존재할 수 있다는 것을 부정한다. 따라서 우주는 시작이 있었다. 그리고 신적 원인이 이런 시작을 설명해야 한다.

토마스 아퀴나스-아리스토텔레스식 형식(Thomistic-Aristotelian form)은 다음과 같은 것을 증명하려고 애쓴다. 즉, 존재하는 실재(또는 아마 초시간

---

36 무언가가 존재하지 않을 리가 없다면 무언가는 "반드시 존재한다." 무언가가 존재할 수 없다면 무언가는 "우연적으로 존재한다." 우연적인 무언가가 존재하는지의 여부는 그 자체 밖의 요소에 달려 있다. 따라서 "우연적인 존재"(우리 존재와 같은)은 "의존적인 존재"다. 필연적인 존재는 자존(aseity) 또는 스스로 존재하는 존재(self-existence)다.

적 실재)가 있다. 그리고 이 존재하는 실재는 인과성이라는 현재 현상을 설명하는 데 필요하다.[37] 필자의 언급은 동일하게 이 두 형식과 관련될 것이다.

원인(cause)을 믿는 것은 이유(reason)에 전적으로 헌신한 것이 가진 한 측면이다. 대략적으로 말하자면 원인은 이유이고 이유는 원인이다.[38] 사건 A가 원인이 있다고 언급하는 것은 사건 A가 발생했던 어떤 이유가 존재한다고 말하는 것이다.

이유가 본질적으로 신뢰할 만하고 따라서 우주가 합리적 분석이 가능하다고 믿는 사람들은 이 세계의 모든 사건은 원인이 있다는 명제에 끌린다.[39] 이것을 부정하는 것은 어떤 사건들은 비합리적인 사건이라고 주장하는 것이다. 하지만, 합리적 탐구는 결코 이런 주장에 만족한 채로 남아 있을 수 없다.

이유 없이 어떤 사건이 발생했다면 어떻게 이유는 그것을 알 수 있겠는가?

가령 어떻게 이유는 "이 사건은 전혀 원인이 없다"와 같은 부정적 진

37 따라서 아퀴나스의 논증은 이 세상이 시간 안에서 어떤 시작도 없다는 주장과 조화된다. 하지만, 그는 또한 "이성"과 별도로 믿음에 기초한 이 세상의 시간적 기원을 주장한다.

38 필자는 "대략적으로"라고 언급한다. 왜냐하면, 다른 많은 종류의 이유와 다른 많은 종류의 원인이 있으며 또한 이것들은 모두 적절하게 서로 관련되지 않기 때문이다. 예를 들어 필자는 하나님의 행동은 이유가 있다고 언급하는 것에는 편안하지만(하나님 자신의 지혜 안에 놓인 이유) 하나님의 행동은 원인이 있다고 언급하는 것에는 그렇지 않다. 왜냐하면, 일반적으로 원인을 하나님 밖의 무언가로 이해할 것이기 때문이다(비록 **원인**이 반드시 그런 것을 의미하는 것은 아니지만).

39 필자는 이 명제를 진술했다. 그리고 사실 이 명제는 약간의 주의가 필요한 이 논증의 첫 번째 전제다. 물론 필자는 하나님의 존재가 원인이 있다는 것을 부정할 것이다. 또한 필자는 "이 세계의"라는 어구를 필자의 첫 정식화에 첨가함으로써 이런 주장을 배제한다.

술을 증명할 수 있는가?

이 사건이 전혀 원인이 없다는 것을 증명하려면 모든 가능한 원인이 배제되었다는 것을 확신해야 할 것이다. 또한 이런 결론에 도달하는 것은 전지(omniscience)를 요구할 것이다.

게다가 이유의 특징은 원인들을 묻는 것이다. 또한 이유가 하나의 원인을 찾지 못한다 하더라도 이유는 어떤 원인도 없다고 결론을 내리지 않는다. 오히려 이유는 더 멀리 바라본다. 그렇지 않으면 이유는 앞으로의 연구를 위해 이 문제를 따로 챙겨둔다.[40]

물론 이런 규칙에 하나의 예외가 있어야 한다. 일단 이유가 완전한 원인으로 간주하는 것, 즉 논의 중인 현상에 대한 최종적이고 궁극적인 설명을 발견한다면 이유는 탐구를 멈추어야 한다. 필자는 후반에 그런 완전성을 하나님에게서 발견할 수 있다고 주장할 것이다. 하지만, 합리적인 사람은 피조계 자체에서 그런 완전성을 발견하지 않는다.

이 세계의 어떤 사건에 원인이 없다고 주장하는 사람들은 그런 정도로 비합리주의자들이다.

모든 비합리주의자처럼 그들은 자신들의 주장을 합리적으로 주장하려 애쓸 때 문제에 봉착한다!

왜냐하면, 이 세상의 어떤 특별한 사건이 원인이 없다는 것을 합리적으로 증명할 방법이 없기 때문이다(물론 하나님의 계시 없이).

또한 어떤 사건이 원인이 없다면 어떻게 그 사건이 일어날 수 있었겠는가?

---

40 가끔 과학자들은 예를 들어 일부 아원자(亞原子) 입자(subatomic particles)의 움직임, "빅뱅"과 같은 어떤 사건은 원인이 없다고 주장할 것이다. 하지만, 필자의 견해에 이런 주장은 단지 일시적일 수 있다. 결국 이런 이론은 폐기되거나 어떤 지칠 줄 모르는 과학자가 이런 영역에서 원인에 대한 연구를 새롭게 할 것이다.

속담이 언급하는 것처럼 무에서는 어떤 것도 나오지 않는다. 게다가 이 세상의 한 사건이 원인이 결여되어 있다면 전체로서 이 세상은 원인이 결여되어 있다. 또한 전체로서 이 세상이 이유가 없다면 비합리주의가 승리한다.

이 세상 과정의 어떤 시점에서 인과성을 부정하는 비합리주의는 논리정연한 입장이라기보다는 뻔뻔스러운 실패작이다. 비합리주의자는 여기서, 저기서, 또는 다른 어떤 곳에서 원인을 발견하지 못한다. 따라서 그는 절망하고 어떤 것도 존재하지 않는다고 언급한다.

하지만, 무엇이 그에게 그런 독단적인 가정을 하게 하는 권리를 제공하는가?

역설적으로 여기에 합리주의 요소가 개입한다. 왜냐하면, 이 단계에서 비합리주의자는 그 자신의 자율적 사고의 권위에 너무 감명을 받아 만약 자신과 다른 사람들이 문제가 되는 사건의 원인을 발견하지 못했다면 어떤 원인도 존재할 수 없다고 생각하기 때문이다.

물론 우리가 앞에서 살펴보았듯이 비합리주의자는 항상 자신에게 합리성, 논리, 도덕적 가치가 중요하지 않다고 말함으로써 자신을 합리화할 수 있다. 이런 견해에 대해 우리의 답변은 전과 동일하다.

그런데도 비합리주의가 우리 시대의 사고에 침투했던 정도를 인정한다 하더라도 우주론적 논증이 종종 폄하되어 왔다는 것은 놀랄 만한 일이 아니다. 사실 원인이라는 개념 자체가 개정되어 왔다(예를 들어, 흄과 칸트에 의해).[41]

따라서 모든 것이 원인이 있다고 말해질 수도 있지만 이런 원인이 사

41 흄에게 있어서 인과성은 한 사건이 또 다른 사건을 빈번하게(하지만, 우연적으로) 동반하는 것이다. 칸트에게 있어서 인과성은 정신이 사건에 부과하는 구조다.

실이었던 것, 사실인 것 또는 사실일 것에 대한 어떤 결론도 암시할 수 없다. 하지만, 이런 개념은 원인에 대해 우리가 가진 기본적인 직관, 즉 원인은 사물들이 발생하는 이유를 제공한다는 기본적인 직관을 공정하게 다루지 못한다.

일단 이런 직관이 존중되고 비합리주의가 배제되면 우주론적 논증은 어느 정도 진전을 이룰 수 있다. 이 세상의 모든 사건이 원인이 있다는 것은 이 세상의 모든 것이 어떤 이유로 인해 발생한다는 것을 의미한다. 하지만, 이런 과정의 시작에 어떤 첫 번째 원인, 원인 없는 원인도 존재하지 않는다고 가정해 보자. 그런 경우에 어째서 사건이 일어나는지에 대한 완전한 설명도 없고 완전한 이유도 없다.

첫 번째 원인이 전혀 없다면 설명 과정은 계속된다. 즉, 어떤 최종 목적지가 존재하지 않는 무한한 퇴행이 계속된다. 하지만, 어떤 끝도 없다면 "인지적 휴식"은 없다(필자가 『신지식론』[*DKG*]에서[42] 인지적 휴식을 묘사했던 것처럼). 우리는 단지 하나의 부분적인 이유에서 또 다른 이유로 계속해서 나아간다. 그리고 우리의 탐구는 결코 끝이 나지 않는다. 우리가 찾기 위해 착수했던 완벽한 이유에 결코 도달하지 못한다. 따라서 결국 비합리주의가 이긴다. 무언가에 대한 어떤 최종적인 설명도 없다.

비기독교적 합리주의자는 여기서 곤경에 빠진다. 왜냐하면, 그의 동기가 동시에 두 방향에서 그를 압박한다. 한편 그는 사건에 대한 완벽한 설명이 **존재한다**고 확언하길 원한다. 따라서 그는 첫 번째 원인을 존중하길 원한다.

다른 한편 합리주의자가 첫 번째 원인을 존중한다면 그는 자신의 합리적 탐구를 멈추어야 할 것이고 그의 마음을 첫 번째 원인에서 암시된 결

---

42 *DKG*, 152-62.

론에 따르게 해야 한다. 하지만, 그는 자신의 합리적 탐구를 멈추길 원하지 않는다. 그는 항상 이유를 묻는 특권을 갖길 원한다. 하지만, 그가 첫 번째 원인의 가능성을 부정한다면 그는 비합리주의자들과 구분되지 않게 된다.[43]

따라서 결국 우리는 어쩔 수 없이 첫 번째 원인을 믿는 것과 비합리주의 사이에 선택하게 된다. 필자가 앞에서 지적했듯이 비합리주의는 자기모순적이다("어떤 객관적 진리도 존재하지 않는다는 것은 객관적으로 사실이다"). 사실 이것은 우주론적 논증을 유력한 입장에 놓이게 한다.

그런데도 우리는 당연히 다음과 같이 물을 수도 있다.

즉, 하나님이 자존하고 자명하고(self-explanatory) 원인이 없으며 또한 궁극적 이유일 수 있다면 어째서 이 세상도 그럴 수 없는가?

우리가 인과 관계 탐구를 하나님으로 끝낼 수 있다면 이 세상이 단순히 원인 없이 존재한다고 말함으로써 인과 관계 탐구를 끝내고 더 나아가지 않는 것이 어떤가?

물론 답변은 다음과 같다. 즉, 이 세상은 자존하지 않고 자명하지 않다는 것이다. 이 세상은 원인이 있다. 또한 이 세상은 궁극적 이유가 아니다.[44] 우리는 도덕적 논증과 인식론적 논증의 추론을 통해서 이것을 안다. 도덕규범의 궁극적 출처, 사고와 논리규범의 궁극적 출처는 비인격적이지 않고 인격적이다. 하지만, 하나님은 이런 규범의 궁극적 출처시라면 또한 이 세상의 궁극적 출처시다.

---

43 앞에서 우리가 비합리주의자들에게서 합리주의를 발견했던 것을 기억하라. 여기서 우리는 합리주의가 비합리주의로 되돌아가는 것을 발견한다. 이것에서 우리는 두 입장이 실질적으로 대립되지 않는다는 것을 관찰할 수 있다. 다른 말로 말해서 이 두 입장은 단지 "일반 통념" 안에서 두 개의 강조점이고 두 개의 "관점"이다.

44 성경은 이것을 가르치며 또한 열역학 제2법칙(엔트로피의 법칙)과 빅뱅 우주론과 같은 과학적 증거가 이것을 확증한다.

물질적인 세계는 합리적이고 도덕적인 질서와 분리된 무언가가 아니다. 이런 질서는 물질적 세계의 질서다. 우리가 앞에서 살펴보았듯이 합리성의 궁극적 출처는 모든 것을 위한 궁극적 이유다. 또한 "모든 것"은 우주의 도덕적 측면과 합리적 측면만큼이나 물질적 측면을 포함한다.

하지만, 결국 우주론적 논증은 특징상 인식론적이라는 것에 주목하라.

합리적 원인에 대한 문제는 실제로 합리적 질서에 대한 문제와 동일하다. 우리가 이 세계는 합리적이라고 가정한다면 이것은 어떻게 우리가 하나님이 이유의 저자임을 가정해야 하는지를 보여 준다. 앞의 인식론적 논증에서처럼 요점은 다음과 같다. 즉, 이유는 언약적이라는 것이다. 원인과 이유에 대한 연구가 기꺼이 하나님 안에서 궁극적으로 안식을 누리지 못한다면 이 연구는 자멸적인 것이 될 것이다.

3) 존재: 존재론적 논증

존재론적 논증은 어떤 면에서 모든 고전적 논증 가운데 가장 매력적이고 성가신 논증이다. 이 논증은 실내에서 하는 일종의 "오류 찾기" 게임으로 제시될 수 있다.[45] 또는 캔터베리의 안셀무스(Anselm of Canterbury)가 제시했던 것처럼 이 논증을 심오한 기독교적 헌신의 기도에서 제시할 수 있다. 어떤 사람들에게 이 논증은 농담이고 다른 사람들에게는 이성과 믿음의 근간이다.

현재까지 가장 위대한 철학적 지성과 신학적 지성들 가운데 어떤 사람

45 고등학교 시절에 필자는 누군가 '1=2'라는 수학 논증을 가져와서 우리 모두에게 이 논증에서 오류를 찾도록 도전했던 파티를 기억한다. 0에 의한 숨겨진 구분이라는 것이 드러났다. 하지만, 사실 존재론적 논증에서 오류가 분명히 존재한다면 존재론적 논증에서의 오류는 절대로 찾기가 쉽지 않다.

들은 이 논증을 경멸했고 다른 사람들은 이 논증을 존중했다. 파르메니데스, 플라톤, 어거스틴은 어떤 면에서 존재론적 논증을 예시하는 추론을 사용했다.

캔터베리의 안셀무스는 이 논증 자체에 대한 가장 영향력 있는 진술을 제공했다. 아퀴나스는 이것을 거절했지만 데카르트, 스피노자, 라이프니츠는 모두 이 논증의 다양한 형태를 받아들였다.

(『고전 변증학』[*Classical Apologetics*]이 추종하는) 조나단 에드워즈(Jonathan Edwards)는 범신론적 결론에 가까운 이 논증의 파르메니데스식 형식을 사용했다. 칸트는 영향력 있는 논박을 발전시켰지만, 헤겔과 그의 제자들이 이 논증 주위에 그들의 전체 철학을 구축하는 것을 막지는 못했다.

무어(G. E. Moore), 버트란트 러셀, 장폴 사르트르, 앤터니 플루(Antony Flew), 카이 닐슨(Kai Nielsen), 맥키(J. L. Mackie)와 같은 대부분 20세기 철학자들은 이 논증을 거절했지만 노만 말컴(Norman Malcolm), 앨빈 플랜팅가(Alvin Plantinga), 니콜라스 리처(Nicholas Rescher)와 같은 매우 유능하고 유명한 많은 철학자는 이 논증의 형태들을 받아들였다.

찰스 하츠혼(Charles Hartshorne)과 같은 과정 철학자들은 존재론적 논증에 커다란 중요성을 부여하지만, 이 논증에 대한 그들의 형태는 안셀름의 정통 하나님과는 매우 다른 과정의 신(a process god)으로 끝이 난다.

몇몇 문제를 단순화할 때 우리는 다음과 같이 존재론적 논증을 정식화할 수 있다.

전제 1: 하나님에게 모든 완전성이 있다.[46]

46 안셀름: 하나님은 "그보다 더 큰 것은 생각할 수 없는 그런 분"이시다.

전제 2: 존재는 하나의 완전성이다.[47]

전제 3: 따라서 하나님은 존재한다.[48]

가장 초기에 이 논증을 비판한 사람은 수도사 가우닐로(Gaunilo)였다. 안셀무스는 자비롭게도 자신이 작성한 답변을 포함해서 자신의 책에 그의 논평을 포함시켰다. 가우닐로는 이런 논증이 하나님과 같은 완전한 존재뿐만 아니라 완전한 무언가를 증명할 수 있다고 언급했다. 가령 우리는 완전한 섬은 모든 완전한 것을 가지고 있을 것이라고 주장할 수 있다. 또한 존재는 하나의 완전성이므로 완전한 섬은 존재해야 한다.

하지만, 안셀무스는 사실 하나의 완전한 섬은 모든 완전한 것을 가지고 있지 않다고 답했다. 결국 그것은 단지 하나의 섬이고 따라서 단지 섬에 적합한 이런 완전한 것만이 있다. 따라서 존재론적 논증은 단지 하나의 경우, 즉 무한한 정도로 모든 완전한 것을 가진 완전한 존재의 경우에만 효과가 있을 것이다.

다른 사람들은 이 논증이 "개념"에서 "실재"로 (유사 플라톤식[quasi-Platonic]) 도약을 한다는 이유로 반대했다. 이 논증은 우리의 하나님 개념이 그분의 존재(existence)를 포함하므로 하나님은 실제로 존재함이 틀림없다고 언급한다. 하지만, 단지 하나님에 대한 개념이 그분의 존재를 포함한다는 이유로 그분이 실제로 존재한다고 논리적으로 추론할 수 없다.

플라톤은 확실히 우리의 개념은 사물들의 궁극적 형상에 대한 회상이고 따라서 우리가 가진 모든 개념, 특별히 궁극적인 것들의 개념이 "형상의 세계"에서 서로 관계 되는 상관물이 있다고 생각했다. 우리는 플라톤

47 또는 어떤 표현에서처럼 "필연적인 존재는 하나의 완전성이다."

48 또는 "하나님은 반드시 존재한다."

이 어거스틴과 안셀무스에게 크게 영향을 주었다는 것을 안다. 또한 아마 플라톤은 그들이 전개한 논증의 궁극적 출처일 것이다.

하지만, 현대 철학자들은 형상에 대한 플라톤의 사변이 설득력 있다고 생각하지 않는다. 따라서 우리는 개념이 실재에서 서로 관계되는 상관물이 있다고 가정하지 말아야 한다.

하지만, 한편 우리의 개념 가운데 어떤 것도 객관적 실재와 연관성이 없다는 것이 가능한가?

이런 견해는 회의주의일 것이다. 이것을 피하기 위해(또한 우리는 어째서 회의주의 또는 비합리주의가 받아들일 수 있는 선택이 아니라는 이유를 제공했다) 적어도 우리의 일부 정신적 개념이 이 세상의 실재와 일치한다는 사실을 받아들여야 한다.

하지만, 어떤 개념들이 그런가?

확실히, 적어도 궁극적 기준을 개념화하는 것들이 그렇다. 왜냐하면, 우리가 살펴보았듯이 모든 사고가 그런 기준을 전제한다. 또한 확실히 우리는 그런 기준의 궁극적 출처에 대해 우리가 가진 개념과 일치하는 객관적 실재를 전제해야 한다. 그리스도인들은 그런 출처가 하나님임을 믿는다. 다른 사람들은 그런 출처가 그 밖에 무언가로 믿을 수도 있다.

자기 견해에 대한 플라톤의 다소 신화적 제시에도 불구하고 필자는 위의 진술들이 형상의 세계에 대해 그의 실제적 근거를 나타낸다고 생각한다. 플라톤은 인간의 사고가 단순히 감각 경험에서 도출할 수 없는 기준을 전제한다고 생각했다. 우리가 완벽한 삼각형에 대해 가진 개념은 감각들의 특정한 대상에서 도출되지 않지만 그것은 실제의 무언가와 일치해야 한다. 그렇지 않으면 그것은 기준으로 유용하지 않을 것이다. 파란색, 빨간색, 용기, 지혜, 인간성, "최고의 형상"인 선함에도 마찬가지다.

여기서 플라톤의 추론은 필자가 앞에서 제안했던 논증처럼 일종의 도덕 논증이다. 그는 하나님이 아니라 다수의 비인격적인 형상에 도달하지만, 우리는 도덕적 가치의 출처는 하나이고 인격적이어야 한다는 것을 살펴보았다.

따라서 안셀무스는 모든 완전성의 출처, 즉 모든 완전한 것을 가진 존재(the being)에 대한 우리의 개념은 단순히 우리 자신의 사고가 만들어낸 산물이 아니라 객관적이어야 한다고 말한다. 가령 여기서 안셀무스가 플라톤의 영향 아래 있다 하더라도 필자는 그의 기본적 추론의 타당성을 부인할 수 없다. 하지만, 다른 논증처럼 이 논증도 도덕 논증에 나온, 앞에서의 필자의 논증으로 축소될 수 있다.

물론 이 논증에 대한 다른 반대도 있다. 임마누엘 칸트는 안셀무스가 존재(existence)를 하나님의 완전성으로 다룸으로써 존재의 본질을 오해했다고 생각했다. 칸트가 보기에 존재는 완전성이 아니고 심지어 속성도 아니다. 사실 존재(existence)는 "실제" 술어(predicate)는 아니지만 이것은 "하나님은 존재한다"(God exists)와 같은 문장에서 술어 위치를 차지할 수 있다. 왜냐하면, 존재는 무언가에 대한 우리의 개념에 어떤 것도 첨가하지 않는다고 칸트는 언급했기 때문이다. 사실이다.

우리가 코커 스패니얼(cocker spaniel, 사냥 및 애완용 개 -역주)을 정의할 때 코커 스패니얼이 존재한다는 사실은 일반적으로 이런 정의의 일부분이 아니다. 또한 필자가 타지마할 묘(Taj Mahal)를 설명할 때 필자는 아마 그것이 존재한다는 것을 진술하기 위해 특별한 노력을 하지 않을 것이다. 칸트가 표현하는 것처럼 "실제 백 달러는 있을 가능성이 있는 백 달러보다 조금도 더 많은 것을 포함하지 않는다."[49] 따라서 칸트는 안셀무스가

49 Immanuel Kant, *Critique of Pure Reason*, abr., ed., trans., and with an introduction by

존재(existence)를 하나님의 속성이나 특성 가운데 하나로 만듦으로써 오류를 범했다고 생각한다.

그러나 칸트는 자신의 재정 상황은 있을 가능성이 있는 달러보다 실제 달러에 의해서 더 좋아진다는 것을 인정한다. 또한 우리는 실제 자동차가 상상의 자동차와는 다르다는 것을 안다. 또한 우리는 유니콘이 존재한다 하더라도 실제 유니콘은 상상의 유니콘과는 다를 것이라는 것을 안다. 확실히 우리는 "**허구적인**" 또는 "**신화적인**"과 같은 술어, 즉 비존재를 암시하는 술어 없이는 피닉스(피닉스에 대해 어떤 것도 알지 못하는 사람들에게)을 적당하게 정의하지 못할 것이다.

따라서 존재는 어떤 점에서 다른 속성 및 술어와는 다르지만 존재가 있는 사물들에게 존재가 어떤 차이점도 만들지 못한다는 의미에서는 아니다. 가령 필자는 세크러테어리엇(Secretariat, 1970-89, 미국의 유명한 경주마 -역주)과 『블랙 뷰티』(*Black Beauty*, 블랙 뷰티라는 말을 다룬 영국 소설 -역주) 사이의 차이점을 안다. 따라서 존재론적 논증에 대한 칸트의 반대가 실패하는 것처럼 보이지만 칸트의 반대는 많은 논의를 불러일으켰고 계속해서 불러일으키고 있다.

이 논의의 마지막 난점에 관심을 돌려보자. 이 논증에서 사용하는 것처럼 **완전성**(perfection)이라는 용어는 매우 파악하기 어렵다. 이 용어는 이미 알려진 가치 체계를 전제한다. 가령 그리스도인에게 완전한 것은 철학적인 자연주의자에게 완전하지 않을 수도 있다.

이 논증이 암시하는 것처럼 존재는 하나의 완전성인가?

물론 존재는 불교에서 완전성이 아니다. 불교는 열반(涅槃, Nirvana)을 일종의 "무"로 설명하고, 삶을 "고통"으로 폄하한다. 존재는 기독교에서

Norman Kemp Smith (New York: Random House, 1958), 282.

완전성이다. 기독교에서 하나님은 자신이 창조했던 모든 것을 보셨고 모든 것을 "좋았더라"라고 선포하셨다(창 1:31; 참조. 딤전 4:4).

다른 말로 말해서 존재론적 논증은 단지 이 논증이 뚜렷하게 기독교 가치와 존재에 대한 기독교 견해를 전제할 때에만 성경의 하나님을 증명한다. 다른 가치를 대체하라. 그러면 당신은 결론을 바꿀 것이다. 이것이 존재론적 논증을 다신론적 신(플라톤), 범신론적 신(파르메니데스, 스피노자, 헤겔), 과정의 신(하츠혼), 단자(라이프니츠), 기독교의 신(안셀무스, 플랜팅가) 처럼 너무 많은 다른 종류의 하나님을 변증하는 데 사용했던 이유다.

주목할 만하게 안셀무스가 자신의 논증에서 정식화하는 기도(prayer)는 그를 일종의 기독교 전제주의자로 밝혀 준다. 그는 자신이 하나님의 존재에 대해 정말로 의심하는 것이 아니라 그가 그의 마음이 "믿고 사랑하는" 하나님을 증명하는 단순한 방법을 찾고 있다는 것을 보여 준다. 그는 "믿기 위해 이해하는 것이 아니라 이해하기 위해 믿으려고(*credo ut intelligam*)" 애쓴다. 여기서 믿음은 이해의 산물이라기보다는 오히려 이해를 위한 기초다.

사실 심지어 가우닐로에 대한 안셀무스의 답변은 가우닐로가 대표하는 불신자가 아니라 가톨릭 신자인 가우닐로 자신에게 답하는 것이다. 또한 이것은 본질적으로 가우닐로의 "믿음과 양심"에 대한 호소다.

여기서 우리는 또 다른 "마음의 전제주의자"를 발견하지 않았는가?

필자의 결론은 다음과 같다. 즉, 존재론적 논증은 기독교 전제주의 논증이거나(따라서 앞에서의 도덕 논증으로 축소될 수 있다) 아니면 이 논증은 무가치하다.

제6장

증명으로서 변증학: 복음을 증명하는 것

역사적 이야기의 진리를 증명하는 것(고전 15:1-11에서 제시했던 복음과 같은)은 일반적 세계관의 진리를 증명하는 것과는 다소 다르다. 후자의 경우에 우리는 가치, 진리, 원인, 목적과 같은 우리 경험의 일반적 특징을 다룰 수 있다. 하지만, 전자의 경우에 우리는 먼 과거의 역사 기간과 관련이 있는 증거에 아주 많이 제한된다. 1차 자료는 성경 자체다. 성경 외적 출처는 초기 그리스도인들이 믿었던 것으로 확인되지만, 사건 자체에 대한 성경 증언에 많은 것을 첨가하지는 않는다.

하나님의 존재와 많은 속성이 피조계 안에 "분명히 인식되지만"(롬 1:18-20) 복음의 메시지는 그 자체로 이 세상에서 가시적이지 않다. 복음을 전달하기 위해 설교자가 필요하다(롬 10:14-15).

물론 이것은 우리가 맹목적 믿음에 대한 성경의 설명을 단순히 받아들여야 한다는 것을 의미하진 않는다. 성경 자체가 논쟁을 지지한다. 또한 성경은 우리가 앞에서 **이유**(rationale, 근거)로 불렀던 것을 제시한다. 성경은 성경 메시지가 담고 있는 진리를 지지하는 증거를 제시한다.

따라서 우리의 주된 임무는 복음 메시지의 진리를 위한 성경 자체의 논증을 분리하는 것이다. 이런 논증은 분명하며(대략 오백여 명이 동시에 부활한 그리스도를 목격했다고 바울이 언급하는 때와 같이) 또한 함축적이다(학자들이 고전 15:1 이하 본문의 역사를 부활 이후 불과 몇 년 후에 구두로 기록되거나 제시된 설명으로 거슬러 추적하는 때와 같이). 즉, 때때로 성경은 복음의 요소에 실제적인 언어 논증을 제공한다. 때때로 성경은 단순히 이런 요소를 진술하지만, 독자가 이런 진술이 설득력이 있다고 생각하는 그런 방식과 그런 조건으로 진술한다.

우리가 앞 장에서 논의했던 것처럼 우리의 출발점은 기독교 세계관 자체이어야 한다. 우리는 하나님이 절대 인격으로 존재하고 있다는 것을 살펴보았다. 또한 웨스트민스터 소요리문답의 답변 4를 인용하자면 하나님은 "영이시요, 그분의 존재와 지혜와 권능과 거룩하심과 공의로우심과 선하심과 진실하심이 무한하시고 영원하시며 불변하"신 분으로서 존재하는 것을 살펴보았다.

제2장에서 필자는 이런 개념이 하나님과 세상 사이의 연속성이 아닌 절대 주권자로서 하나님과의 구분을 전제한다고 주장했다. 필자가 아마 삼위일체 교리를 논하지는 않았지만[1] 필자는 이 교리가 기독교 신론의 다른 요소를 강화한다는 것을 증명하려고 애썼다. 반면에 삼위일체 교리

1 신학자들이 삼위일체 교리는 자연계시가 아닌 단지 특별계시를 통해서 알려진다고 언급하는 것이 일반적이다. 하지만, 필자는 삼위일체를 자연계시에서 배제하는 성경적인 근거를 전혀 알지 못한다. 또한 필자는 자연 자체의 연구가 하나님에 대한 삼위일체적 개념을 지지한다고 제안할 일부 근거를 제시했다. 물론 필자는 절대적으로 확실한 논증을 제시했다고 주장하지는 않을 것이다! 하지만, 하나님의 존재를 지지하는 논증이 유니테리언적 하나님의 가능성을 허용한다면, 이 논증이 **기독교 유신론**을 뚜렷하게 증명한다는 의미에 대해 의문이 생긴다. 그럼에도 불구하고 흥미롭게도 심지어 삼위일체는 오직 특별계시를 통해서 알려진다고 주장하는 토마스 아퀴나스도 지식과 사랑의 본질에 근거해서 논증을 만들어낸다. 그리고 만약 그의 논증이 타당하다면 지식과 사랑의 본질에 근거한 논증을 삼위일체에 관한 자연-신학 논증으로 묘사해야 할 것이다.

의 부정은 이런 요소를 왜곡하고 위태롭게 하는 것으로 이끈다.

또한 필자는 절대 인격체 유신론이 주로 성경 전통에서 발견된다고 주장했다. 확실히 모든 주요 종교 운동 가운데 성경이 영향을 준 종교만이 하나님을 절대 인격체로 생각한다. 우리의 앞 논증이 옳으며 또한 절대 인격체가 이 세상을 창조하고 다스린다면 이런 사실은 성경 전통을 지지하는 훌륭한 가정을 만든다.

절대 인격체가 인간의 행동에 관심이 있다면 (우리의 도덕 논증은 하나님이 관심이 있다고 암시한다) 우리는 하나님이 어딘가에 있는 사람에게 자신의 어떠하심을 제시할 것으로 기대할 것이다. 게다가 하나님은 분명히 말씀하시고 우리가 듣고 순종하길 기대하시므로 우리는 그의 어떠하심이 제시되는 장소가 모호하거나 하나님 백성 가운데 논쟁이 될 것으로 기대하지 않을 것이다.

하지만, 성경은 그런 기대를 충족시킨다고 주장하고 하나님이 자신의 어떠하심을 인간에게 제시하는 장소라고 주장하는, 유일하게 주요한 종교적인 책이다. 하나님의 말씀이 분명한 장소를 가진다면 그 장소는 성경임이 틀림없다. 단순히 그런 장소가 될 어떤 다른 후보도 존재하지 않는다.[2]

그렇다면 질문자는 실제 문제는 성경 종교와 "일반 통념" 사이의 문제라고 알게 되어서 기뻐할 수도 있다. 우리가 세계의 모든 종교와 철학을 완벽하게 연구할 필요는 없다. 단지 두 개만 중요하다. 성경이 말하는 것처럼 우리는 하나님의 지혜와 이 세상 지혜 사이의 선택에 직면해 있다 (고전 1:18-2:16).

---

2 앞 장에서 우리는, 성경에 의존하지만 성경 메시지의 왜곡인 모르몬교의 현대판 예언, 제칠일 안식교, 크리스천 사이언스, 그리고 그밖의 것들뿐만 아니라 이슬람교의 주장, 현대 유대교의 주장, 시행 중인 로마 가톨릭 교계제도의 주장을 평가했던 것을 기억하라. 물론 이런 문제를 상세하게 논의하려면 더 긴 책이 필요할 것이다.

그렇다면 그런 의미에서 우리의 유신론 논증은 이미 복음의 진리, 즉 성경의 전체 메시지를 확정했다. 하나님 말씀의 출처를 위한 어떤 다른 논리적 후보도 존재하지 않으므로 우리는 이 메시지를 듣고 순종해야 한다.

물론 필자는 이 논증이 어떤 사람들에게 많은 중요한 의미를 갖지 않으리라는 것을 인식한다. 이 논증은 인간에게 주는 하나님의 메시지가 존재하지 않거나 그 메시지가 어떤 다른 곳에서 발견될 수도 있다는 모든 가능성을 배제하지 않는다. 따라서 우리가 성경의 주장을 고려할 때 필자는 계속해서 입증 책임을 지려고 한다.

유신론을 지지하는 필자의 논증이 담고 있는 완전한 함축을 이해하는 사람들에게 다음의 논증은 "뜻밖의 횡재"인데, 엄격하게 필요한 것은 아니지만 유용하다. 다른 사람들에게 이 논증은 어느 정도 중요할 것이다.

여기서 독자는 성경의 "좋은 소식"에 대한 제2장의 설명을 유익하게 검토할 수도 있다. 요약해 보자. 즉, 성경은 우리에게 우리가 하나님의 형상으로 창조된 것, (아담을 통해서) 우리가 타락하여 죄에 빠진 것, 또한 우리 죄를 위한 속죄 죽음을 죽으시고 우리를 새 생명 가운데 그와 함께 부활하기 위해 하나님이 자신의 독생자를 거저 선물로 주신 것에 대해 말한다.

1. 성경의 성경론

어째서 우리는 성경의 성경론(scripture's doctrine of scripture)을 믿어야 하는가?

본질적으로 하나님이 성경에서 우리에게 그렇게 말씀하셨기 때문이다!

옛 찬송은 옳다.

예수 사랑하심을 성경에서 배웠네.

날 사랑하심 성경에 쓰였네.

성경은 우리에게 성경론을 제시한다. 성경 자체는 단순히 유대 역사와 초기 기독교에 대한 우연적인 인간 기록이 아니다. 오히려 성경은 하나님의 자기 증거다. 성경은 우리에게 말씀하는 하나님이다. 따라서 성경론은 좋은 소식의 일부분이다. 성경 자체는 구원 메시지의 한 요소다.

또한 성경론은 단지 성경의 몇몇 구절에서만 발견되지 않는다. 오히려 성경론은 성경 구석구석에 스며있다. 하나님은 우리가 그리스도를 믿는 것뿐만 아니라 우리에게 그리스도에 대해 말해 주는 말씀, 즉 하나님의 바로 그 말씀을 믿는 것에도 많은 관심이 있다. 하나님은 우리에게 그리스도 안에 있는 구원뿐만 아니라 이런 구원에 대해 알 수 있는 놀랍도록 단순한 방법도 주셨다.

성경이 성경 자체의 지위를 묘사하고 성경 자증을 제시함에 따라 우리는 복음 메시지를 위한 성경적 근거의 중요한 부분을 파악하게 된다. 우리가 성경의 자기 묘사가 신뢰할 만하다는 것을 발견한다면 동시에 우리는 성경의 메시지가 신뢰할 만하다는 것을 발견할 것이다.

아무리 현대의 종교 사변가들에게 터무니없는 것처럼 들릴지라도 성경 역사에서 하나님이 책을 통해서 교회를 다스리려 한다는 것은 분명하다. 하나님의 교회는 기록된 헌법을 가져야 한다.

하나님이 이스라엘 백성을 애굽에서 이끌어내시고 그들이 시내 산에 모여 있는 동안 그들을 만나실 때 하나님은 그들을 자기 백성으로 입양하신다(출 19장). 거기서 하나님은 그들에게 "모세 언약"을 선포하신다. 그리고 모세 언약은 그들에게 주는 하나님의 은혜로운 복을 약속하고 그들의 순종을 요구한다.

언약은 때때로 **종주권 조약**(suzerainty treaty)으로 부르는 고대 근동의 문예 양식이다. 종주권 조약의 예가 성경 밖에서 발견되었다. 종주권 조약에서 대왕(great king)은 자기보다 작은 왕(lesser king)에게 종-동맹자의 지위를 부과한다. 조약의 문예 양식에서 대왕은 입안자로서 말한다.

대왕은 자기 이름을 말함으로써 시작한다. 그런 후에 역사적 서언에서 그는 어떻게 자신이 과거에 봉주(servant-king)을 도왔는지를 설명한다. 그런 후에 그는 자신의 법, 즉 종이 수행해야 할 의무를 진술한다. 그런 후에 종이 순종하면 그에게 축복을 그가 불순종하면 저주와 같은 제재가 온다. 이 조약은 왕조의 승계 방식, 언약 문서를 준수하는 것, 공개적 낭독을 위한 규정 등과 같은 절차상의 상세한 내용으로 끝이 난다.[3]

우리는 출애굽기 20장의 십계명에서 이런 문예 양식을 볼 수 있다.[4] 또한 메리데스 클라인(Meredith Kline)은 이런 양식을 반영하는 다른 구절(신명기 전체 책을 포함해서)을 식별했다.

기록된 문서는 계약에 전혀 부수적이지 않다. 사실 기록된 문서는 계약의 바로 그 규정이므로 기록된 문서는 계약이다. 문서를 위반하는 것은 계약을 위반하는 것이고 계약을 위반하는 것은 문서를 위반하는 것이다. 계약은 대왕이 기록하고 두 개의 사본으로 보관한다. 하나는 대왕의 성소에, 다른 하나는 봉주의 성소에 보관한다. 이 문서는 가장 거룩한 장소에 적당하다. 왕들은 자기들의 신을 경외하는 것처럼 이 계약을 존중한다.

이와 유사하게 하나님과 이스라엘 사이의 언약에서 언약 문서가 중요

3 더 자세한 내용을 참조하려면 Meredith G. Kline, *The Structure of Biblical Authority* (Grand Rapids: Eerdmans, 1972)를 보라. 메리데스 클라인(Meredith G. Kline)의 작업은 워필드(B. B. Warfield)이후로 복음주의 성경론에 대한 가장 중요한 기여다.

4 "나는 … 네 하나님 여호와니라"(종주-저자의 이름), "너를 애굽 땅, 종 되었던 집에서 인도하여 낸"(역사적 서언); "너는 나 외에는 다른 신들을 네게 두지 말라" 등등(법), "네 하나님 여호와는 질투하는 하나님인즉," 등등(제재).

한 역할을 한다. 우선 이 문서는 단지 십계명의 두 판을 포함한다.[5] 이 문서에서 하나님은 저자로서 말씀하시고 위대한 왕의 이름을 위한 일반적인 장소 안에서 자신의 이름을 말씀한다. 이 구절은 하나님의 저자됨을 강하게 강조한다. 왜냐하면, 하나님이 자기 손으로 직접[6] 이 판을 기록하셨기 때문이다(출 24:12; 31:18; 32:15-16; 34:1; 또한 출 34:32; 신 4:13; 9:10-11; 10:2-4를 보라).

후에 그런 말씀이 더 추가되었다. 신명기 32장에서 하나님은 자기 백성에게 노래를 가르치신다. 그들은 이 노래로 하나님의 자비를 기억해야 하고 그분에게 순종하는 것을 기억해야 한다. 그것은 하나님의 노래이고 모세가 기록한다(출 31:22). 이것은 "증거"의 노래다(31:19).

하지만, 이것은(현대 신학자들이 종종 주장하는 것처럼) 이스라엘이 하나님을 증거하는 것이 아니다. 오히려 이것은 이스라엘 대한 하나님의 증거다(31:19). 이스라엘 백성이 죄를 범하고 언약을 위반할 때 이 노래가 그들을 고소하고 유죄를 선고할 것이다.

율법 전체는 이스라엘 백성에 대한 증거로서 하나님의 가장 거룩한 장소인 언약궤 안에 놓인다(신 31:26). 율법은 거룩하다. 왜냐하면, 율법은 하나님 자신의 말씀이기 때문이다. 이런 이유로 누구도 이런 말씀에서 가감하거나 뺄 수 없다(신 4:2; 12:32; 참조. 1:7; 잠 30:6; 계 22:19-20).

말라기까지 때때로 하나님은 성경의 정경에 새로운 말씀을 첨가하신다. 선지자들의 입에는 하나님의 말씀이 있다(신 18장). 또한 그들이 했던 많은 예언이 기록되었다(예. 사 8:1; 30:8 이하; 34:16-17; 렘 25:13을 보라).

---

5 클라인은 두 판을 일부 계명이 있는 하나와 나머지 계명이 있는 또 다른 판으로 보기보다는 오히려 전체 십계명의 두 사본으로 본다. *Structure of Biblical Authority*, 113-30을 보라.

6 하지만, 하나님(출 34:1)이 모세(출 34:27)를 통해서 두 번째 두 판을 기록하셨다. 여기서 모세는 "서기"(secretary)이지만 하나님은 다름 아닌 저자이시다.

우리가 거의 무작위로 신명기 책을 펼치면 우리는 하나님이 자기 백성에게 "말씀, 계명, 증거, 규례, 율례, 법도" 등에 주의를 기울이라고 요구하는 구절을 발견할 것이다(우아한 중복에 주목하라).

이런 것들은 어떤 말씀인가?

분명히 이것들은 모세가 기록했던 하나님의 기록된 말씀이다. 시편 119편과 다른 구약성경 구절은 경외하는 용어로 하나님 말씀을 언급한다. (시 56:4, 10에서 하나님의 말씀은 종교적 찬양의 대상이다.)

이런 것들은 어떤 말씀인가?

다시 말하지만, 이것들은 하나님의 기록된 말씀이다. 예수님은 이런 말씀으로 구약성경의 기록된 율법에 대해 언급한다.

> 내가 율법이나 선지자를 폐하러 온 줄로 생각하지 말라 폐하러 온 것이 아니요 완전하게 하려 함이라 진실로 너희에게 이르노니 천지가 없어지기 전에는 율법의 일점일획도 결코 없어지지 아니하고 다 이루리. 그러므로 누구든지 이 계명 중의 지극히 작은 것 하나라도 버리고 또 그같이 사람을 가르치는 자는 천국에서 지극히 작다 일컬음을 받을 것이요 누구든지 이를 행하며 가르치는 자는 천국에서 크다 일컬음을 받으리라(마 5:17-19).

예수님이 모세를 믿는 것을 그 자신의 말씀을 믿는 것의 전제 조건으로 만들고(요 5:45) 성경을 폐해야 한다는 것을 부정할 때(10:33-36) 그분은 기록된 옛 언약의 가르침에 자신의 증거를 덧붙이신다.

바울이 성경을 "하나님의 감동으로 된 것"(딤후 3:16)으로[7] 언급하며 또한 베드로가 선지자들이 그들 자신의 뜻이나 해석상의 능력이 아닌 오히

7 즉 "하나님이 말씀하신."

려 성령으로 말했다고 언급할 때 그들은 기록된 말씀에 대해 말하는 것이다. 예수님과 사도들에게 구약성경 전체는 하나님 백성의 언약 문서다.

신약성경은 어떤가?

본질상 신약성경은 자체에 대해 저술의 완전한 모음집으로서 논의할 수 없다. 그런데도 신약성경은 하나님의 목적이 교회에 그런 모음집을 제공하는 것이라는 사실에 어떤 의심도 남기도 않는다.

사람들은 때때로 구약성경이 권위적인 말씀을 가진 종교를 제시하지만 신약성경은 더 "영적이고" 언어 계시에 초점이 덜 맞추어져 있다고 제안한다. 하지만, 이것은 분명히 사실이 아니다.

신약성경에서 예수님은 하나님의 뜻을 가르치기 위해 오신다. 예수님의 말씀은 엄청나게 중요하게 제자도(discipleship)을 위한 최고의 기준이다. 마태복음 7:21-27, 28-29; 마가복음 8:38; 누가복음 8:21; 9:26 이하; 요한복음 6:63, 68-69; 8:47; 12:27 이하; 14:15, 21, 23-24; 15:7, 10, 14; 17:6, 17; 디모데전서 6:3; 요한일서 2:3-5; 3:22; 5:2-3; 요한이서 6; 요한계시록 12:17; 14:12을 묵상하라. 예수님의 말씀이 없다면 우리는 잃어버린 자들이다. 또한 예수님의 말씀이 없다면 우리는 어떤 복음도 없다.

사도들의 기록된 말씀(고전 14:37; 골 4:16; 살전 5:27; 살후 3:14[참조. 2:15]; 벧후 3:16을 보라)을 포함해서 사도들의 말씀도 엄청나게 중요하다(롬 1:16-17; 2:16; 살전 4:2; 유 17 이하).

구약성경처럼 신약성경도 언약, 즉 "내 피로 세운 새 언약"(고전 11:25)을 기록한다. 우리가 살펴보았듯이 성경의 언약들은 특징상 언어적이다. 따라서 하나님의 백성을 위한 새로운 언약의 말씀이 존재하는 것이 분명하다. 새로운 언약의 말씀이 없다면 기독교는 의미가 없을 것이다. 그렇다면 우리는 하나님이 이런 말씀을 너무 많은 수고 없이 우리가 모두 그런 말씀을 발견할 수 있는 곳에 놓으실 것이라고 기대할 수도 있다. 또한 사실 하나님은 그렇게 하셨다.

물론 어떤 책들을 신약성경 정경에 포함했는지에 대해 초대교회 안에 일부 논쟁이 있었다. 하지만, 정경에 대한 차이점—다른 논쟁과는 다르게—이 결코 교회를 분리시키지 않았다. 또한 모든 책이 로마 제국의 교회 전체에 걸쳐서 완전히 읽히고 373년에 알렉산드리아의 아타나시우스(Athanaisus of Alexandria)가 하나님의 말씀으로서 자신의 교회에 받아들인 책 목록을 발행했을 때 어떤 이의도 없었다.

하나님은 자신을 알리셨다. 또한 하나님의 양들은 그분의 목소리를 들었다. 또한 하나님의 성령이 말씀으로 하나님 백성의 마음에 증거하셨다.

우리 시대에 기록된 말씀에 반대하는 어떤 편견이 존재한다. 어떤 신학자들에게서 우리는 기록된 말씀은 선지자의 "살아 있는 음성"보다 덜 권위적이며 또한 심지어 선지자의 "살아 있는 음성"은 하나님의 직접적인 음성보다(예를 들어, 시내 산에서 들었던 직접적인 하나님의 음성) 덜 권위적이라는 생각을 얻는다. 확실히 하나님의 직접적인 음성이 하나님의 기록된 말씀보다 더 무섭다.

하지만, 성경은 권위에서의 구분을 전혀 알지 못한다. 기록된 말씀은 살아 있는 선지자와 똑같은 권위가 있으며 또한 하나님의 음성과 똑같다. 기록된 말씀에 순종하는 것은 하나님 자신에게 순종하는 것과 같다. 또한 기록된 말씀을 무시하는 것은 하나님 자신을 무시하는 것이다. 하나님은 기록된 헌법, 즉 책으로 자기 교회를 다스린다.

따라서 하나님의 백성은 하나님의 말씀에서 복음에 대한 그들의 확신을 얻는다.

어떻게 필자가 예수님이 필자를 위해 죽으셨다는 것을 아는가?

성경을 통해서 안다. 더 높은 권위, 확신에 대한 더 큰 근거는 존재하지 않는다. 하지만, 물론 성령은 우리로 하여금 올바르게 성경을 믿고, 이해하고, 사용하게 하신다. 성경의 진리는 하나님 백성을 위한 전제다.

우리가 다시 맹목적인 신앙이나 협의의 순환성으로 돌아가는가?

정말 그렇지 않다. 지금까지 필자의 논증을 이해했던 사람들은 우리가 성경적 종교 전통—절대 인격체이신 하나님을 예배하는 유일한 전통을 지지하는 엄청난 가정—을 타당화하는 데 애썼다는 것을 이해한다. 본 장에서 필자는 독자에게 이런 전통에 대해 두 가지를 보여 주기 위해 성경을 강조해 왔다.

첫째, 기록된 계시는 이런 전통에서 부수적인 요소일 뿐만 아니라 핵심적으로 본질적인 권위이기도 하다.

둘째, 기록된 헌법으로서 성경은 단순한 인간 사고의 산물과 역사적 자료가 아니다.

오히려 성경은 하나님의 말씀이다. 따라서 누군가 성경 종교의 전통을 따르기를 원한다면 우리가 선호하는 교리를 고르고 선택하는 자유를 유지하면서 이런 전통의 생각에 일반적인 충성을 하는 것으로는 충분하지 않을 것이다.

오히려 이런 전통에 충실한 것은 자율성을 포기하고 우리가 신실하게 하나님 책의 각 쪽에서 발견하는 지혜에 귀를 기울이는 것이다. 참된 제자는 더 많은 하나님 말씀을 간절히 바라고 목말라 한다. 또한 그는 하나님의 **모든** 말씀으로 산다(마 4:4).

전통적 변증학에서 질문자는 변증가가 성경의 완전한 권위를 입증할 때까지 성경의 완전한 권위를 하나님의 말씀으로 전제하지 **말아야 한다**는 말을 듣는다. 오히려 그들은 단지 성경을 일반적으로 신뢰할 만한 역사적 텍스트로 가정하라는 말을 듣는다.

첫째, 심지어 많은 학자가 성경의 일반적 신뢰성에 이의를 제기한다(다음 섹션을 보라).

둘째, 우리는 결코 질문자들에게 진리 이하의 것을 전제하라고 분부하지 말아야 한다.

셋째, 기독교를 지지하는 기독교 자체의 논증(필자가 재현하려고 애쓰는)은 완전한 의미에서 그 자체의 권위를 전제한다.

넷째, 필자는 사람들이 자기들이 있는 곳에서 시작해야 한다는 것을 인식한다. 우리가 성경 권위를 믿지 않는다면 우리는 동시에 성경 권위를 전제할 수 없다. 이런 입장에 있는 누군가와 소통할 수 있는 방법들(참조. 제1장에서 오스카의 이야기)이 있지만 이런 입장은 결함 있는 관점이다.[8] 또한 변증가는 결코 이런 결함 있는 관점을 권장하지 말아야 한다.

2. 하지만, 성경 비평에 대해선 어떤가?

위의 논증에 기초해서 기꺼이 그리스도를 고백하지 않으려는 사람들에게 필자는 분명히 성경 가르침을 위한 성경 자체의 근거에 대해 더 많은 것을 덧붙여야겠다. 하지만, 우리가 이것을 시작하기 전에 필자는 앞 단락의 논증에 대한 한 가지 실질적인 반대에 답을 해야 한다.

(어떤 점에서) 복음을 변호하기 위한 가장 좋은 입장에 있는 전문적인 많은 성경학자와 신학자 자신들이 역사적 기독교에 대해 신랄하게 비판한다는 것은 성경을 믿는 그리스도인들에게 계속되는 당혹스러움이다.

이것이 항상 사실인 것은 아니었다. 대략 1650년까지 대부분—가장 유명한 신학자들을 포함해서—의 신학자들은 성경의 초자연주의를 옹호하는 철저한 변증가들이었다.

8 이런 사람을 "인식론적으로 도전한다"라고 언급하는 것이 더 "차별 언어를 사용하지 않는" 것인가?

하지만, 그런 후에 이성의 시대가 도래 했다. 이성의 시대에 전통은 폐기되었고 자율성을 찬양했다. 또한 이론의 진리만큼이나 새로운 많은 이론으로 인해 이론을 존중했다. 합리주의자들은 초자연적 사건은 결코 발생하지 않는다고 (증거 없이) 전제했다. 또한 그들은 인간 정신이 신적 계시로 알려진 것과 독립해서 가장 잘 작동한다고 전제했다. 다른 말로 말해서 그들은 인간 자율성 개념을 채택했다.

이런 사람들 가운데 일부는 계속해서 어떤 종류의 하나님을 믿었지만 이런 전제는 분명히 성경 유신론을 전적으로 부정하는 것에 해당했다. 이런 부정은 성경 연구에 기초해서 이루어진 것이 아니라 심지어 이런 연구가 시작하기 전에 이루어졌다. 이런 전제는 성경 연구 자체의 방법을 다스리도록 의도되었다. 또한 이런 전제는 결코 성경의 실제적 가르침에 의해 영향 받지 않았다.

이것이 의미하는 바는 기성 학문계의 관점에서 볼 때 이런 요점으로부터 계속해서 성경을 비성경적 가정하에 연구해야 한다는 것이다. 그런데 이런 가정은 역사적 기독교의 가르침을 단호하게 반박하는 가정이었다.

이런 전제에서 성경을 어떤 다른 책, 즉 단순한 인간의 기원과 단순한 인간의 권위가 있는 책으로 다루었어야 했음이 분명했다. 따라서 성경의 책들과 메시지의 기원에 대한 모든 종류의 이론, 즉 어떤 초자연적인 언급이 전무한 모든 종류의 이론을 전개했다. 예수는 하나님의 아들과 구속주가 아니라 단순한 도덕 교사나 (후에) 잘못된 종말적 환상가로 이해되었다. 일반적으로 기적 이야기를 믿지 않았고 성경 저자들의 경건한 상상으로 돌려졌다.

이와 유사하게 구약성경을 다양한 "자료"와 "전통"으로 나누었다. 첫 다섯 권을 J, E, D, P와 때때로 J1, J2 등으로 지정한 다양한 무명 저자에게 돌렸다. 이스라엘 역사를 재구성했다. 창세기 1-11장은 신화, 전설,

영웅 전설(saga)로 격하되었다. 또한 아브라함, 이삭, 야곱의 이야기를 비역사적인 것으로 간주했다. 어떤 학자들은 심지어 애굽 땅에서 하나님의 백성이 출애굽 했다는 것을 부정했다.

다시 말하지만, 이런 학자들은 일반적으로 초자연적인 것을 부정했다. 진화론적 가설을 성경의 창조 설명에 대한 반대로서 받아들였을 뿐만 아니라 성경 역사의 과정을 결정하는 틀로 사용했다. 비평가들은 이스라엘의 원 종교가 조잡하고 원시적이고 주요 관심이 심판과 복수였던 지역 신의 종교라고 가정했다. 또한 그들은 이스라엘의 원 종교가 언약적 사랑이 있는 무한한 하나님을 믿는 진화적 패턴으로 발전했다고 가정했다.

인간의 입에 하나님의 말씀을 넣는 것과 관련되고 미래 사건의 예언을 포함하는, 예언에 대한 성경적 개념은 단순히 원리의 문제로 부정되었다. 미래 사건을 상세하게 예측하는 것으로 보였던 구절들을 사기적인 것으로서, 즉 "예측된" 사건 후에 실제로 기록된 것으로서 일축했다.

이런 종류의 자유주의적 사고가[9] 빠르게 유럽 대학교들의 가르침을 지배하게 되었다. 유럽의 대학교들은 항상 새로움에 대해 지나치게 열중했고 결국 자율성을 조성했던 지적 자만을 항상 드러내 보였다. 후에 이런 자유주의적 사고가 또한 교회에 영향을 주었다. 어떤 교단은 완전히 자유주의에 굴복했고 다른 교단은 어느 정도 저항했다. 그리고 자유주의 사고가 지배하는 옛 교단에 남아 있을 수 없었던, 정통 신앙을 가진 사람들은 다른 교단을 만들었다.

오늘날 대부분의 주류 대학교, 신학교, 교단에서 자유주의의 지배가 계

9 필자는 성경의 최종 권위를 받아들이지 않는 모든 신학(소위 신정통주의를 포함해서)을 포함하기 위해 **자유주의**(liberal)이라는 용어를 사용한다. 필자는 정통주의 사상가들 가운데 차이점이 존재하듯이 자유주의 사상가들 가운데서도 많은 차이점이 존재한다는 것을 인정한다. 하지만, 이런 용어가 종종 "꼬리표"로 무시된다 하더라도 우리는 분명히 일반적인 운동을 가리키기 위해 일부 일반적인 용어가 있을 필요가 있다.

속되고 그 가르침은 종종 과거 세기의 스피노자식 합리주의와 칸트식 비판보다는 오히려 마르크스주의("해방 신학")와 "과정신학"에 기초한다.

하지만, 이런 가르침은 반초자연주의적이며 또한 특별히 성경의 무오한 권위에 반대한다. 이런 가르침은 계속해서 지적 자율성을 주장한다. 가장 유명한 학자들(예를 들어, 루돌프 불트만[Rudolf Bultmann], 존 힉[John Hick], "예수 세미나"[Jesus Seminar])은 가장 성경적인 가르침을 부정하는 사람들인 것처럼 보인다.

이전처럼 이런 학자들은 자기들의 방법론이 성경 연구에 대한 역사적 기독교 방법의 방법론보다 더 뛰어나다는 어떤 증거도 제공하지 않는다. 대신 우리는 라디오와 비행기 시대에 인간은 기적적인 사건을 믿을 수 없다고 일방적으로 듣는다. 가령 어떻게 라디오와 비행기가 예수님이 오천 명을 먹이신 사건을 반박하는지는 다소 명확하지 않다.

비평가들 자신이 그들이 사용하는 방법을 믿는 것은 정상적인 의미에서 증거에 기초하지 않는다. 유명한 논문인 "전제 없는 주석은 가능한가?"(Is Exegesis without Presuppositions Possible)에서 불트만(Rudolf Bultmann)가 매우 솔직하게 인정했던 것처럼 그것은 전제다.[10] 또한 이 전제는 역사적 기독교의 전제와 매우 반대되는 전제다.

분명히 성경 연구에서(항상 조직신학에 반영되는 것은 아니다) 자유주의 학자들이 성경 책들의 연대, 진정성, 역사성에 대해 점점 더 보수적인 결론에 도달하는 경향이 있는 것처럼 보인다.

19세기 초기의 자유주의 신학자들이 일반적으로 모세 시대 전에 발생했던 사건들과 관련된 모든 성경 이야기의 정확성을 부정했고 많은 신약성경 책이 2세기 중반에 유래했다고 주장했다. 하지만, 고고학적 증거와

10 Rudolf Bultmann, *Existence and Faith*, ed. Schuber M. Ogden (New York: Meridian Books, 1960), 289-96.

문서상의 증거로 인해 많은 학자는 적어도 족장 이야기의 배경의 역사성을 받아들였다.

또한 모든 신약성경 책이 일반적으로 현재 1세기에 유래하는 것으로 인정된다. 흥미롭게도 신학이 가장 급진적인 학자들 가운데 일부(아돌프 하르낙[Adolf Harnack], 존 로빈슨[John A. T. Robinson])는 자기들의 역사적 판단에 있어서는 가장 보수적이었다. 로빈슨은 악명 높은 자신의 책 『신에게 솔직히』(*Honest to God*)[11]에서 노골적인 비성경적 신학을 제기했다. 하지만, 그는 후반에 지은 책에서 모든 신약 문서는 주후 70년 전에 저술되었을 수도 있다는 주장으로 돌아왔다.[12]

그런데도 자유주의의 기본적 전제가 계속해서 신학계를 지배한다. 몇몇 용기 있는 사람들은 "임금님은 벌거숭이다"라고 외치려고 시도했다. 윌리엄 그린(William Green), 워필드(B. B. Warfield), 로버트 윌슨(Robert Dick Wilson)과 같은 미국 학자들과 함께 케일(C. F. Keil), 테오도르 잔(Theodor Zahn), 에른스트 헹스텐베르그(Ernst Hengstenberg)와 같은 정통주의 신학자들이 19세기 유럽에서 자유주의와 격전을 벌였다.

다음 세대에 그레샴 메이천(J. Gresham Machen),[13] 오스왈드 엘리스(Oswald T. Allis),[14] 사이러스 고든(Cyrus Gordon, 문서 가설에 의문을 제기했던 유대인 학자)이 자유주의 방법론에 대한 유명한 비판을 제기했다.

11 Philadelphia: Westminster Press, 1963.

12 T. T. Robinson, *Redating the New Testament* (London: SCM Press, 1976).

13 J. Gresham Machen, *Christianity and Liberalism* (Grand Rapids: Eerdman, 1923): *The Origin of Paul's Religion* (New York: Macmillan, 1921; Grand Rapids: Eerdmans, 1965). 이 책들은 아직 매우 강력한 작품들이다!

14 Oswald T. Allis, *The Five Books of Moses*, 2nd ed. (Philadelphia: Prebytererian and Reformed, 1949); *The Unity of isaiah* (Philadelphia: Presbyterian and Reformed, 1950); *The Old Testament: Its Claims and Its Critics* (Nutley, NJ: Presbyterian and Reformed, 1972; Grand Rapids: Baker, 1972).

그런데도 후에 한때 불트만(Bultmann)의 제자였던 에타 린네만(Eta Linnemann)은 극적이게도 그리스도의 종이 되는 더 큰 명예를 위해 독일의 성경학자로서 자기가 누린 커다란 명성을 포기했다.[15]

필자는 다음과 같은 것을 확신한다. 즉, 독자가 열린 마음으로 이와 같은 책들을 연구함에 따라(그리고 이것은 어떤 독자 안에서는 성령의 새롭게 하는 사역을 요구할 수도 있다) 자유주의의 주장이 입증되지 않았다는 것을 확신할 것이다. 또한 사실 그는 자유주의 주장이 지적으로, 방법론적으로 또한 신학적으로 결함이 있다고 확신할 것이다.

이 문제를 더 일반적이고 덜 전문적인 방식으로 제시하는 두 명의 다른 작가도 필자의 사고에 영향을 주었다. 하지만, 이런 분야에서의 그들이 가진 전문적인 자격을 의심할 수 없다.

첫째, 철학자 월터 카우프만(Walter Kaufmann)이 저술한 『종교철학 비판』(*Critique of Religion and Philosophy*)이다.[16] 위에 언급했던 사람들과는 다르게 카우프만은 근본주의자라는 경멸적인 별칭이 허용되지 않는다. 사실 카우프만은 강력한 반기독교 저자였다. 또한 대체로 이 책은 필자가 소중히 여기는 모든 것에 대한 열정적이고 논리정연한 공격이다.

하지만, 카우프만의 표적 가운데 하나는 필자의 표적과도 같은데, 그것은 소위 고등 성경 비평이다.[17] 문서 가설(J1, J2 등)에 대한 그의 논증은

15 Eta Linnemann, *Historical Criticism of the Bible: Methodology or Ideology?*, trans. Robert W. Yarbrough (Grand Rapids: Baker, 1990).

16 New York: Harper and Brothers, 1958.

17 하등 비평(Lower criticism)은 고대 성경 필사본 연구를 통해서 적당한 성경 텍스트를 결정하는 것이다. 고등 비평(Higher criticism)은 성경 자체의 증언과 별도로 특별히 저자(authorship), 연대, 책의 기원에 대해 성경이 주장하는 것의 진리를 결정하려고 애쓴다. 역사적 기독교는 이렇게 정의된 하등 비평은 추천하고 고등 비평은 부정한다. 물론 이 두 어구를 다른 방식으로 정의할 수 있다.

강력하며 또한 전체 노력의 불합리성을 훌륭하게 드러낸다.

둘째, 다른 인기 있는 저자는 『현대 신학과 성경 비평』(*Modern Theology and Biblical Criticism*)이라는[18] 작품을 쓴 루이스(C. S. Lewis)다. 루이스는 또한 근본주의자는 아니었다. 유감스럽게도 그는 성경 무오성을 부정했다. 하지만, 그는 기독교 초자연주의자였고 매우 인상적인 일부 변증 작품을 저술했다. 옥스퍼드대학교의 초기 영문학 교수였지만 그는 고대 텍스트를 해석하고 평가하는 일을 했다. 따라서 그는 성경학자들의 작품을 동정적이지만 새로운 관점에서 살펴볼 수 있었다.

루이스는 저명한 성경 비평가들에 다음과 같이 말한다.

> 필자에게 그들은 문학적 판단이 결여되어 있는 것처럼 보인다. 또한 그들은 자신들이 읽고 있는 텍스트의 특성을 감지하지 못하고 있는 것처럼 보인다.[19]

예수님의 인성이 바울과 요한에게 중요하지 않았다는 불트만의 주장에 대해 루이스는 다음과 같이 언급한다.

> 이 박식한 독일인은 어떤 이상한 과정을 거쳐 왔기에 자기를 제외한 모든 사람이 이해하는 것을 보지 못하는 장님이 되어 버렸는가?[20]

또한 루이스는 다음과 같이 선포한다.

---

18 C. S. Lewis, *Christian Reflections*, ed. Walter Hooper (Grand Rapids: Eerdmans, 1967), 152–66.

19 Lewis, *Christian Reflections*, 154.

20 Lewis, *Christian Reflections*, 156.

> 이 사람들(현대 성경 비평가들)은 그 오래된 텍스트 행간에 숨겨진 의미에 대해 자신들이 파악하는 의미를 믿으라고 요구한다. 하지만, 이 현대 성경 비평가들이 제시하는 증거는 행간 자체에 숨어 있는 진정한 의미를 명확하게 파악하지 못하는(논의할 가치가 있다는 의미에서) 그들의 무능력을 드러낸다. 그들은 양치식물 포자는 볼 수 있고 대낮에 10야드 떨어진 곳에 있는 코끼리는 볼 수 없다고 주장한다.[21]

루이스가 푸념으로 불렀던 것처럼 여기에 루이스의 다른 "푸념" 가운데 일부가 있다.

> 자유주의 유형의 모든 신학은 어느 시점에서 다음과 같은 주장을 포함한다. … 그리스도의 추종자들이 그리스도의 실제 행동, 목적, 가르침을 매우 빠르게 오해했고 잘못 전달했다. 또한 단지 현대학자들이 그리스도의 실제 행동, 목적, 가르침을 발견하거나 밝혔다.[22]

> 나는 이런 신학자들이 기적이 발생하지 않는다는 원리를 끊임없이 사용하는 것을 발견한다.[23]

> [성경 텍스트의 "원" 배경을 재구성하는] 이 모든 것에 반대하여 나를 미리 대비하게 하는 것은 다음과 같다. 즉, 나는 상황을 그들의 관점에서 보았다. 나는 비평가들이 단지 이런 방식으로 나 자신의 책의 기원을 재구성하는 것을 지켜보았다. … 나의 인상은 다음과 같다. 즉, 나의 모든 경

21 Lewis, *Christian Reflections*, 157.
22 Lewis, *Christian Reflections*, 157.
23 Lewis, *Christian Reflections*, 158.

험상 이런 추측 가운데 하나도 결코 옳지 않았다는 것이다. 오히려 이런 방법은 100퍼센트 실패의 기록을 보여 준다.[24]

하지만, 대부분의 성경 신학자들은 17세기 합리주의자들이 세웠던 기본 방침을 다소 따른다. 우리가 다양한 견해를 가진 알려진 전문가들의 숫자를 셈으로써 누구를 따를 것인가를 결정한다면 우리는 자유주의자가 되어야 한다. 한편 우리가 일반 통념에 대한 건강한 회의주의(이것이 그들이 항상 대학교에서 우리가 하라고 요구했던 것이 아닌가?)와 이런 진영에서[25] 학문으로 통하는 실제로 불합리한 난센스에 대해 유머감각을 유지할 수 있다면 우리는 근본적으로 인기 없는 접근 방식에 대해 열려 있는 우리 자신을 발견할 수도 있다.

또한 우리가 그리스도인이라면—그리스도인의 궁극적 충성이 예수님에게라면—그런 충성에 기초해서 우리는 심지어 현대 성서학(modern biblical scholarship)이라는 연약한 갈대에 저항할 수 있는 용기를 불러일으킬 수는 없는가?

고대의 많은 그리스도인(그리고 일부 현대 그리스도인들)은 그리스도를 버리기보다는 오히려 산채로 화형을 당하고, 십자가에 못 박히거나 사자에게 던져지는 일과 같은 더 많은 것을 했어야 했다.

그리스도가 우리에게 마음, 혼, 정신과 힘을 다해 하나님을 사랑하라고 요구하고 우리의 모든 행동에서 예수님을 따르라고 요구한다면 어떻

24 Lewis, *Christian Reflections*, 159-60.

25 필자가 좋아하는 예는 예수님의 어떤 말씀도 그 말씀이 초대교회의 사고와 일치하지 않는다면 진정한 것으로 받아들일 수 없다는 가정이다. 그렇지 않다면 예수님이 아닌 교회가 그 말씀의 저자로 추정된다. 얼마나 터무니없는가! 어느 누군가 루터(그리고 루터주의자들) 또는 데카르트(그리고 데카르트주의자들)와 같은 다른 사상가에 대해 그런 입장을 취할 것인가?

게 우리가 성서학에 대해 인기 없는 기독교적 입장을 채택하는 작은 호의를 그리스도에게 주지 않을 수 있는가?

그리스도는 우리에게 그분의 말씀 안에서 그분의 놀라운 지혜를 제공한다(고전 2:6 이하).

어떻게 우리가 주님이 고린도전서 1:18-2:5에서 정죄한, 현대의 유행이라는 메마른 껍데기를 위한 지혜, 매우 불신앙적이지만 인기 있는 유사 지혜를 버릴 수 없는가?

또한 독자가 아직 "질문자"라면, 성서학 분야에서의 만연한 불신앙이 우리로 하여금 예수님과 그분 말씀의 진리를 고백해야 하는 것에서 우리를 면제해 줄 것이라고 잠시라도 생각하지 마라.

불신앙은 과학, 정치학, 사회학, 심리학 등과 같은 모든 영역의 문화에 만연하다. 불신앙이 또한 종교에 밀어닥치고 있다는 것은 전혀 놀랄 일이 아니다. 예수님은 가장 강력한 어조로 자기가 살던 시대의 종교주의자들을 비난하셨다. 참된 기독교를 지지하는 논증은 모든 영역에서의 불신앙, 심지어 그런 불신앙이 기독교 꼬리표를 지니고 있을 때에도 불신앙을 억제한다. 또한 우리는 소위 학문의 교만한 사변이 아닌 이런 논증에 주의를 기울여야 한다.

우리는 성경의 가르침 자체에 대한 성경의 가르침을 살펴보았다. 필자는 표준적인 성경 비평의 접근 방식을 거절해야 할 근거를 제시했다.

하지만, 성경의 가르침 자체에 대한 성경의 가르침은 신뢰할 만한가?

다음을 고려해 보자.

① 어떤 다른 교리도 절대-인격체 유신론과 조화되지 않는다. 하나님이 절대적 권위로 말씀하시는 인격이라면 그분은 다름 아닌 최고의 권위적인 말씀이나 글로 자신을 계시하신다. 만약 하나님이 자신을

우리가 자유롭게 그분의 말씀을 비판할 수 있으며 또한 하나님 대신 다른 무언가를 믿는 그런 방식으로 계시하신다면 그분은 성경에서 계시된 하나님은 아닐 것이다.

우리는 성경의 하나님에게 말대꾸하지 말아야 한다. 하나님의 말씀에는 최고의 권위가 있다. 또한 마치 더 큰 권위를 가진 그밖에 무언가가 하나님의 말씀이 틀렸음을 입증할 수 없는 것처럼 하나님의 말씀은 그런 방식으로 증명할 수 없다. 하나님 자신처럼 하나님의 말씀은 최고로 권위적임이 틀림없고 따라서 자증적임에 틀림없다. 일반 통념에 기초할 때 성경론은 타당하지 않다. 하지만, 우리가 기독교 세계관을 전제한다면 계시에 대한 다른 어떤 다른 교리도 상상할 수 없다.

② 다른 모든 성경 가르침처럼 성령이 성경으로 우리 마음을 여신다면 성경론은 우리에게 신뢰할 만한 것이 될 것이다. 그렇지 않다면 성경론은 신뢰할 만한 것이 되지 못할 것이다. 우리가 기대할 수도 있는 것처럼 절대 인격체에 대한 믿음은 초자연적인 선물이다.

③ 다른 많은 시대와 배경에서 다른 많은 장단점이 있는 다른 많은 성경 저자가 이 교리를 가르쳤다. 그들 가운데 누구도 성경에서 결점을 발견하지 않았다. 오히려 모든 사람이 성경을 그들의 언약 헌법으로 받아들였다.

④ 무엇보다 예수님이 이 교리를 가르쳤다. 또한 가르침을 전달하기 위해 예수님 자신이 임명했던 사도와 예수님의 오심을 고대했던 구약성경의 선지자들이 이 교리를 가르쳤다. 따라서 성경은 위대한 구속 드라마에서 필연적인 요소다. 이런 구속의 신뢰성이 성경을 입증하며 또한 성경이 그런 구속의 신뢰성을 입증한다.

3. 복음 메시지를 지지하는 성경의 근거

1) 예언에 기초한 논증[26]

성경은 성경을 하나님의 말씀이라고 주장만하지 않는다. 성경은 또한

26 구약성경 예언의 성취에 기초해서 성경의 진리를 지지하는 논증들을 사용하는 것은 변증 전통에서 오래되고 훌륭한 역사가 있다. 가령 순교자 저스틴(Justin Martyr)는 자신의 책 『첫 번째 변증』(*First Apology*), 32-34장에서 구약성경은 그리스도의 출생의 방법과 장소를 예언했다고 주장했다. 이 논증의 현대적 제시는 다음과 같은 것을 주장한다. 즉, 구약성경의 많은 예언 메시지는 나사렛 예수의 출생, 삶, 죽음, 부활 사건에서 합쳐지며 또한 이런 사건들 안에서 성취가 된다. 그리고 이런 구약성경 예언 메시지의 수는 통계적 개연성이 허락하는 것 이상이다. 또한 예수님이 이 모든 예언을 성취할 가능성은 하나님의 섭리라는 감독하는 손길이 없다면 수학적으로 불가능하다. 따라서 피터 스토너(Peter W. Stoner)의 작품을 참조 목록으로 달고 있는 루이스 래피데스(Louis S. Lapides)는 한 사람이 48개의 메시지를 성취할 개연성은 "1조의 13제곱분의 1"의 확률이라고 주장했다. Lee Strobel, *The Case for Christ: A Journalist's Personal Investigation of the Evidence for Jesus* (Grand Rapids: Zondervan, 1998), 183.

가장 인기 있는 논증 형식에 있어서, 예언에 기초한 논증은 다른 종류의 예언과 다른 종류의 성취 사이를 구분하지 못한다. 많은 예언이 그리스도의 생애에 있었던 특정한 사건에서 독특하고 특이하게 성취되고 있는 것은 확실히 사실이다. 하지만, 대부분의 예언이 그렇지는 않다. 일부 구약성경의 예언적 진술은 다시 발생하는 문화적 상황("라헬이 그 자식 때문에 애곡하는 것이라"[렘 31:15]), 모형적 동일성(typological identification, "내 아들을 애굽에서 불러냈거늘"[호 11:1]), 심지어 예언적 진술을 완수하려는 예수님의 자기 의식적인 의도(승리의 입성)에서 성취된다. 대부분의 표현은 다음과 같은 인상을 준다. 즉, 신약성경에서 성취되는 모든 메시아에 대한 예언적 진술이 미래를 예견하는 종류라는 인상을 준다.

하지만, 이것은 사실이 아니다. 사실 예견적 예언(predictive prophecy)은 메시아에 대한 진술(messianic pronouncement) 가운데 가장 빈도가 적은 유형이다. 하지만, 주의 깊은 독자는 필자가 뚜렷한 개혁파의 관점에서 이 논증에 접근한다는 것을 관찰할 것이다. 여기서 예언 논증은 구약성경 주제, 약속, 직분, 기관 그리고 이스라엘의 메시아이며 성육신 하신 하나님이신 예수 그리스도의 인격과 사역에서 해석학적 중심이 발견되는 사건들이라는 측면에서 제시된다. 웨스트민스터 신앙고백서(Westminster Confession of Faith) 7.5에 의하면, 구약성경은 "유대 민족에게 맡겨진 약속, 예언, 제사, 할례, 유월절 어린 양 그리고 그 밖의 양식과 의식들에 의해" 그리스도를 예표했다.

우리에게 성경의 주장을 믿기 위한 근거를 제시한다. 성경은 신뢰할 만한 방식으로 성경의 주장을 제시한다. 어떤 의미에서 그런 신뢰성은 필요하지 않다.

하나님은 "성경은 하나님의 말씀"이라는 표현을 성경에 넣으실 수 있었다. 그리고 그런 후에 성령의 설득하는 능력을 통해서 초자연적으로 선택된 독자들에게 그런 진술이 담고 있는 진리를 설득할 수 있으셨다.

하지만, 하나님의 방법은 하나님 말씀의 진리를 사람들에게 "마술적으로" 설득하는 것이 아니다. 성령은 분명히 설득하신다. 하지만, 그분은 우리를 설득해서 본질적으로 합리적 내용을 믿게 하신다. 설교에서처럼 단지 회중 앞에서 사실을 제시하는 것만으로 충분하지 않다. 오히려 우리는 이런 사실을 명확하게, 순서 있게, 쾌활하고 설득력 있게 제시해야 한다. 그렇지 않다면 우리는 이런 사실들을 실제 있는 그대로 제시하지 않은 것이다. 따라서 성경이 이런 사실들을 실제 있는 그대로 제시할 때 성경은 그러한 것을 한다.

다른 말로 말해서 성령의 사역은 어떤 합리적 근거가 전혀 없는 무언가에 대해 우리를 설득하는 것이 아니다. 오히려 성령의 사역은 우리로 하여금 믿게 하는 합리적 근거를 분명히 밝혀줌으로써 우리를 설득하는 것이다. 성령이 창출한 믿음은 "맹목적"이지 않다.

따라서 성경은 단순히 우리에게 "예수 그리스도는 주님이시다"라는 기본적 진술만을 제시하진 않는다. 오히려 성경은 풍부하고 복잡한 역사적 드라마라는 맥락에서 예수님을 제시한다. 예수님은 그분이 탄생하기 전에 수천 년의 기간에 걸쳐서 하나님 백성이 고대했던 분이다. 에덴동산에서 인간이 타락한 후에 하나님은 뱀(사탄)에게 다음과 같이 선언하신다.

> 내가 너로 여자와 원수가 되게 하고 네 후손도 여자의 후손과 원수가 되게 하리니 여자의 후손은 네 머리를 상하게 할 것이요 너는 그의 발꿈치를 상하게 할 것이니라(창 3:15).

따라서 하나님의 백성은 구원자, 즉 그들을 타락의 결과에서 구원할 분을 찾기 시작했다. 구원자는 인간 즉 여자(하와)의 "후손"일 것이다. 그런데도 그분의 승리는 초자연적인 영역 안에 있을 것이다. 즉, 그분은 사탄의 머리를 상하게 할 것이다. 또한 이 과정에서 사탄은 구원자를 상하게 할 것이다("그의 발꿈치를 상하게 한다").

약속의 아이는 종종 위협을 받는다. 반복해서 아이의 출생을 막도록 위협하는 상황이 발생하지만, 하나님의 권능이 여자의 후손을 지킨다. 악한 가인이 약속을 성취할 수 있는 유일한 사람인 의로운 아벨을 죽인다(창 4장). 하지만, 하나님은 하와에게 셋째 아이를 주심으로써 사탄을 패퇴시킨다(창 4:25). 또한 그의 시대에 사람들이 처음으로 여호와 하나님을 예배하기 위해 모인다(창 4:26).

하나님 자신은 아브라함에게 그의 아들, 즉 약속을 도래하게 하는, 아브라함의 독자 이삭을 희생제사로 드릴 것을 요구함으로써 "약속의 씨"를 위험에 빠트리신다. 하지만, 아브라함이 칼을 들을 때,

> 여호와의 사자가 하늘에서부터 그를 불러 이르시되 아브라함아 아브라함아 하시는지라 아브라함이 이르되 내가 여기 있나이다 하매. 사자가 이르시되 그 아이에게 네 손을 대지 말라 그에게 아무 일도 하지 말라 네가 네 아들 네 독자까지도 내게 아끼지 아니하였으니 내가 이제야 네가 하나님을 경외하는 줄을 아노라. 아브라함이 눈을 들어 살펴 본즉 한 숫양이 뒤에 있는데 뿔이 수풀에 걸려 있는지라 아브라함이 가서 그 숫양을 가져

다가 아들을 대신하여 번제로 드렸더라. 아브라함이 그 땅 이름을 여호와 이레라 하였으므로 오늘날까지 사람들이 이르기를 여호와의 산에서 준비되리라 하더라(창 22:11-14).

여기서 하나님은 자기 백성에게 다음과 같은 것을 가르친다.

① 또 다른 사람을 위해 자신의 사랑하는 아들을 포기하는 것보다 언약적 충성을 가늠하는 더 높은 시험은 없다.
② 하나님은 약속을 확실히 성취하도록 약속의 씨를 보존하실 것이다.
③ 대속적 희생 제물은 그럼에도 불구하고 필요하다(참조. 창 22:8).
④ 따라서 하나님은 모든 필요 가운데 있는 자기 백성에게 죄의 용서라는 가장 큰 것을 제공하신다.

출애굽기 12-15장에서 하나님은 자기 백성을 애굽에서 구원하신다. 이 과정에서 하나님은 애굽 땅에서 모든 장자를 죽이기 위해 "죽음의 천사"를 보내신다. 이스라엘의 가족들은 양을 죽이고 양의 피를 집 문지방에 바름으로써 이런 저주를 피한다. 죽음의 천사가 피를 볼 때 그는 그 집을 지나치고 그 집을 구원한다. 여기서 우리는 다음과 같은 것을 본다.

① 하나님은 다시 희생을 요구한다.
② 장자는 그의 가족을 대표하고 그들의 운명을 책임진다. 다시 한 번 약속의 씨가 위험에 빠진다.
③ 이런 희생이 없다면 모든 사람, 심지어 하나님의 선택된 백성도 죽음을 받아 마땅하다.
④ 단지 대속적인 피만이 하나님의 진노를 피할 수 있다.

⑤ 이런 피를 공개적으로 드러나게 해야 한다.

출애굽기 17장에서 하나님이 이스라엘 백성을 애굽에서 구원하셨을 때 백성들은 물이 없다고 불평한다. 그들은 지도자인 모세를 돌로 치려고 위협하지만, 그들이 불평하는 실제 대상은 하나님 자신이다. 여호와 하나님이 바위 근처에 있는 백성 앞에 서 계신다(즉, 하나님은 자신을 피고의 위치에 놓는다). 그리고 하나님의 명령에 의해서 모세가 바위를 친다. 여호와 하나님이 상징적으로 강타를 당하신다. 또한 하나님의 고난을 통해서 백성을 축복하기 위해 바위에서 물이 나온다.[27]

그리스도에 대한 분명한 예언이 많이 있지만 중요한 것은 단지 그것만이 아니다(예를 들어, 시 2:110 이하; 사 7:14; 9:6-8; 11:1-16; 35:5 이하; 53; 렘 31:33 이하; 단 9:20-27; 미 5:2; 슥 9:9-12; 말 3:1-5). 성경의 이야기들도 백성들로 하여금 예수 그리스도 외에는 어떤 사람도 될 수 없는 구원자를 기대하게 이끈다. 이야기들은 한 백성의 가치를 만든다.

백성들은 구원을 생각할 때 그들은 완전한 희생을 포함하는 구원을 생각한다. 그들은 (만약 그들이 올바르게 이해한다면) 하나님이 어떤 방식으로 그런 완전한 희생 안에서 그분 자신을 희생할 것이고 그 희생을 통해서 복이 제공될 것으로 기대한다.

그렇지 않다면 어떻게 궁극적 구원이 출애굽기 17장의 구원보다 더 클 수 있겠는가?

또한 만약 궁극적 구원이 독자를 주시는 것에 따라 측정된 하나님의 사랑을 보여 주지 않는다면 어떻게 궁극적 구원이 창세기 22장의 구원보

27 구약성경에서 이런 해석과 주목할 만한 다른 해석을 참조하려면 Edmund P. Clowney, *The Unfolding Mystery: Discovering Christ in the Old Testament*, 2nd ed. (Phillipsburg, NJ: P&R Publishing, 2013)를 보라.

다 더 클 수 있겠는가?

만약 궁극적 구원이 하나님의 이름을 부르는 백성을 화합하게 하지 않는다면 어떻게 궁극적 구원이 창세기 4장의 구원보다 더 클 수 있겠는가?

또한 구원자가 인간이지만 어떻게 그의 사명이 하나님 자신의 오심보다 못한 무언가일 수 있겠는가?(시 2:12; 45:6; 110:1 이하; 사 42:6 이하; 43:1 이하; 59:15-20; 욘 2:9)

어떻게 그가 아담이 받았던 유혹보다 덜한 유혹을 받을 수 있는가?

어떻게 그의 가르치는 사역이 모세의 가르치는 사역보다 덜 권위적이고 덜 심오할 수 있는가?

어떻게 그의 치료 사역이 이사야 35:5 이하에서 묘사된 사역보다 못한 것이 될 수 있는가?

어떻게 그가 모세와 엘리야가 제공했던 것보다 덜 풍부하게 자기 백성에게 제공할 수 있겠는가?

또한 하나님이 자기 백성을 위해 고난을 받아야 한다면 어떻게 그런 고난이 시편 22편에서 묘사된 고난보다 못한 것이 될 수 있겠는가?

시편 22편에서 이스라엘의 왕은 조롱, 멸시, 육체적 고통을 겪는데 이는 놀랍게도 십자가의 측면을 예상하는 묘사다.

따라서 이스라엘은 구약성경에서 인간이 겪는 곤경의 본질, 죄를 다루는 데 필요한 종류의 희생, 수반되어야 할 종류의 고난, 구원 사역을 위해 필요한 신성과 인성의 주목할 만한 결합, 하나님의 자기희생을 배운다.

사람들은 적어도 예수님이 십자가 처형과 부활 이후에 등장했을 때 많은 "것이 밝혀질 것"이라고 기대했을 것이다. 갑자기 퍼즐의 모든 조각이 예수님 안에서 합쳐졌다. 수백 개의 예언과 이야기가 관련되었으며 또한 다양한 관점에서 다양한 방식으로 단지 한 방향 즉 예수님을 가리킨다. 슬프게도 심지어 예수님의 제자들도 예수님이 부활 이후에 그들을 가르치실 때까지 이런 특별한 관계를 깨닫지 못했다.

틀림없이 놀라운 가르침이었을 것이다!

갑자기 성경이 완전히 새로운 모습, 즉 낯설고 익숙한 형태를 취했다. 왜냐하면, 항상 "확실히 어떤 차원에서 우리는 이것을 처음부터 내내 알고 있었다"는 의식이 있었기 때문이다. 그들은 이것은 성경이 해석되어야 하는 방식이었다는 것을 깨달았다.

그렇다면 "예언에 기초한 논증"은 실제로 전체 구약성경에 기초한 논증이다(눅 24:27; 요 1:45; 5:39를 보라). 또한 이 논증은 실제로 성경 자체의 특별한 합리적 구조에 대한 호소다. 여기서 우리는 매우 다른 흥미, 관심, 문체, 지적 정교함의 수준을 가지고 수 세기에 걸쳐 기록하며 또한 다른 많은 것을 말하지만, 동시에 한 가지를 말하는 광범위하게 다양한 인간 저자들을 가지고 있다. 즉, 예수님이 오신다. 그리고 이것은 그분이 어떤 분이 되실 것인가이며 또한 그분이 하실 것이다.

이것이 역사를 다스리는 하나님 주권에 대한 무언가를 보여 주지 않는가?

이것이 구약성경이 보통의 책 이상의 것임을 보여 주지 않는가?

이것이 예수님에 대한 어떤 놀랄 만한 것을 보여 주지 않는가?

이것이 하나님 말씀에 대한 강력한 증거가 아닌가?

우리가 동의하기에 주저한다면 하나님 말씀을 읽고 이해하라.

또한 요한복음 7:17의 약속을 요구하고, 그 약속과 함께 오는 책임을 받아들이라.

> 사람이 하나님의 뜻을 행하려 하면 이 교훈이 하나님께로부터 왔는지 내가 스스로 말함인지 알리라(요 7:17).

2) 그리스도에 대한 신약성경의 증거

신약성경을 계속해서 읽으라. 그리고 어떻게 구약성경의 기대가 예수님 안에서 성취되는지를 이해하라.

여기에 묘사하는 주목할 만한, 다음과 같은 이에게 마음을 열라.

사역이 하늘로부터 말씀하는 성부 하나님 자신에 의해 인정받는 분(막 1:11), 또한 아담이 경험했던 것보다 더 엄한 시험을 받으셨음에도 하나님에게 신실한 분(마 4장), 또한 놀라운 권위로 말씀하는 교사(막 1:22), 또한 치료하는 권능이 하나님 말씀 자체의 권능이지만(눅 7:1-10) 그럼에도 불구하고 죽음에서 자신을 구원하길 거절하시고, 죽은 자들 가운데서 다시 살아나는 분!(눅 24:1 이하)

예수님은 놀라운 권위와 지혜로 말씀한다. 또한 예수님은 하나님이라고 주장하신다!

요한복음 8:58에서 예수님은 유대인들이 너무 신성해서 발음하지 않는 "나는 있느니라"(I am, 참조. 출 3:14)라는 하나님의 이름을 자신의 것으로 취하신다.[28] 그가 아버지와 맺고 있는 관계는 독특하다. 즉, 모든 신자가 하나님과 맺고 있는 아들 됨과는 다른 아들 됨(sonship)이다. 예수님은 하나님을 "자기의 친아버지"(요 5:18)라고 언급한다. 이것은 분명히 그의 제자들의 입장과는 뚜렷이 구분된다(요 20:17).

예수님은 단지 자신을 통해서 다른 사람이 하나님의 "아들"이 될 수 있다고 말씀한다(요 14:6; 17:26). 예수님을 보는 것은 아버지를 보는 것이다(요 14:9). 아버지가 예수에게 독특한 지식을 포함한(요 5:26; 17:24) 모든

28 또한 요 18:5-6을 보라. 요 18:5-6에서 예수님은 "내가 … 니라"(I am, 원 헬라어에서)라고 말씀한다. 그리고 예수님을 체포하려온 군인들은 땅에 엎드러진다.

것을 주셨다(마 11:27).

예수님이 그런 주장을 하는 것, 심지어 죄를 용서하는 능력을 주장하는 것으로 인해(마 9:2-3; 막 2:7; 눅 5:20-21) 유대인들은 예수님을 신성모독으로 고발한다. 또한 대제사장이 그런 주장을 한다고 예수님을 비난할 때 예수님은 그것을 인정한다(마 26:64). 예수님의 주장이 거짓이라면 그는 확실히 신성모독자였다.

또한 우리는 단호한 일신론적인 유대인들이 하나님이라고 주장하는 사람을 재빠르게 비난하는 이유를 잘 이해할 수 있다. 이 문제에 대해 그들은 분명히 그를 올바르게 이해했다.

하지만, 아마 더 놀라운 것은 다음과 같을 것이다. 즉, 많은 유대인 일신론자가 예수님을 믿었다는 것이다. 사도 요한은 예수님을 이 세상을 창조했던 하나님의 강력한 말씀이라고 밝힘으로써 자신의 복음을 시작한다(시 33:6; 요 1:1-3). 그런 후에 그는 그 말씀을 하나님과 동일시한다.

신약성경 저자들은 여호와 하나님을 언급하는 구약성경 구절들을 인용하고 예수님에게 적용한다(사 45:23 이하를 빌 2:10-11; 사 2:10, 19, 21절과 비교하라; 사 66:15을 살후 1:7-9와 비교하라; 시 102:25-27을 히 1:10-12와 비교하라).

예수님은 구약성경에서 오직 하나님이 하시는 모든 것을 하신다. 즉, 예수님은 창조하시고(요 1:3; 골 1:16-17; 히 1:2) 언약을 창시하시고(고전 11:25), 자연과 역사 과정을 다스리고(히 1:3), 죄를 용서하고(사 43:25; 44:22; 막 2:7 등) 자기 백성을 구원하신다(사 40:3; 41:14; 43:25 이하; 45:21; 46:13; 딛 2:13). 신약성경 저자들이 하나님과 인간을 대조할 때(갈 1:1, 10, 12) 그들은 거의 "무심코" 예수님을 하나님 편에 놓는다.

어떻게 이런 유대인들이 그런 놀라운 주장, 즉 분명하게 그들의 초기 종교적 훈련이 담고 있는 일신론적 근간을 반박하는 주장을 믿을 수 있었겠는가?[29]

물론 예수님이 제자들에게 성경을 가르쳤을 때 그들은 분명하게 구원의 날은 동시에 주님과 인간 메시아가 임하시는 날이 될 것으로 이해했다. 메시아를 하나님과 동일시했던(예를 들어, 시 2편; 45:6; 110 이하) 이해할 수 없는 성경 구절들이 갑자기 밝혀졌다. 그런 구절들을 예수님 자신과 비교했을 때, 즉 예수님의 권능, 권위, 구원하는 사랑, 부활의 영광과 비교했을 때 이런 결론은 불가피했다.

즉, 예수님은 하나님이었다!

요한복음 1:18("독생하신 하나님"이라는 해석); 20:28; 사도행전 20:28; 로마서 9:5; 데살로니가후서 1:12; 디도서 2:13; 베드로후서 1:1; 요한일서 5:20에서, "하나님"을 의미하는 헬라어 용어 "데오스"는 그리스도를 가리킨다. 빌립보서 2:6 이하와 골로세서 2:9은 아마 예수님의 신성에 대한 증언에서 더 분명하다. 예수님이 제자들에게 주었던 개인적 인상은 완전히 전례 없는 것이었음이 틀림없다. 그분의 말씀은 다른 선생의 말씀과는 아주 달랐다.

> 예수께서 이 말씀을 마치시매 무리들이 그의 가르치심에 놀라니 이는 그 가르치시는 것이 권위 있는 자와 같고 그들의 서기관들과 같지 아니함일러라(마 7:28-29).

---

29 물론 우리가 살펴보았듯이 삼위일체론도 일신론을 위태롭게 하는 것이 아니라 그것을 완성한다. 신약성경이 일신론을 강조할 때 신약성경도 하나의 삼위일체적 인격 이상의 것을 언급한다(고전 8:5-6; 엡 4:3-6). 하지만, 처음 이런 교리를 살펴보는 일신론자는 아마 충격 이상의 것을 받을 것이다. 또한 신약성경에서 이런 일신론자들 가운데 많은 사람이 예수에 대한 열렬한 반대자가 된다. 하지만, 아주 놀랍게도 그들 가운데 일부는 믿는다.

베드로는 예수님의 말씀과 같은 말씀을 하는 어떤 사람도 발견할 수 없다는 것을 알았다.

> 주여 영생의 말씀이 주께 있사오니 우리가 누구에게로 가오리이까 (요 6:68).

또한 아마 더 놀랍게 예수님을 친밀하게 알았던 사람들은 예수님이 결코 잘못 하지 않았다는 것을 확신했다. 베드로는 예수님을 "죄를 범하지 아니하시고 그 입에 거짓도 없으신" 분으로 언급했다(벧전 2:22). 제자인 요한도 다음과 같이 말했다.

> 그가 우리 죄를 없애려고 나타나신 것을 너희가 아나니 그에게는 죄가 없느니라(요일 3:5).[30]

적합한 희생제물이 되기 위해서 구약성경의 유월절 어린 양은 흠이 없이 완전해야 했다(출 12:5). 예수님은 하나님의 완전한 어린 양이고 이 세상 죄를 제거하신다(요일 1:29).

완전하게 죄 없는 인간이라는 이런 개념은 우리 경험에서뿐만 아니라 성경 역사에서도 독특하다. 성경은 하나님의 백성 가운데 위대한 사람들을 이상화하지 않는다. 많은 사람을 믿음의 영웅들로 인정한다(히 11장). 하지만, 성경은 아브라함의 비겁한 기만, 모세의 불순종, 다윗의 간음과 살인, 솔로몬의 후궁들, 이스라엘과 유다의 대부분의 왕들의 가증스러운 행동과 같은 그들의 허물을 제시한다.

30 참조. 행 3:14; 고후 5:21; 히 4:15; 7:26.

하지만, 핵심 인물인 예수님에게는 어떤 비판도 없다. 예수님의 죄성 없음은 초대교회에 잘 알려지게 되었다.

이런 증거가 그런 증인들에게서 나오는데도 불구하고 이런 증거를 신뢰할 수 없는가?

3) 기적과 부활

성경 전체에 걸쳐서 하나님은 사람들이 자신이 여호와 하나님인 것을 알게 하려고 놀라운 일을 행하신다(출 6:7; 7:5, 17; 8:22; 9:14; 10:2; 11:7; 14:4, 18; 16:12; 29:46 등). 이것은 구약성경의 보편적인 주제다. 따라서 기적은 여호와 하나님으로서 하나님의 실재, 그분의 본질, 의지에 대한 증거를 구성한다. 따라서 변증가들은 일반적으로 기독교의 진리를 확증하기 위해 성경이 말하는 기적에 호소했다. 그런데도 설득력 있는 변증을 위해 기적적인 것에 너무 지나치게 의존하는 것에는 어떤 문제가 있다.

첫째, 오늘날 우리 가운데 기적을 목격했다고 주장하는 사람이 거의 없을 것이다. 성경에서 우리가 발견하는 것은 엄밀한 의미의 그런 기적이 아니라 기적 이야기와 기적에 대한 증언이다.

둘째, 성경은 우리에게 불신앙적인 마음을 회심시키기 위해 기적을 너무 많이 확신하는 것에 대해 경고한다. 부자와 나사로에 대한 예수님의 이야기에서 지옥에 있는 부자는 자신의 다섯 형제에게 진리를 전하도록 죽은 자들 가운데 누군가를 다시 보내도록 요구한다. 아브라함은 다음과 같이 대답한다.

> 모세와 선지자들에게 듣지 아니하면 비록 죽은 자 가운데서 살아나는 자가 있을지라도 권함을 받지 아니하리라(눅 16:31).

사실 이것이 예수님 자신의 경험이었다. 예수님은 많은 기적을 행하셨지만 그런 기적들은 거의 사람들을 믿음으로 이끌지 못했다. 종종 예수님의 적들이 이런 기적을 인정했지만 그럼에도 불구하고 믿기를 거부했다. 또한 심지어 부활 자체도 많은 사람을 확신시키지 못했다. 예수님은 표적 보기를 요구했던 사람들을 혹독하게 비난하셨다(마 12:39; 요 4:48).

그런데도 구약성경에서처럼 표적은 가치가 없었던 것은 아니었다. 그때처럼 표적은 누가 여호와 하나님임을 증명하기 의도되었다. 표적은 사도들을 하나님의 종으로서 또한 그들의 메시지를 하나님의 메시지로서 확증했다(히 2:4). 기적 자체가 불신자를 회심시키지는 않지만 기적은 분명히 인식론적 역할을 한다.

우리가 살펴보았듯이 불신자들은 진리를 억누른다. 또한 기적의 진리도 예외는 아니다. 불신자는 다음과 같이 말함으로써 분명한 기적을 무가치한 것으로 볼 수 있다.

"물론 그렇다. 기적이 발생했지만 이 세상에 많은 이상한 것들이 일어난다. 그것은 아무 의미가 없다."

그런데도 의심하는 도마의 경우에서처럼 기적은 성령이 마음에 믿음을 심기 위한 계기일 수도 있다. 어떻게 예수님이 도마에게 증거를 조사하라고 하시고 "믿음 없는 자가 되지 말고 믿는 자가 되라"라고 말씀하는지를 기억하라(요 20:27). 도마는 믿음으로 다음과 같이 대답한다.

> 나의 주님이시요 나의 하나님이시니이다(요 20:28).

요한복음에 기록된 모든 표적은 도마처럼 독자들이 믿을 뿐만 아니라 그렇게 함으로써 그리스도의 이름으로 생명을 얻게 하기 위한 것이다

(요 20:31).[31] 따라서 기적뿐만 아니라 심지어 기적에 대한 보고도 그리스도를 주님으로서 아는 하나님이 정하신 수단일 수 있다. 그리스도인과 비그리스도인 사이의 논쟁에서 기적은 종종 중요한 역할을 했다. 이런 논의는 중요하다.

① 기적의 가능성과 개연성.
② 기적의 증거.
③ 기적이 기독교의 진리를 위한 증거로서 역할을 하는가.

이와 같이 세 개의 문제에 초점을 맞추는 경향이 있다.

(1) 기적은 가능한가 아니면 개연성이 있는가?

기독교 세계관이라는 맥락에서 답은 분명하다. 기적은 가능하다. 왜냐하면, 이 세상은 하나님의 주권적 통치 아래에 있기 때문이다. 하나님의 본성과 작정으로 가능한 것을 결정하시는 분은 하나님이다. 자연의 규칙성은 우리에게 주시는 그분의 언약적 선물이다. 또한 자연의 규칙성은 하나님이 기뻐하시는 대로 이 세상에서 일하시는 하나님의 능력을 전혀 제한하지 않는다.

우리는 매우 특이한 사건이 발생할 수 있는 어떤 작은 가능성을 제공키 위해 추측건대 소립자(素粒子)의 무작위 행동을 논의할 필요가 없다. 현대

31 필자는 기적의 유효성을 평가하려고 애쓸 때 (종교개혁가들이 성례에 대해 생각했던 것처럼) 기적을 "가시적인 말씀"으로 생각하는 것이 도움이 된다는 것을 발견했다. 기적은 하나님 말씀처럼 똑같은 목적과 유효성이 있는데, 단 기적만이 더 생생하고 귀와 뇌뿐만 아니라 눈에도 광경을 제공한다. 말씀처럼 기적은 구원하는 진리를 전달하지만, 성령이 적당한 반응을 창출하지 않는다면 관찰자는 감동받지 않는 상태로 남아 있을 수 있다.

과학에 의하면 물질의 가장 작은 입자/파동이 반직관적으로 행동한다.

하지만, 가장 작은 이런 입자/파동이 더 큰 물체와 관련된 과정에 기묘도(奇妙度, strangeness, 소립자 상태를 규정하는 양자수[量子數] -역주)를 전달하는 알려진 길은 존재하지 않는다. 이런 관찰은 설령 있다 하더라도 많은 자연주의 과학자를 움직여서 기적을 믿게 하지 못했다. 기적을 찬성하는 주장을 광자(光子)와 쿼크(양성자, 중성자와 같은 소립자를 구성하고 있다고 여겨지는 기본적인 입자. -역주)의 변덕에 기초를 두는 것은 약한 갈대를 신뢰하는 것이다. 오히려 하나님이 존재하시므로 기적은 가능하다.[32]

하지만, 기적은 개연성이 있는가?

물론 기적은 개연성이 낮다. 왜냐하면, 기적은 정의상 보기 드물기(extraordinary) 때문이다. 하지만, 이런 사실이 기적의 개연성을 제로로 줄이진 않는다. 가능성(possibility)처럼 개연성(probability)을 하나님이 결정한다. 기독교 유신론적 세계관에서 우리의 질문은 다음과 같은 것이 된다.

"하나님이 기적을 일으키실 것이 어떻게 가능한가?"

이런 질문에 답하기 위해 우리는 하나님에 대한 무언가 특별히 그분의 의도와 목적에 대해 알아야 한다. 하나님은 노아에게 자연의 진행이 일반적으로 규칙적인 방식으로 진행될 것이라고 선언하셨다(창 8:22).

하지만, 하나님의 더 높은 목적은 자신을 위해 한 백성을 구속하는 것이다. 또한 그렇게 하기 위해 하나님이 특이한 일을 행하시고, 구원을 완성하시고, 구원을 적용하시고, 구원을 증명하는 것이 적당하다. 비인격적인 힘이 이 세상을 지배한다면 이런 비인격적인 힘의 기본적인 역할에

32 여기서 필자는 변증학의 "블록하우스"(blockhouse) 방법에 대한 반틸의 의구심을 공유한다. 이 방법은 기독교 세계관의 다양한 요소를 독립적으로 확인할 것을 기대한다. 기적을 지지하는 주장은 하나님을 지지하는 주장과 밀접하게 관련되어 있다.

서 일탈을 기대할 어떤 이유도 없을 것이다.[33]

하지만, 우리의 세상은 인격이 지배하는 세상이다. 또한 그분은 우리와의 교제를 추구하신다. 이것은 그분이 자연 질서 안에 이 질서의 지배자로서 자신을 밝히실 것으로 기대할 수 있는 충분한 이유다. 또한 그분은 기적을 자신의 주권의 표시와 계시의 증거로서 정하셨으므로 우리는 기적은 의미심장하게 개연성이 있다고 이해할 수 있다. 이런 개연성의 문제는 밀접하게 다음 요점과 관련이 있다.

(2) 성경이 말하는 기적을 믿기 위한 충분한 증거가 존재하는가?

데이비드 흄은 유명한 논문인 "기적에 대해서"(Of Miracles)에서 다음과 같이 말한다.[34]

> 기적은 자연 법칙의 위반이다. 그리고 확고하고 불변하는 경험이 이런 자연 법칙을 입증했던 것처럼 이런 사실이 가진 바로 그 본성에 근거해서 기적을 반대하는 논증은 가능한 한 상상할 수 있는 경험에 기초한 논증만큼이나 완벽하다(entire).[35]

필자는 흄이 기적을 자연법칙 위반으로 정의하는 것을 반대한다. 따라서 필자는 이런 인용 나머지도 부적절한 것으로 간주한다. 하지만, 심지어 흄의 정의를 인정한다 하더라도 그가 "확고하고 불변하는 경험이 이런 자연법칙을 입증했"다고 언급할 때 그는 입증되지 않는 것을 기정사실로 단

33 다른 한편 그런 경우에 규칙성을 기대한 어떤 이유도 없었을 것이다.

34 David Hume, *An Inquiry concerning Human Understanding* (New York: Liberal Arts Press, 1955, 1957), 117-41.

35 Hume, *An Inquiry concerning Human Understanding*, 122.

정짓고 있다. 이런 논증이 기적을 반대하는 논증으로 역할을 하려면 자연 법칙을 확립하는 경험은 보편적이어야 하며 또한 예외가 없어야 한다. 흄은 모든 것이 자연스럽게 또한 규칙적으로 활동한다고 주장했다.

하지만, 실제로 그런 증거가 존재하는가?

확실히 우리가 경험하는 거의 모든 경험에서 과학 법칙으로 설명할 수 있을 정도까지 상황은 규칙적인 패턴으로 발생한다. 하지만, 이런 경험 안에 불규칙성이 불가능하거나 모든 것은 항상 자연스럽게 또한 규칙적으로 행동한다고 우리를 설득하는 것은 어떤 것도 없다.

경험은 우리에게 일어나고 있는 것을 말해 준다. 다른 말로 말해서 경험은 우리에게 가능하거나 가능하지 않은 것 또는 "항상" 발생하는 것을 말해 주지는 않는다. 우리는 모든 것이 항상 하는 것을 파악하지 못했다. 왜냐하면, 우리는 모든 것을 파악했거나 항상 상황을 파악했던 것은 아니기 때문이다.

따라서 흄은 누구도 이런 자연 법칙에 대한 예외, 즉 기적을 경험하지 못했다고 언급함으로써 자신의 논증을 시작할 때 그는 증명되지 않는 사실을 가정하고 있다. 이것은 정확하게 해결해야 할 문제이기 때문이다.[36]

하지만, 흄은 자연법칙은 보편적이기 때문에 기적은 형이상학적으로 불가능하다고 주장하길 원하지는 않는다. 적어도 그는 자신의 논증이 그것을 가정하는 것처럼 보이길 원하지 않는다. 그가 논문 앞부분에서 설명하는 것처럼 "경험에 기초한 논증"(argument from experience)은 결코 절대로 확실하지 않다. 하지만, 항상 다소 개연성이 있다.

---

36 Hume, *An Inquiry concerning Human Understanding*, 122 맨 아래 부분과 비교하라. 즉, "하지만, 죽은 사람이 살아나는 것은 기적이다. 왜냐하면, 그런 기적은 결코 어느 시대나 어느 나라에서 관찰되지 않았기 때문이다." 결코 관찰되지 않았다? 여기서 그는 성경의 분명한 반례를 일축한다.

우리는 하나의 경험을 다른 경험과 비교 검토함으로써 개연성의 수준을 결정한다. 또한 중요하게는 하나의 **증거**를 또 다른 증거와 비교 검토함으로써 개연성의 수준을 결정한다. 따라서 흄의 논증 나머지는 증거의 신뢰성에 대한 것이다. 자연법칙에 대한 흄의 가정(위)은 그로 하여금 기적을 입증하는 데 필요한 증거의 수준에 대해 다음과 같이 언급하게 한다.

> 만약 증거가 입증하려고 노력하는 어떤 사실보다 증거의 거짓됨이 더 기적적일 것이라는 그런 종류의 증언이 아니라면, 어떤 증언도 기적을 입증하는 데 충분하지 않다.[37]

그런 후에 흄은 기적에 대한 어떤 이야기(report)도 이런 기준을 충족하지 못했다고 주장한다. 그는 기적에 대한 이야기는 어떤 경우에도 완전히 신뢰할 만한 증인들에게서 나오지 않는다고 생각한다.[38]

흄은 기적에 관한 이야기는 감정적인 과잉에서 나오고 따라서 과장에서 나오는 경향이 있다고 믿는다.[39] 이런 기적에 대한 이야기는 '무지하고 야만적인 국가'에서[40] 나오는 경향이 있고, 다른 종교적 확신의 이야기들은[41] 기적에 관한 이야기과 대립된다. 또한 "기적에 대한 이야기들은 관련된 절대적 불가능성이나 사건들의 초자연적인 본질로 인해" 심지어 기꺼이 거부해야 한다.[42]

이 마지막 인용에서 흄은 자신의 속셈을 드러내고 있다. 그는 자신이

37 Hume, *An Inquiry concerning Human Understanding*, 123.
38 Hume, *An Inquiry concerning Human Understanding*, 124.
39 Hume, *An Inquiry concerning Human Understanding*, 125-26.
40 Hume, *An Inquiry concerning Human Understanding*, 126.
41 Hume, *An Inquiry concerning Human Understanding*, 128.
42 Hume, *An Inquiry concerning Human Understanding*, 133.

처음부터 기적의 불가능성을 가정함으로써 증명되지 않는 사실을 가정하고 있지 않다고 우리가 믿길 원한다. 하지만, 마지막 인용에서 그는 분명히 그런 가정을 하는 것처럼 보인다. 그가 보는 바로는 단순히 어떤 "자연법 위반"도 있을 수 없다. 본질적으로 그의 논증은 다음과 같다. 즉, 어떤 증거도 불가능한 무언가에 대한 이야기를 입증할 수 없다.

흄의 논증을 성경에서 기적에 대한 이야기에 적용할 때 만약 우리가 초자연적인 사건의 불가능성을 선험적인 것으로(a priori) 가정하지 않는다면 그의 논증은 설득력이 없다. 기적에 대한 성경의 이야기가 감정적인 과잉이나 과정에서 유래한다고 가정할 어떤 이유도 없다. 또한 성경 저자들이 적어도 책임 있는 것으로 드러날 때까지 그들을 결백하다고 간주해야 되지 않는가?

또한 정말로 성경의 이스라엘은 "무지하고 야만스러운 국가"로 묘사되지도 않는다. 최대한 언급할 수 있는 것은 다음과 같다. 즉, 성경 저자들이 현대 과학이 출현하기 전에 살았다는 것이다. 하지만, 분명히 그들은 일반적으로 도끼머리가 물에 뜨지 않고 정상적으로 몇 개의 떡과 생선으로 많은 군중을 먹일 수 없다는 것을 이해했다. 또한 그들은 사람이 일반적으로 죽은 자 가운데서 살아나지 않는다는 것도 이해했다.

그들은 사탄이 하나님의 기적을 흉내 낸다는 것(출 7:11-12, 22; 8:7; 17-18; 신 13:1-3; 마 24:24; 살후 2:9; 계 13:13)을 알았다. 따라서 그들은 그런 것들에 대해 적당한 의심을 했다. 그들은 또한 만약 기적이 가능하지 않다면 하나님이 기적으로 하시고자 의도하는 것을 기적은 할 수 없다는 것을 알았다.

그리고 반대 진영의 반대에 대해서 말하자면, 우리는 구약성경 맥락에서 그런 반대에 대한 지식도 갖고 있지 않다. 우리가 아는 한, 누구도 이집트에 역병이 발생했고, 엘리야가 사렙다 과부의 아들을 살렸는지 의심하지 않았다. 또는 누구도 도끼머리가 실제로 떠올랐는지 의심하지 않았다. 신약 시대에 기독교 반대자들은 명백한 합리화에 의지하거나(제자들이 예수님의 몸을 훔쳤음이 틀림없다는 것과 같은) 기적을 인정했다. 또한 그들은 기적을 사탄에게 돌렸다.

하지만, 흄이 전개한 논증의 더 근본적인 비판은 인식론적 특징이 있다.

① 흄은 기적의 가능성과 개연성에 대해 비유신론적 견해를 가정한다. 흄에게 있어서 하나님이 누구시며 또한 그분의 목적이 무엇인지에 관한 어떤 논의도 없이 자율적 인간 경험이 전적으로 가능성과 개연성을 결정한다. 그의 논증은 사실 성경의 하나님은 존재하지 않는다고 가정한다. 왜냐하면, 하나님이 분명히 존재한다면 우리가 앞 단락에서 고려했던 것과 같이 우리는 기적의 가능성과 개연성을 판단하는 데 있어서 하나님을 고려해야 했기 때문이다.

② 흄은 처음부터 기적이 발생했는지를 결정하는 데 있어서 하나님의 계시는 어떤 역할도 하지 않는다고 가정한다. 하지만, 그리스도인에게 있어서 모세, 누가, 요한, 바울과 같은 저자들은 완벽하게 믿을 만한 저자들이다. 그 이유는 그들이 완벽하게 편견이 없고 정교하고 과학적이고 교양이 있기 때문이 아니라 그들 자신이 성령으로 영감을 받은 하나님의 선지자들이기 때문이다.

다음과 같은 것이 중요하다. 즉, 고린도전서 15장에서 바울이 예수님 부활을 목격했던 수많은 증인에게 호소한다(대부분이 아직 살아 있는 오백 명은 중요한 증거상의 요점이다). 하지만, 부활을 믿는 믿음을 지지하는 바울의 주요 요점은 다음과 같다. 즉, 부활은 바울이 설교했던 복음의 필수적인 부분이라는 것이다. 그리고 이 복음은 그가 계시로 받았다(갈 1:11-12). 따라서 죽은 자들이 부활하지 않는다면,

그리스도께서 만일 다시 살아나지 못하셨으면 우리가 전파하는 것도 헛것이요 또 너희 믿음도 헛것이며. 또 우리가 하나님의 거짓 증인으로 발견되리니 우리가 하나님이 그리스도를 다시 살리셨다고 증언하였음이라 만일 죽은 자가 다시 살아나는 일이 없으면 하나님이 그리스도를 다시 살리지 아니하셨으리라(고전 15:14-15).

부활이 복음 **계시**에서 핵심적인 요소이기 때문에 고린도 교인들은 부활을 믿어야 한다.

흄은 심지어 하나님 계시에 의한 지식의 가능성조차도 고려하지 않는다. 의심할 여지없이 흄은 계시도 기적으로 간주했을 것이다. 따라서 계시를 불가능하고 신뢰할 수 없는 것으로 간주했을 것이다.

하지만, 계시의 가능성을 일축할 때 그는 자신을 합리적 담화의 유일한 근거인 하나님으로부터의 소통을 차단한다. 기적에 대한 증거가 하나님 자신의 증거라면 증거는 앞에서 인용한 그의 조건을 충족할 것이다. 왜냐하면, 하나님 증거의 거짓됨은 확실히 하나님의 증거가 입증하려는 사실들보다 더 초자연적일 것이기 때문이다(흄이 의도하는 의미에서).[43]

43 많은 학자를 포함해서 많은 사람에게도 동일한 것을 언급해야 한다. 왜냐하면, 그들은 계시를 포함해서 기적이 결코 발생하지 않는다는 전제를 가지고 성경을 연구하기 때문이다. 현대 성경 비평의 주류는 바뤼흐 스피노자(Baruch Spinoza), 헤르만 라이마루스(Hermann Reimarus), 스트라우스(D. R. Strauss) 같은 신학자들과 함께 시작했다. 이들은 정확하게 그런 가정을 했다. 따라서 그들은 성경에서 자신들에게 초자연적인 것으로 보였던 것들의 역사성을 정기적으로 부인했다. 또한 그들은 그런 가정, 즉 성경 저자들 자신들의 가정과는 정확하게 반대되며 또한 기독교의 모든 독특한 가르침과 논리적으로 조화되지 않는 가정에 따라 이스라엘 역사와 예수님 이야기를 재구성하려고 애썼다. 자유주의 전통에서의 더 최근 성경 비평가들은 그런 자연주의적 가정과 결별하려고 애썼다. 또한 그들은 다양한 정도로 성공했다. 하지만, 그들은 언약의 주님으로서 하나님이 자신이 저자인 기록된 말씀으로 자기 백성을 다스린다는 사실을 받아들이지 않았다. 따라서 흄과 같이 그들은 종종 성경 저작들은 단지 인간 저자들

(3) 기적은 기독교 진리의 증거로서 역할을 하는가?

기적은 변증상의 문제인가 아니면 변증상의 자산인가?

신학 문헌과 철학 문헌에서 기적은 변증상의 문제이며 동시에 변증적 자산이었다. 우리가 위에서 논의했던 논증처럼 기적이 발생했는지(기적의 가능성, 개연성, 실제성[actuality])에 대한 논증들이 있었다. 하지만, 기적을 또한 기독교 진리를 지지하는 증거로서 사용했다.

확실히 성경에서 발생했던 기적들은 확신시키도록 의도되었다. 기적들은 "결정을 제안"할[44] 뿐만 아니라 독자로 하여금 올바른 결정을 하게 하고 하나님을 인정하고 믿게 한다. 우리는 앞에서 기적이 선지자들을 입증한다는 것을 살펴보았다. 기적이 그리스도에 대한 믿음을 정당하게 만드는 것은 요한복음의 빈번한 주제다.

> 만일 내가 내 아버지의 일을 행하지 아니하거든 나를 믿지 말려니와 내가 행하거든 나를 믿지 아니할지라도 그 일은 믿으라 그러면 너희가 아버지께서 내 안에 계시고 내가 아버지안에 있음을 깨달아 알리라 하시니 (요 10:37-38).

> 내가 아무도 못한 일을 그들 중에서 하지 아니하였더라면 그들에게 죄가 없었으려니와 지금은 그들이 나와 내 아버지를 보았고 또 미워하였도다 (요 15:24).

의 문화를 대표하는 인간 지식의 수준을 반영한다는 가정 위에 작업했다. 이런 비평가들은 역사적 진리의 **기준**으로서의 성경에 대한 확고한 입장을 취하지 않았다. 하지만, 이것은 다름 아닌 기독교 신앙의 전제이고 하나님의 언약 종이 가져야 할 입장이다.

44 G. C. Berkouwer, *The Providence of God* (Grand Rapids: Eerdmans, 1952), 225.

많은 사람이 기적을 보고 믿지 않는다(요 12:37-38). 그런데도 그들은 기적을 근거로 **믿어야 한다**. 또한 많은 사람이 믿는다(요 2:23; 4:3; 6:2, 14; 7:31 등). 이것이 요한이 다음과 같이 표적을 기록할 때 의도했던 목적이다.

> 너희로 예수께서 하나님의 아들 그리스도이심을 믿게 하려 함이요 또 너희로 믿고 그 이름을 힘입어 생명을 얻게 하려 함이니라(요 20:31).

베드로는 오순절 날에 유대인들에게 연설한다. 그리고 다음과 같이 선언한다.

> 이스라엘 사람들아 이 말을 들으라 너희도 아는 바와 같이 하나님께서 나사렛 예수로 큰 권능과 기사와 표적을 너희 가운데서 베푸사 너희 앞에서 그를 증언하셨느니라(행 2:22).

히브리서도 하나님이 그리스도의 구원을 증거했던 "표적들과 기사들과 여러 가지 능력"을 인용한다(히 2:4). 이런 진술들은 기적을 경험했던 사람들은 그런 경험으로 인해 예수님을 주님으로 믿어야 함을 분명히 암시한다. 따라서 기적은 증거이고 사실 예수님의 진리에 대한 결정적인 증거다.

가장 큰 기적 즉 예수님의 부활은 믿음에 대한 근거로써 특별히 중요하다.

> 네가 이런 일을 행하니 무슨 표적을 우리에게 보이겠느냐?(요 2:18)

이런 유대인들의 질문에 대한 답변으로 예수님은 자신의 부활을 예언하셨다. 베드로는 오순절 날에 다시 한 번 유대인들을 믿음으로 부를 때 예수님의 부활을 언급했다(행 2:24-36). 따라서 그리스도가 부활하지 않았다면 우리의 믿음은 헛것이다(고전 15:14).

기독교는 역사적 사건들에 기초하고 역사에서 하나님의 전능하신 사역은 믿음을 타당하게 만든다. 기적은 많은 총명한 불교도들에게는 당혹스러움이다. 왜냐하면, 불교는 역사적 사건들에 기초하지 않기 때문이다. 불교가 참이라면 그것은 역사적 사건을 통해서가 아니라 영원한 지혜에 의해 그렇다. 하지만, 이 점에서 기독교는 불교, 힌두교, 다른 많은 세계 종교와 다르다. 성경에서 하나님의 기적적인 행위는 우리 구원과 구원에 대한 우리의 지식에 중요하다.

기적이 믿음을 타당하게 한다고 말하는 것은 기적이 자동으로 사람들을 믿음으로 이끈다고 말하는 것이 아니다. 많은 사람이 예수님의 기적을 목격했으나 믿지 않았다. 하나님은 어떤 사람들이 진리를 볼 수 없도록 그들을 강퍅하게 하셨다(요 12:37-40).

또한 사람들이 기적적인 증거를 요구하는 것이 항상 타당한 것은 아니다. 예수님은 더 많은 표적에 대한 유대인들의 요구를 정식으로 책망하셨다(마 12:38-45; 16:1-4; 요 4:48; 6:30-40; 참조. 고전 1:22). 예수님의 비유에 등장하는 아브라함은 지옥에 있는 부자에게 그의 형제들을 회개하게 하도록 누군가가 죽은 자 가운데서 살아나도록 요청하지 말라고 말한다.

> 이르되 모세와 선지자들에게 듣지 아니하면 비록 죽은 자 가운데서 살아나는 자가 있을지라도 권함을 받지 아니하리라 하였다 하시니라(눅 16:31).

기적은 계시다. 하지만, 기적은 유일한 계시 양식은 아니다. 모든 피조물이 하나님을 계시한다(롬 1:18-21). 또한 성경("모세와 선지자")은 하나님의 기록된 계시이다. 이런 자료들 안에 우리로 하여금 믿을 책임이 있게 하는 충분한 계시가 존재한다.

로마서 1장에서 바울은 불신앙을 고의적이고 비난할 만한 것으로서 드러낸다. 따라서 누구도 하나님이 자신에게 기적을 보여 주시지 않았기 때문에 자신은 불신앙에 대한 핑계가 있다고 주장할 수 없다. 확실히 이미 많은 표적을 목격했던 예수님을 반대하는 유대인들은 더 많은 표적을 요구할 어떤 권리도 없었다.[45] 누구도 자신은 기적이 없다면 믿지 않을 것이라고 말하지 말아야 한다.

이런 의미에서 기적은 인식론적으로 필요하지 않다. 우리가 기적을 절대적으로 필요로 하진 않는다. 하지만, 기적으로 하나님은 우리가 엄밀하게 필요로 하는 더 많은 증거를 제공하신다. 하나님은 말씀의 타당성과 믿어야 할 우리 자신의 책임을 강조하기 위해서 증거를 더 많이 주신다.

이런 사실은 특별히 오늘날 우리에게 중요하다. 왜냐하면, 대부분 우리는 더 장엄한 종류의 기적을 직접 경험하지 못했기 때문이다. 오늘날 "기적에 근거한 논증"은 실제로 기적 **이야기**에 근거한 논증, 즉 증거에 기초한 논증이다.

예수님의 지상사역에서 그분이 행하신 기적과 말씀은 다소 독립적인 지식의 자료였고 각각은 다른 것을 증명했다(요 10:38; 14:11을 보라). 하지만, 이런 기적과 말씀은 물론 상호 의존적이었으며 또한 여러 면에서 서로를 해석했다.

하지만, 우리에게 예수님의 사역과 말씀은 똑같은 장소, 즉 성경에서 발견된다. 우리에게 예수님이 "의심하는 도마"에게 주신 말씀이 특별히

45 어떤 사람들은 "그리스도께서 오실지라도 그 행하실 표적이 이 사람이 행한 것보다 더 많으랴"라고 말했다(요 7:31).

적당하다.

> 예수께서 이르시되 너는 나를 본 고로 믿느냐 보지 못하고 믿는 자들은 복되도다 하시니라(요 20:29).

부활의 기적이 도마를 믿음으로 이끌었다. 하지만, 누구도 이와 유사한 개별적인 초자연적 증명을 하나님에게 요구하지 말아야 한다. 신약성경과 함께 모세와 선지자로 충분하다.

필자가 주장하는 요점은 우리가 지금 단지 기록된 말씀만을 물려받았기 때문에 기적 자체가 부적절하다는 것이 아니다. 기적은 성령이 조명하는 말씀 자체가 가진 설득력의 일부분이다. 성경은 오래된 책일 뿐만 아니라 기적, 즉 하나님의 구원을 성취하고 증명하는 기적에 관한 책이기도 하다. 바울이 고린도전서 15장에서 많은 증인에게 호소할 때 이런 증인들은 성경 자증의 일부분이다. 성경의 기적은 우리에게 성경이 사실임을 설득하는 데 있어서 중요한 역할을 한다.

어떤 사람들은 여기서 순환성을 발견할 수도 있다. 즉, 성경으로 인해 우리는 기적을 믿고 기적으로 인해 성경을 믿는다. 성경이 우리의 궁극적 기준, 즉 하나님 백성의 언약 헌법인 것은 사실이다.

또한 궁극적 기준은 그 자체 이외의 어떤 기준으로 증명할 수 없다. 하지만, 이런 순환성은 이 논증을 설득력이 없는 것으로 만들지 않는다. 우리는 단순히 "성경은 하나님의 말씀이므로 성경은 하나님의 말씀"이라고 말하지 않는다. 하지만, 이런 삼단논법은 엄밀하게 타당하고 건전하다.[46] 하지만, 우리는 놀랍도록 설득적이고 타당한 내용을 제시함으로써

46 이것에 대해 앞의 논의를 보라.

성경이 성경 자체를 증명하는 특정한 방식을 인식한다. 그리고 기적은 이것의 큰 부분이다.

성령의 조명 아래에 성경을 주의 깊게 읽을 때 우리는 기적에 관한 신뢰할 만한 설명과 만난다. 그리고 이런 기적에 대한 신뢰할 만한 설명은 이런 기적이 증명하는 성경적 진리에 대한 우리의 확신을 강화시켜 준다. 또한 우리가 기적을 이야기하는 성경 저자들을 하나님이 영감하신 것에 대해 더 많이 이해하게 됨에 따라 우리는 기적이 정말로 발생했다는 확신을 얻는다. 그런 후에 기적이 실제로 발생했다는 더 큰 확신으로 강화될 때 우리는 성경 영감에 대해 더 큰 확신을 얻는다.

이것은 순환 과정이다. 이 과정에서 우리가 두 실재를 반복해서 비교함에 따라 두 개의 실재는 서로를 강화한다. 이것이 믿음의 방식이다.

하지만, 전통적인 접근 방식과는 반대로 필자는 부활을 지지하는 주요 증거는 하나님 말씀 자체라고 말할 것이다. 고린도전서 15:1 이하에서 바울의 논증은 주로 예수님의 부활이 고린도 교인들이 믿는 사도적 가르침의 일부분임을 상기시켜 주기 위해 이루어진다.

하지만, 논증 과정에서 그는 또한 예수님이 부활한 후에 사람들에게 나타나신 것을 언급하고 예수님의 나타나심을 목격했던 아직 살아 있는 증인들을 언급한다. 대체로 반박에 대한 두려움 없이 사도들은 부활을 선포할 수 있었던 것으로 보인다. 단순히 다른 면에서는 어떤 증거도 존재하지 않았다. 유대인들은 제자들이 예수님의 몸을 옮겼고 그렇게 함으로써 빈 무덤의 현실을 인정했다는 이야기를 날조했다.

하지만, 제자들이 (로마 경비병들 앞에서 생명의 위협을 무릅쓰는) 그런 일을 했을 법하지는 않은데, 만약 제자들이 그런 사기극을 범했다면 죽지 않았을까?

부활이 발생한 후에 곧 부활 이야기가 전해졌기 때문에 부활은 전설적인 발전의 산물이 되지 않았다. 전설 특유의 꾸밈과 정교함이 거기에는 없다. 빈 무덤을 발견하는 여성들의 이야기는 진정성이라는 주목할 만한 특징을 띤다. 그런 이야기를 지어내는 누구도 여성들을 이런 역할에 놓지 않았을 것이다. 왜냐하면, 그들은 유대 법정에서 증인으로서 받아들일 수 없었기 때문이다.

초자연적 사건 이외의 무언가로서 부활을 설명하려는 시도는 항상 완전히 실패했다. 어떤 사람들은 예수님이 실제로 십자가에서 죽은 것이 아니라 단지 혼수상태에 빠졌고 그런 상태에서 무덤에서 깨어났다고 언급했다. 하지만, 그런 약한 상태에서 예수님은 무거운 돌을 굴려 치우고 하늘과 땅의 승리의 주님으로서 제자들에게 나타날 수 없었을 것이다.

어떤 사람들은 제자들이 음모에 가담했다고 말했지만 이것은 위에서 다루었다. 어떤 사람들은 부활 이후의 나타남을 환영 또는 환상으로 설명했다. 하지만, 환영은 이런 방식으로 작동하지 않는다. 환영은 많은 사람에게 똑같은 이미지를 만들지 않는다. 하지만, 그런 후에 많은 사람은 모두 똑같은 것을 목격했다고 이야기한다.

그렇다면 사실은 다음과 같다. 즉, 부활은 역사의 다른 사실만큼 확고부동하다는 것이다. 사실 부활은 대부분의 역사적 사실보다 더 확고부동하다. 왜냐하면, 하나님 말씀 자체가 부활을 증거하기 때문이다. 모든 지식에 의문을 제기하는 과격한 회의주의를 제외하고 우리는 부활을 부정할 수 없다.

또한 부활을 단순히 "이상한 사건"으로 볼 수 없다. 왜냐하면, 하나님의 말씀이 부활에 엄청난 중요성을 부여하기 때문이다. 즉, 부활은 죄를 위한 예수님의 희생을 입증하며 또한 우리가 예수님과 함께 죄에서 영생으로

일으킴을 받았다는 것을 믿음으로 주장할 수 있게 하기 때문이다(롬 6장).[47]

하나님의 말씀은 이 복음을 "절대적으로 확실한 것"으로 만든다. 예수님—성육신하신 하나님—은 자기 백성의 죄를 위한 희생 제물로 죽으셨고 영광으로 부활하셨다. 하나님의 용서를 위한 이런 희생을 믿고 신뢰하며(요 3:16) 예수님을 주님으로 인정하는 사람(롬 10:9)은 지옥에서 구원받을 것이고 하나님과의 영원한 교제로 일으킴을 받을 것이다.

당신은 예수님을 믿는가?

4. 결론

성경은 성경이 가르치는 것을 신뢰할 만하게 가르친다. 성경은 다른 시대, 사회 계층, 문예적 기술을 가진 많은 저자의 특별한 모습을 제시하고 예수님의 인격 주위에서 완벽하게 통합되는 이야기를 만들어낸다.

예수님과 그분이 전한 메시지의 철저한 독특성에도 불구하고 이런 사실들을 주목할 만한 신뢰성으로(심지어 이스라엘 왕들의 "나쁜 점들까지도 모두" 보여 준다) 제시한다. 사실 성경은 심지어 성경이 그렇게 신뢰할 만한 것에 대한 믿을 만한 이유—하나님 백성의 언약 헌법으로 신적 저자—을 제시한다.

따라서 이 세상의 모든 종교와 철학 가운데 성경적 종교만이 우리가

47 신약성경은 그리스도의 부활이 담고 있는 신학적이고 구속 역사적 중요성에 대해 많은 것을 언급한다. 특별히 이와 관련해서 유용한 두 작품은 리처드 개핀 주니어(Richard B. Gaffin Jr)의 *Resurrection and Redemption* (Phillipsburg: NJ: Presbyterian and Reformed, 1987) 그리고 라이트(N. T. Wright)의 *The Resurrection of the Son of God* (Minneapolis: Fortress, 2003)이다.

하나님에게 가장 물을 필요가 있는 질문에 권위적인 답변을 제공한다.

즉 어떻게 나의 죄가 용서 받을 수 있는가?

성경의 신뢰성은 절대적으로 확실한가?

궁극적으로 그렇다. 왜냐하면, 성경은 하나님 자신의 말씀이고 따라서 가장 높은 신뢰성의 기준으로 전제될 자격이 있다.

어떻게 우리는 그런 확실성을 납득할 수 있는가?

텍스트 자체에 내재해 있는 신뢰성을 강화하는 우리에게 제공하는 성령의 증거를 통해서 우리는 납득할 수 있다(고전 2:4; 살전 1:5).

제7장

변증으로서 변증학: 악의 문제(1) —질문, 일반적 원리와 막다른 골목

증거로서 변증학을 논의했으므로 우리는 변증학의 두 번째 역할, 즉 변증의 역할에 관심을 기울인다. 우리는 중요한 의미에서 성경이 성경 자체를 변호한다는 것을 살펴보았다. 하지만, 하나님은 또한 자기 백성에게 자신의 진리를 변증할 것을 요구하신다(빌 1:7, 16; 벧전 3:15). 증거에서처럼 변증에서 성경은 변증가가 이용해야 할 근본적인 표준과 기준을 제공한다.

하지만, 우리는 논증의 자료를 위해 성경에 제한되지 않는다. 모든 사실은 변증적 중요성이 있다. 왜냐하면, 하나님이 모든 사실을 만드셨고 질서 지우셨기 때문이다. 하지만, 성경은 기독교 변증학의 모든 단계를 위한 전제를 제공한다.

1. 악의 문제가 존재하는가? 답은 있는가?

본 장에서 우리는 아마 불신자가 기독교 유신론에 대해 제기했던 가장 진지하고 설득력 있는 반대, 즉 악의 문제를 논의할 것이다. 악의 문제에 대한 일반적인 정식은 다음과 같다.

전제 1: 하나님이 전능하시다면 그분은 악을 막을 수 있을 것이다.

전제 2: 하나님이 완전히 선하시다면 그분은 악을 막길 원하실 것이다.

결론: 따라서 하나님이 전능하시고 완전히 선하시다면 악은 존재하지 않을 것이다.

전제 3: 하지만, 악은 존재한다.

결론: 따라서 전능하고 선한 하나님은 존재하지 않는다.

이런 것이 악의 문제를 살펴보는 철학자의 방식이다. 하지만, 철학자가 아닌 사람들도 이 문제의 본질에 관심이 있다.

우리 경험에서 우리가 비극적 사건들에 시달릴 때 우리 가운데 누가 "이유가 뭐죠? 주님"이라고 부르짖지 않았는가?

우리는 단순히 우리 경험과 우리가 믿는 하나님의 모습 사이의 엄청난 괴리를 느낀다. 마음에서의 이런 부르짖음은 동시에 고통의 부르짖음, 도움을 위한 부르짖음, 깨달음을 위한 부르짖음, 우리의 가장 깊은 전제에 의문을 갖게 하는 의심의 부르짖음일 수도 있다.

"이유가 뭐죠? 주님"이라는 이런 질문은 철학적 논증이 말하는 모든 것을 말하고 그 이상을 말한다. 필자는 이런 문제가 아마 기독교 유신론에 가장 심각하고 설득력 있는 반대일 것이라고 언급했다.

앞 장에서 언급했던 월터 카우프만(Walter Kaufmann) 교수는 항상 기독교를 반대하는 그의 가장 강력한 논증으로 이것을 언급했다. 그는 홀로코스트(Holocaust)에서 가족들을 잃었다. 그에게 있어서 악의 실재는 "일반적 유신론에 대한 완벽한 반박"이었다.

아이의 고통이나 죽음 또는 완전히 부당하게 보이는 어떤 다른 고난을 경험했던 많은 사람은 하나님에 대해 원한을 품을 것이다. 원한의 지적 내용은 우리의 전제와 결론에서 묘사할 수 있다. 아마 모든 그리스도인 적어도 이 문제에 대해 궁금해 했을 것이다. 또한 우리 가운데 많은 사람이 이것 때문에 의심의 시기를 경험했다.

『하나님, 자유, 악』(*God, Freedom, and Evil*)[1]에서 앨빈 플랜팅가(Alvin Plantinga)은 변증과 신정론(theodicy) 사이에 유용한 구분을 한다. 신정론은 인간에 대한 하나님의 방법들을 정당화하고 하나님이 행하는 모든 행동의 선함을 증명하려는 목적이 있다. 변증은 단순히 악의 문제가 성경이 주장하는 하나님이 틀렸음을 입증하지 못한다는 것을 증명하려고 애쓴다.

이 문제에 대한 답이 있는가?

이것은 **답이** 어떤 것을 의미하는지에 달려 있다. 누군가 모든 악의 예에서 하나님의 섭리를 입증하는 신정론을 추구한다면 필자는 확실히 그것을 충족시킬 수 없다. 또한 필자는 누군가가 그렇게 할 수 있는지를 의심한다.

또한 필자는 우리가 하나님의 주권, 선함, 악 사이의 완전히 만족할 만한 이론적인 조화를 제공할 수 없다고 생각한다. 필자는 하나님과 악과의 관계의 신비는 이생에서 결코 완전하게 해결할 수 없다고 확신한다. 또한 필자는 내세에서도 이 문제가 완전히 해결될 것인지 잘 모르겠다.

처음에 우리가 해야 할 또 다른 구분은 자연적 악과 도덕적 악이다. 자연적 악은 피조물의 삶에 들어오는 고난, 불쾌감 또는 어려움을 가져오는 모든 것을 포함한다. 지진, 홍수, 질병, 부상이 자연적 악의 예다. 도덕적 악은 이성적 피조물(천사와 인간)들이 범하는 죄다. 성경에 의하면 도덕적 악이 먼저 왔다. 사탄의 유혹과 아담과 하와의 불순종이 이 땅에 대한 하나님의 저주로 이어졌다.

1 Grand Rapids: Eerdmans, 1977.

> 아담에게 이르시되 네가 네 아내의 말을 듣고 내가 네게 먹지 말라 한 나무의 열매를 먹었은즉 땅은 너로 말미암아 저주를 받고 너는 네 평생에 수고하여야 그 소산을 먹으리라. 땅이 네게 가시덤불과 엉겅퀴를 낼 것이라 네가 먹을 것은 밭의 채소인즉. 네가 흙으로 돌아갈 때까지 얼굴에 땀을 흘려야 먹을 것을 먹으리니 네가 그것에서 취함을 입었음이라 너는 흙이니 흙으로 돌아갈 것이니라 하시니라(창 3:17-19).

하나님은 예수님이 이루신 구속의 완성 즉 단지 마지막 날에 이런 저주를 제거하실 것이다. 마지막 날에 하나님은 최후 심판을 하시고 새 하늘과 새 땅이 이 세계를 대체한다. 그러는 동안에 피조계 전체는 "하나님의 아들들이 나타나는 것"(롬 8:19)을 고대함으로 "함께 탄식하며 함께 고통을 겪고"(롬 8:2) 있다.

따라서 성경은 우리에게 자연적 악의 문제에 대한 분명한 답변을 제공한다. 자연적 악은 도덕적 악으로 인해 이 세상에 부과된 저주다. 자연적 악은 악인들에 대한 형벌과 하나님의 은혜로 의롭게 된 사람들을 위한 징계의 수단으로 역할을 한다.

자연적 악은 또한 우리에게 죄와 구속의 우주적 차원을 상기시켜 준다. 죄는 인류에게 죽음을 가져왔다. 하지만, 죄는 또한 인간이 다스려야 할 우주에도 죽음을 가져왔다. 하나님은 인간 통치자가 하나님에게 저항하는 것을 멈출 때까지 이 우주가 인간 통치자에게 저항하도록 정하셨다.

따라서 구속에서 하나님의 목적은 다름 아닌 "땅에 있는 것들이나 하늘에 있는 것들이 그로 말미암아 자기와 화목하게" 하는 것이다(골 1:20). 해결되지 않은 문제는 악의 문제다.

즉 어떻게 죄가 유신론적 우주에 존재할 수 있는가?

따라서 필자는 본 장과 다음 장 나머지에서 도덕적 악에 초점을 맞출 것이다.

제이 아담스(Jay Adams)의 책 『위대한 증명』(*The Grand Demonstration*)은[2] 여러 면에서 도덕적 악의 문제를 다루는 훌륭한 성경 연구다. 아담스 박사는 필자의 동료이고 친구다. 그는 교회 그리고 개인적으로 필자에게 큰 도움을 주었던 사람이다. 필자는 그를 그리스도 안에서 매우 사랑한다. 하지만, 줄잡아 말해도 필자의 비위를 건드리는 무언가가 이 특별한 책에 있다.

아담스는 문제 해결자다. 그리고 그는 상담, 설교 또는 신학에서 해결되지 않은 부분들이 문제되지 않고 넘어가는 것을 보고 싶어 하지 않는다. 그는 최선의 해결책을 시도하기 전에 문제를 포기하는 무기력한 논의에 매우 불만족스러워 한다. 또한 그는 신학자들이 언급할 수 있는 분명한 무언가를 발견할 수 없을 때 사용하는 "아마 이것, 아마 저것"과 같은 접근 방식을 좋아하는 것처럼 보이지 않는다. 아담스는 "따라서 주님이 말씀합니다! 여기에 답이 있습니다, 바로 여기에!"라고 말할 수 있기를 원한다. 따라서 그의 책은 그가 "소위" 악의 문제에 대한 답을 발견했다고 말한다.[3]

아담스의 견해에 따르면 모든 무기력한 신학자들(어거스틴과 같은)은 수세기에 걸쳐서 이런 문제로 고민했다. 그리고 그들은 "신비"를 중얼 거렸고 이런 문제에 대한 언급을 회피했다.

그리고 그들은 단순히 코앞에 글로 되어 있던 답을 보지 못했다!

이런 답변은 로마서 9:17이다.

---

2 Santa Barbara, CA: East Gate Publishers, 1991.

3 아담스(Adams)의 책 소제목은 *A Biblical Study of the So-Called Problem of Evil*이다.

> 성경이 바로에게 이르시되 필자가 이 일을 위하여 너를 세웠으니 곧 너로 말미암아 내 능력을 보이고 내 이름이 온 땅에 전파되게 하려 함이라 하셨으니(롬 9:17).

하나님은 악한 사람들(또한 함축적으로는 모든 악)을 일으키신다. 그래서 그들을 이기심으로써 하나님은 이 땅 전체에 걸쳐서 자신의 권능과 이름을 드러내실 수 있다.

아담스의 답변은 확실히 좋은 답변이다. 하지만, 그의 답변이 악에서 유래하는 모든 신비를 제거하지는 않는다. 그의 답변이 우리가 제기했던 문제에 완전하게 답변하는 것은 아니다. 왜냐하면, 그런 후에 다음과 같은 질문이 제기되기 때문이다.

즉 어째서 하나님의 능력과 명성을 드러내는 것이 존재하는 하나님의 모든 것을 완전히 반대하는 것의 사용을 요구하는가?

하나님은 자신의 선하심에 모순됨 없이 자신의 권능을 드러낼 수 없는가?

하나님은 아기들이 고통을 당하게 함 없이 자신의 이름을 드러낼 수 없는가?

어떻게 선하신 하나님이 자신의 지혜로운 예정을 통해서 심지어 선하신 하나님이 자신의 모든 존재로 악을 미워함에도 불구하고 누군가를 악하게 만들 수 있는가?

어떻게 하나님이 심지어 자신을 드러내기 위해서 그런 것을 할 수 있는가?

그렇다면 그렇게 드러난 하나님은 결코 사랑의 하나님이 아닌 분이 되지는 않는가?

이런 종류의 질문에 답하기 위해서 아담스는 전통적 신정론으로 돌아가야 한다. 또한 결국 필자가 생각하기에 그는 신비로 돌아가야 한다. 『위대한 증명』은 이런 문제의 논의에 대한 훌륭한 기여다.

하지만, 필자는 분명히 이 책의 어조가 약간 덜 자신만만하길 바라며 또한 로마서 9:17을 읽은 후에 아직 문제를 겪는 사람들의 고뇌에 약간 더 열려 있기를 바란다. 이 책은 도움이 되지만 "바로 그" 답변은 아니다. 또한 "소위" 악의 문제는 이 책을 읽는 많은 민감한 독자에게는 문제로 남아 있을 것이다.[4]

필자의 의견은 다음과 같다. 즉, 우리는 이런 모든 질문에 대한 완벽한 답, 즉 추가 질문을 받지 않는 답은 찾지 못할 것 같다. 하지만, 필자는 분명히 우리가 또 다른 의미에서 답을 제공할 수 있다고 생각한다.

우리가 원하는 것이 고난의 와중에서도 계속해서 믿기 위한 격려라면 성경은 그런 격려를 제공하며 또한 풍성하게 그런 격려를 제공한다. 우리가 설명되지 않은 악에도 불구하고 계속해서 하나님을 신뢰하길 원한다면 그렇다. 즉, 우리는 도울 수 있다. 또한 이것이 필자가 이어지는 부분에서 제공하려고 애쓰는 것이다.

2. 성경에 초점을 맞추기

본 장에서 필자는 성경이 악의 문제에 대해 가르치는 것에 초점을 맞추고 아담스의 좋은 예를 따르려고 한다. 이런 점에서 그의 책 자체는 약간 특이하다. 악의 문제에 대한 많은 책이 성경에 많은 초점을 맞추지 않

4 이 책 뒤에 부록 B로 다시 만든 아담스의 답변을 보라.

고 논리적이고 경험적인 문제를 다룬다. 이것은 아마 성경은 많은 도움을 줄 수 없다는 확신에서 기인하는 것 같다. 필자가 앞에서 보여 주었듯이 필자는 이런 문제를 다루는 데 있어서 성경 외적 자료를 사용하는 것에 반대하진 않는다.

하지만, 필자는 분명히 이런 경우에 성경 자체가 우리가 얻을 것 같은 만큼 가까이 답에 이르게 한다고 믿는다. 악의 문제가 우리 마음에서 히틀러, 스탈린, 폴 포트가 저질렀던 홀로코스트, 현대 전쟁의 공포와 현대의 환경 파괴 시나리오와 너무 확고하게 연결되어 있어서 우리는 종종 악의 문제를 현대의 문제로 생각하고 싶어 한다. 이것은 마치 오늘날 만연한 불신앙은 세상에 악이 너무 많아 낡은 유신론을 정당화할 수 없다는 인류의 갑작스러운 깨달음에 기인한다는 것과 같다.

하지만, 현대에 우리가 겪는 경험에서 누가 성경의 욥보다 분명한 부당함을 더 많이 겪었는가?

또한 누가 그런 고난을 더 깊이 묵상했는가?

사실 성경은 악의 문제에 열중한다. 우리는 바울이 저술한 로마서에 악의 문제가 반복해서 제기되는 것을 볼 것이다. 또한 우리는 심지어 성경 전체가 악의 문제를 다루고 있다고 언급할 수도 있다. 왜냐하면, 이야기 전체가 죄와 악이 이 세상에 들어온 것과 그것을 다루기 위한 하나님의 계획을 중심으로 진행되기 때문이다.

사람들이 종종 성경에 기초해서 악의 문제 다루는 것에 반대하는 또 다른 이유가 있다. 그리고 그것은 단순히 그들이 성경을 하나님의 말씀으로 믿지 않는다는 것이다. 다양한 종류의 자유주의 신학자들은 종종 이 문제에 대한 기독교적 답변이 있다고 주장한다.

하지만, 이런 답변은 성경의 신학을 수정하는 데 있다. 그들—그리고 이것은 특별히 오늘날 "과정 신학" 학파에도 마찬가지다—은 자신들이 성경적인 신론을 수정함으로써 이 문제를 가장 잘 해결할 수 있다고 생각한다. 그들은 우리가 하나님을 성경의 위엄 있고 주권적인 절대 인격체로 간주하는 한 악의 문제가 항상 존재할 것이라고 언급한다. 왜냐하면, 최고의 권능은 항상 최고선과 상충할 것이기 때문이다.

하지만, 과정 신학자들은 만약 우리가 하나님의 최고 능력과 절대적 주권을 부인한다면 우리는 악의 문제를 해결할 수 있다고 언급한다. 즉, 하나님이 악을 완전히 막을 수 없기 때문에 악은 존재한다.

하지만, 성경의 가르침을 이렇게 수정하는 것은 항상 득보다는 실이 더 많다.

아마 우리는 단순히 하나님의 주권을 부인함으로써 악의 문제를 해결할 수 있을 것이다!

다시 새들을 예배하는 것으로 다시 돌아가 보자.

그러면 악의 문제가 발생할 어떤 기회도 없을 것이다!

아니다. 이런 추론 과정을 따라가다 보면 어딘가에서 우리는 결국 단순히 예배할 가치가 없는 신으로 끝이 난다. 필자의 견해에 주권적이지 않은 신—사실 성경의 절대 인격체와 전혀 다른 신—은 우상이고 예배받기보다는 경멸해야 한다. 주권적이지 않은 신은 기독교의 절대 인격체가 아닌 일반 통념의 우상이다.

우리는 균형 감각을 향상할 필요가 있다. 악의 문제에 대한 해결책이 있는 것이 좋을 것이지만 어떤 대가가 없는 것이 아니다. 우리가 치러야 할 대가가 하나님의 주권이라면 신실한 그리스도인은 그 대가가 너무 높다고 말해야 한다. 결국 우리 가운데 누가 악의 문제에 대한 답을 발견할 수 있을지는 거의 중요하지 않다. 답 없이도 오래 행복하고 신실한 삶을 살 수 있다.

하지만, 우리가 성경의 하나님이신 참된 하나님을 예배하는 것이 최고로 중요하다. 하나님이 없다면 인간의 삶은 어떤 가치도 없다.

어쨌든 이런 신학자들과 철학자들은 자신들을 어떤 사람이라고 생각하는가?

어째서 그들은 자신들이 하나님에 대한 성경의 가르침을 수정할 입장에 있다고 상상하는가?

대부분 그들은 부드럽게 표현하자면 경건이 아닌 학문으로 알려져 있다. 그들은 선지자나 제사장이 아니다. 그들은 하나님과의 인격적인 관계의 깊이로 알려지지 않았다. 그들은 로마 가톨릭 모델에 기초한 성인 후보자들(candidates for sainthood)이 아니다. 즉, 그들은 가난한 사람들을 위해 생명소를 제공하고 보편적이고 조건 없는 사랑으로 우리를 압도하는 사람들은 아니다. 그들이 가진 유일한 자격은 학위이고 교수직이다.

하지만, 그런 자격은 결코 누군가를 하나님에 대한 전문가로서 자격을 주지 않았다. 우리 가운데 어떤 사람들은 적어도 그럭저럭 살아갈 수 있고 성경을 가까이 고수함으로써 교사로서 우리의 신뢰성을 유지할 수 있다.

하지만, 자유주의자들은 교만하게 성경의 가르침을 그들 자신의 사고의 뛰어남과 타당성보다 열등한 것으로 일축한다. 따라서 그들은 자신을 이 세상 지혜의 신봉자와 하나님의 지혜의 원수로서 드러낸다.

어째서 누군가 그들에게 주위를 기울어야 하는가?

현대인은 기독교 교리는 수정의 대상이 아니라는 것을 그의 마음에 최종적으로 분명히 해야 한다. 물론 이야기가 드러나는 방식을 소설가가 좋아하지 않는다면 그는 자신의 소설을 수정할 수도 있다.

하지만, 때때로 골치 아픈 결과로 인해 우리가 중력의 법칙을 수정하려 애쓴다면 우리는 실패할 뿐만 아니라 어리석은 시도를 하는 것으로 보일 것이다. 이런 점에서 성경은 소설이 아닌 중력의 법칙과 같다. 필자는 성경이 가르치는 것과는 다른 무언가를 성경이 가르치기를 바랄 수도 있다.

하지만, 성경이 말하는 것은 그런 것이고 필자는 그것에 대한 어떤 통제권도 없다. 성경의 가르침 가운데 선택하고 이것을 수정하고 저것을 조정하는 것은 중력의 법칙을 수정하려고 애쓰는 것만큼 어리석다.

또한 성경이 틀리다면 어떻게 우리는 옳은 것을 알겠는가?

사실 그 자체가 수정의 대상이 되지 않을 실제적인 진리는 현대인이 소위 성경의 오류보다 받아들이기가 더 어려울 수도 있다. 따라서 우리는 다시 성경을 살펴볼 것이다. 다른 방법들이 있다.

하지만, 필자의 마음에 성경 가르침에 대한 직접적인 조사가 종종 반대에 대해 믿음을 변증하는 가장 좋은 방법이다. 이런 점에서 악의 문제에 대한 논의는 다른 문제를 논의하기 위한 사례를 제공할 것이다.

3. 성경이 말하지 않는 것

우리가 성경에서 배울 수 있는 첫 번째 것은 성경이 말하지 않는 것이다. 물론 필자가 앞에서 종종 언급했던 것처럼 변증가는 성경에서 분명하게 진술된 것을 반복하는 것에 제한받지 않는다.

하지만, 악의 문제를 해결하기 위해 철학자들이 사용하는 많은 장치가 성경에 없다는 것을 파악하는 것이 유익하다. 매우 종종 그런 장치가 존재하지 않은 타당한 이유가 있다.

우리는 여기서 역사적 논의에서 사용하는 대부분의 변증과 신정론을 논의할 것이다. 우리는 어떤 신학자들은 다음 전략 가운데 두 가지 또는 그 이상을 결합했다는 것에 주목해야 한다. 또한 이런 전략 가운데 어떤 전략은 다른 전략과 조화된다. 악의 문제에 대한 일반적 변증은 일반적인 세 유형으로 나눌 수도 있다. 첫 번째는 악의 본질에 초점을 맞춘다. 두 번째는 악이 이 우주의 전반적인 선에 기여하는 방식에 초점을 맞춘다. 세 번째는 악에 대한 하나님의 대행자에 초점을 맞춘다.[5]

1) 악의 본성: 악의 비현실성 변증(The Unreality-of-Evil Defense)

일부 동방 종교와 서방 신흥 종교(cults, 예를 들어, 불교와 크리스천 사이언스)는 악이 실제로 환상이라고 주장한다. 심지어 어거스틴과 같은 일부 존경받는 기독교 사상가도 악을 비존재의 범주 아래 분류해야 한다고 제안했다.[6] 어거스틴은 전적으로 악이 환상이라고 말하려고 의도하지 않는다.

하지만, 어거스틴은 오히려 악은 "결여"(privation), 즉 선한 존재가 존재해야 할 곳에서 선한 존재의 부재라고 언급한다. 그런데도 그는 분명히 하나님에게서 책임을 제거하기 위해 이런 개념을 사용한다. 하나님이 모든 존재를 창조하시지만 그분은 비존재에 대한 책임이 없다.

이런 설명은 아주 부적절하다. 우리가 악이 환상이라고 생각할 어떤 근거도 존재하지 않는다. 게다가 악이 환상이라고 말하는 것은 말장난을 하는 것이다. 왜냐하면, 악이 환상이라면 그것은 끔찍하게 골치 아픈 환상, 즉 불행, 고통, 고난, 죽음을 가져오는 환상이다. 또한 고통이 환상에 불과한 것이라고 말해진다면 악의 문제에 관한 한 필자는 환상에 불과한 고통과 실제 고통 사이에 어떤 차이점도 존재하지 않는다고 대답한다.

이 문제는 단지 한 발 뒤로 물러나 다음과 같이 묻는다.

---

5 악의 문제에 대한 동일하지는 않지만 병행 논의를 참조하려면 *ST*, 제14장을 보라.

6 하나님은 존재에 대해 "좋았더라"(창 1:31; 딤전 4:4)라고 말씀하신다. 이것은 단지 비존재만이 악할 수 있다는 것을 보여 주는 것처럼 보일 것이다.

"어떻게 선한 하나님이 우리에게 고통에 대한 그런 모든 끔찍한 환상을 주실 수 있는가?"

성경의 관점이 가진 하나의 커다란 장점은 다음과 같다. 즉, 성경은 고난당하는 사람들을 가지고 장난을 하지 않는다는 것이다. 성경에서 악의 형이상학적 위치가 무엇이든지 간에 악은 우리가 다루어야 할 무언가로서 아주 단순하게 다루어진다.

또한 악에 대한 어거스틴의 해석도 더는 성경적이지 않다.[7] 우주 전체에 걸쳐서 선한 것(즉, 존재)의 상대적 분포에 대해 우리가 무엇을 말하든지 간에 성경은 이런 분포가 하나님의 손 안에 있다는 것을 분명히 한다. 하나님이 우주의 선한 존재에 대해 책임이 있는 것만큼이나 부재와 결여에 책임(만약 우리가 부재와 결여를 그런 것으로 부르길 원한다면)이 있으시다. 어거스틴이 인생 후반에 인정하게 되었던 것처럼 하나님은 자신의 뜻의 경륜에 따라 모든 것을 행하신다(엡 1:1). 이것은 죄와 악을 포함한다(창 50:20; 사 10:5-10; 눅 22:22; 행 2:23; 4:28; 롬 9:1-29).

만물이 선하지만, 타락한 인간의 마음이 악하다는 것은 사실이다. 또한 이로 인해 인간의 행동과 태도는 악하다. 또한 이로 인해 우리는 이 세상의 많은 사건을 악한 것으로 묘사한다. 왜냐하면, 많은 사건은 죄에 대한 하나님의 반응을 표현하기 때문이다(창 3:17-19). 악에 대해 뚜렷한 형이상학적 범주(비존재 또는 결여)를 만드는 것은 의미가 없다. 문제는 단순히 하나님이 선하고 악한 모든 사건을 다스린다는 것이다. 또한 아무리 우리가 악을 형이상학적으로 분석한다 하더라도 악은 하나님의 계획의 일부분이라는 것이다.

---

7 물론 우리는 악이 그 자체의 어떤 능력도 없고 어떤 의미에서 선에 기생한다는 것을 인식한 것에 대해서는 어거스틴의 공로를 인정해야 한다.

2) 악의 기여

(1) 가능한 한 가장 좋은 세계 변증(The Best-Possible-World Defense)

철학자 라이프니츠(G. W. Leibniz)와 다른 철학자들은 모든 악에도 불구하고 이 세계가 하나님이 만들 수 있었던 가장 좋은 세계라고 주장했다. 근거는 이어지는 변증에서처럼 하나님의 약함이 아니라 오히려 창조의 논리다. 어떤 악은 논리적으로 어떤 선한 목적을 이루는 데 필요하다. 가령 고통을 당하는 자들을 위한 연민이 있으려면 고통이 존재해야 한다. 따라서 가장 좋은 세계는 어떤 악을 포함할 것이다.

이런 견해에서 하나님은 전반적인 최선의 결과를 위해 필요할 수도 있는 모든 악을 포함해서 반드시 최선의 세계를 가능하게 만드신다. 하나님 기준의 탁월성으로 인해 하나님은 그 기준보다 못한 무언가를 하실 수 없다.

성경은 분명히 하나님이 논리 법칙을 준수한다고 가르친다.[8] 이것은 하나님이 따라야 할 하나님보다 "더 높은" 법칙이 존재하기 때문이 아니라 하나님은 본성적으로 논리적이신 인격이시기 때문이다. 하나님이 지혜롭고, 공의롭고, 신실하고, 참되시다는 성경의 가르침이 하나님이 논리적인 분이라는 것을 암시한다. 그리고 이런 속성은 만약 하나님이 자유롭게 자신을 반박하신다면 무의미해질 속성이다.

하지만, 완전한 세계가 논리적으로 악의 존재를 필요로 하는가?

하나님 자신이 완전하시지만 그분 안에는 어떤 악도 존재하지 않는다.

8 물론 필자는 하나님 자신의 논리에 대해 언급하고 있다. 그리고 하나님 자신의 논리 법칙은 인간의 만든 논리 체계와 동일하지 않을 수도 있다. 다른 모든 인간의 학문처럼 인간의 학문으로서 논리는 하나님을 따라 하나님의 사고를 하려고 애쓴다. 하지만, 논리가 항상 그렇게 완벽하게 사고하는 것은 아니다.

또한 성경에 의하면 원 창조는 어떤 악도 포함하지 않았다(창 1:31).

이런 이유로 인해 원 창조가 불완전했는가?

완성된 새 하늘과 새 땅, 즉 창조된 질서의 궁극적 완전도 악이 없을 것이다(계 21:1-8). 앞의 예에 대해서 고난은 연민을 보여 주는 데 필요할 수도 있다. 하지만, 한 인격 안에 연민의 존재를 위해 필요한 것은 아니다. 하나님은 심지어 자신이 연민을 보여 줄 어떤 사람이 없었을 때도 항상 연민이 많으셨다.

또한 하나님의 완전성으로 인해 하나님은 단지 완전한 존재만을 창조할 수 있는가?

이것이 논리적으로 보일 수도 있지만 성경은 다르게 가르친다. 사실 성경에서 하나님은 여러 면에서 완전성이 결핍된 존재를 창조하신다. 아담이 선하게 창조되었지만 완전하지는 않았다. 우선 아담은 "혼자"였다. 그리고 이것이 좋지 않았다(창 2:18). 아담은 또한 시험받지 않았다. 그의 의는 시험을 통해서 확증되어야 했다(2:17; 3:1-2).

사탄 자신은 필시 선하게 창조되었다. 하지만, 처음부터 하나님에게 반역할 수 있었다. 따라서 심지어 선한 창조에서도 불완전이 존재했다. 또한 따라서 이것은 하나님의 역사적 섭리 전체를 통해서 계속된다. 단지 새 하늘과 새 땅에서 완전하게 될(또는 파괴될) 불완전한 많은 것이 존재한다.

물론 라이프니츠의 견해는 하나님이 만드신 모든 것이 완전하다는 것이 아니라 어떤 악의 논리적 필연성을 인정한다 하더라도 대체로 이 세상은 완전하다는 것이다.

악의 논리적 필연성이라는 개념을 거절할지라도 필자는 죄인에 대한 하나님의 영광스러운 구속을 포함해서 전체 역사적 순서를 고려해 볼 때 이 세계는 하나님이 창조하실 수 있었던 가장 좋은 세계라는 가능성을 인정할 것이다.

하지만, 이것은 단지 하나의 가능성이다. 하나님이 불완전한 개별적 존재들을 만드실 수 있고, 하나님이 불완전한 전체 세계를 만드실 수 있으며 또한 개선을 요구하신다면 확실히 하나님은 자신이 만드셨을 수도 있던 다른 세계와 비교해서 불완전한 전체 역사적 순서를 결정할 수 있다는 것이 가능하다.

따라서 요점은 이것이다. 즉, 필자는 이 세계(완전히 역사적 순서로서 해석된)가 가능한 가장 좋은 세계인지 잘 모른다. 필자가 아는 한 하나님은 자유롭게 불완전하거나 완전한 것들을 만드실 수 있다. 따라서 우리는 이 세계가 가능한 가장 좋은 세계이며 또한 모든 악은 완전성을 위해 논리적으로 필요하다는 것을 우리가 선험적으로(a priori) 안다고 언급함으로써 악의 문제를 해결할 수 없다.

(2) 자유의지 변증(The Free-Will Defense)

오늘날 전문적인 철학자들 가운데 가장 일반적인 변증은 인간의 자유의지에 기초한다.[9] 자유의지 변증에 의하면 악은 이성적인 피조물들(사탄 또는 아담 또는 "모든 사람")의 자유로운 선택으로 발생했다. 하나님이 결코 이런 자유로운 선택을 통제하거나 예정하거나 원인을 제공하지 않았으므로 하나님은 그런 자유로운 선택에 대해 책임을 질 수 없다.[10] 따라서

9 가장 영향력 있는 정식화 가운데 하나는 다음의 변증이다. Plantinga, *God, Freedom, and Evil*.

10 엄격하게 말해서 플랜팅가의 논증은 이런 의미에서 자유의지의 실제성(actuality)이 아닌 자유의지의 단순한 가능성에 기초한다. 그런데도 필자가 믿는 것처럼 만약 우리가 이런 의미에서 자유의지가 실제적인 것이 아니라고 믿어야 할 이유가 있다면 필자는 플랜팅가의 논증이 매우 설득력이 있을 것이라고 볼 수 없다. 이런 의미에서 플랜팅가의 책은 알미니우스적인 인간 자유 개념을 위한 개요이다. 하지만, 그의 책은 추정하건대 그가 칼빈주의 기관인 칼빈대학(Calvin College)에서 가르치는 동안 출판되었다.

악의 존재가 하나님의 선함을 위태롭게 하지 않는다.[11]

성경은 분명히 인간이 어떤 의미에서 자유롭거나 자유로울 수 있다고 가르친다.

① 인간은 자신이 하고 싶은 것을 하고 그의 바람이 거룩하거나 악하든지 간에 그런 바람에 따라 행동한다.[12]

② 아담은 선이나 악을 선택할 자유나 능력이 있었다. 타락이 우리에게서 이런 자유를 제거했다. 왜냐하면, 타락한 피조물은 단지 악한 것만을 할 수 있기 때문이다(창 6:5; 8:21; 사 64:6; 롬 3:10 이하).[13] 하지

---

11 플랜팅가는 이런 전통적인 자유의지 변증을 우리가 다음 장에서 논의할 더 큰 선 변증(the greater-good defense)과 결합한다. 본질적으로 그는 심지어 수반되는 악의 가능성과 함께 자유의지라는 하나님의 선물은 그런 자유가 없는 세상 안에 존재할 것 같은 선보다 전반적으로 더 좋은 선을 만든다고 주장한다. 일반적으로 우리는 더 큰 선 변증이 어떤 성경적인 진리를 포함하고 있을 것으로 이해할 것이다. 하지만, 필자는 플랜팅가의 의미에서 자유의지가 실제로 더 큰 선인지 의심스럽다.

12 이것을 때때로 **양립가능한** 자유(compatibilist freedom)로 부른다. 왜냐하면, 이 자유는 인간의 선택의 인과적 결정과 조화될 수 있기 때문이다.

13 여기서 "**할 수 있다**"(can)라는 단어는 육체적 능력이나 정신적 능력의 할 수 있다가 아니라 도덕적-영적인 "**할 수 있다**"이다. 죄인들은 하나님에게 순종할 수 있는 육체적 역량과 영적 역량이 있다. 하지만, 그들은 도덕적-영적 동기가 결여되어 있다. 그들의 문제는 어떤 역량이나 다른 역량의 결여가 아니라 마음의 문제다. 문제는 다음과 같다. 즉, 그들의 역량에도 불구하고 그들은 순종하지 않을 것이다. 또한 이런 "**-하지 않을 것이다**"(will not)가 너무 깊이 뿌리 박혀 있고 너무 강렬하게 반복되고 그들 본성을 구성하는 상당한 일부분이어서 그들은 중요한(그러나 독특한) 의미에서 "할 수 없다." 필자는 분명히 이 점에 대해 칼빈주의자들과 알미니우스주의자들 사이에 어떤 혼동이 있다고 생각한다. 어떤 분명한 의미에서 타락한 인간은 올바른 것을 **할 수 있다**. 또한 그의 책임은 그런 "능력"에 달려 있다. 반틸(Cornelius Van Til)이 강조했던 것처럼 타락(depravity)은 형이상학적인 것이 아니라 윤리적인 것이다. 다른 말로 말해서 타락은 우리의 육체적 역량, 기술 또는 IQ에 있어서 쇠퇴가 아니라 이런 것들의 오용을 수반한다. 칼빈주의자들은 이것을 인정하는 데 있어서 더 명료할 필요가 있다. 하지만, 그들은 적당한 구분을 해야 한다.

만, 구속은 믿는 사람들에게 이런 자유를 회복시킨다(고후 5:17).

③ 구속은 우리에게 더 큰 자유 즉 통틀어 죄와 그 결과로부터의 자유를 가져다준다(요 8:23). "죄로부터의 자유"는 신약성경에서 자유가 담고 있는 일반적인 의미다.

④ 우리가 역사적 결정주의의 무력한 희생자가 아니라는 의미에서 우리는 자유롭다. 성경은 가령 하나님의 계명을 위반하는 것에 대한 핑계로서 우리로 하여금 유전, 환경, 심리적 균형 또는 자존감에서의 결핍을 이유로 내세우게 하지 않는다. 우리의 모든 행동(고전 10:31)에서 우리는 하나님에게 순종할 책임이 있다.

게다가 성경은 분명히 죄에 대한 책임이 하나님이라기보다는 오히려 인간에게 있다고 가르치는 데 있어서 자유의지 옹호자들에게 동의한다. 심지어 성경이 특별히 하나님이 악한 사건을 예정한 것을 언급할 때에도 악에 대한 책임은 오로지 인간 범법자에만 있다(창 50:20; 행 2:23; 4:27을 보라).

하지만, 성경은 자유의지 변증이 자유의지를 사용하는 의미에서의 자유의지를 가르치지 않는다. 사실 성경은 자유의지 변증이 사용하는 자유의지를 부정한다. 왜냐하면, 자유에 대한 이런 견해에서[14] 인간의 자유로운 선택은 결코 하나님이 예정하거나 자유로운 선택을 초래하지 않기 때문이다.

그런데도 성경은 빈번하게 우리의 자유로운 선택을 결정하는 하나님을 언급한다(창 50:20; 행 2:23; 4:27; 또한 특별히 악한 선택을 언급하는 삼하 24:1;

14 교회 역사의 다른 신학자들 가운데 펠라기우스(Pelagius), 몰리나(Molina), 알미니우스(Arminius)가 이런 견해를 가르쳤다. 세속 철학에서 양립불가론(incompatibilist, 참조. 각주 12번) 또는 자유의지론적 자유(libertarian view)로 부른다.

또한 잠 16:9; 눅 24:45; 요 6:44, 65; 행 2:47; 11:18; 13:48; 16:14; 롬 8:28 이하; 엡 2:8-9; 빌 1:29을 보라). 또한 확실히 인간의 자유로운 선택을 로마서 11:36과 에베소서 1:11의 일반적 진술 가운데 포함한다.[15]

악의 문제를 분명하게 제기하는 로마서 9장에서 바울이 자유의지 변증에 호소하지 않는다는 것이 주목할 만하다. 오히려 그는 그런 변증의 가정을 반박한다. 그는 어째서 그리스도를 믿는 유대인들이 그렇게 적은지에 대해 의문을 제기한다. 이것은 그에게 다소 고뇌의 문제다(롬 9:2-5). 왜냐하면, 이 사람들은 그의 백성이고 역사적으로 하나님의 백성 즉 약속의 상속자들이기 때문이다. 우리는 이런 문제가 하나님의 주권에 대한 강력한 견해를 전제한다는 것에 주목해야 한다.

왜냐하면, 만약 바울이 믿음은 하나님의 선물이라는 것을 가정하지 않았다면 도대체 어째서 여기서 악의 문제가 발생하는가?

문제는 다음과 같은 것이다. 즉, 하나님이 이스라엘을 자기 백성으로 취하셨지만 그런데도 그분은 주로 그들에게 믿음의 선물을 주지 않으셨다는 것이다. 바울의 답변은 다음과 같다. 즉, 아브라함의 시대 이후로 "하나님의 백성"은 실제로 믿음으로 하나님에게 속한 자들과 단지 육신적으로 아브라함의 자손인 자들 사이로 나누어졌다는 것이다.

무엇이 이런 분리를 초래하는가?

여기서 바울은 쉽게 "인간의 선택"이라고 답할 수 있었다.[16] 하지만,

---

15 심지어 알미니우스주의자들은 어떤 의미에서 하나님이 우리의 자유로운 선택을 통제한다는 것을 마지못해 인정해야 한다. 그들은 단지 과정신학과 열린 유신론과 같은 너 비성경적인 입장 쪽으로 나아감으로써 이런 결론을 피할 수 있다. 본서의 제2장과 *NOG*의 여러 곳에서 하나님의 주권에 대한 논의를 보라.

16 만약 그가 이렇게 언급했다 해도 심지어 칼빈주의 근거에서 그는 틀리지 않았을 것이다. 왜냐하면, 칼빈주의자들 또한 인간 선택의 중요성을 받아들이기 때문이다. 문제는 이런 선택 자체가 하나님의 선물 인가하는 것이다. 이런 맥락에서 만약 바울이 인간의

바울은 이렇게 언급하지 않는다. 오히려 그는 이런 분리를 "하나님의 선택 목적"으로 거슬러 올라가고(롬 9:11) "행위로 말미암지 않고 오직 부르시는 이로 말미암아"라고 덧붙인다. 사실 하나님은 에서와 야곱이 태어나기 전에 그들의 운명을 미리 말씀하셨다. 이것은 하나님이 그들의 운명을 미리 정하셨다는 것을 보여 준다(롬 9:12-13).

로마서 9:14에서 악의 문제가 부각된다.

즉 하나님이 심지어 에서가 태어나기 전에 그에게 악을 정하는 것은 부당하지 않으셨는가? 어째서?

자유의지 변증은 하나님이 에서의 자율적인 자유 선택을 미리 보셨고 따라서 그를 벌하기로 결정하셨다고 언급할 것이다. 하지만, 바울은 이런 악을 하나님 자신의 자유로운 선택으로 거슬러 올라간다.

> 내가 긍휼히 여길 자를 긍휼히 여기고 불쌍히 여길 자를 불쌍히 여기리라(출 33:19을 인용하는 롬 9:15).

그런 후에 바울은 다음과 같이 반복한다.

> 그런즉 원하는 자로 말미암음도 아니요 달음박질하는 자로 말미암음도 아니요 오직 긍휼히 여기시는 하나님으로 말미암음이니라(롬 9:16).

그런 다음 악한 바로를 일으키는 하나님의 목적은 이 땅 전체에 걸쳐서 하나님의 이름을 선포하는 것이었다고 로마서 9:17에 나온다.[17]

선택을 언급했다면 그는 단순히 이런 문제를 피했을 것이다.

17 아담스(Adams)의 핵심 구절이다!

그런즉 하나님께서 하고자 하시는 자를 긍휼히 여기시고 하고자 하시는 자를 완악하게 하시느니라(롬 9:18).

로마서 9:19에서 악의 문제가 다시 등장한다.

즉 어째서 하나님은 아직 우리에게 책임을 지우시는가?

또한 다시 말하지만, 답은 "하나님이 우리의 자유로운 선택을 통제하지 않으시기 때문이다"가 아니다. 오히려 답은 하나님이 다음과 같다. 즉, 하나님은 자신(주권적으로)이 우리에 대해 하기로 선택하신 것은 무엇이든지 하실 수 있는 완전한 권리가 있다는 것이다.

성경은 악의 문제가 논의의 대상이 되는 구절에서 결코 자유의지 변증을 사용하지 않는다. 우리는 욥기, 시편 37편 또는 73편에서 자유의지 변증을 찾지 못할 것이다. 사실 이런 모든 구절은 하나님의 주권에 대한 일반적인 강한 견해를 전제한다.

따라서 자유의지 변증은 비성경적이다. 또한 내적 일관성에도 문제가 있다. 고전적 아르미니우주의에서처럼 우리의 자유로운 선택이 문자 그대로 원인이 없다면 하나님이 그런 자유 선택을 초래하지 않은 것처럼 우리의 성격이나 바람도 그런 자유 선택을 초래하지 않는다.

또한 만약 이것이 사실이라면 우리의 "자유로운 선택"은 과거의 무언가와 관련 없는 완전히 우연적인 사건이다. 우리의 자유로운 선택은 난처한 때에 발생하는 딸꾹질보다 더 좋지 않은 뜻밖의 일이다. 곧은 성품이 있으며 또한 이전에 절도에 대한 어떤 성향도 없는 사람이 은행을 지나 걷고 있을 때 갑자기 어떤 이상한 충동으로 은행 안으로 들어가 심지어 은행을 털기 원하는 마음 없이 은행을 털 것이다.[18]

18 물론 자유의지론자들은 분명히 우리의 성품과 바람이 자유로운 선택에 "영향을 주지

확실히 이것은 우리가 일반적으로 자유로운 선택으로 생각하는 것이 아니다. 또한 그런 우연적인 사건은 거의 도덕적 책임의 근거가 될 수 없다. 왜냐하면, 앞 장에서 우리가 살펴보았듯이 그런 우연적 사건은 본질적으로 비합리적이기 때문이다. 그런 우연적 사건은 절대 인격체 안에 어떤 제일 원인이나 기원이 존재하지 않는 사건들이다.

다른 한편 만약 알미니우스적인 자유의지론자가 자유로운 선택을 성격과 바람이 야기한 것으로 본다면 그는 유전과 환경 안에 원인이 있는 요소들 자체를 도입하는 것이다. 그리고 이런 원인들은 개인의 의식적인 삶보다 앞서는 원인들이다[19]. 그는 성경적 기독교의 인격적인 "결정주의"을 비인격적인 우주적 결정주의로 대체하고 있다. 필자는 이것을 도덕적 책임을 위한 어떤 종류의 도움으로 보지 않는다.

(3) 인격 형성 변증(The Character-Building Defense)

우리가 논의할 세 번째 비성경적 변증은 악이 하나님의 계획안에서 기여한다는 것에 기초하는 데 이 변증을 때때로 **이레니우스식**(Irenaean) 변증으로 부른다. 이 변증은 이것을 사용했던 교부 이레니우스를 따라 명

만" 그런 자유로운 선택을 "결정하지" 않고 영향을 준다고 인정한다. 하지만, 이것이 일반적으로 의미하는 것은 다음과 같다. 즉, 성품과 바람이 자유로운 선택을 위해 이용 가능한 대안들을 약간 제한한다. 그리고 성품과 바람은 아마 우리를 한 방향이나 또 다른 방향에서 선택하도록 마음을 움직이게 한다는 것이다. 하지만, 물론 이런 견해에서 우리는 성향에 반대하여 선택할 수도 있다. 그리고 다시 이런 선택은 순전한 우연으로 나타난다. 따라서 심지어 이런 조건들을 가지고도 사람은 그답지 않은 "자유로운 선택"을 할 수도 있으며 또한 단순히 우연으로 "자유로운 선택"을 할 수도 있다. 자유의지론적 자유의 성경적 문제와 철학적 문제와 함께 본질에 대한 더 포괄적인 논의를 참조하려면 *DG*, 137-45를 보라.

19 요소들이 원인이 없다면 그것들은 분명히 우연이다. 또한 앞 구절의 논증은 이것들과 관련이 있다.

명되었다. 현대에 존 힉(John Hick)이 이 변증을 주장했다.[20] 그리고 그는 이 변증을 "영혼 형성" 신정론(soul-making theodicy)으로 부른다.[21]

논증은 다음과 같다. 즉, 인간은 도덕적 미성숙의 상태로 창조되었다. 인간이 완전한 성숙에 도달하기 위해 그는 다양한 형태의 고통과 고난을 겪는 것이 필요했다.

고난이 때때로 인격을 형성해 준다는 것은 사실이다. 히브리서 12장은 신자들이 하나님의 아버지 같은 징계와 징벌을 경험한다고 언급한다. 마치 이 세상 아버지의 벌이 아이의 삶에 징계를 가져오는 것처럼 우리의 하늘 아버지도 우리가 경건의 습관을 배울 수 있도록 우리에게 시련을 겪게 하신다.

하지만, 필자는 이런 원리를 철저한 신정론으로 바꾸는 것은 비성경적이라고 생각한다. 우선 성경은 아담이 고난을 통해서 성품을 개발할 필요가 있는 도덕적으로 성숙하지 못한 상태로 창조되지 않았다고 가르친다. 그는 선하게 창조되었다. 또한 만약 그가 하나님에게 순종했다면 그는 고난을 경험할 필요가 없었을 것이다. 고난은 타락의 결과다(창 3:17).

게다가 성경은 모든 고난이 성품을 형성하는 것은 아니라고 가르친다. 불신자들은 고난을 겪지만 종종 고난에서 어떤 교훈도 배우지 못한다. 또한 모든 성품 함양이 고난을 통해서 오는 것은 아니다. 믿는 자들은 그리스도 안에서 새롭게 창조된다(고후 5:17). 죄에서 의로 이어지는 이런 기본적인 변화는 하나님 은혜의 선물이다. 게다가 우리의 성화는 일시적인 고난의 상태를 통해서가 아니라 하나님 자신의 행동을 통해서 하늘에서 완전해질 것이다.

---

20 John Hick, *Evil and the God of Love* (New York: Harper & Row, 1966).

21 신정론은 문자 그대로 "하나님을 정당화함"을 의미한다는 것을 기억하라. 이 용어는 악의 문제에 대한 제안된 해결책을 묘사하는 데 사용한다.

(4) 안정적인 환경 변증(The Stable-Environment Defense)

루이스(C. S. Lewis)는 『고통의 문제』(*The Problem of Pain*)[22]에서 안정적인 환경이 인간의 삶을 위해 필요하다고 주장한다. 우리는 서로의 존재가 보이는 일반적이고 안정적인 몸짓(얼굴 모습, 목소리 등)을 통해서 서로를 안다. 행복하고 생산적이게 사는 것은 일정한 법칙이 있는 우주가 요구된다. 그래서 우리는 계획을 세우고 그 계획을 성취할 수 있다. 만약 필자가 아침에 빗을 잡으려고 손을 내밀 때 그 빗이 무작위로 거북이로 변한다면 필자는 머리를 빗을 수 있는 신뢰할 수 있는 계획과 실천을 할 수가 없을 것이다.

하지만, 루이스는 안정적인 환경은 악의 가능성을 연다고 언급한다. 가령 이것은 필자가 계단에서 굴러 떨어지는 것을 막기 위해 중력의 법칙이 일시적으로 폐지되지 않을 것이라는 사실을 의미한다.

분명한 사실이다.

하지만, 안정적인 환경이 반드시 악을 만드는가?

안정적인 환경이 악의 충분한 원인인가?

확실히 그렇지 않다. 하나님이 아담(필자는 아담의 문자 그대로의 실존에 대해 루이스가 일부 의구심을 가졌다고 생각한다)을 창조했고 그를 안정적인 환경에 두셨지만 악과 고통이 없었던 것은 아니었다. 필자는 어떻게 이것이 작동했는지 모르겠다.

즉 하나님은 가끔 아담을 보호하기 위해 물리 법칙을 폐지하고 상당히 정상적인 일상생활을 위한 충분한 규칙성을 남겨 놓으셨는가?

아니면 하나님은 단순히 아담이 이런 법칙을 위반하지 않을 것이라고 예정하셨는가?

---

22 London: Geoffrey Bles, 1940.

아무리 그렇다 했더라도 타락할 때까지는 어떤 고통과 고난도 존재하지 않았다. 천국은 확실히 또 다른 안정적인 환경일 것이지만 악이 없는 환경일 것이다.[23]

또한 어떻게 안정적인 환경이 인간의 마음의 악 즉 하나님에게 대항하는 반역의 마음을 일으키는가?

따라서 어떤 악들은 확실히 가장 가까이는 안정적인 환경 안에 있는 자연법으로 거슬러 올라갈 수도 있다(아래를 보라). 하지만, 이런 것들은 악에 대한 충분한 설명이 아니다. 성경은 결코 악을 그런 출처로 돌리지 않는다. 그렇게 하는 것은 우리 자신의 마음보다는 오히려 창조를 탓하는 것일 것이다.

3) 악 그리고 하나님의 대행자

(1) 신적 약함 변증(The Divine-Weakness Defense)

많은 사람은 악의 문제에 대한 해결책으로서 어떤 종류의 신적 약함(divine weakness) 또는 무능력을 주장했다. 즉, 하나님은 모든 악을 정복할 수 없다. 왜냐하면, 비록 하나님은 분명히 최선을 다하지만, 하나님은 그렇게 할 수 없기 때문이다. 이것이 과정 신학과[24] 해럴드 쿠쉬너(Harold S. Kushner)의 인기 있는 책 『나쁜 일들이 선한 사람들에게 일어날 때』(*When Bad Things Happen to Good People*)[25]의 답변이다. 이런 해결책은 하나님의 전

---

23 독자는 제안된 변증가운데 몇몇은 원 창조의 선함이나 천국의 완전성 또는 둘 다를 고려하지 않는다는 것에 수복할 수도 있다. 적당한 변증 또는 신정론은 이런 성경적 가르침과 일치해야 한다.

24 가령 David Ray Griffin, *God, Power, and Evil* (Philadelphia: Westminster, 1976)에서처럼. 참조. 그의 *Evil Revisited* (Albany, NY: State University of New York Press, 1991).

25 New York: Schocken Books, 1981.

능, 전지, 주권에 대한 역사적 기독교 교리를 부정하면서 선함이라는 하나님의 속성을 보존하려고 애쓴다.

그런데도 성경 자체는 이런 해결책을 가르치지 않을 뿐만 아니라 확고하게 반박한다. 하나님의 전지(시 139편; 사 46:10; 히 4:11-13; 요일 3:20), 전능(시 115:3; 사 14:24, 27; 46:10; 55:11; 눅 18:27), 주권(롬 11:33-36; 딤전 6:15-16)은 성경적인 신론에 핵심이다.

사람은 성경의 절대 인격체보다 더 약한 신을 믿는 것을 선호할 수도 있다. 하지만, 그는 그런 선호의 대가를 알아야 한다. 그렇게 함으로써 그는 악의 문제에 대한 해결책을 얻을 수도 있다. 하지만, 그는 악의 정복에 대한 확실한 희망을 상실한다. 그는 악이 결국 승리할 수도 있다는 끔찍한 가능성에 직면해야 한다는 대가로 지적 만족을 얻는다. 확실히 이것을 악의 문제에 대한 "해결책"으로 부르는 것에 대한 아이러니한 무언가가 존재한다.

(2) 간접 원인 변증(The Indirect-Cause Defense)

간접 원인 변증이 오히려 일반적으로 개혁파 신학에서 발견된다는 점에서 간접 원인 변증은 우리가 논의했던 다른 변증과는 다르다. 칼빈(Calvin)이 피기우스(Pighius)[26]에 대한 반대에서 이 변증을 사용하는 것을 논의하는 곳에서 반틸은 이 변증을 지지한다.[27] 고든 클락(Gordon Clark)도 이 변증을 사용한다.

이 논증은 하나님이 악의 직접적인 원인이라기보다는 오히려 간접적

26 Cornelius Van Til, *The Defense of the Faith*, ed. K. Scott Oliphint, 4th ed. (Phillipsburg, NJ: R&R Publishing, 2008), 242-47(『변증학』, PNR[개혁주의신학사] 刊).

27 Gordon Clark, *Religion, Reason, and Revelation*(Philadelphia: Presbyterian Reformed, 1961), 238-41.

원인이므로 그분이 악에 대해 어떤 책임도 지지 않는다고 언급하는 것처럼 보인다.

클락은 이런 차이를 다음과 같은 방식으로 설명한다. 즉, 하나님은 필자의 책의 궁극적 원인이시지만 그분은 저자는 아니다. 오히려 필자가 저자다. 따라서 하나님이 아니라 필자가 이 책의 내용에 책임을 진다. 저자는 결과에 대한 가장 가까운 원인 즉 "근접"(proximate) 원인이다. 필자가 당구공 A를 치고 A가 B를 치고 B가 C를 치면 필자는 당구공 C의 움직임의 궁극적 원인이다. 하지만, B의 움직임이 C 움직임의 근접 원인이거나 조성자다.

성경에서 악과 하나님과의 관계가 간접적이라는 것은 사실이다. 하와를 유혹했던 것은 하나님이 아니라 뱀이었다.[28] 야고보서 1:13은 시험에서도 이런 것이 항상 사실이라고 우리를 설득한다. 또한 성경에서 도덕적 책임은 단지 피조물에게만 부과된다는 것도 사실이다. 따라서 이런 두 가지 사실 사이의 관련성을 발견하는 것은 솔깃한(!) 일이다.

하지만, 인과성의 간접성 자체가 적어도 인간적인 차원에서 책임을 경감하지는 않는다. 필자가 누군가를 죽이기 위해 청부 살인자를 고용한다면 필자는 실제로 방아쇠를 당기는 그 사람만큼이나 책임이 있다. 성경은 우리에게 누군가를 유혹하여 죄를 짓게 하는 것은 죄라고 경고한다(신 13:6 이하; 롬 14장).

하나님은 이런 점에서 피조물과는 너무 달라서 악에 있어서 그분 역할의 간접성이 도덕적 비난에서 그분을 보호하는가?

성경은 결코 하나님이 이런 방식으로 다르다고 말하지 않는다.

---

28 하지만, 심지어 이런 진술에도 문제가 있다. 만약 하나님이 섭리에서 제2의 원인들과 "협력"하시고 그것들을 유지하고 그것들이 결과가 나도록 지도하신다면 간접 원인과 직접 원인 사이의 구별은 쉽게 이루어지지 않는다. *DG*, 175-77, 287-88을 보라

또한 이것이 악의 문제에 대해 우리가 가진 유일한 해결책이라면 이것은 확실히 가장 부적절한 해결책일 것이다. 왜냐하면, 이런 해결책은 하나님을 자기 부하들로 하여금 억지로 추잡한 계획을 수행하게 함으로써 법적으로 자기 손을 깨끗하게 하는 어떤 종류의 마피아 보스로 묘사될 것이기 때문이다.

이런 모습이 성경적인가?

이런 모습이 성경이 우리에게 가르치는 하나님의 선함과 조화되는가?

(3) 엑스 렉스 변증(The *Ex Lex* Defense)

막 인용한 책에서 클락은 또 다른 신정론을 제시한다. 하지만, 그것은 비록 타당하지만, 그의 간접 원인 변증을 완전히 핵심에서 벗어나게 할 것이다. 그가 이 두 변증을 포함시키는 것은 어느 한 편에 대한 확신의 부족을 보여 줄 수도 있다. 하지만, 우리는 본문을 읽는 것을 통해서는 그것을 알 수 없을 것이다.

클락의 논증은 다음과 같다. 즉, 하나님은 "법 밖에"를 의미하는 '엑스 렉스'(*ex lex*)로 계신 분이다. 개념은 다음과 같다. 즉, 하나님은 자신이 인간을 위해 규정하신 법 밖에 계시거나 법을 초월하신다.

하나님은 우리에게 살인하지 말라고 명령하시나 그분은 자신을 위해 인간 생명을 취할 권리가 있다. 따라서 하나님 자신이 십계명이나 성경에서 인간에게 주신 어떤 다른 법에 순종할 의무가 없다. 도덕적으로 하나님은 우리와 완전히 다른 차원에 계신다. 따라서 하나님은 우리에게 악으로 보이는 많은 것 심지어 성경 규범과 모순되는 것들을 하실 권리가 있다. 사람이 악을 초래하는 것은 간접적으로 당연히 잘못된 것일 수

도 있다. 하지만, 하나님에게는 잘못된 것이 아닐 것이다.[29]

따라서 클락은 하나님의 공의나 선함에 반대하는 논증을 적절하고 교묘하게 처리한다.

이런 접근 방식에 어느 정도 진리가 있다. 우리가 살펴보겠지만 성경은 분명히 하나님의 행동에 대한 인간의 비판을 금지한다. 그리고 클락이 암시하는 것처럼 이유는 하나님의 초월성이다. 하나님은 인간의 생명을 취할 수 있는 자유와 같이 그분이 우리에게 금하는 어떤 특권을 갖고 계신다는 것은 사실이다.

하지만, 클락은 율법이 하나님 자신의 성품을 반영한다는 개혁파적이고 성경적인 원리를 망각하거나 아마 부정하는 것 같다. 율법에 순종하는 것은 하나님을 본받는 것이고 그분처럼 되는 것이고 그분을 반영하는 것이다(출 20:11; 레 11:44-45; 마 5:45; 벧전 1:15-16). 또한 성경 윤리 안에는 구속에 초점이 맞추어진 그리스도를 본받는 것이 있다(요 13:34-35; 엡 4:32; 5:1; 빌 2:3 이하; 요일 3:16; 4:8-10).

분명히 앞에서 하나님에 대해 언급했던 그런 특권을 포함해서 우리가 본받을 수 없는 많은 것이 존재한다. 사탄은 하나님의 특권을 탐한다는 의미에서 하와가 "하나님과 같이"되도록 유혹했다(창 3:5).[30] 하지만, 하나님의 일반적인 거룩함, 공의와 선함은 우리가 인간적 차원에서 본받을 수 있으며 또한 본받아야 할 무엇인가이다.

따라서 일반적으로 하나님은 분명히 자신이 우리에게 주신 동일한 법

---

29 하지만, 이런 기초에서 하나님이 악을 직접 일으키신다는 것은 틀린 것이 아닐 것이다. 이것이 필자가 이런 논증이 긴접 원인 논증을 핵심에서 벗어나게 한다고 언급했던 이유다.

30 존 머레이(John Murray)는 하나님 같음(God's likeness)을 추구하는 이런 두 가지 방법 사이의 차이점이 서로 너무 가까운 것처럼 보인다고 언급했다. 하지만, 실제로 이 둘 사이에는 깊은 차이가 존재한다.

을 존중하신다. 하나님은 살인을 배제하신다. 왜냐하면, 하나님은 한 사람이 또 다른 사람을 살인하는 것을 목격하는 것을 미워하시기 때문이다. 또한 하나님은 자신을 위해 인간의 죽음을 통제할 권리를 보유하려 하신다.

하나님은 간음을 금하신다. 왜냐하면, 하나님은 간음을 미워하시기 때문이다(간음은 우상 숭배를 반영한다. 호세아서를 보라). 우리는 성경이 하나님의 책임과 우리의 책임 사이의 차이점을 선포하는 경우를 제외하고 하나님은 자신이 우리를 위해 규정하신 거룩함에 대한 동일한 기준에 따라 행동하실 것이라고 확신할 수 있다.[31]

하지만, 이런 기초에서 악의 문제가 다시 등장한다.

하나님이 우리가 다른 사람을 괴롭히는 것을 금한다면 어떻게 그분은 자신의 피조물들이 괴롭힘 받는 것을 허락하실 수 있는가?

하나님이 성경에 계시된 기준을 준수하신다면(본질적으로 일부 예외를 가지고) 어떻게 하나님은 악을 계획하고 예정하고 그 악이 발생하게 하실 수 있는가?

따라서 우리는 클락의 엑스 렉스 변증에 동의할 수 없다. 이 변증은 단순히 성경적이지 않다. 해결해야 할 문제가 여전히 남아 있다.

---

31 일반적으로 플라톤식 실재론자로 비난받는 클락(Clark)은 이상하게도 이 시점에서 실재론의 반대, 즉 유명론으로 기울어진다. 극단적인 유명론은 성경의 법들은 하나님 본성의 반영이 아니라 단순히 임의적인 요구사항이라고 주장했다. 하나님은 간음을 금지하실 수 있을 만큼이나 쉽게 간음을 명령하실 수 있었다. 필자는 전에 클락에게 보내는 서한에서 이것을 언급했다. 또한 클락은 이런 아이러니를 인식했지만 답변을 제공하지는 않았다. 가령 그는 *The Johannine Logos* (Nutley, NJ: Presbyterian and Reformed, 1972)에서 이유와 논리를 다루었던 동일한 방식으로 도덕법을 다루지 않았던 이유가 궁금하다? 이 책에서 그는 하나님의 이유/논리는 하나님을 초월하거나(플라톤) 하나님 아래(유명론)에 있는 것이 아니라 하나님 자신의 합리적 본성이라고 주장했다. 어째서 그는 하나님의 도덕 기준에 대해 똑같은 견해를 취하지 않았는가?

4) 역공(逆攻) 변증(An *Ad Hominem* Defense)

일부 기독교 변증가는 최선의 변증은 타당한 공격이라는 이론에 근거해서 악의 문제에 접근했다. 따라서 불신자가 악에 직면해서 하나님의 주권이 그분의 선함과 일관성이 있다는 것에 의문을 제기할 때 변증가는 불신자가 심지어 그런 질문을 제기할 어떤 권리도 없다고 답한다. 왜냐하면, 그가 가진 근거에서 그는 심지어 선과 악을 구분할 수 없기 때문이다.

어느 정도 이런 요점은 옳다. 필자가 앞에서 주장했듯이 도덕적 가치는 성경에 계시된 절대 인격체를 전제한다. 그런 하나님이 존재하지 않는다면 우연이나 비인격적 법칙이 이 세상을 지배한다. 하지만, 우연이나 비인격적 법칙의 어떤 것도 도덕 가치가 요구하는 충성을 명령하지 않는다. 불신자들처럼 우리가 하나님 없이 생각하고 살려고 애쓴다면 우리는 선과 악을 구별하거나 묘사하기 위한 어떤 기초도 없다.

불신자의 관심을 이런 요점에 두게 하는 것은 또한 유용하다. 어떤 면에서 그는 신자가 가진 문제보다 더 진지한 문제가 있다. 신자가 어떻게 유신론적 세계에서 악이 존재할 수 있는가의 문제에 직면한다면 불신자는 비유신론적 세계에서 선이나 악이 존재할 수 있는가의 문제에 직면한다. 더 넓은 변증 작업이라는 측면에서 이런 종류의 진리를 불신자에게 납득시킬 필요가 있다.

불신자들이 확실히 도덕적 개념을 규정하는 데 있어서 그들 자신의 자율성을 당연한 것으로 여기게 해서는 안 된다. 그들이 옳음과 그름의 궁극적 판단자라고 가정하게 해서는 안 된다. 사실 그들에게 다음과 같이 경고해야 한다. 즉, 그런 종류의 가정은 시작부터 성경의 하나님을 배제한다.

따라서 그런 가정이 하나의 믿음-전제로서 특징을 보여 주고 있다.

불신자는 우리가 그의 전제를 완전히 거부하고 있다는 것을 알아야 한다. 또한 불신자는 우리가 우리의 도덕적 기준을 하나님의 도덕적 기준의 지배하에 두어야 한다고 주장하고 있다는 것을 알아야 한다. 또한 만약 불신자가 자신의 자율성을 주장한다면 우리는 성질이 나빠질 수도 있고 그에게 어떻게 신이 없는 우주에서 자율적인 자아가 도덕적 결론에 도달할 수 있는가를 보여 달라고 요구할 수도 있다.

하지만, 이런 요점 자체가 아무리 귀중하다 하더라도 이것은 실제로 악의 문제에 대한 답변이 아니다. 이것은 역공(逆攻) 변증이다. 즉, 이것은 문제보다는 오히려 사람을 향하는 것이다. 불신자는 어떻게 우리가 악을 설명하는지를 묻는다. 그리고 우리는 그가 더 심각한 문제가 있다고 답한다. 그에게 더 심각한 문제가 있을 수도 있다. 하지만, 우리가 그렇게 함으로써 그의 질문에 답한 것은 아니다. 또한 그는 당연히 다음과 같이 답변할 것이다.

"물론 나는 무신론에 어떤 문제가 있다는 것을 인정한다. 하지만, 지금 당신의 문제에 대해 논의해 봅시다. 나는 당신의 체계에서 모순처럼 보이는 것을 지적하고 있습니다. 나의 체계가 적당한 대안인지 아닌지는 이 문제와 전혀 관련이 없습니다. 가령 내가 그리스도인이라 하더라도 그럼에도 불구하고 나는 똑같은 질문이 있을 것이고 그 질문에 대한 답을 갖기 원할 것이다."

우리가 살펴보겠지만 성경은 분명히 어떤 방식으로 악의 문제를 제기하는 사람들을 비난한다. 또한 성경이 전적으로 어떤 유형의 역공을 반대하는 것은 아니다. 하지만, 성경의 일반적인 반응은 현재 논의 중인 반응과는 약간 다르다. 그렇다면 우리는 서둘러 성경이 말하는 것을 적극적으로 찾아야 한다.

제8장

변증으로서 변증학: 악의 문제(2) —성경적 답변

앞 장에서 우리는 다양한 철학자들과 신학자들이 악의 문제를 해결하기 위해 제안했던 몇몇 해결책을 살펴보았다. 또한 우리는 그런 해결책들이 비성경적이거나 적어도 적당하지 않다는 것을 발견했다.

본 장에서 우리는 성경 자체가 악의 문제에 대해 말하는 것을 살펴볼 것이다. 필자는 성경이 우리에게 악을 정확하게 바라보는 세 가지 방식을 제시하고 있다고 제안한다.

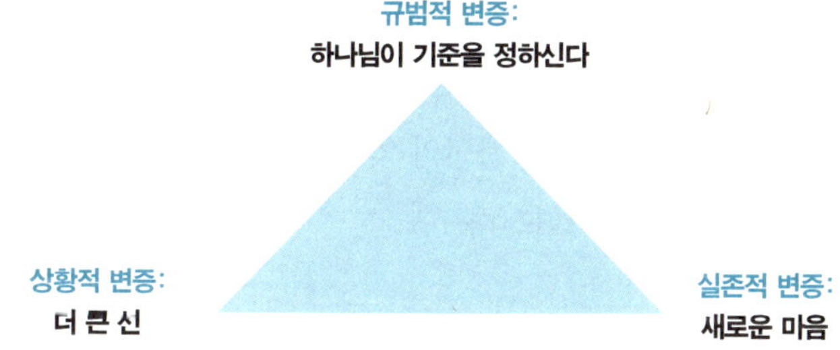

이것을 더 자세하게 살펴보자.

1. 하나님은 자기 행동의 기준이시다[1]

성경은 결코 하나님은 그분이 행하시는 것에 대해 우리에게 해명해야 한다고 가정하지 않는다. 많은 성경 구절에서 독자에게 악의 문제가 발생한다. 하지만, 텍스트 자체는 결코 악의 문제에 대해 언급하지 않는다. 가령 우리는 종종 창세기 3장에서 하나님이 우리에게 더 많은 것 즉 악이 이 세상에 들어온 이야기를 말씀하셨기를 바란다.

뱀(사탄)은 어디서 왔는가?

사탄이 피조계의 나머지와 함께 원래 선했다면(창 1:31) 어떻게 사탄은 악해졌는가?

어째서 사탄이 하와를 유혹하기 위해 에덴 동산으로 들어가는 것이 허락되었는가?

어째서 선한 하나님이 이런 전체 사건이 발생하도록 예정하셨는가?

하나님이 아담과 하와의 반응을 예정하셨다면 무슨 권리로 하나님은 그들을 벌주시는가?

이런 맥락에서 이 모든 의문이 자연스럽게 발생한다. 하지만, 이 구절은 그런 의문에 답을 주지 않는다. 사실 아담은 실제로 자기를 유혹했던 아내를 자기에게 주신 것으로 인해 하나님을 탓함으로써 악의 문제를 제기할 때(창 3:12) 하나님은 자신이 했던 것에 대해 어떤 근거도 제공하지 않는다. 오히려 하나님은 아담 자신의 악함을 지적하시고 그를 저주하시고[2] 그런 후에 그 장면을 떠나신다.

---

1 *DKG*에서 설명한 삼 요소 체계를 배운 학생들은 본 장의 세 부분을 각각 규범적, 상황적, 실존적인 것으로 확인할 것이다.

2 확실히 이것은 복이다. 왜냐하면, 이것은 아담으로 하여금 계속해서 살고 구속자가 사탄을 패퇴시키러 올 때까지 역사가 계속 진행하도록 허락하기 때문이다.

똑같은 패턴이 창세기 22장에 존재한다. 창세기 22장에서 하나님이 아브라함에게 그의 사랑하는 아들 즉 약속의 자녀를 희생제사로 드리라고 명령하신다. 독자는 자연스럽게 어떻게 그런 명령이 하나님의 선하심과 조화될 수 있는지를 알기 원한다.

그런 명령이 이행되는 것을 하나님이 막으셨다는 사실을 인정한다 하더라도 이런 명령은 아버지의 사랑에 대한 끔찍한 장난이 아니었는가?

하지만, 하나님은 해명하지 않으신다. 아담과는 다르게 아브라함은 결코 문제를 제기하지 않는다. 그리고 하나님은 아브라함의 조용하고 단호한 순종 즉 하나님이 양을 제공하실 것이라는 그의 믿음을 칭찬하신다(창 22:15-18; 참조. 롬 4:17-25; 히 11:8-19).

자신을 변호하지 않음으로써 하나님은 자신의 행동이 인간의 마음에 어떤 의심을 불러일으킬지라도 신뢰하고 믿어야 할 주권적 권리를 주장하신다. 결국 하나님은 자비를 허락하고 보류하시는 데 있어서도 주권적이다. 하나님은 출애굽기 33:19에서 이 점을 분명하게 하신다. 그리고 맥락에서 출애굽기 33:19은 하나님 이름에 대한 설명이다.

> 나는 은혜 베풀 자에게 은혜를 베풀고 긍휼히 여길 자에게 긍휼을 베푸느니라(출 33:19).

결정을 내리실 때 하나님은 인간의 판단을 따르지 않을 것이다. 하나님은 인간의 가치를 위반하고 심지어 인간의 관점에서 인간 자신의 가치를 반박하는 것으로 보일 수도 있는 방식으로 행동할 권리를 갖고 계신다. 또한 그런 일이 일어날 때 그분은 인간의 판단을 받지 않으신다. 하나님은 해명할 의무가 없으시다.

이것이 욥기의 주요 주제 가운데 하나다. 욥은 자신이 부당하게 고난 당하고 있다고 믿는다. 그리고 그는 하나님과의 면담을 요구한다(욥 23:1-7; 31; 35 이하). 그는 자신이 하나님에게 질문할 것이고 결국 하나님의 답변이 자신(욥)의 의를 입증할 것으로 상상한다.

물론 하나님은 분명히 그런 면담을 허락하시지만(욥 38-42장을 보라) 욥의 조건으로는 아니다. 욥이 아니라 하나님이 질문한다. 여호와 하나님은 그에게 다음과 같이 말씀하신다.

> 너는 대장부처럼 허리를 묶고 내가 네게 묻는 것을 대답할지니라(욥 38:3).

질문들은 우주의 신비를 다루고 약간 비꼬는 투로 욥의 무지를 지적한다.

> 내가 땅의 기초를 놓을 때에 네가 어디 있었느냐 네가 깨달아 알았거든 말할지니라.
> 누가 그것의 도량법을 정하였는지, 누가 그 줄을 그것의 위에 띄웠는지 네가 아느냐?(욥 38:4-5)

요점은 다음과 같다. 즉, 욥이 자연 세계에서 하나님이 행하시는 사역에 대해 매우 무지하다면 어떻게 그가 선과 악을 배분하는 데 있어서 하나님 마음의 사역을 이해할 수 있겠는가?(참조. 요 3:12)

양식에 맞추어진 이런 논쟁에서 욥은 완전한 패배를 고백한다. 그는 손으로 입을 가린다. 이는 부끄러움의 표시이며 또한 자칭 하나님의 비난자는 언급할 어떤 것도 없다는 인정이다(요 40:4). 하지만, 하나님은 또한 차례의 논쟁을 시작하신다(요 40:6-41:34).

똑같은 결과가 생긴다. 하나님의 약점에 대한 어떤 암시도 주어지지 않는다!

욥은 다음과 같이 인정한다.

> 주께서는 못 하실 일이 없사오며 무슨 계획이든지 못 이루실 것이 없는 줄 아오니(욥 42:2).

또한 욥은 자신이 실제로 알았던 것보다 더 많은 것을 안다고 주장하는 데 있어서 그가 지은 죄를 고백한다.

> 무지한 말로 이치를 가리는 자가 누구니이까 나는 깨닫지도 못한 일을 말하였고 스스로 알 수도 없고 헤아리기도 어려운 일을 말하였나이다 내가 말하겠사오니 주는 들으시고 내가 주께 묻겠사오니 주여 내게 알게 하옵소서 내가 주께 대하여 귀로 듣기만 하였사오 나 이제는 눈으로 주를 뵈옵나이다 그러므로 내가 스스로 거두어들이고 티끌과 재 가운데에서 회개하나이다(욥 42:3-6).

어떻게 비난이 역전되었는가에 주목하라.

아담처럼 욥도 하나님을 비난하려 했다. 하지만, 아담의 경우에서처럼 다시 결과는 불평하는 자가 죄를 깨달았다.

또한 욥이 결코 자신이 고난을 견디어야 했던 이유를 배우지 못한 것에 주목하라.

독자는 욥보다 약간 더 안다. 왜냐하면, 독자는 사탄이 욥의 신실함을 입증하기 위해 욥을 시험하도록 허락받는다는 도입부를 읽을 수 있기 때문이다. 하지만, 이것은 어째서 욥이 고난 받았는지에 대한 완벽한 설명이 아니다. 그렇다면 독자는 어째서 하나님은 사탄으로 하여금 그런 일을 하도록 허락했는가를 알기 원한다.

하나님은 욥이 신실하다는 것을 모르셨는가?

누가 추가적인 증거가 필요했었는가?

어째서 하나님은 무언가에 대해 사탄을 설득하는 것에 관심이 있으셨는가?(어째서 하나님은 심지어 사탄의 의문이 솔직한 것이라고 가정하셔야 했는가?)

어째서 이상한 내기가 이루어졌는가?

사실 어쨌든 사탄이 천상에서 무엇을 하고 있었는가?

또한 어째서 우선 사탄을 창조했고 악한 선택을 하도록 허락되었는가?

본서는 이런 질문에 대한 어떤 답변도 제공하지 않는다. 결국 독자는 욥 자신처럼 똑같은 입장에 있다.

하지만, 결국 독자의 의문은 하나님이 욥의 의문을 다루었던 똑같은 방식으로 다루어져야 한다. 왜냐하면, 욥처럼 하나님이 이 땅의 기초를 놓으셨을 때 우리는 거기에 없었기 때문이다. 우리 가운데 누구도 누가 땅의 도량법을 정했는지 누가 그 줄을 그것 위에 띄웠는지 모른다. 우리는 또한 악의 문제를 조사하는 데 있어서 신중할 필요가 있다.

필자는 단순히 질문 하는 것이 죄를 짓는 것이라고 믿지 않는다. 하지만, 우리의 질문이 비난의 특성을 취할 때, 질문이 하나님의 선함에 대해 실제적 의심을 표현할 때, 우리가 우리 자신을 답을 요구하는 교만한 위치에 놓을 때 우리는 하나님이 욥과 아담에게 하셨던 책망처럼 하나님에게서 책망을 기대할 수 있다.[3]

---

3 또한 필자는 이런 책망 가운데 일부 책망은 악의 문제에 대한 해결책을 지나치게 주장해서 성경에 계시된 주권적 하나님에게서 기꺼이 등을 돌리는 신학자들에게 내려질 것으로 기대한다.

더 많은 구절 안에 있는 동일한 패턴을 언급해 보자. 에스겔 18:25에는 다음과 같은 짧은 언쟁이 있다.

> 그런데 너희는 이르기를 주의 길이 공평하지 아니하다 하는 도다. 이스라엘 족속아 들을 지어다 내 길이 어찌 공평하지 아니 하냐 너희 길이 공평하지 아니한 것이 아니냐(겔 18:25).

다시 말하지만, 하나님의 공의에 대한 불평이 역전된다.

자세한 것을 참조하려면 맥락을 보라.

이와 관련해서 흥미로운 또 다른 구절은 예수님이 마태복음 20:1-16에서 말씀하는 포도원의 일꾼 비유다. 어떤 일꾼은 단지 한 시간 일하고 다른 일꾼은 온종일 일하지만, 그들은 모두 똑같은 임금을 받는다.[4] 어떤 일꾼은 불공정에 대해 불평한다(즉, 악의 문제). 하지만, 주인(하나님)은 다음과 같이 답변한다.

> 친구여 내가 네게 잘못한 것이 없노라 네가 나와 한 데나리온의 약속을 하지 아니하였느냐 네 것이나 가지고 가라 나중 온 이 사람에게 너와 같이 주는 것이 내 뜻이니라 내 것을 가지고 내 뜻대로 할 것이 아니냐 내가 선하므로 네가 악하게 보느냐(마 20:13-15).

---

4 이 구절을 노사관계를 위한 성경적 모델로 해석하지 말아야 한다! 마태복음의 맥락에서 이방인들이 곧 유대인들과 함께 하나님의 복을 공유하며 또한 비록 유대인들이 더 오랜 시간 동안 하나님의 백성이었지만 이 두 집단이 똑같은 복을 받을 것이라는 사실에 초점을 맞추는 것처럼 보인다. 탕자의 비유(눅 15:11-32)에서 비슷한 요점에 주목하라. 탕자의 비유에서 귀환하는 탕자가 형이 공평하다고 생각하는 것보다 더 큰 복을 받는다(28-32절).

여기서 우리가 앞에서 관찰했던 똑같은 주제에 주목하라.

① 비난이 역전된다. 즉, 불평자는 시기로 비난을 받는다.

② 하나님의 약점을 주장하는 신학(weakness-of- God theologies)과 대조해서 하나님의 주권을 강조한다("내 것을 가지고 내 뜻대로 할 것이 아니냐?").

③ 불공평한 배분에 대한 이유가 주어지지 않는다. 왜냐하면, 주인은 그 이유를 제공할 어떤 의무도 감지하지 못하기 때문이다.

④ 우리는 주인이 했던 말의 신뢰성("네가 나와 … 약속을 하지 아니하였느냐?)을 이런 주제에 첨가할 수도 있다. 주인은 한 데나리온을 제시했다. 그리고 그것이 주인이 주었던 것이다. 하나님의 계시는 의존할 만하다. 왜냐하면, 하나님은 거짓말쟁이가 아니기 때문이다.[5] 따라서 하나님의 선과 악 배분에 어떤 문제가 관련되어 있을지라도 우리는 하나님이 자기 백성에게 복을 약속하는 그분의 말씀은 신뢰할 수도 없다고 결론을 내리지 말아야 한다.[6] 또한 다음에 주목하라.

5 개혁파 신학은 하나님의 작정적 의지(decretive will)와 교훈적 의지(preceptive will) 사이를 구분한다. 하나님의 작정적 의지는 발생하는 모든 것을 지배한다. 반면에 하나님의 교훈적 의지는 하나님이 우리가 믿기를 바라고 행하기 원하는 것을 표현한다. 작정적 의지는 역사에서 실행될 때까지 비밀이다. 또한 우리는 미래를 예측하기 위해 작정적 의지를 사용할 수 없다. 또한 우리는 단지 우리 삶을 지도하기 위해 작정적 의지를 사용할 수도 없다. 그런 지시를 위해 하나님은 우리에게 성경에서 그분의 교훈적 의지를 주셨다. (물론 하나님의 교훈적 의지를 우리 상황에 적용해야 한다. 그리고 우리의 상황은 결과적으로 하나님의 작정적 의지에서 발생한다. 이런 범위까지 작정적 의지는 우리 삶에 대한 하나님의 인도와 관련된다.) 그렇다면 이런 신학적인 조건에서 예수님의 비유는 우리에게 비록 하나님의 작정적 의지의 구조와 동기가 매우 신비에 싸여 있지만 이런 신비는 그분의 교훈적 의지의 신뢰성에 어떤 의구심도 던지지 않는다는 것을 말해 준다.

6 다시 말하지만, 이것은 많은 신학자의 가정에 어긋난다.

⑤ 사실들을 참되게 해석하는 것이 사실 주인의 성품을 입증한다는 것이다. 주인이 이해하는 것처럼(그리고 물론 주인이 옳다!) 급료에서의 차이는 온종일 일했던 사람들에 대한 불공평이 아니라 단지 한 시간 일했던 사람들에 대해 관대함을 보여 준다. 적당한 관점—적당한 전제—은 어떻게 우리가 상황을 해석하는 데 있어서 커다란 차이점을 만들 수 있다!

마지막으로 신정론에 커다란 관심이 있는 바울의 로마서를 살펴보자. 사실 로마서가 신약성경과 맺고 있는 관계는 욥기가 구약성경과 맺고 있는 관계와 같다. 즉 로마서는 가장 체계적으로 악의 문제에 초점을 맞추었다. 물론 우리는 일반적으로 로마서를 칭의가 담고 있는 함의와 함께 어떻게 하나님이 죄악된 백성을 의롭게 하시는가에 대한 설명으로 생각한다. 이것은 분명한 사실이다.

하지만, 로마서 3:26은 바울이 여기서 인간의 칭의(justification of man)뿐만 아니라 하나님의 의로우심(justification of God, 신정론[theodicy])에도 관심이 있다는 것을 보여 준다.

구체적으로 어떻게 하나님은 자신이 불의하다는 비난의 대상이 되지 않고 죄인들을 의롭게 할 수 있는가?

따라서 로마서는 종종 바울과 상상속의 반대자(또는 실제 반대자?) 사이에서 주고받는 대화 형식을 취한다. 그리고 이 반대자는 다양한 방식으로 악의 문제를 제기한다. 가령 로마서 3:3에서 누군가가 일부 유대인들의 불신앙이 하나님의 신실하심을 무효화하는지에 대해 묻는다.

이스라엘에게 복을 약속하고 그런 후에 이스라엘 일부에게 그 복을 받는 데 필요한 믿음을 주지 않는 하나님은 불공정하지 않는가?

여기에 하나님이 가진 계획의 한 측면에 적용되는 악의 문제가 있다.

흥미롭게도 우리가 논의했던 앞의 저자들처럼 바울도 이런 의문에 답해야 할 어떤 의무도 감지하지 않는다. 오히려 하나님이 아담, 욥, 에스겔 시대의 이스라엘을 책망하셨던 것처럼 또한 예수님의 비유에서 땅 주인이 불평하는 일꾼들을 책망했던 것처럼 바울은 그런 질문을 책망한다.

> 그럴 수 없느니라[7] 사람은 다 거짓되되 오직 하나님은 참되시다 할지어다 기록된 바 주께서 주의 말씀에 의롭다 함을 얻으시고 판단 받으실 때에 이기려 하심이라 함과 같으니라(시 51:4을 인용하는 롬 3:4).

여기서 다시 익숙한 주제에 주목하라. 즉, 불평가들은 그들 자신에게 향하는 비난이 있다. 하나님 말씀의 정당성이 입증된다. 하나님은 소위 자신을 해명하라는 의무를 거절하신다. 하나님의 주권적 권리가 존중되고 그분의 성품이 옹호된다. 하지만, 바로 다음 구절에서 반대자가 다시 대꾸한다.

> 그러나 우리 불의가 하나님의 의를 드러나게 하면 무슨 말 하리요 [내가 사람의 말하는 대로 말하노니] 진노를 내리시는 하나님이 불의하시냐? (롬 3:5)

7 이런 감탄사는 헬라어 '미 게노이토'(*me genoito*), 즉 문자적으로 "그럴 수 없느니라"(may it not be)을 번역한 것이다(때때로 "당치 않다"로 번역한다). 이것은 혐오를 보여 주는 강한 표현이다. KJV는 이 표현을 "하나님이 금하신다"로 번역한다. 이런 번역은 오해의 소지가 있다. 왜냐하면, 하나님이라는 단어가 헬라어에서 발견되지 않기 때문이다. 하지만, 이런 첨가된 단어는 분명히 이런 표현이 담고 있는 강도를 전달하는 데 일조한다.

바울은 재빨리 우리에게 (그리고 하나님에게!) 이것은 자신이 제기하는 반대가 아니라 반대자의 반대임을 상기시킨다.

> 내가 사람이 말하는 대로 말하노니(롬 3:5).

그리고 다시 말하지만, 질문자는 강하게 질책 당한다.

> 결코 그렇지 아니하니라 만일 그러하면 하나님께서 어찌 세상을 심판하시리요(롬 3:6).

바울은 이와 관련해서 어떻게 하나님이 부당하다는 비난을 피할 수 있는가를 보여 주지 않고 다시 최고 재판관으로서 하나님의 주권적 권리를 옹호한다.

다음 예에서 바울의 답변은 훨씬 더한 질책에 속하고 별로 해명하지 않는다.

> 그러나 나의 거짓말로 하나님의 참되심이 더 풍성하여 그의 영광이 되었다면 어찌 내가 죄인처럼 심판을 받으리요 또는 그러면 선을 이루기 위하여 악을 행하자 하지 않겠느냐 어떤 이들이 이렇게 비방하여 우리가 이런 말을 한다고 하니 그들은 정죄 받는 것이 마땅하니라(롬 3:7-8).

마지막 어절("그들은 정죄 받는 것이 마땅하니라"[their condemnation is just])은 바울이 제공하는 유일한 답변이다.[8] 또한 로마서 3:31; 6:1-2, 15 이하;

8 이것은 "'닥쳐'라고 그는 설명했다"라는 짤막한 개그 대사를 생각나게 한다.

7:7에서의 질문에 대해 바울이 간략하게 답변하는 것에 주목하라. 우리가 앞에서 논의했던 답변과 대조적으로 여기에 일부 실제적인 답변이 있다. 이런 질문들은 직접 하나님 자신의 성품을 다루지 않는다.

하지만, 이런 질문들은 간접적으로 하나님 자신의 성품을 다룬다. 또한 그런 정도까지 바울의 반응은 적어도 약간의 질책을 포함한다.

악의 문제에 대한 이런 대화는 로마서 9장에서 본격적으로 재개된다.[9] (에서가 태어나기 전에 그를 미워할 때) "하나님께 불의가 있느냐?"라는 14절의 질문에 바울은 "그럴 수 없느니라"라고 일반적인 답변을 한다.

하지만, 어째서 우리는 이와 관련해서 하나님이 공의롭다고 말해야 하는가?

왜냐하면, 하나님은 자신이 긍휼이 여길 자를 긍휼이 여기시기 때문이다(출 33:19을 인용하는 롬 9:15). 다른 말로 말해서 하나님은 자신이 원하시는 것을 하실 주권적 권리가 있다. 그리고 어떤 추가적인 해명도 필요하지 않다. 토기를 만들었던 토기장의 목적에 의문을 제기하는 토기처럼(롬 9:20-21) 계속해서 하나님을 비난하는 사람(19절에서처럼) 자신이 그가 하나님에게 가하는 비난의 대상이다. 토기장이는 통치와 권위에 있어서 진흙을 다스린다.

하나님의 약점과 자유의지 변증에 대해서는 이쯤 하기로 하자!

따라서 로마서는 우리가 성경 다른 곳에서 살펴보았던 것을 확증한다.

---

9 하지만, 이 책에서 수사적 질문의 패턴이 롬 8:31-39에서의 하나님의 승리와 인간 구속에 대한 위대한 찬송으로 변화되는 것에 주목하라. 로마서의 질문이 불신앙적인 질문으로 시작한다. 후반에 이런 질문들은 불신앙적인 질문에 대해 다소 진지한 것처럼 보인다. 롬 8장에서 이런 질문들은 성숙한 믿음의 표현이 된다! 하지만, 우리가 살펴보겠지만 9장에서 질문은 다시 불신자의 질문으로 돌아간다.

① 우리는 하나님에 대해 불평할 어떤 권리도 없다. 또한 우리가 불평할 때 우리는 우리 자신을 불순종하는 것으로 드러내는 것이다.
② 하나님은 우리에게 악의 문제에 대해 지적으로 만족할 만한 답변을 제공할 어떤 의무도 없다. 하나님은 우리에게 악의 문제에도 불구하고 자신을 신뢰하길 기대하신다.
③ 악의 문제와 관련해서 하나님의 주권을 의심해서는 안 된다. 오히려 하나님의 주권을 강조해야 한다.
④ 하나님의 말씀, 그분의 진리는 전적으로 신뢰할 만하다.
⑤ 사실 하나님은 공평하시다. 그분은 거룩하고 공평하시고 선하시다.

요약해 보자. 주권적인 주님으로서 하나님은 자기 행동의 기준이시다. 하나님은 인간이 내리는 판단의 대상이 아니다. 그와는 반대로 우리의 판단이 하나님 말씀에 지배를 받는다. 따라서 일단 우리가 우리의 인식론적인 상황에 대해 명확하다면 우리가 가진 의문에도 불구하고 우리는 하나님의 선한 성품을 확신할 수 있다. 왜냐하면, 이 문제에 대해 하나님 말씀은 분명하기 때문이다.

이것은 고든 클락과 함께 하나님이 법 밖에(*ex lex*) 계시다고 말하는 것은 아니다. 하지만, 이것은 유사하게 들리고 사실 클락의 관심 가운데 일부를 충족시킬 수도 있다. 하나님은 본질적으로 자신이 우리에게 주신 똑같은 법을 존중하신다. 왜냐하면, 창조주와 피조물 사이의 구분을 고려할 때 인간을 위한 근본적인 법은 하나님 본성의 법이기 때문이다. 하나님의 의가 우리 의를 위한 기준이다.

하지만, 주권적인 주님으로서 하나님은 때때로 우리의 유한한 정신에 그런 신적 의와 반대되는 것처럼 보이는 일들을 하실 수도 있다. 이런 일이 일어날 때 우리는 설명을 요구하는 것이 아닌 오히려 신뢰해야 한다.

이것은 우리가 맹목적인 믿음으로 하나님의 선함을 신뢰해야 한다고 말하는 것은 아니다. 하지만, 지금까지 우리의 논의에 기초할 때 그렇게 말하는 것처럼 들릴 수도 있다. 우리는 단지 악의 문제에 대한 성경적 답변의 일부분만을 살펴보았다. 또한 우리가 나머지를 살펴볼 때 하나님이 우리에게서 원하시는 것은 맹목적인 믿음의 반응인 것처럼 보이지 않을 것이다.

사실 우리는 이 책 앞에서 하나님 말씀에 기초해서 하나님을 신뢰하는 것은 전혀 맹목적인 믿음이 아님을 살펴보았다. 하나님 말씀은 그 자신의 근거를 포함하고 있고 합리적으로 말씀의 가르침을 확증하는 성경 외적 사실을 가리킨다.

그런데도 믿음은 맹목적이 않지만 믿음은 보는 것과는 다르다. 히브리서 11장에 등장하는 영웅들은 끔찍한 고난을 견디었지만 하나님 약속의 완성 즉 하나님 도성의 완성을 보지 못했다. 그들은 믿음으로 행했다. 그들은 하나님 말씀이 있었다. 그리고 그 말씀은 신뢰할 만했다.

하지만, 말씀은 그들이 가진 모든 의문에 답을 하거나 어째서 그들의 고난이 필요한지에 대해서 각 사람에게 답을 하진 않았다. 그런데도 그들의 믿음은 승리했다. 해결되지 않은 의문에도 불구하고 믿음의 본질은 인내하는 것이다. 따라서 하나님의 말씀은 고난을 겪는 자들에게 하나님의 약속을 단단히 붙들고 의심에 사로잡히지 말라고 격려한다.

2. 성경은 우리에게 새로운 역사적 관점을 제공한다

이 단락에서 필자는 성경의 근거를 더 깊이 검토하려 한다.

어째서 성경 저자들은 하나님의 공의와 선함을 그렇게 확신하는가?

우리가 살펴보았듯이 그들은 악의 문제를 알고 있었다!

하나님의 선함과 공의에 도전하는 온갖 종류의 소리가 그들 주위에 있었다. 물론 한 가지 답변—본질적으로 마지막 단락의 답변—은 다음과 같다. 즉, 하나님이 그렇게 말씀하신다. 그리고 그것으로 충분해야 한다. 이런 답변이 완전히 적당하다. 또한 이런 답변은 중요하다. 왜냐하면, 이런 답변은 우리 마음을 우리 마음에 있는 적당한 전제에 고정해 주기 때문이다.

하지만, 이것이 유일한 성경적 답변은 아니다. 아니면 오히려 이것은 완전한 성경적 답변이 아니다. 성경은 또한 우리에게 **어떻게** 하나님이 계시하시고 따라서 자신의 선함을 입증하는가에 대한 몇 가지를 말해 준다. 우리는 하나님이 우리에게 새로운 역사적 관점을 제공하고 우리로 하여금 그분의 시야를 통해서 역사를 보도록 일조함으로써 그분의 공의를 입증한다고 요약할 수도 있다.

하나님의 시야를 통해서 과거, 현재, 미래가 어떻게 보이는가를 논의해 보자.

1) 과거: 기다림과 모순(The Wait and the Dialectic)

필자는 항상 신학에서 많은 신비는 시간의 신비로 요약된다고 생각했다.

어째서 우리의 영원한 하나님은 시간 안에서 계획을 입안하시길 좋아하시는가?[10]

10 라이프니츠(Leibniz)에 대한 논의에서(제7장) 필자는 이 세계가 가능한 모든 세계 가운데 가장 좋은 세계인지에 대한 질문은 우리가 이 세계를 창조에서 완성까지 이어지는 전체적인 역사 과정으로 생각할 때 약간 다르게 보인다는 것을 보여 주었다.

결국 하나님의 목적이 단순히 자기 이름을 영화롭게 하려고 우주를 창조하고 한 백성을 창조하는 것(확실히 시간적으로)이라면 그분은 우리가 간신히 인식할 수 있는 시간에 그런 목적을 이루실수도 있었다. 따라서 적어도 심지어 죄와 구속의 드라마도 몇 분 안에 완성되었을 수도 있는 것처럼 보인다. 즉, 한 순간의 불순종의 생각, 한 순간의 신적-인간적 고통, 한 순간의 부활의 승리와 영원한 영광을 개시하는 순간 말이다.

확실히 악의 문제 가운데 커다란 부분은 우리 고통이 시간 안에서 오랫동안 지연된다는 사실에 놓여 있다. 우리는 하나님에게 부르짖는다. 하지만, 하나님은 듣는 것처럼 보이지 않는다. 아니면 오히려 하나님은 사실 우리에게 기다리고 기다리라고 말씀하신다.

성경은 우리에게 기다리는 이런 과정에 대해 많은 것을 말해 준다. 성경은 우리에게 어떻게 하나님의 백성이 시간이 경과함에 따라 반복해서 시험받는가를 보여 준다. 하지만, 성경은 또한 우리에게 반복해서 어떻게 하나님이 이런 기다리는 시간을 끝내고 자신의 정당성을 입증하고 자기 백성의 고통을 끝내시는가를 보여 준다.

출애굽기 초반 장에서 이스라엘 백성은 애굽의 노예 상태로 있다. 그곳으로 가족을 이끌었던 요셉은 수 세대 전에 죽었다. 우리가 아는 한 이런 모든 시간 동안 하나님으로부터 어떤 메시지도 없다. 하지만, 백성들은 자신들의 노예 상태에서 하나님에게 부르짖는다(출 2:23 이하). 최종 구원자인 모세 또한 기다려야 한다. 사십의 나이에 모세는 애굽인을 죽인 이유로 망명을 떠난다. 나이 팔십이 되어서야 그는 하나님을 만나고 이스라엘을 하나님이 약속하신 땅으로 이끌라는 명령을 받는다.

모세가 불타는 떨기나무에서 하나님을 만날 때 하나님은 자신을 "네 조상의 하나님이니 아브라함의 하나님, 이삭의 하나님, 야곱의 하나님"으로 밝히신다(출 3:6).

하지만, 과거의 하나님은 또한 현재의 하나님이시다. 하나님은 자기 백성을 노예 상태에서 구원하기 위해 지금 여기 계신다. 출애굽기 3:14의 나는 스스로 있는 자라는 신비스러운 이름은 이런 "시간상의 문제"(temporal problematic)과 어느 정도 관련이 있을 수 있다. 즉, 하나님은 과거의 하나님일 뿐만 아니라 지금 존재하는 하나님이시며 또한 자기의 선택된 백성을 구원하기 위해 항상 존재하실 하나님이시기도 하다(참조. 출 3:16). 따라서 야훼(히브리어 "나는 존재한다"에서 기원하는), 즉 여호와 하나님은 그분의 영원한 이름일 것이다. 여호와 하나님은 이 이름으로 대대로 기억될 것이다(출 3:15).

여호와 하나님은 어제나 오늘이나 영원히 동일하시다!(참조. 히 13:8)

이런 패턴이 계속해서 반복된다. 광야 여정은 이스라엘 백성이 새로운 집으로 들어가기 전에 오랜 기다림이다. 사실 일련의 오랜 기다림과 새로운 시작이다. 반복해서 이스라엘 백성은 그들을 위해 행하시는 하나님의 위대한 일들을 망각한다. 그들은 물, 고기, 부추가 부족한 것을 불평한다. 또한 그들은 모세의 지도력을 불평한다. 매번 하나님은 심판하시지만 은혜로 백성들을 보존하신다. 또한 그들은 계속 기다린다.

결국 그들(실제로 다음 세대다. 왜냐하면, 그들의 부모는 신실하지 못함으로 심판을 받았다)은 약속의 땅에 들어간다. 신실한 여호수아가 사는 날 동안에 정복은 상대적으로 순조롭게 진행된다.

하지만, 여호수아가 죽은 후에 백성들은 각기 자기의 소견에 옳은 대로 행한다(참조. 삿 21:25). 그리고 이런 주기는 몇 번 반복된다. 이스라엘은 여호와 하나님을 잊는다. 그리고 백성들은 외세의 속박 아래에 들어간다. 그리고 그들은 하나님에게 부르짖는다. 하나님은 구원자를 보내신다. 사무엘과 이 땅의 왕들(특별히 다윗)의 지도 아래에 어느 정도 일시적으로 개선된다. 하지만, 왕국의 분열과 악한 왕들의 우세로 기다림과 하나님의 심판은 계속된다.

구약성경 전체 기간을 기다림의 시기로 묘사할 수도 있다. 이스라엘이 거주하는 가나안 땅은 본질적으로 아브라함에게 했던 약속을 성취하지 못하는 것이 분명하다. 희생 제사에서 드렸던 황소와 염소가 백성들의 죄를 제거하지 못한다. 모든 구원자 가운데 누구도 사탄의 머리를 부수지 못한다. 사실 이스라엘의 불순종—확실히 부흥의 기간에 잠시 멈추지만—이 점점 더 악화된다.

긴 안목에서 볼 때 구약성경 기간의 오래 기다림은 악의 문제를 강조한다. 이것은 그 기간의 길이뿐만 아니라 이 오랜 기다림이 공의와 긍휼 사이에 일종의 모순(dialectic)을 낳기 때문이다. 선지자들은 공의를 선포한다. 즉, 이스라엘은 확실히 불순종으로 인해 심판을 받을 것이다. 하지만, 그들은 또한 은혜를 선포한다. 즉, 하나님은 자기 백성을 구속하러 오신다.

심판이 다가오지만 그럼에도 불구하고 아담과 아브라함에게 하셨던 약속은 이루어질 것이다.

그러나 어떻게 이것이 가능한가?

이스라엘의 죄는 가나안 지역의 이방 민족의 죄 심지어 하나님이 멸망시켰던 소돔과 고모라의 죄보다 더 심각하다.

어떻게 공의로운 하나님이 이스라엘을 완전히 진멸하는 것보다 덜한 무언가를 하실 수 있는가?

그러나 은혜의 약속이 다시 임한다. 하나님은 확실히 자기 백성을 구속할 것이다.

하지만, 어떻게 하나님이 그들을 몰살시키고 동시에 그들을 구속할 수 있는가?

이것은 마치 하나님의 공의가 그분의 자비를 위반하고 그분의 자비가 또한 그분의 공의를 위반하는 것처럼 보인다. 하나님이 딜레마에 빠진 것처럼 보인다. 하나님이 구속하려 한다면 그분은 죄를 눈감아 주어야 한다. 반면에 하나님이 심판하려면 그분은 자신이 했던 약속을 어겨야 한다.[11]

해결의 방법에 대해 비밀스러운 암시, 즉 메시아와 관련된 구절이 있다. 하지만, 구약성경 자체에서 우리가 제기했던 질문은 불충분한 확신을 받는다. 사실 하나님은 정확하게 이런 긴장을 조성하기 원하는 것처럼 보이고 계속해서 조성하신다.

여기서 문제는 단지 악은 하나님의 공의와 선함에 대해 이의를 제기한다는 것만은 아니다. 문제는 하나님의 공의와 선함이 서로에 대해 이의를 제기한다는 것이다. 즉, 하나님의 본성이 이율배반적인 것으로 보인다는 것이다. 우리가 하나님의 공의를 증명할 수 있다면 그렇게 함으로써 우리는 그분의 선함의 그릇됨을 입증할 것이다.

또한 우리가 하나님의 선함을 증명할 수 있다면 그렇게 함으로써 우리는 그분의 공의의 그릇됨을 입증할 것이다. 여기서 악의 문제가 일반적으로 역사에서 불투명했던 것보다 더 불투명해진다.

그리고 그런 후에 예수님이 오신다. 기다림이 끝이 났다. 앞 장에서 우리는 어떻게 예수님이 구약성경의 기대의 가닥들—분명한 예언뿐만 아니라 이야기들도—사실 히브리 성경의 전체 종교 체계를 통합시키는지를 살펴보았다.

어떻게 예수님이 특별히 신랄한 구약성경식 형태로 악의 문제를 해결하는지를 관찰해 보자.

그리스도는 로마서 3:26의 신정론(神正論)이다. 하나님이 자기 아들을

11 흥미롭게도 시편과 선지자들은 심판에 대한 구절을 이행 없이 차례로 은혜에 대한 구절과 함께 병치하는 경향이 있다. 무엇이 선지자들로 하여금 한 주제에서 다른 주제로 옮겨가게 하는지는 종종 명확하지 않다.

죄를 위한 속죄로 주셨을 때,

> 곧 이 때에 자기의 의로우심을 나타내사 자기도 의로우시며 또한 예수 믿는 자를 의롭다 하려 하심이라(롬 3:26).

속죄가 하나님의 공의와 긍휼을 입증한다는 것에 주목하라. 속죄는 공의롭고 경건하지 못한 자들을 의롭게 한다. 그리스도 안에서 죄에 대한 공정한 형벌이 단번에 지불되었다. 또한 그리스도가 자기 백성을 대신해서 그런 형벌을 견디시므로 그들은 우리의 상상력을 넘어서는 풍부한 긍휼을 받는다. 하나님은 자신의 공의와 사랑을 보여 주신다(롬 5:8). 또한 공의와 사랑 가운데 어떤 것도 타협하지 않고 실제 무한한 정도로 공의와 사랑을 보여 주신다. 우리는 이런 패턴을 바울의 다음과 같은 요약 진술에서도 본다.

> 율법이 들어온 것은 범죄를 더하게 하려 함이라 그러나 죄가 더한 곳에 은혜가 더욱 넘쳤나니 이는 죄가 사망 안에서 왕 노릇 한 것 같이 은혜도 또한 의로 말미암아 왕 노릇 하여 우리 주 예수 그리스도로 말미암아 영생에 이르게 하려 함이라(롬 5:20-21).

의를 통한 은혜의 지배! 믿기 어려울 만큼 놀라운 일이다!

성경은 이런 상호작용을 즐긴다. 은혜의 복음에서 하나님의 의가 드러난다(롬 1:17).[12] 시편 51:14-15이 성취된다. 즉, 하나님이 우리를 구원하

---

12 루터의 위대한 발견 가운데 하나는 다음과 같은 것이었다. 즉, 이 구절에서 "하나님의"라는 어구는 하나님 심판의 공포를 의미할 필요가 없다. 오히려 이 어구는 경건하지 않은 자들에 대한 하나님의 은혜로운 칭의를 의미할 수 있다.

실 때 하나님은 자신의 의를 찬양하도록 우리에게 동기를 부여하는 그런 방식으로 우리를 구원하신다. 또한 요한일서 1:9은 우리에게 하나님은 신실하실 뿐만 아니라 의로의시므로 우리 죄를 용서하신다고 언급한다. 그리스도로 인해 죄의 용서는 공의롭다.

전체적인 시야에서 구약성경 역사를 살펴보자. 필자가 언급했던 것처럼 구약 역사는 고통과 유혹을 통한 지루한 기다림과 신적 속성과 조화라는 각별히 어려운 문제로서 악의 문제를 제시한다.

필자가 구약 시대에 살았다면 필자는 어떻게 하나님이 이 문제를 해결하실지 거의 알지 못했을 것이다(오시는 메시아에 대한 암시에도 불구하고). 필자가 회의적인 경향에 속했다면 필자는 심지어 하나님은 아마 이 문제를 해결할 수 없다고 말하고 싶어 했을 수도 있다.

기다림의 문제를 끝냄으로써 이 문제는 매우 쉽게 해결되었을 수 있었다(하지만, 어째서 하나님은 우리를 기다리게 하시는가?). 하지만, "공의와 긍휼의 모순"은 아마 논리적인 모순의 문제 인 것처럼 보인다. 즉, 선지자들이 정의했던 것처럼 공의는 자비로울 수 없다. 아니면 공의는 자비로울 수 없는 것처럼 보인다. 하지만, 하나님은 분명히 우리 가운데 누구도 아마 기대했을 것 같지 않은 방식으로 또한 우리를 놀라게 하고 우리에게서 찬양의 소리를 불러일으키게 하는 방식으로 이 문제를 해결하신다.

또한 기다림에 대해 돌이켜 생각해 보면 기다림은 거의 필요한 것처럼 보인다. 우리가 자유롭게 하는 구원의 능력을 최고로 느낄 수 있도록 긴장을 극도로 조성해야 한다.

필자는 모든 의미에서 이런 구속사가 악의 문제를 해결하지 않는다는 것을 인정한다. 구속사가 대학살 또는 어린아이들의 고통을 실명해 주지 않는다. 또한 우리가 하나님의 최종 해명을 고대하는 것처럼 구속사는 우리의 현재 기다림을 설명하지도 않는다. 하지만, 여기에 우리에게 주는 교훈이 있다.

즉, 하나님이 그런 해명이 불가능해 보이는 상황에서 그분의 공의와 긍휼의 정당성을 입증하실 수 있다면, 또한 하나님이 우리의 기대와 이해를 훨씬 넘어서는 방식으로 그분의 공의와 긍휼의 정당성을 입증하실 수 있다면, 우리는 다시 자신의 정당성을 입증하실 수 있도록 그분을 신뢰할 수 없는가?

만약 하나님이 특별히 어려운 구약성경 형태의 악의 문제에 대한 답을 제공할 수 있다면 그분이 남아 있는 우리의 난점에 답할 수 있고 답하실 것이라고 가정하는 것이 타당하지 않는가?

심지어 고통의 와중에서도 신뢰하고 순종하는 것이 타당하지 않는가?

우리는 히브리서 11장에 포함된 믿음의 영웅들을 그만큼 더 존경할 수도 있다. 왜냐하면, 그들은 믿음과 신뢰로 고난을 겪고 인내했지만 약속된 그리스도를 받지 못했기 때문이다. 여러모로 우리가 어려웠던 것보다 그들이 더 어려웠다. 그들은 우리 대부분이 당할 것보다 더 많은 고난을 겪었다. 또한 그들은 우리보다 더 많은 신비에 직면했고 성육신 전에 살았다. 하지만, 어떤 면에서 아무리 죄성이 있었지만 그들은 하나님의 약속을 신뢰했다.

예수님 구속의 놀라운 풍성함을 경험했던 우리가 믿음의 영웅들이 했던 것보다 못한 것을 하지 못한다고 변명할 수 있는가?

2) 현재: 더 큰 선 변증

성경의 새로운 역사적 관점으로 인해 우리는 새로운 방식으로 우리 자신이 현재 경험하는 것을 살펴볼 수 있다. 간단히 말해서 하나님은 심지어 자신의 선한 목적을 위해 악을 사용하신다. 이것을 때때로 더 큰 선의 변증(the greater-good defense)으로 부른다. 또한 모든 고전적인 변증 가운데(제7장을 보라) 이것이 성경적 지지를 받는 유일한 변증이다. 하지만, 이 변증은 분명히 일부 설명을 요구한다.

제이 아담스(Jay Adams)와[13] 더그 얼랜드슨(Doug Erlandson)이[14] 지적했던 것처럼 성경은 인간 중심적인 방식과는 대조되는 전형적인 하나님 중심적 방식으로 악의 문제를 다룬다. 따라서 악의 문제에 대한 많은 전통적인 논의는 하나님의 궁극적 목적은 인간에게 행복을 제공하는 것이라고 가정한다.

물론 이것은 그렇지 않다. 하나님의 궁극적 목적은 자신을 영화롭게 하는 것이다. 또한 사실 인간 자신의 주된 목적은 "하나님을 영화롭게 하는 것이고 그분을 영원히 즐거워하는 것이다."[15] 더 큰 선의 변증은 종종 이런 요점을 파악하지 못한다. 따라서 더 큰 선의 변증은 이교도의 희락주의(pagan hedonism)와 구별하기 어려운 교리에 도달한다.

따라서 얼랜드슨은 이 변증을 거부한다. 하지만, 만약 더 큰 선의 변증을 거부하는 것 대신에 우리가 단순히 이 변증을 하나님 중심적으로 이해한다면 그의 요점을 잘 주장할 수 있다(그리고 다른 중요한 요점들을 더 쉽게 주장할 수 있다). 즉, 하나의 선이 하나님의 영광에 더 도움이 될 때 그 선은 또 다른 선보다 더 크다.

동시에 하나님 중심성은 우리로 하여금 인간의 행복을 무시할 것을 요구하지 않는다.[16] 성경의 하나님은 몰록, 즉 인간 제물을 요구했던 이교

13 Jay Adams, *The Grand Demonstration: A Biblical Study of the So-Called Problem of Evil*(Santa Barbar, CA: East Gate Publishers, 1991).

14 Doug Erlandson, "A New Perspective on the Problem of Evil," *Antithesis* 2, 2(March-April 1991): 10-16.

15 Westminster Shorter Catechism, Answer 1.

16 물론 이것은 존 파이퍼(John Piper)의 기독교 희락주의의 에드워드식 핵심 요점이다.

신이 아니다. 우리가 하나님의 손에 죽어 마땅하다. 하지만, 참되신 하나님은 우리에게 생명을 주시며 또한 생명을 넘치도록 주시기 위해 자기 아들을 희생하신다(요 10:10). 하나님에게 순종하는 것이 생명과 행복의 길이다(신 5:33; 8:3; 11:13-15; 28:1-14; 30:11-20; 시 1편; 119:7). 물론 자기 부인과 박해가 기독교 삶의 일부분이다.

하지만, 이런 요소들을 강조하는 구절은 또한 이런 요소들이 가장 영속적인 행복으로 이어진다고 강조한다(마 6:24-34; 10:16-42; 막 10:29-31). 고난은 잠시지만 영광은 영원하다.[17] 심지어 웨스트민스터 소요리문답도 "그분을 영원히 즐거워하는 것"을 인간의 최고 목적이라는 하나님 중심적 진술에 덧붙인다는 것을 잊지 말자. 따라서 하나님이 자신을 위해 "더 큰 선"을 추구하실 때 그분은 동시에 자신이 창조하신 전체 피조계를 위한 더 큰 선, 즉 로마서 21장과 22장에서 그렇게 열광적으로 묘사하는 그런 선을 추구하신다.

하지만, 우리는 아직 더 많은 해명이 필요하다. 위의 구절은 모든 인간이 구원 받을 것이라는 교리, 즉 보편구원론(universalism)을 제안할 수도 있다. 성경은 그런 교리를 가르치지 않는다. 사실 성경은 어떤 사람들은 그들의 악함으로 인해 영원한 형벌을 감당할 것이라고 가르친다. 이런 집단에게 역사는 "더 큰 선"이 아니라 "더 큰 저주"를 위해 일한다. 분명히 이 특별한 책에서 필자가 언급할 수 있는 것보다 이것에 대해 더 많은 것을 언급할 필요가 있다.[18]

그가 언급하는 것처럼 "우리가 하나님 안에서 가장 만족할 때 하나님은 우리 안에서 가장 영광을 받으신다." *Desiring God* (Sisters, OR: Mulnomah, 1986), 10.

17 이것이 신약성경 특별히 롬 8장과 베드로전서의 주요 주제다.

18 일반적으로 필자는 *Death and the Afterlife* (Minneapolis: Bethany House, 1984)에서 로버트 모레이(Robert A. Morey)의 견해와 *Repent or Perish* (Ligonier, PA: Soli Deo Gloria Publications, 1990)에서 존 거스너(John H. Gerstner)의 견해에 동의한다.

그렇다면 필자는 다음과 같이 결론을 내린다. 즉, 하나님의 더 큰 영광은 분명히 이 우주의 모든 개인이나 사물이 아닌 하나님을 사랑하는 자들을 위해(롬 8:28) 하나님의 더 큰 영광과 함께 일반적으로 피조계를 위한 "더 큰 선"을 가져온다. 따라서 요점마다 하나님의 영화는 분명히 일부 인간의 행복과 충돌한다. 또한 이런 일이 발생할 때 우리는 하나님 중심적 관점을 선택해야 한다.

이런 해명과 함께 성경에서 하나님은 더 큰 선을 가져오기 위해 악을 사용하시는 일부 방식을 배울 수 있다. 우리는 여기서 신중해야 한다. 우리가 살펴보았듯이 성경은 우리에게 모든 악에 대한 철저한 설명을 제공하지 않는다. 성경은 종종 우리에게 잠잠하고 섭리가 우리에게 제공하는 것을 믿음으로 받아들이라고 요구한다.

하지만, 성경은 분명히 어떻게 하나님이 자기 목적을 진행시키기 위해 일부 악을 사용하셨는가를 보여 준다. 이런 목적은 다음과 같은 것들이 포함된다.

① 하나님의 은혜와 공의를 보여 주는 것(롬 3:26; 5:8, 20-21; 9:17)—아담스와 얼랜드슨이 매우 잘 주장했던 요점.[19]

② 현재와 미래에 악의 심판(마 23:35; 요 5:14). 하지만, 한 사람의 죄와 이생에서 그에게 닥치는 악 사이에 일대일의 상관관계는 존재하지 않는다는 것을 기억하라(욥기; 눅 13:1-5).

③ 구속: 그리스도의 고난은 분명하게 구속적이다(벧전 3:18).[20] 하지만,

19 이것은 물론 하나님이 악을 사용하는 매우 일반적인 방식이다. 또한 이것은 아래 언급한 다른 분류와 중첩된다.

20 이와 관련해서 하나님이 "법 없는 자들"을 사용하는 것을 기억하라(행 2:23; 눅 22:22; 행 4:27-28을 보라).

바울은 자기 자신의 고난에 유사한 중요성을 주장한다(골 1:24). 그는 다른 사람들의 죄를 구속한다고 주장하는 것이 아니라 분명히 그리스도의 고난과 자신의 고난 사이에 연속성을 본다. 왜냐하면, 그리스도와 바울은 교회를 세우고 개인들을 그들의 구원을 위해 교회로 이끌기 위해 고난을 당했기 때문이다. 오늘날 하나님의 종들이 겪는 고난 가운데 많은 것을 이런 방식으로 설명할 수 있다. 그리스도를 증거하려는 사람들은 사탄의 저항을 받을 것이다. 따라서 이런 것에서 증거는 고난이다(참조. 딤후 3:12).[21]

④ 불신자들의 주의를 끌고 마음의 변화를 증진하려 의도하는 불신자들에게 주는 충격 요법(슥 13:7-9; 눅 13:1-5; 요 9장).

⑤ 신자들에 대한 아버지의 징계(히 12장).

⑥ 하나님의 정당성(예. 롬 3:26).

우리는 항상 어째서 하나님이 이런 선한 목적을 이루기 위해 악한 사건을 선택하셨는지를 이해할 수 있는 것은 아니다. 우리는 분명히 하나님은 결코 선학 목적 없이는 악한 사건을 예정하지 않는다는 것을 안다(롬 8:28). 우리가 언급했던 이유들보다 성경에서 발견되거나 하나님 마음에 간수된 채로 남아 있는 다른 이유가 있을 수 있다.

우리는 하나님이 그분이 하시는 모든 일에 이유를 갖고 계시다는 것을 안다. 하나님이 하시는 모든 것은 그분의 지혜를 반영한다. 하지만, 하나님이 우리에게 그분의 이유를 해명해야 할 어떤 의무도 없다.

그런데도 우리가 성경에서 반복해서 악이 선을 위해 사용되는 것을 목격하는 것처럼 우리가 아직 해명되지 않은 이런 악은 하나님 마음 깊은

21 구약성경에서 필자는 요셉의 고난을 이런 방식으로 본다(창 50:20). 즉, 그리스도가 오실 때까지 약속의 자녀를 보존하는 것.

곳에서 또한 목적이 있다는 것을 믿음으로 받아들일 수는 없는가?

다시 말하지만, 우리는 악의 문제에 대한 완벽한 이론적 답변이 없다. 우리가 분명히 가진 것은 심지어 해명되지 않은 고난 가운데서 하나님을 신뢰하는 강한 격려다. 사실 이런 격려는 너무 강해서 그런 격려를 받아들이지 않는다면 우리는 어리석은 자들일 것이다.

3) 미래: 일부 성경의 노래

역사에 대해 우리의 새로운 관점이 담고 있는 세 번째 차원은 미래와 관련이 있다. 우리는 결국 아직 기다린다. 우리는 어떻게 하나님의 모든 계획의 결과가 선으로 이어지는가를 살펴보진 않았다. 따라서 시간의 흐름은 아직 우리의 인내를 시험한다. 또한 고난당하는 사람들에게 순전히 시험의 기간은 하나님에 대한 불평의 기회일 수 있다.

그런데도 성경에서 하나님은 우리에게 미래에 자신이 완전히 정당성을 입증 받을 것이고 우리가 완전히 악에서 구원 받을 것이라고 약속한다. 우리가 보여 주었듯이 이런 패턴은 현재는 고난을 겪지만 후에 영광을 받는 패턴이다.

영광이 올 때 악한 자들이 더는 번성하지 못할 것이고 의로운 자들이 더는 고난을 당하지 않을 것이다. 하나님의 성소에서(시 73편) 우리는 하나님 승리의 확실성을 본다.[22] 계곡이 높아질 것이고 산들이 낮아질 것이다. 교만한 자들이 낮아질 것이고 겸손한 자들은 크게 높아질 것이다(사 40:1 이하; 마 25장; 눅 1:51).

22 참조. 또한 시 37편. 우리는 한 시편(37편)이 다른 시편(73편)의 숫자의 역이라는 것을 기억한다면 가장 뚜렷하게 악의 문제에 초점을 맞추는 이 두 편의 시편을 쉽게 기억할 수 있다.

하나님은 겉으로 보이는 하나님 방식의 부당성에 대해 불평했던 하박국 선지자에게 다음과 같이 말씀하신다.

첫째, 하나님의 심판을 기다리라(합 2:2-3).

둘째, 하나님의 과거 행위를 기억하라(합 3:2-16).

우리가 미래를 기다리고 인내하려고 애쓸 때 하나님이 과거에 자신의 심판의 정당성을 입증하셨던 방식을 기억하는 것이 유용하다(앞 섹션을 보라).

미래—하나님 계획의 절정—가 임할 때 천사와 영화된 성도의 커다란 무리가 하나님 행동의 의로움을 하나님에게 노래할 것이다.

> 하나님의 종 모세의 노래, 어린 양의 노래를 불러 이르되 주 하나님 곧 전능하신 이시여 하시는 일이 크고 놀라우시도다 만국의 왕이시여 주의 길이 의롭고 참되시도다. 주여 누가 주의 이름을 두려워하지 아니하며 영화롭게 하지 아니하오리이까 오직 주만 거룩하시니이다 주의 의로우신 일이 나타났으매 만국이 와서 주께 경배하리이다 하더라(계15:3-4; 참조. 16:5-7; 19:1-2).

하나님의 종들 가운데 하나님 방식의 공의에 대해 더는 어떤 의심도 없는 것에 주목하라. 이 인용의 수사적인 의문에 대해 "누구도 … 않다"라는 답변이 주어진다. 즉, 누구도 하나님을 두려워하지 않을 것이고 하나님을 영화롭게 할 것이다.

어째서 그런가?

왜냐하면, 하나님의 의로운 행위가 드러났기 때문이다. 필자는 역사의 완성이 어떻게든 하나님의 선함에 대해 남아 있는 의심을 우리에게서 완전히 제거하리라는 것을 충분히 보여 줄 것으로 생각한다.

이것은 그 날에 최종적으로 우리가 악의 문제에 대해 분명하고, 완전하고, 이론적이고, 실제적인 답변을 받으리라는 것을 의미하는가?

반드시 그런 것은 아니다. 하나님이 욥의 입을 막으셨듯이 단순히 우리의 입을 막고 찬양으로 우리 입을 다시 열 개 하실 수도 있다. 우리가 하나님을 대면하여 볼 때 우리는 우리의 모든 불평이 단순히 사라지는 그런 최고의 신뢰성을 갖춘 얼굴을 목격할지도 모른다. 아니면 우리가 완전한 의 가운데 이 땅 전체를 심판하는 솔로몬보다 더 위대한 분을 볼 때 우리는 복잡한 과거 역사를 꺼내고 싶지 않을 수도 있다.

어쨌든 우리는 마지막 날에 어떤 악의 문제도 존재하지 않으리라는 것을 확신할 수도 있다. 더 이상의 의심과 불평은 없을 것이다. 남아 있는 이론적 문제가 있다면 그것은 우리가 함께 살기에 완전히 만족할 만한 문제일 것이다.

또한 현재 우리가 그 날이 확실히 올 것이라고 믿는다면 우리는 현재에 만족할 수 없는가?

다시 말하지만, 우리는 성경에서 이 문제에 대한 철학적 답변이 아니라 이 세상의 모든 악에도 불구하고 계속 신뢰하고 순종하게 하는 강력한 동기인 커다란 확신을 발견한다.

3. 성경은 우리에게 새로운 마음을 준다

마지막으로 성경은 우리에게 새로운 마음을 준다. 앞에서 보여 주었듯이 하나님의 말씀은 구원하는 데 있어서 강력하다(롬 1:16-17). 성령이 성경에서 말씀하실 때 성령은 우리의 회의주의를 믿음으로 바꾸신다. 우리가 복음을 들을 때 우리의 마음은 따듯해진다(눅 24:32).

이런 분위기에서 우리는 교만한 자율성의 거만한 태도로 말할 수 없다. 우리는 단지 우리 죄에도 불구하고 하나님이 우리에게 긍휼을 베푸셨던 것에 대한 감사로 충만할 수 있다. 존 거스트너(John Gerstner)와 다른 신학자들이 지적했던 것처럼 놀라운 것은 이 세상에 악이 존재한다는 것이 아니라 하나님이 그리스도로 인해 우리 마음의 악을 용서하셨다는 것이다.

이런 새로운 믿음의 마음이 없다면 우리는 장님이다(고전 2:14; 고후 4:4). 하지만, 그리스도는 죄로 보이지 않게 되었던 눈을 여시며 또한 자신을 찬양하도록 입술을 여신다(시 51:15; 73:16-17).

심지어 새로운 마음을 가진 신자들도 분명히 계속해서 악의 문제에 대해 질문한다. 하지만, 감사해야 해야 할 너무 많은 이유가 있어서 우리는 결코 불신자들과 똑같은 격노로 악을 볼 수 없다. 신자들은 단순히 불신자의 가치와는 다른 가치로 세상을 본다. 또한 이런 가치의 변화가 아마 역사의 이 시점에서 우리가 신정론으로 도달할 수 있는 가장 가까운 변화다.

제9장

공격으로서 변증학: 불신앙에 대한 비판

변증학은 불신앙적인 사고와 행동에 대한 그리스도인들의 방어일 뿐만 아니라 공격이기도 하다.[1] 사도는 다음과 같이 말한다.

> 우리의 싸우는 무기는 육신에 속한 것이 아니요 오직 어떤 견고한 진도 무너뜨리는 하나님의 능력이라 모든 이론을 무너뜨리며(고후 10:4).

사실 어떤 다른 분야에서 사실인 것처럼 "최선의 방어는 좋은 공격이다." 즉, 공격이 변증학의 **주된** 기능이라고 주장할 수 있다. 결국 하나님은 변증하고 "변호"할 어떤 것도 없으시다. 예수 그리스도는 하늘과 땅의 전능한 지배자이고 자기 왕국을 들여오기 위해 행진하는 무적의 전사이고 자신에게 반대하는 모든 통치자와 권세를 진압한다(골 2:15). 변증학은 우

1 분명히 필자가 **공격**을 언급할 때 필자는 변증가가 "모욕적"이 되라고, 즉 심술궂거나 무례하라고 종용하는 것이 아니다. 변증가는 그리스도의 십자가 자체의 모욕을 제외하고 모욕 주는 것을 피해야 한다. 필자는 스포츠나 전쟁에서 사용하는 것처럼 **공격**(offense)이라는 단어를 사용한다. 즉, 적에 대한 **공격**이다.

리의 적을 우리 발아래 두기 위한 우리가 가진 도구 가운데 하나다.[2]

따라서 변증가가 불신자의 반대에 반응하는 것으로 충분하지 않다. 그는 하나님의 적들에 대해 공격하도록 부르심을 받는다. 이것은 언약 소송의 검사라는 주님 자신의 맡은 역할이다.[3] 욥기 38장; 이사야 1:18 이하; 3:13; 예레미야 1:16; 호세아 4:1; 요한복음 16:8(성령)을 보라.

사탄이나 사탄의 인간 협력자들이 하나님에 대해 고소할 때 하나님은 일반적으로 그런 고소에 답변하기를 거절하시고 자신의 공격자들을 고소한다. 창세기 3:17-24; 욥기 38-42장; 마태복음 20:1-15; 로마서 3:3 이하를 보라.

이와 유사하게 장시간에 걸친 방어적 변증을 시도한 후에(행 28:23-28) 바울이 하는 것처럼 자신을 함정에 빠트리려는 몇 가지 질문을 반박한 후에 예수님은 자신의 비판가를 공격하신다(마 22:41-45).

또한 매우 많은 하나님의 말씀에서 발견되는 엄숙한 경고의 요소에 주목하라. 즉, 사무엘상 8:9; 시편 81:11 이하; 이사야 28:17; 44:25; 예레미야 1:10; 예레미야애가 2:14; 호세아 2:9의 말씀처럼 특별히 하나님 말씀에 반대하는 지혜에 대한 거짓된 주장에 반대하는 말씀에 주목하라. 오늘날 많은 사람과는 다르게 하나님은 부정적이 되는 것을 두려워하지 않는다.

우리는 이미 변증상의 공격으로 많은 것을 했다. 제2장에서 우리는 근본적인 선택은 기독교의 절대 인격체와 모든 다른 체계의 궁극적인 비인격주의(우리가 "통념"으로서 집단적으로 설명했던 체계)와 같은 두 개의 대안 사이에 놓여 있다는 것을 보여 주었다. 우리는 통념이 가치를 제대로 다

2 코넬리우스 반틸은 전에 군사 이미지를 사용한다고 비판을 받았다. 앞 단락에서 온유와 사랑에 대해 필자가 언급했던 것을 망각함 없이 필자는 반틸이 했던 것처럼 대답해야 한다. 즉, 이런 언어는 성경적이다.

3 Meredith G. Kline, *Images of the Spirit* (Grand Rapids, Baker, 1980), 127.

룰 수 없고 따라서 이유의 신뢰성을 설명할 수 없다는 것을 살펴보았다.

이런 무능력은 과학, 철학, 심리학, 사회학, 예술, 경제학, 사업, 정부, 그밖에 다른 분야와 같은 인간 사고의 모든 분야에서 비인격적 생각을 부패하게 만든다. 하지만, 이런 무능력은 또한 실질적인 삶을 부패하게 만든다.

즉 우연적인 우주에서 아침에 양치질하는 것이 무슨 의미가 있는가?

악의 문제를 논의할 때 우리는 비인격적 철학은 선과 악을 충분히 구분할 수 없어 심지어 기독교에 반대하는 문제를 제기한다는 인신 공격적이지만 유용한 요점을 언급했다.

우리가 앞에서 언급했던 것처럼 공격적 변증학을 방어적이고 건설적인 변증학과 엄격하게 분리하는 것은 불가능하다. 동시에 우리가 설득력 있게 적극적인 기독교 대안을 제시하지 않는다면 소극적 비판(negative criticism)은 많은 도움이 되지 않을 것이다. 우리의 모든 방어적이고 건설적인 전략은 공격적 전제에 의존했다. 즉, 단지 두 개의 대안만이 존재한다.

그리고 불신앙적인 대안은 그 자체의 견해를 변증하거나 기독교 입장에 대해 반대를 제기하기에 적절하지 못하다. 확실히 이런 범위까지 "최선의 방어가 좋은 공격이다."

하지만, 우리의 공격적 논증을 약간 더 체계적으로 설명하는 것이 도움이 될 것이다. 따라서 본 장은 다음과 같은 것을 다룰 것이다.

공격은 확실히 성경 변증학에서 본질적으로 중요하다. 우리는 반복해서 어떻게 성경이 의심과 불신앙을 계속해서 공격하는지를 본다. 어떻게 욥이 하나님과 면담을 하길 바랐지만 하나님이 공격자의 입상인 면담자의 역할을 하고 욥의 무지를 드러냄으로써 그를 놀라게 했던 것을 기억하라(욥 38장 이하).

이것은 또한 예수님의 복음 제시에서도 중요했다. 니고데모(요 3:10의 헬라어 원어가 암시하는 것처럼 이스라엘의 "선생")가 분명히 진심 어린 신학 논의를 하길 바라며 밤에 예수님에게 나오는 요한복음 3장에서 예수님은 모든 사교적인 인사말을 일소하고 그에게 새롭게 태어나지 않는다면 그는 심지어 하나님의 나라를 볼 수 없다고 말씀한다(요 3:3). 예수님은 니고데모의 전체 사고방식을 일축하신다. 그리고 예수님은 그의 사고방식이 완전히 다른 기초 위에 다시 세워져야 한다고 요구한다.

똑같은 일이 요한복음 4장에서 일어나지만 예수님은 접근 방식에서 더 온화하시다.[4] 우물에 있던 여인 또한 신학적 질문이 있다.

즉, 우리가 그리심 산에서 예배를 드려야 하는가?

아니면 예루살렘에서 예배를 드려야 하는가?

예수님은 재빠르게 답하신다. 하지만, 예수님은 계속해서 그녀에게 참된 예배가 한 장소에 전혀 제한되지 않을 도래하는 나라에 대해 말씀하시며 또한 그녀에게 자신이 메시아라고 말씀함으로써 그녀의 사마리아 정통신앙(Samaritan orthodoxy)을 해체한다.

또한 다양한 종파의 유대 지도자들이 교묘한 질문으로 예수님을 함정에 빠트리려 애쓸 때(마 22장, 특별히 41-46절) 예수님은 우선 그들의 입을 막고 그런 후에 계속해서 공격 하신다. 예수님은 그들에게 시편 110편에 의하면 어떻게 메시아가 다윗의 아들과 다윗의 주님이 될 수 있는가를 물으심으로써 이것을 하신다.

---

4 필자가 앞에서 언급했던 것처럼 예수님은 자신을 영적 문제에서 전문가로 간주하는 사람들에게는 엄하고 자신의 무지를 인정했던 사람들에게는 더 온화한 태도를 보이는 경향이 있었다. 하지만, 예수님은 결코 자신의 메시지를 절충하지 않았다. 이런 패턴을 숙고하면서 반틸은 "*suaviter in modo, foritier in re*"라는 격언을 좋아했다. 즉 "제시에서는 온화하게 또한 우리가 말하는 것의 내용이나 핵심에서는 강력하게."

오순절 설교에서 베드로는 담대하게 모인 사람들을 메시아를 죽인 살인자들로 공격한다(행 2장, 특별히 36-41절). 또한 바울은 심지어 이방인들의 무지하고 우상 숭배적인 예배에 대해 그들의 해명을 요구한다. 그리고 그는 부활한 예수님이 모든 인류를 심판할 것이라고 선포한다(행 17:22-34). 또한 고린도후서 5:1-10; 에베소서 6:10-20; 디모데전서 6:12; 디모데후서 2:17; 4:1-5에서 바울의 공격적인 언어를 잊지 말자.

1. 불신자의 두 전략

우리가 계속해서 불신앙에 대해 공격하려면 우리는 불신앙에 대해 더 많이 알아야 한다.

성경적 관점에서 불신앙은 무엇인가?

우리가 통념으로 불렀던 것의 구조는 무엇인가?

의식의 어떤 차원에서 불신자는 하나님과 하나님에 대한 진리를 알지만 진리를 억압한다는 앞의 논의를 기억하라(롬 1:21). 그런데도 불신자의 억압된 지식이 그가 내리는 일상적인 결정에서 그를 인도한다.

불신자는 일반적으로 양치질 하고 아침을 먹고 생계를 위해 일하는 것에 의미가 있다고 가정한다. 그는 자신이 정치인이나 관료들을 비판하고 심지어 성경을 공격할 때도 가치 판단의 타당성을 가정한다. 바리새인들이 인정했던 것처럼 그는 심지어 하나님을 인정할 수도 있다. 따라서 그는 "정통" 교회 일원일 수도 있다. 그리고 단지 하나님만이 그의 근본적인 불신앙을 아신다.

그런데도 불신자의 사고의 주요 동향, 주요 전제는 불신앙이다. 그는 마치 성경의 절대 인격적인 하나님이 존재하지 않는 것처럼 생각하고 살려고 최선을 다한다. 대부분의 경우에 이런 야망이 바리새적인 정통이 아니라 더 명확하게 불신앙을 선포하는 사고방식으로 이어진다.

본질적으로 합리주의와 비합리주의와 같은 이런 두 가지 방식이 존재한다. 아니면 이런 방식을 성경적 범주로 표현하자면 무신론과 우상 숭배다.[5] 이런 방식들은 함께 혼합될 수 있지만 이것은 그 자체의 문제를 만든다(우리가 살펴보겠지만).

또한 이런 방식들은 불신자가 헛되이 억누르려고 애쓰는 참된 지식과 혼합될 수 있다. 이런 혼합은 모호성을 만든다. 그리고 진리를 이런 혼합 안에 있는 오류와 분류하는 것이 항상 쉬운 것은 아니다. 그런데도 우상 숭배와 무신론의 기본적 윤곽은 일반적으로 이런 전반적인 복잡성 이면에서 볼 수 있다.

1) 비합리주의와 합리주의

코넬리우스 반틸은 불신앙적인 모든 사고 체계는 동시에 합리적이고 비합리적이라고 주장했다. 왜냐하면, 이런 사고 체계는 중생하지 못한 마음을 반영하기 때문이다. 이성이 궁극적 권위(합리주의)를 가진다고 주장하지만, 불신자들은 이성을 객관적 진리와 관련시키는 무언가를 인정하지 않는다(비합리주의).[6]

---

5 불가지론은 일반적으로 가장된 무신론이다. 제5장에서 이런 개념에 대한 논의를 보라.

6 비기독교 사고에서 합리주의-비합리주의 대립에 대한 더 많은 논의를 참조하려면 Cornelius Van Til, *The Defense of the Faith*, ed. K. Oliphint, 4th ed. (PHillipsburg, NJ: P&R Publishing, 2008), 제3장과 제7장(『변증학』, PNR[개혁주의신학사] 刊); *CVT*, 제17장; *DKG*, 360-63을 보라. 이런 형태의 분석은 또한 어떻게 불신자들이 종종 그리스도인들을 인식하는가를 이해하는 데 있어서 유용할 수 있다. 이 점에 대해 *DCL*, 제4장을 보라.

반틸은 합리주의-비합리주의 갈등은 에덴 동산에서 시작되었다는 것을 지적했다. 하와는 하나님의 말씀을 자신의 궁극적 권위로 받아들이지 않곤 했다. 그녀는 마치 하나님의 말씀, 사탄의 말, 자신의 말이 동등한 것처럼 이 세 가지를 살펴보았다. 하지만, 이것은 무언가에 대한 어떤 최종적인 진리도 존재하지 않는다는 것을 암시하는 것이다(비합리주의). 그런데도 선택해야 했을 때 하와는 하나님에게 대항해서 자신을 위해 결정할 권리를 주장했다(자율적 합리주의다).

따라서 우리 자신의 시대에 현대 세속주의자들이 모든 진리는 상대적이라고 주장하는 것이 일반적이다. 하지만, 그들은 자연적 진화는 증명된 사실이라고 주장하고 자신들이 빠졌던 모순을 결코 의식하지 못한다.

합리주의와 비합리주의라는 측면에서 비기독교 사유의 역사에 대한 이런 종류의 분석은 그리스도인들에게 지적 운동의 구조와 역학에 대한 놀라운 통찰을 제공한다.[7] 이런 분석은 해석 작업과 변증학 작업에 대단히 중요하다.

필자가 『기독교 윤리학』(*DCL*)에서 진술했던 것처럼 비기독교 사고의 합리주의-비합리주의 대립은 다른 문제에 대한 사유뿐만 아니라 윤리적 추론과도 관계가 있다. 비성경적 윤리학자들은 종종 일반적으로 절대적인 것들에 반대한다. 하지만, 그들이 사랑과 공의와 같은 그들 자신의 근본적 윤리 원칙을 제시할 때 그들은 절대적인 것들에 대한 그들의 반대를 망각한다.

---

7 필자는 이런 생각을 철학외의 분과에 효과적으로 적용할 수 있다고 생각한다. 참조. Rousas J. Rushdoony, "The One and Many Problem," in Jerusalem and Athens: Critical Discussions on the Philosophy and Apologetics of Cornelius Van Til, ed. E. R. Geehan(Nutley, NJ: Presbyterian and Reformed, 1971), 339-48. Gary North, ed., Foundations of Christian Scholarship(Vallecito, CA: Ross House, 1976)에서 다루는 정치 그리고 수학, 교육, 심리학, 역사, 경제학 등에 대한 다양한 논문을 보라.

조셉 플레처(Joseph Fletcher)는 우리에게 터무니없는 예를 제공한다. 그는 자신의 책 『상황적 윤리』(*Situational Ethics*)에서 다음과 같이 말한다.

> 상황주의자들에게 규칙은 존재하지 않는다—전혀 존재하지 않는다.

하지만, 같은 구절에서 그는 "'일반적' 명제 … 즉, 이웃을 통해 하나님을 사랑하는 명령"을 제안한다.

여기서 "어떤 규칙도 존재하지 않는다"와 사랑의 규칙 사이에 모순이 있지 않는가?

플레처는 알쏭달쏭하게 다음과 같이 답변한다. 즉, 사랑의 명령이 "규범적 이상이라는 것에 주목해야 한다. 또한 사랑의 명령은 기능적 명령은 **아니다**."[8] 분명히 그는 사랑의 명령은 명령이 아니고 따라서 규칙이 아니라고 생각한다. 하지만, 이런 구분을 받아들이기는 매우 어렵다.

플레처는 모든 외적인 윤리상의 절대적인 것을 부정하는 데는 합리주의자다. 또한 그는 자신의 접근 방식을 이해할 수 있는 것으로 만들기 위해 속여야 한다는 의미에서는 비합리주의자다(하나의 "이상적인 것"을 가장하여 하나의 단일한 윤리적 절대성을 몰래 가지고 들어오는 것).

사실 서양 철학사는 우리에게 합리주의와 비합리주의 사이의 이런 상호작용의 많은 예를 제공한다.[9] 고대 철학에서 합리주의적 주제가 무대를 지배하는 것처럼 보였다. 반면에 현대에는 비합리주의적 주제가 주로

---

8 Joseph F. Fletcher, *Situation Ethics: The New Morality* (Philadelphia: Westminster Press, 1966), 55.

9 여기서 언급한 철학자들에 대한 추가 논의를 참조하려면 필자의 책 *A History of Western Philosophy and Theology* (Phillipsburg, NJ: P&R Publishing, 2015), 제2장 "Greek Philosophy"를 보라.

다스리는 것처럼 보인다. 하지만, 이 두 가지 가운데 어떤 것도 서로 독립해서 존재하진 않는다.

고대 헬라 철학으로 시작하자. 고대 헬라 철학에서 우리는 소피스트와 같은 어떤 인물들을 발견한다. 그리고 소피스트는 대부분 비합리적이었다. 하지만, "인간은 만물의 척도"라는 그들의 주장은 그들이 가진 합리적 측면을 보여 준다(자율적 인간을 진리, 미, 선의 최종 기준으로 삼고 있는).

또한 플라톤은 소피스트의 회의주의 자체가 확실하고 보편적 진리로 제공된 독단적인 주장이라는 것을 보여 줄 수 있었다. 파르메니데스와 같은 다른 철학자들은 영원한 논리라는 측면에서 모든 것을 이해하려고 애썼다. 하지만, 파르메니데스는 자신의 합리적 세계관과 일치하지 않았던 "착각"(illusions)을 설명하기 위해 신화에 의존할 필요가 있었다. 따라서 비합리적 소피스트는 또한 합리주의자들이었고 합리주의적 파르메니데스는 또한 비합리주의자였다.

플라톤은 이런 주제들을 분명하게 결합했다. 그는 형상이나 이데아 세계에 대한 지식에 대해서는 합리적이었지만 감각 경험의 세계에 대한 지식에 대해서는 비합리적이었다. 그의 문제는 이 두 세계를 맞추려는 데 있었다. 필자의 생각에 반틸은 플라톤이 이런 두 주제에 사이에 헛갈리는 것에 대한 흥미롭고 심오한 분석을 제공한다.[10]

똑같은 비판이 아리스토텔레스와 관련되어 있다. 플라톤의 세계에서처럼 아리스토텔레스에게 형상과 물질은 다른 세계에서 발견되는 것이 아니라 우리가 지금 사는 세계가 가진 상호 보완적인 측면이다. 하지만, 플라톤처럼 아리스토텔레스는 형상과 물질을 완전한 보편자과 완전한

10 Cornelius Van Til, *A Survey of Christian Epistemology* (Philadelphia: Presbyterian and Reformed, 1969), 24-43.

개별자와 같이 대립적으로(antithetically) 이해한다. 그 결과로 형상과 물질의 관계는 플라톤의 두 세계의 관계만큼이나 문제가 된다.

합리주의와 비합리주의의 이런 상호작용은 또한 일부 기독교 신학에 문제를 일으켰다. 중세 신학자와 철학자인 토마스 아퀴나스의 사고는 수세기 동안 로마 가톨릭교회에서 공식적인 지위가 있었다. 그는 부분적으로 신플라톤주의와 아리스토텔레스에 기초한 인식론을 채택했다. 반틸은 로마 가톨릭 전통의 많은 교리적이고 변증적 오류를 이런 타협에 돌린다.[11]

현대 시대에 데카르트, 스피노자, 라이프니츠가 합리론을 강조하지만, 비합리적 기초에서 강조한다. 그 반대가 로크, 버클리, 흄에게 적용된다.

플라톤처럼 임마누엘 칸트(1724-1804)는 이 두 주제를 동일하게 잘 다루는 관점을 계발하려고 애쓴다. 그리고 다시 그는 이 두 영역 사이를 구분함으로써 그것을 달성하려고 애쓴다. 즉, 칸트의 경우에 인간이 어떤 것도 알 수 없는 **가상계**(noumenal realm)와 자율적 이성이 최고로 다스리는 **현상계**(phenomenal realm)다.

다른 말로 말해서 칸트는 가상계에 대해서는 비합리적이고 현상계에 대해서는 합리적이다. 합리론과 비합리론의 관심을 조화시키려 할 때 그는 인간의 자율성을 그의 전임자들보다 더 분명하고 일관되게 옹호했다. 즉, 인간의 마음은 현상 세계에 구조를 제공하는 범주의 출처가 되었다.

다시 말하지만, 이런 분석 도구는 우리로 하여금 죽 끓듯이 변하는 사유 역사를 전체적인 시야에서 파악하도록 일조한다. 몇 년마다 우리는 현대 사유가 앞에 지나갔던 것과는 철저하게 달라졌다는 주장을 듣는다.

---

11 반틸은 그의 글에서 로마 가톨릭과 로마 가톨릭의 전통적인 스콜라 철학을 종종 논의한다. *CVT*, 제19장과 제25장의 논의를 보라.

객관적 규범을 반대하는 최근에 등장한 이런 종류의 주장은 포스트모더니즘(postmodernism)[12]으로 부르는 것에 유래한다. 이 용어는 "현대" 사유를 극복해야 한다는 견해에서 유래한다. 현대 사유는 서구 문명의 세속화된 이성, 기술, 기관의 능력과 선함을 가정한다. 결과적으로 이런 자신감은 논리적이고 과학적인 방법을 통해서 인간 이성이 접근할 수 있는 단 하나의 객관적 진리가 존재한다고 가정한다.

우리는 삼십 년 전쯤에 우리의 문화가 계몽주의의 합리적 가정을 거절했다고 듣는다. 또한 우리는 우리의 문화가 "직선적이고 과학적이고 객관적인" 사고는 주로 편견의 표현이라는 것을 인식하게 되었다고 듣는다. 따라서 현대의 "포스트모던" 사고는 과거의 모든 확신을 거절한다. 또한 동양 종교, 신비주의(occultism)와 이해에 대한 다양한 종류의 신비적이거나 상징적인 방식과 같은 다양한 비서구적이고 비직선적인 영향력에 열려 있다.[13]

하지만, 포스트모더니즘은 어떤 종류의 객관적 진리를 부정한다. 사실 심지어 어느 언어를 해석하는 권위적인 방법은 없다. 저자의 의도는 권위적이지 않다. 왜냐하면, 언어의 의미는 개별적 의도와는 독립되어 있기 때문이다. 저자의 의도는 하나의 마음에서 또 다른 마음으로 이어지는 합리적 소통의 수단이 아니라 지배하고 압제하는 사회 권력의 수단으로써의 언어의 본질적 사용을 발가벗기기 위해 언어를 "해체"한다.

포스트모더니즘은 진리를 발견하기 위한 일련의 규칙이 존재한다(*grand*

---

12 포스트모더니즘에 대한 뛰어난 도입으로는 다음 글을 참조하라. William Edgar, "No News Is Good News: Modernity, the Postmodern, and Apologetics," *Westminster Theological Journal* 57, 2(1995): 359-82.

13 포스트모더니스트는 Peter Jones, *Spirit Wars* (Escondido, CA: Main Entry, 1997)에서 묘사한 신 영지주의적 뉴에이지 영성과 거의 연합되어 있다. 이 책에서 그의 논의를 주목할 만한 가치가 있다.

recit, "거대 담론"[Metanarrative])는 것을 부정한다. 이런 견해에 기초할 때 서로 일치하거나 아니면 일치하지 않을 수도 있는 다른 배경에 속한 다른 사람들, 다른 집단이 주장하는 다수의 기준이 존재한다. 다소 마르크스적인 그들의 관점에서 객관적 진리에 대한 주장은 억압적이다. 즉, 여성을 지배하는 남성, 흑인을 지배하는 백인, 다른 문화를 지배하는 서구인들, 가난한 자들을 지배하는 부자들.

확실히 포스트모더니스트들이 근대 합리성의 교만한 주장에 저항하는 것은 옳다. 또한 전제주의자로서 필자는 전제가 지식에 대한 모든 주장을 지배하며 또한 누구도 단순히 "중립적"이지 않다는 그들의 관찰을 이해한다. 포스트모더니스트들은 사물은 우리가 어디에 앉아 있는 곳에 따라 다르게 보인다고 이해한다. 문학은 남성보다는 여성, 부유한 사람들보다는 가난한 사람들, 기타 다른 사람들에게는 다르게 보인다.

또한 확실히 포스트모더니스트들은 객관적 진리에 대한 주장은 억압의 수단이 될 수 있다고 언급하는 것은 옳다.[14] 하지만, 객관적 진리를 완전히 거부하는 것은 아주 불가능하다. 포스트모더니스트들은 불가피하게 자신들의 글을 이런 종류의 비판에서 제외시킨다. 윌리엄 에드가(William Edgar)는 다음과 같은 사실을 지적한다.

> 노리스(Christopher Norris)는 어떻게 개인적인 선호에 대한 단순한 정당화로서의 이론을 열렬하게 공격하는 데서 스탠리 피쉬(Stanley Fish)같은 학자가 다음과 같은 환상을 영구화시키고 있다는 것을 보여 주었다. 즉, 스

14 포스트모더니스트들이 하고 싶지 않은 일부 적용은 다음과 같다. 즉, 여성의 "생식권"에 대한 독단적인 주장은 태아에 대해 압제적이다. 또한 진화에 대한 독단적인 주장은 그리스도인들에 대해 압제적이다. 또한 "정교분리"에 대한 독단적인 주장은 진리를 발견하려 애쓰는 공립학교 학생들을 억압한다.

탠리 피쉬 자신이 어떻게든 그런 개인적인 선호의 한계 밖에 있다는 환상 … 하지만, [장 프랑수아<Jean-François >] 리오타르(Lyotard)의 제시에서 가장 심각한 결함은 거대 담론을 제거한다는 그의 주장과 그 자신의 계획 사이에 놓여 있는 뿌리 깊은 모순이다. 왜냐하면, 그의 계획은 수상쩍게 또 다른 종류의 거대담론이기 때문이다.[15]

포스트모더니스트들이 객관적 진리를 부인하는 데 있어서 일관되길 원한다면[16] 그들은 다른 사람들에게 그들이 가진 입장의 진리를 설득하려는 시도를 버려야 한다.

진리가 객관적이지 않다면 그런 "진리"는 무엇이 될 수 있는가?

하지만, 그들이 자신들의 입장을 객관적으로 사실인 것으로 진술하길 원한다면 실제로 그들의 관점을 개정해야 한다. 포스트모더니스트들은 불신앙의 합리적-비합리적 대립이라는 비합리적 극단을 강조한다.[17] 따라서 우리는 이런 종류의 포스트모던 상대주의를 무시하고 대부분의 모든 사람이 하는 것처럼 논리적 규범과 도덕적 규범의 객관성을 가정할 것이다.[18]

---

15 Edgar, "No News Is Good News," 379. 에드가(Edgar)는 Christopher Norris, *What's Wrong with Postmodernism?* (Baltimore: Johns Hopkins University Press, 1990), 제2장을 인용한다.

16 하지만, 객관성이 배제된다면 **일관성**은 무엇을 의미할 것인가?

17 하지만, 물론 그들은 자신들의 견해를 주장하는 독단에서는 합리적이다. 자연주의적 과학만능주의(naturalistic scientism)는 우리 사회의 합리적 극단을 강조한다. 하지만, 이런 자연주의적 과학만능주의는 자신의 독단을 위한 어떤 합리적 기초도 없다는 점에서 비합리적이다.

18 **객관적 진리**와 **객관성**이라는 용어가 가진 의미를 강조할 필요가 있다. 이런 개념에 대한 기독교적 이해는 적어도 두 가지를 강조한다. **첫째**, 실재에 대한 하나님의 창조적이고 작정적 통치는 우리 자신의 바람, 소원 또는 변덕과 독립되어 있다. **둘째**, 객관적 진리라는 생각은 최후 심판의 진리를 강조한다. 회의주의자의 의심에도 불구하고

우리는 새로이 출현하는 모든 새로운 이념으로 겁먹는 것이 아니라 "문화상의 상전벽해"에 침착하게 대처할 필요가 있다. 여론 형성자들이 지적 풍토에서 그런 급진적인 변화를 발표할 때 그리스도인들은 종종 좌절 가운데 다음과 같이 궁금해 한다.

즉 "어떻게 우리는 우리 믿음에 대한 이런 새로운 도전을 다루는가?"

많은 복음주의 지도자는 완전히 새로운 어떤 접근 방식이 필요하다고 주장한다.[19] 우리 시대는 실제로 에덴 동산 이후로 진행되어 왔던 것과 철저하게 다른 어떤 것도 아니다. 본질적으로 처음부터 다시 합리주의-비합리주의의 상호작용이다. 따라서 본질에서 최근의 현대 사상은 고대 헬라인들, 현대 합리주의자와 경험주의자들, 칸트, 헤겔, 다른 철학자들의 생각과 전혀 다르지 않다.

실제로 앞에 갔던 것에서의 변화에 관한 한 포스트모더니즘은 합리적 충동에서 비합리적 충동으로의 변화다. "직선적이고 객관적인 사고"(linear, objective thinking)에 대한 포스트모더니즘의 거부는 우리가 앞에서 살펴보았던 것이다. 즉, 헬라 소피스트들 가운데 또한 객관성에 대한 흄의 비판, 형이상학에 대한 칸트의 비판, 부정과 종합을 통해서 진리를 달성

하나님은 하나님, 그분의 창조, 형상-담지자들을 향한 우리의 태도와 행동—모든 부주의한 사고, 말, 또는 행동—을 심판하실 것이다. 모든 무릎 즉 성경의 진리를 부정했던 사람들과 애정 어리게 성경의 진리에 순복하는 사람들 모두 머리를 숙일 것이다. 하나의 마지막 요점은 이것이다. 즉, 객관적 진리를 아는 것은 이런 진리를 객관적으로 아는 것과 혼동하지 말아야 한다. (성경적 틀에서) 객관적 진리를 아는 것은 우리의 사고를 하나님의 세계와 말씀의 실재에 겸손하게 순종하는 것이다. 이런 진리를 객관적으로 아는 것은 우리의 창조주-피조물 구분을 부정하는 것이다. 기독교 유신론적 객관성에 대한 더 많은 성찰을 참조하려면 Joseph Emmanuel Torres, "Perspectives on Multiperspectivalism," 제5장 in *STL*, 123-25를 보라.

19 한 가지 그런 제안은 Myron B. Penner, *The End of Apologetics* (Grand Rapdis: Baker Academic, 2013)이다.

하려는 헤겔의 시도에서 보았던 것이다.

합리주의자들과 비합리주의자들은 단지 전문적인 철학자들 가운데서만 발견되는 것이 아니다. 인식론적 자기 의식적인 이런 방식은 아니지만 평범한 불신자들 또한 이런 헌신을 보여 준다.

합리주의자는 자신을 자기 운명의 주인으로 간주하는 자수성가한 사업가나 주의 깊은 행정 계획으로 우리가 모든 사회 문제를 극복할 수도 있다고 생각하는 지방 정치인일 수 있다. 또는 합리주의자는 모든 것에 대한 의견이 있는 바텐더나 "현대 과학"이 완전히 기독교의 오류를 증명했다고 생각하는 이웃일 수 있다. 그는 또한 자신의 선행이나 교리 지식으로 인해 자신이 하나님의 호의를 받을 자격이 있다고 생각하는 교회 장로일 수 있다. 또는 그는 자신이 하나님을 찾을 권리를 갖기 전에 더 좋은 사람이 되어야 한다고 생각하는 "말썽꾼"일 수 있다.

비합리주의자는 무언가에 대해 전혀 신경 쓰지 않는 도시의 술꾼일 수 있다. 또는 그는 감상적인 생각으로 살고 누군가 그에게 삶의 근간을 물을 때 당혹스럽게 보이는 행복한 우유 배달원일 수 있다. 아니면 모든 권위를 미워하고 자신이 보는 모든 것을 파괴하려고 애쓰는 분노하는 십대일 수 있다.

근본적인 의미에서 해 아래 새로운 것은 없다. 전제주의 변증학을 배우는 학생들은 만약 그들이 그것을 잘 배운다면 새로운 다음 국면이 다가올 때 그것을 준비할 것이다. 그들은 처음부터 다시 자신들의 변증학을 배울 필요가 없을 것이다.

필자의 유일한 경고는 다음과 같다. 즉, 우리는 비기독교 사상가들 가운데 존재하는 다양성에 대해 무감각하고 경직된 방식으로 이런 분석을 사용하지 말아야 한다. 이것은 이런 분석을 비평적 분석의 예리한 기보다는 오히려 무리한 획일화로 만드는 일일 것이다.

또한 우리는 합리주의-비합리주의 대립이 비기독교 사상가의 작품 안에 있는 **모든 것**을 완전히 설명할 수 있다고 가정하지도 말아야 한다. 사실 여기에 어떤 복잡성이 존재한다. 즉, 한 사상가의 말은 종종 계시적 통찰과 동시에 진리의 억압을 반영한다.

플라톤이 실제 세계를 합리적으로 이해할 수 있다고 말할 때 그는 계시된 진리를 표현하는 것이다. 우선 하나님이 이 세계를 합리적으로 아신다. 그런 후에 계시를 통해서 우리는 이 세계를 합리적으로 알 수 있다.

하지만, 플라톤은 동시에 그 자신의 합리적 자율성을 표현한다. 왜냐하면, 플라톤에게 "합리적 이해"의 과정은 성경의 "유비적 지식"의 과정과는 현저하게 다르기 때문이다. 단순히 플라톤이 불신자라는 이유로 그에게 동의하지 않는 것은 잘못된 일일 것이다. 그렇게 하는 것은 무언가의 기원에 근거에서 그것을 판단하는 "발생학적 오류"의 예일 것이다. 다른 한편 그의 그런 진술은 결코 진리에 대한 플라톤의 억압을 표현하지 않는다고 생각하는 것은 동일하게 틀린 것이다.

일단 우리가 이런 변증적 도구를 안다면 우리는 기계적으로 철학자의 사고 안에 있는 모든 것을 합리주의라는 제목이나 비합리주의라는 제목으로 분류하고 싶어 할 수도 있다. 하지만, 그의 주장 가운데 일부는 완전히 다른 특징을 가질 수 있다.

불신자들도 때때로 분명히 "자신도 모르게" 진리를 발견하고 인정한다는 것에 주목하는 것이 중요하다. 우리가 그들의 사고를 분석할 때 일상적으로 그들이 언급하는 모든 것을 부정하지 말아야 한다. 오히려 우리는 그들의 정식화에서 그들이 하나님의 계시에서 배웠던 생각과 그들이 그런 계시를 억누르기 위해 사용하는 생각 사이를 구별하는 데 민감해야 한다.

결국 합리론과 비합리론은 기독교에 기생한다. 물론 합리론과 비합리론 모두 철저히 기독교를 반대한다. 하지만, 합리론과 비합리론은 어떤 면에서 타당성을 위해 기독교에 의존한다.

결국 기독교 계시는 우리에게 인간 이성은 능력과 한계가 있다는 것을 말해 준다. 합리론과 비합리론은 각각 능력과 한계가 있는 이런 생각에 기초하지만, 어떤 것도 하나님과 관계없이 이런 능력과 한계가 무엇인지 구체적으로 명시할 수 없다. 따라서 합리론과 비합리론은 자체를 완전한 비합리론과 완전한 합리론의 극단에 빠지지 않게 해 줄 어떤 원칙도 없다.

이런 방식으로 합리론과 비합리론은 기독교 공격에 취약하다. 이런 입장 가운데 어떤 입장도 실제로 서로 구분되지 않는다. 따라서 각각은 언급한 모든 난점에 지배를 받는다. 합리론과 비합리론이 기독교와 유사점이 없다면 전혀 타당성이 없을 것이다.

하지만, 앞에서 언급했던 것처럼 무신론과 우상 숭배라는 더 성경적 범주라는 관점에서 불신앙의 역학을 살펴보는 것이 또한 도움이 된다.

2) 무신론

무신론은 실천적이거나 이론적일 수 있고 둘 다일 수 있다. 이론적인 무신론자는 하나님을 부정한다. 하지만, 실천적 무신론자는 단순히 마치 하나님이 존재하지 않는 것처럼 산다. 필자는 초월성, 겸손, 기타 등등으로 인해 인간의 삶과 관련 없는 어떤 종류의 하나님이 존재하는 다양한 종류의 이신론과 유신론을 무신론 아래에 포함시킨다.

무신론의 자연스러운 결과는 기준과 가치의 상실이다. 왜냐하면, 우리는 앞에서 단지 성경의 하나님만이 기준과 가치를 계시하고 실행할 수 있다는 것을 살펴보았기 때문이다.

무신론자들은 상대주의자들이 되는 경향이 있다. 사실 단지 이런 이유로 인해 많은 사람이 무신론을 매력적인 것으로 안다. 결국 사람들은

(아담이 그랬던 것처럼) 하나님에게서 도피한다. 왜냐하면, 그들은 하나님 앞에서 책임지길 원하지 않기 때문이다. 다른 형태의 모든 불신앙처럼 무신론은 본질적으로 책임으로부터의 회피다.

물론 심지어 무신론자들 자신들이 무신론과 상대주의 사이의 자연스러운 관계를 항상 만드는 것은 아니다. 어떤 가치 판단을 매우 강하게 주장하는 무신론자들이 있다. 사실 심지어 그들 가운데 가장 상대주의 성향의 무신론자도 이런 점에서 일관되지 못하다. 어떤 무신론자는 심지어 객관적 도덕성을 변증하길 원할 수도 있다. 그들은 자신들이 그런 판단을 하기 위한 어떤 기초도 없다고 들어야 한다.

불신자들은 극단으로 가는 경향이 있다. 이런 경우에 그들은 객관적 의미를 완전히 부정하는 극단으로 가는 경향이 있다. 불신자는 이런 극단에 저항할 수도 있다. 왜냐하면, 그는 그것이 타당하지 않다는 것을 알기 때문이다.

하지만, 그는 자신이 채택한 철학에서 그것을 막을 어떤 것도 없다. 그는 이성과 가치에 대한 더 균형 잡힌 평가를 위한 기초를 제공할 하나의 계시를 거절한다. 성경의 한 분이며 동시에 삼위이신 하나님(one-and-many)은 의미 없는 복수성, 즉 질서와 구조 안에 통합되지 않는 복수성과 같은 그런 것은 존재하지 않는다는 것을 분명히 한다.

기독교 문화 비평가 가운데 고(故) 프란시스 쉐퍼(Francis Schaeffer)와 그의 제자들은 아마 무신론적 상대주의가 담고 있는 함의와 위험을 가장 생생하게 제시했을 것이다.[20] 그들은 현대 시기를 초기의 더 합리적 사고

20 그의 제자들로는 쉐퍼의 아내 에디트(Edith), 그의 아들 프랭크(Frank), 그의 딸 수잔 매큐리(Susan Maculay) 그리고 오스 기니스(Os Guiness), 도널드 드루(Donald Drew), 래널드 매큐리(Ranald Maculay), 제람 바스(Jerram Barrs), 우도 미들만(Udo Middelmann), 제인 스튜어트 스미스(Jane Stuart Smith)와 같은 라브리 공동체(L'Abri Fellow-

와 대조되는 이런 유형의 사고가 지배하는 것으로 특징 짓는다. 그들은 유익한 변증적 결론을 가지고 현대 미술, 음악, 영화, 철학 그리고 정치를 이런 노선을 따라 분석한다.

3) 우상 숭배

다른 형태의 불신앙은 우상 숭배, 즉 성경의 하나님 외의 어떤 존재에게 우리의 궁극적 충성을 바치는 것이다. 이런 충성은 어떤 원시적 신이나 신들(예를 들어, 제우스[Zeus], 바알[Baal], 몰록[Moloch], 또는 아스다롯[Astarte]), 어떤 추상적 원리(예를 들어, 플라톤의 선), 비기독교 종교(예를 들어, 이슬람교나 불교),[21] 뉴에이지(New Age)와 같은 현대 문화 운동, 자아, 인간 이성, 기타 등등에 바쳐질 수도 있다.

무신론 안에 내포된 의미의 전체적인 상실은 대부분의 사람들이 견디기에는 너무 힘겨운 일이다. 그들은 자신들의 삶을 이끌어 줄 어떤 가치, 어떤 기준이 필요하다. 이런 사람들 가운데 계속해서 참된 하나님에 대한 믿음을 거절하는 사람들은 그들의 무신론에서 일관성이 없게 된다. 아니면 그런 정도로 그들은 우상 숭배자들이 된다. 그들이 참된 하나님을 원하지 않는다면 그들은 어떤 다른 것들을 찾아야 한다.

다시 말하지만, 불신자는 극단으로 나아가는 경향이 있다. 우상이 하나님의 역할을 하려면 우상은 어떤 신적 속성이 있어야 하며 또한 어떤

---

ship)에 일하는, 현재와 과거의 동료들을 포함한다.

21 필자는 이슬람교를 우상적인 것으로 부르기 위해 이런 전통적인 정의를 약간 확장하고 있다는 것을 인식한다. 아무리 우리가 이런 용어에 대해 논쟁하길 원한다 할지라도 필자는 필자가 생각하기에 성경적인 일반적인 주장을 하기 위해 이 용어를 사용하고 있다.

신적 역할을 채워야 한다.

무신론과 우상 숭배는 기독교에 대한 유일한 대안들이다. 기독교를 거절하기 위해서 사람은 모든 신을 부정하거나 아니면 성경의 하나님 외에 예배할 어떤 신을 선택해야 한다. 물론 실제로 무신론과 우상 숭배는 함께 하나의 단일 대안을 형성한다. 왜냐하면, 심지어 무신론자도 실천적으로 어떤 절대자, 즉 일반적으로 자신의 이성을 감안해야 하기 때문이다. 하나님이 존재하지 않는다고 말하는 것은 우주에서 가장 궁극적인 실재는 비인격적이라고 말하는 것이다.

하지만, 이것은 그 자체로 우상 숭배다. 이와 유사하게 우상 숭배는 무신론에 의존하고 다시 우상 숭배로 돌아간다. 우상 숭배는 자칭 자율적 사고와 하나님 계시의 거절에 의존한다. 따라서 무신론과 우상 숭배 사이의 경계가 뚜렷하지 않다.

무신론처럼 우상 숭배도 이론적이거나 실천적일 수 있다. "신"은 인간 이성, 진화, 변증법적 유물론(dialectical materialism, 마르크스주의), 국가, 또는 심지어 우주(범신론)와 같은 이론적인 실체일 수 있다. 또는 신은 돈(맘몬!), 쾌락(디오니시오스/바쿠스), 가족, 자아 또는 비기독교 종교와 같은 실제적 실체일 수 있다.[22]

또한 무신론처럼 우상 숭배도 참되신 하나님에 대한 책임으로부터의 도피다. 무신론은 자유와 자율성을 추구한다. 유감스럽게도 우상 숭배의 자연스러운 결과는 노예 상태 즉 우상에의 속박이다.

22 얼마나 자주 그리스도인들 자신이 이런 우상을 위해 그들의 주님을 배반하고 싶어 한다는 것을 생각하는 것은 슬픈 일이다. 오늘날 얼마나 많은 그리스도인들이 "안식일을 기억하여 거룩하게 지키라"(출 20:8)는 십계명 가운데 네 번째 계명을 지키는가? 우리가 돈과 쾌락을 추구하는 가운데 안식일을 완전히 망각해야 하는가? 만약 그렇다면 어느 날 우리 주님이 재림할 때 우리는 부끄러움을 당하지 않겠는가?

인식론적으로 우상 숭배는 무신론보다 덜 상대주의적인 경향이 있다. 사실 우상 숭배는 많은 불신앙을 동반하는 다소 독단적인 확실성의 이유가 된다. 진화론이 그리스도인들뿐만 아니라 세속 과학자와 논리학자들에 의해 심각한 도전을 당하는 때에 많은 사람이 진화론에 대해 가진 놀라운 확실성을 고려하라.

어째서 그들은 그렇게 확신하며, 그렇게 확고하게 진화론의 유일하고 중요한 대안인 창조에 대한 논의를 학교에서 배제하려 하는가?[23]

답은 다음과 같다. 즉, 진화는 많은 종교적 전제, 즉 우상이 되었다. 많은 사람에게 이런 우상을 잃어버리는 것은 그들의 기본적 세계관, 즉 그들이 질서와 합리성을 위해 의지하는 틀을 잃어버리는 일일 것이다.

필자는 다음과 같은 근거로 진화론을 거절한다.

① 창세기 2:7에서 아담을 "생령"(네페시 하야, *nephesh hayyah*)으로 만드는 것은 하나님의 특별한 행위다(생기를 아담의 코에 불어넣으심). 유신론적 진화에서와 같이 하나님은 이미 존재하는 생명체를 취해 특별하게 아담을 인간으로 만들지 않으셨다. 오히려 하나님은 흙을 취해서 그것에 생명을 부여하셨다. 아담은 자신이 인간이 되는데 사용되었던 동일한 신적 행위로 생령이 되었다.[24]

23 캘리포니아주의 교육감 호니그(Bill Bonig)는 샌디에고의 창조연구소(the Creation Research Instutitue of San Diego)에 학위를 수여할 수 있는 권리를 거부하려고 애썼다. 왜냐하면, 이 연구소(진화론과 창조론 둘 다를 가르쳤지만 진화를 기독교적 비판과 함께 제시했다)는 진화를 확립된 사실로서 가르치기를 거절했기 때문이다. 많은 기도에 대한 응답으로 하나님은 사법 제도를 통해서 호니그를 제지하셨다.

24 이 주장은 John Murray, *Collected Writings of John Murray*, vol. 2 (Edinburgh: Banner of Truth Trust, 1977), 5-13에 요약되어 있다.

② 창세기 1:11-12, 21, 24-25에 "각기 종류대로"와 "그 종류대로"라는 구절을 빈번하게 반복하는 것은 생식의 결과로 생길 수 있는 것에 대해 하나님이 부과하신 제한이 있음을 보여 준다. 필자는 얼마나 광범위하게 이런 "종류"를 해석해야 하는지 모른다. 또는 필자는 어떻게 이런 종류들이 과(科, family), 속(屬), 종과 같은 현대의 생물학적 분류와 관계를 맺는지를 모른다.

하지만, 종류가 무엇이든지 간에 이 구절들은 분명히 한 종류의 식물과 동물들은 또 다른 종류의 식물과 동물을 생산하지 않는다는 것을 암시한다. 하지만, 이것은 진화론이 사실이 되려면 일어나야 하는 일이다.

③ 필자는 과학적 증거를 판단하는 데 준비가 잘 되어 있진 않지만, 필자는 비전문가로서 단순히 다음과 같은 것을 덧붙일 것이다. 즉, 필자는 진화를 지지하는, 제시된 증거를 확신하지 못한다.

의심할 여지없이 때때로 미시진화(microevolution)로 부르는 것이 있다. 즉, 이것은 자연 선택으로 인해 한 종 안에서 유전적 가능성의 다양성이다. 따라서 색깔이 다른 방식으로 생존과 생식의 도움으로 입증되듯이 어떤 환경에서 어떤 색을 가진 초파리가 더 우세해진다. 또한 다른 환경에서는 다른 색깔을 가진 초파리가 우세해진다.

하지만, 이것은 새로운 종, 즉 일련의 새로운 유전 가능성을 생산하는 과정이라기보다는 오히려 이미 존재하는 유전 가능성을 가진 종 안에서의 다양성에 해당한다. 또한, 이것은 현재의 모든 생물체가 단세포에서 유래할 수 있다는 과정의 존재를 결코 증명하지도 못한다. 거시진화에 대한 증거, 돌연변이와 자연선택을 통해서 가장 단순한 유기체에서 모든 생물 유기체가 유래되었다는 것은 필자에게는 기껏해야 개략적으로 보인다.

④ 게다가 필자는 진화론의 실제적인 설득력은 진화론에 유리하게 제시된 증거에 근거한 것이 아니라 오히려 유신론에 대한 유일하게 실행 가능한 자연주의적 대안에 기초한다는 필립 존슨(Phillip Johnson)[25]의 주장에 동의한다. 물론 이런 고려는 필자에게 어떤 영향력도 미치지 못한다. 또한 이런 고려는 다른 그리스도인에게 영향력을 미쳐 진화론을 우호적으로 바라보게 하지도 않는다. 오히려 이런 고려는 우리를 진화론 비판에 매우 열려 있게 만들어야 한다.

누구도 진화를 증명할 수 없다. 진화는 신념으로 주장된 가설이다. 또한 이 가설의 틀에 맞추기 위해 모든 가정된 사실을 만들어야 한다. 이것은 토마스 쿤(Thomas Kuhn)이[26] 의도하는 의미에서 "패러다임," 즉 그 자체가 판단의 대상이 아닌 다른 제안을 판단하는 기준이다.

사실, 일단 우리가 창조를 부정하면 진화는 필연적이다. 왜냐하면, 땅이 초자연적으로 만들어졌거나(즉, 창조된) 아니면 땅은 하나님 없이 자연적으로 만들어졌기 때문이다.

이 세계에 대한 자연주의적 기원은 창조를 포함할 것이다. 왜냐하면, 이것이 원시 물질로 작동하고 시간이 경과함에 따라 복잡성을 만들어내는 자연법의 결과일 것이기 때문이다. 따라서 진화라는 개념은 다윈(Darwin)에게서 시작하지 않았다.[27] 오히려 이 개념은 BC 6세기 탈레스(Thales)

25 Phillip Johnshon, *Darwin on Trial*(Downers Grove, IL: InterVarsity Press, 1993); Phillip Johnson, Reason in the Balance(Downers Grove, IL: InterVarsity Press, 1995).

26 Thomas Kuhn, *The Structure of Scientific Revolution*, 2nd ed. (Chicago: University of Chicago Press, 1970)를 보라.

27 다윈의 업적은 진화를 지지하는 그럴듯한 기제를 제안하는 것이었다.

의 철학 이후로 모든 비기독교 철학의 특징이었다.

필자는 진화론이 사회에 커다란 해악을 가져왔고 사회로 하여금 하나님 형상으로서의 인간 본성에 관한 성경적 견해, 죄의 끔찍한 본성과 결과, 우리가 그리스도 구속을 받을 필요성을 부인하게 했다는 존슨과 다른 많은 신학자의 의견에 동의한다. 필자는 최근에 학문 진영에서 다윈주의 반대자들에게 오십 년 전에 가능했던 것보다 더 나은 해명의 기회가 주어졌다는 것에 격려를 받는다.[28]

어떤 다른 단일 인물 이상으로 존슨은 귀에 거슬리는 공격과 의심스러운 가설보다는 오히려 주의 깊은 논증과 기성 사회에 대한 부드러운 재촉으로 진화론 교리에 이런 새로운 공격을 이끌어왔다. 우리는 모두 그에게 크게 빚졌다.[29]

비록 다른 많은 생각이 중요한 타당성이 전혀 없지만 진화론처럼 오늘날 종종 그런 많은 생각을 확실한 사실로 제시한다. 예를 들면 다음과 같다. 즉 아이들에 대한 체벌은 잘못이다. 낙태는 옳다. 국가는 교육과 복지를 제공할 능력과 의무가 있다. 모든 인종, 성(gender), 종교, 성적 선호 집단은 모든 면에서 동등하다. 그리고 가장 큰 죄는 이런 집단 가운데 하

---

28 지적 설계 운동(intelligent-design movement)의 방대한 작업은 범위가 매우 작은 것(미생물학)에서 매우 큰 것(우주론)에 이르는 증거를 주장하는 다윈주의 모델에 대해 통렬한 비판을 가했다. 단지 이에 대한 예를 참조하려면 William A. Dembski and Jonathan Wells, *The Design of Life: Discovering Signs of Intelligence in Biological System*(Dallas: Foundation for Thought and Ethics, 2008); Stephen C. Meyer, *Signature in the Cell: DNA and the Evidence for Intelligent Design*(New York: HarperCollins, 2009; Stephen C. Meyer, *Darwin's Doubt: The Explosive Origin of Animal Life and the Case for Intelligent Design*(New York: HarperOne, 2013); Gullermo Gonzalez and Jay Richards, *The Privileged Planet: How Our Place in the Cosmos Is Designed for Discovery*(Washington, DC: Regnery Publishing, 2004)를 보라.

29 William A. Dembski, ed., *Darwin's Nemesis: Phillip Johnson and the Intelligent Design Movement*(Downers Grove, IL: InterVarsity Press, 2006)를 보라.

나(앵글로 색슨 개신교 남성을 제외하고)를 폄하하는 죄다.

쉐퍼 집단이 현대 문화에서 무신론적 상대주의를 식별하고 비판하는 데 있어서 가장 효과적인 집단이었다면 아마 기독교 철학자인 헤르만 도예베르트(Herman Dooyeweerd)와 볼렌호븐(D. Th. Vollenhoven)을 따르는 네덜란드 "우주법 이념 철학" 학파가 우상 숭배를 가장 잘 다루었을 것이다.

이 그룹은 수적(numerical), 물리적(mechanical), 경제적(economic), 언어적(linguistic), 미적(aesthetic), 법적(juridical), 윤리적(ethic), 신앙적(pistical, 믿음) 영역과 같은 열다섯 개의 인간 관심 영역을 구분한다. 이런 영역 각각은 다양한 방식으로 다른 영역을 반영한다. 그 결과로 이런 영역 가운데 한 영역을 절대적인 영역, 나머지 영역의 기원으로 간주하고 싶어 한다.

따라서 철학에서 모든 것을 수나 공간이나 물질이나 운동 또는 경제로 축소하려는 경향성이 존재한다. 하지만, 이렇게 하는 것은 우상 숭배다. 하나님이 모든 영역을 다스린다. 또한 하나님은 이런 영역 가운데 어떤 한 영역에 제한받지 않으신다.[30]

쉐퍼를 따르는 자들은 현대의 우상 숭배를 경시하는 경향이 있다. 왜냐하면, 그들은 이성과 질서에 대한 고대의 낙관주의가 현대의 비합리주의(무신론적 상대주의)로 전락한다는 역사적 모델에 전념하는 경향이 있기 때문이다.[31] 따라서 그들은 비합리주의의 관점에서 현대인을 파악하는데 너무 전념해서 그들은 종종 현대인의 우상 숭배와 독단주의 즉 현대인의 합리주의를 파악하지 못한다.

다른 한편 도예베르트주의자들은 비합리주와 무신론를 다루는 것에

30 도예베르트식 모델의 자세한 사항에 대해 많은 의문이 있지만 이 모델의 주요 주제는 타당성이 있고 변증가에게 큰 도움이 된다.

31 얼마나 많이 이것이 쉐퍼의 원 전천년주의와 관련이 있다는 것을 파악하는 것은 흥미로운 일이다.

적합하기보다는 우상 숭배를 다루는 것에 적합하다. 도예베르트 자신은 인간 사유에서 이성의 역할에 대해 약간 명확하지 않았다. 그는 하나님은 합리적이 않다고 주장했다. 왜냐하면, 하나님이 합리적이라고 말하는 것은 그분을 창조의 열다섯 개 영역 가운데 한 영역에 제한하는 것이기 때문이다.

필자는 그렇게 말하는 것이 하나님을 한 영역에 제한하는 것인지 의심이 든다. 필자에게는 만약 우리가 반틸이 하나님의 마음과 인간의 마음 사이에 두는 차이점을 인정한다면 우리는 하나님에게 인간의 합리성과 동일한 것이 아닌 유사한 지성을 돌릴 수 있는 것처럼 보인다. 도예베르트주의자들이 반틸 자신을 합리주의자로 간주하는 것은 그들이 이런 영역에서 근본적인 오해가 있는 것으로 필자에게는 내비쳐진다.[32]

4) 우상 숭배적인 무신론

필자가 보여 주었듯이 우상 숭배와 무신론은 처음에 보였던 것만큼 서로 뚜렷하게 구분되지 않는다(또는 서로 반대되지 않는다). 무신론은 우상 숭배를 필요로 한다. 즉, 우리는 삶의 일정하고 절대적인 어떤 의미가 없다면 상대주의자로서 일관되게 살 수 없다.

또한 상대주의자들은 비상대적인 생각을 배제하는 것에 대해 항상 독단적이다. 가령 그들이 사람들은 그들의 가치를 다른 사람들에게 부과하지 "말아야 한다"고 말할 때 그들은 항상 독단적이다. 또한 우상 숭배는 무신론을 필요로 한다. 즉, 거짓된 신을 예배하려고 선택하는 것은 궁극

32 고든 클락(Gordon Clark)과 그의 제자들은 반틸을 비합리주의자로 간주했다. 비판가들이 반틸의 양쪽에 배분된 것은 아마 반틸이 진리에 매우 가까웠다는 것을 암시한다.

적으로 비합리적이고 반역적이다.

따라서 대부분의 불신자들은 다양하게 이런 주제를 결합한다. 플라톤과 아리스토텔레스는 다음과 같이 가르쳤다. 즉, 우주는 합리적이고 알 수 있는 한 부분과 극도로 비합리적이고 알 수 없는 또 다른 부분으로 나누어져 있다.

하지만, 어떻게 우리는 알 수 없는 것들을 아는가?

이런 질문에 그들은 타당한 답변을 제공하지 못했다.

플로티누스는 합리적인 우상 숭배자로 시작했다. 그는 우리에게 무언가에 대한 완벽한 설명을 제공할 수 있는 신을 발견했다고 주장했다. 하지만, 이런 신은 단지 비합리적 경험에서만 알 수 있는 것으로 드러났다. 비합리주의가 결국 승리했다.

마르크스주의는 과학적 지위를 주장하지만, 윤리적 상대주의를 가르친다. 윤리가 상대적인 것이라면 어째서 우리는 과학을 가치 있게 생각해야 하는가?

현대 공립학교는 종교적 중립성을 주장한다. 실제로 이것이 의미하는 것은 다음과 같다. 즉, 현대 공립학교는 가치에서 상대주의적이지만 기독교를 모든 실질적인 대화에서 배제하는 데 있어서는 독단적이다.

현대 미디어는 "모든 것이 가능하다," 가치는 상대적이라는 메시지를 전달하는 경향이 있다. 또한 현대 미디어는 성, 종교, 정치에 대한 사회의 일반적인 "편견"을 깨는 것은 멋진 일이라는 메시지를 전달하는 경향이 있다. 다른 한편 현대 미디어는 합법적 낙태, 중앙화된 계획 경제, 높은 세금과 정부 지출, 모든 종류의 특별 이익 단체를 위한 권리 등등에 대한 그들의 가치를 증진하는 데 있어서는 매우 독단적이다(종종 주장하거나 심지어 반대 의견을 인정하는 것을 꺼린다). 대체로 예술과 연예 산업에서도 마찬가지다.

대기업은 더 보수적이고 전통적인 가치를 더 지지하는 경향이 있다. 하지만, 그런 보수적 가치는 광고업자들(판매하기 위해 거의 모든 것을 말하거나 묘사할 것처럼 보인다)의 "모든 것이 가능하다"는 태도에 의해 무시당한다. 또한 이런 보수적 가치는 정부 보조금과 경쟁에서의 보호가 이용가능하게 될 때마다 정부 보조금과 경쟁으로부터의 보호를 받기 위한 수요의 급증에 의해 무시당한다. "모든 것이 가능하다"라는 어구는 무신론적 상대주의자의 슬로건이다.[33] "나는 보조금 받을 권리가 있다"라는 어구는 자기 우상에 대한 우상 숭배자의 외침이다.

칸트 이후로 과학자들은 자신들의 학문 분과가 완전히 객관적인 것은 아니라고 인식했다. 하지만, 그들은 과학자들이 보길 원하는 것에 의해 상당히 영향을 받는다는 결론에 도달한다. 과학자와 실제 세계 사이의 인식론적 장벽은 막대하다. 이것은 특별히 과학 이론이 전제적 상태를 띠는 경향이 있기 때문이다.[34]

하나의 이론이 패러다임이나 전제가 될 때 이것은 미래의 모든 연구를 지배하게 된다. 그 결과로 과학적 방법을 통해서 이 이론에 이의를 제기하는 것은 거의 불가능하다. 이런 패러다임은 대단한 끈기로 유지되는(종교적 교리와 매우 유사하게) 경향이 있다. 그리고 근본적인 의문을 제기하는 사람들은 사회에서 배척당할 위험을 무릅쓴다. 따라서 과학계에서 우리는 상대주의와 독단주의, 무신론과 우상 숭배 사이를 오락가락한다.

이것이 진화론의 교리에 대한 중요한 현대적 도전에도 불구하고 세속주의자들이 그만큼 더 단단히 심지어 학생들에 대한 어떤 대안을 제시하

33 "하나님이 존재하지 않는다면 모든 것이 허용된다"라는 도스토옙스키의 말을 기억하라.

34 다시 말하지만, 토마스 쿤(Thomas Kuhn)은 *The Structure of Scientific Revolution*에서 이것들을 "패러다임"으로 부른다.

는 것을 거절하는 지점까지 진화론 교리를 고수하는 이유다.[35]

이런 태도는 사회 과학에서 더 분명하다. 사회학자들은 그들의 문화 상대주의를 독단적으로 주장한다. 심리학자들은 어떤 종류의 치료(수용된 방식들 가운데 어떤 것도 크게 성공하지 못했을 때)를 사용해야 하는가를 놓고 격렬한 "분파적인" 전쟁을 한다. 교육가들은 모든 견해(실제로 승인된 모든 견해!)가 동등한 존경을 받아야 한다고 주장하면서 "차별 언어를 사용하는"(politically incorrect) 언어를 독단적으로 금지한다.

"주류" 또는 자유주의 신학자들도 마찬가지다. 그들은 교리적이라는 이유로 정통 그리스도인들을 비난하지만, 그들 자신이 철학적, 정치적, 사회적 제안을 복음의 수준까지 높이는 방식으로 매우 교리적이다.

쉐퍼 진영이 무신론적 상대주의를 다루는 데 있어서 강했고 도예베르트 진영이 우상 숭배를 다루는 데 있어서 강했다면 이 두 진영의 결합을 인식하는 데 있어서 반틸은 탁월했다.[36] 무엇보다 반틸은 무신론과 우상 숭배(필자가 『신지식론』[*DKG*]에서 불렀던 것처럼 반틸은 무신론과 우상 숭배를 비합리론과 합리론으로 부른다)는 실제로 하나의 입장임을 파악했다. 즉, 외관상으로는 모순되지만 실제로 서로 의존한다. 반틸은 미묘한 차이, 즉 이런 대립적 주제가 사유의 역사를 통해서 지금까지 서로 도전하면서 서

---

35 1990년대 초반에 캘리포니아주 비스타학교이사회(Vista, California, school board) 소속의 그리스도인 회원들은 교사들을 격려하여 진화론의 "약점"을 제시할 수 있도록 애썼다. 교사들은 이런 제안에 대해 강한 반대로 반응했다. 하지만, 모든 이론은 약점을 갖고 있지 않은가? 또한 문제의 모든 면을 제시하는 진보주의 사상에 도대체 무슨 일이 발생했는가? 세속주의 이념의 궁극적 전제가 위험에 처해 있을 때 이런 진보주의 이상은 불필요한 것처럼 보일 것이다.

36 허버트 슬로스버그(Herbert Schlossberg)의 탁월한 책 *Idols for Destruction* (Nashville: Thomas Nelson, 1983)을 보라. 또한 James B. Jordan, *Through New Eyes* (Brentwood, TN: Wolgemuth and Hyatt, 1988)을 보라. 이 책은 슬로스버그의 비판 후에 우상 숭배와 이 세상에 대한 적극적 재건을 증진하는 것에 대한 답변서다.

로 얽히고 서로 지지하는 방식을 파악했다.

2. 기독교의 변증적 답변

필자는 여기서 반틸, 슬로스버그(Schlossberg), 도예베르트, 쉐퍼, 다른 철학자들의 중요한 모든 통찰을 재생할 수는 없다. 하지만, 필자는 분명히 이런 문제를 더 깊이 연구하는 데 관심 있는 사람에게 그들의 글을 추천한다. 하지만, 필자는 매우 일반적인 방식으로 엄청나게 많은 실제적 주장들을 다루는 전략을 제안한다.

1) 무신론적 상대주의에 반대하여

우리가 불신앙이 가진 무신론적 상대주의 측면을 강조하는 불신자를 발견할 때 다음과 같은 질문을 지속해서 해야 한다.

① 상대주의 자체가 모든 확신을 배제함에도 불구하고 어떻게 우리는 상대주의가 옳다는 것을 확신할 수 있는가?

② 어떻게 우리는 상대주의자로서 살 수 있는가?

무언가에 대한 어떤 확신도 없는 것은 합리적으로, 감정적으로, 또한 의지적으로 끔찍한 긴장임이 틀림없다.

어떤 근거에서 우리는 결정하는가?

어떤 근거에서 우리는 다른 사람에게서 받은 대우를 비판하는가?

어떻게 우리는 무언가가 틀리고 공평하지 않거나 부당하다고 말할 수 있는가?

어떤 근거에서 우리는 논리를 신뢰하는가?
아니면 이런 문제에 대해 어떤 근거에서 우리는 우리 자신의 마음을 신뢰하는가?

2) 우상 숭배적인 합리론에 반대하여

우리가 자율적 사유와 행동의 한계보다는 오히려 능력을 강조하는 경향이 있는 누군가를 만날 때 우리는 우상에 사로잡혀 있는 누군가를 다루게 될 것 같다. 그의 우상이 무엇인지 발견하고 다음과 같은 질문을 함으로써 비판하라.

① 이런 우상이 절대적이라고 생각하기 위한 어떤 근거가 있는가?
② 당신의 신은 실제로 신의 역할을 하는가?
당신의 신이 이 세상을 창조했는가?
당신의 신이 논리, 수학, 윤리적 가치, 과학에서 보편적 판단의 근거인가?
당신의 신이 의미, 진리, 옳음의 최종 기준으로 적합한가?

우리는 비인격적 신은 이런 것들 가운데 어떤 것도 할 수 없다는 것을 안다. 따라서 불신자는 상대주의로 빠지거나 자신의 신에게 일부 인격성의 요소를 허락하고 싶어 할 것이다. 일단 그가 자신의 신에게 일부 인격성의 요소를 허락한다면 그는 우리 주장의 일부를 인정하는 것이다. 또한 우리는 특별히 그에게 "어떻게 당신은 이 사람을 아는가?"라는 질문을 함으로써 그를 더 추적할 수 있다.

3) 무신론적 우상 숭배에 반대하여

이런 합리적-비합리적 조합 안에 있는 근본적인 모순을 강조하라. 즉, 어떤 증거도 존재하지 않는다는 증거, 절대적인 진술이 존재하지 않는다는 절대적 진술 말이다.

그런 후에 위의 것으로서 원래의 합리적이고 비합리적인 요소를 공격하라.

쉽지는 않을 것이다. 불신자는 하나의 입장에서 다른 입장으로 또한 합리주의에서 비합리주의로 빠져들 것이고 다시 비합리주의에서 합리주의로 빠져들 것이다. 논증 자체는 충분하지 않을 것이다. 하나님이 개입하셔야 한다. 따라서 기도는 궁극적인 변증적 무기다.

제10장

낯선 사람과 이야기하기

1. 도입

이 책의 일부분은 매우 전문적이다. 하지만, 필자는 다음과 같은 것을 분명히 하고 싶다. 즉, 필자가 추천하는 종류의 변증학을 실제 상황에서 사용할 수 있다는 것이다. 필자는 앞의 논의가 이런 종류의 실제적 도움을 찾는 사람들의 흥미를 너무 많이 잃게 하지 않을 것으로 믿는다. 아마 그들은 서문에서의 조언을 따르고 본 장을 시작할 것이다. 필자는 본 장이 그들의 구미를 돋우기를 희망한다. 이는 어떤 이론이 여기에 표현된 변증 이면에 놓여 있는지를 이해하기 위함이다.

필자는 이것이 필자 자신의 자연스러운 환경은 아니라는 것을 기꺼이 인정한다. 필자는 "길거리에서 사람"들과 대화하는 것보다 전문적인 논의에 더 적합한 사람이다. 사실 필자는 좀처럼 그런 대화에 가담하지 않는다. 왜냐하면, 하나님이 필자를 말보다는 기록된 매체를 통해서 지상 사명(the Great Commission)을 더 잘 수행하도록 준비시켰다고 생각하기 때문이다.

무엇보다도 필자의 마음은 적어도 익숙하지 않은 주변 환경에서 아래 대화에 등장하는 "존"(John)의 마음만큼은 민첩하지 않다. 필자도 마음이 민첩하기를 바라지만 말이다. 그런데도 필자는 분명히 독자를 완전히 불확실한 상태에 남겨 두지 말아야 한다는 어떤 의무를 느낀다. 다음의 대화는 독자에게 적어도 어떻게 이런 변증이 실제 생활에서 진행될 것인가에 대한 어떤 생각을 제공할 것이다.

도입을 통해서 한 가지 더 언급하자.

즉, 이것은 현실성 있는 대화는 아니다. 대부분 이런 종류의 실제 대화에서 오해, 무례함, 주제를 벗어남, 우연적인 사건, 실패한 유머 시도 등을 통해서 시간을 낭비한다. 시간을 절약하기 위해 필자는 이 대화에서 이런 것들을 차단할 것이다.

2. 비행기에서의 만남

엘(AL): [화를 내며] 정말 짜증나고 실망스럽네!

존: 무슨 일이십니까?

엘: 서류 가방이 비행기 좌석 밑에 맞는 적당한 크기였기에 그것을 가져왔습니다.

어떻게 그들이 항상 우리에게 앞에 있는 좌석 밑에 기내 휴대용 수화물을 놓으라고 말하는지 아시죠?

존: 네. 알고 있습니다.

엘: 특별히 항공사 규정에 맞추기 위해 이 서류 가방을 샀습니다. 그런데 지금 그들이 제 앞에 좌석 없는 좌석을 배정해 주었네요. 그래서 머리 위 짐칸에 놓아야 합니다. 여기 모든 짐칸이 다 차서 승무원이 서류

가방을 비행기 뒤쪽으로 가져갔어요.

존: 선생님이 요청한다면 그들이 이륙 후에 서류 가방을 다시 갖다 줄 거에요.

엘: 저는 요청할 필요가 없습니다. 비행기가 이륙하든지 그렇지 않든지 간에 저는 제 서류 가방을 여기에 놓을 권리가 있어요. 게다가 그들이 적어도 기억한다 하더라도 오래 걸릴 거예요. 저는 이동식 간이식당, 세 명의 승무원, 점심 전에 화장실에 가려고 필사적으로 애쓰는 사람 사이를 비집고 들어가면서 비행기 뒤편으로 가려는 나 자신을 상상할 수 있습니다.

존: 선생님의 불편함을 이해할 수 있습니다.

엘: 그런데, 저는 엘(Al)입니다. 선생님의 존함이 어떻게 되십니까?

존: 존입니다. 만나서 반갑습니다.

엘: 저는 증권 분석가입니다. 선생님의 직업은 무엇인가요?

존: 저는 장로교 목사입니다.

엘: 오! 그런가요. 저는 어렸을 때 교회에 다니곤 했습니다. 하지만, 오랫동안 교회로 돌아가지 않고 있습니다. 아마도 선생님은 저를 불가지론자로 부르실 겁니다.

존: 흥미롭군요. 어떤 종류의 불가지론자이신가요?

엘: 어떤 종류라는 것이 무엇을 의미하나요?
불가지론에도 교파가 있나요?

존: 아닙니다. 하지만, 누구도 하나님을 알 수 없다고 주장하는 일부 불가지론자들이 있습니다. 또한 하나님을 모른다는 다른 불가지론자들이 있습니다. 하지만, 그들은 누군가 하나님을 알 수도 있다는 가능성을 열어 둡니다.

엘: 추측하건대 저는 두 번째 부류에 속합니다. 저는 정말로 하나님이 존

재하는지 모릅니다. 또한 하나님이 분명히 존재한다면 저는 정말로 하나님을 아는 것이 가능할지에 대해서도 잘 모릅니다. 추측하건대 저는 초불가지론자입니다(superagonostic).

존: 샌디에고(San Diego)에 있는 제가 출석하는 교회에 선생님을 초대하겠습니다.

엘: 잠시만요! 제가 불가지론자라고 말씀드렸는데요!

존: 어떤 다른 곳에 있는 교회에 출석하시나요?

엘: 아니에요. 제가 수년 동안 교회에 다니지 않았다고 말씀드렸는데요.

존: 물론 우리는 그것을 해결해야 합니다. 모든 불가지론자는 적어도 2주마다 한 번 교회에 참석해야 합니다.

엘: 2주마다요?

존: 네. 보세요. 선생님은 하나님이 존재하는지 그렇지 않은지 정말 모르시죠, 맞죠?

엘: 맞습니다.

존: 그렇다면 선생님은 양다리를 걸쳐야 합니다. 맞죠?

엘: 양다리를 걸쳐야 한다고요?

존: 맞아요. 선생님이 무신론자라면 선생님은 마치 하나님이 존재하지 않는 것처럼 사는 데 확신이 있을 것입니다. 선생님이 그리스도인이라면 선생님은 교회에 출석하는 것, 기도하는 것, 원수를 사랑하는 것 등과 같은 그리스도인으로서 살아야 할 의무를 느낄 것입니다.
하지만, 어떻게 선생님은 불가지론자로 살 수 있나요?
아마 격주마다 교회에 출석함으로써 이런 두 극단 사이의 중간적인 생활방식을 채택해야 하지 않을까요?

엘: 매우 총명하시네요. 하지만, 솔직히 말하자면 저는 절대 교회가지 않습니다. 또한 저는 절대로 출석할 의향도 없고요. 실질적인 관점에서

보자면 저는 단지 무신론자처럼 살아갑니다.

존: 선생님은 절대 교회가지 않고 절대 기도하지 않고 성경으로 선생님의 행동을 검증하지 않죠?

엘: 맞습니다.

존: 그렇다면 선생님은 무신론자입니다.

엘: 하지만, 저는 제가 무신론자인지 아닌지 잘 모르겠습니다.

존: 저는 단지 선생님의 행동으로 선생님의 신념을 알 수 있습니다. 선생님이 햄버거가 독이라고 믿는다고 주장하지만, 항상 계속해서 햄버거를 드신다면(분명한 자살 충동 없이) 저는 선생님이 실제로 햄버거가 독이라는 것을 믿지 않는다고 말할 것입니다. 또는 아마 진실은 다음과 같은 것일 것입니다. 즉, 선생님은 햄버거를 지지하는 믿음이 주도하는 서로 상충하는 신념을 갖고 있다는 것입니다.

엘: 물론 좋습니다. 내가 무신론자라고 말해 봅시다. 하나님이 존재한다는 것을 저에게 증명해 주세요.

존: 그것을 선생님에게 입증하기 위해 무엇이 필요하죠?

엘: 잘 모르겠습니다. 하나님이 자신을 나에게 보여 준다면 확실히 도움이 될 것입니다.

존: 하지만, 하나님은 보이지 않습니다.

엘: 하지만, 하나님이 성경에서 사람들에게 가시적인 형태로 자신을 보여 주지 않았나요?

존: 물론 그렇습니다. 하지만, 때때로 예수님의 몸처럼 이런 행태는 외관상 매우 일상적인 것이었습니다. 나는 그런 일이 선생님에게 깊은 인상을 줄 것인지 상상할 수 없습니다.

엘: 나는 천사들과 그와 비슷한 존재들에 의해 둘러싸인 밝게 빛나는 빛을 보기 원합니다.

존: 사람들이 임상사(臨床死)에서 돌아와 밝은 빛과 떠난 친구들이 불시에 나타난 것 등을 이야기하는 죽었다가 살아난 체험에 대해 어떻게 생각하십니까?

이런 경험들은 관련 증거가 아주 많습니다. 매우 흔하게 일어나는 일처럼 보입니다.

엘: 그것은 분명히 어떤 종류의 꿈이거나 심리적인 다른 현상입니다. 물론 나 자신은 그런 경험을 하지 못했습니다.

존: 물론 가령 선생님이 그런 경험을 했다 하더라도 선생님은 그런 경험을 꿈으로 치부했을 것입니다. 그렇지 않습니까?

엘: 맞습니다.

존: 더 강한 경우를 상상해 보세요. 즉, 하나님이 밤에 밝은 빛 가운데 천사들에 둘러싸여 선생님에게 나타나서 "엘, 나는 여호와 하나님, 아브라함, 이삭, 야곱의 하나님이다"라고 말씀하셨다고 가정해 봅시다.

어떻게 반응하실 것인가요?

엘: 매우 당혹스러워 할 수도 있지만 결국 ….

존: 선생님은 그것을 꿈으로 일축할 것입니다.

엘: 나는 그것을 꿈으로 일축할 것입니다.

존: 대낮에 똑같은 일이 선생님에게 일어난다면 어떻게 하시겠습니까?

엘: 솔직히 말해서 추측하건대 나는 그것을 환영으로 일축할 것입니다.

존: 하지만, 선생님이 워싱턴(Washington)에 있는 부통령 사저를 지나 운전하다고 엘 고어 부통령이 차도에 세워진 리무진에서 나오는 것을 보았다고 가정해 봅시다.

선생님께서는 그것을 환영으로 일축하실 건가요?

엘: 아닙니다. 물론 그렇지 않습니다.

존: 어째서 그런가요?

엘: 물론 그것은 내가 그 장소에서 볼 수 있을 것으로 기대할 그런 종류의 것입니다. 이것은 나의 다른 모든 믿음과 맞을 것입니다.

존: 따라서 선생님은 자신이 이미 믿는 것에 따라 추정되는 사실을 해석합니다. 다른 말로 말해서 선생님의 믿음이 사실에 대한 판단을 지배합니다. 선생님의 무신론적 전제가 어떻게 선생님이 자신이 관찰하는 것에 대한 해석을 결정합니다. 그 결과로 다른 해석은 불가능해집니다.

엘: 나도 그렇다고 가정합니다.

존: 그렇다면 선생님은 제가 (그리고 하나님이) 선생님에게 하나님에 대한 어떤 가시적인 계시를 제공해 줄 수 있다는 생각에 저항하는 이유를 이해할 수 있습니다.

선생님이 심지어 그런 경험에 대한 기독교적 해석을 고려하지 않는다면 어째서 하나님이 일부러 선생님에게 그런 가시적인 계시를 제공해야 하나요?

엘: 나는 이것을 그런 방식으로 생각해 본 적이 없습니다.

존: 선생님이 고려하실 또 다른 종류의 증거가 있나요?

엘: 이 세상에 하나님이 존재한다는 사실 가운데 일부 증거는 어떤가요?

존: 물론 이 세상의 모든 사실이 하나님을 증거 합니다. 왜냐하면, 하나님이 그 모든 사실을 만드셨고 그것들을 자기 목적으로 이끄시기 때문입니다.

엘: 모든 사실, 그래요?

내 집은 바퀴벌레 천지입니다.

어떻게 이런 것이 하나님의 존재를 증명합니까?

존: 흠 …. 만약 성경이 사실이라면 그런 것은 선생님이 기대하는 종류의 것은 아니지 않습니까?

성경은 사람이 죄에 빠졌기 때문에 땅이 우리의 일을 어렵게 하고 우리의 생활을 지치게 하는 가시덤불과 엉겅퀴를 낸다고 언급합니다. 바퀴벌레는 그런 것의 일부분입니다.

엘: 흥미롭습니다. 하지만, 그것이 하나님이 존재한다는 것을 증명하진 않습니다. 나는 바퀴벌레를 완전히 진화의 사건으로 해석할 수 있습니다. 이 우주는 바퀴벌레가 나를 귀찮게 하는지 또는 귀찮게 하지 않는지에 신경 쓰지 않습니다.

존: 하지만, 선생님이 그런 사실들을 해석하기 위해 선생님의 무신론적 전제를 사용하고 있다는 것에 다시 한 번 주목해 주세요. 선생님은 이미 다른 해석에 헌신되어 있으므로 기독교적 해석을 배제하고 있습니다. 선생님의 전제를 저에게 증명할 수 있습니까?

엘: 그것이 선생님이 의미하는 것이라면 저는 하나님이 존재하지 않는다는 것을 입증할 수 없습니다. 선생님은 단지 내가 가진 사실들에 기독교적 해석을 할 것입니다.

존: 맞습니다. 또한 우리는 거기까지는 동일한 것을 하고 있습니다. 따라서 원칙적으로 선생님은 선생님의 전제에 기초해서 내가 선생님에게 줄 수 있는 어떤 증거도 거절할 수 있습니다.

엘: 좋아요. 하지만, 그렇다면 더 언급할 어떤 것도 없습니다. 선생님은 선생님의 전제가 있고 저는 저의 전제가 있습니다. 선생님은 기독교 방식으로 사실을 해석하고 저는 그렇지 않습니다. 선생님은 저에게 어떤 것도 증명할 수 없습니다. 또한 저는 선생님에게 어떤 것도 증명할 수 없습니다.

존: 그렇게 빨리 결론을 내리지 마세요! 적어도 선생님은 지금 입증 문제가 생각했던 것보다 더 복잡하다는 것을 인정합니다.

엘: 저도 이해합니다. 하지만, 저는 어떻게 선생님이 이 대화를 계속 진행할 것인지 궁금합니다.

존: 바퀴벌레로 다시 돌아갈 수 있을까요?

엘: 어떻게 그것이 선생님의 주장을 도울 수 있을까요?

존: 저는 선생님이 집에 바퀴벌레가 가득한 것이 나쁜 것이었다고 말할 것으로 가정합니다. 그렇죠?

엘: 물론 그것은 확실히 저에게는 좋지 않았습니다. 하지만, 내가 언급했듯이 전체로서 우주적인 관점에서 그것은 그렇게 많이 중요하지 않습니다.

존: 선생님의 서류 가방을 갖고 있는 승무원은 어떻습니까?

엘: 그것은 못됐어요! 내가 이 좌석을 선택해서 잠시 서류 가방을 빼앗겼을 때 그들은 진지하게 나에게 알려 주었어야 했어요. 나에게 이것은 내가 창가 쪽 좌석을 얻느냐 아니면 통로 쪽 좌석을 얻느냐 아니면 내가 일등석이나 이등석에 앉느냐 보다 더 심각한 문제입니다.

존: 그렇다면 항공사가 틀렸다고 할 수 있을까요?

엘: 확실히 그렇습니다. 하지만, 그것 때문에 내가 소란을 피우지는 않을 거에요.

존: 이제 어떻게 무신론자나 불가지론자가 옳은 것과 그른 것을 결정하는지 말해 주세요.

엘: 저는 양심이라고 가정합니다.

존: 양심은 도덕적 의미입니다. 눈이 빛과 색을 인식하는 것처럼 양심은 옳고 그름을 인식합니다. 하지만, 눈은 빛과 색을 만들지는 않습니다. 선생님의 양심이 옳고 그름을 만든다고 할 수 있을까요?

엘: 물론 어떤 사람들은 그렇게 말할 것입니다. 하지만, 나는 그런 생각이 불편합니다. 내가 의미하는 것은 다음과 같습니다.
즉, 옳음과 그름이 내가 만들어낸 창안물이라면 어째서 누군가 그것에 대해 마음을 써야 하나요?

존: 정확히 그렇습니다. 또한 선생님은 다른 사람들이 관심을 가져야 한다고 생각합니다. 왜냐하면, 그것 또한 도덕적 판단이기 때문입니다. 하지만, 그것은 단순히 선생님의 느낌 이상의 무엇입니다. 그것은 선생님과 그들에게 의무를 부과하는 객관적인 무엇입니다.

엘: 맞습니다. 저는 객관적인 도덕적 가치의 중요성을 이해할 수 있습니다.

존: 그렇다면 이런 가치가 우리를 구속합니다. 또한 이런 가치는 의무를 부과합니다.

엘: 맞습니다.

존: 하지만, 어째서 그런가요?

어째서 우리는 이런 가치를 받아들여야 할 의무가 있는가요?

엘: 저는 그것은 단지 우주가 존재하는 방식이라고 추측합니다. 물리적인 우주에서 위로 올라가는 것은 아래로 내려와야 합니다. 따라서 도덕적인 우주에서 다른 사람에게 상처를 준 사람은 책임을 초래합니다.

존: 하지만, 물리 법칙은 나로 하여금 무언가를 하도록 의무를 지우진 않습니다. 나는 단순히 의무를 부과할 수 있는 물질적인 무언가를 상상할 수 없습니다.

상상할 수 있나요?

엘: 물론 나는 분명히 이런 의무가 거기에 존재한다는 것을 느낍니다.

이런 의무가 다른 곳에서 올 수 있습니까?

존: 대안들을 살펴보겠습니다. 즉, 이 우주는 궁극적으로 비인격적이거나 (즉, 모든 것이 물질, 운동, 공간, 시간과 우연으로 축소됩니다) 아니면 이 우주는 인격적입니다(궁극적 존재가 그 자신의 목적을 위해서 물질, 운동 등등을 만듭니다).

어떤 것이 도덕적 의무의 더 가능한 기원일까요?

엘: 둘 가운데 어떤 하나도 가능하다고 보지 않습니다. 가령 한 사람이 나

에게 무엇을 해야 할지 말한다 하더라도—가령 경찰관—나는 그것 때문에 그가 말한 것을 해야 할 의무는 없습니다.

존: 확실히 그렇습니다. 경찰관이 틀릴 수 있습니다. 그는 월권행위를 할 수 있습니다. 또한 심지어 그가 옳을 때도 선생님이나 제가 도덕적 의무를 만들지 않은 것처럼 그도 도덕적 의무를 만들지 않습니다.

엘: 혼동되네요. 저는 선생님이 저를 도덕에 대한 인격주의적인 설명의 방향으로 이끌고 있다고 생각했습니다.

존: 제가 그렇게 하고 있습니다. 하지만, 물론 유한한 인격체가 도덕적 가치를 완전히 설명할 수는 없습니다.

엘: 물론 그렇죠! 이것이 하나님에 대한 선생님의 입증이죠!

존: 좋아요. 이 문제를 충분히 생각해 보도록 하죠!

도덕적 가치는 다소 충성과 같습니다. 그렇죠?

사실 충성은 도덕적 가치입니다. 또한 이것은 우리로 하여금 어떤 방식으로 행동하도록 의무를 부과합니다. 어떻게 우리는 누군가나 무언가에 충성하는 위치로 들어가나요?

엘: 저는 깊은 인격적 관계가 가장 강한 동기라고 가정합니다. 선생님이 저의 어머니를 모욕한다면 저는 선생님을 때려눕힐 것입니다. 왜냐하면, 그녀는 이 땅에서 가장 다정하고 온화하고 친절한 사람이기 때문입니다. 내가 살아 있는 한 나는 어머니에게 충실할 것입니다.

존: 확실히 그럴 것입니다. 우리나라에 충성하는 것은 약간 다릅니다. 하지만, 다시 말하지만, 이것은 아마 한 사람이 그 국가의 다른 사람들과의 교제를 통해서 경험하는 축복과 많은 관련이 있을 것입니다.

엘: 저도 그렇게 가정합니다. 심지어 일반적으로 고려할 때 사람들에게 충성하는 것이 특별한 정부 체제에 충성하는 것보다 더 중요하게 보입니다. 또한 우리가 한 체제에 충성할 때 그것은 주로 그런 체제를

운영하는 사람들이 그 국가의 다른 사람들을 위해 행하고 있는 것에 대한 우리의 인식에 기초합니다.

존: 간단히 말해 봅시다. 즉, 도덕적 가치는 인격적 관계에 의존합니다. 절대적이고 객관적인 도덕적 기준은 절대 인격에 대한 충성을 전제합니다.

엘: 절대 인격이라고요?

잠시만요.

존: 선생님이 생각할 수 있는 가장 사악한 악은 무엇인가요?

엘: 대학살입니다.

존: 그것이 항상 나쁜가요?

엘: 항상 나쁩니다.

존: 미국에 선생님이 단지 용납할 수 없는 소수 인종이 살고 있다면 어떨까요?

그들이 모든 시간을 훔치고 강도질을 하고 강간하고 아이들을 괴롭히며 보내며 또한 줄곧 복지로 생활하며 납세자들에게 빌붙어 산다고 가정해 봅시다.

그들을 제거하는 것이 합당하지 않은가요?

엘: 우리가 그렇게 하고 싶은 유혹을 받을 수도 있지만 그렇게 하는 것을 잘못일 것입니다. 우리는 범죄자를 기소하고 복지법과 다른 것을 바꾸어야 합니다. 하지만, 우리는 결코 전체 한 민족을 말살하지는 말아야 합니다.

존: 하지만, 선생님은 항상이라는 용어와 결코라는 용어를 사용합니다.

이런 종류의 일관성을 정당화하는 것은 어떤 종류의 인격적 관계입니까?

엘: 제가 추측하건대 그것은 엄밀한 의미의 인류에 대한 충성입니다.

존: 하지만, 언제 "엄밀한 의미의 인류"가 대학살에 반대 투표했습니까?

히틀러, 스탈린, 폴 포트의 경우에 인류 그 자체가 수수방관했습니다. 엘 제가 의미하는 것은 다음과 같은 것입니다. 즉, 내가 사람들을 목적으로써 그리고 단지 수단이 아닌 것으로서 가치 있게 여긴다면 나는 결코 대학살을 지지할 수 없다는 것입니다.

존: 하지만, 누가 선생님에게 사람들을 수단보다는 오히려 목적으로 가치 있게 여기라고 가르쳤습니까?

그런 종류의 윤리는 실제로 이 세상의 민족들 가운데 좀 드물었습니다.

엘: 물론 이런 윤리는 우리의 동료 인간에 대한 진정한 사랑과 밀접한 관련이 있는 것처럼 보입니다. 우리는 모든 사람을 위해 최선인 것을 하려고 노력해야 합니다. 맞죠?

존: 하지만, 선생님은 가끔 일어나는 대학살이 인류 전체에게 좋지 않다는 것을 어떻게 압니까?

엘: 대학살은 확실히 희생자들에게는 좋지 않을 것입니다!

그리고 다시 말하지만, 그것은 사람을 목적으로 대우하는 것이 아닐 것입니다.

존: 선생님의 윤리는 매우 고상합니다.

하지만, 왜 "일반적 인간"이 이런 종류의 무조건적 사랑을 받을 만한 자격이 있다고 생각하십니까?

선생님이 언급하는 것처럼 세상에는 많은 악이 존재합니다.

엘: 선생님이 무엇을 말하는지를 알고 있습니다. 나는 확실히 멍청이와 도덕적 천치에 대해 불평하는 데 충분한 시간을 보냅니다. 사람들은 이 항공사 여행 규칙을 만든 행정가들처럼 너무 생각이 없습니다.

존: 그렇다면 어떻게 천치와 멍청이들의 세상이 무조건적 사랑의 원인이 될 수 있습니까?

엘: 선생님이 무조건적 사랑을 그런 방식으로 표현할 때 제가 추측하건대

제가 아니라고 인정해야 할 것 같습니다. 하지만, 저는 아직 대학살에 반대하는 저의 확신을 주장합니다.

존: 좋습니다!

하지만, 솔직히 성경의 하나님 이외의 그런 확신에 대한 설득력 있는 근거를 찾을 수 있나요?

결국 여기에 완벽하게 거룩하고 의로우시고 사랑이 많으신 하나님이 있습니다.

어떤 예외 없이 누가 그런 충성을 받을 자격이 있는 사람이 있습니까?

엘: 만약 선생님이 선생님 자신을 도덕 가치를 논의하는 것에 한정한다면 유신론에 대해 언급할 것이 많다는 것을 이해할 수 있습니다. 하지만, 도덕은 너무 파악하기 힘듭니다.

도덕이 어디에서 오는지 실제로 누가 알겠습니까?

저는 저 자신을 어떤 초자연적인 존재에다 맡기는 것보다는 저의 삶을 인간 이성에 근거하게 하는 것이 더 안전하다고 생각합니다.

존: 이성은 위대한 능력입니다.

하지만, 어째서 이성의 명령을 따릅니까?

엘: 왜냐하면, 비이성적으로 산다는 것은 실패, 고통, 고난을 가져오기 때문입니다.

존: 항상 그런 것은 아닙니다.

사치스럽게 사는 일부 비합리적인 정치인들을 모르십니까?

진리에 대한 헌신으로 인해 비참하게 고난을 겪는 일부 합리적인 사람들을 모르십니까?

엘: 비합리주의를 지지하시는 건가요?

존: 아닙니다. 저는 어째서 제가 이성에 따라 살아야 하는가를 묻는 것입니다.

엘: 물론 선생님은 도덕적 정의에 헌신하고 있습니다. 또한 선생님은 진리에 헌신해야 합니다. 왜냐하면, 그것이 또한 도덕적 가치이기 때문입니다. 선생님의 이성이 선생님에게 진리를 보여 줄 때 선생님은 그것을 인정하고 고백해야 합니다.

존: 정확하게 그렇습니다!

추론 자체는 진리에 대한 객관적인 도덕적 기준을 전제합니다.

엘: 그리고 ….

존: 그리고 그런 도덕적 기준은 결과적으로 절대적 인격에 대한 충성을 전제합니다.

엘: 하나님에게요.

존: 하나님에게요.

엘: 선생님은 너무 빠르게 나가고 있습니다. 아마 저 위에 도덕의 기준으로 역할을 하는 사람이 있는 것 같습니다.

하지만, 왜 그를 하나님으로 부르죠?

그가 전능하고 전지하고 기타 모든 것에 해당한다는 것을 어떻게 증명할 수 있습니까?

존: 이것이 "절대적" 역할이 들어오는 곳입니다. 하나님이 약함이 있다면 그분은 선과 악의 절대적인 최종 심판자가 일 수가 없습니다. 그분이 어느 정도 무지하다면 그분은 우리가 행하는 선한 것들과 악한 것들을 바르게 판단할 수 없습니다. 그분이 시작이나 끝이 있다면 하나님 없이 이 세상을 합리적으로 설명할 수 없습니다. 하지만, 우리는 그것이 불가능하다는 것을 살펴보았습니다.

엘: 하지만, 선생님은 어떤 하나님을 이야기하는 것입니까?

알라? 제우스? 여호와? 예수? 부처? 브라마?

존: 저는 성경의 하나님에 대해 말하고 있습니다. 그리고 성경의 하나님

은 여호와이시고 예수님이시며 또한 성령이십니다.

엘: 어째서 다른 신들은 안 되죠?

존: 매우 간단히 말해 봅시다. 제우스는 절대적 존재가 아닙니다. 다른 말로 말해서 제우스는 유한합니다. 하지만, 우리보다 약간 더 크고 더 강합니다. 확실히 그는 도덕적 모범은 아닙니다. 부처는 결코 신이라고 주장하지 않았습니다. 그리고 그의 원래 가르침은 주장하건대 무신론적입니다. 브라마는 절대성이라는 생각에 접근합니다. 하지만, "그"는 본질적으로 비인격적이고 힌두교의 여러 신 가운데 하나이고 "선악을 초월"합니다. 따라서 도덕적 기준으로 역할을 할 수 없습니다.

엘: 알라는 어떤가요?

존: 알라는 성경의 하나님을 새롭게 변경한 일종의 신이이에요. 이슬람교의 창시자인 무하마드는 성경을 하나님의 말씀으로 간주했습니다. 하지만, 약간 일관성이 없게 그는 삼위일체와 같은 성경의 더 어려운 가르침을 수정했습니다. 그리고 그 자신의 종교적 책인 꾸란(the Qur'an)을 만들었습니다. 사실 그는 성경의 하나님을 임의적인 운명의 원천으로 바꾸었습니다. 그런데 이것은 심각하게 성경의 인격주의를 위태롭게 하는 것입니다. 그리스도인들과 이슬람교 사이의 주요 논쟁은 성경 자체가 이런 종류의 어설픈 변경을 허락하는 가입니다. 이슬람교도들은 성경이 하나님의 목적을 성취하기 위해 무하마드가 올 것을 예언한다고 말합니다. 그리스도인들은 그것을 부정합니다.

엘: 그렇다면 선생님은 단지 성경이 절대 인격이 있는 하나님을 지지한다고 저에게 말씀하고 있는 거지요?

존: 정확하게 맞습니다.

엘: 하지만, 모르몬교도들과 여호와 증인들은 어떻습니까?

존: 모르몬교도들은 다신론자들입니다. 그리고 여호와 증인들은 삼위일

체를 부정합니다.

엘: 삼위일체가 뭐가 그리 중요한 거죠?

존: 물론 성경이 삼위일체를 가르칩니다. 그리고 성경은 하나님의 거룩한 책입니다. 성경은 한 분 하나님이 존재한다고 가르칩니다. 하지만, 그런 후에 성경은 우리를 신적 지위가 있는 세 존재에 주의를 돌리게 합니다. 이 셋은 단지 세 가지 역할을 하는 한 인격이 아닙니다. 즉, 예수님은 성부에게 기도합니다. 성부와 성자는 성령을 세상으로 보내십니다. 성부는 하늘에서 말씀하십니다. 성자는 요단강에서 세례를 받습니다. 그리고 성령은 비둘기의 모양으로 성자에게 내려오십니다.

엘: 성경이 하나님의 거룩한 책이라는 것을 어떻게 압니까?

존: 물론 우리가 살펴보았듯이 성경 전통만이 하나님이 절대 인격체라고 가르칩니다. 이런 똑같은 전통은 하나님이 언어를 사용하는 매우 인격적 방식으로 자기 백성을 다스리려 하신다는 것을 분명히 합니다. 또한 이런 언어는 책의 형태로 기록되어야 합니다. 십계명은 하나님의 친수로 기록되었습니다. 또한 사도 바울은 성경이 "하나님의 감동으로" 되었다고 말했습니다. 성경 전체를 통해서—특별히 시편 119편을 보세요—기록된 하나님의 말씀으로 향하는 찬양과 최상급의 찬사가 있다.

엘: 하지만, 선생님은 성경을 증명하기 위해 성경을 사용하고 있습니다.

존: 그렇습니다. 하지만, 마치 선생님이 이성을 증명하기 위해 이성을 사용했던 것처럼 또는 마치 앞에서 선생님이 무신론적 결론을 입증하기 위해 무신론적 전제를 사용했던 것처럼 저도 성경을 증명하기 위해 성경을 사용 하고 있습니다.

엘: 하지만, 어떤 단일 종교 전통을 받아들이지 않고 우리가 절대 인격체의 하나님을 믿을 수는 없나요?

존: 저는 예수님이 없다면 우리가 믿을 수 있다고 가정합니다.

엘: 예수는 어떤 변화를 가져오나요?

존: 엘 선생님. 어떻게 절대 인격체가 선생님을 바라보고 있다고 생각하세요?

그분은 인격이고 도덕의 기준이므로 그분은 의견이 있음이 틀림없습니다.

그분은 선생님의 도덕적 행위에 대해 어떻게 생각할까요?

엘: 상대적으로 저는 많은 사람보다 더 선하다고 추측합니다. 물론 저는 절대 성인군자는 아닙니다.

존: 만약 선생님이 지금 거룩하고 완전히 의로우신 하나님 앞에 서라고 요청을 받는다면 기분이 어떻겠습니까?

엘: 끔찍하죠.

존: 하지만, 하나님은 선생님이 범했던 죄로 인해 선생님을 진멸하길 원하지 않고 선생님을 구원하길 원하실 정도로 선생님을 그렇게 많이 사랑하셨다면 어떻게 하겠습니까?

이것에 대해 발견하는 것은 가치 있는 일이 아니겠습니까?

엘: 물론이죠! 하지만, 제가 어디 가서 찾아야 하죠?

존: 다시 말하지만, 단지 하나의 대안 즉 예수님이 있습니다. 모든 다른 종교 심지어 "유신론적" 종교들도 선생님이 선한 행위를 통해서 하나님의 호의를 얻을 수 있다고 주장합니다. 이런 주장은 자신들이 그런 기준에 부합한다고 생각하는 사람들 안에 교만을 낳습니다. 하지만, 자신들이 결코 완전에 부합할 수 없다고 생각하는 사람들 안에 절망을 낳습니다.

엘: 솔직히 말해서 저는 제가 두 번째 범주에 속한다고 말해야 할 것 같습니다.

존: 저도 그렇습니다.

엘: 하지만, 예수님은 어떻게 다릅니까?

존: 성경은 우리에게 다음과 같은 사실을 말합니다. 즉, 예수님은 하나님의 영원한 아들입니다. 그리고 그분은 우리 죄를 위한 형벌을 갚기 위해 이 땅에 오셨습니다. 따라서 믿는 누구에게나 거저 주시는 선물로서 구원을 제공하기 위해 이 땅에 오셨습니다. 특별히 요한복음 3:16; 로마서 5:8; 6:23; 에베소서 2:8-9; 디모데후서 1:9; 디도서 3:5-6; 베드로전서 3:18을 읽으세요.

엘: 그렇다면 예수님은 단지 인간적인 종교 선생이 아니었군요.

존: 만약 예수님이 단지 인간적인 종교 선생이라면 우리는 절망의 삶을 살게 될 운명을 맞이할 것이다.

엘: 하지만, 보세요. 가령 저는 이 세상의 모든 악을 인정하므로 저는 제 마음에서 어떻게 이 세상이 선한 하나님에게서 유래할 수 있느냐는 의문이 있다는 것을 인정해야 합니다.

존: 이런 문제에 대한 최선의 답변은 저도 잘 모르겠다는 것입니다.

엘: 저는 선생님이 모든 것을 안다고 생각했습니다.

존: 영적인 문제에서 저는 단지 성경이 저에게 말하는 것만을 압니다. 그리고 성경은 그런 문제에 대해 완벽하게 답을 제공하지는 않습니다.

엘: 저는 선생님이 "완벽하게"라고 말하는 것에 주목했습니다.
그것이 우리에게 무엇을 말해 줍니까?

존: 물론 그것은 분명히 하나님은 모든 것이 합력하여 선을 이루도록 일하신다는 것을 말합니다(롬 8:28). 또한 그것은 하나님이 하시는 모든 것은 지혜로운 계획을 따른다는 것을 말합니다(시 104:24; 렘 10:12; 51:15). 이것은 하나님은 자신이 이 세상에 허락한 모든 악에 대한 선한 목적이 있다는 것을 암시합니다. 하지만, 그분은 이런 선한 목적이 무엇인가에

대해서는 우리에게 완전하게 말씀해 주지 않기로 선택하셨습니다. 그리고 그분은 그것은 우리에게 설명해야 할 어떤 의무도 없습니다.

엘: 하지만, 만약 내가 그런 설명이 없다면 어떻게 내가 그분을 신뢰할 수 있겠습니까?

아마 그분은 선한 존재라기보다는 오히려 악한 존재인 것 같습니다. 그런 경우에 저는 그분이 저의 도덕적 기준이 되는 것을 허락할 수 없습니다.

존: 선생님이 허락하는 것이 사실인 것과 거의 관련이 없습니다. 하나님은 선생님이 좋아하든지 그렇지 않든지 간에 상관없이 도덕적 기준입니다. 하지만, 선생님의 질문에 답한다면 해결되지 않은 문제에도 불구하고 하나님을 신뢰할 많은 이유가 있습니다.

엘: 어떤 이유인가요?

존: 주로 예수님입니다.

엘: 다시 예수님입니까?

존: 그렇습니다. 예수님은 우리에게 하나님은 공의에 대해 조금도 타협하지 않을 것을 보여 줍니다. 가령 하나님의 아들이 희생되어야 한다 하더라도 하나님은 죄에 대한 죽음을 요구하십니다. 또한 예수님은 다음과 같은 것을 보여 주십니다. 즉, 하나님이 기꺼이 그런 끔찍한 죽음에서 우리를 구원하기 위해 자기 아들을 주실(중요한 의미에서 자신을 주실) 것이다. 이것은 도덕적 악이나 무관심의 하나님이 아닙니다. 우리는 그와 같은 하나님은 그의 영원한 계획안에 악을 포함하는 것에 대한 타당한 이유가 있음이 분명하다고 확신할 수도 있습니다. 가령 우리가 그런 이유가 무엇인지 알지 못한다 하더라도 말입니다.

엘: 저는 제가 무엇을 할지 압니다. 만약 하나님이 자신을 저에게 계시하시고 저에게 악이 이 세상에 들어왔던 이유를 말해 주신다면 제가 그

리스도인이 될 것을 약속합니다.

존: 신중해야 합니다! 욥이 그런 동일한 요구를 했습니다. 그리고 그는 하나님과 면담을 했습니다.

엘: 좋네요! 그렇다면 선례가 있네요.

존: 하지만, 잠시 전에 선생님이 거룩하고 의로우신 하나님과 대면하는 것이 어떤 기분이 될 것인지에 대해 말했던 것을 기억하세요.

엘: 음, 그렇군요. 저는 그것을 잊고 있었습니다. 제가 추측하건대 저는 나 자신이 지었던 죄의 문제가 이런 면담에서 등장하지 않을 것으로 생각했습니다. 저는 하나님이 저의 의제를 따라오길 바라고 있었네요.

존: 하아! 하지만, 그것은 하나님이 일을 행하시는 방법이 아닙니다. 하나님이 욥을 만나셨을 때 그분은 질문 하셨고 욥에게 그의 유한성과 도덕적 열세를 상기시켜 주셨습니다. 결과는 다음과 같은 것이었습니다. 즉, 욥은 부끄러워 고개를 떨구었습니다.

엘: 아마 면담을 요청하는 것은 그렇게 좋은 생각은 아니었던 것 같습니다.

존: 사실 악의 문제에 대해 선생님이 가진 우려의 가장 좋은 해결책은 예수님을 더 잘 아는 것입니다. 예수님은 하나님의 선함과 의로움을 비추는 거울입니다. 사실 성경의 모든 곳에서 우리는 하나님이 행하셨던 진실로 선한 것들에 대해 배웁니다. 따라서 비록 확실히 심지어 그리스도인들도 때로는 악의 문제에 대해 번민하지만, 성경을 가장 잘 아는 사람들은 악의 문제에 의해 덜 당혹스러워하는 경향이 있습니다.

엘: 아마 그럴 것입니다.

존: 요한복음 17:6-7은 만약 우리가 하나님의 뜻을 행하고자 원한다면 우리가 예수님의 주장이 참인지 알 수 있다고 약속합니다.
이런 주장을 연구하는 데 기꺼이 시간을 사용하지 않겠습니까?

엘: 시간을 사용하고 싶다고 생각합니다.

존: 가령 단지 복음서를 읽으세요. 아마 처음에 마가복음(이 복음서가 가장 짧습니다), 그런 후에 요한복음(요한복음은 우리 질문에 가장 단순하고 분명하게 답합니다)을 읽으세요. 특별히 부활 이야기에 주목하세요. 초자연적 사건의 실체 외에 그런 이야기를 설명할 수 있는 것을 물어보세요.

엘: 만약 예수님이 부활했다면?

존: 만약 예수님이 부활했다면 하나님이 그의 가르침과 사역의 정당성을 입증한 것입니다. 그리고 그분의 백성인 우리는 그분과 함께 새 생명으로 부활한 것입니다. 만약 예수님이 부활했다면 그분은 실제로 하나님입니다. 또한 만약 예수님이 부활했다면 "성경은 폐하지 못하나니"라고 말씀하는 데 있어서 그분이 옳은 것입니다(요 10:35; 참조. 마 5:17 이하).

엘: 성경을 이해하는 데 있어서 어디서 도움을 받을 수 있나요?

존: 제가 교회에 초대한 것이 아직 유효합니다.

엘: 초대를 받아들일게요. 하지만, 제가 집에 도착했을 때는 어쩌죠?

존: 계속 연락해요. 제가 선생님 집 근처에 교회를 추천하려고 애써 볼게요. 선생님이 그리스도에 대해 더 많은 것을 배울 수 있는 교제를 찾는 것이 중요합니다. 그것이 교회와 선생님을 위한 하나님의 목적입니다.

엘: 곧 착륙하네요! 저는 심지어 제 서류 가방조차 필요로 하지 않았네요.

존: 아마 하나님이 그것을 선생님에게서 제거할 때 선한 목적이 있었던 것 같아요.

엘: 아마 그런 것 같아요.

부록 A

반틸과 리고니어 변증학[1]

1. 서론

스프롤(R. C. Sproul), 존 거스트너(John H. Gerstner), 아더 린슬리(Arthur W. Lindsley)가 저술한 『고전 변증학』(*Classical Apologetics* [Grand Rapids: Zondervan, 1984])을 간절히 기다렸다. 이 책은 상당히 흥미로운 변증적 접근 방식을 체계적 형식(그리고 적어도 전문적인 형식) 안에 넣는다. 그리고 지금까지는 이런 변증적 접근 방식을 일반적인 저술과 녹음된 강의로 표현했다.

1 본 비평은 원래 *Westminster Theological Journal* 47, 2 (Fall 1985): 279-99에 게재되었다. 이 비평이 독자들로 하여금 한편 전제주의 또는 반틸 변증학과 다른 한편 전통적 또는 고전적 변증학과의 차이를 더 잘 이해하는 데 일조할 것이라는 믿음에서 여기에 다시 실었다. 이 비평을 쓴 이후로 필자는 변증학에서 개연성(probability) 사용(따라서 전통에 대한 반틸의 사용가 리고니어 사용과는 다른)에 약간 더 호의적이 되었다. 또한 필자는 순환성을 변증하는 데 있어서 약간 더 신중하게 되었다. 하지만, 일반적으로 이 비평은 계속해서 필자를 대변한다. 왜냐하면, 필자는 여기서 변증학에 대한 경쟁적 접근 방식으로 소통하기 때문이다.

이 책은 또한 "전제주의"(주로 반틸식 형태의 전제주의)에 대한 비판으로 인해 주목할 만하다. 이 책은 지금까지 코넬리우스 반틸에 대한 가장 광범위한 비판 가운데 하나다.[2] 그리고 필자는 반틸에 대한 모든 비판 가운데 이 책이 가장 철저한 연구와 가장 정확한 해석을 보여 준다고 생각한다.[3] 이것을 언급할 때 필자는 있을 수 있는 이해관계의 충돌을 인정한다.

즉 저자들은 "의미심장하게 반틸 변증학에 대한 우리의 이해를 더 분명하게 했던" 필자와 거스트너 사이의 서신교환으로 인해 필자에게 깊은 감사를 표현한다.[4] 하지만, 반틸에 대한 이해로 인해 그들을 칭찬할 때 필자는 나 자신을 칭찬하려 의도하진 않는다. 그들의 정식화에 대한 필자의 기여는 상대적으로 작았다(또한 드러나는 것처럼 필자의 기여가 항상 이해되거나 받아들여졌던 것은 아니다).

하지만, 거스트너 자신은 예전에 반틸의 학생이었다. 그리고 (필자가 개인적인 대화에서 아는 것처럼) 그는 열렬한 흥미와 필자의 판단에 반틸의 다른 비판가들이 필적하지 못하는 학자적 관심을 가지고 수 년 동안 반틸을 숙고해 왔다.[5] 따라서 이 책의 높은 비평적 기준에 대한 공로는 저자

2 이런 면에서 이 책의 유일한 경쟁자는 James Daane, *A Theology of Grace* (Grand Rapids: Eerdmans, 1954)이다. 하지만, 초점에 있어서 이 책은 반틸의 일반 은총론에 제한된다. 그리고 이 책은 비평 중인 *Classical Apologetics*보다 반틸의 사고에 대해 훨씬 덜한 이해를 보여 준다.

3 필자는 이 책에서 또한 반틸에 대한 심각한 많은 오해가 있다는 것을 보여 줄 것이다. 하지만, 이 저자들은 칼빈 포럼 그룹(Calvin Forum Group)과 같은 초기 반틸 비판자들(다음을 보라. Cornelius Van Til, *The Defense of the Faith* [Philadelphia: presbyterian and Reformed, 1955], 4 이하)(『변증학』, PNR[개혁주의신학사] 刊]) 또는 E. R. Geehan, ed., *Jerusalem and Athens* (Nutley, NJ: Presbyterian and Reformed, 1971)의 반틸 비판가들보다 반틸에 대해 더 사실에 가깝다,

4 R. C. Sproul, John H. Gerstner, and Arthur W. Lindsley, *Classical Apologetics* (Grand Rapids: Zondervan, 1984), x. 참조. 또한 299쪽에 있는 약간 엉뚱한 논평을 보라.

5 이 책은 한 세대에게 "그리스도는 사고와 삶의 알파와 오메가(Alpha and Omega)"

들 자신에게 돌아가야 한다.

필자는 역사적 연구에 대한 이 책의 자세한 사항은 논의하지 않을 것이다. 하지만, 이런 자세한 사항은 흥미롭고 이 책이 가진 가장 좋은 특징에 포함된다. 거스트너는 수 년 동안 교회사 교수였다. 그리고 이것이 그의 주요 전문 분야다.

일반적으로 리고니어라는 이 역사적 그룹은 리고니어 유형[6]과 유사한 일종의 "증거주의"(evidentialism)는 대부분의 기독교 역사를 통해서 정통 그리스도인의 일반적 견해였다고 주장한다. 따라서 이런 견해는 "고전적" 견해 또는 "전통적" 견해로 부를 만한 자격이 있다. 어거스틴, 루터, 칼빈, 17세기 정통주의, 동방 정교회(Eastern orthodoxy)와 로마 정교회(Roman orthodoxy)에 대한 연구가 이런 논증을 지지한다.[7]

하지만, 저자들은 오늘날 고전 변증학이 사장되지는 않았지만 "심하게 약화되어 있다"고 믿는다.[8] 이들은 우리에게 "전제주의"가 심지어 교회사의 소수의 보고(minority report)로 부를 수 없지만 "오늘날 개혁파 신학자들 가운데 다수의 보고(majority report)가 되었다"고 말한다.[9]

필자보다 더 역사적인 경향이 있는 다른 비평가들은 의심할 여지없이 이런 논제를 평가하려고 애쓸 것이다. 필자는 양 진영이 다 실질적 논증을 제시할 수 있다고 생각한다. 물론 이 문제는 두 가지 접근 방식의 상

(Sproul, Gerstner, and Lindsley, *Classical Apologetics*, v)라고 가르쳤던 반틸에게 **헌정되었다**. 필자는 반틸에 대한 저자들의 존경과 애정의 진정성을 의심하지 않는다. Sproul, Gerstner, and Lindsley, *Classical Apologetics*, 183 이하를 보라.

6 "리고니어"(Ligonier)는 "스프롤-거스트너-린슬리"(Sproul-Gerstner-Lindsley)에 대한 편리한 약칭이다. 왜냐하면, 이 세 저자는 서부 펜실베이니아에 소재한 리고니어밸리연구센터(Ligonier Valley Study Center)와 관련을 맺어 왔기 때문이다.

7 Sproul, Gerstner, and Lindsley, *Classical Apologetics*, 89-211.

8 Sproul, Gerstner, and Lindsley, *Classical Apologetics*, 34.

9 Sproul, Gerstner, and Lindsley, *Classical Apologetics*, 183.

대적 타당성을 평가하는 데 있어서 매우 중요하지는 않다. 반틸의 견해가 상대적으로 새롭다면 그런 이유로 반틸의 견해는 틀린 것이 아니다. 또한 개신교도는 전통주의자들이 아니다.[10]

일반적으로 필자에게 우리가 살고 있는 20세기 이전의 변증학 역사는 이런 질문에 대해 모호한 것처럼 보인다. 정통 기독교 변증가들은 항상 성경의 최고 권위가 모든 인간 추론 위에 있다는 것을 믿었다. 이것은 반틸주의 입장의 진수다. 한편 그들은 또한 어떤 의미에서 타당하게 믿음보다 "앞서는"(precede) 다양한 종류의 추론을 언급했다.[11]

여기서 일반적으로 이런 외관상의 모순은 칸트의 "코페르니쿠스 혁명" 이후까지는 문제로 인식되지 않았다. 칸트의 코페르니쿠스 혁명은 신학자들과 철학자들의 인식론적 정교함을 크게 증가시켰다. 단지 칸트 이후에 전제의 논리가 체계적으로 연구될 수 있었다(사실 심지어 반틸 전에는 헤겔, 막스, 키에르케고르, 비트켄슈타인과 같은 철학자들에 의해서 그리고 제임스 오르와 같은 기독교 변증가들에 의해 연구되었다).

따라서 칼빈이 "전제주의자"였는지 아니면 "증거주의자"[12]이었는지는 어거스틴이 개신교였는지 아니면 가톨릭 신자였는지를 묻는 것과 약간

10 반틸 자신은 상대적으로 자신의 변증학 전임자들에게서 가치를 거의 발견하지 못한다. 그의 *A Christian Theory of Knowledge* (Nutley, NJ: Presbyterian and Reformed, 1969)와 그의 강의 요목 "Christianity in Conflict" (unpublished, 1962)를 보라.

11 "앞선다"가 이런 모호성에 첨가된다. 신학에서 "우선성"의 개념만큼 명확하지 않은 개념은 많지 않다. 이 문제에 대한 더 많은 언급이 나올 것이다.

12 필자는 비평 중인 저자들을 포함하기 위해 이런 용어를 사용한다. 하지만, 실제로 필자는 그들이 매우 오도하고 있다고 생각한다. 또한 필자는 그들이 반틸은 증거 사용을 반대하거나 전통주의자들은 조사할 어떤 전제도 없다고 제안하고 있다고 생각한다. 이와는 반대로 논의의 모든 당사자들은 전제와 증거 모두 다루어야 한다. 그리고 그들은 단지 전제와 증거가 하는 **역할**에서만 다르다.

비슷하다.[13]

현대 상황에 대해 우리 가운데 많은 사람은 전제주의가 현 변증가들 가운데 "다수의 보고"라는 것을 듣는다면 놀랄 것이다. 물론 이것은 모두 어떻게 우리가 전제주의를 정의하는가에 달려 있다.

필자는 이 시대에 칸트(Kant), 헤겔(Hegel), 아인슈타인(Einstein), 실용주의(pragmatism), 현상학(phenomenology), 실존주의(existentialism), 비트겐슈타인(Wittgenstein), 쿤(Kuhn), 폴라니(Polanyi), 핸슨(Hanson), 도예베르트(Dooyeweerd), 다른 많은 사람을 이해할 때 대부분의 변증가들이 전제의 문제를 진지하게 받아들였다는 주장을 할 수 있다고 가정한다.

우리 시대에 인간 사유(과학적, 논리적, 역사적, 철학적, 종교적, 그밖에 무엇이든지 간에)가 우리의 "전이론적"(pretheretical) 태도와 헌신(commitments)에 의해 영향을 받는다는 것을 부인하기는 대단히 어렵다.[14]

아마 이런 사실은 전제주의가 현재 우세하다는 것을 리고니어 저자들에게 암시하는 것이다. 왜냐하면, 그들은 그들의 주장을 상세히 기록하지 않기 때문이다. 따라서 언급하기가 어렵다.

필자는 사유에 관한 전이론적 헌신(commitment)의 영향력을 고려하는 것에 이렇게 열려 있다는 것은 철저한 전제주의와는 거리가 멀다고 생각한다. 그럼에도 불구하고 이런 논의에서 이것은 긍정적인 발전이다. 이 책에 대해 필자가 크게 실망하는 것 가운데 하나는 다음과 같다. 즉, 이 책은 리고니어 유형의 변증에 반대하는 상당한 추정을 낳는 이런 강력한

---

13 이런 질문에 답변할 수 없다고 말하는 것이 아니라 오히려 이런 질문은 종종 제안되는 것보다 더 미묘하고 유용한 방식으로 답변하기 어렵다.

14 하지만, 필자는 도예베르트에 반대해서 그 역도 참이고 "전이론적"과 "이론적" 사이에 어떤 뚜렷한 구분도 할 수 없다고 주장한다. John Frame, *The Amsterdam Philosophy* (Phillipsburg, NJ: Harmony Press, 1972)를 보라.

철학적 추세를 진지하게 다루지 않는다는 것이다.

2. 리고니어와 반틸

필자는 리고니어의 적극적 변증(positive apologetic)을 논의하기 전에 반틸에 대한 그들의 비판을 분석하려고 시도할 것이다. 이 책 자체에서 이런 순서는 뒤바뀐다.

하지만, 필자는 이 비평에서 방법론, 인식론의 문제가 기독교를 지지하는 저자들의 논증에 대한 논의보다 앞서야 한다고 생각한다. 또한 방법론과 인식론에 대한 질문은 "전제주의"에 대한 비판과 밀접하게 관련되어 있다.

아무리 반틸 변증학의 면밀한 진술이 복잡하다 하더라도 반틸의 변증학은 본질적으로 단순하다.

① 인간은 모든 사고에서 하나님을 전제해야 한다.

② 불신자들은 사고와 삶의 모든 영역에서 이런 의무에 저항한다.

첫 번째 주장은 반틸로 하여금 지적 자율성이라는 개념을 비판하게 이끈다.

두 번째 주장은 반틸로 하여금 죄의 인지적 영향(noetic effects of sin)을 논의하게 한다. 리고니어 진영은 이 두 영역에서 반틸을 비판한다. 그리고 우리는 이런 순서로 이 두 영역을 논의할 것이다.

1) 자율성, 이성 그리고 순환성

전제주의에 대한 이런 초기 설명은 자율성에 대한 반틸의 비판에 주어진 중요한 위치에서 통찰력을 보여 준다.[15] 필자는 이것이 반틸 체계의 토대와 가장 설득력 있는 원칙이라고 생각한다.[16]

우리는 마치 우리 자신이 법률이나 규칙을 만드는 사람인 것처럼, 마치 우리가 만물의 척도 인 것처럼 변증학을 하지 말아야 한다. 모든 기독교적인 삶처럼 기독교의 사고는 하나님의 주 되심(God's lordship)에 지배를 받아야 한다.

하지만, 자율성 문제에 대한 이 책의 **분석**은 불명확함과 잘못된 이해를 드러낸다. 저자들은 우리가 우리 자신보다는 오히려 하나님 "~으로 시작하길" 원한다는 자율성에 대한 반틸의 진술에 기초해서 추론한다.[17] 이제 "~으로 시작하자"라는 어구는 ("~보다 앞서다"와 "우선성"이라는 용어처럼) 신학과 변증학에서 매우 파악하기 어려운 어구다. 이 어구는 주제의 교육적 순서, 강조, 연구 방법, 탁월성이나 중요성에 대한 확신, 필요조건이나 충분조건의 관계, 또는 진리의 기준을 보여 줄 수 있다.

필자는 반틸이 거의 항상 최종 대안을 염두에 둔다고 믿는다. 하지만, 가끔 어떤 모호성이 존재한다. 어쨌든 우리는 리고니어 저자들이 이런 개념에 대한 어떤 분석을 제공하며 또한 그 개념을 정의하기 위해 어떤

15 Sproul, Gerstner, and Lindsley, *Classical Apologetics*, 185.

16 필자의 견해에 이 요점이 반틸 사고에서 핵심적인 것으로 선별된다. 하지만, 이것은 반틸 자신이 정식화하는 데 어려움이 있다는 것을 인정했던 교리다. "An Introduction to Systematic Theology"(unpublished class syllabus, 1961), 26 이하. 자율성은 더 중요한 문제다. 왜냐하면, 자율성에 대한 반틸의 분석은 가령 인간이 타락하지 않았다 하더라도 인간은 전제적으로 추론해야 할 의무가 있었을 것이다.

17 Sproul, Gerstner, and Lindsley, *Classical Apologetics*, 185, 212 이하.

시도를 할 것으로 기대할 것이다(반틸과 그들 자신의 체계를 위해서). 하지만, 어떤 그런 분석도 마련되어 있지 않다. 저자들은 마치 이런 개념의 의미가 완전히 자증한 것처럼 글을 쓴다.

따라서 그들은 우리가 하나님을 알아갈 때 우리는 "우리 자신으로 시작"해야 한다고 주장한다. 따라서 어떤 의미에서 자율적으로 추론해야 한다.

> 우리는 단순히 우리 자신 밖에서 시작할 수 없다. 우리 자신 밖에서 시작하기 위해 우리는 우선 우리 자신에게서 떠나야 한다.[18]

어떤 의미에서 이것은 사실이다. 또한 반틸은 기꺼이 그것을 인정한다. 리고니어 저자들은 심지어 이런 취지로 반틸을 인용한다.[19] 하지만, 그들은 이것이 반틸 사고에서 모순 즉 일종의 당혹스러운 인정을 나타낸다고 주장한다.[20] 어쨌든 반틸의 견해에서 자아는 "궁극적인" 출발점이 아니라 "가까운"(proximate) 출발점이다.[21]

필자는 이것이 다음과 같은 것을 의미한다고 생각한다. 즉, 사고와 실제 생활에서 결정하는 것은 자아다. 즉, 우리는 우리 자신이 그것이 옳다고 생각하므로 모든 결정을 하고 결정을 한다. 하지만, 이런 사실은 자아가 진리에 대한 궁극적 기준이라는 것을 함의하지는 않는다. 우리는 정

18 Sproul, Gerstner, and Lindsley, *Classical Apologetics*, 212.

19 Sproul, Gerstner, and Lindsley, *Classical Apologetics*, 212; 참조. 316 이하.

20 유감스럽게도 이것이 다소 이 책의 일반적인 특징이다. 저자들은 반틸의 저작에서 반박할 수 있는 반틸에 대해 진술한다. 하지만, 이런 경우에 그들이 내린 해석의 정확성을 재고하는 대신에 그들은 단순히 반틸을 비일관성으로 비난한다. 따라서 반틸의 입장에 대한 그들의 설명은 거의 항상 기껏해야 과장되었다.

21 Van Til, "Introduction to Systematic Theology," 203.

기적으로 우리가 도움 없는 우리 자신의 판단을 신뢰해야 하느냐 아니면 누군가를 의지해야 하는가 하는 결정에 직면한다. 그런 질문에 대해 특이하거나 이상한(논리적으로 불가능한) 점은 존재하지 않는다. 다른 말로 말해서 그것은 전적으로 정상적이다.

따라서 해결해야 할 두 가지 문제가 있다.

① 모든 결정은 자아의 결정인지에 대한 형이상학적 질문(실제로 동의어 반복!).
② 결정을 내릴 때 자아는 어떤 기준을 사용해야 하느냐는 인식론적-윤리적 질문.[22]

필자는 반틸과 리고니어 진영이 첫 번째 질문에는 동의한다고 생각한다. 하지만, 첫 번째 질문은 반틸에게는 크게 흥미롭지 않다. 하지만, 첫 번째 질문에 대한 그런 동의가 두 번째 질문에 대한 답변에 편견을 갖게 하진 않는다. 그런데도 이런 두 번째 질문은 제기되어야 하고 해결되어야 한다. 또한 반틸—그리고 성경—이 우려하는 것은 두 번째 질문이다.

성경은 일반적으로 하나님의 피조물들에게 그들의 판단을 창조주의 판단에 순복할 것을 요구한다. 누군가 심지어 하나님을 섬기겠다는 선택도 자아가 하는 선택이고 따라서 어떤 의미에서 자아로 "시작해야" 한다고 반대한다면 반틸은 단순히 그런 요점을 인정할 수 있다. 하지만, 반틸은 자신의 질문자에게 또 다른 의미에서, 즉 더 중요한 의미에서 이런 선

22 저자들은 반틸이 존재의 순서(the order of being)를 인식의 순서(the order of knowing)와 혼동하고 있다고 비판한다(Sproul, Gerstner, and Lindsley, *Classical Apologetics*, 229). 하지만, 이 점에서 형이상학과 인식론을 혼동하고 있는 것은 그들이다.

택은 자아로 "시작하지" 않는다고 상기시킨다.[23]

이 책에서 중요한 또 다른 주제인 인간 이성에 대한 논의에서 똑같은 종류의 구분을 할 필요가 있다. 『고전 변증학』은 대단히 합리적이다. 저자들은 우리 시대의 반지성적 추세를 공격하고[24] "반지성적 탐닉에서의 후퇴"하는 경향을 칭찬한다.[25] 그리고 성경에 기초해서 자세하게 불신자들을 설득해야 하는 우리의 의무를 보여 준다.[26] "신앙주의"(Fideism)는 커다란 적이다.[27]

하지만, 그들은 반틸이 변증학을[28] 버리고 불신자와 논의하는 것을 거절한다고 언급한다. 그는 증명이나[29] 증거를[30] 믿지 않는다. 그는 우리가 삼단논법의 끝에서 하나님을 발견할 수 있다는 것을 부인한다.[31] 반틸주의자로 그렇게 악명 높게 유명한 현 비평가인 나도 누구와의 합리적 논증에 참여할 수 없다.

---

23 첫 번째 의미의 "자율성"이 두 번째 의미의 "자율성"을 필요하게 한다면 물론 그것은 그리스도인과 비그리스도인 모두를 위한 자율성을 필요하게 한다. 따라서 리고니어 저자들의 논증이 타당하다면 그것은 너무 많은 것을 증명할 것이다. 리고니어 견해에서처럼 그것은 단지 기독교로 자신의 행로를 "시작하고" 있는 사람들만이 아니라 모든 사람을 위한 자율성을 만들 것이다(Sproul, Gerstner, and Lindsley, *Classical Apologetics*, 231 이하). 그렇다면 리고니어 저자들이 주장하는 것처럼 인간 이성은 단순히 "이차적인"(penultimate) 기준이나 "잠정적으로 궁극적인" 기준이 아닌 "궁극적인" 기준이 될 것이다.

24 Sproul, Gerstner, and Lindsley, *Classical Apologetics*, 12 이하.

25 Sproul, Gerstner, and Lindsley, *Classical Apologetics*, 15.

26 Sproul, Gerstner, and Lindsley, *Classical Apologetics*, 18 이하.

27 Sproul, Gerstner, and Lindsley, *Classical Apologetics*, 24 이하.

28 Sproul, Gerstner, and Lindsley, *Classical Apologetics*, 188.

29 Sproul, Gerstner, and Lindsley, *Classical Apologetics*, 253 이하.

30 Sproul, Gerstner, and Lindsley, *Classical Apologetics*, 276 이하.

31 Sproul, Gerstner, and Lindsley, *Classical Apologetics*, 287.

[알미니우스주의자]는 프레임과 논증할 수 있다. 하지만, 프레임은 그와 논증하지 않을 것이다. 프레임은 단지 그에게 그가 오류를 범하고 있고 그가 마음을 바꾸어야 한다고 말할 수 있다. 왜냐하면, 하나님에 의해 조명을 받은 프레임은 다르게 볼 수 있기 때문이다.[32]

이와는 반대로 리고니어 저자들은 다음과 같이 언급한다. 즉, 마치 우리가 "우리 자신으로 시작하는 것을" 피할 수 없는 것처럼 우리는 이성의 사용을 피할 수 없다(삶의 어떤 영역에서 특별히 변증학에서). 불신자에게 기독교 진리를 설득하려는 어떤 시도도 추론을 요구한다. 만일 우리가 "하나님을 전제하는 합리적 필요성"을 보여 주려 한다면 사실 합리적 논증은 필요하다.[33] 또한 사실 전제주의자들은 분명히 이유를 제공한다.[34] 실제로 "자율성의 문제에서 어떤 실제 차이점도 존재하지 않는다."[35]

이 모든 것을 뒷받침하는 것은 다음과 같은 익숙한 논증이다. 즉, 이해할 수 있는 어떤 담론에서 일부 기본적인 이성의 원리(비모순율[law of non-contradiction]과 같은)를 전제해야 한다는 것이다. 사실,

비모순율은 삶을 위한 보편적인 전제 조건[이다].[36]

우리는 논리를 전제하지 않고 논리에 의문을 제기할 수 없다. 또한 우리는 논리를 주요한 것으로서 전제하지 않고 논리의 우위성을 반대할

32 Sproul, Gerstner, and Lindsley, *Classical Apologetics*, 301.

33 Sproul, Gerstner, and Lindsley, *Classical Apologetics*, 224.

34 Sproul, Gerstner, and Lindsley, *Classical Apologetics*, 238 이하.

35 Sproul, Gerstner, and Lindsley, *Classical Apologetics*, 239; 참조. 323 이하.

36 Sproul, Gerstner, and Lindsley, *Classical Apologetics*, 80(강조는 리고니어 저자들이 한 것임); 72-82를 보라.

수 없다.

따라서 리고니어 저자들은 "지성의 우위성 원칙"을 지지한다. 이것은 지성이 발견하는 하나님보다 지성이 더 뛰어나다는 것을 의미하지는 않는다. 오히려 "지성의 우위성은 우리가 실제로 하나님을 알 수 있기 전에 우리는 그분에 대해 생각해야 한다는 것을 의미한다."[37] 따라서 반틸이 "창조주-피조물 구분에 기초한 지성의 우위성"을 언급할 때 그는 터무니없는 소리를 하는 것처럼 보인다. 만약 지성이 우위라면 지성의 우위성은 무언가에 "기초하지" 않는다.

또한 지적 활동 전에 하나님이 어떻게든 알려진다면 도대체 어떻게 우리는 그분을 아는가?

하지만, 여기서 "출발점"에서처럼 어떤 구분을 해야 한다. "지성"이나 "이성"은 논리법칙, 우리가 판단을 내리고 추론을 끌어내는 심리적 능력, 판단과 추론 자체, 사유체계처럼 다양한 것들을 의미할 수 있다.[38] 심리적 능력으로서 이성이 합리적 활동에 관여한다는 것은 확실히 사실이다. 따라서 이성을 동의어 반복으로 언급하는 것은 이런 요점의 명확성을 강조하는 것이다. 이것은 앞에서 우리가 "자아로 시작해야" 한다는 명제에서 보았던 종류의 명확성이다.

하지만, 마치 "자아로 시작하는 것"이 자아는 진리에 대한 어떤 기준을 인정해야 하느냐는 문제를 미해결로 남겨놓는 것처럼 "이성으로 시작하는 것"이 인간 이성은 진리에 대한 어떤 기준을 인정해야 하느냐는 문제를 미해결로 남겨놓는다. 심리적 능력으로서 이성은 다른 논리 체계, 다른 철학적 체계(scheme), 다른 종교적 전제와 같은 다른 많은 원리에 따

37 Sproul, Gerstner, and Lindsley, *Classical Apologetics*, 227.

38 헤겔(Hegel)과 같은 철학자들은 때때로 그들의 체계라는 측면에서 합리성을 정의했다. 따라서 가령 합리성=헤겔주의(Hegelianism).

라 기능할 수 있는 선택권이 있다. 따라서 반틸은 이성이 모든 인간의 사고와 삶에 관여 한다는 것을 인정할 수도 있다(그리고 분명히 인정한다!).

하지만, 반틸에게 있어서 중요한 질문은 다음과 같다.

즉, 이성은 진리에 대한 어떤 기준을 인정해야 하는가?

무엇보다도 리고니어 저자들은 이성이 비모순율(the law of noncontradiction)을 인정해야 한다고 언급함으로써 이런 질문에 답할 것이다. (아마 그들은 심지어 이성을 논리 법칙에 따라 정의할 것이다. 따라서 그들에게 있어서 "이성의 우위성"은 심리적 능력의 우위성이 아니라 논리의 우위성을 의미한다. 하지만, 다시 말하지만, 이것은 분명하지 않다.)

하지만, 다시 말하지만, 이런 주요 요점은 어떤 의미에서 사실이다. 비모순율은 p와 p가 아닌 것(not-p)이 동시에 같은 측면에서 참일 수 있다는 것을 부정한다. 이것은 기독교 원리이며 성경 자체가 전제한다.

하지만, 물론 이것 또한 매우 추상적이다. 더 구체적인 어떤 것도 비모순율에서만 도출될 수 없다. 구체적인 결론을 도출하기 위해 우리는—철학적으로 뿐만 아니라 종교적으로 문제가 되는—추가 원리가 필요하다.[39]

따라서 이것은 다양한 철학자들이 그들의 특별한 체계라는 측면에서 합리성을 정의하려는 경향이다. 이런 요점에서 반틸은 논의를 시작하고 합리적 원칙의 선택에서 하나님의 목소리를 들어야 한다고 요구한다. 이 단계에서 이런 종류의 우려로 그는 "창조주-피조물 구분에 기초한 지성의 우위성"에 대해 논의한다. 여기서 그는 최고 기준으로서 하나님의 기준을 인정하는 추론 과정을 언급한다. 아마 명료성을 위해서 그가 "지성

39 참조. Vern S. Poythress, "A Biblical View of Mathematics," in *Foundations of Christian Scholarship*, ed. Gary North(Vallectio, CA: Ross House, 1976), 159-88; John M. France, "Rationality and Scripture," in *Rationality in the Calvinian Tradition*, ed. Hendrik Hart et al. (Lanham, MD: University Press of America, 1983), 293-317.

의 우위성"을 언급하지 않았다면 더 현명했을 것이다.[40]

하지만, 그가 의미하는 것을 이해하기는 어렵지 않다. 이성은 항상 인간의 지식 탐구에 관여한다. 하지만, 이성은 항상 기준을 선택해야 한다. 그리고 이런 선택은 근본적으로 종교적 선택이다.

하지만, 리고니어 저자들이 다음과 같이 답변한다. 즉, 결국 우리는 "우리가 하나님을 알 수 있기 전에 하나님에 대해 생각"해야 한다.[41] 또한 만약 우리가 하나님을 알기 전에 하나님에 대해 생각하려고 애쓴다면 분명히 우리의 연구 이 단계에서 우리는 하나님을 전제할 수 없다. 우리가 하나님이 존재한다는 것을 알 때까지 우리는 하나님을 우리의 최고 기준으로 삼을 수 없다. 따라서 우리는 적어도 "잠정적으로" 어떤 다른 기준을 채택해야 한다.[42] 하지만,

① 이런 분석은 모든 사람이 이미 하나님을 안다는 로마서 1장의 분명한 가르침을 부정한다(20-21절).

② 또한 이런 분석은 고린도전서 10:31에 대한 예외를 상정한다.

우리가 막 지식에 대한 탐구를 시작할 때 우리는 "하나님의 영광을 위하여"를 생각할 필요가 없다. 또한 우리는 당당하게 다른 무언가/누군가의 영광을 위하여 생각할 수 있다. 이런 생각은 그 자체의 무게로 인해 무너진다. 이런 생각은 성경을 믿는 사람에게는 허용할 수 없는 것이다.

따라서 리고니어 저자들은 반틸이 합리적 논증, 증명, 증거를 버린다는 것을 보여 주지 못했다. 반틸은 분명히 중립적 추론이나 자율적 추론

40 이런 어구가 오도하는 데에는 몇 가지 이유가 있다. *DKG*, 331-32를 보라.

41 Sproul, Gerstner, and Lindsley, *Classical Apologetics*, 227.

42 Sproul, Gerstner, and Lindsley, *Classical Apologetics*, 301, 331.

을 버린다. 하지만, 이것이 전부다. 또한 『고전 변증학』에서 어떤 것도 반틸이 중립적 추론이나 자율적 추론을 거절하는 데 있어서 틀렸다는 것을 보여 주지 못한다.

분명히 말하는 데 필자는 반틸이 증명, 논증, 증거를 거절하지 **않는다**고 강조한다. 이와는 반대로 반틸은 강한 어조로 그것들을 지지한다.[43] 리고니어 저자들은 이것을 아주 잘 알고 있다. 하지만, 그들은 이것을 모순으로 일축하거나 아니면 반틸의 논증은 실제로 전혀 논증이 아니라고 주장한다.

그런데도 전제적 선택을 하지 않고는 기독교를 지지하거나 이 점에 대해서 그밖에 무언가를 지지하는 주장을 하는 것은 완전히 불가능하다. 우리는 진리의 기준이 없다면 추론할 수 없다. 또한 진리의 기준은 다양한 출처, 즉 궁극적으로는 종교적 전제에서 나온다.[44] 이런 기준은 기독교적이거나 비기독교적일 것이다.[45] 이런 기준들이 비기독교적이라면 자멸적인 것이 될 것이고 하나님의 심판을 받을 것이다.

이것을 언급하는 것은 기독교를 지지하는 논증은 항상 어떤 의미에서 순환론적일 것이라고 언급하는 것이다. 기독교를 지지하는 논증은 기

---

43 Van Til, *Defense of the Faith*, 120, 196(『변증학』, PNR[개혁주의신학사] 刊); *Introduction to Systematic Theology*, 102 이하, 114 이하, 196; *Christian Theology of Knowledge*, 292; *Common Grace and the Gospel* (Nutley, NJ: Presbyterian and Reformed, 1969), 179 이하, 190 이하를 보라. 또한 Thom Notaro, *Van Til and the Use of Evidence* (Phillipsburg, NJ:Presbyterian and Reformed, 1980)를 보라.

44 다시 말하지만, 만약 리고니어 저자들이 이런 취지로 다소 광범위한 범위의 철학적 의견에(심지어 기독교 밖에 있는) 일부 답변을 제공했다면 도움이 되었을 것이다. *Classical Apologetics*는 이상하게도 칸트 이전(pre-Kantian)과 쿤 이전(pre-Kuhnian) 맥락에서 저술된 것처럼 보인다. 따라서 이 책은 신뢰성을 왜곡한다. 리고니어 저자들은 그들의 입장에 대한 가장 진지한 비판은 다루지 않았다.

45 비모순율에 주의를 기울이자!

독교 기준에 기초해야 한다. 그리고 이것은 결과적으로 기독교의 진리를 전제한다. 우리는 하나님을 전제하지 않고 하나님을 증명할 수 없다. 이것이 리고니어 저자들을 가장 거스르게 하는 반틸 변증학의 원리 가운데 하나다.[46] 그들에게 순환 논증(circular reasoning)은 완전히 논리적 오류다.[47]

하지만, 대안은 무엇인가?

다시 말하지만, 대안은 다음과 같은 것인 것처럼 보인다. 즉, 불신자는 전혀 기준 없이 자신의 탐구를 시작하거나 아니면 비기독교적(또는 아마 "중립적인")인 종류의 "잠정적인" 기준으로 자신의 탐구를 시작한다. 그런 후에 직선적이고 비순환론적인 추론을 통해 그는 자신이 기독교 기준을 채택해야 한다는 것을 배운다.[48]

하지만, 우리가 앞에서 언급했던 것처럼 이런 구성은 로마서 1장과 고린도전서 10:31을 위반한다. 성경에 의하면 어떤 사람도 이런 입장 가운데 있지 않다. 즉, 누구나 하나님의 기준(그리고 "중립적인" 기준은 없다)에 대한 지식이 있다. 비기독교 기준을 채택하려고 애쓰는 사람들은 단순히 그들이 받았던 계시에 불순종하는 것이다. 우리가 중립성에서 진리로 진행할 수 있다면 비순환론적 논증이 가능할 것이다.

하지만, 물론 이것은 가능하지 않다. 왜냐하면, 성경은 자율성을 정죄하기 때문이다.[49]

---

46 Sproul, Gerstener, and Lindsley, *Classical Apologetics*, 318 이하; 137 이하, 144 이하를 보라.

47 Sproul, Gerstner, and Lindsley, *Classical Apologetics*, 322.

48 Sproul, Gerstner, and Lindsley, *Classical Apologetics*, 325.

49 다시 말하지만, 많은 비기독교 저자들(앞의 언급을 보라)은 순환성에 대한 이런 종류의 요점을 인정한다. 현재의 지적 맥락에서 모든 순환성을 단순히 논리적 오류로 일축하는 것은 단순히 무책임한 것이다.

리고니어 저자들이 우려하는 것처럼 이런 순환성이 모든 추론의 종말을 수반하는가?

아니다.

① 기독교적 추론, 비기독교적 추론, 전제적 추론, "고전적" 추론과 같은 모든 추론은 어떤 의미에서 순환론적이다. 어떤 다른 대안도 없다. 이것은 이성의 타당성에 대한 도전이 아니다. 오히려 이것은 단순히 이성이 작동하는 방식이다.

② "협의의 순환"(예를 들어, "성경이 성경은 하나님의 말씀이라고 말하기 때문에 성경은 하나님의 말씀이다.")과 "광의의 순환"(예를 들어, "기독교 기준에 따라 해석된 증거는 성경의 신적 권위를 증명한다. 여기에 증거가 있다. 즉, …"). 모든 순환 논증이 동일하게 바람직스러운 것은 아니다. 사실 어떤 순환 논증은 오류가 있는 것으로서 올바르게 묵살되어야 한다.

③ 기독교 기준에 대한 추론은 설득력이 있다. 그 이유는 다음과 같다.
첫째, 하나님이 승인하신 추론 방식이다.
둘째, 참된 결론으로 이어진다.
셋째, 어떤 수준에서 모든 사람은 그런 추론은 진리로 이어진다는 것을 이미 알고 있다(롬 1장).

2) 죄의 인지적 결과

반틸에 의하면 어째서 하나님을 전제하는 것이 필요한가?

리고니어 저자들은 이런 질문에 대한 이론이 있다. 그들은 다음과 같은 생각을 반틸에게 돌린다.

> 이런 전통적 접근 방식의 근본적 오류는 모든 것을 알지 못한다면 우리는 어떤 것도 알 수 없다는 것을 인식하지 않는 데에 있다.[50]

(이중 부정이 없다면 그들이 말하는 것은 다음과 같다. 즉 반틸에게 있어서 만약 우리가 모든 것을 알지 못한다면 우리는 어떤 것도 알 수 없다.) 이런 요점은 이 책 다른 곳에 등장한다.[51] 또한 리고니어 저자들은 이런 요점을 시적으로 꾸밀 정도로 매우 중요하다고 생각한다.

> 만약 우리가 이 세상과 모든 것을 알지 못한다면 우리는 금 간 벽에 핀 꽃을 알 수 없다.[52]

이런 설명에서 반틸은 우리가 어떻게든 실재에 대한 전능한 관점을 갖기 위해 하나님을 전제할 필요가 있다고 가르칠 것이다.

하지만, 저자들은 반틸이 그런 것을 믿고 있다는 것을 보여 주기 위해 반틸의 저작 안에 있는 어떤 것도 절대 언급도 하지 않는다. 또한 물론 그들은 그렇게 할 수 없다. 왜냐하면, 이것은 반틸의 입장이 아니기 때문이다. 반틸은 분명히 때때로 관념론을 생각나게 하는 용어로 참된 인간의 지식은 포괄적인 지식 체계의 존재를 전재한다고 주장한다.

하지만, 관념주의자와는 다르게 반틸은 이런 포괄적인 체계를 성경의 하나님에게서 발견한다. 그는 분명하게 우리 인간이 무언가를 알기 위해 포괄적 지식이 있어야 한다는 유사한 소리를 내는 이런 명제를 부정한다.

50 Sproul, Gerstner, and Lindsley, *Classical Apologetics*, 186.

51 Sproul, Gerstner, and Lindsley, *Classical Apologetics*, 306, 313.

52 Sproul, Gerstner, and Lindsley, *Classical Apologetics*, 186.

> 우리가 인간의 지식의 객관성을 언급할 때 많은 혼란이 있었던 요점 가운데 하나는 세상에 대한 인간 지식이 참이기 위해서는 그 지식이 포괄적인 지식이어야 하는 것이다. … 하지만, 우리는 다음과 같은 것을 믿는다. 즉, 우리가 단지 하나님에 대하여 포괄적인 지식얻기를 희망할 수 없다는 이유로 인해 우리는 또한 세상에 있는 무언가에 대한 포괄적인 지식을 얻기를 희망할 수 없다는 것이다.[53]

사실 반틸은 우리가 무언가를 알기 위해 모든 것을 알아야 한다는 원칙을 분명하게 부정한다. 그는 이런 원칙을 "일반적으로 비기독교 방법론, 특별히 현대 현상론의 방법론"으로 돌린다.[54]

이와는 반대다. 즉, 반틸에게 우리가 하나님을 전제해야 할 필요성은 그런 관념론적인 인식론적 사변과는 어떤 관련도 없다. 오히려 우리는 하나님을 전제해야 한다. 왜냐하면, 보통 그렇듯이 이것이 추론하는 올바른 방법이고 따라서 우리는 그런 방식으로 추론해야 할 의무가 있기 때문이다. 이런 필연성은 **윤리적** 필연성이다.

이런 것이 우리를 죄의 인지적 결과라는 문제로 이끈다. 이 시점에 필자는 리고니어 저자들과 반틸 사이의 놀라울 정도의 많은 일치점을 발견한다. 리고니어 저자들은 다음과 같이 말한다.

> 이교도의 문제는 그들이 하나님이 존재한다는 것을 모르는 것이 아니라 그가 존재하는 하나님을 좋아하지 않는다는 것이다.[55]

---

53 Van Til, *Defense of the Faith*, 60(『변증학』, PNR[개혁주의신학사] 刊).

54 Van Til, *Defense of the Faith*, 136. 인접 문맥에서 그는 관념론적 인식론을 논의한다. 그리고 이런 생각은 관념론적 인식론에서 유래한다.

55 Sproul, Gerstner, and Lindsley, *Classical Apologetics*, 39.

자연에 관한 시편과 로마서 1장은 우리에게 하나님은 분명히 이 세상에 계시되었고 모든 인간이 이런 계시를 통해서 하나님을 알고 있다고 말한다.[56] 따라서 불신자는 어떤 핑계도 갖고 있지 않다. 그들은 이런 "자연신학"은 피조계를 통해서 전해진다고 언급한다.[57] (필자는 이것이 로마서의 가르침이라는 것에 동의한다. 하지만, 필자는 이런 사실이 롬 1장에서 기술된 간접 형태에 덧붙여 다른 형태의 계시를 제외하지 않는다는 것을 덧붙일 것이다.)

그렇다면 어째서 사람들은 믿기 위해 복잡한 논증이 있어야 하는가?

답변은 다음과 같다. 즉, 그들은 피조계에 계시된 진리를 억누른다는 것이다.[58] 그들은 바보 천치는 아니지만 어리석다.[59] 그들의 문제는 지적 약함이 아니라 분명하게 계시된 것을 도덕적으로 받아들이기를 거절하는 것이다. 또는 더 정확하게 표현하자면 그들은 분명히 지적 문제가 있다. 하지만,

> 이런 지적 문제는 지적 문제가 일으킨 도덕적 문제가 아니라 도덕적 문제가 일으킨 지적 문제다.[60]

그들은 하나님을 안다. 하지만, 그들은 구원하시는 하나님을 모른다.

---

56 리고니어 저자들이 전제주의자들에게 있어서 하나님은 "오로지(exclusively) 성경에서 자신을 계시한다"(Sproul, Gerstner, and Lindsley, *Classical Apologetics*, 287)고 말할 때(추정하건대 자연계시와 대조해서) 그들은 분명히 자신들이 실제로 아는 것보다 더 많이 알고 있다고 확신한다. 반틸이 자연계시를 믿는다는 것은 어떤 증거 자료도 필요하지 않다.

57 Sproul, Gerstner, and Lindsley, *Classical Apologetics*, 43 이하.

58 Sproul, Gerstner, and Lindsley, *Classical Apologetics*, 47.

59 Sproul, Gerstner, and Lindsley, *Classical Apologetics*, 52.

60 Sproul, Gerstner, and Lindsley, *Classical Apologetics*, 52

필자는 정직하게 말해서 이런 모든 것에서(또한 그들이 한 요약에서[61]) 필자나 반틸이 동의하지 않을 어떤 것도 찾지 못했다!

리고니어 저자들은 반틸이 매우 다른 입장을 가진다고 생각하는 것처럼 보인다. 즉, 반틸은 죄가 불신자의 추론 능력을 파괴했다고 생각한다.[62]

하지만, 늘 그렇듯이 그들은 자신들의 해석을 적당하게 증거로 입증하지는 않는다. 그리고 그들은 반틸에게 있는 그 반대되는 진술을 무시한다.

필자는 일반적으로 나 자신이 성령의 증거에 대한 그들의 설명에 동의한다고 말함으로써 그들을 더 많이 놀라게 할 것이다.[63] 그들이 필자에게 돌리는 완전히 신앙주의적인 이런 견해는 그들이 느닷없이 만들어낸 창안물이다.[64] 그들은 필자의 글에서 그것에 대한 어떤 증거 자료도 제시하지 않는다. 분명히 그들은 필자의 다른 입장이 그런 견해를 필요하게 만든다고 믿는다.

필자는 이것이 믿기 어렵다는 것을 안다!

그들은 다음과 같이 언급한다. 즉, 필자에게 있어서 "성령의 내적 증거는 말씀의 영감에 대한 사변적 지식과 증거와는 완전히 별개이고 우선함이 틀림없다"는 것이다.[65]

말도 안 된다. 필자는 성령이 증거(확실히 다른 방법들과 함께)를 증명함

61 Sproul, Gerstner, and Lindsley, *Classical Apologetics*, 62.

62 Sproul, Gerstner, and Lindsley, *Classical Apologetics*, 241 이하., 특별히 245.

63 Sproul, Gerstner, and Lindsley, *Classical Apologetics*, 137 이하, 162 이하. 필자의 글 "The Spirit and the Scriptures," in *Hermeneutics, Authority, and Canon*, ed. D. A. Carson and John D. Woodbridge (Grand Rapids: Zondervan, 1986). 이 글은 또한 *DWG*의 부록 Q에 있다.

64 Sproul, Gerstner, and Lindsley, *Classical Apologetics*, 299 이하.

65 Sproul, Gerstner, and Lindsley, *Classical Apologetics*, 299.

으로써 말씀을 증거한다는 그들의 주장에 전적으로 동의한다. 성령이 "사변적 지식보다 우선한다"는 것에 대해서 필자는 신학에서 "우선성"이 가진 모호성을 충분히 설명했다고 생각한다. 어쨌든 필자가 생각하기에 그들이 필자에게 원하는 것, 즉 사람들은 때때로 성령의 증거 없이 하나님에 대한 참된 결론에 도달한다는 것을 필자는 인정한다.

반틸의 글들은 분명히 여기서 어떤 난점을 제기한다. 그는 분명히 불신자가 진리를 안다는 것을 인정한다(롬 1:21). 또한 반틸은 불신자들이 때때로 "자신도 모르게," 즉 그들의 불신앙적인 전제에도 불구하고 참된 결론에 도달한다는 것을 분명히 인정한다.

하지만, 반틸은 불신앙이 항상 지적 오류에 이르며 또한 성령의 증거가 없이는 어떤 명제적 진리도 가능하지 않다고 언급하는 것처럼 보이는 시점이 있다. 필자는 그의 표현이 완전히 일관되지 못하다고 생각한다. 더군다나 그는 이런 영역에서 어떤 난점을 인정했다.[66]

이런 문제는 비록 불신자들이 분명히 진리를 알지만 그들의 반역이 종종 그들의 지적 활동을 난처하게 한다는 반틸의 깨달음에서 발생한다. 많은 이교 철학을 하나님 계시의 진리를 회피하기 위한 시도로서 정확하게 설명할 수 있다. 따라서 불신자들의 문제가 지적인 문제라기보다는 오히려 도덕적 문제라고 말하는 것은 충분하지 않다(리고니어 저자들이 말하기 원하는 것처럼 보이듯이 말이다. 하지만, 아래를 보라). 도덕성이 지적 판단에 영향을 준다.[67] 사실 때때로 이 책의 저자들은 이런 사실을 인식한다. 즉, 그들은 다음과 같이 기록한다.

66 Van Til, "Introduction to Systematic Theology," 26 이하.

67 이것 이상으로 모든 지적 판단이 도덕적으로 결정된다. 올바른 판단은 우리가 **해야 할** 판단이다(이런 **당위**[ought]는 도덕적 **당위**다).

> 지적 문제가 도덕적 문제를 일으키는 것이 아니라 도덕적 문제가 지적 문제를 일으킨다.[68]

필자는 동의한다. 그리고 필자는 여기서 그들이 적어도 도덕적 문제뿐만 아니라 지적 문제도 존재한다는 것을 인식한다고 언급한다. 하지만, 그들은 자신들의 논의에서 그런 사실을 많이 강조하진 않는다.

흥미로운 최종 결과는 다음과 같다. 즉, 지면상으로는 죄의 인지적 결과와 성령의 증거에 대해 리고니어 진영과 반틸 사이에 거의 차이가 없다.

양쪽 모두 전적 부패를 주장한다. 또한 양쪽 모두 전적 부패가 진리의 억압을 일으키며 또한 불신자는 그의 도덕적 반역으로 인해 지적 어려움이 있다고 주장한다. 또한 두 진영 모두 불신자가 하나님을 아는 지식이 있지만 구원하는 지식은 없다고 주장한다. 두 진영 모두에게 성령의 증거는 그런 반역을 파쇄하려는 우리의 변증적 논증과 함께 또한 그런 변증적 논증을 통해서 일한다. 또한 두 진영 모두에게 성령의 증거는 불신자로 하여금 그가 이미 아는 진리를 인정하게 한다.

이런 일치의 일부 이유는 다음과 같다. 즉, 리고니어의 전통 변증 양식(예를 들어 클락 피녹[Clark Pinnock]의 변증 양식과는 대조적으로)이 의식적으로 칼빈주의적이기 때문이다.

하지만, 리고니어 저자들은 전적 부패를 고백하는 데 있어서 매우 일관적이지 못하다. 여기서 아직 그리스도인은 아니지만 진리를 찾는 사람들에 대해 그들이 언급하는 것에 주목하라.

68 Sproul, Gerstner, and Lindsley, *Classical Apologetics*, 52.

> [반틸]은 항상 신적 입법자이신 하나님(divine lawgiver)의 존재를 전제하지 않고 우주를 연구하기 시작하는 사람은 반드시 그 자신의 지위를 입법자로 전제한다고 가정한다. 이것은 결코 가까이 있는 자료를 조사함으로써 시작하는 사람의 필연적 가정은 아니다. … 그들이 신적 존재를 부정한다고 반틸이 주장하는 것처럼 그들이 반드시 신적 존재를 부정하는 것은 아니다. 그들이 자율성을 주장한다고 반틸이 주장하는 것처럼 그들은 처음 알려진 하나님에 반대하여 자율성을 주장하지 않는다. 그들은 단순히 인간 본성에 따라 기능한다.[69]

여기서 다음과 같은 것에 주목하라. 즉, 그들은 앞에서 그들이 로마서 1장에 기초해서 확언했던 것, 즉 불신자가 하나님을 안다는 것을 부정한다는 것이다. 게다가 그들은 모든 불신자가 하나님에게 적대적이며 진리의 억압자라는 것을 부정한다. 그들의 견해에서 적어도 일부 불신자들은 신실한 진리 추구자이고 피조된 인간 본성의 필요성에 따라 기능한다. 이제 이것은 심각하다.

즉, 이것은 칼빈주의자들에게 어울리는 부패 교리인가?

따라서 지면상으로 이런 영역에서의 차이점이 크지 않지만 리고니어 저자들이 부패 교리를 변증학에 적용하는 데 있어서 진지함이 부족하다. 이와 유사하게 "공통 기반"(common ground)에 대한 문제에서 리고니어 저자들은 반틸의 입장과 정확하게 동일한 입장을 진술한다.

> 우리가 공통 기반을 실재에 대한 공통된 인식과 관점을 의미하는 것으로 고려한다면 신자와 불신자 사이에 분명히 논의를 위한 그런 어떤 공통 기

69 Sproul, Gerstner, and Lindsley, *Classical Apologetics*, 232 이하.

반은 존재하지 않는다. 신자의 관점에서 삶의 모든 측면, 모든 경험, 실재에 대한 모든 차원은 신학적 관점에서 이해되고 해석된다. … 둘 모두(신자와 불신자) 수선화에 대한 일의적인 이해(univocal)를 즐기는 것처럼 보일 것이다. … [하지만] 신자는 수선화의 의미를 우주적인 우연으로서가 아니가 그 자체로 창조주 하나님의 위엄과 아름다움을 증거하는 것으로서 인정한다. 불신자는 이것을 인정하지 않는다. 대신 그는 수선화가 담고 있는 의미에 대해 완전히 반대되고 대립되는 이해를 상정한다.

하지만, 다른 관점에서 공통 기반 즉 창조 전체가 있다. 신자와 불신자는 동일한 우주 안에 산다. 각각 동일한 현상을 본다. 불신자와 신자는 2+2=4라는 것에 동의할 수 있다. 또한 그들은 추론의 다른 원칙이 타당하지 않을 때 어떤 추론 원칙은 타당하다는 것에 동의 할 수 있다. 따라서 일종의 공통 기반이 확립된다.[70]

필자의 의견에 반틸 자신이 "일의적" 이해에 대한 일부를 제외하고 몇몇(필자의 견해에 이것은 작은 문제다) 문제를 일으키는 이런 설명을 했었을 수 있을 것이다.[71] 사실 이런 것과 거의 동일한 구절들을 반틸의 글에서 붙여 넣을 수도 있다.

하지만, 여기서 반틸과 리고니어 저자들은 일관성을 유지하는 데 어려움을 겪었다. 즉, 반틸은 신자와 불신자 사이에("그들 자신도 모르게") 일치의 영역이 있다는 것을 망각하는 경향이 있다. 그리고 리고니어 저자들

70 Sproul, Gerstner, and Lindsley, *Classical Apologetics*, 70 이하.

71 반틸은 하나님에 대한 우리의 지식과 관련하여 "일의적인"이라는 용어를 긍정적으로 사용하는 것에 저항하는 것처럼 보인다. 하지만, 이 맥락에서처럼 이것이 단순히 "문자 그대로"를 의미한다면 반틸의 사고에서 필자는 하나님에 대한 그런 "일의적"인 지식에 의해 위반될 어떤 원리도 필자는 알지 못한다. 필자의 글인 "The Problem of Theological Paradox," in *Foundations of Christian Scholarship*, 310 이하를 보라.

은 (우리가 살펴보았듯이) 신자와 불신자 사이에 "완전히 반대되고 대립적인 이해"에 대한 그들의 개념을 절충하는 경향이 있다.[72]

이 영역에서 마지막으로 하나 언급하자. 즉, 어떤 요점에서 반틸에 대한 명백한 오독이 리고니어 저자들로 하여금 반틸의 입장을 심각하게 잘못 전하는 것으로 이어지고 있다는 것은 유감스러운 일이다. 214쪽에서 그들은 그리스도인은 "비그리스도인과 어떤 접촉점도 없다"는 반틸의 말을 인용한다.[73]

그들은 이것을 반틸의 견해를 진술하는 것으로 받아들이지만 맥락에서 이것은 실제로 칼빈주의에 대한 스튜어트 헤케트(Stuart Hackett)의 비판을 바꾸어 표현한 것이다. 이런 진술이 그 방식에서 반틸의 입장에 대한 놀라운 무지를 보여 준다는 것을 제외하고 필자는 이것을 작은 실수로 간주할 수 있다.

반틸은 결코 그리스도인이 비그리스도인과 어떤 접촉점도 없다고 말하지 않을 것이다. 사실 그는 그 반대를 무수히 언급했다. 이와 같은 실수는 우리로 하여금 리고니어 저자들이 얼마나 진지하게 반틸을 이해하려고 노력했는지에 대해 의심하게 만든다.

그들은 반틸의 글에서 "접촉점"에 대한 무수히 많은 긍정적 언급을 일관성이 없는 것으로 단순히 일축하고 심지어 다른 언급을 설명하려고 시도조차 않고 그의 확정적인 표현으로 이런 하나의 언급에 초점을 맞출 수 있었는가?

아니면 이 단락의 저자가 반틸에 대해 너무 빈약한 지식을 갖고 있어 그가 실제로 이것이 대표적인 반틸의 표현이라고 생각했는가?

72 이런 모순 가운데 일부가 이 책을 저술한 세 명의 저자와 관련이 있는가?

73 Sproul, Gerstner, and Lindsley, *Classical Apologetics*, 214. *Jerusalem and Athen*, 16에서 반틸을 인용함.

무지와 극도의 편견에서 나오는 심각한 학문성의 결여를 제외하고 이런 종류의 실수를 설명하기는 어렵다. 이것은 반틸을 비판에 더 취약하게 하려고 그가 실제로 말하지 않는 무언가를 반틸로 하여금 언급하게 하려는 열망이다.

3. 리고니어 변증학

필자는 기독교를 지지하는 이 책의 적극적인 논증을 더 간략하게 다룰 필요가 있다. 왜냐하면, 시간과 공간이 요구되고 또한 (필자에게는!) 논증 자체가 반틸의 비판만큼 새롭거나 흥미롭지 않기 때문이다. 그런데도 몇몇 새롭고 좋은 생각이 있다.

우리가 살펴보았듯이 리고니어 저자들은 전통적 변증학이 사장되진 않았지만 심하게 약화되어 있다고 믿는다. 그들의 견해에 의하면 그런 문제의 이유 가운데 하나는 다음과 같다. 즉, 현대의 다른 고전주의자들이 기독교 진리를 증명할 수 있다는 전통적 주장을 버리고 단순히 개연성을 주장하는 논증에 만족한다는 것이다.[74]

흥미롭게도 여기에 리고니어 진영과 반틸 사이에 또 다른 합의점이 있다. 여기서 리고니어 저자들은 빈번하게 반틸적인 어조를 낸다. 즉, 만약 기독교가 확실히 참이 아니라면 우리는 어느 정도 불신앙에 대한 핑계가 있다.

하지만, 어떻게 우리가 입증할 수 있는 확실성의 단계에 도달할 수 있는가?

---

74 Sproul, Gerstner, and Lindsley, *Classical Apologetics*, 100 이하, 125, 148, 276.

리고니어 저자들의 견해에 기초할 때 특별계시에 대한 결정적인 호소는 배제된다. 다른 말로 말해서 그것은 "전제주의"일 것이다. 하지만, 이것은 논증이 특별계시에 의해 도움을 받지 않은 인간의 감각이나 이성에 완전히 기초해야 한다는 것을 의미한다. 모든 사람은 인간 이성과 감각이 오류를 범할 수 있다는 것에 동의한다.

그렇다면 바라던 확실성은 어디에 있는가?

리고니어 저자들은 어떤 "보편적이고 필연적인 가정"에 호소함으로써 그런 확실성을 얻을 수 있다고 믿는다. 이런 가정들은 때때로 도전받지만 일반적으로 또한 일관되게 부정할 수 없는 가정들이다. 따라서 이런 가정들은 과학의 전제 조건들이다. 또한 사실 모든 인간 삶의 전제 조건이다.[75]

이런 가정들은 비모순율, "인과 법칙," "감각 인식에 대한 기본적 신뢰성"이다. 이 책은 다음과 같이 주장한다. 즉, 이런 원리들을 일반적으로 또한 일관되게 부정할 수 없으므로 이런 원리들이 가진 함의와 함께 이런 원리들을 확실한 것으로 간주해야 한다. 따라서 리고니어 저자들은 기독교가 이런 함의 가운데 하나임을 보여 주려 애쓴다. 즉, 기독교를 부정하는 것은 이런 "보편적이고 필연적인 가정들" 가운데 하나 또는 그 이상을 부정하는 것이다. 우리는 이런 것을 부정할 수 없으므로 기독교 또한 확실한 것으로 간주해야 한다.

이런 논증은 "선험적"(transcendental)이며[76] 심지어 어떤 의미에서 전제적이다. 리고니어 저자들은 "삶과 지식이 가능하기 위해 필요한 가정들은 무엇인가"라고 묻고 있다.[77] 반틸도 동일한 질문을 한다.

---

75 Sproul, Gerstner, and Lindsley, *Classical Apologetics*, 71 이하.

76 Sproul, Gerstner, and Lindsley, *Classical Apologetics*, 71.

77 Sproul, Gerstner, and Lindsley, *Classical Apologetics*, 71.

그리고 반틸은 하나님 계시의 전체 내용이 그런 필요한 가정이라고 결론을 내린다!

어떤 의미에서 리고니어 저자들도 동일한 것을 말하고 있지만 덜 직접적으로 말하고 있다. 그들은 기독교를 부정하는 것은 사실 우리가 일관되게 또한 일반적으로 부정할 수 없는 진리를 부정하는 것이라고 언급한다. 이와 유사하게 반틸은 불신자들이 일관되게 또한 일반적으로 기독교를 부정할 수 없다고 언급한다. 또한 반틸은 불신자들이 단지 "차입 자본"으로 살아 갈 수 있고 그들이 거절하길 바라는 기독교 개념들을 비일관적으로 사용한다고 언급한다.

따라서 필자는 리고니어 저자들의 논증은 일종의 "간접 전제주의," 즉 기독교적 전제가 불가피하다는 방식을 보여 주려는 시도(반틸보다 더 구체적으로)로 해석하고 싶다. 이런 접근 방식에서 저자들은 비그리스도인에게 논리, 원인, 감각-경험에 대한 기독교 개념(성경과 조화되는 개념)을 전제하라고 요구할 것이다. 왜냐하면, 이런 개념들을 부정하는 것은 혼란으로 이어지기 때문이다. 이런 해석에 기초할 때 반틸과 리고니어 진영은 다시 매우 가까워 질 것이다. 필자는 리고니어 논증의 타당성은 이와 같은 무언가가 진행되고 있다는 사실에 기인한다고 생각한다.

하지만, 다른 한편 우리는 이 책에서 자율성, 타락에 대한 비일관성 등에 대한 모든 담화를 기억해야 한다. 실제로 사실이 무엇이든 간에 비록 리고니어 저자들이 뚜렷한 기독교 세계관을 암시하지만, 그들은 뚜렷하게 기독교적이지 않은 원인에 대한 개념으로 중립적인 근거에 기초해서 추론한다고 적어도 생각한다.[78]

---

78 만약 중요한 의미에서 개념 자체가 뚜렷하게 기독교적이지 않다면 어떻게 그런 개념이 논리적으로 기독교 세계관을 암시할 수 있는가?

리고니어 저자들의 유신론적 증명을 간략하게 살펴보자.

조나단 에드워즈를 따르는 그들의 존재론적 논증은 사실 파르메니데스적이다. 즉, 우리는 존재에 대한 생각이 있다. 사실 우리는 존재 외에는 어떤 것도 생각할 수 없다. 비존재는 생각할 수 없다. 따라서 존재는 영원하고, 편재하고, 모든 완전성에서 제한이 없어야 한다. 다른 말로 말해서 존재는 신이다. 하지만, 이것에 대한 분명한 반대가 있다.

하지만, 이 책은 심지어 그 반대를 언급하지 않는다. 존재가 아무리 무한하더라도 존재에 대한 우리의 생각은 또한 유한한 존재로 확장된다. 따라서 만약 "존재"가 신적이라면 유한한 존재도 그런 신적 존재의 일부분이다. 다른 말로 말해서 일부 수정이 없다면 이런 논증은 범신론을 증명한다. 또한 이런 논증은 범신론적 신에게 돌릴 수 있는 "무한성," "영원성," "편재성," 등의 종류와 성경의 하나님에 관해 계시된 매우 다른 속성(하지만, 유사하게 들리는) 사이를 구별하지 않는다.[79]

우주론적 논증(cosmological argument): 우선 리고니어 저자들은 그들이 인정하기에 동의어 반복 방식으로 "인과 법칙"을 진술한다. 즉, "모든 결과는 원인이 있다."[80] 그들은 이 세상이 우연적이므로 이 세상은 결과임에 틀림없다고 주장한다.

그렇다면 이 세상의 원인은 무엇인가?

이 세상은 단순한 환상이 아니다(비존재—위를 보라). 또한 이 세상은 스스로 창조된 것도 아니다. 스스로 창조되었다는 것은 터무니없는 말이다. 이 세상이 자존했다면 사실 이 세상은 초월적이고 신적이다. 따라서 신의 존재는 증명된다. 자존하는 존재가 이 세상을 창조했다면, 다시 말하

79 Sproul, Gerstner, and Lindsley, *Classical Apologetics*, 93 이하.

80 Sproul, Gerstner, and Lindsley, *Classical Apologetics*, 82 이하, 111.

지만, 신은 증명된다. 무한하게 많은 우연적 존재들은 이 세상의 원인일 수 없다. 즉, 이런 우연적 존재들 가운데 어떤 존재도 이 세상을 발생시키는 데 충분하지 않다면 전체 연속 또한 충분하지 않을 것이다. 이런 종류의 논증에 대해 많은 것을 언급할 수 있었다(그리고 언급했다).

리고니어 저자들의 존재론적 논증에서처럼 필자에게 가장 눈에 띄는 것은 다음과 같다. 즉, 그들이 이 우주는 그 자체의 신이라는 범신론적 대안을 분명하게 배제하지 못하고 있다는 점이다. 이 책에서 이런 반대에 반응해서 필자가 발견할 수 있는 것은 다음의 한 문장이다.

> [하나님]은 인격적이다. 왜냐하면, 그분은 목적과 인격적인 것들을 포함하는 모든 것의 포괄적인 원인(pervasive cause)이기 때문이다.[81]

하지만, 존재가 인격의 원인이 되기 위해 존재 자체가 인격적이 되어야 한다는 것은 결코 분명하지 않다.

존재론적 논증과 우주론적 논증은 함께 다음과 같은 것을 암시한다. 즉, 리고니어 견해에 기초할 때 존재는 무한하고 따라서 무한한 정도로 모든 탁월성을 소유한다.[82] 이런 탁월성은 인격성을 포함하는 기독교 하나님의 모든 전통적 속성을 포함한다. 따라서 하나님은 존재한다.

하지만, "탁월성," 즉 완전성이라는 개념은 종교적으로 문제가 된다. 한 사람에게 탁월한 것은 다른 사람의 눈에 결함이다. 인격성은 기독교 가르침에 물든 서구 사람에게는 완전성이다. 불교 신자에게 인격성이 반드시 그런 것은 아닐 것이다. 따라서 저자들의 책이 제시하는 이런 종류

81 Sproul, Gerstner, and Lindsley, *Classical Apologetics*, 123.

82 Sproul, Gerstner, and Lindsley, *Classical Apologetics*, 123.

의 입증은 일련의 특별한 가치를 전제한다. 그렇지 않다면 이런 종류의 입증은 단순히 타당하지 않다. 다른 말로 말해서 이런 종류의 입증은 전제적 논증이거나 아니면 실패한 논증이다.

필자는 기독교 증거에 대한 리고니어 저자들의 설명을 살펴보기 위해 목적론적 논증은 제외할 것이다. 여기서 저자들은 이런 종류의 다른 책들의 패턴을 따른다. 그들은 복음서가 "신뢰할 만한 역사적 출처"라는 전제로 시작한다.[83] (물론 이것 이상의 것을 전제하는 것 즉 이런 책들은 하나님의 말씀이라고 전제하는 것을 효과가 없을 것이다. 그것은 순환론적이고 전제주의적일 것이다.)

이런 신뢰할 만한 역사적 출처에서 우리는 예수님에 대해 배운다. 즉, 예수님이 기적을 행했다는 것과 그분이 자신을 하나님이라고 주장했다는 것을 배운다.[84] 예수님의 기적은 그분 주장이 담고 있는 신적 증거를 입증한다. 따라서 예수님은 하나님이다. 또한 성경이 하나님의 말씀이라는 그분의 증언을 믿어야 한다. 이 점에서 우리는 성경이 우리의 궁극적 기준이라고 결론을 내린다.

여기서부터 우리는 성경 권위에 기초해서 즉 전제주의자들처럼 논증한다![85]

이런 논증에 대해 몇 가지 언급하자.

---

83 Sproul, Gerstner, and Lindsley, *Classical Apologetics*, 141.

84 흥미롭게도 이 점에서 리고니어 저자들은 반틸적인 어조처럼 들린다. 즉, 기적은 유신론적 전제가 없다면 어떤 증거상의 가치도 없다(Sproul, Gerstner, and Lindsley, *Classical Apologetics*, 146 이하). 그들은 그들 자신이 유신론적 입증을 통해서 하나님의 존재를 입증했고 따라서 그들은 기적이 불가능하다는 생각을 결정적으로 반박했다고 믿는다. 물론 반틸은 이것을 넘어설 것이다. 또한 그는 기적의 타당성은 불충분한 유신론적 세계관이 아닌 완전한 기독교 세계관을 필요로 한다고 언급할 것이다.

85 추정하건대 우리가 변증학을 할 때를 제외하고 말이다. 하지만, 어째서 이것이 하나의 예외가 되어야 하는가?

① 필자는 리고니어 저자들이 복음서의 신뢰성에 대한 현재의 학문적 합의를 과대평가하고 있다고 생각한다. 그들은 거의 모든 신약 신학자가 복음서가 "일반적으로 신뢰할 만하다"고 인정할 것이라고 가정한다. 필자는 그것을 의심한다.

② 가령 우리가 일부 매우 특이한 사건이 예수님의 사역에서 발생했다고 인정한다고 하더라도[86] 어떻게 우리는 이런 사건을 단지 예수님의 권위에 대한 신적 증명으로 설명할 수 있는지 확신할 수 있는가? 어떤 다른 원인도 이런 사건을 만들어 낼 수 없을 것이라는 부정적인 제안을 (기독교적 전제 없이) 증명하기는 매우 어렵다. 리고니어 저자들은 그들의 주장을 진술하기 위해 이런 제안을 입증할 필요가 있다. 하지만, 이 책에서 어떤 것도 그런 입증에 해당하지 않는다.

③ 리고니어 저자들이 앞에서 다음과 같은 것을 자랑했다는 것을 기억하라.

즉 그들은 자신들이 개연적 논증뿐만 아니라 확실성을 보증하는 논증도 제공했다는 것이다. 이제 필자는 어떻게 그들이 그들 논증, 즉 "보편적이고 필연적 가정"인 유신론적 논증의 앞부분을 위해 이런 주장을 할 수 있는가를 이해할 수 있다. (필자는 그들이 성공적으로 이런 주장을 타당하게 한다고 생각하지 않는다. 하지만, 필자는 어째서 그들이 그 주장을 타당하게 했다고 생각하는지 이해할 수 있다.)

하지만, 그들이 역사적 증거에 도달할 때 필자는 심지어 증명했다는 그들의 주장에서 전혀 타당성을 발견하지 못한다. 복음서의 신뢰성이라

86 또한 물론 우리가 특이한 사건을 기적으로 부르기 전에 그 사건이 얼마나 특이해야 하는가에 대한 질문이 제기되어야 한다.

는 가정은 논란의 여지가 매우 크다. 또한 기적이 항상 하나님이 임명한 사자를 증거한다는 논증도 설득력이 떨어진다. 또한 혹자는 예수님이 분명히 성경을 믿는 믿음을 보증했는지에 대해서도 이의를 제기했다. 물론 이런 문제에 대해 필자는 리고니어 저자들이 옳고 자유주의 비평가들이 틀리다고 생각한다.

하지만, 만약 그들이 모든 범위의 기독교적 전제 없이 이런 질문을 살펴본다면 필자는 그들이 어떻게 자신들의 논증을 위해 높은 정도의 개연성 이상의 무언가를 책임감 있게 주장할 수 있는지 모르겠다.

4. 일부 형식상의 문제들

독자의 주의를 잃을 위험이 있으므로 필자는 앞으로 나올 판에서 교정되어야 하는 일부 편집상의 문제를 지적해야 한다고 생각한다. 아마 부분적으로 세 명의 저자로 인해 이런 많은 문제가 발생한다.

① 필자는 문맥에서 신학적 창조성을 다루는 데 있어서 세 쪽이 필요한지 이해할 수 없다(pp. 64 이하).

② 신학에서 개연론(蓋然論)에 대한 부록(附錄, pp. 125 이하)이 또한 어딘가 다른 곳에 속해야 하는 것처럼 보인다. 이것은 무목적론에 대한 논의를 와해시킨다.

③ 185쪽에서 세 번째 요점이 필자에게는 많이 이해가 되지 않는다. 적어도 이 요점은 두 번째 요점과 명확하게 구분되지 않는 것처럼 보인다.

④ 187쪽의 오자(誤字)에 주목하라. "죄의 인지적 영향"(poetic influence of sin)(!).

⑤ 220쪽에서 저자들은 반틸의 『기독교 인식론 개관』(*Survey of Christian Epistemology*)이 그의 『변증학의 형이상학』(*Metaphysics of Apologetics*)과는 다른 책이라는 인상을 준다. 사실 이 두 책은 동일한 책이다. 전자의 책은 후자의 책을[87] 더 최근에 인쇄한 것이다.

⑥ 212쪽에서 반틸의 언급에 대해 잘못 파악하는 것에 대해 앞에서 했던 지적을 기억하라.

⑦ 필자는 러너(Runner)의 "재공포"(Republication) 개념에 대한 저자들의 평가에 동의한다(pp. 251 이하). 하지만, 이 개념은 다소 맥락과 어설프게 어울린다.

⑧ 254쪽, 두 번째 단락에서 누가 말하고 있는가?
반틸, 설리반, 아니면 리고니어 저자들?

⑨ 둔스 스코투스(Duns Scotus, p. 260)에 대한 자료도 부적절한 것처럼 보인다.

5. 결론

우리를 사고하게 하는 것이 이 책에 많이 있다. 필자는 다양한 곳에서 리고니어 저자들이 반틸과 근접해 있다는 것에 놀랐다. 필자는 반틸의

87 필자는 꼭 말해야 할 것이 있다. 즉, 앞서 나온 책 제목을 많이 언급하고 반틸의 나중에 나온 책은 상대적으로 적게 언급하는 것이 필자는 약간 당혹스럽다. 1929년으로 거슬러 올라가는 반틸의 앞서 나온 책은 상대적으로 미묘한 차이가 없는 강의 요목에 기초했으므로 이 책에서 그렇게 많은 범위로 반틸을 판단하는 것은 거의 공평해 보이지 않는다.

변증학과 리고니어의 변증학 사이에 추가 논의를 위한 일부 영역이 있다고 생각한다. 일반계시와 죄의 인지적 영향에 대해 많은 유사점이 존재한다. 우리 믿음을 근거 두는 데 있어서 단순한 개연성 이상의 것이 필요하다는 것에 대한 인식이 있다. 저자들은 또한 증거에 의한 논증이 기독교 세계관의 일부 요소를 전제한다고 인식한다.

주요 차이점은 자율성에 대한 평가에 놓여 있다. 누가 공유된 칼빈주의적 전제에 가장 일치하는지에 대한 추가 논의의 여지가 있다.

확실히 주 안에서 상호 지지와 격려를 위한 많은 여지가 있다. 개인적으로 말해서 필자는 존 거스트너에게 많은 것을 빚지고 있다. 수십 년 동안 그는 서부 펜실베이니아에서 가장 설득력 있고 지칠 줄 모르는 개혁신앙의 변호자였다.

리고니어밸리스터디센터(Ligonier Valley Study Center)를 통해서 스프롤과 린슬리는 거스트너의 사역을 계속하고 있고 강의와 테이프를 통해서 개혁파의 메시지, 즉 대체로 그리스도의 복음에 대한 탁월한 소통을 전 세계에 보내고 있다.

반틸주의자인 우리는 이런 용감한 사람들에게서 배울 것이 많다. 또한 아마 그들도 우리에게서 배울 것이 많을 것이다.

부록 B

프레임에 대한 제이 아담스의 답변[1]

친절하고 다소 익살맞은 방식으로 존 프레임이 언급하는 것은 다음과 같다. 즉, 아담스는 미해결 부분을 참을 수 없다. 또한 그는 항상 문제에 대한 답을 찾으려고 애쓴다. 그는 문제 해결사이다. 이것이 아담스가 소위 "악의 문제"에 대한 답을 찾기 원하는 이유다. 모든 것에 대한 해결책을 찾으려는 이런 성향은 상담에서 좋은 것일 수도 있다.

하지만, 신학에서 이것이 항상 효과가 있는 것은 아니다. 사실 우리 앞에 놓인 문제에서 아담스가 너무 지나쳤다는 것이 분명하다. 악의 문제에 대한 어떤 해결책도 없다(아담스가 언급하는 것처럼 "소위" 이 문제가 아니라). 아마 심지어 영원히 해결책이 없을 것이다.

결국 어거스틴이 악의 문제를 해결 할 수 없었다면 아담스는 자신이 누구라고 생각하기에 자신이 악의 문제를 해결할 수 있다고 생각하는가?

1 아담스는 정중하게도 제7장의 그에 대한 필자의 비판에 답변했다. 필자는 아담스의 이 글로 인해 그에게 감사하며 또한 우리가 여전히 친구라는 것을 알리게 돼서 기쁘다! 필자에 관해서 말하자면 필자는 본문에 썼던 것을 고수한다. 독자가 누가 진리에 더 가까운지를 결정할 수도 있다. 어쨌든 필자는 기꺼이 독자로 하여금 최종 발언권을 갖게 하고자 한다. 이런 점에서 필자는 다른 신학 논쟁가에게 본이 되길 바란다.

물론 잠시 이런 생각들을 살펴보자.

먼저 어거스틴의 논증을 다루어 보자. 필자가 어떤 영역에서 엄격한 성경 신학적인 표현으로 인해 어거스틴을 칭찬해야 한다. 하지만, 다른 영역에서 그에게 동의할 수 없다. 가령 어거스틴은 세례가 죄를 씻어낸다고 믿었다. 어거스틴이 최종 답이 아니다.

성경이 최종 답이다!

하지만, 이것으로 충분하다.

프레임의 실제 반대는 어떻게 되는가?

물론 한 가지 근거에서 그는 확실히 옳다. 즉, 필자는 분명히 미해결 문제를 마무리 짓기를 좋아한다는 것이다. 내 서재 벽에는 "문제는 해결을 위해 있다"고 적힌 글이 있다. 필자는 필자가 가능한 많은 미해결 문제를 마무리 짓기를 원한다고 고백하는 데 있어 어떤 어려움도 없다. 즉, 가능한 많은 문제를 성경적으로 해결할 수 있기 원한다.

하지만, 필자는 신명기 29:29의 교훈을 이해하며 또한 따르려고 애쓴다는 것을 프레임이 알기를 원한다. 또한 필자는 이 구절이 금지 하는 어떤 것에 대해서도 추측하길 원하지 않는다는 것을 그가 이해하길 바란다. 필자의 책인 『위대한 증명』(*The Great Demonstration*)에서 성경이 처음에 계시하지 않았던 소위 악의 문제에 대해 필자는 어떤 것도 진술하지 않았다고 확신한다. 그렇다면 이것이 문제다.

즉 필자가 진술했는가?

아니면 필자가 진술하지 않았는가?

로마서 9장은 명확하다. 로마서 9장은 악이 존재하는 이유를 제시한다. 하나님은 자신의 본성을 보여 주길 원하셨다고 말씀한다. 하나님은 자신의 진노와 권능을 보여 주길 원하셨다. 따라서 하나님은 그런 목적을 위해 자신이 계획했던 진노의 그릇을 오랜 참음으로 인내하셨다.

만약 악이 존재하지 않는다면 선하신 하나님이 진노, 심판, 권능을 보여 주기는 불가능할 것이다. 하나님 본성의 다른 측면도 마찬가지다. 하나님이 긍휼과 은혜를 보여 주길 원하실 때 그분은 그런 목적으로 긍휼의 그릇을 계획하셨다. 악이 존재하지 않는다면 긍휼에 대한 어떤 필요성도 존재하지 않을 것이다. 또한 물론 하나님은 자동 기계가 아닌 책임 있는 피조물을 통해서 이것을 발생시키기로 결정하셨다.

이제 필자는 이것이 소위 악의 문제가 제기한 문제에 대한 해결책이고 답변이라고 주장한다. 이 문제를 다음과 같이 진술할 수도 있다.

즉 선하신 하나님이 창조하신 세상에 어떻게 악이 존재할 수 있는가?

답은 무엇인가?

하나님이 자신의 본성을 보여 주시기 위해 악을 작정하셨다.

물론 만약 프레임이 원한다면 그는 아이가 하는 이유를 묻는 게임을 할 수 있다.

프레임 당신은 어떻게 그 게임이 진행되는지 알고 있죠?

그렇죠?

아이는 엄마가 주는 모든 답변에 대한 반응으로 엄마에게 이유를 묻는다. 만약 프레임이 로마서 9장에 계시된 답변이 충분하지 않다고 생각한다면 그는 계속해서 이유를 묻을 수 있다. 필자는 다음 질문은 "어째서 하나님은 자신의 본성을 보여 주시길 원했는가?"라고 가정한다. 하지만, 하나님은 우리에게 그것을 계시하진 않았다.

하지만, 하나님은 어째서 악한 인간들이 존재하는지를 우리에게 말씀하셨다. 그리고 이것으로 충분할 것이다. 사실 이것은 대부분의 사람이 인정하는 것보다 더한 것이다. 필자의 의견에 로마서 9장에서 하나님은 우리가 필요한 궁극적 답변을 제공하신다. 즉, 하나님은 자신의 영광을 위해 그분 자신의 선하신 이유에 따라 이런 방식으로 자신의 본성을 보여 주시기로 하셨다.

이것이 악의 문제에 대한 답변이 아니라면 적어도 지금 현재 상태의 계시로서는 어떤 해결책도 없다. 아마 하나님은 영원에서 우리에게 자신의 마음을 많이 계시할 것이다.

하지만, 지금 그분은 그렇게 하지 않으셨다. 그런데도 이 모든 것에 어떤 이해하지 못할 것은 존재하지 않는다. 또한 하나님은 우리에게 어째서 자신이 진노를 위해 사람을 일으키고 준비시켰는지를 말씀하신다. 그것은 그분 본성을 보여 주시려는 목적에서다.

존, 더 무엇을 원하는가?

하나님의 마음에 들어가 이유를 묻고 싶은가?

부록 C

믿음 대 믿음:
언약적 인식론과 자율적 신앙주의

조셉 토레스 박사

1. 서론

다음 대화는 하나님의 존재에 대해 필자가 온라인상에서 실제 했던 대화에서 발취했다. 필자는 선험적 논증(transcendental argument)에 대해 대화를 나누고 있었고 결국 우리가 리처드(Richard)로 부르는 동료에 의해 방해를 받았다. 리처드가 기독교에 대해 매우 적대적이라는 것을 깨닫는데 오래 걸리지 않았다. 제10장에서 발견되는 것과는 다르게 여기서 제시하는 것은 약간 정리되긴 했지만 불신자와의 실제 대화다.

2. 대화

조(Joe): 샘(Sam), 당신의 숙고에 대해 제가 제안하는 것은 하나님의 존재를 지지하는 선험 논증으로 알려진 논증입니다. 선험 논증은 "하나님이 존재한다"고 결론을 내리는 단순 논증 이상의 논증입니다. 대신 이 논증은 전체로서 기독교가 참이라는 것을 증명하려고 합니다. 제1원인, 위대한 설계자, 또는 가장 완전한 존재인 하나님에게 초점을 맞추는 전통 논증과는 대조적으로 선험 논증은 원인, 목적, 계획, 도덕, 학문, 심지어 이해할 수 있는 논리를 만드는 분은 성경의 하나님이라고 주장합니다. **이런** 하나님이 없다면 어떤 것도 이해할 수 없고 의미가 없으며 가치가 없습니다.

[그런 후에 필자는 제4장에서 발견되는 것처럼 합리성, 도덕성, 자연의 균일성에 기초해서 신 존재 선험 논증의 일반적 개요를 설명한다.]

… 저는 당신이 제가 제시하는 논증의 전반적인 선험적 요점을 이해하길 바랍니다.

[리처드가 입장한다. 이 대화 이후에 샘은 오래 머물 않는다.]

리처드: … 저는 당신이 했던 설명의 유창함을 칭찬해야겠습니다. 저는 당신이 쓰신 작은 양의 글을 읽고 나서야 당신의 글이 모두 성경에서 발췌했고 유사 과학적 언어로 표현하고 우주와 물리 세계의 역사를 위한 모형을 제시하고 있다는 것을 깨달았습니다. 앞에서 당신이 샘과 나누었던 논의에 기초해 볼 때 저는 당신이 하나님이 없다면 과학이나 도덕을 위한 어떤 기초도 있을 수 없다고 믿는 것으로 이해합니다. 이것이 옳다면 당신은 잘못 알고 있는 것입니다. 과학은 수학적 추론에 기초한 관찰에서 기원합니다.

… 하나님이 없다면 도덕이 존재할 수 없다는 생각은 저에게 매우 문제가 되는 것처럼 보입니다. 제가 이런 생각을 이해하

기 때문에 당신의 논증은 만약 부모가 그들의 자녀들에게 옳고 그름을 가르치지 않는다면 그들의 자녀들이 결코 그런 생각을 배울 수 없을 것이라고 잘못되게 믿는 부모와 같습니다. 하지만, 도덕성은 직관적입니다. 만약 사람이 상호 법칙(law of reciprocity)으로 삶을 산다면 그는 신에 대한 필요성 없이 참된 도덕적 삶을 살 것입니다. 마찬가지로 십계명은 도덕적 추론의 기원이 아니었습니다. 이런 법들은 일반적으로 알려졌고 고대 세계에서 사람들은 이런 법들을 믿었습니다. … 이스라엘 사람들은 이 법들을 성문화했습니다. 그리고 그들은 이런 법들이 하나님으로부터 기원하는 "명령"의 형태로 왔다고 주장했습니다. 그들은 더 많은 존경과 인정을 받기 위해 그렇게 했습니다.

당신에게 정직하겠습니다. 제가 기독교에 대해 읽었던 유일한 책은 성경 자체입니다. 그리고 성경을 끝까지 읽는 것은 괴로운 것이었습니다. 성경은 기껏해야 아주 조금 사실에 기반을 두고 있습니다. 예수가 하나님의 아들, 즉 이 세상의 주와 구세주라는 것을 믿는 것은 **맹목적 신앙** 이상의 것을 요구합니다. 또한 논리적 추론과 과학적 과정에 대해 못 본 체합니다. … 예수 그리스도가 어떤 식으로든 하나님이었다는 것을 추론하기 위해 직접 관찰이나 간접 관찰을 통해서 또는 타당한 과학적 방법을 사용하는 어떤 논리적 방법이 없습니다. 이것은 사실에 어떤 기초도 없습니다. 오히려 이것은 **믿음**입니다.

조: 리처드, 당신의 논평과 칭찬으로 인해 감사합니다. 괜찮다면 저는 몇 가지를 지적하고 싶습니다. 당신은 저의 원 논증이 담고 있는

선험적 요점을 놓치고 있는 것처럼 보입니다. 저는 비그리스도인들이 도덕적으로 살지 못하고 과학을 하지 못하거나 합리적으로 생각하지 않는다고 말하는 것이 아닙니다.

제가 말하는 것은 그들의 **세계관**이 선험적 요점을 설명할 수 없다는 것입니다. 비기독교 철학은 어째서 우리가 과학을 할 수 있는지를 이해할 수 없습니다. 또한 비기독교 철학은 논리 법칙, 인간 존엄성 또는 도덕적 책임의 권위를 설명할 수 없습니다. 제가 말하는 것은 이것입니다. 즉, 비그리스도인들은 그들의 마음에 하나님이 존재한다는 것을 알고 있다는 것입니다. 그들은 기독교를 반대하기 위해 기독교 원리를 차용해야 합니다. 이것은 개념적 표절입니다.

당신이 기독교를 거절하는 이유는 구체적이지 않습니다. 당신은 정당화할 수 없는 많은 가정을 하고 있습니다. 당신은 진화론이 기독교의 과학적 훌륭함의 신빙성을 없앴다고 가정하는 것처럼 보입니다.

하지만, 제가 앞에서 언급했던 것처럼 과학은 미래가 과거와 같을 것이라는 귀납적 원리에 의존합니다. 과학자들은 자연의 균일성이 반복적인 관찰로 진행하기 위해 자연의 균일성을 가정해야 합니다. 하지만, 그들은 귀납을 제공**할 수 없습니다**(왜냐하면, 그것은 관찰될 수 없기 때문입니다). 그것은 철학적 근거나 종교적 근거에 기초해서 확립되어야 합니다.

따라서 어떤 근거에서 당신은 귀납을 정당화하십니까?

다윈주의에 의하면 우주는 결정적인 계획, 즉 정확하게 어떻게 상황이 전개될 것인가를 지배하는 계획이 있습니다.

우연이 지배하는 현실에서 어째서 미래가 과거와 같을 것으로 기대합니까?

시간을 고려해 볼 때 모든 것이 가능합니다!

결국 그것은 다원주의자들의 기원 이야기입니다.

또 다른 질문을 해도 될까요?

당신은 물질주의자입니까?

실제 하는 모든 것이 물질적이라고 믿습니까?

만약 그렇다면 당신은 존재나 논리 법칙이 가진 인식론적으로 구속력 있는 본질을 설명할 수 있습니까?

결국 당신은 기독교가 대체로 합리적이라고(subrational) 주장했습니다.

하지만, 어떻게 **이성**과 같은 추상적인 것을 설명합니까?

논리 법칙은 단지 다수 의견에 의해 확립된 규칙입니까?

논리 법칙이 그렇다면 어째서 우리는 그것들을 지켜**야 합니까**?

만약 논리 법칙들이 절대적이지 않다면 우리가 그것들을 따르지 않는다 하더라도 뭐 그리 대단한 일입니까?

한편 논리 법칙들이 보편적으로 구속력이 있다면 어떻게 물질적인 틀로 그것들을 설명하실 건가요?

논리 법칙들이 물질적 사물인가요?

그것들은 공간 어딘가에 존재합니까?

그것들은 플라톤이 말하는 형상의 세계에 존재합니까?

저는 당신이 물질적인 해석에 기초해서 자연의 균일성, 도덕적 절대 원칙의 권위적 특성, 사고 법칙을 설명할 것을 도전합니다. 당신이 이런 것들을 정당화할 수 없다면 맹목적 믿음에 기초해서 작업하는 것은 제가 아니라 당신입니다.

리처드: 도덕성은 실제로 하나님과 관련이 없습니다. 결국 제가 하나님

에 대한 어떤 개념을 갖기 오래 전에 저는 뭐가 옳고 그른지를 알았습니다. 또한 제가 하나님에 대한 믿음을 거절한 후에 오래 동안 저는 계속해서 저의 도덕적 이상에 충실하고자 했습니다(또한 충실할 것입니다).

이와 마찬가지로 논리는 하나님과 관련이 없습니다. 여기서 저는 하나님이 존재하지 않는다는 것을 지지하는 마이클 마틴(Michael Martin)의 선험 논증(TANG, 신 비존재 선험 논증)을 의지할 것입니다.[1]

신 존재 선험 논증이 가정하는 기독교 유형에 의하면 하나님이 논리를 포함해서 모든 것을 창조했습니다. 또한 적어도 논리를 포함한 모든 것이 하나님에게 의존합니다. 게다가 논리 원칙이 하나님에게 의존한다면 그분은 그것을 바꿀 수 있습니다. 따라서 하나님은 비모순율을 거짓으로 만들 수 있습니다. 다른 말로 말해서 하나님은 명제와 그것의 부정이 동시에 참이 되도록 사태를 정리할 수 있습니다. 하지만, 이것은 불합리합니다.

어떻게 하나님은 뉴질랜드가 중국의 남쪽의 되고 뉴질랜드가 중국의 남쪽이 되지 않도록 배칠 할 수 있겠습니까?

1 무신론 철학자 마이클 마틴(Michael Martin)은 신 존재 선험 논증(TAG)에 대한 부정적인 논증을 정식화했다. 그리고 그는 이것을 하나님이 존재하지 않는다는 것을 지지하는 선험 논증(TANG)으로 부른다. 마틴에 의하면 논리 법칙, 과학의 본질 등등 모두 이해할 수 있는 것이 되기 위해 하나님의 비존재를 가정한다. 마친 자신의 표현으로 된 그의 논증을 참조하려면 "The Transcendental Argument for the Nonexistence of God"(1996), http://www.infidels. org/library/modern/michael_martin/maritin-frame/tang.html를 보라. 마틴에 대한 프레임의 답변 가운데 몇 개가 이 책 신판의 주요 본문에 포함되었다. 특별히 하나의 신랄한 반박을 참조하려면 Michael Butler, "TAG vs. TANG," *Penpoint* (August 1996), http://reformed. org을 참조하라.

따라서 우리는 논리가 하나님에 의존하지 않는다고 결론을 내려야 합니다. 또한 기독교 세계관이 논리가 의존적이라고 가정하는 한 논리는 거짓됩니다. 논리는 단순히 관찰할 수 있고 연역할 수 있는 우주의 산물입니다.

조: 리처드, 저는 **어떤** 차원에서 우리가 서로를 지나쳐서 말하고 있다고 생각합니다. 제가 당신의 답변을 해석할 때 저는 계속해서 당신이 저의 요점을 놓치고 있다고 생각합니다. 저는 비그리스도인들이 도덕적 삶을 살고 있지 않다고 말하는 것이 **아닙니다**. 당신은 하나님에 대한 의식적 믿음 없이 도덕성을 배웠다고 설명합니다. 좋습니다. 저는 결코 그 반대를 말하지 않았습니다. 또한 그 반대를 믿지도 않습니다. 저는 어떻게 우리가 도덕성의 세부사항을 배우게 되었는가에 대해 묻는 것이 아닙니다.

오히려 저는 도덕적 명령 이면에 있는 궁극적 **권위**가 무엇인가를 묻는 것입니다. 저는 궁극적 권위가 개인적 선호나 사회적 합의로 축소될 수 없다고 주장합니다. 당신은 마치 이것이 저의 입장에 대한 반박인 것처럼 유신론적 믿음 없이 도덕의식을 가진 사람들의 예를 언급했습니다. 하지만, 리처드, 그것은 그렇지 않습니다. 저는 비그리스도인들이 합리적으로 사고하지 않는다고 말하는 것이 아닙니다. 저는 다음과 같이 질문하는 것입니다.

"도덕, 논리, 과학, 가치 등에 관한 일상의 가정을 정당화하기 위해 이 세계에 적용되어야 하는 것은 무엇인가?"

신 비존재 선험 논증은 기독교 신론을 잘못 이해하고 있습니다. 하나님은 자신의 성품을 위반하거나 자신의 본질적 본성을 바꿀 수가 없습니다.[2] 논리를 적당하게 표현하고 적용할 때 논리는 이미 하나님의 생각을 특징 지었던 일관성을 반영합니다. 따라서 하나님의 형상으로 창조된 피조물로서 우리는 유한한 범위에서 그분의 사고를 반영할 수 있습니다. 따라서 아마 하나님이 임의적으로 상황을 바꾸는 것에 대해 마틴 박사가 제공하는 예는 하찮은 것입니다. 우리는 하나님에 대한 **일반**(generic) 개념에 반대하는 주장을 시작할 수 없습니다. 저는 **성경의** 하나님을 변호합니다. 따라서 그런 하나님에 반대하는 논증은 **이** 하나님의 본성을 잘 알아야 합니다.

리처드: 자연의 균일성은 하나님과 관련이 없습니다. … 저는 우리가 단일 추론으로 확실성을 얻을 수 없다고 믿습니다. 하지만, 많은 추론 즉 다양한 관점에 기초하는 많은 추론이 동일한 결론에 집중될 때 확실성은 부정할 수 없는 것이 됩니다. 자연의 균일성은 확실히 이런 종류의 반박할 수 없는 추론에 해당합니다.

조: 과학적 "연역"에 대한 당신의 언급이 저에게 타당한 것이 되기 위해 "귀납"(induction)이라는 단어를 당신이 "연역"(deduction)이라고 적는 곳에 삽입하면서 저는 그것을 다시 읽어야 할 것입니다.
[필자는 과학은 귀납적 원칙에 따라 작동한다는 것을 증명하기 위해 확장된 논증을 제시한다. 연역적 결론이 귀납적으로 구성된 전제에 기초해서 세워진다면 연역적 결론이 절대적으로 확실한 것은 아니다.]

2 민 23:19; 말 3:6; 딛 1:2; 히 1:11-12; 6:18; 약 1:17.

일단 이것이 이루어진다면 당신의 언급은 악순환이 됩니다.

귀납이 전에 결코 우리의 기대를 저버리지 않았기 때문에 우리가 귀납에 대한 믿음을 정당화할 수 있습니까?

이것이 귀납적 논증입니다!

이것은 우리가 자연의 균일성을 자연의 균일성에 기초할 수 있다고 말하는 것과 동일합니다.

"우리는 미래가 과거와 같을 것이라고 믿습니다. 왜냐하면, 미래는 항상 전에 과거와 같았기 때문입니다!"

이것은 과학적 진술이 아닙니다.

또한 당신은 믿음에 대한 대담한 선언을 했습니다!

당신의 언급은 두 가지 의미에서 순환론적입니다.

첫째, 제가 위에서 언급했던 의미에서 순환론적입니다.

둘째, 당신의 언급은 기적이 역사에서 결코 발생하지 않았다고 가정합니다.

하지만, 그것이 우리 논쟁의 일부분은 아니지 않습니까?

당신은 자연주의를 확증하기 위해 자연주의를 담대하게 가정하고 있습니다.

저는 사실 당신이 마음에서 하나님을 알고 있다고 제안합니다. **아닙니다**. 이것이 반드시 당신이 노골적으로 저에게 거짓말을 하고 있다는 것을 의미하진 않습니다. 단지 당신이 스스로 속이고 있다는 강한 가능성이 있다는 것을 의미합니다. 당신은 하나님의 형상으로 창조되었습니다. 그리고 창조주이신 하나님의 흔적이 분명히 당신 본성 안에 새겨져 있습니다.

저는 하나님이 당신의 왕으로서 가진 권리를 당신이 부정하는 이유가 지적 난점에 기초하고 있지 않다는 것을 증명하려고 시도했습니다. 여기서 이런 궁극적 문제는 당신이 하나님을 믿을 수 없다는 것이 아니라 당신이 그분을 믿지 **않으리라**는 것입니다.

리처드: [진술을 끝내며] 당신의 신 존재 선험 논증은 … 단지 기독교를 지지하는 또 다른 더 영리하고 반박하기 어려운 설명입니다. 저는 논쟁 분야에서 당신의 말재주와 기술은 당신에게 어떤 방식으로 영향을 미치려는 합리적인 기회를 저에게 허락하지 않는다는 것을 고백해야 할 것 같습니다. … 제가 가진 것은 다음과 같은 것입니다. 즉, **저의 마음의 무언가**가 내 존재의 모든 구조에 기독교는 뭔가 수상쩍다고 말한다는 것입니다. 기독교의 핵심에서 무언가가 거짓이라는 것입니다.

어째서 모든 것이 신비입니까?

나와 이 세상 모두를 납득시키기 위해 필요한 모든 것은 하나의 전 세계적인 신적 개입입니다. 저는 제가 지금까지 제시했던 것보다 더 지적인 논증 형식에 대한 저의 **직관**을 더 잘 표현하길 바랍니다. 인간 미래의 열쇠는 인간 사고의 발전에 놓여 있습니다. 그리고 기독교는 이런 진보를 방해합니다. 기독교는 모든 "답"을 가지고 있고 질문을 위한 어떤 여지도 남기도 않습니다.

앞에서 당신은 저에게 제가 유물론자인지를 물었습니다. 저는 당신이 … 말할 수 있다고 추측합니다. 저는 모든 것을 물리적으로 설명할 수 있다고 생각합니다.

하지만, 저는 모든 물리적 설명들이 해명되었다고 믿지 않습니다. 또한 저는 그것들이 곧 해명될 것으로 믿지도 않습니다. 우리 우주 안에 그리고 인간의 마음에 단순히 너무 많은 것이 존재해서 인류의 지속을 나타내는 단순한 시간 안에서 모든 것을 설명할 수 없습니다.

다시 말하지만, 당신의 글 솜씨가 너무 노련해서 제가 경쟁할 수 없습니다. 제가 가진 모든 것은 당신이 **믿음**으로 부르는 것입니다. 즉, 당신의 세계관은 완벽하지만, 잘못되어 있습니다. 그리고 저의 세계관은 매우 불완전하지만, 적어도 올바른 방향으로 향하고 있습니다. 좋은 대화를 나누어 주셔서 감사합니다.

조: [온라인상에서 나누었던 대화의 원 독자들에게 진술을 끝내며] 이 포스트의 독자들에게 저는 일련의 질문을 합니다.

기독교에 대한 리처드 선생의 반대가 **실제로** 논리, 이성 그리고 뛰어난 도덕적 추론에 근거했습니까?

당면한 실제 문제는 우리 그리스도인들이 "맹목적 믿음"에 기초해서 작용하지만, 무신론자들은 "사실"에 기초해서 추론하는 문제였습니까?

아니면 아마 이것은 또 다른 유형의 믿음과 대비되는 한 가지 유형의 믿음입니까?

저는 이 대화에서 독자들이 이해했던 것은 두 개의 상반된 세계관사의 충돌이라고 독자들에게 제안합니다. 이것은 맹목적 믿음과 하나님 말씀이라는 객관적 계시에 대한 믿음 사이의 차이점입니다.

저는 만약 성경의 삼위일체 하나님이 살아 계시지 않는다면 객관적인 도덕적 가치와 같은 그런 것은 존재하지 않는다고 주장했습니다. 또한 저는 자연에 어떤 균일성도 존재하지 않으며(과학의 시작을 불가능하게 한다), 어떤 인간의 존엄성도 존재하지 않으며 또한 지적 논쟁에서 위반해야 할 어떤 합리 법칙과 같은 그런 것들은 존재하지 않는다고 주장했습니다. 하지만, 이것은 그렇지 않습니다.

우리가 가진 세계관 안에서 일관되게 주장하려고 시도했습니까?

그렇습니다. 저는 우리 둘 다 그렇게 했다고 믿습니다. 하지만, 저는 리처드가 저의 세계관을 공격하기 위해 저의 세계관에서 차용했어야 했다고 주장합니다. 다른 한편 저는 만약 저의 세계관이 이미 참이 아니라면 합리적 담화가 심지어 타당하지 않다고 주장합니다. 다른 말로 말해서 합리적 담화를 이해할 수 없습니다. 저는 그 반대의 불가능성에 기초해서 기독교 세계관의 진리를 증명하는 논증을 제시하려고 애썼습니다. 이것이 선험적인 부정적 논증(transcendental negative argument)으로 부르는 것이다.

논의를 끝낼 때 저는 한 가지를 완전히 명확하게 하고 싶습니다. 저는 제가 말하는 사람들 가운데 어떤 사람들보다 더 지혜롭고, 더 총명하고 더 옳다고 주장하지 않습니다. 저는 하나님의 존재를 이해하기 위한 철학적 사다리를 분명하게 세우지 않았습니다.

하나님은 성경에서 자신을 계시하셨습니다. 이런 말씀에 비추어 저는 겸손하게 세상과 저 자신을 연구합니다. 저도 전에 하나님의 말씀을 거절했습니다. 따라서 저는 다른 누구와 다를 바 없습니다. 어느 편인가 하면 비록 제가 저를 향하신 하나님의 은혜롭고 주권적인 사랑을 받을 자격이 없었지만(그리고 아직 없지만) 저는 그런 은혜로 인해 겸손케 되었습니다. 하나님은 그분의 영을 통해서 저에게 성경의 렌즈로 이 세상을 볼 수 있는 새로운 눈을 주셨습니다.

리처드, 시간을 내주시고 협력해 주셔서 감사합니다.

3. 현 독자들에 대한 논평을 마무리하며

필자는 이 대화와 관련해서 현 독자들에 대해 다음과 같은 것을 바라고 있다.

① 개념의 혼동과 반복이 여기에 있었던 긴밀한 분석에 대해 생각하는 것을 중지시키지 않는 것이다.
② 사용된 전문 용어가 이해를 방해하지 않는 것이다.

필자는 이 마지막 몇 쪽에 일어났던 것을 해석하고 싶다. 대부분의 불신자들은 코넬리우스 반틸이 정식화한 선험적 변증학에 대해 대체로 들어 본 적이 없다. 증거주의 진영의 사람들은 전제주의자들보다 그들의 논증을 대중화하는 데 더 잘한다. 이런 무지로 인해 대부분의 불신자들은 선험적으로 지향된 변증 논증으로 무엇을 해야 할지를 알지 못한다. 선험적으로 지향된 변증 논증은 그들의 감각을 불쾌하게 한다.

하지만, 설득력 있거나 사실을 잘 알고 있는 반박은 해석하기 어렵다. 필자는 증거주의자들이 너무 자주 소위 "2차"(second-order) 논증을 주장했다고 믿는다. 필자는 이런 논증을 일반 은총의 유익(목적, 도덕, 과학, 논리 등)에 기초해서 작동하는 논증으로 정의한다. 불신자가 인식론적으로 또한 자기 의식적으로 주장할 때까지 공유된 전제에 기반을 두는 것에는 어떤 문제도 없다. 이것이 발생할 때 1차 논증이 필요하다(불신자에게 그런 개념의 이해 가능성을 설명하게 요구하는 논증).

1차 논증은 비기독교 사유에서 쉽게 합리주의-비합리주의 사이의 변증법적 긴장을 드러낼 수 있다. 리처드는 자연주의에 기초해서 세계관을 구축하려고 애썼다. 그는 다음과 같이 말했다.

> 저는 **모든 것**을 물리적으로 설명할 수 있다고 생각합니다.

이것은 반틸적인 의미에서 합리주의이다. 그리고 리처드는 "모든 것"을 분명하게 언급한다. 하지만, 그의 비합리적 경향을 드러낼 때 그는 다음과 같이 덧붙인다.

> 저는 모든 물리적 설명들이 해명되었다고 믿지 않습니다. **또한 저는 그것들이 곧 해명될 것으로 믿지도 않습니다.**

여기서 리처드는 프란시스 쉐퍼(Francis Schaeffer)가 "상층 도약"(upper story leap)으로 부르는 것을 관여시킨다. 증거나 그 자신의 기초에 근거한 어떤 합리적 설명 없이 그는 그런 필연적 개념(사랑, 공의, 합리성, 자연의 균일성, 도덕성 등)이 자연적으로 설명되어야 하며 또한 **어느 날 설명될** 것이라고 주장한다.

이것은 **신앙주의**(fideism)라고도 알려진 비합리적 믿음이다. 이런 상황에 대해 가장 역설적인 것은 다음과 같다. 즉, 보통 신앙주의자들로 불리는 사람들은 그리스도인들이라는 것이다. 하지만, 이것은 분명히 잘못된 것이다. 결국 합리성은 성경에서 자신을 계시하셨던 하나님을 전제한다.

마지막으로 필자는 독자들에게 고린도전서에 있는 사도 바울의 말씀을 드린다.

> 지혜 있는 자가 어디 있느냐 선비가 어디 있느냐 이 세대에 변론가가 어디 있느냐 하나님께서 이 세상의 지혜를 미련하게 하신 것이 아니냐 하나님의 지혜에 있어서는 이 세상이 자기 지혜로 하나님을 알지 못하므로 하나님께서 전도의 미련한 것으로 믿는 자들을 구원하시기를 기뻐하셨도다

유대인은 표적을 구하고 헬라인은 지혜를 찾으나 우리는 십자가에 못 박힌 그리스도를 전하니 유대인에게는 거리끼는 것이요 이방인에게는 미련한 것이로되 오직 부르심을 받은 자들에게는 유대인이나 헬라인이나 그리스도는 하나님의 능력이요 하나님의 지혜니라(고전 1:20-24).

부록 D

이중적 비난 사이에서: 전제주의, 순환 논증, 그리고 신앙주의에 대한 비난

조셉 토레스 박사

알리(Ali) vs 프레이저(Fraser). 레이커스(Lakers) vs 셀틱스(Celtics). 대륙의 합리론 vs 영국의 경험론.

거의 인류가 활동하는 동안 경쟁이 있었다. 또한 사유가 있는 동안 사상의 학파들이 있어 왔고, 실재에 대한 적당한 해석을 주장할 권리를 놓고 경쟁했다.

기독교 변증의 지적 영역도 전혀 다르지 않다. 모든 사람은 성경이 윤리적으로 적대적인 피조물에게 주는 하나님의 참다운 말씀이라는 것에 동의한다. 하지만, 성경의 주장이 어떻게 진리의 기준, 합리성, 증명, 적당한 다수의 관련된 주제와 관련을 맺는지는 변증학에 대한 접근 방식이 고전적인가, 증거적인가, 전제주의적인가 아니면 다른 어떤 것인가에 달려 있다.

아마 코넬리우스 반틸(1895-1987)의 변증 방법에 반대하는 단 하나의 가장 일반적인 논증은 신앙주의(fideism)라는 비난이다. 우리는 반틸주의자들이 기독교 변증학을 약화시키는 입장을 경시하거나 언급했다는 것을 발견하기 위해 관련된 문헌을 살펴볼 필요는 없다.[1] 어떤 진영에서 신앙주의라는 용어를 복귀 시키고 있다.[2] 하지만, 신앙주의는 반변증적이고 합리적 논증과는 관계없는 누군가의 견해에 대한 독단적 선언으로 폭넓게 이해된다.

따라서 다음과 같이 믿어진다. 즉, 어떤 것도 반틸주의자들의 직접 추론(linear reasoning)을 거부하는 것만큼 전제주의의 신앙주의를 더 잘 보여주는 것은 없는 것처럼 보인다.

반틸주의자들은 그들이 가진 접근 방식의 근본적 규칙으로서 선결문제 요구의 오류(the fallacy of begging the question, 결론에서 주장하는 바를 논거로 제시하는 오류. 참이 증명되지 않은 전제에서 결론을 도출하거나, 전제와 결론이 순환적으로 서로의 논거가 될 때 나타나는 오류. 예를 들어, 그 놈은 나쁜 놈이니 사형을 당해야 해. 사형을 당하는 걸 보면 나쁜 놈이야. - 역주)를 포용한다고 언급된다. 이것이 사실이라면 전제주의자들은 그리스도 안에서 "소망에 관한 이유"를 적절하게 제공하지 못한다(벧전 3:15).

반틸은 기독교 신앙이 담고 있는 내용에 호소함 없이 기본적인 권위적 주장을 하는 권위주의자로 그려진다.[3] 만약 논증을 무시한다면 남아 있는 것은 경쟁적인 권위 주장 사이의 격렬한 말다툼이다. 이것은 반틸을 기념하는 논문집 『예루살렘과 아테네』(*Jerusalem and Athens*)에서 존 워윅 몽고메리(John Warwick Montgomery)가 사용했던 "사독스"(Shadoks)와 "기비스"

1 이 책의 나머지를 위해 필자는 전제주의라는 용어(전제주의자들 등)를 반틸의 변증방법론에 대한 동의어로 사용할 것이다.

2 참조. Kevin J. Vanhoozer, First Theology: God, Scripture and Hermeneutics(Downers Grove, IL: InterVarsity press, 2002), 358.

3 Gordon R. Lewis, "The Biblical Authoritarianism of Cornelius Van Til," chap. 5 in Testing Christianity's Truth Claims(Chicago: Moody Press, 1976)를 보라.

(Gibis)라는 "변증적 우화"에 있는 논증상의 교착 상태를 생각나게 한다.[4]

1. 이 글의 목적

문헌에서 너무나 자주 반틸주의자들은 순환론과 신앙주의라는 이중 비난에 의해 결론이 나 버린다. 사실 필자는 반틸의 접근 방식에 대한 대부분의 반대는 이런 표면상의 비난에 뿌리박고 있다고 감히 말할 것이다. 반틸의 방법에 대한 이런 신앙주의-순환론이라는 반대는 거의 방법 자체만큼이나 오랫동안 있었다. 반틸이 믿음, 추론, 논증에 대해 믿었던 것에 대해 널리 퍼진 오해가 있다.[5]

이런 비난을 아주 손쉽게 증명할 수 없다면 이런 비난은 거의 모욕적일 것이다. 결과적으로 반틸은 어떻게 변증을 하지 **말아야** 하는지에 대한 또 다른 예가 되었다. 대조적으로 과거 25년 동안 전통적 방법(고전 학파와 증거주의 학파로 구성된)과 전제주의가 가진 최고의 통찰을 통합하려는 목적으로 점점 더 많은 변증 작품들이 나왔다.[6]

4 John Warwick Montgomery, "Once upon an A Prior," in *Jerusalem and Athens: Critical Discussions on the Philosophy and Apologetics of Cornelius Van Til*, ed. E. R. Geehan(Nutley, NJ: Presbyterian and Reformed, 1971)을 보라. 존 프레임(John M. Frame)은 *CVT*, 307에서 이런 설명을 "변증적 우화"로 언급한다.

5 제임스 앤더슨(James Anderson)은 "이런 혼동은 '자연신학'에 대한 반틸의 비판과 유신론 논증의 표현과 제시 안에 채택된 어떤 방법론에 대한 그의 반대에 대한 피상적 해석에서 발생한다." "If Knowledge Then God: The Epistemological Theistic Arguments of Plantinga and Van Til"(2005), http://www.proginosko.com/docs/If_Knowledge_God.pdf.

6 참조. Ronald B. Mayers, *Balanced Apologetics: Using Evidences and Presuppositions in Defense of the Faith* (Chicago: Moody press, 1984); Richard B. Ramsay, *The Certainty of the Faith: Apologetics in an Uncertain World* (Phillipsburg, NJ: P&R Publishing, 2008);

사실 이런 진영들이 대화를 통해서 더 가까워지고 있다는 것은 좋은 조짐이다. 그리고 이 글은 통합을 방해하는 장애를 추가로 제거하는 것에 적합하도록 맞추어져 있다. 이 글의 목적은 두 가지다.

첫째, 우리는 악순환과 선순환 사이를 구별함으로써 선결문제 요구의 오류라는 비난을 살펴볼 것이다. 필자는 마치 비판가들이 선순환을 포용하지만, 악순환을 피하는 것처럼 전제주의자들이 그렇게 한다고 주장한다.

둘째, 필자는 신앙주의라는 비판은 애매하고 부정확하다는 것을 보여줄 것이다.

2. 전제주의 방법론의 "문제"

필자는 여기서 전제주의자들이 사실 순환성을 포용하는 진술을 했고 이는 겉보기에 신앙주의라는 비난을 강화한다는 것을 인정해야겠다. 반틸 자신은 다음과 같이 고백한다.

> 개혁파 변증가는 그 자신의 방법론이 기독교 유신론의 진리를 전제한다는 것을 솔직히 인정할 것이다.[7]

Kenneth D. Boa and Robert M. Bowman Jr., *Faith Has Its Reasons: Integrative Approaches to Defending the Christian Faith*, 2nd ed. (Waynesbor, GA: Raternoster, 2006). 또한 Michael J. Wilkins and J. P. Moreland, eds., *Jesus under Fire: Modern Scholarship Reinvents the Historical Jesus* (Grand Rapids: Zondervan, 1996), 서론(Introduction)에서 어떻게 철학적 전제의 결정적 힘이 예수 세미나(Jesus Semiar)에 반대하는 논증을 강화하는지에 대해 주목하라.

7 Cornelius Van Til, *The Defense of the Faith*, 3rd ed. (Philadelphia: Presbyterian and Reformed, 1967), 99-100(『변증학』, PNR[개혁주의신학사] 刊).

어떤 사람들에게 있어서 이런 언급은 하나의 타당한 방법으로서 전제주의에 대한 연구를 중단하게 하는 것처럼 보인다. 변증학은 기독교의 합리적 신뢰성을 증명하는 것을 목표로 하기 때문에 논증을 포기하는 어떤 접근 방식은 용인할 수 없다.

1) 신앙주의와 순환론 사이의 관계

따라서 반틸의 전제주의는 진퇴양난에 갇혀 있는 것처럼 보인다. 반틸주의자들은 독특한 이중 위험에 직면해 있다. 즉, 그들은 추론을 거부하거나(신앙주의) 입증되지 않은 것을 기정사실로 가정함으로써 빈약하게 논증한다는 비난을 받는다.

아마 스킬라(Scylla)와 카리브디스(Charybdis)는 그리스와 로마 신화의 머리가 여러 개 달린 괴물 케르베로스(Cerberus)로 가장 잘 전환되는 것 같다(스킬라와 카리브디스는 반틸의 변증 방법에 대한 이중적 반대를 의미한다. -역주). 이것은 이런 이중 반대가 종종 제시되는 것만큼 분리되거나 별개가 아니기 때문이다. 그런데도 메시나 해협(the Strait of Messina)의 두 괴물의 이미지를 상기시키는 것이 도움이 된다.

일단 전제주의자들은 잘못된 순환성이라는 비난을 벗게 되면 신앙주의라는 비난 대부분이 상실된다. 만약 반틸주의자들이 변증적 대화에서 진지한 파트너로 고려된다면 이런 두 비난은 제거되어야 한다. 전제주의에 대한 이런 쌍둥이 반대를 해결할 때 필자는 우선 신앙주의라는 비난을 먼저 조사하고 그 후에 순환성 문제를 조사할 것이다.

2) 신앙주의라는 스킬라

두 가지 상호의존적인 방식으로 신앙주의를 비난 할 수 있다. 소극적으로는 만약 우리가 기독교 유신론을 주장할 필요성 또는 기독교 유신론을 주장할 논리적 이유의 존재를 부정한다면 우리에게 신앙주의자라는 딱지가 붙을 수 있다. 확실히 반틸주의 신학자 루서스 러쉬두니(Rousas Rushdoony)가 다음과 같이 언급할 때는 너무 지나치다.

> 따라서 하나님을 '증명'하려고 시도하는 것은 신성모독이다. 왜냐하면, 하나님은 모든 입증의 필연적 전제이기 때문이다.[8]

적극적으로는 합리성을 벗어난 믿음이나 비합리적 믿음이 기독교에 동의하기 위한 유일하게 받아들일 수 있는 근거라고 주장하는 사람을 비난할 수 있다. 이런 두 형태 사이의 관계는 분명해야 한다. 즉, 만약 기독교를 지지하는 모든 합리적 근거를 부정한다면 우리에게는 믿음만 남겨진다. 이것이 개신교 칭의론에 중요하지만, 변증학에는 치명적이다. 반틸과 그의 제자들은 소극적 신앙주의와 적극적 신앙주의로 비난받았다.

『이성을 초월한 신앙』(*Faith beyond Reason*)에서 스티븐 에반스(C. Stephen Evans)는 소극적 비난에 대한 예를 제공한다. 그는 다음과 같이 언급한다.

> 반틸은 … 중생하지 못한 마음이 파악할 수 있는 사실이나 논리 원칙에 호소하는 변증적 논증을 할 수 있다는 주장을 강경하게 거절한다. 그런 변증적 논증은 인간 이성의 비중립성을 무시한다. 또한 죄성 있는 인간

8 Rousas J. Rushdoony, *The Institutes of Biblical Law* (Nutley, NJ: Presbyterian and Reformed, 1973), 127.

이성이 신뢰할 만하게 작동할 수 있다고 함축적으로 인정한다. 가령 반틸은 우리가 성경은 영감된 하나님의 말씀이라는 합리적 논증을 하려고 시도하지 말아야 한다고 주장한다.[9]

마찬가지로 『철학에서 101개의 핵심 용어와 신학을 위한 그 용어들의 중요성』(*101 Key Terms in Philosophy and Their Importance for Theology*)에 있는 "신앙과 이성"에 관한 항목에서 저자는 반틸을 "세련된"(chasten) 신앙주의자로 특징 짓는다. 이것은 반틸이 "믿음과 '이성' 사이의 어떤 반립"을 확언하기 때문이다.[10] 마지막으로 앨리스터 맥그래스(Alister McGrath)는 반틸이 "합리적 변증을 부인하는" 사유 학파에 속한다고 제안한다.[11]

신앙주의에 대한 적극적 비난을 몽고메리(John Warwick Montgomery)의 작품에서 볼 수 있다. 그는 다음과 같이 기록한다. 즉, 반틸은 "우리의 복

---

9 C. Stephen Evans, Faith beyond Reason: A Kierkegaardian Account(Grand Rapids: Eerdmans, 1998), 19(강조는 더해짐). John G. Stackhouse Jr. 또한 *Humble Apologetics: Defending the Faith Today*(New York: Oxford University Press, 2002), 157에서 거의 동일한 주장을 한다.

10 Kelly James Clark, Richard Lints, and James K. A. Smith, *101 Key Terms in Philosophy and Their Importance for Theology* (Lousiville, KY: Westminster John Knox, 2004), 28. 다음과 같은 것을 언급해야 한다. 즉, 반틸이 신앙과 이성 사이의 "어떤 반립"을 상정하고 있다고 말하는 것은 너무 모호해서 우리가 아래에서 보는 것처럼 상반되는 정의를 인정한다 하더라도 어떤 그리스도인이 신앙과 이성 사이의 "어떤" 반립을 확언 할 수 있을지라도 누군가를 신앙주의자로 부르는 것을 정당화할 수 없다.

11 *Intellectuals Don't Need God & Other Myths* (Grand Rapids: Zondervan, 1993), 221. 모어랜드(J. P. Moreland)도 전제주의와 신앙주의라는 소극적 비난 사이를 연결한다. 즉, "부분적으로 이런 반대에 대한 우리의 반응은 변증학에 대한 우리의 접근 방식에 달려 있을 것이다. 만약 우리가 신앙주의자이거나 전제주의자라면(대략 어떤 중립적인 출발점에 기초해서 기독교 유신론을 지지하는 인식론적 뒷받침으로서 합리적 논증과 증거를 제시할 수 없다는 견해) 우리는 여기서 입증되지 않은 것을 기정사실로 가정하는 것은 문제가 아니라고 언급할 수도 있다." *Christianity and the Nature of Science* (Grand Rapids: Baker, 1989), 205n42(강조는 더해짐).

음은 경쟁자들의 전제적 주장만큼이나 연역적 추론으로 또한 신앙주의적으로 비합리적이라는 인상"을 준다.[12]

피녹(Clark Pinnock)은 반틸이 기독교에 대한 "완전하고 **근거 없는** 헌신," 즉 "궁극적 실재에 대한 유신론적 단서를 **가정하는**" 헌신을 요구하고 있다고 진술한다.[13] 피녹은 불신자들이 주의주의적으로(voluntraristically) "그리스도인이 될 것을 결정하며 또한 우선 그리스도인이 된다는 것에 대해 생각하지 말 것을 권고" 받고 있고, "선택의 근거는 이런 원리가 지지가 된 후에 알려질 수 있다"[14]고 말한다. 마지막으로 피녹은 다음과 같이 이런 비난을 더 분명하게 한다.

> [반틸은] 종교에서 진리는 궁극적으로 추론이나 증거라기보다는 오히려 믿음에 기초한다는 견해인 신앙주의라는 비난을 피할 수 없다.[15]

3) 순환 논증이라는 카리브디스

만약 신앙이 기독교적 헌신을 위한 유일한 기초라면 이런 사실을 공평히 다루는 유일한 방법은 성경 자체의 증거에 기초한 믿음을 요구하는 것이다. 윌리엄 레인 크레이그(William Lane Craig)는 다음과 같이 말한다.

---

12 Greg L. Bahnsen, *Van Til's Apologetic: Reading and Analysis* (Phillipsburg, NJ: P&R Publishing, 1998), 638에서 인용한 Montgomery, "Once upon an A Priori."

13 Clark Pinnock, "The Philosophy of Christian Evidence," in *Jerusalem and Athens*, 433 (강조는 더해짐).

14 Pinnock, "The Philosophy of Christian Evidence," 433.

15 Pinnock, "The Philosophy of Christian Evidence," 433. 몽고메리가 반틸의 접근 방식을 "신앙주의적으로 비합리적"이라고 부르지만 피녹은 반틸의 접근 방식을 "비합리적 신앙주의"라고 부른다. 따라서 두가지 근거 모두 다루어졌다! Pinnock, "The Philosophy of Christian Evidence," 425를 보라.

일반적으로 이해되는 것처럼 전제주의는 어이없는 논리적 실수를 범한다. 즉, 전제주의는 선결 문제 요구(*petitio principii*)의 일상적 오류 또는 증명되지 않은 사항을 사실로 가정하는 오류를 범한다. 왜냐하면, 전제주의는 기독교 유신론을 입증하기 위해 기독교 유신론의 진리를 전제하는 것을 지지하기 때문이다.[16]

따라서 크레이그가 추가로 진술하는 순환성은 변증학에 너무 해롭다.

어떻게 누군가가 "하나님은 존재한다. 따라서 하나님은 존재한다"라고 추론함으로써 유신론이 참임을 증명하고 있다고 천연덕스럽게 생각할 수 있는지 상상하기 어렵다.[17]

4) 문제 진술

앞에서 언급했던 것처럼 반틸과 다른 신학자들이 했던 진술이 논리적 오류가 있는 순환성이라는 비판을 부채질한다. 여기에 반틸 자신이 언급했던 몇몇 예가 있다.

- 따라서 자신의 전제를 인정하고 다른 사람의 전제를 지적하는 것은 본질상 모든 추론이 **순환 논증**이라는 것을 주장하는 것이다.[18]

16 William Lane Craig, "A Classical Apologist's Response," in *Five Views on Apologetics*, ed. Steven B. Cowan (Grand Rapids: Zondervan, 2000), 232.

17 Craig, "A Classical Apologist's Response," 233.

18 Van Til, *Defense of the Faith*, 3rd ed., 101(『변증학』, PNR[개혁주의신학사] 刊).

· 그리스도인들이 어떤 주장을 하든지 간에 그들이 관여하는 것으로서 "순환 논증"에 대한 유일한 대안은 추론 가능성이 전혀 존재하지 않는 결과가 있는 고립된 사실과 고립된 정신에 기초해서 추론하는 것이다.[19]

· 우리는 순환 논증이 유한한 인간에게 가능한 유일한 논증이라는 것을 참이라고 주장한다. 위에서 개요를 서술했던 것으로서 함의의 방법은 순환 논증이다.[20]

이제 필자는 반틸주의자들에게서 순환성을 포용하는 진술에 눈을 돌릴 것이다.

· 기독교의 진리를 비중생자들에게 증명하려고 애쓰는 것 대신에 [전제주의자들은] 처음부터 가정하며 또한 거듭나지 못한 사람이 가진 전제에 기초해서는 어떤 것도 참이 아니고 어떤 것도 설명할 수 없으며 또한 그 자신의 사고가 타당하지 못하다는 것을 보여줌으로써 그에게 도전한다.[21]

· 그리스도인들은 항상 성경에서 말씀으로 된 하나님의 자기 계시인 하나님의 말씀을 우리의 최종 권위로 언급해야 한다.

---

19 Cornelius Van Til, *An Introduction to Systematic Theology: Prolegomena and the Doctrine of Revelation, Scripture, and God*, ed. William Edgar, 2nd ed. (Phillipsburg, NJ: P&R Publishing, 2007), 243(『개혁주의 신학 서론』, CLC 刊).

20 Cornelius Van Til, *A Survey of Christian Epistemology* (Philadelphia: Presbyterian and Reformed, 1969), 12. 이런 마지막 인용은 반틸이 말하고자 하는 것을 암시한다. 하지만, 아래에 이것에 대해 더 많은 것이 있다.

21 Rousas J. Rushdoony, *By What Standard? An Analysis of the Philosophy of Cornelius Van Til* (Birmingham, AL: Cornerstone Publishers, 1974), 100.

> 어째서 나는 무언가를 믿는가?
>
> 왜냐하면, **하나님**이 그렇게 말씀하시기 때문이다.
>
> 어떻게 나는 하나님이 그렇게 말씀하신다는 것을 아는가?
>
> 왜냐하면, 하나님은 자신이 그렇게 말씀하신다고 말씀하시기 때문이다.[22]

어째서 순환 논증은 논리적으로 오류가 있는가?

증명되지 않은 사항을 사실로 가정하는 것은 두 가지 특징으로 나타난다.

첫째, 악순환 논증(a viciously circular argument)은 이 논증을 지지하는 뒷받침을 제공하기보다는 오히려 입장을 가정한다. 이렇게 할 때 이 논증은 입증 책임을 회피한다. 이 주제를 전적으로 다루는 유일한 무삭제 논문의 저자인 더글러스 월튼(Douglas N. Walton)는 다음과 같이 말한다.[23]

> 여기서 이런 요건은 **증거적 우선성**(evidential priority) 가운데 하나다. 순환 논증을 하는 것은 논증을 입증해야 하는 결론을 사전에 승인한 것에 근거하게 함으로써 오류가 된다. 따라서 선결문제 요구의 오류는 타당한 **입증 책임**의 이행을 피하려는 체계적인 전략이다.[24]

둘째, 악순환 논증은 단순히 전제 가운데 한 전제의 결론을 재진술하

22 Ramsay, *Certainty of the Faith*, 98.

23 Douglas N. Walton, *Begging the Question: Circular Reasoning as a Tactic of Argumentation* (New York: Greenwood Press, 1991).

24 Douglas N. Walton, "Circular Reasoning," in *Blackwell Companion to Epistemology*, ed. Jonathan Dancy and Ernest Sosa(Cambridge, MA: Blackwell Reference, 1992), 66(강조는 더해짐).

는 것이다. 모리스 엥겔(S. Morris Engel)는 다음과 같이 말한다.

> 증명되지 않은 사항을 사실로 가정하는 모든 경우에서처럼 뒷받침하는 전제가 단순히 결론에서 진술된 것을 반복하거나 다시 표현한다면 **이 논증은 어떤 전제도 포함하고 있지 않고** 따라서 논리적으로 오류가 있다.[25]

전제주의 방법론에 대한 인쇄된 가장 큰 비판서인 『고전 변증학』(*Classical Apologetics*)의 저자들은 다음과 같이 주장한다.

> 전제주의자들은 솔직히 정확하게 이런 의미에서 순환 논증의 사용을 인정한다.[26]

3. 순환성

만약 증명되지 않은 사항을 사실로 가정하는 것이 수용된다면 신앙주의를 암시한다. 신앙주의는 합리적 변증을 거절하는 것이다. 또한 악순환 논증은 사람이 가진 종교적 확신을 위해 논증을 통해서 이유를 제공

---

25 S. Morris Engel, *With Good Reason: An Introduction to Informal Fallacies*, 5th ed. (New York: St. Martin's Press, 1994), 147(강조는 더해짐). 모어랜드(J. P. Moreland)는 결론에서 진술한 것을 단순히 반복하거나 다시 표현하는 것이 무엇을 의미하는가에 대한 예를 제공한다. 즉, "사형은 잘못되었다. 왜냐하면, 사형은 우리가 해야 할 권리가 없는 무언가 즉 사람의 생명을 취하는 예이기 때문이다." *Love Your God with All Your Mind* (Colorado Springs: NavPress, 1997), 123-24. "잘못됨"과 "우리가 해야 할 권리가 없는 무언가"는 같은 의미이고 다른 단어로 동일한 생각을 단순히 반복하는 것이다.

26 R. C. Sproul, John H. Gerstner, and Arthur W. Lindsley, *Classical Apologetics* (Grand Rapids: Zondervan, 1984), 322.

하는 것을 피하고자 하는 하나의 방법이다. 전제주의자들이 논리적으로 오류가 있는 순환성을 수용한다는 것을 성공적으로 보여 준다면 그들의 방법론에 심각한 손상을 가한 것이다.

1) 악순환과 선순환

여기서 악순환과 선순환과 같은 두 종류의 순환성을 구분하는 것이 중요하다. 대부분의 문헌에서 순환 논증과 증명되지 않은 사항을 사실로 가정하는 것은 다른 종류의 순환성에 대해 어떤 구분도 하지 않은 채 같은 의미로 제시된다. 분석 철학자들과 인식론자들 가운데 다음의 것들에 대한 생생한 논의가 있다.[27]

① 인식적 순환성의 타당성.
② 모든 형태의 순환 논증을 선결 문제 요구의 오류(the fallacy of *petitio principii*)와 동일시해야 하는지에 대한 문제.

월톤은 증명되지 않은 사항을 사실로 가정하는 것은 오류하고 언급한다. 왜냐하면, 이것은 "설득하는 대화에서 우리의 논증과 관계를 맺고 있는 반대자가 제기하는 중요한 추가적 질문을 막기" 때문이다.[28]

하지만, 모든 순환이 논리적으로 오류가 있는 것은 아니다. 또한 그것

27 참조. William P. Alston, "Epistemic Circularity," *Philosophy and Phenomenological Research* 47(1986):1-30; Roy Sorenson, "P Therefore P, Without Circularity," *Journal of Philosophy* 88(1991):245-66; Michael Bergmann, "Epistemic Circularity: Malignant and Benign"(n.d.), http://web, ics. purdue.edu/~bergmann/epistemic%20cirularity.htm.

28 Walton, *Begging the Question*, 311.

들 모두가 악순환도 아니다. 월톤이 언급하는 것처럼 순환 논증은 "종종 매우 옳고 유용하다. 즉, 논리 교과서에서 전통적으로 묘사되는 것처럼 논리적으로 오류가 있지 않다.[29]

필자는 비악순환을 선순환으로 언급한다. 선순환은 방법의 근본 원리에 기초해서 뒷받침하는 증거의 제시와 조사를 통해서 결론을 내리는 지점까지 일관성을 유지할 때 일어난다. 필자는 이것을 **순환적 정합성**(circular coherence)이라고 부른다. 니콜라스 리처(Nicholas Rescher)는 다음과 같이 명확하게 언급한다.

> 그렇다면 쟁점이 되는 이런 정당화를 뒷받침하는 과정은 사실 순환적이다. 즉, 결국 우리가 달성하는 입증된 논리는 이상적으로 우리가 공식적인 체계가 발전되기 전에 사용했던(presystematic) 바로 그 논리를 아우르는 것으로 드러나야 한다. 하지만, 여기에 작동하는 악순환적이거나 무효화하는 어떤 것도 없다. 오히려 이것은 뒤늦게 깨달은 소급적인 재평가의 문제다. 또한 이것은 다른 관점에서 그것을 다시 고려하기 위해 익숙한 무언가를 다시 논의하는 문제다. … 이런 방식으로 우리 논리를 구성하는 논증 방식의 입증은 재강조하는 것 즉 **선순환적인**(virtuously circular) 과정이다. 우리는 그것을 다르게 원하지 않을 것이다- 다르게 원하지 말아야 한다. 이런 영역에서 순환성은 불가피할 뿐만 아니라 바람직하기도 하다. … 논증 방식의 입증에서 순환성은 악순환적이거나 무효화하는 무언가는 아니다. 오히려 순환성은 합리적인 필수 조건이다(*sine qua non*).[30]

29 Walton, "Circular Reasoning," 66.

30 Nicholas Rescher, *Cognitive Pragmatism: The Theory of Knowledge in Pragmatic Perspective* (Pittsburgh: University of Pittsburgh Press, 2001), 143(강조는 원본의 것이다). 필자가 이 책에 관심을 갖게 해 준 제임스 앤더슨(James Anderson)에게 감사를 표한다.

이런 언급은 로마 가톨릭 신자에게서 나온 것이다. 그런데 그는 변증 방법을 두고 벌이는 진행 중인 논의에 어떤 이해관계도 없다.

악순환과 선순환을 구별할 때 우리는 전제주의자들이 선결 문제 요구를 수용하는가를 물을 수 있다. 반틸과 그의 제자들은 한 유형의 순환성을 인정했다.

하지만, 그들이 선결 문제 요구의 오류를 승인하는가?

악순환이 "타당한 입증 책임을 회피한다[완성한다]"는 것을 기억하라. 전통적 변증가들은 종종 전제주의자들은 정확하게 이것을 한다고 믿는다. 이것은 주로 **전제주의**(presuppositionalism)라는 어휘에서 **전**(前, pre-)을 잘못 해석하며 또한 이것을 지적 담화를 위한 인식론적 전제 조건이라기보다는 오히려 자의적으로 상정한 원리를[31] 의미하는 것으로 해석하기 때문이다.

2) 명백하게 하는 진술

앞에 제공한 진술은 우리로 하여금 반틸주의자들이 선결 문제 요구(question-begging)를 부추기고 있다고 생각하게 할 수 있다. 반틸주의자들이 명확하게 그렇게 하지는 않지만 고립되어 해석될 때 우리는 그런 광범위한 혼란과 오해를 이해할 수 있다. 이런 진술들이 표현되는 것처럼 마치 저자들이 증거적 우선성을 피하고자 전제주의적 입장을 취하는 것처럼 보인다.

---

31 참조. Rescher, *Cognitive Pragmatism*, 326, 328-29. 여기서 반틸의 전제주의(이런 반대를 그에게 적용하지 않는다)와 클락의 전제주의(이런 반대를 그에게 적용한다) 사이의 혼동이 있는 것처럼 보인다. 이런 오류에 대한 시정을 참조하려면 *CVT*, 136-39를 보라.

여기서 순환성을 수용하는 제한적인 진술과 순환성을 완전히 수용하는 진술 사이를 구별한다. 이런 구분이 암시하는 것처럼 후자는 순환성을 수용하지만, 논리적으로 잘못된 것과 적절한 것을 구분하지 않는 반틸과 다른 사람들이 했던 진술이다. 전자는 분명히 명확한 단서를 제공한다.

다음의 인용은 필자가 믿기에 순환성을 완전히(unqualified) 수용하는 그런 진술을 위한 적절한 해석학적 기반일 수 있는 것을 제공한다.

· 우리는 순환 논증이 유한인 인간에게 가능한 유일한 논증이라는 것을 사실로 생각한다. 위에서 개요를 서술했던 것으로서의 함축 방식은 순환 논증이다. 또는 우리는 그것을 나선 논증(spiral reasoning)으로 부른다. 일반적으로 만약 우리는 우리가 조사하는 것보다 더 크지 않는다면 우리는 한 사물의 차원을 이해하고 그것에 대해 더 많은 것을 알기 위해 그것 주위를 빙글 빙글 동아야 한다. 순환 논증의 필요성을 인정하길 거절하는 것 자체가 반 유신론의 명백한 증거다. **악순환 논증이 순환 논증에 대한 유일한 대안이다.**[32]

· 반틸은 누구라도 선결문제 요구의 논리적 오류를 범할 수 있다고 결코 암시하지 않았다(예를 들어, "A는 사실이기 때문에 A는 사실이다.") 사실 이것은 이상할 것이다. 실제로 그는 빈번하게 그런 논증의 실패에 주의를 환기시킨다. 반틸은 "순환 논증"을 긍정적으로 언급했다. 하지만, 그는 증명되지 않은 사항을 사실로 가정하는 것(begging the question) 이외의 무언가를 염두에 두었다. 그는 논증에 대해 많은 것을 언급하지 않았고 결론으로

32 Cornelius Van Til, "The Metaphysics of Apologetics"(unpublished class syllabus, 1932), 24(강조는 더해짐).

이어지는 설득력 있는 논거를 만들었다. **논증에서 추론은 직접적**(linear) **이어야 한다**. 대신 반틸은 유한한 정신이 논증에서 사용되는 지식을 얻는 불가피한 과정의 측면에서 순환성을 언급했다. … **이것은 반틸이 모든 인간의 추론에서 지적했던 종류의 순환성 또는 나선형**(spiraling)**이다. 이것은 증명되지 않은 사항을 사실로 가정하는 것과는 관계가 없다.**[33]

·선험 논증의 "순환성"은 결론이 전제(premises)들 가운데 하나를 재진술하는 논리적으로 **오류가 있는** "순환" 논증과 전혀 똑같지 않다. 오히려 이것은 정합론(모든 부분이 서로 일관되거나 서로를 가정한다)에 관련되고 우리가 추론을 위한 조건에 대해 추론할 때 필요한 순환성이다.[34]

반틸주의자들은 적어도 함축적으로 순환적 정합성과 증명되지 않은 사항을 사실로 가정하는 것 사이를 구별한다. 그리고 그들은 전자는 수용하지만, 후자는 거부한다. 『고전 변증학』을 저술한 세 명의 저자 가운데 하나인 스프롤(R. C. Sproul) 자신은 반틸이 제시한 요점에서 어떤 문제도 없다고 본다. 그는 다음과 같이 말한다.

> 결론이 불가분하게 전제와 관련이 있다는 의미에서 모든 추론은 궁극적으로 순환적이라는 것은 논란이 되지 않는다.[35]

33 Richard L. Pratt Jr., "Common Misunderstandings of Van Til's Apologetics," 제2부, http://thirdmill. org/newsfiles/ric_pratt/TH.Pratt.VanTil,2.html(강조는 더해짐).

34 Bahnsen, *Van Til's Apologetic*, 518n 122(강조는 더해짐).

35 R. C. Sproul, *Scripture Alone: The Evangelical Doctrine* (Phillipsburg, NJ: P&R Publishing, 2005), 70.

존 프레임(John Frame)은 수용된 이런 유형의 순환성에 대해 추가로 설명한다.[36]

첫째, 신학적으로 그리스도인들은 "지혜와 지식의 모든 보화가 감추어져 있는"(골 2:3) 그리스도의 주권 아래에서 추론하는 것 외에 어떤 대안도 없다.

둘째, "하나의 체계 안에 있는 순환성은 단지 한 요점에서만 적당하게 정당화된다. 즉, 그 체계의 궁극적 기준을 찬성하는 논증에서 타당성이 입증된다."[37]

셋째, 마지막으로 프레임은 광의의 순환과 협의의 순환을 구분한다. 협의의 순환의 예는 다음과 같다.

즉, "성경은 하나님의 말씀이기 때문에 성경은 하나님의 말씀이다."

협의의 순환은 변증 논의에서 설득적이지 못하다. 광의의 순환은 고고학, 역사, 철학을 포함해서 더 많은 자료를 제공한다. 하지만, 그럼에도 불구하고 성경적 세계관과 일치하는 방식으로 이런 자료들을 해석한다. 이런 고려 사항을 염두에 두면서 우리는 다음과 같은 질문을 제기할 수도 있다.

즉, 만약 논증이 단지 사실과 일치(veracity)라는 논증의 궁극적 기준과

---

36 프레임의 다른 논평과 함께 이 논의를 *DKG*, 130-31에서 발견할 수 있다. 반틸주의자가 순환적 정합성을 수용하는 것 이면에 놓인 논리를 명확히 설명하면서 프레임은 믿음과 이성 사이의 분명한 직선적 관계를 제안했다. 그는 이것을 다음과 같이 진술한다. 즉, 하나님의 합리성 → 인간의 믿음 → 인간의 합리성(화살표는 "~에 대한 근거"를 의미한다). 그의 글 "Presuppositional Apologetics," in Cowan, *Five Views on Apologetics*, 216을 보라. 여기에 작동하는 일련의 순환이 아니라 발전이 있다. 유감스럽게도 *Five Views on Apologetics*의 기고자들, 비판적 비평가들, 전통 진영에서 최근에 출간된 변증 작품들은 프레임의 제시를 고려하기 위해 그들의 비판을 새로 명확하게 표현하지 않았다.

37 *DKG*, 130.

조화를 이루는 전제를 포함한다면 우리는 그 논증을 악순환으로 간주해야 하는가?

만약 그렇다면 대안은 무엇인가?

우리가 어떤 다른 방식으로 논증해야 한다면 그런 논증들은 모순되고 따라서 타당성에 대한 주장을 파괴하지는 않을까?

반틸은 순환 논증을 전제주의적이고 간접적이거나 **선험적**[38] 추론과 동일시한다. 크레이그가 선험 논증을 정의하는 것처럼 선험 논증은 "그런 실재가 심지어 그런 실재를 부정하는 바로 그 조건이 되는 것에 기초한 실재를 지지하는 논증"이다."[39] 반틸은 선험 논증을 "논증이 조사하길 원하는 어떤 경험의 사실을 받아들이며 또한 사실이 존재하는 그대로의 것이 되기 위해 그런 사실의 전제가 무엇이 되어야 하는가를 결정하려고 애쓰는" 논증으로 정의한다.[40]

사실 우리가 반틸의 접근 방식에서 선험 논증의 중심성을 파악할 때 신앙주의와 순환 논증이라는 이중 비난은 사라진다.

첫째, 반틸은 선험 **논증**과 기독교의 진리를 옹호했다. 이런 사실은 신앙주의를 배제한다.

둘째, "선험적 추론은 일관된 경험을 가능하게 하는 필요조건이나 어떤 종류의 지식 또는 인지적 능력의 소유 사용을 가능하게 하는 필요조

---

38 스코트 올리핀트(K. Scott Oliphint)는 다음과 같이 언급한다. 즉, "반틸의 간접적 방법은 우리를 직접 논증의 맥락에서 나오게 해서 참으로 가정하거나 참인 어떤 사실이나 법이 함유한 근거의 맥락으로 들어가게 한다. 따라서 순환성은 불가분하게 선험적 접근 방식과 관련이 있다. 또한 순환성은 엄밀하게 말해서 직접 논증과 관련을 맺게 되어 있지 않다." Cornelius Van Til, *The Defense of the Faith*, ed. K. Scott Oliphint, 4th ed. (Phillipsburg, NJ: P&R Publishing, 2008), 123n8 (강조는 원본의 것이다)(『변증학』, PNR[개혁주의신학사] 刊).

39 Craig, "A Classical Apologist's Response," in Cowan, *Five Views on Apologetics*, 232.

40 Van Til, quoted in *CVT*, 311-12.

건에 초점을 맞춘다. 그리고 이런 선험적 추론에서 반대자는 이런 경험이나 지식의 사실에 이의를 제기할 입장에 있지 않다. … 또한 드러난 전제는 반대자가 의심하는 것을 포함한다."[41]

여기서 하나의 예가 우리에게 도움이 될 수도 있다. 전제주의에 의하면 하나님의 존재는 일관된 경험을 위한 "가능하게 하는 필수 조건"(enabling condition)이다. 만약 변증가가 유물론자에게 말한다면 그는 다음과 같은 것을 지적할 수도 있다. 즉, 논리 법칙은 합리적 의견 교환에 본질적으로 중요하고 보편적으로 적용 가능하며 또한 단순한 사회적 관습이 아니다(왜냐하면, 비모순율을 부정하는 것은 무신론과 기독교 사이에 어떤 차이점도 존재하지 않다는 것을 암시할 것이기 때문이다).

이와 마찬가지로 이런 법칙들은 비물질적이고 일정하고 비사유적인 물질보다 더 사유하는 정신을 반영한다. 반유신론적 반대자는 논리적 논증의 "타당성을 의심할 입장에 있지 않다"(논쟁이 있었다는 것을 인정한다 하더라도). 이제 담화의 "드러난 전제"가 반유신론자가 의심하는 것, 즉 하나님의 존재를 포함하고 있다는 것을 증명해야 하는 것은 전제주의자의 일이다.[42]

증거적 우선성의 무게를 짊어지는 것을 피하는 것이 아니라 기독교 유신론, 즉 **오직 기독교 유신론만**이 입증 책임을 충분히 짊어질 수 있고 증명되지 않은 사항을 사실로 간주한다는 비난을 피할 수 있다는 놀라운 주장을 하기 위해 이런 접근 방식을 취한다.

---

41 *The Internet Encyclopedia of Philosophy*, s.v. "Transcendental Argument," http://www. iep.utm.edu/trans-ar/.

42 이것이 하나님의 존재에 대해 고든 스테인(Gordon Stein)과 벌인 논쟁에서 그레그 반센(Greg Bahnsen)이 채택한 방법이다. 이것은 http://www.bellevuechristian.org/faculty/dribera/htdocs/PDFs/Apol_Bahnsen_Stein_Debate_Transcript.pdf.accessed11/10/09에서 이용 가능하다. 특별히 10-11쪽에 있는 논쟁에 주목하라.

반틸이 자연신학 논증의 제시를 거절하는 것은 그가 그런 논증 사용하는 것을 모두 거절 했다는 것을 의미하는 것으로 해석하지 말아야 한다. 그가 주장하는 핵심 요점 가운데 하나는 다음과 같다. 즉, 그런 모든 논증은 "함께 다루어 질 수 있으며 또한 인간 진술 가능성에 대한 한 논의로 환원되어야 한다."[43] 아마 명료성을 위해 반틸이 근본적으로 전통적 논증을 선험적 방향으로 돌리려고 목적했다고 언급하는 데 있어서 존 프레임의 언어를 사용하는 것이 더 좋을 수도 있다.[44]

4. 신앙주의

이제 필자는 구체적으로 신앙주의라는 비판을 두 가지 방식으로 다룰 것이다.

첫째, 반박(rebuttal).

둘째, 그 후에 반증(refutation).

전제주의에 반대하는 주장은 요점을 성공적으로 입증하지 못한다는 보여 주기 위해 반박이 필요하다. 반증은 신앙주의라는 이런 주장을 거짓된 것으로 증명한다.

앞에서 필자는 신앙주의라는 주장은 모호하거나 부정확하다고 언급했다. 이런 주장의 부정확성으로 시작하면서 몇몇 생각을 **믿음**과 **이성**이라는 용어에 부과할 수도 있다. **이성**은 적어도 네 가지 방법 가운데 하나로 정의할 수 있다.[45]

---

43 Van Til, *Introduction to Systematic Theology*, 180.

44 *AGG*, 71.

45 폴 헬름(Paul Helm)은 *Faith and Reason* (New York: Oxford University Press, 1999),

첫째, **이성**은 개념을 평가하기 위한 인간의 능력이다(R1).

둘째, 의지와 감정과 같은 다른 능력과 독립되어 있는 인간의 능력이다(R2).

셋째, 전제적 헌신에서 독립되어 있는 능력이다(R3).

둘째와 셋째 정의는 서로 관련되어 있다. R2는 이성을 다른 인간 능력과는 독립된 것으로 간주하는 반면에 R3는 개인의 세계관과는 독립되어 있다.

넷째, 이성(R4)은 단순히(*simpliciter*) 사고할 수 있는 인간의 능력으로 간주할 수도 있다.

이와 유사하게 **믿음**을 다양하게 정의할 수도 있다.

첫째, 예수 그리스도 및 그분의 사도들의 인격, 사역, 말씀에 대한 신뢰이다(F1).

둘째, 충분하지 못한 증거나 어떤 증거에도 기초하지 않은 무언가를 믿을 수 있는 능력이다(F2).

셋째, **지적 동의**에 대한 동의어다(F3).

관찰해야 하는 것은 다음과 같다. 즉, 신앙주의는[46] 단지 믿음과 이성이라는 조화될 수 없는 개념이 짝을 지을 때만 발생한다. 전제주의자들과 대부분의 다른 기독교 변증가들은 R4의 측면에서 이성의 정의를 묵살한다. 왜냐하면, 지나치게 단순하기 때문이다.

4-10에서 이런 용어들의 몇몇 정의 사이를 구별함으로써 유사한 주장을 한다. 그는 이성은 ① 논리적 추론의 규칙, ② 전통의 축적된 지혜, ③ 합리적인 것에 해당하는 약칭으로 정의할 수 있다고 언급한다. 이와 마찬가지로 그는 **믿음**은 증거에 민감한(evidence-sensitive), 증거에 민감하지 않은(evidence-insensitive, 즉, 조사, 비악, 위협에 열려 있지 않은 무언가로서 믿음), 인지적인 그리고 비인지적인 것으로 여겨질 수도 있다고 지적한다.

46 여기서 필자는 **신앙주의**를 비합리적이거나 합리성을 벗어난 믿음으로 정의한 것을 채택하고 있다.

R1	개념을 평가하기 위한 인간의 능력	F1	예수 그리스도와 그분의 사도들의 인격, 사역과 말씀에 대한 개인적 신뢰
R2	의지와 감정과 같은 다른 능력과 독립된 인간의 능력	F2	충분하지 못한 증거나 어떤 증거에도 기초하지 않은 무언가를 믿을 수 있는 능력
R3	전제적(세계관) 헌신과 독립된 능력	F3	지적 동의
R4	단순히(*simpliciter*) 사고할 수 있는 인간의 능력		

이와 마찬가지로 R2와 R3은 성경에 제시된 전체주의(holism)에[47] 미치지 못하는 것처럼 보이며 또한 플라톤적 인간론을 연상시킨다. 우리가 **믿음**의 정의에 관심을 기울일 때 F2가 즉시 의심스러워진다. 많은 기독교 반대자는 **믿음**을 이런 방식으로 정의한다. 하지만, 이것은 성경이 믿음으로 제시하는 어떤 것보다도 더 믿기 쉬운 것처럼 보인다.[48]

47 참조. *DCL*, 361-82.

48 이것은 신 무신론자들(New Atheists)의 작품에 제시된 종교적 믿음에 대한 일반적 정의다. 대조를 통해서는 이성과 대비되는 믿음에 대한 이런 역사적인 삼중 정의는 우리에게 조화시키는 어떤 것도 남기지 않는다. 왜냐하면, 믿음과 이성 사이에 어떤 갈등도 제시되지 않기 때문이다. 모어랜드(J. P. Moreland)는 다음과 같이 언급한다. 즉, "교회 역사 전체에 걸쳐서 신학자들은 지식(*notitia*), 신뢰(*fiducia*), 동의(*assensus*)와 같은 성경적 믿음에 대한 세 가지 다른 측면을 표현했다. 지식(*Notitia*)은 기독교 믿음의 자료나 교리적 내용을 의미한다(유 3을 보라). 동의(*Assensus*)는 기독교 가르침의 내용이 담고 있는 진리에 대한 지적 동의를 의미한다. 다음을 주목하라. 즉, 믿음의 이런 측면들은 기독교 가르침이 무엇인지 이해하고 참됨을 판단하는 데 있어서 이성의 주

믿음과 **이성**은 다양하게 정의될 뿐만 아니라 우리가 논의하는 핵심적인 용어인 **신앙주의**도 마찬가지다. 어떤 사람들은 이 용어를 주관적인 타당성 이론(a subjectivist theory of justification)을 언급하는 것으로 이해한다. 하지만, 다른 사람들은 이것이 "합리적 해석의 부정"이라고 주장한다.[49] 에반스(C. Stephen Evans)는 **신앙주의**를 다음과 같은 개념으로 정의한다.

> 이성이 믿음을 지배하거나 통제하지 말아야 한다. 이성은 자율적이고 상대적으로 유능한 인간의 능력으로 이해된다. 신앙주의자는 오히려 믿음은 적어도 부분적으로 자율적이거나 아니면 이성과는 독립된 것으로 받아들여야 한다고 말한다. 또는 그들은 심지어 이성은 어떤 방식으로든지 이성으로 교정되거나 아니면 이성에 종속되는 것이 되어야 한다고 언급한다.[50]

제공된 단서를 고려해 볼 때 필자는 이런 정의에 동의하지 않을 사람들의 정체에 대해 궁금하다. 만약 어떤 예도 제공할 수 없다면 기준이 너무 높게 설정되어 있다.

그리고 노만 가이슬러(Norman Geisler), 윌리엄 레인 크레이그(William Lane Graig), 모어랜드(J. P. Moreland)와 같은 유명한 고전 변증가들은 신앙주의자들로 간주될 수 있을 것이다!

의 깊은 사용을 요구한다. 이런 방식으로 이성은 믿음의 세 번째 측면 즉 신뢰(*fiducia*)를 위해 필수적이다. 왜냐하면, 믿음의 이런 세 번째 측면은 믿음이 관련된 신뢰의 개인적 적용을 정확히 담고 있기 때문이다. 그리고 이런 적용은 주로 의지를 포함하지만, 감정(the affection)과 지성(the intellect)도 포함하고 있다." *Love God with All Your Mind* (Colorado Springs: NavPress, 1997), 60.

49 R. C. Sproul, "Fideism," in *The Encyclopedia of Christianity*, vol. 4. ed. Philip E. Hughes and George R. jaffray (Marshallton, DE: National Foundation for Christian Education, 1972), 반센(Bahnsen)의 *Van Til's Apologetic*, 72-73에서 인용됨.

50 Evans, *Faith beyond Reason*, 9.

가령 크레이그는 이성의 사역적 사용(ministerial use)과 권위적 사용(magisterial use) 사이의 구분에서 마틴 루터(Marin Luther)를 따른다.[51] 그리고 그는 반틸주의자가 "자율적인 것"으로 부르는 것과 매우 가깝게 보이는 방식으로 이성의 권위적 사용을 정의한다. 따라서 전제주의자들이 크레이그의 정의와 같은, **이성**에 대한 그럴싸한 정의를 거절한다는 사실은 그들을 신앙주의자라는 딱지를 부치기 위한 어떤 근거도 되지 않는다.

이성을 다른 인간 능력, 전제, 영적 욕구와 독립된 것으로 정의하는 것을 반틸은 반대한다. 이와 마찬 가지로 **믿음**을 믿기 쉬운 것(credulity)이나 비합리적이고 합리성을 벗어난 믿음(irrational-arational belief)의 측면에서 생각하는 것을 반틸은 저항한다. 믿음과 이성 사이의 관계를 인간이 하나님이 주신 인지적 장치를 성경의 메시지에 적용하고 성경의 명제를 조사하며[52] 성경의 약속을 믿는 면에서 생각한다면 그는 이 둘 사이에 어떤 갈등도 보지 못한다.

하지만, 전제주의 반대자들의 **믿음**과 **이성**에 대한 정의를 구체적으로 설명하지 않는다면 그들은 자신도 모르게 실질적 논증보다는 오히려 막연한 함축에 호소한다. 반틸이 믿음과 이성을 반대한다는 근거에서 그를 당연히 신앙주의자로 부를 수 없다. 오히려 그는 이런 용어에 대한 몇 가지 가능한 정의를 **특별히 결합하는 것**에 반대한다.

그리고 신앙주의라는 비난은 모호하다는 비판 외에는 완전히 잘못되었다. **반틸은 신앙주의에 대해 완전히 반대했다**. 아브라함 카이퍼(Abraham

51 William Lane Craig, "Classical Apologetics," in Cowan, *Five Views on Apologetics*, 36-37. 크레이그는 기독교가 참인 것을 "증명하기 위한" 것이 아니라 "기독교가 참인 것을 아는 것"에 관해 이런 구분을 한다. 필자는 ("아는 것"과 대조되는) "증명할" 때 크레이그가 이성의 권위적 사용에 동의하리라는 것을 의심한다.

52 참조. Van Til, *Introduction to Systematic Theology*, 제4장.

Kuyper)가 변증학을 거절한 것을 기독교 유신론이 담고 있는 합리적 변증 가능성에 대한 워필드(B. B. Warfield)의 주장과 대조할 때 반틸은 다음과 같이 결론을 내린다.

> 워필드가 이 점에서 카이퍼와 다른 정도까지 … 워필드는 기독교 변증학을 위해 위대한 일을 했다.[53]

게다가 워필드는 다음과 같이 진술한다.

> 하나님의 존재와 기독교 유신론의 진리를 지지하는 절대적으로 확실한 증거가 존재한다.

게다가,

> 개혁파 변증가는 하나님의 존재와 기독교 유신론의 진리를 지지하는 절대적으로 타당한 논증이 존재한다고 주장한다.

우리는 이런 진술의 타당성에 이의를 제기할 수도 있다. 하지만, 기독교를 지지하는 "증거"는 "절대적으로 확실하다"와 기독교 유신론을 지지하는 "논증"은 "절대적으로 타당하다"라는 요점은 여전히 남아 있다. 반틸에게 있어서 "믿음은 맹목적 믿음이 아니다."[54]

역설적이게도 『새로운 가톨릭 백과사전』(*New Catholic Encyclopedia*)에 의

53 Cornelius Van Til, *A Christian Theory of Knowledge* (Nutley, NJ: Presbyterian and Reformed, 1969), 243.

54 Van Til, *A Christian Theory of Knowledge*, 32.

하면 **반(半)신앙주의**(semifideism)는 "사람이 이성으로 진리에 도달하지만, 확실성이 아닌 단지 개연성으로 진리에 도달한고 주장하는" 믿음이다.

이런 정의에 의하면 전통 진영에 있는 사람들은 반틸주의자보다 신앙주의자들에 더 가깝다![55]

전통적 방법은 기독교가 관련된 증거를 가장 잘 다룬다고 주장한다. 하지만, 반틸은 기독교는 유일하게 받아들일 수 있는 결론이라고 주장한다.

> 기독교의 입장은 단순히 비기독교 입장만큼 타당한 것만은 아니다. 기독교는 그 자체가 이해할 수 있는 과학적이고 철학적 절차를 위한 바로 그 토대를 제거하지 않는 **유일한** 입장이다. 기독교는 유일하게 합리적인 믿음이다![56]

여기서 필자가 이런 주장을 변호하고 있진 않다. 하지만, 필자는 반틸의 입장이 일반적으로 비난받는 것의 반대라는 사실을 강조한다. 우리는 아마 반틸이 기독교의 합리적 자격을 과대평가한다고 그를 비난할 수도 있다. 하지만, 그가 그런 자격을 과소평가했다고 명백하게 언급할 수는 없다.[57]

---

55 참조. Bahnsen, *Van Til's Apologetic*, 76-77.

56 Van Til, *A Christian Theory of Knowledge*, 116에서 인용.

57 반센의 표현은 추가로 이런 신앙주의라는 비난을 반박한다. "하나님은 우리가 합리적이기를 바라신다. 즉, 성경의 진리를 이해하고 제기하고 변호하는 데 있어서 **우리가 가진 추론 능력을 사용하고 향상시키기 위해** … 기독교 진리를 변호하는 데 우리가 사용할 이런 종류의 합리성이나 추론은 형식 논리(추론 패턴이나 추론의 추상적 형태)에 대한 연구뿐만 아니라 일상 언어에서 비형식 오류, 귀납적 추론의 사용, 역사, 과학, 언어학 등에서 경험적 증거를 다루는 것 그리고 특별히 그런 모든 사고가 타당하다는 측면에서 적당한 세계관의 요구에 대한 성찰을 포함하기도 한다." *Always Ready:*

5. 결론

요약하면 우리는 전제주의적 방법에 대한 두 가지 도전을 언급했다. 필자는 동조하는 해석가의 말과 반틸 자신의 말로 반대 문헌에 제시된 것으로서 반틸의 입장을 검토했다. 반대자들은 합리적 담화와 증거상의 호소를 회피함으로써 이성을 하나님 계시에 적용하는 것을 반대하는 사람으로 반틸을 묘사했다.

이와 마찬가지로 전제주의자들은 종종 비판적 사고에서 초보적 오류에 기초한 방법을 고수한다고 비난 받는다. 논리적으로 오류가 있는 순환성이 전제주의의 방법적 DNA에 내재되어 있다면 이것은 전제주의가 신앙주의적이라는 주장을 확증하는 데 일조할 것이다.

이에 대한 답변으로 우리는 기록을 조사했고 두 가지 주장이 근거가 없다는 것을 발견했다. 필자의 주장은 다음과 같다. 즉, 이런 과장된 표현들은 반틸의 전반적 계획을 부족하게 읽었거나 아니면 그 계획을 잘못 읽은 것에 기초한다.

필자는 악순환(논리적으로 오류가 있는) 형태의 인식론적 순환성과 선순환(논리적으로 오류가 없는) 형태의 인식론적 순환성 사이를 구별했고 후자를 순환적 정합성(circular coherence)으로 불렀다. 이 두 형태의 순환성 사이의 주요 구별되는 특징은 입증 책임이나 증거상의 우선성을 어떻게 다루는가에 있다.

반틸이나 그의 제자들 누구도 선결 문제 요구의 오류(the fallacy of *petitio principii*)나 "하나님은 존재하기 때문에 하나님은 존재한다"와 같은 논증

Directions for Defending the Faith (Nacogdoches, TX: Covenant Media Press, 1996)(강조는 원본의 것이다).

을 지지하지 않고 대신 전제적 질문을 선험적 추론과 동일시하기 때문에 어째서 선험성이라는 비난이 지속하는지 이해하기 어렵다.

반틸은 기독교의 합리적 증명을 **주장했다**. 그는 분명하게 문제가 되는 믿음과 이성 개념이 있는 신앙주의를 거절했다. 이와는 대조적으로 반틸은 기독교 유신론을 지지하는 "절대적으로 확실한 증거"를 상정한다. 톰 노타루(Thom Notaro)는 다음과 같이 말한다.

> 반틸이 증명이라는 개념을 변호하는 빈도는 우리가 기대할 수도 있는 것과 비교할 때 매우 놀랍다.[58]

반틸은 잘못 판단했거나 혼동했거나 아니면 다른 방식으로 틀렸을 수도 있다. 하지만, 그는 신앙주의자는 아니었다. 우리는 그의 방법에 대한 이런 반대가 의미론적으로 또는 실질적으로 실패한다는 것을 살펴보았다. 첫 번째 주장에 대한 반증은 두 번째 주장을 반증하기 위한 강한 근거이다.

기독교 자비와 학문상의 책임 정신에서 우리는 다음과 같은 것을 인정해야 한다. 즉, 우리는 전제주의와 신앙주의 사이의 상호 관계를 반틸에게 분명하게 책임지게 할 수 없다. 반틸이나 그의 제자들 누구도 선결 문제 요구나 맹목적 믿음을 인정하지 않는다.

58 Thom Notaro, *Van Til and the Use of Evidence* (Phillipsburg, NJ: Presbyterian and Reformed, 1980), 65.

부록 E

하나님의 자존성과 변증학[1]

자존성(aseity)이라는 용어는 "자기 자신에게서 또는 자기 자신에 의해" 를 의미하는 '아 세'(*a se*)라는 라틴어에서 유래한다. 신학 문헌에서 이 용어는 하나님이 "자기 자신으로 말미암아 또는 자기 자신에 의해 존재하는 모든 것인"[2] 신적 속성을 의미한다.

하나님은 '아 세'이시므로 그분은 자신의 존재를 자신 밖에 무언가나 누군가에게 빚지지 않으신다. 또한 하나님은 자신의 존재를 유지하기 위해 자신을 넘어서는 무언가가 필요하지 않으신다. 하나님은 자신의 존재를 위해 엄선된 물질, 재능 있는 장인, 의식상의 제물에 의존하는 우상이 아니다(시 50:8-15; 사 40:19-20; 44:15-17). 사실 하나님은 전혀 필요가 없으시다(행 17:25).[3] 따라서 **자립적인**(self-contained), **자존하는**(self-existent), **자**

---

1 이 글은 원래 K. Scott Oliphint and Lane G. Tipton, eds., *Revelation and Reason: New Essays in Reformed Apologetics* (Phillipsburg, NJ: P&R Publishing, 2007)에 게재되었다.

2 Herman Bavinck, *Reformed Dogmatics: God and Creation*, ed. John Bolt, trans. John Vriend (Grand Rapids: Baker, 2004), 151.

3 여기서 필자는 이런 신적 속성을 지지하는 주석적 주장을 요약한다. **자존성**(aseity)이라는 단어는 성경에서 발견되지 않는다. 하지만, 성경은 분명히 하나님이 어떤 피조

충족적인(self-sufficient), **독립적**(independent)이라는 용어가 종종 '아 세'에 해당하는 동의어로 사용된다.

하나님의 속성은 하나님이 우연히 예시하는 추상적 속성이 아니다. 오히려 하나님의 속성은 하나님 자신과 동일하다. 이런 개념을 때때로 신적 단순성(divine simplicity) 교리로 부른다. 가령 하나님의 선함은 그분이 따라야 할 하나님 자신보다 높은 기준이 아니다. 오히려 하나님의 선함은 존재하고 행동하는 그분의 모든 것이다. 자신과 세계를 위한 선함의 기준으로 역할을 하시는 분은 하나님 자신이다. 따라서 하나님은 하나님 자신의 선함이다.

하지만, 하나님은 또한 그분 자신의 존재, 지혜, 권능, 거룩함, 공의, 진리이시다. 따라서 이런 속성은 추상적이지 않고 구체적이고 비인격적이지 않고 인격적이다. 각각의 속성은 하나님의 전체 속성을 묘사한다.[4] 따라서 하나님의 속성을 논의하는 것은 단순히 다양한 관점에서 하나님 자신에 대해 논의하는 것이다.[5]

따라서 하나님의 속성들은 서로에게 적용된다. 즉, 하나님의 공의는 거룩하고 그분의 거룩함은 공의롭다. 하나님의 선함은 영원하고 그분의 영원하심은 추상적인 개념이 아니라 오히려 선한 인격의 영생이다. 따라서 하나님의 자존성도 한 인격, 즉 무한하고 영원하고 변함이 없는 인격의 자존성이다. 그리고 하나님의 모든 속성이 '아 세'이다. 하나님의 무한성, 선함, 지혜, 공의가 모두 자존하고 자충족적이다.

물도 필요로 하지 않는다고 가르친다. 더 상세한 논의를 참조하려면, 필자의 책 *DG*, 603-8을 보라.

4 인격주의의 확증으로서 신적 단순성에 대한 더 많은 논의를 참조하려면 *DG*, 225-30을 보라.

5 *DG*, 387-92.

어떤 의미에서 자존성은 하나님이 피조계와 맺고 있는 관계 특별히 그분의 주 되심(lordship)에 적용된다. 그리고 필자는 하나님의 주 되심을 이 세상에 대한 그분의 통치, 이 세상에 대한 그분의 권위 그리고 이 세상에서의 그분의 현존으로 정의했다.[6]

물론 주가 되기 위해서는 종이 있어야 한다. 그런 의미에서 하나님은 다스릴 종이 없다면 주가 되실 수 없다. 그럼에도 불구하고 그분의 권능과 주님으로서 다스리는 권리는 피조계에서 유래하지 않는다. 왕으로서 하나님은 사회적 계약의 수혜자가 아니다. 또한 하나님은 피조물에 의해 자신에게 부과된 조건에도 메이지 않으신다.[7] 그분의 주 되심은 그분 자신의 존재에서만 유래한다. 하나님은 그런 하나님이셔서 그분은 반드시 자신이 창조하시는 모든 것을 다스리는 주님이시다.

따라서 위에서 언급한 이런 세 가지 주권적 속성을 고려할 때 우리는 하나님의 통치를 자충족적인 것, 그분의 권위를 스스로 정당화하는 것으로 묘사할 수도 있다.

이 세상에서 그분의 현존은 그분의 보편적 권능과 권위의 함축이다. 우리가 가는 어느 곳이든지 우리는 그분에게서 피할 수 없다(시 139:7-12; 렘 23:24). 하나님의 현존은 피할 수 없고 회피할 수 없다. 따라서 하나님의 현존은 피조물의 의지에 의존하지 않는다. 이것은 하나님의 주 되심이 '아 세'라고 말하는 것이다.

---

6 *DG*, 1-115.

7 물론 하나님은 자발적으로 피조물과 언약을 맺으신다. 그리고 이런 언약에서 하나님은 약속과 위협을 성취하도록 자신에게 의무를 지우신다. 하나님은 이런 언약을 지키셔야 할 의무가 있다. 하지만, 이런 의무는 피조물이 부과한 것이 아니라 스스로 부과하신 것이다.

이 논문에서 필자는 신적 자존성이 변증학, 즉 기독교 신앙의 변증과 맺고 있는 관계를 논의할 것이다. 누구도 이런 것을 1929년부터 1972까지 웨스트민스터신학교(Westminster Theological Seminary) 변증학 교수였던 코넬리우스 반틸(Cornelius Van Til)만큼 완전하게 통합하지는 못했다. 따라서 필자는 반틸의 가르침을 탐구할 것이며 또한 오늘날 변증학의 작업을 위해 추론과 적용을 끌어낼 것이다. 필자는 자존성 교리가 세 가지 방식으로 변증가에게 도움이 된다고 제안할 것이다.

① 자존성 교리는 기독교 신앙의 뚜렷한 내용을 정의하는 데 도움이 된다. 그리고 변증가는 기독교 신앙을 변증하도록 요구받는다.
② 자존성 교리는 변증학의 인식론 즉 어떻게 변증가가 사람들을 하나님을 아는 지식으로 이끌도록 애써야 하는가를 결정한다.
③ 자존성 교리는 중요한 실천적 변증 전략을 암시한다.[8]

1. 자존성과 기독교 세계관의 독특성

코넬리우스 반틸에게 있어서 신적 자존성 교리는 건전한 신학과 변증학에 대한 열쇠다. 반틸이 신적 속성에 관한 논의를 시작할 때 그는 다음과 같이 언급한다.

8 필자가 다른 곳에서 자세히 설명했던 "세 가지 관점"에 관심 있을 수도 있는 사람들을 위해, ①는 상황적 관점이다. 즉, 복음의 사실이다. ②은 규범적 관점이다. 즉, 변증적 사유의 규칙들이다, ③은 실존적 관점이다. 즉, 변증적 대화의 실제적 과정이다.

따라서 속성 가운데 무엇보다도 우리는 하나님의 독립성이나 자기 존재(*autarkia*, *omnisufficientia*)을 언급한다.[9]

반틸은 헤르만 바빙크(Herman Bavinck)의 진술을 인용한다.

존재 그 자체뿐만 아니라 존재의 완전성으로 간주되는 하나님의 이런 자존성 안에 다른 모든 덕들이 포함된다. 이런 덕들은 단지 하나님 존재의 완전성의 제시다.[10]

반틸은 일반적으로 **자립적**(self-contained)이라는 용어로 자존성을 언급한다.[11] 따라서 그는 다음과 같이 기록한다.

기독교 유신론의 모든 교리에 기본이 되는 것은 자충족적인 하나님의 교리이다. 또는 만약 우리가 원한다면 그것은 존재론적 삼위일체 교리이다.[12]

그리고,

9 Cornelius Van Til, *An Introduction to Systematic Theology* (Nutley, NJ: Presbyterian and Reformed, 1974), 206(『개혁주의 신학 서론』, CLC 刊).

10 Van Til, *An Introduction to Systematic Theology*, 206. 반틸은 Herman Bavinck, *The Doctrine of God* (Grand Rapids: Baker, 1951), 145를 인용한다.

11 the CD-Rom The Works of Cornelius Van Til(Labels Army Corp)에서 자충족적이라는 단어의 검색을 395번 했다. 그는 또한 **자충족적**(self-sufficient), **자존**(self-existent), **자기준거적**(self-referential), **자기해석**(self-interpreting), **자기결정적**(self-determining)을 동의어로 사용한다.

12 Cornelius Van Til, *The Defense of the Faith*, 3rd rev. ed. (Philadelphia: presbyterian and Reformed, 1975), 100(『변증학』, PNR[개혁주의신학사] 刊).

우리는 자립적이고 자충족적인 하나님이라는 개념을 우리의 모든 해석적 노력 가운데 가장 기본적 개념으로 취해야 한다.[13]

반틸이 기독교 유신론 교리들 가운데 자존성을 첫 번째로 둔다. 하지만, 그는 자존성 교리가 다른 교리들과 밀접하게 연결되어 있다는 것을 안다.[14]

① 위의 인용 가운데 하나에서 또한 다른 많은 곳에서 반틸은 하나님의 자존성을 그의 존재론적 삼위일체와 연결한다. 이 두 개념은 함께 간다. 왜냐하면, 여기서 존재론적이라는 용어는 하나님의 삼위일체성은 피조물에게서 파생되는 것이 아니라 자충족적이라는 것을 의미하기 때문이다. 하나님은 역사에서뿐만 아니라 스스로 또한 본질적으로도 삼위일체이시기 때문이다.

하나님의 삼위적 특성은 또한 그분이 단순히 이 세계의 복수성과 관련이 있는 이 세계 안에서의 일치성의 측면으로 해석될 수 없다는 것을 암시한다. 오히려 하나님은 그분 자신의 일치성과 복수성이 있으시다. 하지만, 이런 일치성과 복수성은 이 우주의 일치성과

13 Cornelius Van Til, *Christianity and Idealism* (Philadelphia: Presbyterian and Reformed, 1955), 85; 참조. 88: "참된 기독교 철학은 자충족적인 분으로서 하나님에 대한 개념으로 시작해야 하는 것처럼 보인다." 벌카워(G. C. Berkouwer)는 자신의 책 *The Triumph of Grace in the Theology of Karl Barth* (Grand Rapids: Eerdmans, 1956), 390-91에서 이런 개념에 대한 반틸의 강조를 비판한다. 하지만, 그는 어떻게 정확하게 자신이 반틸의 입장과 다른지에 대해서는 매우 모호하다.

14 필자는 어떤 교리나 신적 속성을 "가장 기본적인" 것으로 간주하지 않기를 선호한다. 이런 제안 안에 있는 위험에 대해 참조하려면 *DG*, 392-94를 보라. 하지만, 필자는 하나님의 자존성은 비기독교 대안과 대조되는 기독교 세계관을 정식화하는 작업에 특별히 중요하다는 것에 동의한다.

복수성과 뚜렷이 구분된다.

② 그렇다면 반틸은 하나님의 자존성과 삼위일체성에서 그분이 완전히 다스리는 경륜까지 추론한다.

> 창조된 세계의 만물을 규정하는 것에 따라 하나님의 경륜이라는 개념은 존재론적 삼위일체와 이것과 일치하는 이런 개념에 기초한다.[15]

하나님이 '아 세'이시라면 그분은 자신 안에 역사에 대한 자신의 목적을 성취하실 자원이 있으시다. 하나님의 영원한 계획은 그 계획을 입안하거나 실행하기 위해 피조물에게 의존하지 않는다.

③ 반틸은 또한 하나님의 자존성에서 무로부터의 창조까지 추론한다.

> 만약 하나님이 완전히 자충족적이라면 반 존재(half-existence)와 하나님에 반대하는 힘이 있는 비존재(non-being)와 같은 그런 종류의 것은 존재하지 않는다. … 또한 하나님이 이 세계를 창조하기로 하셨을 때 하나님에게 반대하는 심지어 다루기 힘든 힘만큼 많은 힘이 있는 그런 것은 존재하지 않는다.[16]

그리고 그는 또한 창조에서 자존성까지 추론한다.

---

15 Van Til, *Defense of the Faith*, 100(『변증학』, PNR[개혁주의신학사] 刊).

16 Van Til, *Defense of the Faith*, 188.

창조론은 유한한 존재가 완전히 하나님의 합리성에 의존한다고 주장한다. 그리고 이것은 단지 하나님이 우선 자충적일 경우에만 가능하다.[17]

④ 기독교 형이상학에 대한 요약에서 반틸은 위의 교리, 즉 자립적 하나님, 존재론적 삼위일체, "시간상의 창조라는 사실"을 열거한다. 그리고 "모든 창조된 실체에 대한 하나님의 섭리적 통치라는 사실"을 덧붙인다.

⑤ 이어서 반틸은 "그리스도를 통한 이 세계의 구속이라는 기적적인 사역"을 덧붙인다.[18]

반틸은 종종 변증가는 기독교를 "하나의 단일체"(as a unit)로서 지지해야 한다고 언급한다.[19] 즉 그의 견해에서 우리는 우선 일반 유신론을 변증하고 그런 후에 기독교를 변증하지 말아야 한다.

오히려 변증가는 단지 기독교의 독특한 유신론을 변증해야 한다. 반틸이 종종 언급하는 것처럼 우리는 우리가 어떤 종류의 하나님을 증명하고 있는가를 고려하지 않고 하나님이 존재한다는 것을 증명하려 애쓰지 말아야 한다. 결과적으로 이것은 우리가 하나님을 성경의 교리라는 면에서

17 Cornelius Van Til, *The New Modernism*, 3rd ed. (Nutley, NJ: Prebyterian and Reformed, 1973), 373.

18 Cornelius Van Til, *The Defense of the Faith*(Philadelphia: Presbyterian and Reformed, 1955), 235(『변증학』, PNR[개혁주의신학사] 刊). 이런 언급에서 *Defense of the Faith*는 추가 설명이 없다면 첫 번째 판이 아닌 앞에서 인용한 개정된 축약판을 의미할 것이다.

19 Cornelius Van Til, *Apologetics* (no publication data), 72. 이것은 반틸이 가장 선호하는 용어 가운데 또 다른 용어다. the Van Til Works CD-Rom의 검색을 통해 "**단일체**"(unit)라는 단어가 88회 등장했다.

하나님을 규명하지 않고 하나님이 존재한다는 것을 증명하지 말아야 한다는 것을 의미한다.

이런 원리는 우리가 사용하는 모든 변증적 논증에서 기독교의 모든 교리를 증명해야 한다는 것을 암시하는가?

비판가들은 때때로 반틸을 이런 방식으로 이해하고 싶어 한다. 그리고 반틸 자신의 표현이 때때로 이런 잘못된 이해를 부추긴다.[20] 하지만, 반틸은 너무 사려가 깊어 그렇게 불합리한 무언가를 가르칠 수 없었다. 오히려 필자는 그가 의미했던 것이 다음과 같은 것이었다고 생각한다.

① 변증가는 신앙을 변증할 때 성경의 완전한 계시를 "전제"해야 한다.
② 그는 믿음을 신뢰할 만한 것으로 만들기 위해 성경적 특징을 누그러트리지 말아야 한다.
③ 그의 목적은 (하나의 논증 또는 많은 논증으로) 성경의 권위, 삼위일체, 예정, 성육신, 피의 구속, 부활, 최종 완성을 포함해서 성경 유신론 전체를 변증하는 것이어야 한다.
④ 변증가는 이런 교리 가운데 어떤 것을 절충하는 것은 모든 인간 지식에서 모순으로 이어진다는 것을 보여 주려 애써야 한다.

하지만, 이런 일반적 원칙을 넘어서 반틸은 또한 신적 자존성 즉 "자충족적인 존재론적 삼위일체"에 초점을 맞추는 것을 염두에 두었다. 왜냐하면, 자존성은 성경적 세계관과 그 대안을 가장 분명하게 구분을 것을 의미하기 때문이다.[21] 따라서 자존성은 어떤 방식으로든지 기독교의 가

20 필자의 *CVT*, 264-68을 보라.

21 반틸은 *The Triumph of Grace* (Philadelphia: Westminster Theological Seminary, 1958)에서 다음과 같이 언급한다. 즉, "그런 자충족적 하나님이라는 생각을 고려하는 어떤 사

르침이 단지 생각의 우연한 모음이 아니라 진리의 체계이고 하나의 "단일체"라는 것을 명확히 한다.

단지 성경만이 어떤 방식으로 이 세상에 의존하지 않는 '아 세'이신 인격적[22] 하나님이 이 우주를 창조하고 다스리신다는 것을 가르친다. 다신론적 종교들은 인격적 신들의 존재를 가르치지만 이런 신들은 '아 세'가 아니다. 힌두교, 도교, 그리고 파르메니데스, 플로티노스, 스피노자, 헤겔의 철학은 절대적 존재가 존재함을 가르친다. 그리고 사실 대부분의 다신론은 절대적 운명의 원리를 신들의 영역을 초월한 곳에 놓는다. 하지만, 이런 "절대적" 존재와 운명은 비인격적이다. 따라서 이것들은 이 세상을 인격적으로 다스리지 않는다.

사실 반틸이 강조하는 것처럼 이런 절대적 존재들은 이 세상의 비절대적 영역과 **상관관계**가 있다. 이런 절대적 존재들은 이 세상이 없다면 존재할 수 없다. 이것들은 우주의 측면으로서를 제외하고 정의할 수 있거나 묘사할 수 없다.

이것들은 이 세상의 통일성의 요소로서 역할을 하고 이 세상의 복수성과 상관관계가 있고 존재론적 삼위일체라는 성경 교리와 반대가 된다. 이것들은 이 세상의 불변하는 측면으로서 역할을 하고 우리 경험 세계의 변화와 상관관계가 있다. 따라서 소위 이런 절대적 존재들은 이 세상이 그것들에 의존하는 만큼 많이 이 세상에 의존한다. 그것들은 참으로 '아

변적 체계는 존재하지 않는다. 단지 성경만이 우리에게 이런 하나님을 가르친다."

22 반틸은 "**인격적**"이라는 단어를 *The Reformed Pastor and Modern Thought*(Nutley, NJ: Presbyterian and Reformed, 1971), 74에서 "**자립적**"이라는 단어와 연관시킨다. 즉, "이런 참조점(인간 사고를 위한-존 프레임)을 **자립적인** 또는 궁극적인 다른 말로 말해서 자충족적, 그리고 자기해석적인 것으로 해석해야 한다. 당연히 이것은 비인격적일 수 없다." 반틸의 요점은 다음과 같다. 즉, 비인격적 원리는 그 자체를 증거하거나 해석하기 위해 **말할** 수 없다는 것이다.

세'가 아니다.[23]

이런 방식으로 신적 자존성 교리는 성경적 세계관에 대해 뚜렷한 것을 규정한다. 믿음을 변증하는 것은 성경적 세계관의 특징을 변증하는 것이다. 따라서 "자립적인 존재론적 삼위일체"라는 어구는 변증가가 변증해야 할 내용을 요약한다.

2. 자존성과 성경적 인식론

신적 자존성 교리가 변증학에 제공하는 두 번째 공헌은 다음과 같다. 즉, 신적 자존성 교리는 우리가 하나님에 대해 어떤 종류의 지식을 얻을 수 있는지 또는 사실 그밖에 무언가에 대해 어떤 지식을 얻을 수 있는지를 결정한다. 앞에서 필자는 반틸이 "**자기해석**"(self-interpreting)과 "**자기준거적인**"(self-referential)과 같은 용어를 "**자립적**"(self-contained)이라는 용

23 유대교, 이슬람교 그리고 여호와의 증인의 견해와 같은 이단에서 자존성 교리의 흔적이 존재한다. 이런 사실에서 두 가지 언급에 주목하라. 즉, ① 이런 흔적들은 자존성을 하나님에게 돌리는 범위까지 그 흔적들은 그렇게 한다. 왜냐하면, 그 시점에서 그런 흔적들은 성경에 의해 영향을 받기 때문이다. ② 그런 흔적들이 성경 가르침에서 갈라져 나왔다는 것은 그것들로 하여금 하나님의 자존성을 훼손하게 이끈다. 즉, 이슬람교는 하나님을 알 수 없고 멀리 떨어진 분으로 만든다. 그리고 이슬람교는 하나님이 이 세상에 관여하는 것을 자신을 상대화할 것이라고 우려한다. 이슬람교의 하나님이 참으로 '아 세'(*a se*)하다면 그분은 역사에 개입함으로써 자신의 초월적 영광을 상실하지 않을 것이다. 이슬람교는 또한 예정을 운명론으로 바꾼다. 따라서 이슬람교는 하나님에 대한 비인격적 개념으로 기울어진다. 오늘날 유대교(최근 학문이 1세기 유대교에 대해 무슨 결론을 내리든지 간에)는 우리가 갚을 수 없는 것을 주시는 '아 세' 하나님의 종교라기보다는 오히려 행위의 종교다. 또한 여호와 증인과 다른 신흥 종교처럼 유대교는 삼위일체를 거부한다. 하지만, 우리가 살펴보았듯이 삼위일체는 하나님의 자존성과 밀접하게 관련이 있다.

어와 동격으로 사용한다고 언급했다. 필자는 또한 반틸이 하나님을 그분의 존재에서뿐만 아니라 그분의 "지식과 의지"에서도 자충족적인 분으로 간주한다고 언급했다.[24] 그렇다면 반틸에게 있어서 하나님의 자존성은 명확한 인식론적 함의가 있다.

먼저 하나님은 자신을 앎으로써 자신과 이 세상을 아신다. 또한 하나님은 자신을 직관적으로 완전하게 아신다. 또한 그분은 자신을 앎으로써 이 세상을 아신다. 즉, 하나님은 자기 자신의 능력을 앎으로써 이 세상에서 가능한 것을 아신다. 또한 하나님은 자신의 영원한 계획뿐만 아니라 그 계획이 시간상으로 완성될 것을 완벽하게 인식함으로써 이 세상에서 실제적인 것을 아신다.

다른 말로 말해서 하나님은 심지어 피조계에 대한 지식을 위해 피조계에 의존하지 않으신다. 하나님의 지식은 철저하고 완벽하다. 하나님의 지식은 '아 세'이기 때문이다. 반틸은 다음과 같이 말한다.

> 하나님은 절대 합리성(absolute rationality)이시다. 그분은 유일한 자충족적 전체, 즉 절대 진리의 체계이다. 따라서 하나님의 지식은 전적으로 **분석적**(analytic)이다. 즉, 그분의 지식은 자기의존적이다. 하나님이 탐구하셔야 할 하나님과 독립하여 존재하는 사실들은 결코 존재하지 않았다. 하나님은 한 분의 유일한 궁극적 사실이시다. 그분 안에서, 즉 그 자신의 존재와 관련해서 이 세상과 별도로 사실과 이 사실에 대한 해석이 동연적(coterminous)이시다.[25]

---

24 Van Til, Apologetics, 7.

25 Van Til, *Introduction to Systematic Theology*, 10. 또한 Cornelius Van Til, *The Protestant Doctrine of Scripture* (Philadelphia: Presbyterian and Reformed, 1967), 19에 주목하라. 즉, "기독교 종교는 하나님이 자립적이시다"라고 말한다. 또한 하나님은 자신과 대조

하나님에 대한 이런 견해에는 인간 지식을 위한 함의가 있다. 반틸은 단지 자립적인 하나님이라는 전제에서만 다음과 같이 말한다.

> 인간은 자신과 그밖에 모든 것을 알 수 있다.[26]

> 기독교적 관점에서 하나님의 비존재를 생각하는 것은 불가능하다.[27]

우리가 언어로 하나님 존재를 부정할 수도 있다. 하지만, 하나님만이 모든 실재의 합리적 구조를 제공한다면 우리는 하나님을 전제하지 않고는 무언가를 이해할 수 없다. 따라서 바울이 로마서 1:21에서 언급하는 것처럼 모든 사람이 하나님을 안다. 하지만, 은혜가 없다면 그들은 이런 지식을 억누른다.

그럼에도 불구하고 하나님은 또한 **불가해하다**(imcomprehensible).

> 이런 용어는 하나님이 자신에게 불가해하다는 것을 의미하지 않는다. 이와는 반대로 인간이 하나님을 이해할 수 없다는 것은 하나님이 완전히 자기 결정적이라는 바로 그 사실에 기초한다.[28]

되는 무언가에 자신을 관련시키면서도 자신과 대조되는 무언가와 자신을 관련시킬 필요 없이 "나"를 말씀하실 수 있다. 또한 그의 *Apologetics*, 7에서 그는 "하나님은 존재에서 자충족적이고 자립적이다." 따라서 하나님은 직관이라는 유일한 내적 행동으로 자신과 모든 피조된 존재를 안다.

26 Cornelius Van Til, *Christian Philosophy* (Phillipsburg, NJ: Grotenhuis, 1956). (필자는 이 소책자를 쪽수를 제공하지 않은 the Works CD-Rom을 통해서만 접근할 수 있었다.)

27 Van Til, *Introduction to Systematic Theology*, 9-10.

28 Van Til, *Introduction to Systematic Theology*, 10.

자충족적인 하나님은 반드시 우리의 완전한 이해를 초월한다.

> 하나님이 분명히 실제로 자충적이고 영원히 자의식적인 존재로 존재한다면 그분의 피조물인 우리가 이해할 수 없다는 것 즉 그분을 완전히 알 수 없다는 것은 당연하다.[29]

따라서 반틸의 용어로 하나님에 대한 우리의 지식은 **일의적**(univocal)이라기보다는 오히려 **유비적**(analogical)이다. 그는 이런 차이를 다음과 같이 정의한다.

> 그리스도인들은 또한 두 수준의 지식 즉 절대적으로 포괄적이고 자충족적인 하나님이 가진 지식의 차원과 포괄적이 아니라 파생적이고 재해석적인 인간이 가진 지식의 차원을 믿어야 한다. 따라서 우리는 다음과 같이 언급한다. 즉, 그리스도인으로서 우리는 인간의 지식이 하나님의 지식과 유사(analogical)하다는 것을 믿어야 한다.[30]

---

29 Van Til, *Introduction to Systematic Theology*, 10. 필자는 반틸과 고든 클락(Gordon H. Clark) 사이에 1940년대 있던 논쟁에서 하나님에 대한 신적 불가해성에 대한 논의를 다루지 않을 것이다. 이 논쟁은 반틸 진영이 불가해성을 인간의 사고와 하나님의 사고 사이에 동일성의 부족으로 다소 다르게 정의했던 논쟁이다. 필자의 책인 *CVT*, 97-113을 보라. 불가해성에 대한 정의로서 필자는 위에 인용한 것에서 사용한 더 단순한 정의를 선호한다.

30 Van Til, *Introduction to Systematic Theology*, 12. *CVT*, 89-95에서 필자는 이런 용어가 오해의 소지가 있다고 주장한다. 토마스 아퀴나스(Thomas Aquinas)는 하나님을 언급하는 언어의 문자적(**일의적**) 사용과 비유적(**유비적**) 사용 사이를 구별하기 위해 이런 용어를 사용했다. 반틸의 구분은 비록 관련이 있지만 다른 문제와 관련이 있다. 아퀴나스가 부정하는 것처럼 그는 하나님에 대한 문자적 언어의 가능성을 부정하지 않는다. 또한 반틸은 어떤 형태의 불가지론(agnosticism)을 암시하기 위해 이런 용어를 사용하지도 않는다. 하지만, 불가지론은 때때로 아퀴나스의 구분에서 추론되었다. 칼

따라서 하나님에 대한 우리의 지식은 하나님 자신에 대한 하나님의 원 지식(original knowledge)에 의존한다.

어떻게 우리가 그런 하나님의 원 자기 지식(original divine self-knowledge)에 접근할 수 있는가?

하나님이 자신을 아는 것처럼 우리는 결코 그분을 알 수 없다. 하지만, 우리는 분명히 하나님이 우리에게 주기로 선택하셨던 계시에서 그분의 생각 즉 창조된 매개를 통해서 우리에게 주어진 그분의 생각에 접근한다.

개혁파 전통처럼 반틸은 일반적으로 특별계시(인간의 언어로 우리에게 주어진 하나님의 말씀), 일반계시(창조된 세계에 드러난 하나님의 자기 표명(self-manifestation)와 하나님의 형상으로서 우리 자신 안에 있는 하나님의 계시를 구분한다. 따라서 우리는 하나님, 세계, 우리 자신에 기초해서 하나님을 아는 지식을 받는다. 다른 말로 말해서 세상, 하나님 그리고 우리 자신에 기초한 이 세상에 대한 지식 그리고 우리 자신, 하나님 그리고 이 세상에 기초한 우리 자신에 대한 지식.[31]

반틸은 특별히 기록된 하나님의 계시 즉 성경에 초점을 맞춘다. 반틸에게 있어서 성경의 권위와 하나님의 자존성은 다음과 같이 관련이 있다.

> 자충족적 하나님으로서 이 하나님이 이 땅에서 예수 그리스도 안에 계시는 동안 분명히 말씀했고 지금 성경을 통해서 인간에게 분명히 말씀하신

빈이 언급했던 것처럼 *A Christian Theory of Knowledge* (Nutley, NJ: Presbyterian and Reformed, 1969), 41에서 반틸은 분명히 하나님의 계시가 "신인동형적," 즉 "하나님이 인간 피조물의 한계에 맞추신 것"이고 따라서 교회의 고백은 "비슷한 진술"(approximated statements)이라고 언급한다(*A Christian Theory of Knowledge*, 4). 하지만, 비록 그가 계시를 신인동형적이고 비슷한 것으로 간주하지만, 그는 우리가 그것을 참으로서 즉 참된 신인동형론과 참되게 비슷한 것(approximation)으로 고백할 수 있다는 것을 부정하지 않는다.

31 Van Til, *Introduction to Systematic Theology*, 62-109.

다. 하나님의 말씀으로서 성경이라는 생각은 자충족적인 삼위일체 하나님의 출처와 자충족적인 삼위일체 하나님이라는 지식의 결과이다. 다른 것에 호소하는 것 없이 하나에 호소하는 것은 불가능하다.[32]

[기독교의 메시지]는 본질적으로 권위로 온다. 자충족적인 분으로서 성경의 하나님은 권위로 말씀하는 것 외에는 어떤 방식으로도 말씀하실 수 없다.[33]

하나님은 자립적이실 뿐만 아니라 하나님의 말씀도 자립적이다.[34] 따라서 성경은 진리를 위해 성경 자체 외에 어떤 다른 것에 의존하지 않는다. 성경은 어떤 더 높은 기준과 일치하기 때문이 아니라 성경은 하나님의 말씀이기 때문에 성경은 사실이다. 또한 하나님이 하나님의 말씀을 말씀하시므로 하나님의 말씀은 사실이다. 또한 하나님 "만이 자기 자신을 증명하실 수 있다."[35] 따라서 심지어 성경 자체에 대해서도 성경의 증거는 그 자체의 권위에 기초해서 받아들여야 한다.

32 Cornelius Van Til, *The Great Debate Today* (Nutley, NJ: Presbyterian and Reformed, 1971), 33.

33 Cornelius Van Til, *The Case for Calvinism* (Philadelphia: Presbyterian and Reformed, 1964), 104-5.

34 Van Til, *Christian Theory of Knowledge*, 41. 반틸은 B. B. Warfield, *The Inspiration and Authority of the Bible* (Philadelphia: Presbyterian and Reformed, 1948)에 대한 그의 "서론"(Introduction), 3-68에서 자립적 하나님과 그 결과로 이어지는 성경의 자립적 특징에 대해 많은 것을 언급한다. 가령 23쪽에서 반틸은 "존재론적 삼위일체의 이런 자립적인 원(self-contained circle)은 삼위일체 하나님이 인간과 맺고 있는 경륜적 관계(economical relation)가 있다는 사실에 의해 분해되지 않는다. 성경의 이런 자립적인 특징도 성경이 포함하고 있는 하나님 말씀의 경륜적인 전달과 수용이 있다는 사실에 의해 분해되지 않는다."

35 Van Til, *Christian Theory of Knowledge*, 41.

우리가 성경 자체의 증거에 기초해서 성경을 받아들여야 한다는 것은 반틸 변증학에 대한 가장 표준적인 반대, 즉 반틸의 변증학은 순환론적이라는 반대를 제기한다. 이에 대한 답변으로 반틸은 말한다.

① 모든 사고 체계가 가장 기본적 원리를 세우는 것에 관해서는 순환론적이다. 즉, 가령 합리주의자들은 이성을 증명하기 위해 이성을 가정해야 한다.
② 우리가 성경 유신론을 가정하지 않는다면 비기독교 사고를 포함해서 모든 인간 사고는 모순적이 된다.[36]

요약해 보자. 즉, 성경은 하나님의 말씀이다. 따라서 성경은 자증적이다. 우리가 성경을 검증할 수 있는 성경보다 더 높은 권위는 존재하지 않는다. 왜냐하면, 하나님보다 더 높은 어떤 권위도 존재하지 않기 때문이다. 하나님의 말씀은 자증적이다. 왜냐하면, 하나님은 자충족적이시기 때문이다. 하나님은 자신의 말씀을 우리에게 타당화하기 위해 그분이 필요로 하는 모든 자원을 자신 안에 갖고 계시다.

따라서 변증학은 불신자들에게 그런 자증하는 메시지를 가져가려고 애써야 한다. 변증학은 또한 그런 메시지를 믿기 위한 이유를 제시하려고 애써야 한다. 하지만, 이유는 메시지 자체를 반박하지 말아야 한다. 따라서 우리의 궁극적 호소는 인간 이성, 감각 표현, 느낌 또는 단순한 어떤 인간의 권위가 되지 말아야 한다.

궁극적으로 변증가는 성경을 변증하기 위해 성경에 호소해야 한다. 이

36 더 많은 논의를 참조하려면 *DKG*, 130-33; *AGG*, 9-14; *CVT*, 299-309, 또한 "Presupposition Apologetics," in *Five Views on Apologetics*, ed. Steven B. Cowan(Grand Rapids: Zondervan, 2000), 208-10을 보라.

렇게 말하는 것은 우리가 단순히 "성경이 그렇게 말하기 때문에 성경을 믿어라"라고 말해야 된다는 것을 의미하진 않는다. 반틸이 다른 곳에서 강조하는 것처럼 우리는 모든 종류의 합리적 논증과 증거를 사용할 수도 있다.[37]

하지만, 우리는 성경으로 하여금 어떤 증거와 논증이 적당한지를 결정하게 해야 한다. 이런 의미에서 변증가는 자신의 세계관뿐만 아니라 불신자 앞에서 그런 세계관을 변증할 때에도 성경을 "전제"해야 한다.

3. 자존성과 변증적 전략

반틸의 신적 자존성 교리의 세 번째 강조점은 다음과 같다. 즉, 그것은 우리에게 비기독교 사유 안에 있는 가장 근본적인 결함을 보여 준다. 물론 비기독교 사유는 종종 사실의 진술에서 오류를 범한다. 또한 비기독교 사유는 종종 타당하지 못한 논증을 제시한다. 이런 것은 변증가에게는 공정한 게임이다.

하지만, 불신자들이 그들 자신의 사고와 증거에서 그런 결함을 발견할 때 변증가는 기꺼이 그것을 인정해야 한다. 하지만, 그리스도인들과 비그리스도인들 사이의 주요 문제는 우연적인 사실과 가끔 발생하는 논리적 실수가 아니다. 오히려 쟁점은 자충족적인 존재론적 삼위일체이다. 또한 변증가가 적절하게 이런 전체적인 큰 그림에 초점을 맞추는 것이 항상 중요하다.

---

37 Van Til, *Christian Theory of Knowledge*, 293을 보라. 논의를 참조하려면 Thom Notaro, *Van Til and the Use of Evidence* (Phillipsburg, NJ: Presbyterian and Reformed, 1980)와 필자의 책 *CVT*, 177-84를 보라.

어떻게 이런 전체적인 큰 그림이 두 개의 철학 논쟁의 영역과 관련이 있는가를 살펴보자.

1) 비기독교 형이상학

많은 비기독교 철학자는 이 세상에서 '아 세'(a se)인 무언가를 찾아야 할 필요성을 이해했다. 이런 '아 세'적인 존재는 전체로서 우주(파르메니데스, 스피노자, 헤겔) 또는 어떻게든 전체를 아우르는 우주 안에 있는 무언가(플로티노스, 힌두교)일 수도 있다. 모든 것을 설명하는 것은 바로 이런 '아 세'적인 존재다. 다른 철학자들은 그런 존재가 존재한다는 것에 대해 회의적이었다.

하지만, 반틸은 '아 세'적인 존재를 확언하는 사람들은 회의주의자들과 별반 다르지 않다고 지적한다. 왜냐하면, 비기독교 사고에서 '아 세'인 것은 우주 자체이거나 아니면 그것은 우주의 다른 측면과 관련되기 때문이다. 이런 '아 세' 존재는 이 세상의 나머지와 "상관관계"에 있다.

가령 탈레스(Thales)가 "모든 것은 물이다"라고 언급했을 때 그는 물을 '아 세,' 즉 모든 것의 원인과 설명으로 해석했다. 하지만, 이런 견해에서 설명하는 물은 설명을 필요로 하는 물과 전혀 다르지 않다. 원인이 되는 물이 결과로써 야기된 물이다. 물을 이해하려고 애쓰는 정신은 그 자체가 물이다. 따라서 물 자체가 물을 분석하는 데 적합하지 않은 것처럼 정신은 물 자체를 분석하는 데 적합하지 않는다.

플라톤(Plato)은 자신의 형상(Forms)을[38] '아 세'라고 간주했다. 따라서

38 즉, 우리의 변화하는 세계에서 사물들과 속성들의 완벽하고 불변하는 원형(archetypes)이다.

그는 형상을 변화하는 세계를 위한 충분한 설명으로 간주했다. 하지만, 형상은 변화하는 세계의 도움이 없다면 형상은 이 세상을 발생시킬 수 없거나 이해할 수 있게 규정될 수 없었다. 형상은 모든 실재를 설명할 수 없다. 왜냐하면, 일부 실재는 본질상 형상이 없는 질료이고 따라서 비합리적이기 때문이다.

따라서 형상은 이 세계와 **상관관계**에 있다. 그 자체로서 형상은 이 세계의 비합리적 측면 즉 형상이 아닌 측면과 상관관계에 있다. 따라서 형상은 합리성의 표준으로서 역할을 할 수 없다.

아리스토텔레스의 신적 원동자(divine Prime Mover)는 이 세계의 운동의 원인인 것으로 여겨진다. 하지만, 플라톤의 형상처럼 이것은 비인격적이다. 또한 이것은 단지 유한한 세계와의 대조를 통해서 규정될 수 있다. 이것은 또한 원 질료(Prime Matter)의 비합리성에 의해 제한을 받는다. 그리고 원 질료는 원동자만큼이나 영원하고 불멸한다.

힌두교는 브라마(Brahma)를 이 세계에 대한 설명으로 간주한다. 하지만, 브라마는 인격이 아니라 비인격적 원리이다. 브라마는 변화하는 세계의 정반대로서 또는 이성을 초월하는 인간의 신비적 경험의 내용으로서를 제외하고 알려질 수 없다.

플로티노스, 스피노자, 헤겔에게서 '아 세'적인 절대자는 유사하게 시간적이고 비합리적 세계와 관련이 있다. 따라서 반틸의 용어에서 합리적 원리는 비합리적 원리와 관련이 있다.

따라서 회의주의와 회의주의의 반대자는 궁극적으로 합의점에 도달한다. 제안된 이런 '아 세'적인 합리적 원리는 실제로 '아 세'는 아니다. 왜냐하면, 이런 원리는 이런 원리가 설명하려 애쓰는 실체와 상관관계에 있기 때문이다. 따라서 이런 원리 자체는 설명이 필요하다. 사실 성경의 자충족적 하나님이 없이 이 세상을 합리적으로 설명할 방법은 존재하지 않는다.

하지만, 또한 회의주의도 타당한 선택이 아니다. 왜냐하면, 회의주의 자체는 이 세계가 어떤 확실한 지식도 가능하지 않다고 하는 합리적인 형이상학적 진술이기 때문이다. 부정적 입장이므로 회의주의는 긍정적 원리보다 입증하기가 더 어렵다.

그럼에도 불구하고 우리가 그것을 확언한다면 우리는 오만한 합리주의로 비합리주의를 확언하는 것이다. 반틸이 언급하는 것처럼 회의주의자가 되기 위해 우리는 "보편적인 부정적 진술"을 해야 한다.

우리 시대에 신적 자존성에 대한 가장 과격한 공격은 클락 피녹(Clark Pinnock), 존 샌더스(John Sanders), 그레고리 보이드(Gregory Boyd), 윌리엄 헤스커(William Hasker)와 다른 신학자들과 같은 소위 열린 유신론자들에게서 온다. 이런 신학자들에게 있어서 하나님은 전에 '아 세'였다.

하지만, 하나님은 어떻게든 자신의 자존성을 포기하셨고 이제 하나님은 피조물의 자유로운[39] 선택이 없다면 그분의 목적을 달성할 수 없다. 따라서 현 세계에서 어떤 것도 '아 세'가 아니다. 어떤 의미에서 열린 유신론은 자존성을 인간의 자유의지에게로 돌리길 원한다. 자유에 대한 열린 유신론자의 자유의지론적 개념에 기초해서 인간의 자유로운 결정은 어떤 원인도 없다. 즉, 하나님도 아니고 자연적 질서도 아니고 심지어 인간 자신의 바람도 아니다.

하지만, 필자의 바람이 필자의 결정을 일으키지 않는다면 그것은 필자가 하길 원하지 않는 무엇인가이다. 따라서 심지어 필자가 필자의 자유로운 결정을 일으키지 않는다. 필자의 자유로운 결정은 헬라인들 가운데

39 열린 유신론(open theism)에서 **자유로운**(free)이라는 어휘는 항상 자유의지론적(libertarian) 의미에서 해석해야 한다. 이후에 정의되어 있다.

원 질료(Prime Matter)의 영역처럼 무작위하고 임의적이고 비합리적 사건이다.

이런 견해는 자유로운 선택에 대한 합리적 설명을 제공하지 못할 뿐만 아니라 그런 설명을 불가능한 것으로 만든다. 열린 유신론자들의 합리주의(하나님의 주권과 인간의 책임에 대한 분명한 설명을 찾으려는)는 그들이 순전히 비합리주의 원리를 상정하는 것으로 이어진다.[40]

2) 비기독교 인식론

지금까지 우리는 주로 철학자들이 실재의 본질을 설명하려고 애쓰는 것과 같은 형이상학적 문제를 살펴보았다. 하지만, 인식론 안에서도 동일한 문제가 존재한다. 앞에서 우리는 자존성이 형이상학 범주와 인식론적 범주라는 것을 살펴보았다. **형이상학적으로** 자충적이신 하나님은 인식론적으로는 자증하신 분이다. 비기독교 사고에서 인간 자신이 인식론적으로 '아 세'가 된다. 물론 인간을 인식론적으로 '아 세'로 간주하는 것은 타당하지 않다. 하지만, 신비주의자들은 빈번하게 그들 자신을 궁극적인 실재와 동일시하려고 애썼다.

하지만, 다른 많은 사람은 **인식론적** 자율성을 주장했다. 그리고 인식론적 자율성은 인식론적 자존성이다. 철학자가 인간의 이성, 경험 또는 느낌을 진리의 궁극적 잣대라고 주장할 때 그는 인식론적 자존성을 주장하는 것이다. 따라서 반틸은 다음과 같이 말한다.

40 열린 유신론에 대한 더 많은 논의를 참조하려면 Bruce A. Ware, *God's Lesser Glory* (Wheaton, IL: Crossway, 2000); John Piper, Justin Taylor, and Paul Kjoss Helseth, eds., *Beyond the Bounds* (Wheaton, IL: Crossway, 2003); Douglas Wilson, ed., *Bound Only Once* (Moscow, ID: Canon Press, 2001); 그리고 *NOG*를 보라.

> 자연인은 사실 참된 기독교 신학이 자충족적 하나님에게 돌리는 것을 자신에게 돌린다. 따라서 전쟁은 기독교의 절대적으로 자립적인 하나님과 자연인의 자칭 완전히 자립적인 정신 사이에서 진행되는 전쟁이다. 이 둘 사이에 어떤 절충도 존재할 수 없다.[41]

인식론적 자율성 교리를 타당하게 보이도록 할 수 있다.

즉, 심지어 복종해야 할 어떤 권위를 선택하는 데 있어서도 우리는 스스로 생각해야 하지 않는가?

가령 우리가 성경의 하나님을 수용한다 하더라도 우리는 우리 자신의 판단에 기초해서 그렇게 해야 하지 않는가?

따라서 반틸은 타일러(A. E. Taylor)를 언급한다. 왜냐하면,

> 어떤 사람이 어느 정도 수용이라는 바로 그런 행동에서 계시를 하나님과 독립해서 작동하는 그 자신의 경험과 혼동하지 않고 그런 [자충족적인—존 프레임] 하나님에게서 어떤 계시를 받을 수 있다는 것을 그는 믿을 수 없기 때문이다.[42]

이런 기초해서 심지어 계시에 순종하는 행동은 우리의 자율적인 합리성의 행동이다. 왜냐하면, 계시는 결코 우리의 합리성과 명확하게 구별될 수 없기 때문이다.

하지만, 반틸은 타일러의 논증이 성경의 자충족적인 하나님이 존재하지 않는다는 것을 가정한다고 지적한다. 만약 이런 하나님이 분명히 존

41 Van Til, *Apologetics*, 97.

42 Van Til, *Apologetics*, 93.

재한다면 그분은 자신을 역사에서 분명히 계시할 수 있다. 하나님은 역사의 주님이고 우리 경험의 주님이시다. 하나님은 초기 계시적 사건뿐만 아니라 그런 계시에 대한 우리의 수용도 통제할 수 있다.

따라서 그 결과로 우리는 그 계시를 확신 있게 수용할 수 있다. 하나님은 그런 계시에 대한 우리의 주관적 수용성을 오류가 없게 하도록 선택하지 않으셨다. 하지만, 하나님은 계시 자체의 무류성(infalliblity)을 확언하기 위한 충분한 타당성을 우리에게 주셨다.

물론 우리는 우리 자신의 사고 즉 우리 주관성의 일부분인 "인식상의 도구"를 사용하지 않는다면 하나님의 계시를 영유할 수 없다. 타일러가 생각하는 것처럼 문제는 그런 주관성이 반드시 계시를 왜곡하는가 아니면 계시를 불확실한 것으로 만드는 가이다. 성경 자체는 이것이 사실이 아니라고 가르친다.

3) 일반적 전략

따라서 하나님의 자존성은 변증적 논증을 위한 이런 일반적 전략을 암시한다. 즉, 우리는 비그리스도인에게 다음과 같은 것을 분명히 해야 한다. 즉, 신적 자존성을 대신하는 그가 가진 것들(성경적 용어로, 우상)은 임무를 수행할 수 없다는 것이다. 이 세상에서의 원리는 결코 이 세상을 설명할 수 없다. 왜냐하면, 그런 원리는 "상관관계," 즉 이 세계의 나머지가 그런 원리에 의존하는 것만큼이나 이 세계의 나머지에 의존하기 때문이다.

인식론적으로 우리는 지적 자율성을 가정해야 한다는 필요성에 도전해야 한다. 또한 우리는 그런 자율성은 진리와 거짓에 대한 어떤 적절한 기준도 제공하지 않는다는 것을 보여 주어야 한다. 기껏해야 그것은 조사해 보면 비합리성과 상관관계가 있는 것으로 드러나는 합리성의 기준을 만들 수 있다. 이와는 반대로 단지 자립적인 하나님이 존재하고 그분이 자신을 계시했다는 가정에서만 우리는 지식을 주장하기 위한 근거를 가질 수 있다.

이런 종류의 변증적 논증은 (만약 성령이 우리 반대자의 마음을 연다면) 타당하고 설득적일 뿐만 아니라 변증적 만남의 초점을 가장 중요한 것에 맞추게 한다. 변증적 논의는 복잡한 삼단논법과 사실에 기초한 세부사항으로 쉽게 방해를 받는다. 하지만, 궁극적 쟁점은 자충족적인 존재론적 삼위일체이다. 이것은 가장 분명하게 기독교 신앙을 특징짓는 교리다.

또한 변증학은 복음전도적이며 또한 예수 그리스도의 복음을 소통하는 것이라는 것을 기억하자. 물론 변증학은 신자들의 의심을 다루는 데 있어서 귀중하다. 하지만, 불신자들에게서와 같이 신자들을 다루는 데 있어서 변증학은 그들로 하여금 문제에 대한 답변으로 예수님을 의존하도록 도와야 한다. 자존성에 기초한 반틸의 논증은 다음과 같은 이유로 사람들을 예수님께로 인도하는 장점이 있다.

① 반틸의 논증은 불신앙이라는 허세를 기만, 거짓말과 우상으로 드러낸다.
② 반틸의 논증은 사람들에게 지적 자율성을 주장하는 죄를 깨닫게 하고 따라서 지적 회개를 촉발시킨다.
③ 반틸의 논증은 예수님을 주님으로 제시한다. 왜냐하면, 존재론적 삼위일체의 구성원으로서 예수님 자신이 '아 세'이시고 따라서 하늘과 땅에 있는 모든 것을 다스리신다.
④ 반틸의 논증은 우리에게 복을 주기 위해 우리의 선행을 필요로 하지 않은 하나님 따라서 대부분 거저 은혜를 제공하는 하나님을 제시한다.

⑤ 반틸의 논증은 하나님의 말씀을 자증하며 또한 복음이 진리임을 보증하는 확신으로 제시한다.

⑥ 반틸의 논증은 구원은 그리스도의 구속 사역에서뿐만 아니라 심지어 그런 구속 사역을 믿는 데 필요한 마음의 조명에서도 은혜로 이루어진다는 것을 보여 준다.

⑦ 반틸의 논증은 그리스도를 인간 삶의 다른 모든 측면에서뿐만 아니라 정신의 구세주로서도 제시한다.

많은 종류의 변증학으로 변증적 논증과 복음 사이의 이행이 매우 어렵다. 반틸의 논증에서 이 논증은 이미 복음이고, 태도는 온건하다(*suaviter in mode*).[43] 또한 이것은 자연스럽게 복음에 대한 더 분명한 제시로 이어진다.

물론 변증가가 플라톤, 칸트, 다른 철학자들에 대한 자신의 선험적 반박을 제시하는 것을 자랑할 때처럼 심지어 반틸의 전제적 논증도 이탈할 수 있다. 사탄은 모든 학파의 변증가가 복음적으로 유용한 것을 말하기보다는 오히려 그들 자신의 지적 성취를 드러내게 하려고 유혹한다. 다른 모든 상황에서처럼 성경은 여기서 우리로 하여금 사랑 안에서 진리를 말할 것을 요구한다.

하지만, 반틸의 모델이 심지어 여기서 유용하다. 왜냐하면, 반틸의 모델은 우리의 교만을 반박하고 하나님의 권능, 지혜, 은혜를 확대하기 때문이다.

43 반틸은 종종 "태도는 온건하게, 행동은 단호히"(*suaviter in modo, fortiter in re*)라는 라틴어 문구에 감사를 표현했다. 그리고 변증학 논의에서 이 어구는 제시의 방식에서는 부드럽게(또는 예민하게) 하지만, 내용에서 강하게로 번역할 수 있다.

부록 F

인식론적 관점과 복음적 변증학[1]

필자는 최근 몇 년 동안 복음주의 안에서 변증 방법을 놓고 벌인 논쟁이 일련의 편파적 말다툼으로 변질되었다는 것을 깨닫게 되었다. 다른

1 필자는 1982년 복음주의신학협회(Evangelical Theological Society)의 극서 지역 모임(Far West Regional Meeting)에서 이 논문을 발표했다. 1984년에 이 논문은 *Bulletin of the Evangelical Philosophical Society* 7(1984): 1-7에 게재 되었다. 따라서 이 논문은 복음주의자들 가운데 변증 논의에 대해 필자가 가장 일찍 기고했던 글 가운데 하나다. 이 논문은 『신학자 반틸』(*Van Til the Theologian*)보다 후반에 나왔지만 *DKG*보다는 5년 빨리 나왔다. 이 논문은 또한 필자가 웨스트 코스트(West Coast)에 살았던 20년 동안(1980-2000)에 나왔던 중요한 필자의 첫 번째 출판물이다. 따라서 서부, 복음주의신학협회(ETS), 변증학에 신참자로서 필자는 여기서 처음부터 시작하려 했다. 또한 필자는 필자의 독자와 독자층에게 일부 철학적 정교함이 있다고 가정하지만, 그들이 반틸이나 전제주의에 관한 과거 논쟁에 대해 어떤 지식도 갖고 있지 않다고 가정했다. 필자는 이런 논쟁을 넘어서고 전문 용어와 편견 없이 전제주의를 새롭게 제시하길 희망했다. 필자는 이런 접근 방식이 과거에 존재했던 편파적 논쟁을 넘어설 수도 있길 희망했다. 필자는 이런 임무를 잘 달성했다고 주장하지 않을 것이다. 하지만, 아마 일부 독자들은 여전히 이런 기초적이지만 철학적 제시에서 유익을 얻을 것이다. 이 논문은 또한 처음으로 삼관점적(triperspectival) 프로그램을 도입했다. 삼관점적 프로그램은 이 때 이후로 필자의 모든 글에 영향을 주었다. 이 논문은 아마 어떻게 삼관점주의가 변증 방법에 대한 논의와 관련을 맺고 있는지에 대해 필자가 쓴 가장 명료한 요약일 것이다(2015년).

진영들("전제주의자들," "증거주의자들," "반틸주의자들," "몽고메리주의자들," "거스트너주의자들" 등등)은 점점 더 다른 주제에 대해 논의하는 것처럼 보인다. 이런 상황에서 우리는 모두 우리의 당파적 전제에서 약간 벗어나 어째서 우리가 이런 영역에서 서로 오해하는 경향이 있는가를 묻을 때 어느 정도 가치가 있을 것이다.

성경의 그리스도에 대해 공통적인 헌신을 가진 사람들은 지금 우리가 가진 것보다 (그리고 단지 변증학의 영역에서만 아니라) 더 큰 일치성을 달성할 수 있어야 한다. 그렇다면 거대 변증적 논의(meta-apologetic)를 위한 전망은 좋은 것으로 간주해야 한다. 이 논문에서 필자는 우리의 차이점을 명확히 설명하는 방향으로 기여하려고 애쓸 것이다.

첫째, 필자는 역사적 관점에서 그 차이점을 살펴볼 것이다.

둘째, 그런 역사적 발전을 성경의 관점에서 새롭게 평가함으로써 명확히 설명할 것이다.

1. 문제의 역사적 뿌리

필자는 철학사를 통해서 등장한 세 가지 일반적 유형의 인식론을 구별하고 싶다. 이런 열거가 가능한 가장 좋은 분류 또는 가능한 유일한 분류 또는 철저한 분류여야 한다는 것은 필자의 논의에 중요하지 않다. 우리가 이런 세 가지 경향이 있었고 기독교 사고와 비기독교 사고 모두에 영향력을 미쳤다는 것을 인식하는 것으로 충분하다.

첫 번째 경향성은 **합리주의** 또는 **선험주의**(priorism)다. 필자는 합리주의 또는 선험주의를 인간의 지식은 감각 경험과 독립해서 알려진 어떤 원리를 전제한다는 견해로 정의할 것이다. 그리고 이 원리는 사실 감각 경험에 대한 우리의 지식을 지배한다.

둘째 경향성은 경험주의(empiricism)다. 경험주의는 인간의 지식이 감각 경험의 자료에 기초한다는 견해다.

셋째 경향성은 주관주의(subjectivism)가 있다. 주관주의는 어떤 "객관적" 진리도 존재하지 않고 단지 주체에 내재적인 기준으로 검증된 인식 주체를 "위한" 진리만 존재한다는 견해다.

어떤 철학자도 성공적으로 일관된 합리주의자, 경험주의자, 또는 주관주의자가 되지 못했다. 적어도 몇몇 철학자들이 그렇게 되려고 시도했다. 즉, 파르메니데스는 일관된 합리주의자에, 존 스튜어트 밀(John Stuart Mill)은 일관된 경험주의자에, 프로타고라스와 다른 소피스트들은 일관된 주관주의자에 거의 근접한다.

하지만, 그런 시도의 실패는 철학 문헌에서 잘 알려졌다. 플라톤, 아리스토텔레스, 칸트와 같은 가장 위대한 철학자들은 심지어 범주라는 면에서 인식론적 순수성을 달성하려고 애쓰지도 않았다. 오히려 그들은 일치하지 않은 인식론적 관심을 제대로 다루려고 애썼다.

하지만, 그것 또한 어려운 과업으로 드러났다. 이런 난점의 본질을 다음과 같은 관찰로 요약할 수 있다. 즉, 위에서 정의한 것으로서 합리론, 경험론, 주관주의는 단순히 서로 모순된다는 것이다. 이 모든 것을 동시에 확언할 수 없다.

그럼에도 불구하고 철학자들이 일관되지 못한 이런 견해를 통합하려 애썼다는 것은 너무 놀라운 것이 아니다. 왜냐하면, 각각은 타당한 관심에서 발생하는 것처럼 보이기 때문이다. 합리주의자는 진리와 거짓에 대한 기준이 없다면 어떤 결론도 감각 경험이나 주관적 상태에서 도출할 수 없다고 언급한다. 감각 경험이 항상 문제가 된다.

즉, 물속에 있는 막대기가 정말로 굽어 있는지 아니면 단지 그런 방식으로 보이는지 내가 어떻게 아는가?

그 자체로 받아들여진 이런 시각적 이미지는 어느 쪽으로든지 해석될 수 있다. 모든 감각 경험을 다양한 방식으로 해석할 수 있는 것처럼 보일 것이다. 그리고 만약 적당한 해석을 위한 기준이 감각 경험에서 도출된다면 그런 기준은 또한 문제가 될 것이고 결론을 산출하지 못할 것이다. 따라서 합리주의자는 감각 경험에 대한 참된 해석을 결정하는 기준은 감각 경험 이외의 어떤 출처에서 나와야 한다고 주장한다.

합리주의자는 주관적 상태에 대해서도 유사한 견해를 취한다. 우리의 느낌, 바람, 결정은 그 자체로 우리에게 참된 것을 말해 주지 않는다. 오히려 감각 경험처럼 이것들은 선험적 기준의 적용으로 해석하고 평가해야 할 문제가 있는 자료이다.

하지만, 주관주의자들이 그런 객관적인 어떤 진리도 가능하지 않다는 것을 주장하려 애쓴다면 어떻게 하겠는가?

합리주의자는 객관적 진리를 부정하는 것은 불가피하게 자멸적인 것이라고 답변한다. 객관적 진리가 없다면 주관주의자는 심지어 그 자신의 주관주의가 담고 있는 진리를 주장할 권리도 없다. 또한 만약 주관주의자가 기꺼이 심지어 그런 권리를 포기한다면 그는 단순히 합리적 담화에 참여하는 것을 거절하는 것이다. 그의 인식론은 인식론이 아니라 반인식론이다. 그는 주장할 어떤 진리도 없으므로 그는 우리에게 말할 어떤 것도 없다.

물론 합리주의자는 감각 경험과 주관적 상태에 호소하는 것이 종종 타당하다는 것을 인정한다. 필자가 어떤 사과를 떨어트리면 그 사과는 땅에 떨어지리라는 것을 안다.

어떻게 필자가 이것을 아는가?

필자는 이런 사실을 과거 경험에 기초해서 안다고 말하는 것이 타당하다. 즉, 다른 사과를 떨어트렸을 때 그 사과들도 항상 땅에 떨어졌다. 하지만, 합리주의자는 다음과 같이 묻는다.

즉 어떻게 필자는 미래가 과거와 유사하리라는 것을 아는가?

그것은 그런 유사성이 항상 과거에도 일어났기 때문인가?

하지만, 그것은 단순히 이런 문제를 또 다른 차원으로 바꾸는 것이다.

어떻게 필자는 과거와 미래 사이의 그런 유사성이 미래에도 계속되리라는 것을 아는가?

분명히 필자는 그런 원리를 과거 혹은 현재의 경험에서 도출할 수 없다. 합리주의자는 다음과 같이 말한다. 즉, 만약 이것이 사실이라면 그것은 감각 경험 이외의 어떤 출처에서 도출해야 한다. 주관적 상태에 대해 유사한 논증을 제기해야 한다. 가령 혹자는 다음과 같이 말한다. 즉, 그는 주관적으로 전쟁이 나쁘다고 인식하고 있으므로 전쟁은 나쁘다. 합리주의자는 다음과 같이 답변한다. 즉, 만약 이런 판단이 합리적 판단이라면 그것은 단순한 느낌 이상의 무언가에 기초해야 한다. 왜냐하면, 느낌은 종종 우리를 오도하기 때문이다.

그렇다면 합리주의를 지지하는 강력한 논증이 만들어질 수 있다. 하지만, 경험주의와 주관주의를 지지하는 강력한 논증 또한 만들어질 수 있다. 경험주의자는 지식을 위한 근거로써 공개적으로 관찰 가능한 사실의 필요성을 강조한다. 그는 감각 경험은 문제가 된다는 것을 인식한다. 하지만, 그는 선험적 진리에 대한 주장 또한 문제가 된다고 지적한다. 철학자들은 선험적으로 알려질 수 있는 문제에 대해 서로 반박했다. 파르메니데스는 모든 움식임이 환상에 불과하다는 것을 선험적으로 안다고 주장했다.

하지만, 플라톤은 이런 주장을 부정했다. 데카르트는 사고하는 실체로서 그 자신의 존재에 대한 선험 지식을 주장했다. 하지만, 흄은 그런 주장을 부정했다. 그렇다면 확실히 경험주의자는 선험 지식에 대한 주장이 오류가 있다고 말한다. 즉, 역사적 주장 가운데 일부 주장은 틀린 것임이 틀림없다.

어떻게 우리는 그런 주장들의 진리를 판단하는가?

확실히 경험주의자는 우리가 단순히 누군가의 말을 곧이곧대로 받아들일 수 없다고 말한다. 단지 그런 주장을 하는 개인에게만이 아니라 모든 사람에게 이용 가능한 점검 절차가 있어야 한다. 공개적으로 이용 가능한 점검 절차를 언급하는 것은 감각 경험에 대해 말하는 것이다.

하지만, 감각 경험은 참되고 공개적인 참조점인가?

아니면 그것은 아마 사람과 사람에 따라 크게 달라지는 무언가 즉 단순한 주관적 현상인가?

주관주의에 대한 경험주의자의 반응은 합리주의의 반응과 유사하다. 즉, 만약 감각 경험이 실재에 대한 보편적으로 공유된 접근이 아니라면 그런 접근은 없으며 또한 지식은 불가능하다. 따라서 경험주의자는 감각 경험이 추정되는 선험적 원리와 모든 주관적 확신의 궁극적 잣대다. 밀(Mill)과 같은 일관된 경험주의자에게 그런 논증은 실제로 선험적 원리를 완전히 제거한다.

경험주의자는 또한 다음과 같이 합리주의자를 반대하여 주장할 수 있다. 즉, 가령 우리가 선험적 원리—가령 비모순율의 법칙이나 자아의 존재—를 확신할 수 있다 하더라도 감각 경험이 없다면 그런 원리는 완전히 무용하다. 어떤 것도 비모순율에 의해서만은 추론할 수는 없다. 단지 논리가 논증의 중요한 전제에 적용될 때에만 논리는 유용하게 된다.

하지만, 누구도 모든 타당한 논증의 모든 전제가 선험적으로 알려진다거나 선험적으로 알려진 전제에서 연역될 수 있다고 주장하지 않을 것이다. 하지만, 만약 어떤 전제가 귀납적으로(*posterirori*) 알려진다면 논리는 단지 귀납적 지식 아마 감각 경험에 의존해서만 진리를 산출하는 것처럼 보일 것이다.

주관주의는 어떤가?

합리주의자들과 경험주의자들이 주관주의에 대한 대단히 파괴적인 이런 분명한 공격 후에 주관주의를 주장할 수 있는가?

확실히 그렇다. 우리가 감각 경험의 오류성을 지지하는 합리주의자의 주장과 선험 지식의 주장이 가진 오류성을 지지하는 경험주의자의 주장을 받아들인다면 주관주의는 피할 수 없는 것처럼 보인다.

게다가 선험적 지식에 대한 모든 지식과 경험적 사실은 결국 주관적 판단으로 귀결되지 않는가?

가령 비모순율을 예로 들어보자.

왜 필자가 비모순율을 확언해야 하는가?

그것은 필자가 개인적으로 그것의 진리를 확신하는 것이기 때문은 아니지 않은가?

그렇다. 합리주의자와 경험주의자에게 다음과 같이 답변하자. 즉, 우리가 주관적으로 확신하는가는 관련 없다. 만약 하나의 원리가 객관적으로 사실이 아니라면 우리는 그 원리를 확언하지 말아야 한다.

하지만, 주관주의자는 필자가 객관적 진리를 확신해야 한다고 답변한다. 다른 사람들은 다음과 같이 주장한다. 즉, 우리는 원리에 근거해서 확신해야 한다. 주관주의자는 반복하여 다음과 같이 주장한다. 즉, 그렇다. 필자는 또한 그 원칙이 참이라는 것을 **확신**해야 한다. 필자는 당신이 제안하는 어떤 원리든지 조사하고 평가해야 한다. 필자는 단지 필자가 수용할 가치가 있는 것으로 간주하는 원리만을 수용한다.

따라서 원리에 대한 어떤 호소는 이런 원리를 채택하는 주관적 행동에 의존하는 것처럼 보일 것이다. 우리는 앞에서 주관주의를 불가능하게 보이는 것처럼 만들 수 있다는 것을 살펴보았다. 하지만, 주관주의를 또한 불가피한 것처럼 보이게 만들 수 있다.

이제 기독교 변증학은 필자가 묘사했던 이런 인식론적 경향성을 반영한다. 고든 클락(Gordon Clark)은 합리적 경향성을 가진 복음주의 변증가들 가운데 가장 분명한 예다. 하지만, 많은 변증가가 회의주의를 반박하고 진리의 객관성을 변증하는 데 있어서 전통적인 합리적 논증을 사용했다.

경험주의는 몽고메리(John Montgomery)와 다른 변증가들의 작품에서 분명하다. 주관주의는 진리-거짓 사이의 대립(truth-falsehood antithesis)에 대한 복음주의의 강조로 인해 복음주의 변증학에서 상대적으로 부재하다.

하지만, 에드워즈 카넬(Edward J. Carnell)의 책 『사랑의 나라와 삶의 교만』(*the Kingdom of Love and the Pride of Life*)은[2] 분명히 기독교 주관주의로 부를 수도 있는 것을 제시한다. 이 책에서 카넬은 선험적 원리나 경험적 사실을 통한 이런 느낌이나 직관의 객관적 근거를 많이 언급하지 않고(설사 있더라도) 그는 자신이 보편적으로 인간적인 것으로 간주하는 느낌과 직관에 호소한다. 물론 카넬의 다른 책들이 이런 객관적 근거를 제시한다.

하지만, 우리가 단지 이런 한 권의 책만 있다면 우리는 카넬이 인식론적 주관주의자였다는 생각으로 이끌려질 수도 있다. 또한 이런 사실은 중요한 관찰일 수도 있는 것을 암시한다. 즉, 후반 시점에 더 논의할 다른 인식론적 원리와 조화되는 일종의 주관주의가 있을 수도 있다는 것이다.

다른 복음주의자들은 또한 다양한 인식론적 선택에서 나온 주제를 결합한다. 노만 가이슬러(Norman Geisler)는 상당히 토마스-아리스토텔레스 전통에 특징적인 합리주의와 경험주의 사이의 균형을 유지한다.

2 Grand Rapids: Eerdmans, 1960.

필자의 견해에 종종 분류하는 것처럼 코넬리우스 반틸을 "전제주의자로서" 고든 클락과 함께 분류하지 말아야 한다. 오히려 반틸은 우리에게 이런 모든 경향성과 더 많은 경향성에서 도출된 주제와 관련된 복잡한 인식론을 제시한다. 우리가 다음 단락에서 다루게 될 나 자신의 해석은 반틸에게 빚지고 있다. 하지만, 필자는 이 단락의 표현에 대해 완전히 책임이 있다.

2. 일부 성경적 고려사항

위에서 논의한 이런 세 가지 인식론적 경향성이 대체로 성경과 기독교 신학에서 확언한 성경, 자연, 인간의 인격성(personhood, 하나님의 형상)과 같은 하나님 계시의 세 가지 출처와 관련이 있다는 사실을 언급하는 것은 흥미로운 일일 것이다.

필자는 이런 상관관계가 "대략적"이라고 언급한다. 필자는 몇 가지 개선을 덧붙여야 한다. 이런 "선험적 원리"와 정확하게 성경적으로 상관관계가 있는 것은 하나님의 법(divine law)이다. 마치 비종교적인 합리주의에서 이런 선험적 원리가 진리와 거짓에 대한 기준을 제공하고 따라서 감각 경험과 주관적 상태에 대한 해석을 지배하는 것처럼 기독교에서 하나님의 법(또는 이와 동등하게는 하나님의 말씀)이 진리와 거짓, 옳음과 그름의 궁극적 기준으로 역할을 한다.

하나님의 말씀이 경험과 그 자신에 대한 그리스도인의 해석을 지배한다. 성경은 하나님의 법-말씀을 완벽하게 보여 준다. 또한 성경은 하나님의 백성의 언약 헌법이고 또한 하나님의 언어인 유일하게 기록된 인간의 언어다.

하지만, 하나님의 법 또한 다른 출처를 통해서 이용 가능하다. 로마서 1:18-21은 심지어 기록된 율법에 전혀 접근할 수 없는 이방인들도 그럼에도 불구하고 하나님이 그들에게 요구하는 것과 불순종에 대한 대가가 형벌임을 안다는 사실을 분명히 한다. 로마서 1장에서 이런 지식의 출처는 일반적으로 피조계인 것처럼 보인다(18-20절). 또한 로마서 2:15과 다른 곳에서 이런 출처는 인간의 양심일 수도 있다.

필자가 아는 한 성경은 자연과 인간 자신에게서 나온 이런 지식이 우리에게 도달하는 기제(mechanism)를 추적하지는 않는다. 이런 기제는 여러 가지 이유로 흥미로울 것이다. 하나는 어떻게 자연의 사실들이 **존재**(is)에서 **당위**(ought)를 추론하는 것에 대한 흄의 제한과는 반대되는 도덕 지식을 낳을 수 있는가를 이해하는 문제다. 하지만, 이런 기제가 무엇이든지 간에 하나님은 자신의 메시지를 전달하신다.

따라서 비록 오직 성경이 기록된 하나님의 법이지만 하나님의 법은 모든 곳에서 발견될 수 있다. 또한 "자연" 계시나 "일반" 계시와 같은 계시의 두 번째 형태도 동일하게 포괄적이다. 이것은 "경험적 사실"이라는 철학적 개념과 자연스럽게 상관관계를 맺는 범주다. 자연은 피조계 안에 있는 모든 것을 포함한다. 자연은 심지어 창조된 책으로서 성경을 포함한다. 또한 자연은 하나님의 형상으로 창조된 인간인 우리를 포함한다.

그렇다면 **자연**과 **법**은 분가분의 관계가 있다. 자연과 법 사이의 논리적 구분은 다음과 같다. 즉, 자연은 우리가 이 법에 따라 순종하며 살도록 요구받는 환경이다. 법은 우리에게 땅에 충만하며 또한 정복하라고 요구한다(창 1:27 이하). 따라서 하나님의 말씀이 이 세상에서 행하는 우리의 모든 활동을 다스린다.

하지만, 하나님이 우리에게 구체적으로 요구하시는 것은 무엇인가?

구체적으로 어떻게 우리는 땅을 "정복"하기 시작하는가?

답을 찾기 위해 우리는 하나님의 명령뿐만 아니라 땅 자체도 연구해야 한다. 이 땅의 자연은 땅이 어떻게 정복되어야 하는지를 어느 정도 결정할 것이다. 사자를 정복하는 것과 강을 정복하는 것은 별개다. 이상한 의미에서 우리는 하나님의 말씀을 적당하게 주석하기 위해 이 세상을 연구해야 한다. 그렇지 않다면 우리는 말씀의 구체적 의미를 알지 못할 것이다. 또한 우리가 말씀의 구체적 의미를 알지 못한다면 우리는 말씀의 의미를 전혀 모른다.

따라서 신자의 삶 속에서 일반계시와 특별계시가 함께 협력하게 하라. 말씀은 우리를 이 세상으로 향하게 한다. 또한 이 세상에서 우리는 더 많은 말씀의 의미를 발견한다.

그렇다면 이 삼요소의 세 번째 구성 요소인 인간 본성이 온다. 인간 본성은 철학적 **주관성**과 상관관계가 있다. 자기 지식은 항상 철학적으로 난제였다. 흄과 비트겐슈타인이 특별히 지적했던 것처럼 자아는 우리가 이 세상을 보는 것처럼 우리가 보는 사물들 가운데 하나가 아니다.

그런데도 우리가 그밖에 모든 것을 알게 되는 것은 우리 자신을 통해서다. 우리가 아는 모든 것 즉 우리는 우리 자신의 감각, 이성, 느낌, 존재하는 우리를 통해서 안다. 따라서 다른 것들을 알 때 우리는 자아를 알게 된다. 자아는 모든 곳에 존재하며 또한 어느 곳에도 존재하지 않는 것처럼 보인다. 우리는 자아를 인식하지만, 단지 우리가 다른 사물을 인식할 때 자아를 인식한다.

따라서 칼빈의 『기독교 강요』의 첫 장은 특이하다. 첫 장에서 칼빈은 우리가 우리 자신을 알 때 우리는 하나님을 알고, 그 반대, 즉 우리가 하나님을 알 때 우리는 우리 자신을 안다고 언급한다. 또한 그는 자신이 어떤 것이 "먼저 오는지" 알지 못한다고 덧붙인다(자신의 전제주의의 순수성에 어떤 의구심을 던지는).

하지만, 성경적 관점에서 이것은 결국 그렇게 이상하지 않다. 성경은 우리에게 반복해서 하나님을 아는 지식(God-knowledge)과 자신을 아는 지식(self-knowledge)은 불가분의 관계라고 말한다. **존재하는 우리**는 "하나님의 형상"이다. 우리 자신을 아는 것은 우리가 하나님을 닮았다는 것과 사실 그런 유사성이 손상되었다는 것을 아는 것이다. 자아는 바로 그 본질로 인해 무언가의 반영 즉 자아가 속한 궁극적 환경의 반영이다.

다른 한편, 하나님을 아는 것은 항상 우리 자신에 대한 주의를 포함한다. "하나님을 아는 지식"은 성경에서 윤리적 개념이다. 가장 심오한 의미에서 하나님을 아는 것은 순종을 포함한다. 순종은 하나님을 아는 지식에서 나오는 열매다. 또한 순종은 하나님을 더 깊이 아는 지식으로 이르는 길이다(롬 12:1 이하; 엡 5:8-10; 빌 1:10; 히 5:11-14).

그렇다면 기독교에서 법, 대상, 주체는 구별이 되지만 분리 되서 발견되지는 않는다. 지식의 모든 활동에서 우리는 동시에 하나님의 법, 세상과 우리 자신을 알게 된다. 이런 것들은 우리 경험의 세 가지 분리된 "부분"이 아니라 모든 경험의 세 가지 "측면" 또는 (아마 더 낳게는) 경험에 대한 세 가지 "관점"이다.

따라서 필자는 경험에 대한 **규범적**, **상황적**, **실존적** 관점을 말한다. 규범적 관점은 우리 경험을 하나님이 우리에게 요구하는 것을 결정하는 수단으로 본다. 규범적 관점은 특별히 기록된 하나님의 말씀으로 성경에 초점을 맞춘다.

하지만, 이것은 또한 성경의 규범을 이해하고 적용하는 수단으로서 창조와 자아에 초점을 맞춘다. 상황적 관점은 우리 경험을 알려지고 이해되어야 하는 사실의 유기적 집합체로서 본다. 실존적 관점은 우리 경험을 자아 지식과 개인적 성장에 이르는 수단으로 본다.

그 결과로 이어지는 인식론은 복잡하지만, 이해를 돕는다. 이것은 앞에서 규명했던 의미에서 합리주의자, 경험주의자, 또는 주관주의자가 아니라 이런 세 가지 입장을 만들었던 관심사를 올바로 이해한다. 이것은 합리주의자와 함께 감각 경험과 주관적 인상은 오류를 범할 수 있다는 것을 인정한다. 하지만, 이것은 또한 동일한 오류 가능성이 추론 과정과 선험적 진리에 대한 모든 주장과 연관된다는 것을 경험주의자와 주관주의자와 함께 동의한다.

성경만이 오류가 없다. 엄밀한 의미에서 인간 사유 안에 있는 어떤 오류 없는 요소를 찾으려 하는 것은 우상 숭배적인 것이다. 필자의 견해에 다른 관점들보다 어떤 하나의 관점에 "우선성"을 부여하는 시도 즉 다른 관점들보다는 오히려 하나의 관점이 무언가를 믿기 위한 "궁극적" 근거를 제공한다고 주장하려는 시도도 이와 유사하게 우상 숭배적이다. 단지 하나님의 말씀만이 그런 궁극적 근거를 제공한다. 또한 하나님의 말씀은 이런 모든 세 가지 관점 안에서 우리에게 이용 가능하다.

가령 어째서 우리는 2+2=4라는 것을 믿는가?

그것은 이런 종류의 수학적 관계가 사유 자체가 가진 바로 그 본성(합리론)에 의해 전제되어 있기 때문인가?

그것은 과거 경험이 필자로 하여금 2+2=4로 이어질 것을 기대하는 습관이 붙었기 때문인가?(경험주의)

아니면 그것은 이런 합이 심리적으로 불가피한 것처럼 보이기 때문인가?

필자는 이 세 가지 설명 모두가 설득력이 있다고 생각한다. 또한 필자는 이것들 가운데 신택해야 할 어떤 특별한 필요성도 보지 못한다. 필자는 필자가 발생하는 이 세 종류의 모든 정신적 과정을 인식한다고 생각한다.

하지만, 어떤 것이 궁극적인가?

이것들 가운데 어떤 것에 다른 것들이 의존하는가?

"사고 자체의 본성"에 대한 필자의 견해는 경험을 통해서 전개되는 마음의 습관에 의해 좌우되는가?

아니면 이런 견해들이 필자의 정신적 습관이 되어야 할 것에 영향을 주는가? (이 세 가지 관점 가운데 두 관점에 대해 동일한 종류의 질문을 제기할 수 있다.)

답변은 다시 다음과 같다. 즉, 필자는 선택할 어떤 필요성도 보지 못한다는 것이다. 필자는 이 세 관점 가운데 어떤 관점도 다른 관점들보다 "우선"한다고 가정해야 할 어떤 근거도 보지 못한다. 또한 의존이 존재하지만, 이것은 상호 의존이다. 이것은 "견제와 균형"의 체계다.

이런 견제와 균형은 비기독교 사고에서 결핍되는 경향이 있다. 법, 세계, 자아를 조정하는 기독교의 하나님이 없다면 이 세 요소가 긴밀히 협력할 것으로 가정해야 할 이유가 거의 없다. 따라서 우리는 단순히 우리가 가장 신뢰할 만하다고 고려하는 것을 선택해야 하고 나머지 다른 것들보다 그것에 "우선성"을 부여해야 한다.

이제 필자는 합리주의, 경험주의, 주관주의에서 전통적으로 언급된 이런 난점은 이런 인식론들이 정확하게 다른 관점들보다 하나의 관점을 절대화하려고 했던 시도에서 기인한다고 언급할 것이다.

합리주의자는 경험적 검증이나 주관적 검증의 대상이 아니라 오류 없는 선험적 진리의 지식에 대한 주장에서 정확하게 오류를 범한다. 그의 방법은 그런 오류 없는 지식을 산출하지 못한다. 또한 그의 방법이 절대 확실하다고 주장하는 진리는 너무 적어 인간 지식을 위한 포괄적인 틀을 세울 수 없다. 이와는 반대로 경험주의자와 주관주의자는 법의 필요성, 즉 경험적 자료와 주관적 자료를 분류하는 원리의 필요성을 보지 못한다.

이런 관점 모두 오류가 있고 궁극적이지 않다고 언급하는 것은 상대적 함축이 있다. 사실 성경에서 유래된 필자의 전제가 없다면 필자의 입장은 각각의 관점이 우리를 하나님의 진리와 접촉하게 한다는 상대주의적인 것일 될 것이다. 그리고 이런 진리는 오류가 없고 절대적이고 궁극적이다. 따라서 우리의 사고가 모든 점에서 오류가 있다. 하지만, 우리가 모두 하나님을 알지 못한다거나(롬 1:20) 하나님 앞에 순종하며 살지 못할 정도라고 핑계를 댈 정도로 그렇게 오류적인 것은 아니다.

3. 어떤 변증적 함의들

앞에서 필자는 합리주의, 경험주의, 주관주의 인식론적 경향성에 의해 각각 영향을 받은 세 종류의 복음적 변증학을 구분했다. 이제 우리는 이런 세 가지를 규범적, 상황적 실존적 종류의 변증학으로 설명할 수도 있다. 우리가 앞에서 했던 논의는 이 세 가지 유형이 성경적 인식론이 요구하는 방식으로 자격을 갖춘다면 이 세 유형 모두 성경적 근거가 있다고 우리로 하여금 믿게 할 것이다.

그리고 이 세 가지 유형은 성경적 근거가 있다. 이 세 가지 일반적 유형의 변증 모두 성경에서 성경적 인식론에 근거한 추론에 의해 정당화될 뿐만 아니라 각각 성경에서 분명하게 발견되기도 한다.

규범적 변증학은 선지자들, 예수님과 사도들이 성경에서 하나님의 법에 대한 분명한 호소에서 발견되지만 단지 거기에서만은 아니다. 규범적 변증학은 성경이 의심하는 질문에 책망으로 반응하는 방식으로 함축적이다(욥 38-42장; 겔 18:25; 마 20:1-15; 롬 3:3 이하; 6:1 이하; 6:15; 7:7 등). 이런 구절들의 진의는 다음과 같다. 즉, 우리는 하나님의 진리, 사랑, 신실함을 의심할 **어떤 권리도 없다**는 것이다. 또한 그런 의심은 단순히 하나님의 법에 반대한다. 그리고 우리는 하나님의 법을 모른다고 주장하지 말아야 한다.

심지어 성경을 모른다고 하는 사람들도 그런 법을 안다(롬 1장).

우리는 심지어 모든 성경적 변증은 **규범적**이라고 언급할 수도 있다. 왜냐하면, 심지어 법이 아니라 경험적 사실이나 주관적 인식에 직접 호소할 때에도 법이 결코 부재한 것이 아니기 때문이다. 어떻게 경험적 자료나 주관적 자료를 해석하고 반응하는지에 대해 성경은 결코 그것을 미해결의 문제로 남겨 두지 않는다. 이런 자료는 단순히 개연적 결론이나 선택적 결론으로 이어지지 않는다. 이런 자료는 확실성으로 이어진다. 왜냐하면, 사실 이런 자료는 법으로 가득 차 있기 때문이다.

따라서 비록 바울이 사도행전 17장에서 성경에 대한 지식이 없는 사람들에게 말하며 또한 그의 변증을 자연과 역사에 기초를 두지만 자신의 결론을 회개를 요구하는 형식으로 내린다(행 17:30).

확실히 성경은 **상황적** 변증학을 포함하고 있다. 이것은 세 가지 변증학 가운데 가장 분명한 것이어야 한다. 계속해서 성경은 선포의 진리를 입증하기 위해 자연과 구속사, 중요하게는 그리스도의 부활에서 드러난 하나님의 전능한 행위를 언급한다. 복음 자체는 역사적 사실의 선포이므로 우리는 모든 성경적 변증학이 상황적이라고 말할 수도 있다(우리가 앞에서 언급했던 것 즉 모든 성경적 변증학은 규범적이라는 것을 망각하지 말자). 이 두 관점은 서로를 배제하지 않는다. 이 두 관점은 서로에 대한 관점이다.

또한 **실존적** 변증학을 위한 성경적 선례가 있다. 엠마오로 가는 도상에서 제자들은 예수님이 그들에게 성경을 설명할 때 또한 하나님의 율법의 참뜻과 이런 율법이 예수님 삶의 사건과의 상관관계에 의해 확실히 깊은 인상을 받았다(여기서 우리는 규범적 관점과 상황적 관점을 발견한다).

하지만, 예수님이 가르치셨을 때 그들의 마음이 그들 안에서 뜨거워졌다는 것도 의미심장하며 또한 인식론적으로도 의미심장하다(눅 24:32). 변증의 요점은 결코 단순히 마음을 확신시키려는 것이 아니라 불신자의 전체적 관점에 영향을 주는 것이다. 그 결과로 그는 진리를 받아들일 뿐만 아니라 진리를 사랑하고 귀하고 여기고 전심으로 진리에 따라 행동하려고 애쓴다. 단지 그럴 때만 우리는 사람들이 참으로 "설득되었고," 참으로 회심했다고 말할 수 있다.

따라서 시편, 예수님의 설교, 바울서신은 학문적 소논문과 정의와 삼단논법 모음집이 아니라 "전인"(whole person)에 대한 호소이다. 또한 바울서신은 시가서, 비유적 표현, 감정의 표현, 변론, 울음으로 가득하다. 복음은 법이고 역사적 사실이지만 또한 사람들이 기쁘게 함께 살 수 있는 중요한 무언가이다. 복음은 우리의 근심, 두려움, 슬픔, 욕망, 다양한 범위의 인간 주관성에 말한다.

앞에서 모든 성경적 변증학 모두가 규범적이고 상황적이라고 언급했던 것처럼 우리는 모든 성경적 변증학이 실존적이라고 언급할 수 있는가?

그렇다. 왜냐하면, 성경은 **항상** 완전한 범위의 인간 주관성을 다루기 때문이다. 또한 성경은 **항상** 포괄적인 내적 변화, 즉 "마음의 변화"(heart-change)를 추구하기 때문이다. 따라서 비록 실존적 접근 방식이 때때로 성경적 변증에서 더 현저하며 또한 때때로 덜 현저하지만, 그것은 모든 성경적 변증학에 대한 하나의 관점이다.

따라서 이 세 가지 모든 방법 가운데 어떤 것도 궁극적 우선성을 주장하려고 애쓰지 않거나 보완적 관점으로서 또 다른 관점을 배제하지 않는 한 이 세 가지 방법 모두 성경적으로 타당하다.

변증학에 대한 현 논쟁에서 우리는 지식은 법 없이 불가능하며 또한 궁극적 법은 성경이라는 전제주의자들의 주장을 인정해야 한다. 우리는 또한 진리는 공공연하게 관찰 가능한 자연과 역사 사건을 통해서 발견된다는 증거주의자들의 주장을 인정해야 한다. 또한 우리는 다음과 같이 많은 사람이 하는 주장을 인정해야 한다. 즉, 만약 사람이 올바르게 생각할 자격을 심리적으로 갖추고 있지 않다면 누구도 올바르게 생각하지 않을 것이다(죄의 인지적 결과와 성령의 조명에 대해 언급해야 할 것이 많이 있다).

이런 접근 방식 가운데 어떤 것은 어떤 특별한 변증적 대면에서 중요할 수도 있다. 하지만, 다른 접근 방식이 또한 내포적으로 존재하지 않는다면 어떤 것도 성공하지 못할 것이다. 우리가 어떤 방식으로 이런 접근 방식들을 개인의 경험과 의식과 관련시킴 없이 하나님의 요구조건을 제시하려 애쓴다면 우리의 변증은 이해할 수 없을 것이다.

우리가 이런 사실들을 하나님이 받아들일 수 있는 방식으로 조직하고 해석하지 않고 또한 그런 것을 하기 위한 불신자의 능력을 다루지 않고 자연과 역사 사건을 조사하려 애쓴다면 우리는 어떤 것도 이루지 못한다. 또한 우리가 한 개인에게 내적 변화를 위한 합법적이고 역사적인 근거를 제공하지 않고 그의 주관성을 다루려고 애쓴다면 우리는 조종하고 있는 것이며 또한 복음을 전혀 제시하지 않고 있는 것이다.

그런데도 이런 제한(strictures)은 다른 방법을 사용하기 위한, 다른 출발점을 위한 또한 창의성을 위한 광범위한 범위를 남긴다. 또한 이런 제한은 논의해야 할 분야, 변증가의 재능, 비그리스도인의 절실한 필요에 의존한다. 성경 자체는 우리를 회개와 믿음으로 이끌기 위해 사용하는 방법에서 놀라울 정도로 풍성하다. 사실 현대 변증학이 대개 진부한 패턴에 빠졌던 것은 부끄러운 일이다.

필자는 다음과 같은 것을 희망하고 있다. 즉, 이 논문에서 제안한 다관점적 접근 방식이 경험의 모든 사실, 모든 타당한 이성의 원리, 인간 마음의 모든 부담은 사실 그것에 하나님의 이름이 새겨져 있다는 사실을 이 세상에 보여 주기 위한 창의적 능력을 불러일으킬 수 있기를 희망한다.

부록 G

변증학 용어[1]

신학자가 되는 것에 대한 재미있는 것들 가운데 하나(또는 어떤 다른 종류의 학문)는 다음과 같다. 즉, 우리가 새로운 용어들을 만들어 내고 때때로 오래된 용어에 새로운 의미를 첨가하게 된다는 것이다. 필자는 이런 작업을 너무 종종 하지 않으려고 애쓰지만 수년 동안 필자는 일부 이런 작업을 했다.

아래 용어 사전에서 필자는 대부분 표준 신학 용어(거룩과 칭의와 같은)를 정의하지 않는다. 이런 용어에 대한 정의를 표준 신학, 신학 사전, 온라인 출처에서 얻을 수 있다. 하지만, 필자는 필자가 만들었거나 필자가 특이한 정의를 덧붙였거나 필자의 저작에서 특별한 중요성이 있는 용어를 포함한다(비록 이런 정의가 표준일 수도 있지만).

---

1 필자는 기념 논문집 *Speaking the Truth in Love*에 포함하기 위해 이 용어집을 작성했다. 이것은 표준 신학 사전이 아니라 필자가 사용하는 특별한 전문 용어와 이 용어들을 설명하는 정의 사전이다. 필자는 일부 독자들이 전제주의 변증의 다소 색다른 용어로 도움을 원할 수도 있다고 생각했다(2012년 2월).

absolute personality(절대 인격체)

하나님에 대한 반틸의 기본적인 특징 묘사. 비기독교 견해와는 다르게 성경의 하나님은 절대적('아 세,' *a se*, 자존적, 자충족적, 자립적)이고 인격적(사고하고, 말씀하며, 행동하며, 사랑하며, 심판하신다)이다.

ad hominem(역공[逆攻] 변증)

논의 중인 명제 안에 있는 결함보다는 오히려 논증자 안에 있는 결함을 폭로하는 논증. 이런 면에서는 논리적 오류이지만, 종종 역공 변증은 적합하다.

antithesis(반립)

기독교 사고와 비기독교 사고 간의 대립.

apologetics(변증학)

① 성경을 불신앙(그리스도인에 남아 있는 불신앙을 포함해서)에 적용함.

② 우리 안에 있는 소망의 이유(벧전 3:15)를 질문자들에게 제공하는 방법을 연구하는 학문.

반틸은 변증학을 증거, 변호, 공격이 포함된 것으로 보았다.

apologetics as defense(변호로서 변증학)

"복음을 변명함과 확정함"(빌 1:7)과 같이 반대에 답변을 제공하는 것.

apologetics as offense(공격으로서 변증학)

불신앙적 사고의 어리석음을 공격하는 것(시 14:1; 고전 1:18-2:16).

apologetics as proof(증명으로서 변증학)

믿음에 대한 합리적 근거를 제시함, 기독교가 참이라는 것을 증명함.

a priori knowledge(선험적 지식)

경험을 해석하고 평가하기 위해 사용된 경험 전에 획득한 지식. 경험에서 발생하는 지식인 **귀납적 지식**(a posteriori knowledge)과 대조된다.

argument by presupposition(전제에 의한 논증)

기독교가 의미와 합리성의 필연적 **전제**(presupposition)이고 기독교를 부정하는 것은 모든 의미와 합리성을 파괴하는 것임을 보여 주는 것. **선험적 논증**(transcendental argument)과 동의어.

authority(권위)

자기 피조물에게서 절대적인 순종을 요구할 수 있는 하나님의 권리. **주 되심 속성**(lordship attribute).

authority of the expert(전문가의 권위)

하나님에게 절대적인 순종보다는 오히려 더 잘 알고 있는 누군가의 지식에 순종하는 것이 진리에 이르는 가장 좋은 방법이라는 원칙. 반틸에게 이것은 불신자가 받아들일 유일한 종류의 권위다.

autonomy(자율성)

우리가 진리와 옳음의 최종 기준으로서 역할을 할 수 있을 정도로 능력이 있다는 주장. 자아 밖에 있는 법 없이 살려는 시도. 반틸에게 이것은 불신앙의 전형적인 태도다.

blockhouse methodology(블록하우스 방법론)

신자와 불신자 사이의 소위 공통적으로 가진 믿음으로 시작하고 그런 후에 추가적인 진리로 그런 **공통 기반**(common ground)을 보충하려고 애쓰는 **변증적**(apologetic) 접근 방식. 반틸은 아퀴나스의 자연 이성과 신앙 사이의 구분과 다른 형태의 전통적 **변증학**(apologetics)에서 이런 방법론을 발견한다.

borrowed capital(차입 자본)

불신자가 알고 인정한 진리. 불신자는 그 자신의 **전제**(presupposition)에 기초한 진리를 믿거나 주장할 어떤 권리도 없다. 하지만, 단지 그들은 기독교적 전제에 기초해서 진리를 믿거나 주장할 권리가 있다. 따라서 진리에 대한 불신자의 주장은 차입된 자본에 기초한다.

broad circularity(광의의 순환성)

증거에 의해 강화되는 **순환 논증**(circular argument). 예를 들어 성경이 X, Y, Z 자체를 정당화할 때 "성경은 참이다. 왜냐하면, 증거 X, Y, Z는 성경의 진리를 암시하기 때문이다."

certainty(확실성)

① 우리가 가진 믿음의 확신. 또한 **확신**(certitude)으로 부른다.

② 한 명제가 거짓이라는 것의 불가능성.

반틸은 기독교 진리가 확실하고 단순한 **개연성**(probability)이 아닌 확실성으로 제시해야 한다고 강조한다.

chance(우연)

원인이나 이유 없이 발생하는 사건의 조건.

Christian "irrationalism"(기독교적 "비합리주의")

합리적 **자율성**(autonomy)을 부정함.

Christian "rationalism"(기독교적 "합리주의")

하나님의 계시는 우리에게 진리에 대한 접근을 제공한다는 믿음.

circular argument(순환 논증)

① 논증의 결론이 논증의 전제 가운데 하나라는 논증.

② 결론을 믿지 않았던 누군가에 의해 일반적으로 가정되지 않을 무언가를 가정하는 논증.

circularity(순환성)

결론이 자체를 **타당화**(justifies)하는 논증. 궁극적 권위나 최종 권위의 존재를 입증하려고 애쓰는 모든 논증은 이런 의미에서 순환적이다.

cognitive rest(인지적 휴식)

실존적 타당성(existential justification)의 목표인 경건한 만족감.

common grace(일반 은총)

비구원적인 은혜. 이것은 심지어 타락한 문화에서도 좋은 많은 것으로 이어진다.

common ground(공통 기반)

신자와 불신자가 **변증적**(apologetic) 논의에 참여하게 하는 것을 가능하게 하는 그들이 공통적으로 가진 것. **접촉점**(point of contact)을 보라. 반틸은 때때로 그리스도인들과 비그리스도인들이 공통으로 가진 믿음을 부인했다. 하지만, 반틸이 가진 실제 견해는 다음과 같았다. 즉, 만약 신자와 불신자가 완전히 그들이 가진 **전제**(presupposition)와 일치 한다면 그들은 그런 공통된 믿음이 **없을 것이다**.

competing circularities(경쟁적 순환성)

각 당사자 자신이 자증하는 권위로 간주하는 것에 호소하는 논증.

contingency(우연성)

① 근원이나 계속되는 존재를 위해 그 밖에 무언가에 의존하는 것. 필연성의 반대.
② **우연**(chance).

control(통치, 다스림)

이 세상에 대한 하나님의 권능, **주 되심 속성**(lordship attribute).

correlative(상관관계)

상호 의존함. 반틸에게서 불신자는 하나님과 이 세상이 상관관계에 있다고 믿는다.

cosmological argument(우주론적 논증)

만약 우리가 하나님 없이 "원인"에 대해 논의하려 애쓴다면 우리의 추론이 **합리주의**(rationalism), **비합리주의**(irrationalism) 또는 둘 다로 퇴행한다는 논증.

covenant(언약)

여호와 하나님과 그분의 종과의 관계. 하나님과 인간과의 언약(divine-human covenant)에서 언약의 주로서 하나님은 이 땅의 모든 민족 가운데서 자신의 백성이 되도록 어떤 민족을 선택하신다. 하나님은 순종하는 모든 백성은 복을 받고 불순종하는 모든 백성은 저주를 받는다는 측면에서 자신의 법으로 그들을 다스린다.

하지만, 율법뿐만 아니라 은혜도 있다. 하나님의 은혜가 언약을 세운다. 또한 모든 인간은 죄인이므로 단지 은혜로 하나님은 언약적 복을 주신다. 하나님이 이 세상을 창조하고 통치하는 것은 언약과 유사하다. 즉, 하나님은 여호와 하나님으로서 만물을 다스린다.

determinism(결정주의)

① 이 세상의 모든 사건은 원인이 있다는 견해.

② 이 세상의 모든 사건은 **유한한** 원인이 있다는 견해.

반틸은 ①의 의미에서 결정주의자로 고려될 수도 있지만 ②의 의미에서는 아니다. 하지만, 두 종류의 결정주의는 종종 궁극적인 것으로서 **비인격적인** 인과 관계(impersonal causation)를 전제한다. 이런 의미에서 반틸은 결정주의를 거절했고 결정주의가 **우연**(chance)과 일치한다고 지적했다.

epistemological argument(인식론적 논증)

인간 이성은 도덕적 기준이 없다면 무용하고 결과적으로 이런 기준은 하나님을 전제한다는 논증. **도덕적 논증**(moral argument)을 보라.

epistemology(인식론)

지식 이론. **형이상학**(metaphysics)과 **가치 이론**(value theory)과 함께 **철학**(philosophy)의 주요 분과 가운데 하나.

ethics(윤리학)

행동 이론.

evidence(증거)

① 결론을 확증하기 위해 논증에서 사용하는 사실들.

② 그런 사실들에 대한 진술.

existential justification(실존적 타당성)

믿음은 참된 주관적 만족을 가져온다는 것을 증명함으로써 **실존적 관점**(existential perspective)에 의해 믿음을 타당화하는 것.

existential perspective(실존적 관점)

주체를 다루고 인간 경험의 일부분으로서 주체의 특징 즉 인간 주관성의 한 측면을 강조하는 것. **현존**(presence)이라는 **주 되심 속성**(lordship attribute)에서 도출함. 왜냐하면, 하나님은 우리의 가장 깊숙한 마음과 정신에 현존하시기 때문이다.

fact(사실)

사실인 것. 법칙이 지배하는 실제 세계에서의 사태. **해석**(interpretation)과 분리할 수 없다.

faculties of the mind(마음의 능력)

지능, 의지, 감정, 상상력, 인식, 직관 등, 마음의 모든 관점. 왜냐하면, 인간은 전인으로서 이 세상을 알고 경험하기 때문이다.

fideism(신앙주의)

이성이 아닌 믿음으로 하나님을 안다는 믿음. 반틸은 때때로 신앙주의로 비난받지만 그는 빈번하게 신앙주의를 반박했다.

God-is-his-own-standard-defense(하나님 자신이 기준이 되는 변증이시다)

하나님이 누구이신가로 인해 인간은 그분에 대해 비난할 어떤 권리도 없다는 변증(욥 38-42장; 롬 9:14-15, 19-21). "'닥쳐,' 그가 설명했어"라는 개그 대사처럼 필자는 때때로 이것을 "닥쳐"(shut-up) 변증으로 부른다. 이것은 **규범적 관점**(normative perspective)이다.

greater-good defense(더 큰 선의 변증)

하나님이 우리에게 자신이 악에서 선을 가져오시겠다고 약속하는 변증(롬 8:28). 이것은 **상황적 관점**(situational perspective)이다.

immanence(내재[성경적])

언약적 현존(covenant presence)의 **주 되심 속성**(lordship attribute).

immanence(내재[비성경적])

하나님이 우리에게 너무 가까이 계셔서 하나님을 유한한 인간과 사물과 구별할 수 없다. 따라서 하나님이 우리에게 가까이 오실 때 그분은 피조물이 되거나 피조물이 하나님이 된다. 이런 의미에서 현대 신학자들은 때때로 하나님이 "완전히 계시되었다"라고 언급한다.

incomprehensibility of God(하나님의 불가해성)

비록 우리가 참으로 하나님을 알 수 있지만 하나님을 완전히는 알 수 없거나 하나님이 자신을 아는 것처럼은 그분을 알 수 없다는 교리.

indirect argument(간접적 논증)

귀류법(*reductio*)의 동의어.

interpretation(해석)

사실(fact)이 무엇인지에 대한 사람의 이해. 사실과 분리할 수 없다.

irrationalism(비합리주의)

인간 이성이 진리에 대해 어떤 신뢰할 만한 접근도 하지 못한다는 견해.

justification in epistemology(타당성[인식론에 있어서])

누군가 하나의 전제가 참이라는 것을 믿어야 하는 이유에 대한 설명.

knowledge of God(하나님을 아는 지식)

순종 또는 불순종으로 하나님의 **주 되심**(lordship)에 대한 전인의 언약적 반응을 포함하는 하나님과의 우정 또는 적대 관계.

lordship(주 되심)

언약(covenant) 백성에 대한 하나님의 **통치**(control)과 **권위**(authority)와 그

들과의 **현존**(presence)을 포함한 하나님이 자신의 언약 백성과 맺고 계신 관계. 하나님이 피조계 전체와 맺고 계신 관계에도 유사하다.

lordship attributes(주 되심 속성)

통치(control), **권위**(authority), **현존**(presence)과 같은 하나님의 **주 되심**(lordship)에 대한 성경적 묘사에서 두드러지게 등장하는 속성.

metaphysics(형이상학)

존재론(ontology)으로서 다음의 것들을 다루는 존재에 대한 이론.

① 이 세상에 관한 일반적 견해, 세계와 삶에 관한 견해.

② 존재하는 기본적인 실체.

인식론(epistemology)과 **가치 이론**(value theory)과 함께 **철학**(philosophy)의 주요 분과 가운데 하나.

miracle(기적)

하나님의 **언약적 주 되심**(covenant lordship)을 특별하게 증명함.

monism(일원론, 一元論)

실재가 모두 한 종류에 속한다는 믿음. 따라서 창조주-피조물 구분을 부정함.

moral argument(도덕적 논증)

모든 의미와 추론은 도덕적 원칙을 전제한다는 논증. 하지만, 결과적으로 도덕적 원칙은 **절대적 인격체**(absolute personality)로서 하나님을 전제한다.

multiperspectival(다관점적)

하나의 **관점**(perspective)보다 더 많은 것을 고려하는 것에 대한 설명에 속하거나 관련된 것.

narrow circularity(협의의 순환성)

추가 전제(premises) 없이 결론의 자기 정당성을 직접 주장하는 **순환 논증**(circular argument). 예를 들어, "하나님은 존재하시므로 하나님은 존재하신다."

naturalistic fallacy(자연주의적 오류)

존재하는 것(what is)에서 존재해야 하는 것(what ought to be)을 추론하는 것.

neutrality(중립성)

어떤 종교적 헌신(commitment)나 궁극적 **전제**(presupposition, 불가능한) 없이 사고하거나 살려고 애쓰는 것. 중립성은 참된 하나님에 반대하는 전제를 가정하려고 시도하는 것.

new-heart defense(새로운 마음 변증)

중생과 우리의 궁극적 영화가 우리의 가치와 **전제**(presupposition)를 바꾸어서 그 결과로 우리는 하나님을 악행으로 비난하는 성향을 잃어버린다는 변증. 이것은 **실존적 관점**(existential perspective)이다.

noetic effects of sin(죄의 인지적 결과)

죄가 인간의 사고, 추론, 지식에 미친 영향. 반틸에게서 죄인은 하나님을 알지만 그런 지식을 억누른다(롬 1장).

non-Christian irrationalism(비기독교적 비합리주의)

회의주의.

non-Christian rationalism(비기독교적 합리주의)

인간 이성을 어떤 세속적인 권위에 근거를 두는 것.

normative justification(규범적 타당성)

믿음이 사고의 규범에 일치한다는 것을 보여줌으로써 **규범적 관점**(normative perspective)에서 믿음을 정당화하는 것.

normative perspective(규범적 관점)

주체를 다루고 신적 계시로서 주체가 가진 특징을 강조함. 하나님의 **권위**(authority)라는 **주 되심 속성**(lordship attributes)에서 도출함.

objective knowledge(객관적 지식)

인간이 사고하는 것에 의존하지 않은 지식이나 진리의 **진리**(truth).

one-and-many problem(일자와 다자의 문제)

지식은 개별자(particulars)를 보편적 범주로 통합하는 것과 관련된다. 하지만, 보편적 범주가 모든 개별자를 완전히 설명한다면 그것은 더는 개별자가 아니다. 하지만, 보편적 범주가 일부 개별자를 설명할 수 없다면 그것들은 알려질 수 없거나 어떤 본성도 없다. 같은 문제를 논리와 **사실**(fact)과의 관계 그리고 주체와 객체와의 관계라는 측면에서 설명할 수 있다.

ontological argument(존재론적 논증)

하나님(모든 완전함을 가진 존재)에 대한 정의는 그분의 존재를 암시한다는 논증. 완전성에 대한 뚜렷한 성경적 개념을 가정하는 **전제적**(presuppositional) 논증으로서 단지 역할을 한다.

ontology(존재론)

필자의 작품에서는 **형이상학**(metaphysics)의 동의어이다.

person-variable(인격 변수)

변증적(apologetic) 논증에 대한 특별한 사람의 반응이 또 다른 사람의 반응과 다를 수도 있다는 사실에 대한 것 또는 관련된 것. 한 사람을 설득할 논증이 반드시 또 다른 사람을 설득하는 것은 아니므로 특별한 독자를 염두에 두고 논증을 표현해야 한다.

perspective(관점)

대상을 특별한 각도에서 바라보거나 연구함. 나무를 북쪽, 남쪽, 동쪽, 서쪽에서 바라볼 때 이런 바라보는 것이 네 개의 관점을 구성한다.

persuasion(설득)

우리 믿음이 참이라고 사람을 설득하는 것(**변증학**[apologetics]의 목적으로서). 따라서 **변증적**(apologetic) 논증은 타당하고(올바른 논리를 사용하는) 견실하고(참된 전제를 포함하고) 설득적이어야 한다. 설득은 **변증적** 논증의 **실존적 관점**(existential perspective)이다.

philosophy(철학)

가장 광범위하고 가장 일반적인 특징으로 이 세상을 이해하려는 시도. 가장 일반적인 특징은 **세계관**(worldview)에 대한 설명과 변호. 철학의 구성요소는 **형이상학**(metaphysics), **인식론**(epistemology), **가치 이론**(value theory 또는 axiology)이다. 철학은 신학의 하위 분과이다.

point of contact(접촉점)

① 두 사람으로 하여금 추가 합의 쪽으로 추론할 수 있게 하는 두 사람 사이에 공통적으로 가진 믿음. 반틸에게서 특별히 신자와 불신자 사이의 접촉점. 반틸에게서 접촉점은 공통의 **세계관**(worldview)에서가 아니라 신자가 가진, 그러나 불신자는 가지지 않았으나 억누르는, 하나님에 대한 참된 지식에서 발견된다.

② 복음적 또는 변증적 대화의 시작으로서 역할을 할 수 있는, 두 사람 사이의 공통된 관심사.

predication(술어적 서술)

주어에 술부를 붙이는 것. 따라서 주장을 하는 것. 반틸은 오직 기독교 **세계관**(worldview)이 단언을 가능하게 한다고 언급한다.

presence(현존)

또한 **언약적 연대**(covenant solidarity)로 부른다. 자신의 전유물이 되게 하려고 하나님이 다른 민족 가운데서 한 민족을 취하시는 것. 하나님은 그들의 하나님이 되고 그들은 그분의 백성이 되기 위해 그들과 함께하는 것에("임마누엘, 우리와 함께하시는 하나님") 헌신하신다. 불타는 떨기나무, 장막, 성전, 예수님의 인격(요 1:14), 신자의 몸에서처럼 종종 그분의 현존은 문자적이다. **주 되심 속성**(lordship attributes)에 속한다.

presupposition(전제)

① 다른 믿음에 대해 우선하는 믿음.

② 다른 믿음을 지배하는 믿음.

③ 궁극적인 전제. 즉, 다른 **모든** 믿음을 지배하는 믿음. 또는 마음의 가장 근본적인 헌신이다.

presuppositionalism of the heart(마음의 전제주의)

모든 추론을 그리스도의 **주 되심**(lordship) 아래 가져가려는 마음의 기본적 헌신. 필자의 판단에 단순히 전통적 **변증학**(apologetics)의 주장, **확실성**(certainty) 또는 **개연성**(probability) 등에 대한 주장으로 전제주의와 전통적 변증학을 구별하는 것은 불가능하다.

probability(개연성)

명제가 **확실성**(certainty)에 접근하는 정도. 반틸은 기독교가 단순히 개연적이 아니라 확실하다고 믿었다. 또한 그는 변증가가 단순히 개연성을 주장하는 것은 하나님 계시의 명료성을 부정하는 것이라고 믿었다.

proof(증명)

결론의 진리를 확증하는 논증. 반틸은 **선험적 논증**(transcendental argument)으로 기독교 유신론의 "절대적으로 확실한 증거"가 존재한다고 믿었다.

rational autonomy(합리적 자율성)

전통이나 계시 없이 지식의 최종 기준으로서 이성.

rationalism(합리주의)

① 인간 이성이 진리와 거짓, 옳음과 그름의 최종 판단자라는 견해.

② 인간 이성은 인간의 감각 경험보다 신뢰해야 한다는 철학적 입장.

rationalistic-irrationalistic dialectic(합리적-비합리적 변증법)

자칭 자율적 사고는 자체가 진리와 옳음의 최종 판단자라고 믿는다는 점에서 자율적 사고는 **합리적**(rationalistic)이지만 자칭 자율적 사고는 우주가 인간 자신을 넘어서 어떤 고유의 질서가 없다고 믿는다는 점에서 자율적 사고는 **비합리적**(irrationalistic)이라는 견해. 따라서 자율적 사고는 이성에 대한 낙관적 견해에서 비관적 견해로 자꾸 바뀌고 다시 비관적 견해에서 낙관적 견해로 바뀐다.

reductio ad adsudum(귀류법)

결론을 직접 증명하기보다는 오히려 논증가가 반대되는 결론을 불합리로 축소하는 논증의 형태. 따라서 이런 논증을 또한 **간접 논증** 또는 **정반대의 불가능성**으로부터의 논증으로 부른다. 반틸은 모든 **선험적 논증**(transcendental argument)이 이런 형태를 취해야 한다고 믿었다. 프레임은 동의하지 않는다.

self-authenticating, self-attesting(자증)

하나님의 말씀은 우리에게 최고의 권위이므로 하나님 말씀 자체보다 더 높은 무언가가 하나님 말씀을 입증할 수 없다는 원칙. 따라서 성경 권위의 궁극적인 출처는 성령에 의해 우리 마음과 정신에 증명된 성경 자체의 말씀이다.

sense of deity, divinity(신[신성]의식)

또한 신격에 대한 의식(*sensus deitatis*), 신성에 대한 의식(*sensus divinitatis*), 종교의 씨앗(*semen religionis*)으로 부른다. 불신자에게 있지만 억누르는 지식을 묘사하는 칼빈의 방식.

situational justification(상황적 타당성)

믿음이 **사실들**(facts)과 일치한다는 것을 보여줌으로써 **상황적 관점**(situational perspective)에서 믿음을 타당화하는 것.

situational perspective(상황적 관점)

주체를 다루고 자연, 역사 또는 자연과 역사의 사실로서 주체가 가진 특징을 강조함. **통치**(control)라는 **주 되심 속성**(lordship attributes)에서 도출됨. 왜냐하면, 하나님의 통치는 자연과 역사의 모든 사실을 다스리기 때문이다.

Suaviter in modo, fortiter in re(수아비테르 인 모도, 포르티테르 인 레)

방법에서는 부드럽게, 내용에서는 강하게. 이상적인 변증적 제시에 대한 반틸의 묘사.

teleological argument(목적론적 논증)

우리는 결국 하나님을 전제하는 도덕적 가치 없이는(**도덕 논증**[moral argument]을 보라) 심지어 "목적"이나 "의도"도 말할 수 없다는 논증.

transcendence(초월[성경적])

통치 및 권위와 같은 주권적 속성을 포함하는 왕으로서 하나님의 승귀(높아짐).

transcendence(초월[비성경적])

하나님이 우리와 너무 멀리 계셔서 우리는 그분을 알 수 없거나 참되게 그분에 대해 말할 수 없다. 이런 의미에서 현대 신학자들은 때때로 하나님이 "전적 타자" 또는 "완전히 숨어 계신"다고 언급한다.

transcendental argument(선험적 논증)

합리적 사고나 의미 있는 담화의 가능성에 필요한 조건을 보여 주려 애쓰는 논증. 반틸은 성경의 하나님은 모든 의미와 합리성의 조성자이므로 이 논증이 기독교 **변증**(apologetic)에 적당한 유일한 종류의 논증이라고 믿었다.

trispectival(삼관점적)

규범적(normative), **상황적**(situational), **실존적**(existential)과 같은 **주 되심 속성**(lordship attributes)과 관련이 있는 세 가지 **관점**(perspectives)에서 주체를 고려하는 것에 속하거나 관련이 있는 것.

value theory(가치 이론)

주로 윤리학과 미학을 다룬다. **형이상학**(metaphysics)과 **인식론**(epistemology)과 함께 **철학**(philosophy)의 주요 분과 가운데 하나.

worldview(세계관)

우주에 대한 일반적 이해. 성경적 세계관은 다음의 견해에 있어서 독특하다.

① **절대적 인격체**(absolute personality)로서 최고 존재(the Supreme Being).

② 하나님의 **주 되심**(lordship).

③ 창조주-피조물의 구분.

참고문헌

Adams, Jay. *The Grand Demonstration: A Biblical Study of the So-Called Problem of Evil*. Santa Barbara, CA: East Gate Publishers, 1991.

Adams, Robert. *The Virtue of Faith*. Oxford: Oxford University Press, 1987.

Allis, Oswald T. *The Five Books of Moses*. 2nd ed. Philadelphia: Presbyterian and Reformed, 1949.

———. *The Old Testament: Its Claims and Its Critics*. Nutley, NJ: Presbyterian and Reformed, 1972; Grand Rapids: Baker, 1972.

———. *The Unity of Isaiah*. Philadelphia: Presbyterian and Reformed, 1950.

Alston, William P. "Epistemic Circularity." *Philosophy and Phenomenological Research* 47 (1986): 1–30.

Anderson, James N. "If Knowledge Then God: The Epistemological Theistic Arguments of Plantinga and Van Til." 2005. Available at http://www.proginosko.com/docs.

Anderson, James N., and Greg Welty. "The Lord of Non-Contradiction: An Argument for God from Logic." *Philosophia Christi* 13, 2 (2011).

Aquinas, Thomas. *Summa Contra Gentiles*.

Bahnsen, Greg L. *Always Ready: Directions for Defending the Faith*. Nacogdoches, TX: Covenant Media Press, 1996.

———. *An Answer to Frame's Critique of Van Til: Profound Differences between the Traditional and Presuppositional Methods*. Willow Grove, PA: Kirkland Printing, 1988.

———. *Van Til's Apologetic: Readings and Analysis*. Phillipsburg, NJ: P&R Publishing, 1998.

Bahnsen, Greg L., and Gordon Stein. "The Great Debate: Does God Exist?" Debate at University of California, Irvine, 1985. Available at http://www.bellevuechristian.org/faculty/dribera/htdocs/PDFs/Apol_Bahnsen_Stein_Debate_Transcript.pdf.

Bavinck, Herman. *The Doctrine of God*. Grand Rapids: Baker, 1951.

———. *Reformed Dogmatics: God and Creation*. Edited by John Bolt. Translated by John Vriend. Grand Rapids: Baker, 2004.

Beilby, James K. *Thinking about Christian Apologetics: What It Is and Why We Do It*. Downers Grove, IL: InterVarsity Press, 2011.

Bergmann, Michael. "Epistemic Circularity: Malignant and Benign." N.d. Available at http://web.ics.purdue.edu/~bergmann/epistemic%20 circularity.htm.

Berkouwer, G. C. *The Providence of God*. Grand Rapids: Eerdmans, 1952.

———. *The Triumph of Grace in the Theology of Karl Barth*. Grand Rapids: Eerdmans, 1956.

Boa, Kenneth D., and Robert M. Bowman Jr. *Faith Has Its Reasons: Integrative Approaches to Defending the Christian Faith*. 2nd ed. Waynesboro, GA: Paternoster, 2006.

Bratt, James D., ed. *Abraham Kuyper: A Centennial Reader*. Grand Rapids: Eerdmans, 1998.

Bultmann, Rudolf. *Existence and Faith*. Edited by Schubert M. Ogden. New York: Meridian Books, 1960.

Butler, Bishop Joseph. *Analogy of Religion*. New York: Harper and Brothers, 1898.

Butler, Michael. "TAG vs. TANG." *Penpoint* (August 1996). Available at http://www.reformed.org.

Calvin, John. *Institutes of the Christian Religion*. Edited by John T. McNeill. Translated by Ford Lewis Battles. 2 vols. Philadelphia: Westminster Press, 1960.

Carnell, Edward J. *An Introduction to Christian Apologetics*. Grand Rapids: Eerdmans, 1948.

———. *The Kingdom of Love and the Pride of Life*. Grand Rapids: Eerdmans, 1960.

Carson, D. A., and John D. Woodbridge, eds. *Hermeneutics, Authority, and Canon*. Grand Rapids: Zondervan, 1986.

Clark, Gordon. *The Johannine Logos*. Nutley, NJ: Presbyterian and Reformed, 1972.

———. *Religion, Reason, and Revelation*. Philadelphia: Presbyterian and Reformed, 1961.

Clark, Kelly James, Richard Lints, and James K. A. Smith. *101 Key Terms in Philosophy and Their Importance for Theology*. Louisville, KY: Westminster John Knox, 2004.

Clowney, Edmund P. *The Unfolding Mystery: Discovering Christ in the Old Testament*. 2nd ed. Phillipsburg, NJ: P&R Publishing, 2013.

Cooper, Derek. *Christianity and World Religions: An Introduction to the World's Major Faiths*. Phillipsburg, NJ: P&R Publishing, 2013.

Copan, Paul. "Questioning Presuppositionalism." March 12, 2012. http://thegospelcoalition.org/blogs/tgc/2012/03/12/questioning-presuppositionalism/.

Cowan, Steven B., ed. *Five Views on Apologetics*. Grand Rapids: Zondervan, 2000.

Craig, William Lane. "A Classical Apologist's Response." In *Five Views on Apologetics*, edited by Steven B. Cowan, 232–35. Grand Rapids: Zondervan, 2000.

———. *Reasonable Faith: Christian Truth and Apologetics*. 3rd ed. Wheaton, IL: Crossway, 2008.

Daane, James. *A Theology of Grace*. Grand Rapids: Eerdmans, 1954.

Dancy, Jonathan, and Ernest Sosa, eds. *Blackwell Companion to Epistemology*. Cambridge, MA: Blackwell Reference, 1992.

Dembski, William A., ed. *Darwin's Nemesis: Phillip Johnson and the Intelligent Design Movement*. Downers Grove, IL: InterVarsity Press, 2006.

Dembski, William A., and Jonathan Wells. *The Design of Life: Discovering Signs of Intelligence in Biological Systems*. Dallas: Foundation for Thought and Ethics, 2008.

Edgar, William. "No News Is Good News: Modernity, the Postmodern, and Apologetics." *Westminster Theological Journal* 57, 2 (1995): 359–82.

Engel, S. Morris. *With Good Reason: An Introduction to Informal Fallacies*. 5th ed. New York: St. Martin's Press, 1994.

Erlandson, Doug. "A New Perspective on the Problem of Evil." *Antithesis* 2, 2 (March–April 1991): 10–16.

Evans, C. Stephen. *Faith beyond Reason: A Kierkegaardian Account*. Grand Rapids: Eerdmans, 1998.

———. *Philosophy of Religion*. Downers Grove, IL: InterVarsity Press, 1985.

Feinberg, John S. *Can You Believe It's True? Christian Apologetics in a Modern and Postmodern Era*. Wheaton, IL: Crossway, 2013.

Fletcher, Joseph F. *Situation Ethics: The New Morality*. Philadelphia: Westminster Press, 1966.

Flew, Antony, and Alasdair C. MacIntyre, eds. *New Essays in Philosophical Theology*. London: SCM, 1955.

Frame, John M. *The Amsterdam Philosophy*. Phillipsburg, NJ: Harmony Press, 1972.

———. *Apologetics to the Glory of God: An Introduction*. Phillipsburg, NJ: P&R Publishing, 1994.

———. "Christianity and Contemporary Epistemology." *Westminster Theological Journal* 52, 1 (Spring 1990): 131–41.

———. *Cornelius Van Til: An Analysis of His Thought*. Phillipsburg, NJ: P&R Publishing, 1995.

———. *The Doctrine of God*. Phillipsburg, NJ: P&R Publishing, 2002.

———. *The Doctrine of the Christian Life*. Phillipsburg, NJ: P&R Publishing, 2008.

———. *The Doctrine of the Knowledge of God*. Phillipsburg, NJ: Presbyterian and Reformed, 1987.

———. *The Doctrine of the Word of God*. Phillipsburg, NJ: P&R Publishing, 2010.

———. *Evangelical Reunion*. Grand Rapids: Baker, 1991.

———. *A History of Western Philosophy and Theology*. Phillipsburg, NJ: P&R Publishing, 2015.

———. *No Other God*. Phillipsburg, NJ: P&R Publishing, 2001.

———. *Perspectives on the Word of God*. Phillipsburg, NJ: Presbyterian and Reformed, 1990.

———. "Presuppositional Apologetics." In *Five Views on Apologetics*, edited by Steven B. Cowan, 207–31. Grand Rapids: Zondervan, 2000.

———. "The Problem of Theological Paradox." In *Foundations of Christian Scholarship*, edited by Gary North, 295–330. Vallecito, CA: Ross House, 1976.

———. "Rationality and Scripture." In *Rationality in the Calvinian Tradition*, edited by Hendrik Hart et al., 293–317. Lanham, MD: University Press of America, 1983.

———. "Reply to Don Collett on Transcendental Argument." *Westminster Theological Journal* 65, 2 (2003): 307–9. Available at http://www.frame-poythress.org/frame_articles/2003ReplytoCollett.htm.

———. "The Spirit and the Scriptures." In *Hermeneutics, Authority, and Canon*, edited by D. A. Carson and John D. Woodbridge, 217–35. Grand Rapids: Zondervan, 1986.

———. *Systematic Theology*. Phillipsburg, NJ: P&R Publishing, 2013.

Frame, John M., and Steve Hays. "Johnson on Van Til: A Rejoinder." 2005. Available at http://www.vantil.info/articles/johnson_on_vt.html.

Gaffin, Richard B., Jr. *Resurrection and Redemption*. Phillipsburg: NJ: Presbyterian and Reformed, 1987.

Geehan, E. R. *Jerusalem and Athens: Critical Discussions on the Philosophy and Apologetics of Cornelius Van Til*. Nutley, NJ: Presbyterian and Reformed, 1971.

Geisler, Norman L. *Baker Encyclopedia of Christian Apologetics*. Grand Rapids: Baker Academic, 1999.

Gerstner, John H. *Repent or Perish*. Ligonier, PA: Soli Deo Gloria Publications, 1990.

Goheen, Michael, and Craig Bartholomew. *Living at the Crossroads: An Introduction to Christian Worldview*. Grand Rapids: Baker Academic, 2008.

Gonzalez, Guillermo, and Jay Richards. *The Privileged Planet: How Our Place in the Cosmos Is Designed for Discovery*. Washington, DC: Regnery Publishing, 2004.

Griffin, David Ray. *Evil Revisited*. Albany, NY: State University of New York Press, 1991.

———. *God, Power, and Evil*. Philadelphia: Westminster Press, 1976.

Hart, Hendrik, et al. *Rationality in the Calvinian Tradition*. Lanham, MD: University Press of America, 1983.

Helm, Paul, ed. *Divine Commands and Morality*. Oxford: Oxford University Press, 1981.

———. *Faith and Reason*. New York: Oxford University Press, 1999.

Hepburn, R. W. *Christianity and Paradox*. New York: Pegasus, 1958.

Hick, John. *Evil and the God of Love*. New York: Harper & Row, 1966.

Hughes, John J., ed. *Speaking the Truth in Love: The Theology of John M. Frame*. Phillipsburg, NJ: P&R Publishing, 2009.

Hume, David. *Dialogues concerning Natural Religion*. Various eds.

———. *An Inquiry concerning Human Understanding*. New York: Liberal Arts Press, 1955, 1957.

Johnson, John. "Is Cornelius Van Til's Apologetic Method Christian or Merely Theistic?" *Evangelical Quarterly* 75, 3 (2003): 257–68.

Johnson, Phillip. *Darwin on Trial*. Downers Grove, IL: InterVarsity Press, 1993.

———. *Reason in the Balance*. Downers Grove, IL: InterVarsity Press, 1995.

Jones, Peter. *Spirit Wars*. Escondido, CA: Main Entry, 1997.

Jordan, James B. *Through New Eyes*. Brentwood, TN: Wolgemuth and Hyatt, 1988.

Kant, Immanuel. *Critique of Pure Reason*. Abridged, edited, translated, and with an introduction by Norman Kemp Smith. New York: Random House, 1958.

Kaufmann, Walter. *Critique of Religion and Philosophy*. New York: Harper and Brothers, 1958.

Kline, Meredith G. *Images of the Spirit*. Grand Rapids: Baker, 1980.

———. *The Structure of Biblical Authority*. Grand Rapids: Eerdmans, 1972.

Kuhn, Thomas. *The Structure of Scientific Revolutions*. 2nd ed. Chicago: University of Chicago Press, 1970.

Kushner, Harold S. *When Bad Things Happen to Good People*. New York: Schocken Books, 1981.

Lewis, C. S. *Christian Reflections*. Edited by Walter Hooper. Grand Rapids: Eerdmans, 1967.

———. *The Problem of Pain*. London: Geoffrey Bles, 1940.

Lewis, Gordon R. *Testing Christianity's Truth Claims*. Chicago: Moody Press, 1976.

Linnemann, Eta. *Historical Criticism of the Bible: Methodology or Ideology?* Translated by Robert W. Yarbrough. Grand Rapids: Baker, 1990.

Machen, J. Gresham. *Christianity and Liberalism*. Grand Rapids: Eerdmans, 1923.

———. *The Origin of Paul's Religion*. New York: Macmillan, 1921; Grand Rapids: Eerdmans, 1965.

———. *The Virgin Birth of Christ*. New York: Harper, 1930.

———. *The Virgin Birth of Christ*. 2nd ed. Grand Rapids: Baker, 1967.

Martin, C. B. "The Perfect Good." In *New Essays in Philosophical Theology*, edited by Antony Flew and Alasdair C. MacIntyre, 212–26. London: SCM, 1955.

Martin, Michael. "The Transcendental Argument for the Nonexistence of God." Available at http://www.infidels.org/library/modern/michael_martin/martin-frame/tang.html.

Martyr, Justin. *First Apology*.

Mayers, Ronald B. *Balanced Apologetics: Using Evidences and Presuppositions in Defense of the Faith*. Chicago: Moody Press, 1984.

McGrath, Alister. *Intellectuals Don't Need God & Other Modern Myths*. Grand Rapids: Zondervan, 1993.

McGrath, Gavin, W. C. Campbell-Jack, and C. Stephen Evans, eds. *The New Dictionary of Christian Apologetics*. Downers Grove, IL: InterVarsity Press, 2006.

Meyer, Stephen C. *Darwin's Doubt: The Explosive Origin of Animal Life and the Case for Intelligent Design*. New York: HarperOne, 2013.

———. *Signature in the Cell: DNA and the Evidence for Intelligent Design*. New York: HarperCollins, 2009.

Montgomery, John Warwick. "Once upon an A Priori." In *Jerusalem and Athens: Critical Discussions on the Philosophy and Apologetics of Cornelius Van Til*, edited by E. R. Geehan, 380–92. Nutley, NJ: Presbyterian and Reformed, 1971.

Moreland, J. P. *Christianity and the Nature of Science*. Grand Rapids: Baker, 1989.

———. *Love Your God with All Your Mind*. Colorado Springs: NavPress, 1997.

Morey, Robert A. *Death and the Afterlife*. Minneapolis: Bethany House, 1984.

Murray, John. *Collected Writings of John Murray*. Vol. 2. Edinburgh: Banner of Truth Trust, 1977.

Netland, Harold. "Apologetics, Worldviews, and the Problem of Neutral Criteria." *Trinity Journal* 12 (1991): 39–58.

———. *Dissonant Voices*. Grand Rapids: Eerdmans, 1991.

Norris, Christopher. *What's Wrong with Postmodernism?* Baltimore: Johns Hopkins University Press, 1990.

North, Gary, ed. *Foundations of Christian Scholarship*. Vallecito, CA: Ross House, 1976.

Notaro, Thom. *Van Til and the Use of Evidence*. Phillipsburg, NJ: Presbyterian and Reformed, 1980.

Oliphint, K. Scott, and Lane G. Tipton, eds. *Revelation and Reason: New Essays in Reformed Apologetics*. Phillipsburg, NJ: P&R Publishing, 2007.

Penner, Myron B. *The End of Apologetics*. Grand Rapids: Baker Academic, 2013.

Phillips, Timothy R., and Dennis L. Okholm, eds. *Christian Apologetics in the Postmodern World*. Downers Grove, IL: InterVarsity Press, 1995.

Pinnock, Clark. "The Philosophy of Christian Evidences." In *Jerusalem and Athens: Critical Discussions on the Philosophy and Apologetics of*

Cornelius Van Til, edited by E. R. Geehan, 420–25. Nutley, NJ: Presbyterian and Reformed, 1971.

Piper, John. *Desiring God*. Sisters, OR: Multnomah, 1986.

Piper, John, Justin Taylor, and Paul Kjoss Helseth, eds. *Beyond the Bounds*. Wheaton, IL: Crossway, 2003.

Plantinga, Alvin. *God, Freedom, and Evil*. Grand Rapids: Eerdmans, 1977.

Plantinga, Alvin, and Nicholas Wolterstorff, eds. *Faith and Rationality*. Notre Dame, IN: University of Notre Dame Press, 1983.

Poythress, Vern S. "A Biblical View of Mathematics." In *Foundations of Christian Scholarship*, edited by Gary North, 159–88. Vallecito, CA: Ross House, 1976.

———. *Redeeming Science*. Wheaton, IL: Crossway, 2006.

Pratt, Richard L., Jr. "Common Misunderstandings of Van Til's Apologetics." Part 2. *IIIM Magazine Online* 1, 42 (1999), http://www.thirdmill.org/newfiles/ric_pratt/TH.Pratt.VanTil.2.html.

Ramsay, Richard B. *The Certainty of the Faith: Apologetics in an Uncertain World*. Phillipsburg, NJ: P&R Publishing, 2008.

Rescher, Nicholas. *Cognitive Pragmatism: The Theory of Knowledge in Pragmatic Perspective*. Pittsburgh: University of Pittsburgh Press, 2001.

Robinson, A. T. *Honest to God*. Philadelphia: Westminster Press, 1963.

———. *Redating the New Testament*. London: SCM Press, 1976.

Rushdoony, Rousas J. *By What Standard? An Analysis of the Philosophy of Cornelius Van Til*. Birmingham, AL: Cornerstone Publishers, 1974.

———. *The Institutes of Biblical Law*. Nutley, NJ: Presbyterian and Reformed, 1973.

———. "The One and Many Problem." In *Jerusalem and Athens: Critical Discussions on the Philosophy and Apologetics of Cornelius Van Til*, edited by E. R. Geehan, 339–48. Nutley, NJ: Presbyterian and Reformed, 1971.

Russell, Bertrand. *Why I Am Not a Christian*. Edited by Paul Edwards. New York: Simon and Schuster, 1957.

Schlossberg, Herbert. *Idols for Destruction*. Nashville: Thomas Nelson, 1983.

Sire, James W. "On Being a Fool for Christ and an Idiot for Nobody." In *Christian Apologetics in the Postmodern World*, edited by Timothy R. Phillips and Dennis L. Okholm, 101–30. Downers Grove, IL: InterVarsity Press, 1995.

Sorenson, Roy. "P Therefore P, Without Circularity." *Journal of Philosophy* 88 (1991): 245–66.

Sproul, R. C. *Scripture Alone: The Evangelical Doctrine*. Phillipsburg, NJ: P&R Publishing, 2005.

Sproul, R. C., John H. Gerstner, and Arthur W. Lindsley. *Classical Apologetics*. Grand Rapids: Zondervan, 1984.

Stackhouse, John G., Jr. *Humble Apologetics: Defending the Faith Today*. New York: Oxford University Press, 2002.

Strobel, Lee. *The Case for Christ: A Journalist's Personal Investigation of the Evidence for Jesus*. Grand Rapids: Zondervan, 1998.

Torres, Joseph E. "Perspectives on Multiperspectivalism." In *Speaking the Truth in Love: The Theology of John M. Frame*, edited by John J. Hughes, 111–36. Phillipsburg, NJ: P&R Publishing, 2009.

———. "Presuppositionalism and Circularity . . . Again?" March 15, 2012. http://apolojet.wordpress.com/2012/03/15/presuppositionalism-and-circularity-again/.

Vanhoozer, Kevin J. *First Theology: God, Scripture and Hermeneutics*. Downers Grove, IL: InterVarsity Press, 2002.

Van Til, Cornelius. *The Case for Calvinism*. Philadelphia: Presbyterian and Reformed, 1964.

———. *Christianity and Idealism*. Philadelphia: Presbyterian and Reformed, 1955.

———. "Christianity in Conflict." Unpublished class syllabus, 1962.

———. *Christian Philosophy*. Phillipsburg, NJ: Grotenhuis, 1956.

———. *Christian-Theistic Evidences*. Philadelphia: Presbyterian and Reformed, 1961.

———. *A Christian Theory of Knowledge*. Nutley, NJ: Presbyterian and Reformed, 1969.

———. *Common Grace and the Gospel*. Nutley, NJ: Presbyterian and Reformed, 1972.

———. *The Defense of the Faith*. Philadelphia: Presbyterian and Reformed, 1955.

———. *The Defense of the Faith*. 3rd ed. Philadelphia: Presbyterian and Reformed, 1967.

———. *The Defense of the Faith*. 3rd rev. ed. Philadelphia: Presbyterian and Reformed, 1975.

———. *The Defense of the Faith*. Edited by K. Scott Oliphint. 4th ed. Phillipsburg, NJ: P&R Publishing, 2008.

———. *The Great Debate Today*. Nutley, NJ: Presbyterian and Reformed, 1971.

———. *An Introduction to Systematic Theology*. Philadelphia: Presbyterian and Reformed, 1955.

———. *An Introduction to Systematic Theology*. Nutley, NJ: Presbyterian and Reformed, 1974.

———. *An Introduction to Systematic Theology: Prolegomena and the Doctrine of Revelation, Scripture, and God*. Edited by William Edgar. 2nd ed. Phillipsburg, NJ: P&R Publishing, 2007.

———. "The Metaphysics of Apologetics." Unpublished class syllabus, 1932.

———. *The New Modernism*. 3rd ed. Nutley, NJ: Presbyterian and Reformed, 1973.

———. *The Protestant Doctrine of Scripture*. Philadelphia: Presbyterian and Reformed, 1967.

———. *The Reformed Pastor and Modern Thought*. Nutley, NJ: Presbyterian and Reformed, 1971.

———. *A Survey of Christian Epistemology*. Philadelphia: Presbyterian and Reformed, 1969.

———. *The Triumph of Grace*. Philadelphia: Westminster Theological Seminary, 1958.

———. *Why I Believe in God*. Philadelphia: Committee on Christian Education, Orthodox Presbyterian Church, n.d.

Walton, Douglas N. *Begging the Question: Circular Reasoning as a Tactic of Argumentation*. New York: Greenwood Press, 1991.

———. "Circular Reasoning." In *Blackwell Companion to Epistemology*, edited by Jonathan Dancy and Ernest Sosa, 66. Cambridge, MA: Blackwell Reference, 1992.

Ware, Bruce A. *God's Lesser Glory*. Wheaton, IL: Crossway, 2000.

Warfield, B. B. *The Inspiration and Authority of the Bible*. Philadelphia: Presbyterian and Reformed, 1948.

Wilkins, Michael J., and J. P. Moreland, eds. *Jesus under Fire: Modern Scholarship Reinvents the Historical Jesus*. Grand Rapids: Zondervan, 1996.

Wilson, Douglas, ed. *Bound Only Once*. Moscow, ID: Canon Press, 2001.

Wright, N. T. *The Resurrection of the Son of God*. Minneapolis: Fortress, 2003.